扫码观看

配套视频课程

关注公众号

人大社法律出版

中国民法典释评

ZHONGGUO MINFADIAN SHIPING

合同编·典型合同

下卷

王轶　高圣平　石佳友　朱虎　熊丙万　王叶刚　著

中国人民大学出版社
·北京·

目　录

第十六章

保理合同

保理合同是应收账款的债权人将应收账款转让给保理人，保理人提供资金支持以及应收账款管理、催收、付款担保等服务的合同。关于是否增设保理合同为典型合同，有的意见认为：保理业务可以为实体企业提供综合性金融服务，特别是可以帮助中小型企业拓宽融资渠道。当前我国保理业务发展迅猛、体量庞大，据国际保理商联合会 2018 年统计，我国保理业务总量居世界首位，占 20.3%。在司法实践中保理合同纠纷亦处于增长态势，亟须立法加以规范。有的意见则认为：虽然保理业务重要，但民法典应当从法理逻辑和法典体系出发，不应仅仅着眼于具体问题的解决。在交易实践和司法实践中，最为急需的规则不是保理合同的特殊规则，而是债权转让的一般规则，而保理所涉及的资金融通、应收账款管理和催收、付款担保等服务均有对应的或者类似的合同类型。因此，无须增设保理合同作为典型合同，而应解决债权转让的一般规则。

民法典最终决定将保理合同增设为典型合同。保理业务作为企业融资的一种手段，在权利义务设置、对外效力等方面具有典型性。对保理合同作出明确规定，提供清晰的交易规则和司法裁判规则（一方面，针对保理合同的特殊问题予以规定；另一方面，补充债权转让的一般性规则），有利于促进保理业务的发展，缓解中小企业融资难、融资贵的问题，也有利于对保理业务进行规范，规制保理业务在当前出现的一些问题，使保理业务能够健康地、有序地发展，进而促进我国实体经济发展。在具体规定中，规定的重点是债权转让一般规则的补充，因保理所涉及的资金融通、应收账款管理和催收、付款担保等均有对应的或者类似的合同类型，足供保理合同参照适用。国际统一私法协会的国际保理公约及俄罗斯、我国澳门等的民商法典的保理合同章均未涉及此方面的法律规范。

本章共9条，对保理合同的概念、内容和形式，虚构应收账款的保理、保理人发出转让通知、保理后变更或者终止基础交易合同、有追索权保理、无追索权保理和多重保理等作了规定。

第七百六十一条

保理合同是应收账款债权人将现有的或者将有的应收账款转让给保理人，保理人提供资金融通、应收账款管理或者催收、应收账款债务人付款担保等服务的合同。

本条主旨

本条是关于保理合同概念的规定。

相关条文

《民法典》第440条　债务人或者第三人有权处分的下列权利可以出质：……（六）现有的以及将有的应收账款……

第545条　债权人可以将债权的全部或者部分转让给第三人，但是有下列情形之一的除外：（一）根据债权性质不得转让；（二）按照当事人约定不得转让；（三）依照法律规定不得转让。

当事人约定非金钱债权不得转让的，不得对抗善意第三人。当事人约定金钱债权不得转让的，不得对抗第三人。

理解与适用

一、保理合同的概念与法律关系

保理合同，是以债权人转让其应收账款为前提，集资金融通、应收账款催收或者管理、付款担保等服务于一体的综合性金融服务合同。[①] 目前在我国，保理区分为银行业保理和商业保理，两者在设立主体、行业准入和监管要求方面存在差异，但在交易结构上并无不同，所涉及的保理合同是相同的。

保理法律关系，涉及保理商与债权人、保理商与债务人之间不同的法律关系。债权人与债务人之间的基础交易合同是成立保理的前提，而债权人与保理商

① 参见《最高人民法院关于当前商事审判工作中的若干具体问题》（2015年12月24日），《商业银行保理业务管理暂行办法》（中国银行业监督管理委员会令2014年第5号）。

之间的应收账款债权转让则是保理关系的核心。这与单纯的借款合同有显著区别，故不应将保理合同简单视为借款合同。实践中确实有部分保理商与交易相对人虚构基础交易合同，以保理之名行借贷之实。对此，应查明事实，从是否存在基础合同、保理商是否明知虚构基础交易合同、双方当事人之间实际的权利义务关系等方面审查和确定合同性质。如果确实是名为保理实为借贷的，仍可以按照借款合同确定当事人之间的权利、义务。

二、保理合同必须具备应收账款债权转让的要素

按照本条规定，保理合同必须具备的要素是应收账款债权的转让，没有应收账款的转让就不能构成保理合同。所谓应收账款，是指权利人因提供一定的货物、服务或设施而获得的要求债务人付款的权利，以及依法享有的其他付款请求权，包括现有的和未来的金钱债权，但不包括因票据或其他有价证券而产生的付款请求权，以及法律、行政法规禁止转让的付款请求权。应收账款主要包括下列权利：(1) 销售、出租产生的债权，包括销售货物，供应水、电、气、暖，知识产权的许可使用，出租动产或不动产等产生的债权；(2) 提供医疗、教育、旅游等服务或劳务产生的债权；(3) 能源、交通运输、水利、环境保护、市政工程等基础设施和公用事业项目收益权；(4) 提供贷款或其他信用活动产生的债权；(5) 其他以合同为基础的具有金钱给付内容的债权。这些应收账款的转让可以是单独转让，也可以是批量集合转让，这取决于当事人之间的约定。应收账款的转让，应当适用《民法典》关于债权转让的一般规则。

现有的应收账款比较容易理解，需要注意的是将有的应收账款。在理论中，将有的应收债权包括两类。一类是已经存在基础法律关系的将有的应收账款，例如基于附生效条件或生效期限的合同、继续性合同所产生的将有的应收账款，债权人自身的给付行为尚未完成但一旦完成即可产生的债权等；另一类是没有基础法律关系的纯粹的将有的应收账款，例如尚未订立合同的买卖、租赁等所产生的债权，即“纯粹的未来债权”。《民法典》第 440 条第 6 项规定，现有的以及将有的应收账款都可以被出质。基于同样的考量，本条也承认将有的应收账款的保理。依据《民法典》第 467 条，没有明文规定的合同，可以参照适用最相类似合同的规定。故本条可扩展适用于所有的债权转让，即将有的债权也可被转让。许多国家和地区的法律、国际性公约或者文件明确规定了将有债权的可转让性，例如《日本民法典》第 466 条之六、《法国民法典》第 1323 条第 3 款、《国际保理公约》第 5 条第 2 款、《联合国国际贸易中应收款转让公约》第 8 条第 1 款、《国际商事合同通则》第 9.1.5 条、《欧洲合同法原则》第 11：101 条、《美国统一商

法典》第 9－204 条（a）等。当然，转让的将有债权应当可以被特定化，此种特定化并非在债权转让合同或者保理合同签订时已经被特定化，而是在将有债权实际产生时能够被识别出为之前订立的债权转让合同或者保理合同所涉及。但需要注意的是，如果自然人转让其全部的将来债权，例如自然人转让其全部的将来劳动报酬债权，可能产生剥夺债权人生计收入或生存来源的危险。对此可以认为，自然人因转让全部的将来债权导致实质上丧失经济自由的，该转让行为违背了公序良俗，依据《民法典》第 153 条第 2 款，应当无效。

三、保理人须提供资金融通、应收账款管理或者催收、应收账款债务人付款担保等服务

除必须具备的应收账款转让之外，保理合同还需要保理人提供资金融通、应收账款管理或者催收、应收账款债务人付款担保等服务。这同样在国际保理公约、国际保理通则以及保理示范法中都有规定。在我国目前的一些规范例如《中国银行业保理业务规范》《商业银行保理业务暂行管理办法》中，也都有规定。资金融通，是指保理人应债权人的申请，在债权人将应收账款转让给保理人后，为债权人提供的资金融通，包括贷款和应收账款转让预付款。应收账款催收，是指保理人根据应收账款账期，主动或应债权人的要求，采取电话、函件、上门等方式，直至运用法律手段等对债务人进行催收。应收账款管理，又称为销售分户账管理，是指保理人根据债权人的要求，定期或不定期向其提供关于应收账款的回收情况、逾期账款情况、对账单等财务和统计报表，协助其进行应收账款管理。付款担保，是指保理人在与债权人签订保理合同后，为债务人核定信用额度，并在核准额度内，对债权人无商业纠纷的应收账款，提供约定的付款担保。除了这些服务，在保理合同中保理人提供的服务通常还包括资信调查与评估、信用风险控制等其他可被认定为保理性质的金融服务。这些服务均有对应的或者类似的合同类型供参照适用，例如，如果保理人提供应收账款的管理和催收服务，则保理人负有相当于一般委托合同受托人或者信托合同受托人的义务，在管理和催收应收账款时应当尽到注意义务，如应当及时催收诉讼时效期间即将届满的应收账款；如果保理人提供付款担保服务，则提供担保的保理人居于担保人的地位，可参照适用担保的一般规则。①

保理合同必备的要素是应收账款转让，除此之外，构成保理合同，还要保理人提供资金融通、应收账款管理或者催收、应收账款债务人付款担保等服务，但

① 参见李宇：《保理合同立法论》，载《法学》2019 年第 12 期。

是保理人并非必须提供上述所有各项的服务。对于这些服务，《国际保理公约》第 1 条第 2 款第 2 项要求保理人至少要提供两种，《国际保理通则》第 1 条仅要求提供一项即可，我国的《商业银行保理业务管理暂行办法》第 6 条、银行业协会的《中国银行业保理业务规范》第 4 条以及其他一些司法文件，也仅要求提供一项即可。无论如何，无应收账款转让的，不构成保理合同；但是，仅仅只是规定应收账款转让的，同样不构成保理合同。保理人具体提供哪些服务，取决于保理人和应收账款债权人之间的约定。

第七百六十二条

保理合同的内容一般包括业务类型、服务范围、服务期限、基础交易合同情况、应收账款信息、保理融资款或者服务报酬及其支付方式等条款。

保理合同应当采用书面形式。

本条主旨

本条是关于保理合同之内容和形式的规定

相关条文

无

理解与适用

一、保理合同的内容与类型

本条第 1 款规定了保理合同中所一般包含的内容。保理合同的内容一般包括业务类型、服务范围、服务期限、基础交易合同情况、应收账款信息、保理融资款或者服务报酬及其支付方式等条款。保理合同的具体内容由保理人和应收账款债权人具体约定。本条第 1 款是倡导性的规定，是对保理合同通常所包含内容的总结。

（一）有追索权保理和无追索权保理

保理业务按照不同的标准可以被区分为不同的类型。按照保理人在债务人破产、无理拖欠或无法偿付应收账款时是否可以向债权人反转让应收账款，或者要求债权人回购应收账款、归还融资，可以将保理区分为有追索权保理和无追索权保理。

有追索权保理，是指保理人不承担为债务人核定信用额度和提供坏账担保的义务，仅提供包括融资在内的其他金融服务，在应收账款到期无法从债务人处收回时，保理人可以向债权人反转让应收账款，或者要求债权人回购应收账款、归还融资。有追索权保理又称为回购型保理。①

无追索权保理，是指保理人根据债权人提供的债务人核准信用额度，在信用额度内承购债权人对债务人的应收账款并提供坏账担保，在债务人因发生信用风险未按基础合同约定按时足额支付应收账款时，保理人不能向债权人追索。无追索权保理又称为买断型保理。

该分类是保理业务的基础性分类，《民法典》第 766 条和第 767 条分别规定了有追索权保理和无追索权保理。

（二）公开型保理和隐蔽型保理

按照是否将应收账款转让的事实通知债务人，可将保理分为公开型保理和隐蔽型保理。公开型保理，是指将应收账款转让的事实通知债务人。通知方式包括但不限于向债务人提交规定格式的通知书、在发票上加注规定格式的转让条款。公开型保理又称明保理。隐蔽型保理，是指保理合同签订后的一定时期内，都未将应收账款转让事实通知债务人，仅在约定期限届满或者约定事由出现后，将应收账款转让事实通知债务人。隐蔽型保理又称暗保理。在暗保理的情形中，即使保理人已预付融资款，正常情况下仍由债权人或以债权人名义继续收取债权，融资款项仅在债权人与保理人之间清算，由债权人将相关付款转付保理人，另以保理人控制收款账户等方式确保保理人对应收账款收益的控制，以为债权人设定违约责任等方式阻遏债权人另行收取债权。暗保理固然存在债务人另行向债权人给付的风险，但同时具有便于应收账款管理与催收、利于维系债权人与债务人的合作关系等优势，故在实践中常有应用。《民法典》第 546 条第 1 款并未规定债权

① 关于“中国工商银行股份有限公司乌拉特后旗支行诉内蒙古乌拉特后旗宏泰化工有限责任公司保理合同纠纷案”（载《人民法院案例选》2012 年第 1 辑），内蒙古自治区高级人民法院（2011）内民二终字第 30 号民事判决书认为：案涉保理合同系无名合同，依法应以合同双方权利、义务的约定及《合同法》相关规定为处理原则。化工公司以其与贸易公司之间形成的应收账款向银行申请办理有追索权的国内保理业务，而根据此前形成的应收账款转让清单等文件，购货方即为贸易公司。该应收账款转让清单，为保理合同附件的一部分，与保理合同具有同等法律效力，构成完整的保理合同项下的双方权利义务内容。此外，应收账款债权确认书、付款承诺、转让通知均系保理合同关系建立的前提条件。化工公司将完整的法律关系割裂，认为本案属于债权转让合同、不符合保理合同，其主张与事实不符。保理合同对化工公司承担回购责任的条件、方式、程序及合同双方各自的具体权利义务等均作了明确约定，不存在霸王条款或无效情形。化工公司负担回购义务后，依合同其即取得与之对应的对贸易公司的应收账款债权，贸易公司与银行对应偿还责任免除。故判决贸易公司偿还银行应收账款债权本金 399 万余元，化工公司对贸易公司不履行部分承担回购义务并支付相应利息及违约金。

转让必须通知债务人，而仅规定了转让通知对债务人的效力，即未通知债务人的，债权转让对债务人不发生效力。该规定不妨碍暗保理的开展。

（三）国际保理与国内保理

按照基础交易的性质和债权人、债务人所在地，保理可分为国际保理和国内保理。债权人和债务人均在境内的，称为国内保理；债权人和债务人中至少有一方在境外的，称为国际保理。国际保理涉及准据法的选择，但如果当事人选择中国法作为准据法，相关实体法应无区别。

（四）反向保理

反向保理是指保理人与规模较大、资信较好的买方达成协议，对于为其供货、位于其供应链上游的中小企业提供保理业务。反向保理不是一种具体产品或者合同名称，而是一种保理营销策略，在大幅度降低保理人风险的同时，有效缓解了中小企业的融资困难，提高了中小企业的市场开拓能力。具体操作中，保理人首先与资信较好的买方协商，确定由保理人为向买方供货的中小企业提供保理融资，然后保理人与供货的中小企业，或者与供货的中小企业和买方共同签订保理合同。供货的中小企业履行基础交易合同中的供货义务后，向保理人提示买方承兑的票据，保理人立即提供融资，并提供应收账款管理、账款催收等综合性金融服务。票据到期时，买方直接向保理商支付款项。可见，反向保理仅仅在交易流程上具有特色，但在实体法上与通常的保理并无特殊之处。

（五）单保理与双保理、共同保理或者联合保理

按照保理人的数量，保理可分为单保理、双保理、共同保理或者联合保理。双保理涉及两个保理合同，共同保理涉及《民法典》第517条及以下条文规定的多数人之债。

（六）融资保理与非融资保理

按照保理人所提供服务的内容不同，保理可分为融资保理和非融资保理。融资保理，是指保理人提供应收账款融资的保理业务。基于保理商融资款的支付期限融资保理又可分为到期保理和预付保理。非融资保理，是指保理人不向债权人提供应收账款融资，仅提供应收账款管理或者催收、付款担保等服务。该区分涉及当事人无约定时参照适用何种典型合同的规则。

（七）回款保理和间接保理

根据债务人是否直接向保理人支付应收账款，保理可分为直接回款保理和间接回款保理，前者是指债务人直接向保理人支付应收账款的保理业务，后者是指不要求债务人直接向保理人支付应收账款的保理业务。由于保理人风险的不同，

间接回款涉及对保理回款专户的监管。

上述分类均不涉及特殊的规则，可以通过现有规则予以解决，因此并非本章立法的重心。

二、基础交易合同

基础交易合同，是指应收账款债权人与债务人签订的据以产生应收账款的有关销售货物、提供服务或出租资产等的交易合同及其全部补充或者修改文件。基础交易合同的存在是保理合同订立的前提，虽然两者有关权利义务的约定存有牵连，但两者并非主从合同关系，而是相对独立的两个合同。据此，首先，基础交易合同的效力不影响保理合同的效力。其次，保理人以保理合同为依据向基础交易合同债务人主张债权时，如果保理合同中对债权内容也即债务人之债务的约定与基础交易合同中的约定不同，则除债务人同意或者法律另有规定外，保理合同中关于债务人之债务的约定并不能约束债务人。这也是债权转让的一般规则在保理合同中的具体应用。

三、保理合同的形式

本条第 2 款明确规定了保理合同应当采用书面形式。口头形式没有凭证，容易发生争议，发生争议后，难以取证，不易分清责任，而保理合同较为复杂，出于保护交易安全、避免纠纷的需要，保理合同应当采用书面形式。按照《民法典》第 469 条第 2 款和第 3 款的规定，书面形式是合同书、信件、电报、电传、传真等可以有形地表现所载内容的形式；以电子数据交换、电子邮件等方式能够有形地表现所载内容，并可以随时调取查用的数据电文，视为书面形式。《民法典》第 490 条第 2 款同时规定，法律、行政法规规定或者当事人约定合同应当采用书面形式订立，当事人未采用书面形式但是一方已经履行主要义务，对方接受时，该合同成立。

第七百六十三条

应收账款债权人与债务人虚构应收账款作为转让标的，与保理人订立保理合同的，应收账款债务人不得以应收账款不存在为由对抗保理人，但是保理人明知虚构的除外。

本条主旨

本条是关于保理中虚构应收账款的规定。

相关条文

《民法典》第 146 条 行为人与相对人以虚假的意思表示实施的民事法律行为无效。

以虚假的意思表示隐藏的民事法律行为的效力，依照有关法律规定处理。

理解与适用

一、虚构应收账款中的法律关系

应收账款虚假，是保理实践中的突出问题。典型的场景是，在尽职调查过程中，保理人通常会向债务人核实应收账款的真实性，债务人在征询函或其他文书上确认该应收账款真实存在，保理人因而与债权人签订保理合同，事后保理人向债务人主张权利时，债务人以基础交易合同不实或应收账款虚假为由予以抗辩。此时，债权转让合同或者保理合同并非因此当然无效，但保理人有权依法以欺诈为由请求撤销其与债权人之间的合同，同时依据《民法典》第 157 条的规定，有权请求债权人承担撤销后的返还财产、赔偿损失责任。依据债权人和保理人之间的合同，债权人负有保证所转让债权真实的义务，保理人也有权解除合同并请求债权人承担违约赔偿责任。但是，债务人是否以及如何向保理人承担责任，在实践中争议较大，因此，本条对此予以明确规定。当然，这个问题不仅在保理中存在，在其他债权转让中同样存在。如果在其他债权转让中出现类似的问题，可以参照适用本条予以处理。

针对此种情形，其他国家和地区的法律存在不同的规定方式。一种方式是统一规定通谋虚伪表示不得对抗善意第三人。这当然也适用于本条所针对的情形，例如《奥地利普通民法典》第 916 条第 2 款、《日本民法典》第 94 条第 2 款、我国台湾地区“民法”第 87 条第 1 项等。另一种方式是对本条所针对的情形予以特别规定，例如《德国民法典》第 405 条规定：“债务人出具关于债务之文书者，如于文书提出时而为债权让与，债务人不得对新债权人主张债之关系之成立或者承认系出于虚伪，或者与原债权人曾有债权不得让与之约定。但新债权人于债权让与时明知或者可得而知其情事者，不在此限。”《瑞士债法》第 18 条第 2 款也采取了类似的方式。还有一种方式是受让人（保理人）有权请求债务人承担侵权的损失赔偿责任。无论采取哪一种立法方式，共识是，此种情形中，债务人应当向受让人（保理人）承担责任；区别在于，所承担的责任是，债务人不得以债权不存在为由对受让人（保理人）提出抗辩，而必须履行本不存在的债权所对应的债务，还是债务人对受让人（保理人）承担侵权赔偿责任①，但是最终的结果并无实质区别。经研究，对此种情形明确予以规定，并采取债务人不得以债权不存在为由对受让人（保理人）提出抗辩的方式，有助于实践中债务人承担责任的数额的确定，能够对受让人（保理人）的利益予以充分保护。

二、构成要件与法律后果

本条适用有以下前提。

首先是，作为转让标的的应收账款不存在。所谓应收账款不存在，包括应收账款全部不存在，也包括应收账款存在但与真实债权数额不实，因而部分不存在。

其次是，应收账款不存在是因为应收账款债权人与债务人虚构。虚构的方式是多样的，可能是：(1) 应收账款债权人与债务人通谋以虚假的意思表示制造了虚假应收账款的外观。这属于《民法典》第 146 条第 1 款所规定的通谋虚假行为，即行为人与相对人以虚假的意思表示实施的民事法律行为无效；但是，该无效仅是在应收账款债权人和债务人之间产生，不得对抗据此产生信赖的保理人。② (2) 债

---

① 有学者主张应以债务人承担侵权责任的方式保护保理人。参见李宇：《保理合同立法论》，载《法学》2019 年第 12 期。

② 针对“浦发银行乌鲁木齐分行诉博湖公司等合同纠纷案”（载《人民法院报》2017 年 3 月 2 日，第 6 版），新疆维吾尔自治区高级人民法院（2016）新民终 257 号民事判决书认为：根据民法基本原理，双方当事人通谋所为虚伪意思表示，在当事人之间发生绝对无效法律后果，但在当事人与第三人之间，则应视该第三人是否知道或应当知道该虚伪意思表示而发生不同法律后果。当第三人不知道当事人之间的虚伪意思时，该意思表示无效不得对抗善意第三人。本案中，贸易公司在保理协议、应收账款转让登记协议中承诺“向保理银行提交的所有文件材料和单据均为真实、准确、完整、有效”，“保证转让应收账款合法、有效”。材料公司对银行所享有应收账款债权亦予以确认。银行审查了贸易公司提交的购销合同、发票、增值税专用发票的真实性。贸易公司、材料公司提交的相关文件，足以使银行产生合理信赖并有理由相信涉案应收账款债权真实、合法、有效。

务人向保理人确认应收账款的真实性，制造了虚假应收账款的外观。① 虽然债权一般不具有权利外观，原则上不适用善意取得，但是，在本条所针对的情形中，债权具有一定的权利外观，故对据此产生信赖的债权受让人（保理人）应当予以保护。

最后是，保理人因此对应收转款存在产生了合理的信赖，从而签订了保理合同。在保理人未对此有所信赖的情形，保理人并未因信赖而蒙受不利益，例如，在将来虚构某笔债权的情形，保理人当初受让将来债权，并非基于对该债权的信赖而给付对价，就不适用本条。同时，保理人的信赖必须是合理的。本条中的应收账款不包括因票据或其他有价证券而产生的付款请求权，而仅仅是普通的债权。普通债权与票据等证券化债权不同，保理人本来就没有充分理由仅依据债权存在的外观而信赖债权的真实存在，因而负有必要的调查核实的义务。保理人调查核实债权的真实性有时成本较高，例如在债权打包转让的情形中，涉及大量债权，保理人对涉及这些债权的发票或者合同单独逐一核实，审查难度较大。因

① 针对"港峰实业（天津）有限公司与中国工商银行股份有限公司、抚州文昌支行抚州宜腾光学有限公司合同纠纷申请再审案"[载《最高人民法院民商事案件审判指导》（第5卷）]，评析意见认为：第三人缔约过失责任以第三人以自己行为获得缔约当事人信赖为前提，第三人违反了依诚实信用原则产生的先合同义务，致使缔约当事人一方或双方的信赖利益受损时，第三人应承担相应赔偿责任。本案银行与光学公司签订保理合同，实业公司虽非保理合同当事人，但系合同所涉应收账款债务人。银行签约前，向实业公司核实债权真实性时，实业公司在光学公司提供的购销合同、产品入库单上盖章，对该笔债权予以确认，后又在债权转让通知上盖章确认。实业公司以自己的行为取得了银行信赖，其对保理合同的订立有显著影响。依诚实信用原则，实业公司理应对银行提供保护义务。然而，实业公司与光学公司之间事实上并不存在交易，保理合同所涉应收账款系虚假债权，实业公司故意违反了应负保护义务。依保理合同约定，银行本应从受让应收账款中收回融资款并获得合同利益，但因该债权虚假，致使银行合同目的落空。银行损害与实业公司违反保护义务的行为存在因果关系，故实业公司应对银行损失承担补充赔偿责任，故判决光学公司返还银行450万元及利息，实业公司在光学公司不能清偿上述款项范围内对银行承担赔偿责任。针对"交通银行股份有限公司上海市分行与上海上体产业发展有限公司等合同纠纷上诉案"，上海市第一中级人民法院（2016）沪01民终1759号民事判决书认为：依各方当事人陈述及证据，实业公司具有油品买卖的贸易基础和生产条件；工贸公司就工业品买卖合同进行了部分货款支付；实业公司开具给工贸公司的增值税发票已被认证抵扣；工贸公司出具买方确认意见书，同意应收账款转让的各项安排和约定。根据基础合同性质、效力、发票真伪、货款支付、生产经营情况等，银行提供的证据足以证明保理合同项下系争应收账款的存在，应认定实业公司和工贸公司之间的买卖关系真实。设若买卖关系为虚假，在银行并无恶意的情况下，仅银行享有对保理合同的撤销权，实业公司和工贸公司无权主张保理合同无效。在有追索权保理合同关系中，当应收账款到期而不能足额收款时，融资人对保理人负有按约定回购价格购回该应收账款的义务，工贸公司作为债务人，当然负有首先向银行支付该应收账款的义务，当工贸公司支付账款不足以偿还债务时，银行有权按合同约定向实业公司行使追索权。故判决工贸公司支付银行欠款3 400万余元，实业公司、油料公司在1 990万余元范围内承担连带保证责任。

此，在实践中，保理人通常会向债务人调查核实。[①] 如果债务人确认了债权的真实性，虽然不应因此而完全免除保理人的调查核实义务，但此时，保理人一般能够相信债务人不存在关于债权真实性的抗辩，这会使保理人对债权真实性的审核义务降低，保理人的合理信赖更容易形成。[②] 因此，依本条规定在保理人明知债权不存在的情形下，因保理人未形成合理信赖，故不能适用本条予以保护。这一方面考虑到了，在债务人确认的情形中，保理人对债权真实性的审核义务较低；另一方面，保理人也不能因为债务人的确认而完全不对债权进行任何的调查核实，在保理人完全可以通过成本较低的审核措施发现债权不存在的情形中，就有

① 针对“珠海华润银行股份有限公司与江西省电力燃料有限公司、广州大优煤炭销售有限公司保理合同纠纷案”，最高人民法院（2017）民再164号民事判决书认为：根据民法基本原理，双方当事人通谋所为虚伪意思表示，在当事人之间发生绝对无效的法律后果。但在虚伪表示的当事人与第三人之间，应视该第三人是否知道或应当知道该虚伪意思表示而发生不同的法律后果：当第三人知道该当事人之间虚伪意思表示时，虚伪表示的无效可对抗该第三人；当第三人不知道当事人之间虚伪意思表示时，该虚伪意思表示无效不得对抗善意第三人。据此，燃料公司关于案涉应收账款虚假的诉讼理由能否对抗银行，取决于银行在受让债权时是否善意。本案中，银行在签订案涉保理合同前，已就基础债权的真实性问题进行了必要的调查和核实，煤炭公司和燃料公司共同向银行确认了基础债权真实、合法、有效，故银行已尽到审慎注意义务，其有理由相信煤炭公司对燃料公司享有诉争债权。虽然银行在开展贸易背景调查过程中，存在应收账款转让通知确认书落款时间误差一天，及实际开展面签见证工作人员仅为一人的工作疏忽，但因燃料公司并不否认应收账款转让确认书和通知确认书上经办人签名和燃料公司印章的真实性，故该等工作瑕疵存在，并不影响本案事实认定。在应付账款贸易背景真实、合法和有效的情况下，增值税发票是否认证、抵扣，印章编码与备案印章是否一致等事由，原则上不应被纳入银行调查、核实范围，即便银行对上述事项已有所认识，亦并不足以引起银行的合理怀疑，故对燃料公司此点抗辩理由，亦不予支持。

② 有裁判见解认为，债务人应依其过错程度承担责任。“中国农业银行股份有限公司上海普陀区支行诉上海公路桥梁（集团）有限公司财产损害赔偿纠纷案”（载《人民司法（案例）》2016年第32期）的审理法院认为：路桥公司在应收账款债务人签收确认书文件上加盖公章和法定代表人印章，确认对象为材料公司和银行。其后又两次在应收账款债务人签收确认书上加盖公章和法定代表人印章，其中一份应收账款债务人签收确认书记载确认对象“卖方”一栏空白。尽管路桥公司未收到应收账款转让通知书，且应收账款债务人签收确认书未记载应收账款转让通知书签署日期、合同编号等信息，但应收账款债务人签收确认书记载了“我方已收到……应收账款债权转让通知书，现确认同意其内容。同时承诺……”等内容，相关文字表述清晰且意思明确，路桥公司自行确认的法律后果，故路桥公司盖章确认行为使银行有充分理由相信路桥公司已收到应收账款转让通知书，进而确信材料公司对路桥公司享有应收账款转让通知书所记载应收账款事实。本案银行向材料公司发放保理融资款的前提是材料公司向银行转让其对路桥公司所享有的应收账款，故路桥公司在应收账款债务人签收确认书上盖章确认的行为直接影响了银行对于系争保理融资款审核及发放，路桥公司对银行的经济损失应承担赔偿责任。银行作为专业金融机构，理应具备保理业务交易经验和相关专业知识，应遵守合理的商业准则和管理规范，并履行审慎经营义务。具体而言，在保理业务中银行通过受让应收账款而取得对债务人的直接请求权，债务人对应收账款支付是银行保理融资款第一还款来源，可见保理业务特点在于以债权人转让其应收账款为前提，故银行在从事保理业务过程中，应充分审查材料公司转让于银行的债权是否真实，包括审查材料公司与路桥公司之间的交易合同是否真实、合同所对应的应收账款具体金额等，以此作为发放融资的依据。然而，在保理融资款发放前，银行未亲自核实相关合同、应收账款的真实性。银行疏于审查行为与本案损害发生亦存在一定因果关系，故银行对损害发生亦有过错，可适当减轻路桥公司责任。

理由认为保理人对债权不存在是明知的。

本条适用的法律后果是，应收账款债务人不得以应收账款不存在为由对抗保理人。这意味着，在债务人虚构或者确认债权的范围内，保理人仍有权请求债务人履行如同债权存在时相对应的债务，债务人不得以应收账款实际上不存在为由对保理人提出抗辩。

第七百六十四条

保理人向应收账款债务人发出应收账款转让通知的，应当表明保理人身份并附有必要凭证。

本条主旨

本条是关于保理人发出转让通知的规定。

相关条文

《民法典》第 546 条　债权人转让债权，未通知债务人的，该转让对债务人不发生效力。

债权转让的通知不得撤销，但是经受让人同意的除外。

理解与适用

一、适用债权转让通知的一般规则

保理合同的核心是应收账款债权转让，在此应当适用《民法典》关于债权转让的一般规则。为保护债务人利益，依据《民法典》第 546 条第 1 款，债权人转让债权，未通知债务人的，该转让对债务人不发生效力。因此，应收账款债权转让未通知债务人的，该转让对债务人不发生效力。[①] 即使保理人取得了债权，债务人也有权拒绝保理人的履行请求；债务人向债权人履行债务的，债权消灭。如果应收账款债权转让通知了债务人，则债权转让对债务人发生效力，此时债务人

① 针对“中国工商银行股份有限公司杭州经济技术开发区支行与浙江光大锦豪交通工程有限公司、中达建设集团股份有限公司、光大华璞建设发展有限公司合同纠纷案”（载《人民司法（案例）》2016 年第 32 期），浙江省杭州经济开发区人民法院（2014）杭经开商初字第 646 号民事判决书认为：本案中，根据保理合同约定，工程公司向银行申请办理的是有追索权国内保理业务，其应收账款由工程公司负责催收，银行无须催收，且银行仅提供应收账款融资服务而无其他金融服务，故双方关注点集中在融资款是否发放、是否收回。事实上，银行对应收账款确定数额以及是否依法有效转让只作形式审查，对工程公司是否

即对保理人负有履行义务，并且有权以此拒绝债权人的履行请求；如果债务人仍然向债权人履行，则不发生债权消灭的效力。[②] 因此，只有通知了债务人，才可以最大限度保护保理人的利益。

二、通知主体

但是，问题是保理人是否有权单独向债务人发出转让通知。在一般的债权转让中，关于转让通知的发出主体，不同的立法例有不同的规定。有的规定仅限于让与人，例如日本民法典第467条第1款。有的规定让与人或者受让人均可发出转让通知，例如《瑞士债法》第167条、我国台湾地区“民法”第297条第1项。有的规定，让与人当然可以发出转让通知，受让人发出转让通知必须附有必要凭证，受让人未提交必要凭证的，转让通知不发生效力，债务人可以向让与人履行债务，债务人也有权要求受让人在合理期间内提供必要凭证，并在受让人提供之前有权拒绝履行，例如《联合国国际贸易中应收款转让公约》第13条第1款和第17条第7款、《国际商事合同通则》第9.1.10条第1款和第9.1.12条、《联合国国际贸易法委员会担保交易示范法》第58条和第63条第8款、《欧洲合同法原则》第11：303条第1～2款、《美国统一商法典》第9－406条（a）和（c）。

（续上页）实际用应收账款归还融资款及够归还多少并不关心。工程公司亦未将应收账款转让通知债务人交通局，该转让对债务人不发生效力，且工程公司对应收账款催收亦不积极。根据双方约定，银行只是计收相应融资款利息，并不收取其他费用。双方就融资数额、利率、期限、用途、还款方式等作了约定，银行已发放融资款，工程公司亦支付了部分利息。综上，案涉保理合同并不具有保理合同典型特征，却符合借款合同特征，可认定名为保理实为借款合同。案涉应收账款虽未有效转让，但不能以此认定合同无效。根据保理合同约定，工程公司对合同项下融资承担最终偿还责任，无论何种原因致使其不能及时、足额收回应收账款，均不影响银行对其行使并实现追索权。同时，案涉保理合同作为事实上的借款合同，银行已按约向工程公司发放贷款，工程公司理应按约返还贷款本息。

② 针对“中国建设银行股份有限公司宁波国家高新区支行诉宁被诺冠国际贸易有限公司等合同纠纷案”（载《人民司法（案例）》2016年第32期），浙江省宁波市鄞州区人民法院（2015）甬鄞商初字第429号民事判决书认为：原告依约受让了被告诺冠公司对被告中喜公司在商品购销合同及相应增值税专用发票项下的应收账款债权。由于原告与被告诺冠公司约定有追索权保理类型为公开型有追索权保理，在原告对被告诺冠公司提供保理预付款之前，被告诺冠公司需按合同约定向被告中喜公司发送通知书，并取得被告中喜公司的回执。被告诺冠公司向被告中喜公司发出通知书后，被告中喜公司亦在通知书的回执上加盖公章和法定代表人签章，对回执的内容进行确认。被告中喜公司在回执上加盖公章和法定代表人签章时理应尽到谨慎注意义务，应当知晓加盖公章和法定代表人签章的法律后果，虽然被告中喜公司对此持有异议，认为通知书所盖的印章为盗盖或偷盖，但未向法院提供证据予以证明，故法院确认被告中喜公司已收到被告诺冠公司的债权转让通知，并产生债权转让的法律效力。虽然被告中喜公司辩称已向被告诺冠公司支付了全部价款，但未向法院提供证据证明其将款项支付至被告诺冠公司开立在原告的保理账户的事实，其抗辩理由依法不能成立。被告中喜公司违背承诺擅自向被告诺冠公司清偿系单方行为，仍应对原告承担付款清偿责任。

经研究，不同立法例存在的共识是，让与人可以发出转让通知，因为此时债务人无须对债权是否转让予以审核，不会增加债务人的负担。而受让人发出转让通知的，债务人并无充分理由予以相信。因此，允许受让人发出转让通知的观点和立法例往往同时认为，此时应当提出受让人已经取得债权的必要凭证。但真正的问题在于何谓必要凭证以及债务人对这些凭证的审核义务程度。如果债务人承担过高的审核义务，则其就会处于两难境地而遭受不利益：要么向受让人履行，但如果受让人并未取得债权，此时债务人就仍需向让与人再次履行，并且增加了债务人依据不当得利要求让与人返还所可能承担的让与人资力不足的风险；要么拒绝受让人的履行请求，但如果受让人确实取得债权，此时债务人可能就会陷入违约。如果债务人承担过低的审核义务，则又会不利于对受让人利益的保障。只要允许受让人发出通知，此种价值权衡上的进退维谷无法避免。因此，在一般的债权转让中，发出转让通知的主体原则上应当仅限于让与人。

于保理合同，实践中的大多数情形都是保理人发出通知，因为其对此具有重大利益，以避免债务人在转让发生后仍向债权人履行债务。因此，本条规定，保理人向应收账款债务人发出应收账款转让通知的，应当表明保理人身份并附有必要凭证。基于前述避免增加债务人审核负担的考虑，此时最为重要的是对必要凭证的认定。对此应当采取较为严格的认定方式。如果保理人提交的是书面的债权转让合同或者保理合同或者债权人签字、盖章的书面转让通知，考虑到我国当前的信用环境下这些凭证的伪造可能性较高，且对于债务人来说，其收到债权转让通知后可能审查的时间并不充足，因此其仍有可能无法判断合同或者转让通知的真实性，故上述文件并不构成充分的必要凭证，需要结合其他具体情况予以具体判断。但是，如果保理人提交的是经过公证的债权转让合同、保理合同或者转让通知等，则由于公证书的证明力较强，此时债务人无须审核。因此，保理人向债务人发出转让通知时，如果表明了保理人的身份并且附有经过公证的债权转让合同、保理合同或者转让通知等必要凭证，则可以认为具有同债权人发出转让通知同等的效力。这也可以被认为是债权转让的一般规则，因此，在其他债权转让中，也可以参照适用本条，允许受让人单独对债务人发出转让通知，但应当提交经过公证的债权转让合同或者转让通知等必要凭证；受让人单独通知而未提出充分的必要凭证的，转让通知不发生效力，债务人可以向让与人履行债务，债务人也有权要求受让人在合理期间内提供充分的必要凭证，并在受让人提供之前有权拒绝履行。保理人在央行应收账款质押系统进行保理债权登记，不免除其就债权转让通知债务人的法定义务，债权转让未通知债务人的，保理合同对债务人不发生效力。①

第七百六十五条

应收账款债务人接到应收账款转让通知后，应收账款债权人与债务人无正当理由协商变更或者终止基础交易合同，对保理人产生不利影响的，对保理人不发生效力。

本条主旨

本条是关于基础交易合同协商变更或者终止对保理人之效力的规定。

相关条文

无

理解与适用

一、规范目的

依据保理合同，为保障保理人的地位，应收账款债权人负有不减损该应收账款债权价值的义务，因此，债权人不能通过与债务人协商，作出任何使转让的应收账款的债权价值落空或者减损的行为，债权人违反该义务时，保理人有权依法解除保理合同并请求债权人承担违约责任。但问题是，这些行为是否对保理人发生效力。为保护保理人的利益，借鉴《德国民法典》第 407 条第 1 款、《联合国国际贸易中应收款转让公约》第 20 条、《欧洲合同法原则》第 11：308 条、《联合国国际贸易法委员会担保交易示范法》第 66 条、《美国统一商法典》第 9－405 条（a）（b）等立法例，本条对此作出明确规定。

---

① 针对“中国工商银行股份有限公司上海市青浦支行与上海康虹纺织品有限公司、上海大润发有限公司等债务纠纷案”（载《人民司法（案例）》2013 年第 18 期），上海市第二中级人民法院（2012）沪二中民六（商）终字第 147 号民事判决书认为：央行登记系统系根据物权法等规范性法律文件，为应收账款质押登记而设。保理业务中债权转让登记无法律法规赋予其法律效力，仅为公示服务，故与应收账款质押登记不同，债权转让登记于央行登记系统不发生强制性排他对抗效力。另外，法律、司法解释或相关规范性法律文件未赋予任何形式的登记以债权转让通知的法律效力，因此，即便债权转让在系争登记系统中进行了登记，也不能免除合同法确定的债权转让通知义务。

二、构成要件

本条适用须具备以下前提。

首先，应收账款债权人和债务人协商，作出了有关转让债权的民事法律行为。该民事法律行为必须是关于转让债权的，如果不涉及转让债权，不会对保理人发生影响，就不适用本条。而且，必须是债权人和债务人协商一致，作出了民事法律行为。这里既包括协商变更或者终止基础交易合同的情形，例如延期履行、和解、协议抵销、协议解除等，也包括债权人免除债务人的债务而债务人未在合理期限内拒绝的情形；但是，不应当包括基于法律规定以及债务人单方行使基于法律规定而享有的法定解除权等，使基础交易合同发生变更或者终止的情形。

其次，该民事法律行为对保理人产生不利影响。这意味着债权人和债务人通过协商，使应收账款的债权价值落空或者减损，从而对保理人产生了不利影响。例如，债权人和债务人协商一致变更基础交易合同而减少了债权数额，或者协商一致解除基础交易合同而对保理人产生了不利影响。如果债权人和债务人的行为对保理人是有利的，自然无须保理人同意即可对保理人发生有利的效力。

再次，该民事法律行为发生在债务人接到债权转让通知后。债务人接到债权转让通知前，债权转让对债务人不发生效力，债务人有权主张债权人仍然对债权有处分权。此时债权人和债务人协商一致作出的民事法律行为，即使导致保理人的利益受损，该行为仍然对保理人发生效力，保理人所取得的债权发生相应变动，保理人仅能依法解除保理合同并请求债权人承担违约责任。

最后，对保理人产生不利影响的民事法律行为无正当理由。这里所谓的正当理由，第一是指经过了保理人的同意。如果经过了保理人的同意，自然能够对保理人发生效力。第二是指该民事法律行为符合诚信原则且保理人并无合理理由反对。"正当理由"具体可能包括：（1）基础交易合同已约定可变更或者终止的情形。债务人原本依据基础交易合同享有与债权人协商变更、消灭其债之关系的自由，此种自由不应因债权人转让其债权而丧失，并且保理人能够通过尽职调查知道该约定的存在，从而采取风险预防措施。（2）政府合同和复杂的合同安排，尤其是数额尚未最终确定的债权。例如，建筑商将对业主的付款请求权转让给保理人并且通知之后，建筑商和业主变更约定业主向建筑商预付款项，以使建筑商有能力支付工资、购买原料等，从而继续进行建筑工程。如果此种预付是必要的，否则建筑商可能就会资金链断裂，从而可能导致更换建筑商，交易无法进行，而业主也会拒绝付款，对转让债权的实现最终也会发生不利影响，则应当允许如此变更；如果涉及无法合理预料的工程量增减，同样应当允许变更。对保理人而言，保理人也能够预知该等债权即使被转让，但在正常的业务过程中也可能会有合理的变动，因此，保理人同样能够采取风险预防措施，例如可以有效地约定业主的任何变更都构成违约。当然，即使该等行为对保理人发生效力，也不影响债权人依照法律规定或者按照约定对保理人承担违约责任。

三、法律后果

本条的法律后果是，该民事法律行为对保理人不发生效力。这意味着，保理人仍然可以根据该民事法律行为成立之前的债权状况请求债务人履行支付应收账款的债务。该规定的目的是保护保理人利益，保理人自然可以放弃此种保护，而选择依法解除保理合同并请求债权人承担违约责任。债权人与债务人恶意串通，变更或者终止基础交易合同，损害保理人利益的，保理人也有权选择依据《民法典》第 1168 条的规定主张债权人与债务人构成共同侵权，请求他们对造成的损失承担连带责任。

应当注意的是，本条仅适用于保理合同，但是在其他债权转让中同样会发生类似情形，如果在其他债权转让中出现类似的问题，可以参照适用本条予以处理。

第七百六十六条

当事人约定也有追索权保理的，保理人可以向应收账款债权人主张返还保理融资款本息或者回购应收账款债权，也可以向应收账款债务人主张应收账款债权。保理人向应收账款债务人主张应收账款债权，在扣除保理融资款本息和相关费用后有剩余的，剩余部分应当返还给应收账款债权人。

本条主旨

本条是关于有追索权保理的规定。

相关条文

无

理解与适用

一、有追索权保理的概念

按照保理人在债务人破产、无理拖欠或无法偿付应收账款时，是否可以向债权人反转让应收账款，或者要求债权人回购应收账款或归还融资，可以将保理区分为有追索权保理和无追索权保理。有追索权保理，是指保理人不承担为债务人核定信用额度和提供坏账担保的义务，仅提供包括融资在内的其他金融服务，在应收账款到期而无法从债务人处收回时，保理人可以向债权人反转让应收账款，或要求债权人回购应收账款或归还融资。有追索权保理又称为回购型保理。无追索权保理，是指保理人根据债权人提供的债务人核准信用额度，在信用额度内承购债权人对债务人的应收账款并提供坏账担保，债务人因发生信用风险未按基础交易合同的约定按时足额支付应收账款时，保理人不能向债权人追索。无追索权保理又称为买断型保理。

有追索权保理和无追索权保理是保理业务的基础分类。各国（地区）立法例中，有的以有追索权保理为原型，即规定保理人有追索权，但合同另有约定时除外；有的以无追索权保理为原型，即规定保理人无追索权，但合同另有约定时除外；还有的同时规定有追索权保理和无追索权保理，由当事人自己选择。经研究，基于我国当前的保理实践，当事人一般都会在保理合同中就有无追索权作出约定，因此，《民法典》同时规定有追索权保理和无追索权保理，以供当事人自己选择。本条关于有追索权保理的规定，在性质上属于任意性规范，适用于当事人未另有约定的情形。如果当事人另有约定，应当按照当事人的约定处理。

二、无特别约定或约定不明确时的默认规则

当当事人无特别约定或者约定不明确时，在理论上，关于有追索权保理的法律性质存在争议。一种观点认为其属于让与担保①，即为担保的给付，此时保理人对转让债权有变价的权利，但是没有变价的义务；另一种观点认为其属于间接

---

① 针对“中国银行股份有限公司福建省分行与福州飞皇贸易有限公司等金融借款合同纠纷案”（载《人民司法（案例）》2016年第32期），福建省福州市中级人民法院（2013）榕民初字第1287号民事判决书认为：关于有追索权保理所涉法律关系，包含了金融借贷和债权转让关系。其一，有追索权保理的主法律关系为金融借贷。有追索权保理的融资方（通常表述为卖方）向保理银行申请融资款，并将其对债务人（通常表述为买方）的应收账款转让给银行，当应收账款无法收回时，卖方负有回购义务并应向保理银行承担还本付息的责任，卖方对保理融资款仍负有最终的偿还责任，故保理融资本质上是卖方与银行之间的资金借贷。此外，银行通常还会要求卖方另行提供其他担保，均符合担保借款的法律特征。因此，有追索权国内保理合同的主法律关系应为金融借贷。其二，有追索权保理从法律关系为债权让与担保。有追索权保理的保理银行虽受让了卖方的应收账款债权，但银行受让应收账款后仅代为管理、收取应收账款，并将收回款项优先清偿保理融资款，收回款项若超过保理融资款本息，银行亦应将余款退还卖方，故银行与卖方内部之间形成信托关系；并且，当保理银行要求卖方承担还款责任，在卖方偿清保理融资款前，保理银行仍有权向买方收取应收账款用以清偿主债权。故应收账款转让的目的在于清偿主债务或担保主债务得到清偿，实为债权让与担保。

给付[①]，即为清偿的给付，此时，保理人负有对转让债权尽必要注意予以变价的义务，保理人只有在就变价作出必要行为而未获得清偿时，才可请求债权人返还保理融资款本息或者回购应收账款债权。这两种观点的实质区别在于，如果认为有追索权保理是为担保的给付，则保理人有权请求应收账款债务人给付或者再转让应收账款，或者请求债权人偿还融资款，但不负有先行请求应收账款债务人给付的义务；如果认为有追索权保理是为清偿的给付，则保理人应当先请求债务人履行债务，只有在债务人不能履行或者因基础交易合同无效、被撤销、确定不生效等而无法获得债务人的给付利益时，才可以请求债权人返还保理融资款本息或者回购应收账款债权。

我国目前的保理交易实践中，在有追索权的保理中，当事人通常会明确约定，保理人有权而非有义务同时要求应收账款债务人和债权人清偿各自所负债务，保理人并有权自主决定将已受让的应收账款转让给其他第三人，或者明确约定，债权人负有融资款到期后无条件足额偿还的义务。此时，保理人不负有先行请求应收账款债务人履行或以其他方式将应收账款变价的义务，债权人更无权请求保理人先行变价或以保理人未先行变价为由抗辩。[②] 同时，在保理人和债权人

---

① 针对“珠海华润银行股份有限公司与江西省电力燃料有限公司、广州大优煤炭销售有限公司保理合同纠纷案”，最高人民法院（2017）民再164号民事判决书认为：大陆法系通说认为，有追索权的保理业务所包含债权转让合同法律性质并非纯正的债权让与，而应认定为具有担保债务履行功能的间接给付契约。间接给付，学说上又称为新债清偿、新债抵旧，或为清偿之给付。根据民法基本原理，间接给付作为债务清偿方法之一，是指为清偿债务而以他种给付代替原定给付的清偿，并不具有消灭原有债务的效力，在新债务履行前，原债务并不消灭，只有当新债务履行且债权人原债权因此得到实现后，原债务才同时消灭。从司法实践中的情况来看，对保理商有追索权的保理业务中，在债权未获清偿情况下，保理商不仅有权请求基础交易合同的债务人向其清偿债务，同时有权向基础交易合同债权让与人追索这一问题，并无分歧认识，但在原有债务和受让债权数额不一致情况下应如何确定清偿义务的范围和顺序，尚无先例判决可以遵循。

② 针对“珠海华润银行股份有限公司与江西省电力燃料有限公司、广州大优煤炭销售有限公司保理合同纠纷案”，最高人民法院（2017）民再164号民事判决书认为：依案涉保理合同约定和间接给付法理，银行本应先向燃料公司求偿，在未获清偿时才能向煤炭公司主张权利，追索权的功能相当于煤炭公司为燃料公司的债务清偿能力提供了担保，这一担保功能与放弃先诉抗辩权的一般保证相当。参照《担保法》关于一般保证的法律规定，燃料公司应就其所负债务承担第一顺位的清偿责任，对其不能清偿部分，由煤炭公司承担补充赔偿责任。因银行对煤炭公司的债权并未得到实际清偿，故其虽通过另案向煤炭公司行使了追索权，但仍有权就未获清偿部分向燃料公司主张。但在燃料公司应承担的清偿义务的范围方面，揆诸间接给付的基本法理，因银行并不承担该应收账款不能收回的商业风险，其受让煤炭公司对燃料公司所享有的债权，目的是清偿煤炭公司对其所欠债务，银行实际向煤炭公司发放的借款本金为3 680万元，故银行在本案中对燃料公司所能主张的权利范围，依法应限缩至3 680万元借款本金及其利息范围之内。同时，银行基于该笔贷款受让了对燃料公司的应收账款，其对燃料公司清偿债务的信赖利益仅为应收账款本金4 600万余元及其利息，这一信赖利益范围亦应成为燃料公司对其承担责任的最高上限，故燃料公司向银行清偿该3 680万元本金利息的实际数额，不能超过该4 600万余元本金及相应利息。判决燃料公司向银行支付3 680万元及相应利息，煤炭公司对另案生效判决项下债务的清偿行为，相应减少本判决项下燃料公司的清偿义务，反之亦然。

没有约定或者约定不明确时，由于在为担保的给付中，保理人仅有变价的权利而无变价的义务，故对保理人的负担较轻；而无论给付是何种性质，对债权人的最终利益均没有太大影响。因此，基于保理业务的通常实践，避免当事人通过约定排除法定规则的交易成本，以及对保理人负担越大者越需要保理人的明确同意这种解释原则，同时基于基础交易合同关系和保理合同关系的关联性，便于查明事实，减轻当事人讼累，提高审判效率，在保理人和债权人无特别约定或者约定不明确时，本条规定，保理人可以向应收账款债权人主张返还保理融资款本息或者回购应收账款债权①，也可以向应收账款债务人主张应收账款债权。②

按照本条规定，在有追索权保理中，在当事人无特别约定或者约定不明确时，保理人有权选择向应收账款债权人主张返还保理融资款本息或者回购应收账款债权③，或者向应收账款债务人主张应收账款债权；保理人也可以同时向应收

---

① 债权人与债务人均没有清偿彼此债务的意思表示，不是代为清偿。最高人民法院（2017）民申4013号民事裁定书认为：中航公司因三份“煤炭采购合同”对弘宇公司产生的3 800万元债务已由弘宇公司转让给中信银行。中航公司确认，至2013年9月10日，上述债务尚未偿还。虽然弘宇公司于2013年9月自筹资金3 800万元支付给了中信银行，但弘宇公司声明，其支付上述款项是为了履行其与中信银行所签订的保理合同项下回购义务。同时，弘宇公司、中信银行向中航公司发出了三份“债权转让通知书”，中航公司也相应出具“债权转让通知书回执”，并于同日与弘宇公司共同向中信银行出具了“声明”。该声明载明，“煤炭采购合同”项下的3 800万元债务仍由中航公司归还。上述行为足以证明弘宇公司向中信银行归还3 800万元的行为并无代中航公司偿还债务的意思表示，且中航公司对此明知，弘宇公司的还款行为不能发生消灭中航公司债务的效果。

② 针对“天津汇融保理有限公司诉天津百畅医疗器械销售有限公司等保理合同纠纷案”（载《人民法院案例选》2015年第4辑），天津市高级人民法院（2014）津高民二终字第0103号民事判决书认为：双方在保理合同第二条第（二十）项还约定，百畅销售公司向汇融保理公司归还保理融资款及相关费用后，汇融保理公司将应收账款及应收账款项下的权利返还百畅销售公司。从上述约定可以看出，汇融保理公司返还应收账款及其项下的权利并非汇融保理公司要求百畅销售公司归还保理融资款的前提条件，百畅销售公司主张其归还保理融资款的条件并未成就的理由不能成立，本院不予支持。

③ 针对“招商银行天津分行诉天津华通润商贸发展有限公司等保理合同案”，（载《人民法院案例选·月版》2009年第3辑）天津市高级人民法院（2005）津高民二初字第48号民事判决书认为：投资公司在保理期满未依协议向银行支付银行已支付对价的应收账款债权，理应对尚欠债务本息承担偿还义务，同时银行可依保理业务合同约定在其应收账款债权未受偿时直接对商贸公司行使追索权，即要求商贸公司对银行未受偿的应收账款债权承担回购责任，投资公司和化工公司依约对该回购义务履行承担连带责任。回购金额为：银行基本收购款＋基本收购款逾期支付违约金＋银行实际发生的所有管理及追索费用，故商贸公司应依合同约定在收购款3 700万余元及逾期利息范围内对投资公司上述到期债务承担回购责任，化工公司、投资公司对商贸公司上述债务承担相应的连带保证责任。

账款债权人和债务人主张权利。[①] 当然，保理人不能从债权人和债务人处获得重复清偿。

同时，在有追索权保理中，保理人向应收账款债务人主张应收账款债权的，在获得债务人的履行后，首先应当扣除保理融资款本息和相关费用，具体包括：保理融资款本息、保理人未受清偿的应收账款融资额度承诺费、保理手续费、保理首付款使用费以及其他债权人到期未付款等。至于扣除后剩余的这部分保理余款的归属，首先由保理人和债权人在保理合同中约定，保理合同对此无约定或者约定不明确时，本条规定了一个默认规则，即保理余款应当返还给应收账款债权人。此时，保理人负有清算义务。当然，保理人和债权人之间可以依法另作约定。

第七百六十七条

当事人约定无追索权保理的，保理人应当向应收账款债务人主张应收账款债权，保理人取得超过保理融资款本息和相关费用的部分，无需向应收账款债权人返还。

---

① 针对“张某祥、秦某、田某、江苏长三角煤炭有限公司、江苏长三角能源发展有限公司、江苏中江能源有限公司、中煤科技集团有限公司与中国民生银行股份有限公司南京分行一般借款合同纠纷案”，最高人民法院（2014）民一终字第187号民事裁定书认为：因案涉“应收账款”系煤业公司与煤炭集团履行“煤炭买卖合同”产生的合同之债，且煤业公司将债权转让一事通知了债务人煤炭集团，煤炭集团亦在“应收账款转让通知书”上签字，故银行取得了有追索权的转让债权，基于该转让债权取得了与原债权人煤业公司一样的诉讼地位和诉讼权利。但煤炭集团非“保理服务合同”的当事人且未在上述合同上签字，故不应受“保理服务合同”的约束。煤炭集团在“应收账款转让通知书”上签字，只能证明其与银行之间产生债权转让关系，而不意味着其加入银行与煤业公司之间的借款担保合同关系。银行不能基于“综合授信合同”“贸易融资主协议”“保理服务合同”有关争议管辖条款，以借款担保合同纠纷为由向银行住所地法院起诉煤炭集团，其与煤炭集团之间的债权转让纠纷，可依《民事诉讼法》关于“因合同纠纷提起的诉讼，由被告住所地或者合同履行地人民法院管辖”的规定，另行向依法享有法定管辖权的法院起诉。

另有裁判观点认为，如果已经有法院判决要求债权人回购的，保理人就不再享有应收账款债权。针对上海浦东发展银行股份有限公司长沙分行诉中联重科股份有限公司合同纠纷案，最高人民法院（2017）民申132号民事裁定书认为：根据“保理协议书”“保理融资申请书”的约定，本案为买断性保理，浦发银行受让湾天公司对中联公司的应收账款债权，浦发银行成为中联公司的债权人。此后，湾天公司向浦发银行出具“承诺函”，承诺如中联公司没有在融资到期日内足额履行付款义务，则由湾天公司对“保理协议书”项下转让给浦发银行的对中联公司的应收账款承担回购责任，其回购的标的仍是该应收账款债权。所以，浦发银行无论是向中联公司请求债务清偿，还是向湾天公司请求回购，均是基于同一笔应收账款债权。在当事人没有另行约定的情形下，浦发银行只能择一主张。根据已查明事实，浦发银行已经在另案中请求湾天公司就该应收账款债权承担回购责任，另案生效判决已经支持了其诉讼请求。在此情形下，浦发银行对中联公司不再享有该笔应收账款债权，故浦发银行又在本案中诉请中联公司清偿债务缺乏请求权基础，一、二审判决驳回其诉讼请求并无不当。

本条主旨

本条是关于无追索权保理的规定。

相关条文

无

理解与适用

一、无追索权保理的概念

无追索权保理，是指保理人根据债权人提供的债务人核准信用额度，在信用额度内承购债权人对债务人的应收账款并提供坏账担保，债务人因发生信用风险未按基础合同约定按时足额支付应收账款时，保理人不能向债权人追索，故又称为买断型保理。无追索权保理在性质上属于应收账款债权买卖，保理人受让债权并享有债权的全部清偿利益、负担债权不能受偿的风险，作为债权转让对价的融资款实际上是通过买卖取得债权的价款。

二、法律关系

按照本条规定，当事人约定无追索权保理的，保理人应当向应收账款债务人主张应收账款债权，而不能向应收账款债权人主张返还保理融资款本息或者回购应收账款债权。这适用于债务人发生了信用风险的情形，即债务人未按照基础交易合同约定履行债务或者履行债务不符合约定，包括债务人破产、无正当理由不按照约定履行债务等。《国际保理通则》第 16 条、我国的《商业银行保理业务管理暂行办法》第 10 条都作了类似规定。实际上这涉及债权人依据保理合同对保理人负有的瑕疵担保义务的范围。依据保理合同，除非债权人和保理人之间另有约定或者保理人在订立保理合同时知道或者应当知道，债权人负有保证债权转让时确实存在、所有与该转让有关的文件或合同都是真实的并与其所声称的保持一致、其对该债权有处分权、其不会进行任何使转让债权的价值落空或者减损的行为、债务人对转让债权没有抗辩权和抵销权、第三人不得向保理人主张任何权利等义务，否则其应当对保理人承担去除权利瑕疵的继续履行、违约损害赔偿等违约责任，保理人也有权行使履行抗辩权和依法解除转让合同的权利。但是，除非债权人和保理人另有约定，债权人并不承诺债务人具有或者将具有履行能力。这一点不仅仅适用于保理合同，在所有的债权转让合同中都是如此，即除非当事人另有约定，让与人不对债务人的履行能力负有担保责任。这在《瑞士债法》第171条、《意大利民法典》第1267条、《俄罗斯联邦民法典》第1964条第2款、我国台湾地区“民法”第352条、我国澳门地区《民法典》第581条第2款、《联合国国际贸易中应收款转让公约》第12条第2款、《联合国国际贸易法委员会担保交易示范法》第57条第2款中都有明确规定。

也就是说，无追索权保理并非意味着在任何情形下保理人对债权人均无追索权，一旦发生债务人未及时全额付款，保理人需要根据债务人违约的具体原因来判断追索对象，保理人不再追索应收账款债权人是具有一定前提的，即债务人未及时全额付款系源于其自身信用风险，而非其他原因。如果债务人因不可抗力而无法支付，或者债务人依法主张基础交易合同所产生的抗辩、抵销权或者依法解除基础交易合同而拒绝付款，则保理人仍有权对债权人追索，向应收账款债权人主张返还保理融资款本息或者回购应收账款债权。例如，债权人和债务人签订了货物买卖合同，债权人就其对债务人的应收账款债权与保理人签订了保理合同。在保理人向债务人主张应收账款债权时，债务人因债权人出卖的货物有严重的质量瑕疵而依法解除货物买卖合同，并拒绝保理人的履行请求。此时，由于这并非债务人的信用风险，因此，保理人仍然有权按照约定向应收账款债权人主张返还保理融资款本息或者回购应收账款债权。在实践中，针对非债务人信用风险的情形，保理人和债权人可以约定特定情形下的反转让权。这种约定与无追索权保理作为债权买卖并不冲突，其性质可以被认为是卖回权，是债权买卖中特别约定的条款。这种条款在其他买卖合同中也可以约定。这种特别约定正是无追索权保理有别于一般债权买卖之处，也是保理交易的特色。

同时，在无追索权保理中，保理人向应收账款债务人主张应收账款债权，在获得债务人的履行后，超过保理融资款本息和相关费用的，对这部分保理余款的归属，首先由保理人和债权人在保理合同中约定，因此保理人和债权人可以在保理合同中约定，保理人应当负有清算义务，就超过的部分，保理人负有向应收账款债权人返还的义务。保理合同对此无约定或者约定不明确时，基于无追索权保理在性质上属于应收账款债权买卖，因而与有追索权保理不同，本条规定了另外的默认规则，即这部分保理余款应当归属于保理人，无须向应收账款债权人返还。该默认规则符合无追索权保理的特性。在无追索权保理中，较之有追索权保理，保理人的风险更高，因此将这部分保理余款归属于保理人，也符合风险与收益相一致的基本原理。

第七百六十八条

应收账款债权人就同一应收账款订立多个保理合同，致使多个保理人主张权利的，已经登记的先于未登记的取得应收账款；均已经登记的，按照登记时间的先后顺序取得应收账款；均未登记的，由最先到达应收账款债务人的转让通知中载明的保理人取得应收账款；既未登记也未通知的，按照保理融资款或者服务报酬的比例取得应收账款。

本条主旨

本条是关于保理中应收账款债权重复转让的规定。

相关条文

《民法典》第414条　同一财产向两个以上债权人抵押的，拍卖、变卖抵押财产所得的价款依照下列规定清偿：（一）抵押权已经登记的，按照登记的时间先后确定清偿顺序；（二）抵押权已经登记的先于未登记的受偿；（三）抵押权未登记的，按照债权比例清偿。

其他可以登记的担保物权，清偿顺序参照适用前款规定。

理解与适用

一、债权重复转让的优先顺位问题

在实践中，经常会出现应收账款债权人就同一应收账款订立多个保理合同，致使多个保理人主张应收账款债权的情形。就多个作为债权受让人的保理人之间优先顺位的确定，不同的立法例存在不同的观点。有的采取转让合同成立在先的规则，例如《德国民法典》和我国台湾地区“民法”；有的采取通知在先的规则，例如《意大利民法典》第1265条、《埃塞俄比亚民法典》第1967条、《希腊民法典》第460条、《日本民法典》第467条第2款、我国澳门地区《民法典》第578条、《欧洲合同法原则》第11：401条；有的采取登记在先的规则，例如《美国统一商法典》第9-322条（a)、《联合国国际贸易法委员会担保交易示范法》第18条、《欧洲复兴开发银行担保交易示范法》第17条。对此，实践中的争议也较大。

二、已经登记的优先于未登记的，先登记的优先于后登记的

经研究，以何种方式确定多个保理人之间的优先顺位，取决于哪种方式能够使债权交易的公示成本、事先的调查成本、事中的监督防范成本、事后的债权实

现的执行成本等各种成本更低，对第三人和社会整体的外部成本也更低。在上述三种方式中，采取登记在先方式的，保理人调查成本、监督防范成本、实现债权的执行成本都是最低的，并且有助于防止债权人和其他人串通损害保理人利益的道德风险，提高债权的流通和担保价值，最终降低债权人的融资成本。建立在电子化的通知登记程序系统基础上的债权转让登记，由于电子化登记簿、自助登记和登记机构的审核程度低，因此登记成本非常低，并且其他第三人对登记的查询成本也较低，故是最为便捷、安全、高效、可靠的公示方法。总之，采取登记在先的方式，将使整体的社会成本最低，对保理人的地位保障最为充分，有利于保护交易安全，提升营商环境，同时便利企业的融资实践。关于登记机构的问题，《优化营商环境条例》第 47 条第 2 款已经规定：国家推动建立统一的动产和权利担保登记公示系统，逐步实现市场主体在一个平台上办理动产和权利担保登记。纳入统一登记公示系统的动产和权利范围另行规定。修订后的《应收账款质押登记办法》第 34 条也规定，权利人在登记公示系统办理以融资为目的的应收账款转让登记，参照本办法的规定。同时，同一债权向多个保理人多重转让的情形，在利益衡量上类似于同一财产向两个以上债权人抵押的情形，针对后一种情形，《民法典》第 414 条第 1 款规定，抵押权已经登记的，按照登记的时间先后确定清偿顺序，抵押权已经登记的先于未登记的受偿；同时在第 2 款中规定，其他可以登记的担保物权，清偿顺序参照适用前款规定。因此，为了提升营商环境，保护交易安全，便利融资，在利益结构相似的情形中保持规则的一致，提高裁判的统一性，本条首先采取了登记在先的方式来确定多个保理人之间的优先顺位，即应收账款债权人就同一应收账款订立多个保理合同，致使多个保理人主张权利的，已经登记的先于未登记的取得应收账款；均已经登记的，按照登记时间的先后顺序取得应收账款。

三、均未登记的，债权转让通知最先到达者优先

对于保理人都未进行债权转让登记的情形，考虑到采通知在先方式虽然较之采登记在先方式社会成本要高，但较之依合同成立时间先后来确定优先顺位仍然成本要低，此时宜采取通知在先的顺位确定方式，最先到达债务人的转让通知中载明的保理人顺位在先。这对于暗保理的保理人可能会有所不利，但整体上仍然有助于保护交易安全，并且暗保理的保理人应当承担因选择暗保理所应当承担的风险。因此，本条首先采取了登记在先的顺位确定方式，其次采取了通知在先的顺位确定方式。所转让的应收账款无论是现有的还是将有的，都适用相同的规则。

对于保理人既未登记也未通知债务人的情形，有些立法例采取了以合同成立

时间的先后来确定优先顺位，本条则规定，既未登记也未通知的，按照保理融资款或者服务报酬的比例取得应收账款。这与《民法典》第 414 条第 2 款第 3 项在最后采取的按照所担保的债权比例清偿的方式一致，同时区分了担保性的保理和非担保性的保理（即服务性保理）。在担保性的保理中，涉及保理融资款，此时按照保理融资款的比例取得应收账款；而在服务性的保理中，并不涉及保理融资款，此时按照服务报酬的比例取得应收账款。

本条所规定的优先顺位仅仅涉及多个保理人之间的关系，因此，本条是确定多个保理人之间的优先顺位的规则，而不涉及债务人的履行。对债务人而言，其向哪个保理人履行，仅取决于债务人收到转让通知的时间。债权转让登记本身不能对债务人发生效力，对债务人发生效力的是通知。因此，债务人向谁有效清偿和债权利益最终归属于谁，分别是债务人保护和保理人的地位保障这两个不同的问题。如果债务人基于转让通知向劣后顺位的保理人有效清偿，则基于对债务人的保护，此时债务消灭，债务人被免除再次履行的责任，但基于本条所确立的确定保理人之间优先顺位的规则，债权的最终利益应归属于优先顺位的保理人，因此优先顺位的保理人有权向劣后顺位的保理人请求返还债务人的履行。

应当注意的是：首先，本条仅明确规定了应收账款债权人就同一应收账款订立多个保理合同致使多个保理人主张权利，也即应收账款债权重复保理的情形，明确了多个保理人之间的优先顺位，但是并未明确规定应收账款多重处分的其他情形。在实践中，有可能是应收账款的保理人和应收账款的质权人之间发生利益的冲突；也有可能是应收账款的保理人和应收账款的其他受让人之间发生利益的冲突，例如，甲公司将其应收账款转让给乙工厂用于抵债，后又将该应收账款重复转让给保理人丙银行，因甲、乙之间的交易合同并非保理合同且不以融资为目的，无须登记，也无法登记，此时就会出现丙银行和乙工厂之间的利益冲突。此外，此种利益冲突也可能发生于并非保理的其他类型的债权多重处分中。此时，为保护交易的安全，在债权多重处分的其他情形中，有些立法例也按照本条所规定的规则确定不同主体之间的顺位。其次，本条仅明确规定了应收账款的多重保理人之间的关系，但是，在应收账款保理和一般的债权转让或者其他处分中所涉及的第三人，除了转让债权的重复受让人，还包括该债权的其他担保权人、让与人的其他债权人，而让与人的其他债权人又包括让与人的一般债权人、让与人的扣押和执行债权人、让与人的破产管理人等。受让人和这些第三人的关系，在有些立法例例如《美国统一商法典》《联合国国际贸易法委员会担保交易示范法》中，为了保护交易安全，受让人和让与人的其他扣押债权人、破产管理人之间的顺位，统一取决于登记与扣押、受理破产案件的时间先后，如果债权转让未登记或者登记时间在后的，受让人不能对抗这些第三人；如果债权转让先登记，则受让人能够对抗这些第三人而取得优先顺位。

第七百六十九条

本章没有规定的，适用本编第六章债权转让的有关规定。

本条主旨

本条是关于保理适用债权转让规则的规定。

相关条文

无

理解与适用

保理必须具备的要素是应收账款债权的转让，没有应收账款的转让就不能构成保理合同，而应收账款是债权的一种，应收账款债权转让属于债权转让，应收账款债权人就是债权转让中的让与人，保理人就是债权转让中的受让人，应收账款债务人就是债权转让中的债务人。[①] 因此，在本章没有特别规定的情形中，应当适用《民法典》合同编第六章关于合同转让的一般规定，具体而言，在涉及债权转让的范围内，适用以下规定：（1）不得转让的债权的规定。[②]（第545条）

① 针对“鑫晨保理有限公司诉上海特创实业发展有限公司合同纠纷案”（载《人民司法（案例）》2016年第32期），上海市浦东新区人民法院（2014）浦民六（商）初字第7430号民事判决书认为：商业保理合同的法律性质是以债权转让为核心的综合金融服务合同。保理的核心是应收账款转让，属债权转让范畴，故所有保理均可适用《民法通则》《合同法》等法律中关于债权转让的一般性规定。

② 《民法典》生效前的司法实践持不同立场。针对“中国光大银行苏州分行诉韦翔塑胶（昆山）有限公司、苏州冠捷科技有限公司等借款合同纠纷案”，江苏省高级人民法院（2008）苏民二终字第0333号民事判决书认为：科技公司与塑胶公司所签购销协议明确约定了禁止转让合同权益和义务的条款，符合《合同法》第79条规定的除外情形。银行作为保理商在与塑胶公司签订“保理协议”与“综合授信协议”时，对保理所涉基础交易合同条款未尽审查注意义务，故塑胶公司在未征得科技公司同意下，将其对科技公司应收账款擅自转让给银行，违反前述法律规定，即使债权人通知了债务人，对科技公司亦不发生效力。因此，应依《合同法》第79条规定认定债务人虽就禁止让与的应收账款对保理商享有抗辩权，但债务人实际履行中以明示行为表示同意转让的除外。科技公司虽按塑胶公司指示向银行的监管账户支付了部分到期货款，但并不能以此认定科技公司同意塑胶公司将其对科技公司的应收账款债权均转让给银行，该部分付款行为可被视为部分接受债权转让。鉴于科技公司与塑胶公司已结算相应货款，本案所涉主债务是基于银行与塑胶公司之间因“保理协议”与“综合授信协议”项下的贸易融资业务而产生，且“保理协议”明确约定银行对贸易融资本息保留向塑胶公司追索的权利，故本案主债务即保理融资款应由塑胶公司向银行偿还。

(2) 关于债权转让通知的效力和撤销的规定。(第 546 条) (3) 债权受让人取得与债权有关的从权利的规定。(第 547 条) (4) 债务人对让与人的抗辩可以继续向受让人主张的规定。[①] (第 548 条) (5) 债务人对受让人主张抵销权的规定。(第 549 条) (6) 债权转让增加的履行费用的负担的规定。(第 550 条)

当然,《民法典》合同编第六章“合同的变更和转让”中未规定,而《民法典》其他章节对债权转让有规定的,也要在保理中予以适用,例如,《民法典》第 502 条第 3 款关于债权转让经批准的规定。

应当注意的是,《民法典》第 467 条规定:本法或者其他法律没有明文规定的合同,适用本编通则的规定,并可以参照适用本编或者其他法律最相类似合同的规定。因此,对于非因保理合同发生的债权转让,首先,适用《民法典》或者其他法律中明确的特别规定;其次,适用《民法典》合同编第六章关于债权转让的一般规定,同时参照适用最相类似的合同的规定。因此,在对这些债权转让没有明确规定时,本章中涉及保理中的应收账款债权转让的规则,可以参照适用于非因保理合同发生的债权转让。所涉及的本章规则主要包括:(1) 允许将有债权转让的规定。(第 761 条) (2) 虚构转让债权的法律后果的规定。(第 763 条) (3) 受让人发出转让通知的限制性条件的规定。(第 764 条) (4) 让与人和债务人协商一致影响转让债权价值的行为对受让人之效力的规定。(第 765 条) (5) 债权多重转让时优先顺位的规定。(第 768 条)

---

① 针对“中国银行股份有限公司福建省分行与福州飞皇贸易有限公司等金融借款合同纠纷案”(载《人民司法(案例)》2016 年第 32 期),福建省福州市中级人民法院(2013)榕民初字第 1287 号民事判决书认为:根据中电公司、福州飞皇公司、江西本立公司签订的三方协议,中电公司在收到江西本立公司货款后才有义务向福州飞皇公司付款。因中电公司未收到 2012 年 9 月份订单的相应货款,故其向福州飞皇公司付款的条件尚未成就。由于案涉应收账款系附给付条件的债权,中电公司对福州飞皇公司的关于讼争款项尚不具备支付条件的抗辩,可向受让人中行福建分行主张。因此,被告中电公司只有在其收到第三人江西本立公司支付案涉月度订单项下的款项后,才有义务向应收账款受让人原告履行付款义务。基于债权让与担保的从属性,被告中电公司在收到江西本立公司支付的货款后,在 9 704 360 元应收账款限额内对被告福州飞皇公司对原告所负债务承担连带清偿责任。

第十七章

承揽合同

第七百七十条

承揽合同是承揽人按照定作人的要求完成工作，交付工作成果，定作人支付报酬的合同。

承揽包括加工、定作、修理、复制、测试、检验等工作。

本条主旨

本条是关于承揽合同的定义和主要类型的规定。

相关条文

《合同法》第 251 条 承揽合同是承揽人按照定作人的要求完成工作，交付工作成果，定作人给付报酬的合同。

承揽包括加工、定作、修理、复制、测试、检验等工作。

《民法典》第 808 条　本章没有规定的，适用承揽合同的有关规定。

第 1193 条　承揽人在完成工作过程中造成第三人损害或者自己损害的，定作人不承担侵权责任，但是定作人对定作、指示或者选任有过错的，应当承担相应的责任。

《最高人民法院关于审理人身损害赔偿案件适用法律若干问题的解释》第 10 条　承揽人在完成工作过程中对第三人造成损害或者造成自身损害的，定作人不承担赔偿责任。但定作人对定作、指示或者选任有过失的，应当承担相应的赔偿责任。

理解与适用

一、承揽合同的主要特征

（一）承揽人按照定作人的要求完成工作并交付工作成果

承揽人必须按照定作人的要求完成一定的工作，即以劳务完成一定的结果。在承揽合同中，定作人所需要的不是承揽人单纯提供劳务，而是一定的结果。承揽人完成工作的劳务只有体现在其完成的工作结果上，才能满足定作人的需要。完成的工作结果可以是有形的，也可以是无形的，例如宣传、演讲、向导、演戏等。“交付工作成果”在完成的工作结果是有形结果的情形中才有可能。但是，并非所有的承揽均须交付工作成果，因此，“交付工作成果”仅仅适用于特定的情形而非所有的承揽情形。① 当然，不作为不能成为承揽合同的标的。

这同时意味着，承揽合同属于结果之债，即只有债务人的行为按照要求实现了特定后果时，债务人才履行了其义务。因此，承揽人没有完成工作成果，即使其提供了劳务，也不能向定作人要求报酬并依法承担违约责任。② 这体现了对当事人意思表示解释的一般推定规则。定作人是根据承揽人的条件认定承揽人能够完成工作而选择承揽人的，定作人的目的是取得工作成果，一旦承揽人同意，则承揽人应当担保完成工作，除非当事人另有约定。

据此，承揽合同是以提供一定的劳务或服务为内容的服务合同的一种。关于服务合同，一直有观点认为：要将其作为典型合同的一种，与以物或者权利的转移为中心的合同相对应，因为服务具有库存的不可能性、无形性或者识别困难性、复原返还的不可能性、受到服务人特质的制约、受领人的协作、受领人自身的特性与服务效果之间的密切关联性、信息的不对称性、持续性、损害的特殊性等。建议在将重要的服务合同类型作为典型合同的同时，构建各类服务合同的一

---

① 相同观点，参见崔建远：《合同法学》，北京，法律出版社 2016 年版，第 393 页；宁红丽：《〈民法典草案〉“承揽合同”章评析与完善》，载《经贸法律评论》2010 年第 1 期，第 109－110 页。我国有学者认为承揽标的仅以有形物为前提设计，参见郭洁：《承揽合同若干法律问题研究》，载《政法论坛》2000 年第 6 期，第 45－46 页。《德国民法典》第 631 条、《瑞士债法》第 363 条、《意大利民法典》第 1655 条、《日本民法典》第 632 条、我国台湾地区“民法”第 490 条均规定承揽以“完成工作”而并非必然以交付有形的工作物为条件。

② 参见王利明：《合同法研究》（第三卷），北京，中国人民大学出版社 2015 年版，第 405 页。

般性规定。[①] 目前，民法典并未采取此种方案，而仅仅是将重要的服务合同类型作为典型合同予以规定。这主要是考虑到服务合同内部也需要再类型化：第一种是“以物为中心”的承揽性服务合同，包括承揽合同、建设工程合同、运输合同；第二种是保管性服务合同，包括保管合同和仓储合同；第三种是委托性服务合同，包括委托合同、物业服务合同、行纪合同、中介合同。承揽合同是承揽性服务合同最为基本的类型[②]，因此其规定也构成了这一类合同的基础，在对这一类合同没有特别规定时，可以参照适用承揽合同的相关规则。例如，就建设工程合同，《民法典》第 808 条就明确规定：本章没有规定的，适用承揽合同的有关规定。

（二）定作人支付报酬

定作人应当按照约定向承揽人支付报酬，换言之，如何支付报酬、报酬形式、支付数额、支付期限等，均由当事人自由约定。在对有偿或者无偿未作出约定时，按照本条规定，似应推定为有偿。如果双方明确约定是无偿的，则此时自然无须支付报酬，但该合同是否仍然是承揽合同，在双方无约定时适用本章规则，抑或参照适用无偿委托合同或者赠与合同的规则。考虑到本章的具体规则都是以有偿合同作为原型而设计的，在无偿合同中如果以此确定双方的权利、义务似乎并不妥当，因此在涉及承揽人的责任时，参照适用赠与合同和无偿委托合同的规则更为妥当，在其他方面可以参照适用关于承揽合同的规定。[③] 据此，承揽合同是双务合同和有偿合同。

（三）承揽合同是诺成合同和不要式合同

承揽合同在双方当事人意思表示达成一致时即可成立。承揽合同的形式可以

---

① 参见周江洪：《服务合同在我国民法典中的定位及其制度构建》，载《法学研究》2008 年第 1 期；周江洪：《服务合同的类型化及服务瑕疵研究》，载《中外法学》2008 年第 5 期；刘训峰：《服务合同一般规定立法研究》，南京大学 2011 年博士学位论文；战东升：《民法典编纂视野下的服务合同立法》，载《法商研究》2017 年第 2 期；周江洪：《作为典型合同之服务合同的未来》，载《武汉大学学报（哲学社会科学版）》2020 年第 1 期。当然，不同学者关于具体的实现路径仍然有争论。比较法中，英国通过《货物与服务供应法》第 5、12～15 条以及《消费者权利法》第 48～57 条创制了服务相关的规则；大陆法系不少国家与地区也积极进行服务合同一般规则立法，例如《荷兰民法典》《魁北克民法典》《俄罗斯联邦民法典》《秘鲁民法典》《越南民法典》等，《欧洲私法统一参考框架》（以下简称 DCFR）就专门规定了服务合同。

② 德国法以承揽合同为中心统合所有的服务合同，但这是因为德国的委托合同都是无偿的，因此以承揽为中心试图解决其他有偿服务合同的规则适用。但我国的委托合同并非以无偿为要件，并且委托合同和承揽合同在瑕疵判断和法律效果方面存在很大的区别。参见周江洪：《服务合同研究》，北京，法律出版社 2010 年版，第 48 页。DCFR 也将服务合同和委托合同区分开。

③ 参见崔建远：《合同法学》，北京，法律出版社 2016 年版，第 394 页；王利明：《合同法研究》（第三卷），北京，中国人民大学出版社 2015 年版，第 406 页。DCFR 第 4.3－1：101 条以有偿服务为原型，但明确规定无偿提供服务的情形可以参照适用。

由当事人协商确定，法律没有明确限制，故其是不要式合同。①

二、承揽合同的种类

根据承揽工作的种类可以将承揽合同区分为以下几种。

(1) 加工合同：加工合同是承揽合同中最典型的一种。所谓的加工就是指承揽人以自己的技能、设备和劳力，按照定作人的要求，将定作人提供的原材料加工为成品，定作人接受该成品并支付报酬的合同。

(2) 定作合同：定作就是承揽人根据定作人的要求，以自己的技能、设备和劳力，用自己的材料为定作人制作成品，定作人接受该特别制作的成品并给付报酬的合同。定作合同与加工合同的区别在于材料的提供方不同，加工合同的材料提供者为定作人，定作合同的材料提供者为承揽人。

(3) 修理合同：修理合同是指定作人将损坏的物品等交予承揽人进行维修，承揽人以自己的技能、设备和劳动修理该物品，并将修理好的物品返还于定作人，定作人接受该工作成果后支付报酬的合同。

(4) 复制合同：复制是指承揽人按照定作人的要求，根据定作人提供的样品，重新制作类似的成品，定作人接受复制品并支付报酬的合同。承揽人根据定作人提供的样本不同，可以采取不同的方式进行复制，如对文本复印、对书稿临摹等。

(5) 测试合同：测试是指承揽人根据定作人的要求，利用自己的技术和设备对定作人完成的某一项目的性能进行检测试验，定作人接受测试成果并支付报酬的合同。

(6) 检验合同：检验是指承揽人以自己的技术和仪器、设备等对定作人提出的特定事物的性能、问题、质量等进行检查化验，定作人接受检验成果并支付报酬的合同。

(7) 其他合同：本章所调整的范围不仅仅包括以上所列的这几种承揽工作，任何符合本条第1款之定义的合同行为，如印刷、洗染、打字、翻译、拍照、冲卷扩印、广告制作、测绘、鉴定等，都属于本章所调整的承揽工作。

三、承揽合同的实践认定

(一) 承揽合同和劳动合同

双方当事人之间所签订的合同是承揽合同抑或劳动合同直接关系到法律的适

① 河南省南阳市中级人民法院（2003）南民三终字第0013号民事判决书认为："上诉人委托被上诉人接收铜字和行徽的事实，虽然双方无书面协议，但已经形成事实上的加工承揽合同关系。"

用和当事人之间的利益分配。虽理论上的区分很清晰，但实践中的区分有时很含糊。实践中，此种区分的最为重要的意义在于完成工作过程中造成第三人损害或者自己损害的，究竟由谁承担侵权责任和承担何种形式的侵权责任。《民法典》第 1191 条规定了用人单位的承担责任，第 1192 条规定了个人之间劳务关系中的责任承担，第 1193 条规定了承揽关系中的责任承担。不同关系的认定对侵权责任承担有重大的影响。①

在实践情形中，首先，应当看当事人事前或者事后的约定。这种约定不仅是关于合同名称的约定，更重要的是关于合同内容的约定。如果当事人明确将双方的法律关系约定为承揽合同，则按照其约定进行处理。如果当事人没有明确约定合同的名称，但合同项下的权利、义务为承揽合同之内容的，则应当将合同定性为承揽合同。② 其次，当事人之间事后仍达不成一致意见时，如果在诉争法律关系的领域形成了较为稳定、公开的交易习惯，则可以按照该交易习惯进行裁判。③ 既没有约定也没有交易习惯的，总结裁判中的观点，往往要综合权衡以下因素予以判断。

（1）当事人之间是否存在控制、支配和从属关系。虽然承揽人也是根据定作人的指示要求完成一定的工作，但承揽人在完成承揽工作时具有独立性，有权根据自己的经验、知识和技能，选择自己认为最好的工作方法进行工作。定作人虽然可以监督、检验，但一般无权任意干预、妨碍承揽人的正常工作。劳动合同中的劳务给付具有从属性，表现为一方应当服从另一方的指示、安排、指挥和监督。这涉及具体劳动内容由哪一方决定、劳动地点位于哪一方之处、劳动时间由哪一方安排、劳动方式由哪一方指定等。如果上述因素全部或者大部分由一方决定与安排，则双方构成劳动或者劳务合同。④ 但是，在社会分工时代，在可管理、控制的范围内，雇主也不必对工作人员的任何工作都作出明确指示，有可能只是对工作人

---

① 《最高人民法院关于审理人身损害赔偿案件适用法律若干问题的解释》第 8～14 条也对此规定了不同的责任承担。

② 北京市第一中级人民法院（2015）一中民终字第 03808 号民事判决书中认为，虽然双方合同中出现了“承揽”一词，但合同中也存在着严格的管理和支配关系（如对服务态度的要求和惩罚、对投递率的要求和惩罚、对投递延误的惩罚等），遂结合原告驾驶具有被告统一标识的车辆这一事实，而认定是雇佣合同。

③ 参见崔建远：《承揽合同四论》，载《河南省政法管理干部学院学报》2010 年第 2 期，第 76 页。

④ 江苏省连云港市灌云县人民法院（2011）灌杨民初字第 0267 号民事判决书中认为：原告张某某受被告宏顺公司的职员陈某某之托为该公司接钢丝绳，工作地点位于该公司化工处，由公司职工带至指定地点，工作时间由被告公司指定，接钢丝绳的工作方式受被告公司员工的指挥，原告并无工作独立性。因此，本案被人民法院裁判定性为雇佣合同，被告对原告张某某承担雇用人责任。而在江西省宜昌市中级人民法院（2010）宜中民三终字第 00176 号民事判决书中，原告韩某某在工作过程中，与其他装卸工人自行搬运，并未受到鹰冠公司职员的指挥、支配与控制，具有独立性，故本案被人民法院最后定性为承揽合同。

员的一部分工作作出了指示，而给予工作人员一定范围内的自由裁量权。因此，在这一类劳动合同中，双方的支配、控制关系就并不明显；而承揽合同中定作人有权对承揽人的工作实施必要的监督、检验，这有时在外观上可能接近于支配、控制。

（2）是否由一方指定工作场所、提供劳动工具或设备、限定工作时间。承揽人一般具有独立性，在完成工作过程中自行提供工具设备、拥有专业技术，一般不以定作人的设备、技术为依托而工作。在劳动合同中，往往由雇主一方指定工作场所、提供劳动工具或设备、限定工作时间。

（3）完成工作还是提供劳务。一般而言，承揽合同具有结果关联性，承揽人不仅需要提供劳务，还需要完成工作实现一定结果，未完成工作的，不能获得报酬，因此，承揽人的义务强度较高。而劳动合同中，雇员只需正常提供劳务即可，一般是继续性提供劳务，仅具有行为关联性。如果以完成工作实现一定的结果为目的，提供劳务仅仅是完成工作的手段，则一般为承揽。但是，特定劳动成果的无形化与单纯劳务付出的区分日益困难，例如，对某合同内容，是擦拭玻璃这一单纯的劳务给付，还是把玻璃擦拭干净这一无形劳务成果的完成，不同的理解会使法律关系的定性结果截然不同，而且某种程度上会出现模棱两可的理解结果。①

（4）报酬包含的内容、支付形式和支付条件。承揽关系的支付方式一般是履行完毕后一次性支付，报酬不仅包括劳动力价格，而一般是基于承揽人自身的技能或生产规模、原材料的价格等确定的，支付报酬前一般还有验收的过程。劳动合同中，一般定期给付或者一次性按照工作天数支付报酬，报酬是根据市场劳动力的价格结合相应的行业标准确定的，体现的是劳动力的价格，一经确定后，一般在长时间内维持稳定，不存在亏损的风险。② 但是，在一些需要耗费较长时间才能完成特定成果的承揽合同中，也有可能存在着定作人向承揽人分期支付报酬的情形；大量短期的劳务合同中，报酬的支付方式为一次性支付，并不存在分期支付的情况。

（5）当事人一方所提供的劳动是其独立的业务或者经营活动，还是构成合同相对方的业务或者经营活动的组成部分。劳动合同中提供劳务一方所提供的劳动一般构成合同相对方的业务或经营活动的组成部分，承揽关系中承揽方所提供的

---

① 参见上海市第二中级人民法院（2011）沪二中民一（民）终字第172号民事判决书。

② 江苏省泰州市泰兴市人民法院（2012）泰将民初字第0465号民事判决书中认为：季某某与被告张某约定按照船舶的总吨位，每吨按一定价格结算清仓费，是以船舱被清理干净作为报酬支付依据，而并非以时间的长短作为劳务报酬支付的依据，因此被认定为承揽合同。安徽省黄山市中级人民法院（2017）皖10民终14号民事判决书认为虽然劳动者自带运输工具，但是运输行为发生的场所、路线、装卸货物均受监督和管理，劳动者完成相应的工作后获得报酬为提供劳务的对价，其自带的运输工具、自行负担的油费均为提供劳务的成本，故劳动者与雇佣人之间属雇佣关系。

劳动是其独立的业务或经营活动。[①] 但是，在双方当事人均为自然人的情形中，例如农村村民建房，建造房屋就不属于生产经营活动。

此外，还需要考虑劳务活动所需的技术含量、劳务是否可交由第三人完成等其他因素。

但是，需要注意的是，依据单独的任何一个因素，都存在判断不清晰、不准确的可能性，往往需要将这些因素进行综合权衡后，才能得出一个相对有说服力的回答。[②]

（二）承揽合同和买卖合同

承揽合同和买卖合同的区分一般是清晰的，买卖合同当事人的权利、义务以交付和所有权的移转为中心展开，而承揽合同当事人的权利、义务以完成一定工作为中心展开。《民法典》第646条规定："法律对其他有偿合同有规定的，依照其规定；没有规定的，参照适用买卖合同的有关规定。"承揽为劳务性合同，与买卖为财产性合同不同，在适用该条处理承揽纠纷时，不可毫无保留地直接适用买卖合同的规定，而仅仅是参照适用，应根据两者的性质差异作出调整。[③] 但

---

① 湖南省常德市鼎城区人民法院（2013）常鼎民初字第1535号民事判决书中，原告顾某某为佳盛公司安装节水节能产品，该工作属于被告公司的核心业务，构成其生产经营活动的重要组成部分，法院认为双方构成雇佣合同。

② 最高人民法院民事审判第一庭编著：《最高人民法院人身损害赔偿司法解释的理解与适用》，北京，人民法院出版社2004年版，第169页。实践中也往往是综合采取以上标准予以权衡。例如，最高人民法院（2019）民申字第560号民事裁定书中认为：叶连余与谢祥温约定劳动报酬为挖掘机按时计费、拖拉机按车次计费、工程结束后再一次性补偿谢祥温物资运输费用5 000元，从施工前的准备来看，谢祥温与谢祥朝等人勘察完现场后，与叶连余协商施工方案，谢祥温除决定需用何种挖掘机外，还决定需多少拖拉机，并负责物资运输；在该工程中谢祥温除提供自有的挖掘机外，雇用了挖掘机操作员官锡宝，联系了拖拉机手林立庆、谢康平等人，最高人民法院以上述三个标准认定为承揽而非雇佣。江苏省如东县人民法院（2010）东民初字第2126号民事判决书中，因劳动者提供劳动的时间、方式由其自行决定，与委托人具有平等地位，无人身依附性，委托人仅注重劳动成果，而非劳动过程，劳动者在完成委托人要求的劳动成果时才能获取报酬，且劳动者提供劳动与获取报酬均为一次性，不具连续性，故可认定委托人与劳动者之间的法律关系为承揽关系，而非雇佣关系。湖北省宜昌市中级人民法院（2017）鄂05民终2579号民事判决书中，劳动者自备汽车从事运输，收取运费，运输业务由自己决定是否接单，与委托人之间不存在服从与管理的关系，因此，双方之间属运输合同关系而不是雇佣关系。云南省高级人民法院（2008）云高民三终字第29号民事判决书中认为：上诉人罗培金作为三机床厂的内退职工，没有接受三机床厂指派维修加工中心的劳动合同义务，从几次维修加工中心机器的过程来看是上诉人与三机床厂协商的结果，并且上诉人维修加工中心机器时在地点、时间上具有自主性，三机床厂并未指定工作场所、提供劳动工具或设备，限定工作时间，双方的合同符合承揽合同的特征。实践中对此的观点，参见刘千军、谢彬：《承揽与雇佣的区别及责任承担》，载《人民法院报》2013年5月23日，第006版；郑小苗：《雇佣、承揽与合伙的区别》，载《人民司法·案例》2007年第16期；车志平：《雇佣关系与帮工、承揽等相似关系的界定及识别》，载《人民司法·案例》2010年第10期；邱继东、郭瑞萍：《雇佣关系与承揽关系的区分》，载《人民法院报》2010年9月16日，第006版。

③ 参见易军：《买卖合同之规定准用于其他有偿合同》，载《法学研究》2016年第1期，第101页。

是，对于当事人一方将全部或者主要以自己的材料做成的物供给他方，他方接受给付并支付报酬的合同，例如甲向乙订购蛋糕、服装店包工包料定做西装等（理论上称之为"承揽供给合同""承揽出卖合同""制作物供给合同"，俗称"包工包料"），究竟是适用承揽合同的规则还是适用买卖合同的规则，就会存在争议。这里涉及确定管辖、定作人的任意解除权、是否允许第三人履行、材料和工作物的所有权归属及风险承担、另一方的监督权、侵权责任的承担等实践问题。理论上存在争议，存在不同观点，包括单独或者结合以下考虑因素，例如材料提供主体、替代物和不可替代物、当事人意思等，也有认为是混合合同（例如，就完成工作部分适用承揽合同，就交付工作成果部分适用买卖合同）。① 《民法典》第774条规定了承揽人提供材料的情形，似乎可以解释为此时绝对是承揽合同，但如此解释对当事人的权利、义务安排未尽妥当。单纯以是定作人还是承揽人提供全部或者主要材料来区分是否为承揽合同，不能适应现代社会承揽的经济背景，并且对当事人的权利、义务安排并非完全妥当。② 按照意思自治的基本考量，一般应当根据当事人的意思予以判断。当事人的意思重在制作物财产权移转的，为买卖合同；当事人的意思重在制作物完成的，为承揽合同。但是，当事人的意思又过于抽象，考虑重点是合同内容而非合同名称。一般在实践中，综合以下因素予以考量。③

---

① 具体参见谢鸿飞：《承揽合同》，北京，法律出版社1999年版，第24－27页；崔建远：《合同法学》，北京，法律出版社2016年版，第398－400页；邱聪智：《新订债法各论》（中），北京，中国人民大学出版社2006年版，第35－37页；王和雄：《承揽供给契约之性质及其工作物所有权之归属》，载郑玉波主编：《民法债编论文选辑》（下），台北，五南图书出版公司1984年版，第1120－1124页；郭洁：《承揽合同若干法律问题研究》，载《政法论坛》2000年第6期，第46－47页。罗马法、法国法区分材料提供主体而作判断；《德国民法典》第651条以材料提供主体为依据，但区分替代物和不可替代物；《奥地利普通民法典》第1158条、日本和我国台湾地区通说采取当事人意思；意大利以当事人意思为主，以材料提供主体为辅。

② 《德国民法典》原第651条在承揽人提供材料的情形中，适用买卖合同的规定。但为贯彻欧洲议会和欧洲共同理事会1999年5月25日的《消费商品买卖及消费物保障指令》，目前新的第651条已经对此作出修改。其第1款规定，契约系以交付尚待制造或者生产的动产为内容者，适用关于买卖之规定。其第3款同时规定，如果尚待制造或者生产的动产为不可替代物的，也同时要适用承揽合同的一些规则。

③ 参见王利明：《合同法研究》（第三卷），北京，中国人民大学出版社2015年版，第412－413页；最高人民法院立案一庭一般买卖合同纠纷课题调研组：《一般买卖合同纠纷访案比高的成因及对策分析》，载最高人民法院立案一庭、最高人民法院立案二庭编（苏泽林、景汉朝主编）：《立案工作指导》2012年第1辑（总第32辑），北京，人民法院出版社2012年版，第134－135页。最高人民法院（2015）民申字第1048号民事裁定书中认为：金茂公司签订合同之目的是获取一定数量和规格的石材，而该规格和数量的石材在签订合同时尚不存在，需由孙开华为业主的奎屯屯业石材厂按金茂公司的要求利用设备、技术和劳力进行制作，而后将制作好的石材交付金茂公司。通过上述合同目的和履行方式可以看出，"石材供应合同"符合承揽合同的一般特征，故一、二审认定该合同的性质为承揽合同并无不当。辽宁省高级人民法院（2016）辽民终575号民事判决书中认为：锦州电炉公司自认本案争议合同就是其以自己的设备、技术、材料和劳力，按照与鞍钢重机公司签订的"技术协议"的要求定做工业电炉，鞍钢重机公司接受成果并支付报酬的合同，双方当事人的真实意思表示应为承揽合同关系，一审法院认定为买卖合同关系不妥，应予纠正。

（1）是否明确约定制作方自己完成主要工作。承揽合同中，定作人选择承揽人通常是基于对承揽人之能力、设备、技术等方面的考虑并决定是否签订合同。买卖合同中的买方一般只根据卖方现有的标的物的性能、条件来衡量是否满足自己的需要，主要是基于标的物之现有性能来考虑并进行买卖的。如果合同内容规定制作方必须以自己的设备、技术和劳力完成制作物的主要部分，则一般可以认定为承揽合同。买卖合同中，买受人的主要目的为取得标的物所有权，而不要求标的物一定由卖方制作完成，因此，该标的物是否可以转交第三人生产、制作，也成为司法实践中认定合同性质的一个重要标准。①

（2）是否明确约定对制作方工作的监督、检查权，或者随时的变更权。如果约定在不影响制作人工作的情况下对制作人的制作过程进行监督检查的，一般可以认定为承揽合同。买卖合同的买受人只有权请求出卖人按约定的条件交付标的物，其无权过问对方的生产经营或标的物的取得情况。如果对制作人的要求可以随时调整、修改，则更类似于承揽合同。②

（3）合同中是否含有图纸或者定作要求。如果包含图纸或者定作要求，则更可能构成承揽合同。

（4）材料是否于报酬之外单独另行计价。如果未单独另行计价，而是整体包含于报酬之内，更可能构成承揽合同。如果工作报酬被明定于买卖价格之内，则更可能构成买卖合同。如果工作报酬和材料都单独另行计价支付，则可能构成混合合同，此时对材料部分适用买卖合同的规则，对工作完成部分适用承揽合同的规则。③

（5）标的物是替代物还是不可替代物、其流通性。如果标的物是不可替代物，具有较强的特定性，不具有太强的流通性，此时需要定作人更强的协助义

---

① 山东省东营市中级人民法院（2019）鲁05民终1500号民事判决书中认为：买卖合同和承揽合同的最主要区别在于标的不同，买卖合同的标的是一定的物，其注重的是成品交易；承揽合同的标的是一定的工作成果，其注重的是承揽人的特殊技术，承揽人所完成的工作成果必须符合定作人的要求和设计。虽然证据中合同名称处有“销售”的字样，虽然销售合同中的“销售”两字从字面可以理解为买卖的意思，但该合同的内容并不符合买卖合同的法律特征……依法认定本案当事人之间订立的合同应系定作合同。

② 河北省高级人民法院（2013）冀民二终字第14号民事判决书中认为：涉案合同文本名为买卖，实际系承揽人按定作人要求完成工作，定作人可随时修改、调整承揽指令，承揽人交付承揽成果取得报酬的合同，符合加工承揽合同法律特征，故本案属电器设备设施加工与安装的承揽合同。

③ 参见邱聪智：《新订债法各论》（中），北京，中国人民大学出版社2006年版，第37页。其认为仅买卖规则的适用仅应当及于材料部分，否则结果实厚于买卖而薄于承揽，所有权仍然原始归于承揽人，价值上不利于消费者而更有利于企业经营者。

务，通常情形下也难以另行出卖，则可能更倾向于适用承揽合同的规则。① 该因素一般不宜单独作为决定性因素，需要结合其他因素综合判断。

需要注意的是，即使认定为承揽合同，也不妨碍在承揽合同未作特殊规定的情况下，依据《民法典》第 646 条，参照适用买卖合同的有关规定。

第七百七十一条

承揽合同的内容一般包括承揽的标的、数量、质量、报酬，承揽方式，材料的提供，履行期限，验收标准和方法等条款。

本条主旨

本条是关于承揽合同之一般条款的规定。

相关条文

《合同法》第 252 条　承揽合同的内容包括承揽的标的、数量、质量、报酬、承揽方式、材料的提供、履行期限、验收标准和方法等条款。

《最高人民法院关于适用〈中华人民共和国合同法〉若干问题的解释（二）》第 1 条　当事人对合同是否成立存在争议，人民法院能够确定当事人名称或者姓名、标的和数量的，一般应当认定合同成立。但法律另有规定或者当事人另有约定的除外。

对合同欠缺的前款规定以外的其他内容，当事人达不成协议的，人民法院依照合同法第六十一条、第六十二条、第一百二十五条等有关规定予以确定。

理解与适用

本条规定的是承揽合同中的一般条款，其中的“一般包括”表明本条是倡导性规范，承揽合同不是一定要具备这些条款，当事人可以根据合同性质和双方的需要对上述规定的条款进行增减。缺少这些条款并不必然导致合同不成立。一般

---

① 《德国民法典》第 651 条第 3 款规定，尚待制造或者生产的动产为不可替代物的，除买卖合同的规则外，要适用承揽合同的一些规则。具体参见［德］梅迪库斯：《德国债法分论》，杜景林、卢谌译，北京，法律出版社 2007 年版，第 299－300 页。最高人民法院（2013）民申字第 2015 号民事裁定书中认为：双方明确约定多层油箱设备属秦川公司研制，塑光公司开制多层油箱模具，秦川公司进行技术指导，确保六层油箱模具与设备配套生产，因此，秦川公司根据上述约定的标准和要求制造的产品具有特定性，两份合同是以秦川公司提供特定劳务为内容的承揽合同，其合同名称、约定的付款方式和交付方式虽然无异于一般的买卖合同，但并不足以影响合同的性质。

而言，仅当事人的名称或者姓名、标的和数量，是承揽合同的必备条款；缺少其他条款，承揽合同一般仍然可以成立。对承揽合同中出现的漏洞适用《民法典》第510、511条予以确定。按照合同自由原则，当事人也可以约定这些条款以外的条款，例如预付款、结算方式、原材料消耗定额、工作成果的质量保证期限、保密等条款。如果当事人作了约定，这些约定也可以成为合同条款。

依照本条规定，承揽合同一般所包含如下条款。

（1）标的。

承揽的标的是承揽合同的权利、义务所指向的对象，也就是承揽人按照定作人要求所应进行的承揽工作。承揽合同双方当事人必须在合同中明确标的的名称，以使标的特定化。标的是承揽合同的必要条款，双方当事人未约定承揽标的或者约定不明确的，承揽合同不成立。

（2）数量。

当事人应当明确规定标的的数量，选择好双方共同接受的计算单位，确定双方认可的计算方法等。数量是承揽合同的必要条款，当事人未约定标的数量或者约定不明确的，承揽合同不成立。

（3）质量。

标的质量需订得详细、具体，如标的的技术指标、质量要求、规格、型号等，都应尽量明确。当事人在签订合同时，应当详尽写明质量要求，既可以以样货确定，也可以以标准市货确定，还可以采取其他方式确定。

（4）报酬。

报酬主要是指定作人应当支付承揽人进行承揽工作所付出的技能、劳务的酬金。当事人可以约定报酬的具体数额，也可以约定报酬的计算方法。

（5）承揽方式。

承揽方式是指应该由承揽人独立完成还是可以转承揽。一般来说，如果没有明确约定采用何种承揽方式，主要工作都应该由承揽人亲自、独立完成，未经定作人允许，不得转承揽。

（6）材料的提供。

材料是指完成承揽工作所需的原料。当事人应当约定材料由承揽人提供还是由定作人提供抑或双方共同提供，并且应当明确提供材料的时间、地点，材料的数量和质量等。

（7）履行期限。

承揽合同中的履行期限主要是指双方当事人履行义务的时间：对承揽人而言，是指承揽人完成工作、交付工作成果的时间；对定作人而言，是指定作人支付报酬或者材料费等价款的时间。

（8）验收标准和方法。

验收的标准和方法是指检验材料、承揽工作质量的具体标准和方法。

第七百七十二条

承揽人应当以自己的设备、技术和劳力，完成主要工作，但是当事人另有约定的除外。

承揽人将其承揽的主要工作交由第三人完成的，应当就该第三人完成的工作成果向定作人负责；未经定作人同意的，定作人也可以解除合同。

本条主旨

本条是关于承揽人完成主要工作之义务的规定。

相关条文

《合同法》第 253 条　承揽人应当以自己的设备、技术和劳力，完成主要工作，但当事人另有约定的除外。

承揽人将其承揽的主要工作交由第三人完成的，应当就该第三人完成的工作成果向定作人负责；未经定作人同意的，定作人也可以解除合同。

《民法典》第 773 条　承揽人可以将其承揽的辅助工作交由第三人完成。承揽人将其承揽的辅助工作交由第三人完成的，应当就该第三人完成的工作成果向定作人负责。

理解与适用

一、承揽人应当独立完成主要工作

关于承揽人是否应当独立完成工作，存在不同的立法例。[①] 一方面，承揽合

① 《德国民法典》、《法国民法典》、《俄罗斯联邦民法典》、《日本民法典》和我国台湾地区“民法”均未规定承揽人应当独立完成，但《意大利民法典》第 1656 条规定未经定作人同意不得转承揽。可能理想的方案是，除当事人有特定约定外，承揽人可以将其工作交由第三人完成，但是某些合同的履行与人身信任关系密切的除外；例外情形主要是涉及创作等承揽人特殊专业能力的情形，承揽人必须亲自完成主要工作，参见谢鸿飞：《承揽合同》，北京，法律出版社 1999 年版，第 48 页。DCFR 就采取比较法上的多数观点，其第 4.3-2：104 条规定：（1）服务提供人可以不经客户同意，将服务转包或分包给第三人履行，但合同约定应由服务提供人亲自履行的除外。（2）服务提供人所聘用的转包人或分包人应当具有充分的资质。

同建立在定作人对承揽人之工作能力信任的基础上，承揽人的设备、技术和劳力是决定其工作能力的重要因素，也是定作人选择该承揽人完成工作的决定性因素。但另一方面，承揽合同较为关注工作按约定完成，相对忽视工作过程，即使承揽人将工作交给第三人完成，只要工作按照约定完成，符合定作人的要求，这恰恰符合专业分工的要求，是符合效率要求的。《民法典》采取了中间路线，为维护双方当事人之间的特殊信赖关系，保障合同目的的实现，默认独立完成主要工作是承揽人的主要义务之一，但允许当事人另有约定、将辅助工作交由第三人完成等例外，试图兼顾信任和效率两方面的因素。

承揽人应当独立完成主要工作有三层含义。

首先是完成主要工作。“主要工作”是指完成承揽合同约定的主体性的、基础性的和大部分的工作。主要工作一般对承揽工作按照约定完成起着决定性作用，通常来说，其技术要求也相对较高。例如定做汽车的发动机制造工作、订制服装时量体裁剪和整体裁制工作等。如果质量不起决定性作用，主要工作即指数量上的大部分。在具体合同中，要根据承揽工作的性质和当事人的约定来确定主要工作的具体内容。至于辅助工作，依据《民法典》第 773 条，如果当事人未另有约定的，承揽人可以将其承揽的辅助工作交由第三人完成。

其次是独立完成。所谓的独立完成，是指承揽人应当以自己的设备、技术和劳力完成。所谓的设备，是指承揽人进行工作所使用的工具，包括自己所有的、承租的设备。所谓的技术，是承揽人进行工作所需的技能，包括专业知识、经验等。所谓的劳力，是指承揽人完成工作所付出的劳动力。这里并不排除承揽人聘请其他更具有技术能力的人帮助完成主要工作。

最后是当事人未作出其他约定。承揽人应当独立完成主要工作是任意性规范，当事人可以另有约定。这种约定当然要求定作人的同意，既包括定作人事前的同意，也包括事后的同意即追认；既可以是明示的，也可以是默示的，但单纯的沉默一般不能构成同意，除非法律有规定、当事人另有约定或者符合当事人之间的交易习惯。承揽人将其承揽的主要工作交由第三人完成，未经定作人同意，但定作人也未解除合同的，不应当认为构成定作人的同意。

二、次承揽（转承揽）效力的发生

本条第 2 款前半句规定：承揽人将其承揽的主要工作交由第三人完成的，应当就该第三人完成的工作成果向定作人负责。在实践中，业务明显关联的母公司与子公司、总公司与分公司之间，一方将工作交由另一方实际处理的，一般不认为另一方构成“第三人”①。

按照体系解释，该规定可以适用于两种情形：第一，经过定作人同意，承揽人将主要工作交由第三人完成；第二，虽然未经定作人同意，但定作人未解除合同或者根本不享有解除权。无论何种情形，其法律效果都是承揽人应当就该第三人完成的工作成果向定作人负责，此即理论上所谓的次承揽效力。这与承揽合同权利、义务的概括转移不同，更类似于租赁合同中的转租关系：次承揽合同与原承揽合同各为独立的承揽合同，次承揽合同的成立、生效与效力，与原承揽合同无关。原承揽合同最终无效或被解除时，应当理解为不影响次承揽合同的效力，仅仅是产生了承揽人的法定解除权。② 即使定作人同意，也仅意味着其放弃了以此为由解除承揽合同的权利，但次承揽人与定作人之间不发生权利义务关系，定作人对次承揽人无完成工作并交付工作成果的请求权，次承揽人对原定作人无报酬请求权，但定作人仍然负有协助义务。③ 据此，当作为次承揽人的第三人完成的工作不符合约定时，定作人有权依照法律规定行使法定解除权并依法请求承揽人承担违约责任，但是定作人对次承揽人不直接享有权利和承担义务。④ 承揽人因此遭受损失的，可以依据其与次承揽人之间的合同关系向次承揽人请求赔偿。承揽人未按约定向次承揽人支付报酬的，次承揽人只能向承揽人而不能向定作人请求支付。

值得注意的是，按照本款规定，不区分经过定作人同意和未经定作人同意但定作人不解除合同两种情形，法律效果似乎都是相同的。对此，有观点认为：前

---

① 湖北省高级人民法院（2017）鄂民终1447号民事判决书中认为：善福公司即属前述武重公司专门化全资子公司之一。可见，善福公司虽登记为独立法人，但与武重公司关联关系明显，在一定程度上，善福公司的专业化技术能力即为武重公司的生产技术优势，武重公司将案涉机床交由善福公司生产的履约行为，不属于《中华人民共和国合同法》第253条规制的承揽人未经定作人同意将主要工作交由第三人完成，可能妨碍定作人对承揽人人身信赖的情形。

② 参见王利明：《合同法研究》（第三卷），北京，中国人民大学出版社2015年版，第416页；吴志正：《债编各论逐条释义》，台北，元照出版有限公司2019年版，第190页。不同观点，参见崔建远：《合同法学》，北京，法律出版社2016年版，第397页。其认为次承揽合同因失去标的而无效。

③ 参见邱聪智：《新订债法各论》（中），北京，中国人民大学出版社2006年版，第32-33页；林诚二：《民法债编各论》（中），北京，中国人民大学出版社2007年版，第42页。

④ 山东省枣庄市中级人民法院（2019）鲁04民终834号民事判决书中认为：承揽合同与次承揽合同各自独立，其当事人各不相同。因此，基于合同相对性的原理，承揽合同的关祥伟对次承揽合同关祥翔不存在任何合同上的请求权，关祥翔对承揽人关祥伟亦不负有任何合同上的义务。同样观点见于安徽省高级人民法院（2010）皖民二终字第00078号民事判决书。广西壮族自治区桂林市中级人民法院（2016）桂03民终2324号民事判决书中认为：本案被告收到原告的画后应由其自己完成该画的装裱工作，但被告却将装裱原告画的工作全部交由第三人覃锦芳来完成，其应当就覃锦芳完成的装裱工作成果向原告负责。本案第三人覃锦芳在装裱原告的画时发现有些纸张不对称，就应该及时通知原告，协商如何处理，但覃锦芳只是按照自己多年的装裱画经验继续完成了装裱工作。这对之后影响装裱画的美观是有过错的。

种情形下承揽人的可归责性明显要比后种情形的小，理论上分别称为适法次承揽和不适法次承揽，适用同一法律效果似乎有失妥当。应结合《民法典》第169条关于转委托代理的规定和第923条关于转委托的规定，其中都区分了是否经过被代理人或者委托人同意或追认的情形，如果经过了同意或追认，代理人或者受托人仅就次承揽人的选任以及对第三人的指示承担责任，据此，承揽人就该次承揽人的工作，仅就次承揽人的选任、指示向定作人负责。① 但是，次承揽的情形与委托不同，最大的区别是：《民法典》第923条特别规定了委托人有权就委托事务直接指示第三人，受托人无干预的可能性，故仅就选任和指示承担责任。但是，本款的情形中并未规定定作人可以直接指示第三人，这意味对第三人的工作有干预可能性的是承揽人而非定作人。因此，此时具有反对类推的合理根据：即使经过定作人同意，承揽人也就第三人完成的工作成果向定作人负责。② 如果是定作人直接指示承揽人导致工作成果不符合约定的，即使不存在次承揽，承揽人也不承担违约责任，因此，定作人直接选定了次承揽人或者直接指示次承揽人导致工作成果不符合约定的，承揽人同样不对定作人承担违约责任。③ 可见，经过定作人同意和未经定作人同意两种情形的法律效果并不完全相同，毕竟后种情形中，定作人可能会享有法定解除权。

当然，该法律后果的规定同样属于任意性规范，承揽人和定作人可以作出完全不同的约定。

三、定作人的法定解除权

本条第2款中规定：承揽人将其承揽的主要工作交由第三人完成的……未经定作人同意的，定作人也可以解除合同。结合前句规定，该句规定中的“也”意味着定作人享有选择权：第一，定作人可以解除合同；第二，定作人不解除合同，承揽人就该第三人完成的工作成果向定作人负责，即发生次承揽的效力。同时，这里应当排除了紧急情况下承揽人为维护定作人的利益将主要工作交由第三人完成的情形，此时定作人并无法定解除权。

---

① 参见宁红丽：《我国典型合同理论与立法完善研究》，北京，对外经济贸易大学出版社2016年版，第286页；宁红丽：《〈民法典草案〉“承揽合同”章评析与完善》，载《经贸法律评论》2010年第1期，第111页。

② 当然在立法论上，不排除将两者统一处理的可能性，甚至这种统一方案更具有正当性。但是从解释的立场，两者由于是否赋予直接指示的权利，而在法律效果上存在重大不同。

③ DCFR第4.3-2：104条第4款就体现了此种观念：“由客户指定分包人或由客户提供工具和材料的，服务提供人的责任适用第4.3-2：107条（客户的指令）和第4.3-2：108条（服务提供人的约定警示义务）的规定。”

对“定作人也可以解除合同”的通常理解可能是，只要未经定作人同意，无须《民法典》第 563 条第 1 款所规定的催告、致使不能实现合同目的等其他要求，定作人可以解除合同，因此构成了法定解除权的特殊产生事由。但是，此种解释似乎过分保护了定作人的利益，不符合效率要求。在承揽工作完全符合定作人要求的情况下更是如此。更佳的解释是，该句规定仅仅是不完全规范，不能单独予以适用，仍然要结合《民法典》第 563 条第 1 款第 3、4 项的规定予以适用，只有在符合这两项规定的前提下，定作人才享有法定解除权。[①] 因此，在一般情形中，即使承揽人将其承揽的主要工作交由第三人完成，但未达到不能实现合同目的的程度的，定作人不享有法定解除权；如果在特殊情形中，工作的完成与人身信任关系极为密切，定作人也可以依据《民法典》第 563 条第 1 款第 4 项规定的“有其他违约行为致使不能实现合同目的”而享有法定解除权。这里不涉及当事人事先约定解除权和事后协议解除的情形。

第七百七十三条

承揽人可以将其承揽的辅助工作交由第三人完成。承揽人将其承揽的辅助工作交由第三人完成的，应当就该第三人完成的工作成果向定作人负责。

本条主旨

本条是关于承揽之辅助工作的规定。

相关条文

《合同法》第 254 条　承揽人可以将其承揽的辅助工作交由第三人完成。承揽人将其承揽的辅助工作交由第三人完成的，应当就该第三人完成的工作成果向定作人负责。

《民法典》第 772 条　承揽人应当以自己的设备、技术和劳力，完成主要工作，但是当事人另有约定的除外。

承揽人将其承揽的主要工作交由第三人完成的，应当就该第三人完成的工作成果向定作人负责；未经定作人同意的，定作人也可以解除合同。

---

① 类似观点，参见谢鸿飞：《承揽合同》，北京，法律出版社 1999 年版，第 49－50 页。

理解与适用

一、承揽人有权将其承揽的辅助工作交由第三人完成

“辅助工作”，是相对于“主要工作”而言的，它是指承揽工作中主要工作之外的部分。一般而言，辅助工作只是对主要工作起协助和完善性质的工作，其并不构成承揽工作的主要内容，可以协助承揽工作的完成。辅助工作对工作成果的整体质量没有太大的影响，因此，承揽人将辅助工作交由第三人完成的，可以不经定作人同意。这样的规定符合承揽工作的一般交易习惯。例如，产品加工中的包装工作，定制服装中的缝扣子、熨烫工作，一般都属于辅助工作，可以交由第三人完成。①

如果第三人同意完成该部分工作的，按照承揽人和第三人之间的合同关系，承揽人应当将定作人对工作的要求或者合同中关于质量、数量、交付期限的约定如实告知第三人，第三人应当根据承揽人提供的情况完成工作。这已经是承揽人和第三人之间的合同处理的问题，无涉本条的适用。

二、次承揽效力的发生

承揽人将其承揽的辅助工作交由第三人完成的，无论是符合法律规定的情形，还是违反了当事人之间的明确约定，但定作人不享有解除权或者虽享有解除权但不行使解除权的情形，其法律效果都是承揽人应当就该第三人完成的工作成果向定作人负责。此即理论上所谓的次承揽效力。这在对上一条的释义中已经阐明，此处不赘述。

三、任意性规范

本条整体上属于任意性规范，当事人可以在多个方面另行约定。

首先，在当事人没有约定或者约定不明确时，承揽人有权将辅助工作交由第三人完成。但是，当事人可以另行明确约定辅助工作也必须由承揽人自己独立完成，必须由承揽人自己独立完成的辅助工作的范围必须限于当事人明确约定的范围，有疑义时应当作出对承揽人有利的解释。如果承揽人将双方明确约定必须由承揽人自己独立完成的辅助工作交由第三人完成，可以按照《民法典》第 772 条

---

① 广东省高级人民法院（2016）粤民终 1596 号判决书中认为：赛拉德公司为亿瑞公司承建原料车间设备工程，并将其工程中的辅助工作 80 个料仓的施工工作交由第三人益通公司完成。上述行为，符合《合同法》第 254 条的规定。

的规定处理。但是，一般情况下辅助工作转承揽不会致使合同目的不能实现，因此，定作人一般不享有法定解除权，除非将该辅助工作转承揽违反约定达到了致使合同目的不能实现的程度。

其次，承揽合同中可以约定，承揽人将辅助性工作交由第三人完成的，承揽人仅对其完成的主要工作负责，第三人对其完成的辅助工作负责。在此情况下，承揽人应当通知定作人并取得定作人同意。第三人的工作成果不符合约定的，定作人只能要求第三人承担违约责任，承揽人根据约定对此不承担责任。

最后，承揽合同中可以约定，承揽人将辅助性工作交由第三人完成的，承揽人与第三人就由第三人完成的辅助工作向定作人承担连带责任。承揽人将辅助工作交由第三人完成的，可以与第三人约定，就该辅助工作向定作人承担连带责任。承揽人与第三人未作此约定的，仅承揽人应当对第三人的工作向定作人承担责任。

第七百七十四条

承揽人提供材料的，应当按照约定选用材料，并接受定作人检验。

本条主旨

本条是关于承揽人提供材料的规定。

相关条文

《合同法》第225条　承揽人提供材料的，承揽人应当按照约定选用材料，并接受定作人检验。

《民法典》第778条　承揽工作需要定作人协助的，定作人有协助的义务。定作人不履行协助义务致使承揽工作不能完成的，承揽人可以催告定作人在合理期限内履行义务，并可以顺延履行期限；定作人逾期不履行的，承揽人可以解除合同。

理解与适用

一、承揽合同约定由承揽人提供材料

本条适用的前提是由承揽人提供材料。如果承揽合同约定由承揽人提供材料，这并无疑问。这种约定也可以根据对报酬支付的构成和数额的约定推导出

来。但是，如果承揽合同对是承揽人还是定作人提供材料没有约定或者约定不明，依据《民法典》第510、511条仍然有疑义时，应当如何处理？一种可能的解释是，根据意思自治原则，在无明确约定情况下应当作出对义务人有利的解释，此时，承揽人不负有提供材料的义务。但是，另一种可能的，似乎也更为合理的解释是，承揽人在材料的选取方面更专业，这些材料是完成工作所必需的，因此，承揽人负有完成工作的义务就包含了承揽人提供为完成工作所必要的材料的义务，并且，承揽人完全有足够的能力使议定价款中包含材料的费用。①

二、承揽人负有按照约定选用材料的义务

如果当事人在承揽合同中约定由承揽人提供材料，并约定了提供材料的时间、材料的具体要求的，则承揽人应当按照约定选用材料。如果对提供材料的时间、材料的具体要求没有约定的，应当依据《民法典》第510、511条予以确定。承揽人就自己提供的材料应当负有与买卖合同中卖方相同的瑕疵担保责任，即权利瑕疵担保责任和物的瑕疵担保责任。承揽合同作为有偿合同，依据《民法典》第646条的规定，参照适用买卖合同中关于瑕疵担保的规定。此时，定作人在发现承揽人提供的材料有瑕疵时，即可向承揽人提出请求，例如请求承揽人重新提供符合要求的材料，而非在交付工作成果时才能够提出请求。

三、承揽人负有接受定作人检验的义务

承揽人准备好材料后，应当及时通知定作人检验，并如实提供发票以及关于数量和质量的说明文件，并准备好接受定作人的检验。定作人接到通知后，有权检验该材料。定作人经检验后认为承揽人提供的材料不符合约定的，可以通知承揽人，要求承揽人重新提供符合要求的材料，并在承揽人以后工作的过程中检查和监督承揽人的工作。定作人经检验确认后，不得再就此提出异议，承揽人也应当以定作人确认后的材料完成工作。承揽人以次充好或者故意隐瞒材料瑕疵而造成工作成果质量不符合约定的，定作人有权依据《民法典》第781条的规定请求承揽人承担违约责任。关于具体的检验期间和检验标准，依据《民法典》第646条的规定，可以参照适用买卖合同中的规定。

但是，定作人在接到通知后未及时检验的，法律后果如何在本条中并未规定。这里可能要区分情形：如果承揽合同中约定必须定作人检验后才能开始承揽工作的，则此时定作人的检验义务就属于协助义务的一种，依照《民法典》第

① 《意大利民法典》第1658条即如此规定。

778 条的规定，定作人不履行协助义务致使承揽工作不能完成的，承揽人可以催告定作人在合理期限内履行义务，并可以顺延履行期限；定作人逾期不履行的，承揽人可以解除合同；同时可以请求定作人赔偿停工、窝工的损失，此时可参照适用《民法典》第 798 条中的规定。

但承揽合同中并未约定必须定作人检验后才能开始承揽工作的，或者未将定作人的检验明确约定为义务的，定作人的检验似乎就是定作人的权利而非定作人的义务。本条并未如同第 775 条那样规定了承揽人对定作人所提供材料的及时检验义务，也未如同第 780 条那样规定定作人负有验收工作成果的义务，同时未如同第 620 条及以下条文那样规定了买卖合同中买方及时检验的义务。同时，从体系上看，第 779 条规定了承揽人对定作人必要的监督检验的接受义务，但是同样没有规定定作人的监督检验义务。考虑到承揽合同目的的实现依赖于定作人对工作成果的验收，而定作人往往不验收承揽人提供的材料而仅对最后的工作成果予以验收，并且其负有验收工作成果的义务，因此可以将检验承揽人提供的材料认为是定作人的权利，定作人即使没有及时检验承揽人提供的材料的，在定作人就工作成果的瑕疵依据第 781 条规定请求承揽人承担违约责任时，承揽人也不得以此提出抗辩。① 此时并不适宜参照适用《民法典》中关于买卖合同中买方未及时检验的法律后果的相关规定。但是，即使如此，定作人仍然享有检验承揽人所提供材料的权利，要求检验时，承揽人应当接受。

第七百七十五条

定作人提供材料的，应当按照约定提供材料。承揽人对定作人提供的材料应当及时检验，发现不符合约定时，应当及时通知定作人更换、补齐或者采取其他补救措施。

承揽人不得擅自更换定作人提供的材料，不得更换不需要修理的零部件。

本条主旨

本条是关于定作人提供材料的规定。

---

① 相同结论，参见谢鸿飞：《承揽合同》，北京，法律出版社 1999 年版，第 156 页。不同观点，参见崔建远：《合同法学》，北京，法律出版社 2016 年版，第 400 页。其认为应视为定作人不对材料的质量提出异议。

相关条文

《合同法》第 256 条　定作人提供材料的，定作人应当按照约定提供材料。承揽人对定作人提供的材料，应当及时检验，发现不符合约定时，应当及时通知定作人更换、补齐或者采取其他补救措施。

承揽人不得擅自更换定作人提供的材料，不得更换不需要修理的零部件。

《民法典》第 803 条　发包人未按照约定的时间和要求提供原材料、设备、场地、资金、技术资料的，承包人可以顺延工程日期，并有权请求赔偿停工、窝工等损失。

理解与适用

一、定作人负有按照约定提供材料的义务

本条适用的前提是由定作人提供材料。如果承揽合同对是承揽人还是定作人提供材料没有约定或者约定不明的，依据《民法典》第 510、511 条仍然有疑义时，推定为由承揽人提供完成承揽工作所必要的材料。所谓“材料”，主要是指承揽工作所必需的原材料，如制作家具的木材、制作衣服的面料等。但是，承揽工作的对象，或者承揽工作所附的基础，即工作基底，例如修理电视合同中的电视等，必须由定作人提供。

定作人应当按照约定提供材料。如果对提供材料的时间、材料的具体要求没有约定的，应当依据《民法典》第 510、511 条予以确定。如果定作人未按照约定提供材料的，应当依据《民法典》第 778 条的规定，认为定作人负有协助义务，定作人不履行协助义务的，承揽人可以催告定作人在合理期限内履行义务，并可以顺延履行期限；定作人逾期不履行的，承揽人可以解除合同，同时有权请求赔偿停工、窝工等损失。定作人提供材料，但没有转移材料所有权的意思，因此，材料的所有权一般不会移转于承揽人，定作人仍然享有材料的所有权。

在定作人和承揽人双方共同提供材料的情形，可以就定作人提供的材料部分和承揽人提供的材料部分，分别适用本条和第 774 条的规定。

二、承揽人负有及时检验通知的义务，享有相关权利

对于定作人提供的材料，承揽人有检验的权利。如果经承揽人检验，定作人提供的材料符合约定，则承揽人应当确认并告知定作人。如果经检验，定作人提供的材料不足的，则承揽人有权及时通知定作人补齐，并依据《民法典》第 784

条负有保管义务；定作人提供的原材料质量不符合约定的，承揽人有权及时通知定作人更换以达到合同要求；承揽人也可以请求定作人采取其他补救措施，例如支付价款，由承揽人代购等。定作人在接到材料不符合约定的通知后，应当及时采取补救措施以使材料达到合同约定的要求。如果定作人未及时采取补救措施，依据《民法典》第 778 条的规定，承揽人可以顺延履行期限；定作人不履行的，承揽人可以解除合同，同时有权请求赔偿停工、窝工等损失。建设工程合同中，《民法典》第 803 条对此予以了规定，这体现了一般性的要求。

与《民法典》第 774 条未规定定作人及时检验的义务不同，考虑到承揽人往往具有专业能力，能够及时检验并通知以减少进一步的损害，本条明确规定了承揽人对定作人提供的材料负有及时检验的义务，并且在发现材料不符合约定时负有及时通知的义务。但是，这里所规定的及时检验和通知义务，与《民法典》第 620 条及以下条文关于买卖合同中买方及时检验和通知的义务并不相同，如果参照适用，则承揽人未及时检验并通知定作人的，就被视为材料符合约定，因材料原因造成承揽工作不符合约定的，承揽人就会依据《民法典》第 781 条承担违约责任，而这会导致承揽人对定作人提供材料的检验通知义务过重。就此，合理的解释是：将此处的对定作人提供材料的检验通知义务和《民法典》第 776 条规定的对定作人提供图纸要求的通知义务等同对待，仅仅是承揽人负有及时通知、对定作人进行警示的义务，不能参照适用《民法典》第 620 条及以下条文的规则。[①]

三、承揽人对定作人所提供材料负有的不作为义务

承揽人不得擅自更换定作人提供的材料，不得更换不需要修理的零部件，这就是承揽人对定作人所提供材料的不作为义务。只要当事人未明确约定承揽人可以更换，只要材料是定作人提供的，则承揽人就负有该义务。承揽人如果违反了该义务，应当依法向定作人承担违约责任。同时，定作人提供材料的，材料的所有权一般不会移转于承揽人，定作人仍然享有材料的所有权，承揽人擅自更换的，实际上是构成了对定作人的所有权的侵害，承揽人应当依法承担侵权责任。此时构成侵权责任和违约责任的竞合，依据《民法典》第 186 条，定作人有权选择请求承揽人承担违约责任或侵权责任。

在修理合同中，承揽人应当按照约定修理物品损坏的部分，并保持其他部分的完整性，不得更换不需要修理部分的零部件。例如，对手表的修理中，不得将

---

① 具体参见对第 776 条的释评。

手表中无须修理的贵重零部件更换为廉价的零部件；发现只一个齿轮有磨损的，承揽人应当更换该磨损的齿轮而不得以次充好，更换其余的齿轮。承揽人更换应修理的以外的零部件的，承揽人应当恢复原状并承担赔偿责任。承揽人对定作人提供的材料也应当合理利用，符合合同中约定或者合理的损耗量，避免材料的损失浪费。① 由于承揽人的原因造成材料浪费的，承揽人应当予以赔偿；造成材料短缺的，由承揽人负责补齐。如果完成承揽工作后定作人提供的材料有剩余的，承揽人应当返还给定作人。

四、不规则承揽

承揽人不得更换定作人提供的材料是任意性规范，根据意思自治，双方当事人可以明确约定承揽人有权更换定作人提供的材料。这在理论上称为“不规则承揽”，此时承揽人享有更换材料的权利，有权按照约定以同种类、品质、数量的材料代替为一定工作并交付工作成果。例如，定作人将某布料交给承揽人定制西装，约定承揽人可以以同种类的布料替代。此时承揽人当然可以以更高品质的布料更换。当然，材料为可替代物时才可能有不规则承揽的适用。依照本款规定，《民法典》以一般承揽为原则，在没有约定或者约定不明确时，依据第 510、511 条仍不能确定的，推定为一般承揽。② 关于不规则承揽的性质，有的认为是承担与互易混合，即完成工作部分适用承揽规则，材料代替部分则构成互易。但是，不规则承揽的目的是工作的完成，这与一般的承揽并无区别，所以仍可以将之作为单纯的承揽予以处理。③

在不规则承揽中，较有争议的问题是材料所有权转移的时间和材料的风险负担问题。对于材料所有权转移的时间，存在不同观点。④ 第一，通说为交付说，认为，定作人交付的材料，自交付时，其所有权移转于承揽人。第二，代替说认为，定作人交付的材料，必须在承揽人以他种材料代替时，或就材料加以处分时，所有权才移转于承揽人。第三，工作完成说主张，定作人交付的材料，必须在承揽人完成工作时，或者工作成果须交付的，在将工作成果交付给定作人时，材料的所有权才发生移转。该争论主要的实践意义在于：如果认为材料所有权在

---

① 参见王利明：《合同法研究》（第三卷），北京，中国人民大学出版社 2015 年版，第 421 页；崔建远：《合同法学》，北京，法律出版社 2016 年版，第 400 页。

② 参见崔建远：《合同法学》，北京，法律出版社 2016 年版，第 397 页。

③ 参见邱聪智：《新订债法各论》（中），北京，中国人民大学出版社 2006 年版，第 34 页。这也是我国台湾地区的通说观点。

④ 参见崔建远：《合同法学》，北京，法律出版社 2016 年版，第 397 页；邱聪智：《新订债法各论》（中），北京，中国人民大学出版社 2006 年版，第 33 - 34 页。

交付工作成果前已经移转给承揽人，则承揽人的处分为有权处分，第三人无论是善意还是恶意都能取得材料所有权或者其他物权，定作人不得要求返还；承揽人在交付工作成果前破产或者被他人强制执行的，定作人不享有破产取回权，也无权提出执行异议，而这对于定作人更为不利。如果认为材料所有权在交付工作成果时才移转给承揽人的，则承揽人的处分是无权处分，第三人能否取得物权取决于其是否符合善意取得的条件，当不符合时，定作人有权要求第三人返还或者除去材料上的负担；承揽人在交付工作成果前破产或者被他人强制执行的，定作人享有破产取回权，能够提出执行异议。这对于定作人更为有利。

移转交付材料的所有权要求定作人有移转所有权的意思，但是，定作人交付材料是基于承揽合同，此时不能认为定作人交付材料有移转材料所有权的意思，而只是约定承揽人有权以其他材料代替，故交付说似乎并不妥当；代替说也并无足够的法律依据。[①] 更为妥当的观点是工作完成说。一方面，在承揽人以承揽为营业时，承揽人的其他债权人不应合理相信材料都应当由承揽人所有，此时无理由对承揽人的其他债权人予以优待，至少在承揽人以承揽为营业时，定作人有权提出执行异议或者享有破产取回权；另一方面，避免承揽人处分材料时的第三人即使为恶意也能取得材料的所有权，从而使定作人利益受损的情形。当然，第三人符合善意取得条件的，仍然能够取得材料的所有权。这样更能实现不同主体之间的利益平衡。[②]

第七百七十六条

承揽人发现定作人提供的图纸或者技术要求不合理的，应当及时通知定作人。因定作人怠于答复等原因造成承揽人损失的，应当赔偿损失。

本条主旨

本条是关于承揽人之通知义务和定作人之相应义务的规定。

相关条文

《合同法》第257条　承揽人发现定作人提供的图纸或者技术要求不合理的，应当及时通知定作人。因定作人怠于答复等原因造成承揽人损失的，应当赔偿

① 参见谢鸿飞：《承揽合同》，北京，法律出版社1999年版，第117-120页。

② 关于材料的风险负担和工作成果的归属，在下文再加以详述。

损失。

《民法典》第 509 条第 2 款　当事人应当遵循诚信原则，根据合同的性质、目的和交易习惯履行通知、协助、保密等义务。

第 500 条　当事人在订立合同过程中有下列情形之一，造成对方损失的，应当承担赔偿责任：（一）假借订立合同，恶意进行磋商；（二）故意隐瞒与订立合同有关的重要事实或者提供虚假情况；（三）有其他违背诚信原则的行为。

第 806 条第 2 款　发包人提供的主要建筑材料、建筑构配件和设备不符合强制性标准或者不履行协助义务，致使承包人无法施工，经催告后在合理期限内仍未履行相应义务的，承包人可以解除合同。

理解与适用

一、承揽人的通知义务

《民法典》第 509 条第 2 款即规定，当事人应当遵循诚信原则，根据合同的性质、目的和交易习惯履行通知、协助、保密等义务。本条第一句就规定了情形之一，即承揽人发现定作人提供的图纸或者技术要求不合理时，负有及时通知定作人的义务。《民法典》第 775 条第 1 款也规定了承揽人在定作人提供的材料不符合约定时的通知义务。但是，依据《民法典》第 509 条第 2 款，承揽人所负有的通知义务不限于这两种情形，还包括定作人提供的材料虽然符合约定但不合理、定作人所作出的指示不合理等诸多可能的情形，也包括虽然不是定作人提供的材料或者资料但对于合同目的实现具有重要性的其他信息。这些通知义务对于承揽合同尤为重要。因此，需要结合本条规定对承揽人的通知义务作整体的分析。①

在承揽情形中，承揽人往往具有更强的专业能力，并且通知不会给承揽人带来较大的成本，但是有助于双方就重要的信息进行交流，预防未来争议的发生，而这对于双方当事人都是有利的。因此，承揽人在一定范围内负有通知义务，是基于诚信原则的要求。但是，如果将承揽人的通知义务过分扩大，也会对承揽人产生不利，这里就涉及承揽人负有通知义务的前提条件。

首先，必须是涉及重要风险的信息。如果就任何信息都要求承揽人负有通知义务，向定作人咨询，这是不妥当的，也是不切实际的。对于该信息，若通过个案判断，认为可能导致承揽合同的履行不能达到定作人所指明或所设想的工作成果的，或者可能损害定作人的其他利益的，或者将比定作人原本期待的要花费更

① DCFR 第 4.3-2：108 条就针对服务合同作出了一般性规定，以下论述多借鉴了该规定。

多金钱或时间的，则该信息就是重要的，即通知的成本较之避免该风险的成本极低，则承揽人应当负有通知定作人的义务。据此，在定作人提供的图纸、技术要求或者材料等达到上述程度时，例如，按照定作人提供的图纸或者技术要求难以产生符合合同约定的工作成果，承揽人才负有通知义务。

其次，承揽人发现该信息。这里不同于“应当知道” (ought to have known)，并非要求承揽人负有积极调查的义务，而是仅限于对已经知道的风险作出警示，否则大范围的积极调查可能对承揽人过于苛严，过分增加承揽人的成本。[①] 因此，《民法典》第775条和本条仅仅是规定了发现不符合约定或者发现不合理的情形，而不包括“应当发现”的情形。[②] 但是，为了降低举证困难，如果基于承揽人无须调查就能知道的所有事实及情况，风险明显存在的，则推定承揽人已经知道该风险的存在或者发现了该风险，即承揽人有理由知道 (reason to know)。比较明显的情形是定作人提供的图纸、技术要求或者材料等不符合约定，《民法典》第775条就规定了定作人提供材料不符合约定时承揽人的通知义务。另外一种较为明显的情形是，定作人提供的图纸、技术要求或者材料等不符合强制性标准，《民法典》第806条第2款在建筑工程合同中对此予以了规定。至于其他构成“不合理”的情形则要考虑交易惯例和行业实践等因素具体到个案中予以细致判断。

最后，定作人对此等信息不知道且无重大过失。如果定作人已经知道或者因重大过失而不知道此等风险，则要求承揽人通知是不必要的，对于定作人也意味着额外的开支。但是，不能仅因定作人具有相关领域的知识或听从了具有相关领域知识的其他人的建议，就认定定作人知道该信息或者对不知道具有重大过失。这是为了保护有亲朋好友出谋划策的中小型企业或者消费者的利益。但是，如果定作人聘请了专业的咨询人员，则专业咨询人员的知道或者重大过失就被认为是定作人的知道或者重大过失。[③]

---

① 参见欧洲民法典研究组、欧盟现行私法研究组：《欧洲私法的原则、定义与框架规则》(第四卷)，于庆生等译，北京，法律出版社2014年版，第355-356、401-402页。我国台湾地区“民法”第496条规定，只有在承揽人明知的情况下才负有通知义务。

② 辽宁省鞍山市中级人民法院（2017）辽03民终2356号民事判决书中认为：该条规定并未要求承揽人具有核查设计图是否存在缺陷的义务。河北省沧州市中级人民法院（2016）冀09民终1934号民事判决书中认为：如果在被上诉人未将货物关联的信息和盘托出的情况下，上诉人何从判断图纸及工艺的合理性？同时，虽然法律对于承揽人发现不合理因素后应当及时通知的义务进行了规定，但通知义务不等同于上诉人有义务去发现不合理。定做图纸中的设计瑕疵应当由提供者或设计者首当其冲承担相应责任，而非作为承揽人的上诉人。

③ 参见欧洲民法典研究组、欧盟现行私法研究组：《欧洲私法的原则、定义与框架规则》(第四卷)，于庆生等译，北京，法律出版社2014年版，第402页。

在符合上述前提时，承揽人就负有及时通知定作人的义务。不要求通知必须是书面形式，但承揽人应当采取合理方式确保定作人理解通知的内容。如果承揽人未及时通知，之后风险现实发生的，定作人有权要求承揽人承担违约责任。在风险发生，导致最终工作成果不符合质量要求时，定作人有权依据《民法典》第781条的规定，请求承揽人修理、重作、减少报酬或者赔偿损失。[①] 但定作人就最终工作成果不符合质量要求赔偿，同时就承揽人未尽到及时通知义务要求承揽人赔偿的，应当避免双重赔偿。如果该风险的现实发生导致承揽人要花费更多的成本，就增加的成本承揽人不得要求赔偿，也无权要求顺延工期等对合同的单方变更。

在承揽人负有通知义务的情形中，如果因情况紧急，承揽人难以和定作人取得联系的，承揽人此时有权自行处理，但应负有妥善处理的义务，同时，事后应当将该情况及时通知定作人。此时可以参照适用《民法典》第922条关于受托人的规定。

仍然需要说明是，不仅在承揽合同履行过程中，承揽人负有通知义务；在承揽合同订立阶段，依据《民法典》第500条规定，承揽人也负有通知的先合同义务。[②] 这两个阶段的通知义务的条件大致相同，仅仅需要注意的是：第一，如果承揽人在合同订立过程中未尽到及时通知义务，则根据具体情形可能会构成欺诈或者重大误解。此时定作人不仅可以请求缔约过失的赔偿，还可能享有撤销权。第二，在不同阶段，承揽人所取得信息的范围和分析中心不同。在合同订立阶段，承揽人所搜集的信息更多的是关于定作人的需求，围绕合同订立展开；但在合同履行中，则是围绕达到定作人的要求展开，承揽人所获得的信息可能会更多，并且从履行角度分析，此前未被觉察到的风险也可能会变得明显。[③]

---

① 重庆市第四中级人民法院（2017）渝04民终1224号民事判决书中认为：本案中没有证据证明阳光公司就嘉宏公司要求定做的卧式机型本身可能存在的缺陷向嘉宏公司进行了提示说明。故……阳光公司据此主张其不承担干燥机参数达不到合同要求的责任的理由不能成立。辽宁省大连市中级人民法院（2016）辽02民终2135号民事判决书中认为：作为承揽合同的承揽人，被告应当以其掌握的捋瓦技术来完成工作成果，否则原告也不会请被告来捋瓦。即使如被告所说是按照原告的要求施工，作为承揽人若发现定作人技术要求不合理，也应按照《合同法》第257条的规定，及时通知定作人，这是被告作为承揽人能够完成承揽工作应当具备的技能要求，也是应当履行的合同义务。被告未能提供证据证明其履行过该通知义务，应当承担举证不能的法律后果。

② DCFR第4.3-2：102条对服务合同的先合同通知义务予以专门规定。

③ 参见欧洲民法典研究组、欧盟现行私法研究组：《欧洲私法的原则、定义与框架规则》（第四卷），于庆生等译，北京，法律出版社2014年版，第400页。

二、定作人的相应义务

在承揽人及时通知定作人之后，定作人负有及时答复并采取合理措施的义务。这也是《民法典》第778条所规定的定作人协助义务的一种。具体到本条适用情形中，定作人在接到承揽人关于图纸或者技术要求不合理的通知后，应当立即采取措施，修改图纸和技术要求。修改完成后，定作人应当及时答复承揽人，并提出修改意见。在承揽人发出通知至收到定作人答复期间，承揽人可以根据具体影响在相应范围内合理地停止工作，工期顺延，定作人还应当赔偿承揽人在此期间的误工以及其他损失。

定作人在接到通知后，未能及时答复承揽人并提出合理修改意见的，承揽人有权要求定作人赔偿其误工等损失。定作人怠于答复的，承揽人可以依据《民法典》第778条的规定，催告定作人在合理期限内予以答复并提出合理修改意见，并可以顺延工期；在合理期限内承揽人仍未收到定作人的合理答复的，承揽人有权解除合同，因此造成损失的，由定作人赔偿。

三、定作人的通知义务

本条仅规定了承揽人的通知义务。依据《民法典》第509条第2款，定作人也依据诚信原则负有通知义务。如果定作人已经知道一些信息，包括承揽合同的履行不能达到定作人所指明或所设想的工作成果的或者可能导致承揽人比其原来期待的要花费更多的金钱或时间的，或者在承揽人工作时会给承揽人或者他人造成危险，并且该风险异常而无法合理期待承揽人获知的①，则定作人也负有通知承揽人的义务。该通知义务的具体条件与承揽人的通知义务的具体条件大致相同。如果定作人未尽到此等通知义务，就额外产生的费用和工期的延长无权请求承揽人赔偿；承揽人有权请求定作人赔偿因此而遭受的损失，并且相应地顺延工期。同时，依据《民法典》第500条的规定，定作人也负有通知的先合同义务，其具体条件和法律效果也与承揽人通知的先合同义务大致相同。②

第七百七十七条

定作人中途变更承揽工作的要求，造成承揽人损失的，应当赔偿损失。

---

① 参见欧洲民法典研究组、欧盟现行私法研究组：《欧洲私法的原则、定义与框架规则》（第四卷），于庆生等译，北京，法律出版社2014年版，第356页。

② DCFR第4.3-2：102条第4、5款对此予以特别规定。

本条主旨

本条是关于定作人中途变更工作要求应承担赔偿责任的规定。

相关条文

《合同法》第 258 条　定作人中途变更承揽工作的要求，造成承揽人损失的，应当赔偿损失。

《民法典》第 805 条　因发包人变更计划，提供的资料不准确，或者未按照期限提供必需的勘察、设计工作条件而造成勘察、设计的返工、停工或者修改设计，发包人应当按照勘察人、设计人实际消耗的工作量增付费用。

理解与适用

一、定作人的任意变更权

对于定作人的任意变更权，比较法上存在争议，有的完全不承认，有的承认但予以限制。[①] 本条承认了定作人的任意变更权。这是因为：第一，承揽合同的履行往往需要经过一段时间，但定作人订立合同时，无法取得所有未来的信息，只能根据当时的信息而作出判断。承揽工作的目的就是满足定作人的特殊需要，如果承揽工作的成果不能满足定作人的需要，则承揽合同就不会实现定作人订立合同时所期望的利益。第二，承揽合同的关系契约特征尤为突出，在当事人无法通过协商一致变更合同的情况下，如果定作人只能解除承揽合同，则不利于维护当事人之间的合作关系。第三，从利益衡量角度，允许定作人任意变更，但赔偿承揽人的损失，对承揽人也并无不利，但却有利于社会资源的节省，有利于提高经济运行的效率，因为如果定作人不能变更，则其必须接受工作成果，而该工作成果往往是个性化的，对其他人并没有意义。第四，从体系上而言，既然允许定作人任意解除，举重以明轻，也应允许定作人任意变更，甚至定作人减少部分工作这种变更情形本身就可被理解为定作人部分解除合同。[②]

但是，定作人有权任意变更，并不意味着毫不受限制。第一，变更必须发生在承揽人完成全部工作前。本条中的“中途”就意味着是在承揽人完成工作前，

---

① 例如，《意大利民法典》第 1661 条就规定，只有在变更总额未超过总对价的 1/6 的范围内，定作人才可以任意变更。

② 参见谢鸿飞：《承揽合同》，北京，法律出版社 1999 年版，第 158－162 页；王利明：《合同法研究》（第三卷），北京，中国人民大学出版社 2015 年版，第 446 页。

在承揽人完成工作后，已经不存在变更合同的可能，定作人只能通过签订新的承揽合同来实现自己目的，但对完成的工作成果应当受领。第二，变更具有客观可能性。如果不存在变更可能性的，自然不能变更。①

在符合这两个条件的前提下，定作人变更承揽合同，无须取得承揽人的同意，无须特别的理由，也无须考虑变更是否具有合理理由。但是，如果承揽人发现定作人变更后的要求是不合理的，此时的不合理与定作人是否具有变更的合理理由是不同的，依据《民法典》第 776 条的规定，承揽人负有及时通知的义务。为了保护承揽人的利益，也可以考虑，当定作人的变更总额超过原约定价款的一定比例时，或者将导致承揽工作的性质或者工作量发生重大变化时，承揽人有权以合同目的不能实现为由解除合同。②

二、定作人的赔偿责任

虽然定作人享有任意变更权，定作人中途变更对承揽工作的要求并非违约行为，但是造成承揽人损失的，定作人仍然应当赔偿损失。具体而言，承揽人按照原要求完成部分工作的，定作人应当支付该部分工作的报酬；由承揽人提供材料的，定作人应当支付完成该部分工作所耗费的材料的价款和保管费；按照新要求，需增加材料的，由定作人负担费用；新要求使原承揽工作的质量、难度提高的，定作人应当按照实际增加的工作量相应增加报酬，(《民法典》第 805 条在建设工程合同中作出了例示性的规定)，但增加的报酬应当是合理的，应以与最初确定原价款时的方法相同的方法加以确定；定作人中途变更合同，使工期顺延的，顺延的时间依据变更所需的额外工作占实施原工作内容所需的工作的比例而定；造成承揽人误工等其他损失的，由定作人赔偿损失③；如果使承揽工作量减少的，则应当考虑利润的损失、节省的开支以及承揽人将其剩余的工作能力用于

---

① 参见谢鸿飞：《承揽合同》，北京，法律出版社 1999 年版，第 163 页。

② 《意大利民法典》第 1660 条第 2 款即规定："变更总额超过了约定总对价的 1/6 的，承揽人可以解除契约，并且可以根据情况获得公正补偿。"

③ 最高人民法院（2015）民申字第 2753 号民事裁定书中认为：本案系信远公司按照华锐公司通知投料生产加工行星架，因定作人华锐公司设计变更通知停产而未继续履行。根据《中华人民共和国合同法》第二百五十八条……二审法院依据双方在先交易习惯确定行星架单价，计算当时市价后，扣除鉴定评估残值，确定损失数额为 1 957 728 元，证据确实充分，并无不当。山西省长治市中级人民法院（2018）晋 04 民终 48 号民事判决书中认为：原告为履行原承揽合同支付商品砼 6 600 元、租赁模型板支付 9 680 元……承包人在未完成原合同约定的工作成果时，定作人变更合同给承包人造成的损失，定作人应当予以赔偿，对已履行部分支付相应报酬。故对原告请求支付商品砼、租赁模型板费用的请求予以支持。

其他目的的可能性等因素。[①]

三、承揽人具有合理理由时的单方变更

定作人享有任意变更权和任意解除权，其行使无须具备合理理由。但是，双方当事人已约定承揽人在具体情形下的单方变更的权利时，承揽人可以单方变更；在法律有特别规定时，承揽人也有权单方变更，例如《民法典》第778条规定承揽人可以顺延工期，故承揽人依法也有这种单方变更的权利；再例如，在符合《民法典》第533条规定的情势变更的条件时，如原材料、设备的价格变化超出了正常的市场价格涨跌幅度、人工单价发生了重大变化、规划或设计发生了重大变化等，当事人都可以请求法院或者仲裁机构变更合同。

除了当事人约定和法律规定这两种情形，承揽人一般不享有单方变更的权利，但是在其他特殊情形中，也应当考虑承揽人的单方变更权。如果承揽人的变更行为具有正当理由，即符合诚信原则且定作人并无合理理由反对，有观点认为，应当允许承揽人单方变更，此时可以综合考量拟完成的工作成果、定作人和承揽人双方的利益、变更时的具体情况等因素予以确定[②]，尤其应允许承揽人为完成工作而必需的变更。例如，甲委托乙维修机器的一个部件让机器能够运行，但在维修中乙发现机器的另外一个部件存在瑕疵，仅维修指定的部件不能使机器运行，但双方并未就维修这个另外的部件达成协议，而且该部件的瑕疵并非在订立合同时乙能够发现的，此时乙享有单方变更的合理理由。[③] 再例如，定作人和承揽人约定完成工作后付款，但是，在履行过程中，定作人资金断裂，为了获得定作人一部分的预付资金以支付工资、购买材料，从而继续进行承揽工作，此时承揽人的单方变更也具有合理理由。当然，即使承揽人的变更具有合理理由，但定作人仍有权随时解除合同。允许承揽人的合理变更，是为了在特定情况下允许承揽人要求支付额外的报酬、顺延工期或者变更报酬支付的时间，并且定作人享有随时解除合同的权利，承揽人的变更也会让定作人重新考虑承揽合同关系的未来。[④] 但是，《民法典》并未明确规定承揽人的此种变更权利，有待进一步的解

① 尤其是变更导致工作量减少的，应当与《民法典》第787条规定的定作人行使任意解除权赔偿损失的范围取得一致。

② DCFR第4.3-2：109条对此有明确规定；《意大利民法典》第1660条和第1664条对此也有明确规定。

③ 参见欧洲民法典研究组、欧盟现行私法研究组：《欧洲私法的原则、定义与框架规则》（第四卷），于庆生等译，北京，法律出版社2014年版，第410页。

④ 参见欧洲民法典研究组、欧盟现行私法研究组：《欧洲私法的原则、定义与框架规则》（第四卷），于庆生等译，北京，法律出版社2014年版，第412页。

释发展，可以考虑扩大情势变更的适用范围以实现同样的目的，并且通过法院或仲裁机构的控制来避免此种权利的滥用。

第七百七十八条

承揽工作需要定作人协助的，定作人有协助的义务。定作人不履行协助义务致使承揽工作不能完成的，承揽人可以催告定作人在合理期限内履行义务，并可以顺延履行期限；定作人逾期不履行的，承揽人可以解除合同。

本条主旨

本条是关于定作人之协助义务的规定。

相关条文

《合同法》第259条　承揽工作需要定作人协助的，定作人有协助的义务。定作人不履行协助义务致使承揽工作不能完成的，承揽人可以催告定作人在合理期限内履行义务，并可以顺延履行期限；定作人逾期不履行的，承揽人可以解除合同。

《民法典》第509条第2款　当事人应当遵循诚信原则，根据合同的性质、目的和交易习惯履行通知、协助、保密等义务。

第803条　发包人未按照约定的时间和要求提供原材料、设备、场地、资金、技术资料的，承包人可以顺延工程日期，并有权请求赔偿停工、窝工等损失。

第804条　因发包人的原因致使工程中途停建、缓建的，发包人应当采取措施弥补或者减少损失，赔偿承包人因此造成的停工、窝工、倒运、机械设备调迁、材料和构件积压等损失和实际费用。

第806条第2款　发包人提供的主要建筑材料、建筑构配件和设备不符合强制性标准或者不履行协助义务，致使承包人无法施工，经催告后在合理期限内仍未履行相应义务的，承包人可以解除合同。

理解与适用

一、定作人的协助义务

《民法典》第509条第2款规定：当事人应当遵循诚信原则，根据合同的性质、目的和交易习惯履行通知、协助、保密等义务。在承揽合同中，定作人的协助更为重要，是承揽合同适当履行的保障。定作人不协助承揽人进行工作，承揽合同将不能顺利履行，甚至无法履行，双方当事人订立合同的目的难以实现，因此，如果承揽合同需要定作人协助的，即使合同未明确规定定作人应协助的，定作人也应当履行协助义务。据此，本条特别规定了定作人的协助义务。①

定作人负有协助义务以承揽工作需要定作人协助为前提，包括双方有明确约定的或者依据承揽工作的性质所需要的。如果依据承揽工作的性质，无须定作人协助的，定作人就不负有协助义务。并且，定作人协助义务的具体范围和内容的确定也取决于双方的明确约定以及是否是承揽人为完成工作所合理期待的。

定作人的协助义务的内容根据承揽工作的性质的不同可能不同，包括但不限于以下内容：

第一，交付承揽工作的对象、提供进入实施工作场所的必要通道。

第二，在根据当事人的约定或者承揽工作的具体情况应当由定作人提供部件、材料、工具或者场所等必要工作条件的情况下，提供必要的工作条件。当然，《民法典》第 775 条也规定了定作人按照约定提供材料的义务，该义务非常重要，因为定作人不提供材料，承揽人就无法开始工作。但是，并不能据此认为该义务不属于本条所规定的协助义务，定作人未履行该义务的，仍然可以适用本条规定，以使法律后果更为清晰。②

第三，在应当由定作人取得许可的情况下，定作人在必要时取得许可或许可证，以便承揽人履行其合同义务。

第四，提供完成工作所必要的信息。

第五，提供必要答复或者指示。例如，《民法典》第 776 条就规定了定作人提供的图纸或者技术要求不合理且承揽人及时通知的，定作人应当在合理期限内作出合理答复的义务。

第六，特殊情形下对承揽人所提供材料的检验。定作人一般不负有对承揽人所提供材料的检验义务，但是如果双方明确约定，必须要定作人检验后才能开始承揽工作的，则此时定作人的检验义务就属于协助义务的一种。

---

① 很多国家和地区专门在承揽合同或者服务合同中规定了定作人的协助义务，例如《德国民法典》第 642～643 条、《俄罗斯联邦民法典》第 718～719 条、我国台湾地区“民法”第 507 条，DCFR 第 4.3-3：102、4.3-4：102 条。

② 同样观点，参见谢鸿飞：《承揽合同》，北京，法律出版社 1999 年版，第 149 页。

二、定作人违反协助义务的法律后果

定作人违反协助义务的，承揽人有权依据《民法典》合同编之通则的规定请求一般的违约救济。例如，定作人违反协助义务造成承揽人损失的，承揽人有权请求定作人承担违约损害赔偿责任。因此，定作人的协助义务并非不能产生对方请求权的不真正义务，而是真正的义务。① 但是，承揽人不能单独请求定作人强制执行该协助义务。② 除此之外，本条又规定了以下特殊的救济方式。

首先，在定作人不履行协助义务致使承揽工作不能在约定期限内完成的情况下，承揽人有权催告定作人在合理期限内履行义务，并有权顺延履行期限；并且，顺延履行期限并不以催告为前提。

其次，承揽人享有法定解除权。此时需要具备以下条件：(1) 定作人不履行协助义务。(2) 客观上致使承揽工作不能完成。此时不考虑定作人的主观过错。如果定作人不履行协助义务并不能导致工作不能完成，则承揽人不能解除合同，而只能要求定作人赔偿损失；如果因此导致工作成果交付的期限拖延的，定作人应当承担迟延履行的责任。(3) 经承揽人催告后定作人逾期仍不履行。定作人不履行协助义务时，承揽人并不立即享有法定解除权，必须催告定作人在合理期限内履行，定作人逾期仍然不履行的，承揽人才享有法定解除权。③ 但是，如果定作人明确表示或者以自己的行为表明不履行协助义务，致使承揽工作不能完成的，此时无催告的必要，承揽人依据《民法典》第 563 条第 1 款第 4 项的规定——“当事人一方迟延履行债务或者有其他违约行为致使不能实现合同目的”，享有法定解除权。

承揽人依法行使法定解除权的，承揽合同解除。承揽合同通常为继续性合同，考虑到承揽人可能已为完成承揽工作付出了相当投入，宜使合同效力向将来消灭，使承揽人可向定作人请求已经完成部分工作的报酬。④ 至于其他法律后果，依据《民法典》第 566、567、558 条的规定处理，例如，承揽人有权请求定作人承担违约损害赔偿责任，对履行利益予以赔偿。

---

① 参见朱广新：《合同法总则》，北京，中国人民大学出版社 2012 年版，第 328 页。德国和我国台湾地区的通说观点认为该义务不是法律义务。

② 参见谢鸿飞：《承揽合同》，北京，法律出版社 1999 年版，第 151 页。

③ 参见王利明：《合同法研究》(第三卷)，北京，中国人民大学出版社 2015 年版，第 432 页。《德国民法典》第 643 条、我国台湾地区“民法”第 507 条均对催告作出了明确规定。

④ 参见宁红丽：《我国典型合同理论与立法完善研究》，北京，对外经济贸易大学出版社 2016 年版，第 294 页。

第七百七十九条

承揽人在工作期间，应当接受定作人必要的监督检验。定作人不得因监督检验妨碍承揽人的正常工作。

本条主旨

本条是关于定作人监督检查承揽工作的规定。

相关条文

《合同法》第 260 条　承揽人在工作期间，应当接受定作人必要的监督检验。定作人不得因监督检验妨碍承揽人的正常工作。

《民法典》第 797 条　发包人在不妨碍承包人正常作业的情况下，可以随时对作业进度、质量进行检查。

理解与适用

一、定作人必要的监督检验权和承揽人的相应义务

于承揽合同，定作人的目的就是获得特定的工作成果，满足定作人的特殊需要，因此，定作人最为清楚自己的需求。如果承揽人的工作有瑕疵，定作人和承揽人的合同目的都无法实现。因此，为了使定作人及时发现承揽人的工具、材料和零部件等所可能出现的工作瑕疵，相应地及时采取预防措施，有利于保障工作质量、预防工作成果瑕疵、降低纠纷解决的成本，本条明确规定了定作人必要的监督检验权。①

监督检验主要是指在进度、材料的使用、是否符合图纸或者技术要求等方面看是否符合合同约定和定作人的要求。关于定作人的监督检验权，首先要求是必要的。如果合同中已经约定定作人监督检验的范围，则定作人应当按照约定的内容按时进行检验。如果合同中未约定检验范围的，则定作人应当根据承揽工作的性质，对承揽工作进行监督检验，如承揽人是否使用符合约定的材料、承揽人是否按照定作人提供的图纸或者技术要求展开工作。

其次要求不得因监督检验妨碍承揽人的正常工作。承揽人虽然是按照定作人的要求完成工作，但是承揽人对完成工作的方法和程序等可以自主决定，这是承揽合同和劳动合同之间的重要区别之一。同时，还必须注意到，定作人的监督检

① 《意大利民法典》第 1662 条、DCFR 第 4.3－4：104 条同样如此规定。

验可能会涉及承揽人的商业秘密和第三人的隐私或者个人信息，因此需要对两种价值予以妥当平衡。[①] 因此，本条规定了对定作人监督检验权的限制。如果定作人的监督检验导致承揽人无法按照预定的程序和进度完成工作，或者导致承揽人的商业秘密和第三人的隐私或者个人信息可能被泄露，则定作人不得监督检验。据此，承揽合同中约定监督检验时间的，定作人应当按照约定的时间进行检验。合同中未约定监督检验的，定作人在监督检验前应当与承揽人协商确定监督检验的方式、时间和内容；未达成协议的，定作人在检验前，应当通知承揽人检验的时间和内容，以便于承揽人对工作作出适当的安排。定作人的监督检验妨碍承揽人正常工作的，承揽人可以拒绝定作人的监督检验。定作人的监督检验行为，或者将其在监督检验过程中所获知的承揽人的商业秘密透露给他人，给承揽人造成损失的，定作人应当依法承担损害赔偿责任。

在定作人的监督检验符合前述条件的情况下，承揽人应当予以接受，不得拒绝。[②] 但是，定作人监督检验的费用由定作人自己负担。

最为重要的是，定作人有监督检验的权利，但是并没有监督检验的义务。因此，不能因为定作人未监督检验或者监督检验不充分而减轻或者免除承揽人的任何责任。[③]

二、定作人监督检验后的后续处理

虽然定作人没有监督检验的义务，但是，如果定作人通过监督检验，发现承揽人的工作有可能导致承揽工作不能按照约定完成的，或者承揽人比其原来期待的要花费更多的成本的，或者承揽工作可能给承揽人或者他人造成危险且该风险异常而无法合理期待承揽人获知的，则依据《民法典》第509条第2款，定作人

---

① 参见欧洲民法典研究组、欧盟现行私法研究组：《欧洲私法的原则、定义与框架规则》（第四卷），于庆生等译，北京，法律出版社2014年版，第410页。据此，DCFR第4.3-4：104条将定作人的监督检验权限制在服务在顾客提供的地点进行这种情形。

② 广西壮族自治区桂林市中级人民法院（2016）桂09民终523号民事判决书中认为：本案覃某1在覃某2修理车期间，一直在旁边查看，必要时协助提部分重的零部件以保证修理顺利进行，应当视为覃某2已经履行了接受覃某1监督检查的义务。

③ 参见王利明：《合同法研究》（第三卷），北京，中国人民大学出版社2015年版，第423页。这是比较法上的共同处理方式，具体的整理，参见欧洲民法典研究组、欧盟现行私法研究组：《欧洲私法的原则、定义与框架规则》（第四卷），于庆生等译，北京，法律出版社2014年版，第488页。DCFR据此在第4.3-4：104条作出了明确规定。

也负有通知承揽人的义务。具体的条件和后果在上文中已经阐述。[①]

这在承揽工作造成第三人或者承揽人自己损害的情况下特别重要。《民法典》第1193条规定："承揽人在完成工作过程中造成第三人损害或者自己损害的，定作人不承担侵权责任。但是，定作人对定作、指示或者选任有过错的，应当承担相应的责任。"[②] 该条文并未规定定作人的监督检验过错。因为定作人不负有监督检验的义务，所以就谈不上监督检验过错。但是，如果定作人发现承揽人的工作可能会给承揽人或者他人造成危险的，应当及时通知，而定作人未及时通知的，也可以认为定作人有过错，其应当承担相应的责任。[③]

如果定作人发现承揽人的工作有可能导致承揽工作不能按照约定完成的，为了预防工作成果出现瑕疵，定作人有权请求承揽人改善、变更工作要求等。同时，定作人有权依据《民法典》第525条及以下条文关于履行抗辩权的规定，依法行使履行抗辩权。当可能涉及中止履行时，定作人应及时通知承揽人，如果承揽人在合理期限内未恢复履行能力并且未提供适当担保的，视为对方以自己的行为表明不履行合同主要义务。此时，定作人有权依据《民法典》第563条第1款第2项解除合同，并有权依据第578条请求承揽人承担违约责任。[④]

第七百八十条

承揽人完成工作的，应当向定作人交付工作成果，并提交必要的技术资料和有关质量证明。定作人应当验收该工作成果。

---

① DCFR第4.3-2：110条规定：(1) 客户在服务实施期间意识到服务提供人不能履行第4.3-2：106条（完成工作成果的义务）所规定的义务的，应当就此通知服务提供人。(2) 根据客户无须调查就能知道的所有事实及具体情况，客户有理由意识到的，则推定客户已意识到。(3) 因不履行本条第（1）款所规定的义务导致服务比合同约定要花费更多时间或金钱的，服务提供人有权：(a) 就因客户不履行通知义务而遭受的损失请求赔偿；(b) 调整实施服务的时间。

② 《最高人民法院关于审理人身损害赔偿案件适用法律若干问题的解释》第10条作了相同规定。

③ 实践中，很多判例经常会在此情形中认为定作人有监督检验的义务。例如，广东省广州市中级人民法院（2017）粤01民终8123号民事判决书中认为：陈钊贤未尽到法定的审查义务，对承揽人的选任方面具有过错，并且没有尽到监督检验的职责，以致发生施工事故，陈钊贤对此应承担相应的责任。广东省肇庆市中级人民法院（2016）粤12民终396号民事判决书中认为：侯秀雄允许没有资质的程钊时参与施工，存在选任过失，且未履行监督职责，对本次事故有存在一定过错，应承担次要的责任。虽然均将选任和监督检验并列而认为定作人有过错，但应当注意到定作人不负有监督检验的义务。

④ 《瑞士债法》第366条、《意大利民法典》第1662条、《俄罗斯联邦民法典》第715条和我国台湾地区"民法"第497条的规定产生了类似的法律后果。

本条主旨

本条是关于工作成果交付的规定。

相关条文

《合同法》第 261 条　承揽人完成工作的，应当向定作人交付工作成果，并提交必要的技术资料和有关质量证明。定作人应当验收该工作成果。

《民法典》第 799 条　建设工程竣工后，发包人应当根据施工图纸及说明书、国家颁发的施工验收规范和质量检验标准及时进行验收。验收合格的，发包人应当按照约定支付价款，并接收该建设工程。

建设工程竣工经验收合格后，方可交付使用；未经验收或者验收不合格的，不得交付使用。

理解与适用

一、承揽人完成工作和交付、提交的义务

为实现承揽合同的目的，承揽人应当完成承揽工作，并且，在工作成果应当交付的情况下，需要交付工作成果。根据承揽合同的性质，承揽工作无须特别交付的，例如在定作人处粉刷一面墙，则承揽人完成工作即为交付，完成工作并通知定作人的时间为交付和受领的时间。[①] 完成的工作和交付的工作成果应当符合合同约定的时间、地点、质量、交付方式等要求，此时可以参照适用《民法典》第 598 条及以下条文关于买卖合同中出卖人交付的规则，并适用第 510、511 条。例如，当事人没有约定交付地点或者约定不明确，依据《民法典》第 510 条的规定仍不能确定，工作成果需要运输的，承揽人应当将工作成果交付给第一承运人以运交给定作人。

同时，为进一步实现定作人订立承揽合同的目的，参照适用《民法典》第 598 条，提取工作成果需要单证的，承揽人应当交付单证。承揽人还应当提交必

① 参见邱聪智：《新订债法各论》（中），北京，中国人民大学出版社 2006 年版，第 42 页；刘春堂：《民法债编各论》（中），台北，三民书局 2007 年版，第 33 页；崔建远：《合同法学》，北京，法律出版社 2016 年版，第 402 页。《德国民法典》第 646 条对此有明确规定。最高人民法院（2013）民申字第 418 号民事裁定书中认为：在“工厂交货”（EXW）术语下，定作人负有自行提货或者委托办理运输的义务且运费自行承担，但这并不意味着承揽人没有按照合同约定加工设备并组织交付设备的义务。北京市第二中级人民法院（2003）二中民终字第 02040 号民事判决书中认为：在加工承揽合同中，如果承揽工作的完成是在定作方的场所内进行的，则定作物无须特别交付，承揽方完成工作之日即为交付之日。

要的技术资料和有关质量证明。这与《民法典》第599条的规定一致："出卖人应当按照约定或者交易习惯向买受人交付提取标的物单证以外的有关单证和资料一致。"技术资料主要包括使用说明书、结构图纸、有关技术数据。质量证明包括有关部门出具的质量合格证书以及其他能够证明工作成果质量的数据、鉴定证明等。承揽人在交付工作成果、提取工作成果的单证、必要的技术资料和质量证明外，还应当交付工作成果的附从物，如工作成果的备件、配件、特殊的维护工具等。如果定作人提供的材料尚有剩余，承揽人也应当退还定作人。

若承揽人未履行交付工作成果的义务，根据《民法典》合同编之通则的规定，定作人享有履行抗辩权，有权解除合同、请求承揽人承担违约责任。在此也可以参照适用《民法典》合同编关于买卖合同中卖方交付义务的有关规定。例如，参照适用《民法典》第632、633条，工作成果为数物，其中一物不符合约定的，定作人可以就该物解除，但是该物与他物分离使工作成果的价值显受损害的，定作人可以就数物解除合同；承揽人分批交付工作成果的，承揽人对其中一批不交付或者交付不符合约定，致使该批不能实现合同目的的，定作人可以就该批标的物解除；承揽人不交付其中一批或者交付不符合约定，致使之后其他各批的交付不能实现合同目的的，定作人可以就该批以及之后其他各批解除；定作人如果就其中一批标的解除，该批与其他各批相互依存的，定作人可以就已经交付和未交付的各批解除。

二、定作人受领和验收的义务

定作人负有受领的义务。[①] 首先，这以承揽工作成果需要交付为前提。如上文所述，如果承揽工作成果无须交付，则此时完成工作并通知定作人的时间为交付和受领的时间，定作人自然就不负有受领义务。其次，只有在承揽人按照约定交付工作成果时，定作人才负有受领义务。如果工作成果不符合约定，致使不能实现合同目的的，参照适用《民法典》第610条，定作人有权拒绝受领或者解除合同，但这以工作成果不符合约定致使合同目的不能实现为前提，如果仅仅是轻微的瑕疵，定作人无权拒绝受领。[②] 依照《民法典》第530条第1款和第531条第1款，提前履行和部分履行不损害定作人利益的，定作人无权拒绝受领，但是，承揽人必须在合理期间前通知定作人，突然的、未提前通知定作人的提前履

① 《德国民法典》第640条规定了承揽人的受领义务。我国台湾地区"民法"对此未明确规定，有学者认为有失妥当。参见黄立：《承揽合同之工作物受领问题》，载《北京航空航天大学学报（社会科学版）》2018年第3期，第1-13页。

② 《德国民法典》第640条第1款对此有明确规定。

行或者部分履行，应被认为损害了定作人利益，定作人可以拒绝。应当注意的是，并不能根据定作人的受领认为工作成果符合要求，受领和验收是定作人两个不同的义务。①

定作人违反受领义务，主要产生如下法律后果：(1) 承揽人在定作人受领迟延期间，不能简单地抛弃工作成果，而是负有保管义务。这类似于无偿保管合同，参照适用《民法典》第 897 条的规定："保管期内，因保管人保管不善造成保管物毁损、灭失的，保管人应当承担赔偿责任。但是，无偿保管人证明自己没有故意或者重大过失的，不承担赔偿责任。"据此，在定作人受领迟延期间，承揽人仅就故意或者重大过失承担责任。(2) 承揽人有权依据《民法典》第 570 条第 1 款第 1 项的规定，将工作成果提存。② (3) 依据《民法典》第 589 条第 1 款，承揽人可以请求定作人赔偿增加的费用，包括提出给付的费用、保管的费用和其他费用。(4) 参照适用《民法典》第 608 条的规定，承揽人按照约定将工作成果置于交付地点，定作人违反约定没有收取的，工作成果毁损、灭失的风险自违反约定时起由定作人承担。

定作人还负有验收的义务。③ 无论承揽工作成果是否需要交付，定作人都有验收的权利，但也负有验收的义务。受领与验收不同：受领并不等同于验收，此处的验收等同于《民法典》第 620 条及以下条文规定的买卖合同中买受人及时检验并通知的义务，因此应当参照适用这些规则。据此，如果定作人未及时履行验收义务的，视为工作成果的数量或者质量符合约定。因此，验收义务是一种不真正义务，违反它不会产生承揽人的损害赔偿请求权，而只会使定作人自己遭受不利后果。④ 至于具体的期限、标准同样应当参照适用《民法典》第 620 条及以下条文。例如，当事人约定的检验期间过短，根据工作成果的性质和交易习惯，定作人在检验期间内难以完成全面检验的，应当参照适用《民法典》第 622 条第 1 款，该期间仅被视为定作人对外观瑕疵提出异议的期间。但需要注

---

① DCFR 第 4.3-4：105 条第 3 款对此有明确规定。

② 《俄罗斯联邦民法典》第 720 条对提存作出了明确规定。

③ 《意大利民法典》第 1665 条、《俄罗斯联邦民法典》第 720 条同样对此作了明确规定。

④ 最高人民法院 (2016) 民申 2818 号民事裁定书中认为：定作人不能证明承揽人提供的产品不符合合同约定目的及不积极履行终验收的协助义务的，不能以此为由解除合同。北京市第二中级人民法院 (2003) 二中民终字第 02040 号民事判决书中认为：加工承揽合同双方对验收方式无特别约定，定作方受领完成的工作成果并使用，且在保修期内未提出质量异议，应视为受领方对该工作成果验收合格。上海市第一中级人民法院 (2017) 沪 01 民终 6848 号民事判决书中认为：依据我国合同法中关于买卖合同质量检验期及承揽合同中定作人义务的相关规定，普圣公司作为定作人在收到祥和公司交付的工作成果时，应当予以验收，怠于通知的，应视为定作物质量符合约定。

意的是，承揽人不能仅以定作人支付报酬或者使用了工作成果为由证明工作成果质量合格。①

三、工作成果所有权的归属

当工作成果体现为有形物时，本条仅规定了承揽人负有向定作人交付工作成果的义务，并未规定承揽人负有移转工作成果所有权的义务。这似乎隐含了在当事人没有另有约定的情况下，定作人就工作成果所有权的取得是原始取得而非继受取得，因此，承揽人并不享有工作成果的所有权，自然也就不负有移转工作成果所有权的义务。定作人是原始取得还是继受取得工作成果所有权，在实践中非常重要。如果定作人继受取得所有权，所有权先由承揽人取得，那么承揽人在交付工作成果之前的处分就是有权处分，第三人无论善意还是恶意都能取得材料所有权或者其他物权，定作人不得要求返还；承揽人在交付工作成果前破产或者被他人强制执行的，定作人对工作成果不享有破产取回权，也无权提出执行异议。反之，承揽人的处分是无权处分，第三人能否取得物权取决于其是否符合善意取得的条件，当不符合时，定作人有权要求第三人返还或者除去材料上的负担；承揽人在交付工作成果前破产或者被他人强制执行的，定作人针对工作成果享有破产取回权，能够提出执行异议。

定作人原始取得工作成果的所有权，这在定作人提供材料的一般承揽中，并无太大争议。② 定作人提供材料，并无移转材料所有权的意思，因此，承揽人仅仅是占有材料而不享有对材料的所有权。就此种情况下的工作成果，承揽人也不享有所有权，其所有权归属于定作人。承揽人对工作成果的交付，实际上是占有的返还。此时可能会发生添附的情形③，依据添附的一般法理，有可能会出现工作成果所有权由承揽人单独所有或者与定作人共有的情形。但是，承揽人的行为本身就是履行合同义务的行为，其本来就有完成工作成果的义务，与作为所有权取得方式的事实行为不同，且承揽合同本来就有“工作属他性”的特点，承揽人对自己完成的工作成果并没有自己所有的意思。添附的规定在存在承揽合同的情

---

① 最高人民法院（2002）民二提字第16号民事判决书中认为：加工承揽合同约定，承揽人应对制造、安装的设备调试合格后交付定作人的，虽然承揽人进行了多次调试，但双方没有办理设备验收手续，也没有其他证据证明已将设备调试合格，不能仅以定作人已陆续支付设备款的行为主张定作设备已调试合格。

② 参见邱聪智：《新订债法各论》（中），北京，中国人民大学出版社2006年版，第43页；刘春堂：《民法债编各论》（中），台北，三民书局2007年版，第34页。

③ 有观点认为应当适用添附规则决定所有权归属，参见郭洁：《承揽合同若干法律问题的研究》，载《政法论坛》2000年第6期，第48页。

形中不应适用，无论承揽工作对象是动产还是不动产，均如此。[①] 在定作人提供了承揽工作的对象（即工作基底），例如待装修的房屋等，并且定作人提供了其他材料时，自然适用同样规则。材料由承揽人提供，定作人提供购置材料的资金时，应当认为定作人和承揽人就买卖材料订立了委托合同，定作人对承揽人所购材料享有所有权。此时也适用上述规则。定作人是否支付所约定的资金仅仅是定作人和承揽人之间的委托合同要处理的问题，不影响工作成果的归属。[②]

在定作人提供材料的不规则承揽中，关于工作成果所有权的归属问题存在争议。有观点认为，材料所有权移转给承揽人，如果承揽人已经以自己材料替代的，工作成果的所有权应先由承揽人取得，然后再从承揽人处转移到定作人处，由定作人继受取得。[③] 也有观点认为，工作成果的所有权归定作人原始取得。[④] 如果认为材料的所有权先移转给承揽人，进而工作成果的所有权就先由承揽人取得，则在价值判断上有轻重失衡的嫌疑。事实上，承揽的目的是工作的完成，材料的提供仅仅是完成工作的部分过程，就此而言，定作人提供材料的不规则承揽与一般承揽并无不同，都应由定作人原始取得工作成果所有权。[⑤]

定作人交付材料时一般并无移转所有权的意思，而只是约定承揽人有权以其他材料代替，进而定作人取得材料的所有权。此时，与第一种情形相同，仍然应当由定作人原始取得工作成果的所有权。[⑥]

对于承揽人提供材料、定作人提供承揽工作对象（即工作基底）的情形，有观点认为，应当依据添附规则决定所有权归属。据此，如果工作对象是动产，该动产为主物，则定作人原始取得添附物的所有权；如果工作对象是不动产，仍由

---

① 参见谢鸿飞：《承揽合同》，北京，法律出版社 1999 年版，第 63 页；邱聪智：《新订债法各论》（中），北京，中国人民大学出版社 2006 年版，第 43 页。但是，谢鸿飞教授在其他情形中仍然采用添附规则决定所有权归属，其观点似乎与此相矛盾。另外，材料属于第三人的，此时第三人与定作人或者承揽人之间并无承揽合同关系，在无约定时，适用添附规则予以处理更为妥当。参见崔建远：《合同法学》，北京，法律出版社 2016 年版，第 405 页；刘春堂：《民法债编各论》（中），台北，三民书局 2007 年版，第 41 页。

② 参见谢鸿飞：《承揽合同》，北京，法律出版社 1999 年版，第 65 页。日本判例的观点相同，虽然其理论基础在不同阶段有变化。参见邱聪智：《新订债法各论》（中），北京，中国人民大学出版社 2006 年版，第 44 页。

③ 参见戴修瓒：《民法债编各论》（上），台北，三民书局 1964 年版，第 165 页；郑玉波：《民法债编各论》（下），台北，三民书局 1981 年版，第 352 页；宁红丽：《〈民法典草案〉“承揽合同”章评析与完善》，载《经贸法律评论》2010 年第 1 期，第 124 页。

④ 参见刘春堂：《民法债编各论》（中），台北，三民书局 2007 年版，第 27 页。

⑤ 参见邱聪智：《新订债法各论》（中），北京，中国人民大学出版社 2006 年版，第 34 页。

⑥ 参见崔建远：《合同法学》，北京，法律出版社 2016 年版，第 403 页；谢鸿飞：《承揽合同》，北京，法律出版社 1999 年版，第 64－65 页。

定作人原始取得添附物的所有权。[①] 但是，即使得出同样结论，如上文所述，似乎不应以添附为根据，提供材料本来就是承揽人的义务，添附的规定在存在承揽合同的情形中不应适用，而仅需考虑承揽合同的目的即可。[②]

在承揽人提供材料、定作人未提供承揽工作对象的情形中，关于定作人是否是原始取得工作成果的所有权也存在不同观点。有观点认为，工作成果所有权应首先归属于承揽人，其理论根据包括添附、债务履行、外部征表、当事人意思推定等，定作人是继受取得。[③] 但是，承揽人的目的是通过自己的劳动获得一定报酬，其本身并无取得工作成果所有权的意思，故无将所有权归属于承揽人的必要。即使此举目的在于确保承揽人在定作人不支付材料款的情形下至少取得提供材料所需资金，但法律对此已经提供了留置权、同时履行抗辩权等手段，且承揽人可以通过与定作人的约定取得其他担保，故并无通过此种手段实现的必要。此外，这同样会导致次承揽情形中合同履行的烦琐：次承揽人要将工作成果交付于承揽人，承揽人再将其交付于定作人。这并无必要。[④] 因此，规定定作人原始取得工作成果的所有权更为妥当。[⑤]

在定作人和承揽人共同提供材料的情形，有观点，认为在材料主要部分由承揽人提供的情形，应当由承揽人首先取得工作成果所有权，定作人继受取得，于其他情形则由定作人原始取得所有权。[⑥] 但是，如上文所述，这并无必要，仍然一概规定由定作人原始取得工作成果的所有权更为妥当。[⑦]

综上，在所有情形中，都应当由定作人原始取得工作成果所有权。对于承揽人而言，承揽合同本来就有“工作属他性”的特点，承揽人是通过自己的劳动获得一定报酬，对自己完成的工作成果并没有自己所有的意思。承揽人是基于为他人工作或者使他人取得工作成果所有权的认识而工作的，工作成果的所有权无归

① 参见崔建远：《合同法学》，北京，法律出版社 2016 年版，第 403－404 页；谢鸿飞：《承揽合同》，北京，法律出版社 1999 年版，第 65 页以下；郑玉波：《民法债编各论》（上），台北，三民书局 1992 年版，第 348－349 页；郭洁：《承揽合同若干法律问题的研究》，载《政法论坛》2000 年第 6 期，第 48 页。

② 参见林诚二：《民法债编各论》（中），北京，中国人民大学出版社 2007 年版，第 82－83 页。

③ 参见刘春堂：《民法债编各论》（中），台北，三民书局 2007 年版，第 33 页。

④ 参见王和雄：《承揽供给契约之性质及其工作物所有权之归属》，载郑玉波主编：《民法债编论文选辑》（下），台北，五南图书出版公司 1984 年版，第 1136－1138 页；谢鸿飞：《承揽合同》，北京，法律出版社 1999 年版，第 67－69 页。

⑤ 参见崔建远：《合同法学》，北京，法律出版社 2016 年版，第 404 页；邱聪智：《新订债法各论》（中），北京，中国人民大学出版社 2006 年版，第 43 页；吴志正：《债编各论逐条释义》，台北，元照出版公司 2019 年版，第 191 页。

⑥ 参见刘春堂：《民法债编各论》（中），台北，三民书局 2007 年版，第 40－41 页。

⑦ 参见崔建远：《合同法学》，北京，法律出版社 2016 年版，第 404 页；邱聪智：《新订债法各论》（中），北京，中国人民大学出版社 2006 年版，第 44－45 页。

属于承揽人的必要。即使是在承揽人自己提供材料的情形，同样如此，且承揽人为确保自己能够取得材料价款，有其他足够的手段（例如留置权）可以实现，即使材料价款另行于报酬之外计价支付，就该材料部分解释其有买卖性质即已足够，因此，该情形与其他承揽情形在所讨论的问题上并无太大差异。① 对承揽人的其他债权人而言，在承揽人以承揽作为营业的情形中，其本来就不应合理信赖承揽人对工作成果享有所有权，尤其是在工作成果可以与承揽人的其他财产合理区分的前提下，其不应较之定作人获得特殊对待。而就不同情形予以区分的观点，观点游移不定，过于烦琐，且价值判断上并不融贯。

因此，本条并未规定承揽人有移转工作成果所有权的义务，就隐含了定作人原始取得工作成果所有权的观点。此外，《民法典》第 783 条规定："定作人未向承揽人支付报酬或者材料费等价款的，承揽人对完成的工作成果享有留置权或者有权拒绝交付，但是当事人另有约定的除外。"承揽人留置权适用的前提是定作人对留置物享有所有权，故由此推知工作成果的所有权应归属于定作人。第二，《民法典》第 784 条规定：承揽人应当妥善保管定作人提供的材料以及完成的工作成果，因保管不善造成毁损、灭失的，应当承担赔偿责任。据此，承揽人对工作成果负有保管义务，而保管义务的前提是保管物为他人所有，故由此推知，工作成果属于定作人所有，否则承揽人对自己所有的物可通过风险负担解决，而谈不上对定作人承担损害赔偿责任。②

当然，定作人原始取得所有权的规定是任意性规范，当事人可以另行约定。在当事人约定工作成果归承揽人所有的情况下，承揽人例外地负有将该工作成果的所有权转移给定作人的义务。

第七百八十一条

承揽人交付的工作成果不符合质量要求的，定作人可以合理选择请求承揽人承担修理、重作、减少报酬、赔偿损失等违约责任。

本条主旨

本条是关于承揽人因工作成果的质量不符合约定所承担违约责任的规定。

---

① 参见邱聪智：《新订债法各论》（中），北京，中国人民大学出版社 2006 年版，第 44－45 页。

② 参见崔建远：《合同法学》，北京，法律出版社 2016 年版，第 403 页；毛坚儿：《动产定作物所有权之澄明》，载《人民法院报》2001 年 9 月 14 日，第 003 版。

相关条文

《合同法》第262条　承揽人交付的工作成果不符合质量要求的，定作人可以要求承揽人承担修理、重作、减少报酬、赔偿损失等违约责任。

《民法典》第801条　因施工人的原因致使建设工程质量不符合约定的，发包人有权请求施工人在合理期限内无偿修理或者返工、改建。经过修理或者返工、改建后，造成逾期交付的，施工人应当承担违约责任。

理解与适用

一、承揽人承担违约责任的构成要件

依据本条规定，同时参照适用《民法典》第615条及以下条文关于出卖人承担该种责任的规则，承揽人因交付的工作成果不符合质量要求而承担违约责任的构成要件如下。

（一）完成的工作不符合质量要求

完成的工作不符合质量要求，在完成的工作体现为工作成果的情况下，是指工作成果不符合质量要求。承揽合同与委托合同最大的区别在于，承揽合同重视结果，是结果之债，而委托合同重视过程，是手段之债。据此，承揽人的服务工作本身是否存在瑕疵并非判断的重心，因而在认定是否质量不符合要求方面不具有实质性作用，在判断工作成果是否符合质量要求时，没有必要具体考虑服务本身的瑕疵。①

所谓不符合质量要求，包括品质瑕疵、效用瑕疵和价值瑕疵。承揽人应当保证其完成的工作符合合同约定的品质、没有不适于通常或者约定用途的瑕疵以及没有价值灭失或者减少的瑕疵。在双方当事人没有约定质量要求的情况下，参照适用《民法典》第616条关于买卖标的物质量的规则，即对质量要求没有约定或者约定不明确，依据第510条的规定仍不能确定的，适用《民法典》第511条第1项的规定。在此，可以参照《产品质量法》第40条第1款来认定不符合质量要求，包括：（1）不具备产品应当具备的使用性能而事先未作说明的；（2）不符合在产品或者其包装上注明采用的产品标准的；（3）不符合以产品说明、实物样品等方式表明的质量状况的。完成的工作不符合定作人的特定使用目的，且定作人已将该目的告知承揽人，或者承揽人基于其他情况有理由知道该目的的，同样可

① 参见周江洪：《服务合同研究》，北京，法律出版社2010年版，第105-110页。

以认定不符合质量要求。但是，在承揽合同中，往往存在定作人个性化的需求，工作成果是否符合质量要求，取决于定作人的特殊需求、承揽人满足需求的解决方案以及其他一些外在环境，承揽人的工作能力仅仅是一方面，因此，在判断工作成果是否符合质量要求时，需要进行更多层面的考量。①

如果工作成果的数量不符合要求，同时引起质量问题时，可以作为不符合质量要求处理，适用本条规定；数量仅仅不足，未同时导致质量不符合要求的，则按照一般的违约责任处理，例如可以适用《民法典》第 582 条，该条以"履行不符合约定"为前提，适用的范围因此更广。

（二）工作完成时已经存在不符合质量要求的情形

承揽人承担违约责任，不仅要求完成的工作不符合质量要求，而且要求该情形在工作完成时已经存在。如果完成的工作体现为工作成果且需要交付，即为交付时已经存在。② 至于交付的具体规则，同样可以参照适用《民法典》第 601 条及以下条文关于买卖合同出卖人交付的规则。例如，当事人没有约定交付地点或者约定不明确，依据《民法典》第 510 条的规定仍不能确定，工作成果需要运输的，承揽人应当将工作成果交付给第一承运人以运交给定作人。此时，如果交付的工作成果已经不符合质量要求，则承揽人应当依法承担违约责任。

（三）定作人及时提出质量异议

《民法典》第 780 条已经规定了定作人的验收义务，此处的验收等同于《民法典》第 620 条及以下条文规定的买卖合同中买受人及时检验并通知的义务，因此应当参照适用这些规则。据此，定作人未及时履行验收义务的，视为工作成果符合质量要求。至于具体的期限、标准同样应当参照适用《民法典》第 620 条及以下条文。例如，经验收发现工作成果不符合质量要求的，定作人应当在约定的期限内通知承揽人；如果当事人未约定异议期限的，定作人应当在发现或者应当发现工作成果不符合质量要求的合理期间内通知承揽人。

（四）不存在一般的免责事由，同时不符合质量要求并非定作人原因导致的

既然承揽人在此承担的是违约责任，那么自当适用《民法典》第 577 条及以下条文关于违约责任的一般规定，如果存在免除违约责任的一般事由，自然要免除承揽人的违约责任。例如，依照《民法典》第 590 条的规定，承揽人因不可抗

---

① DCFR 第 4.3-2：106 条第 1 款中规定：（1）服务提供人必须完成客户在订立合同时指明或设想的特定成果。在该成果仅为设想而并未指明的情形时：（a）该设想的成果是客户可以合理地被期待所设想的成果；（b）客户没有理由相信存在该服务不会取得所设想的工作成果的重大风险。

② 参见崔建远：《合同法学》，北京，法律出版社 2016 年版，第 405 页；宁红丽：《论承揽人瑕疵责任的构成》，载《法学》2013 年第 9 期，第 136－137 页。

力不能履行合同的，根据不可抗力的影响，部分或者全部免除其责任，但是法律另有规定的除外；因不可抗力不能履行合同的，承揽人应当及时通知定作人，以减轻可能给定作人造成的损失，并应当在合理期限内提供证明；承揽人迟延履行后发生不可抗力的，不免除其违约责任。

同时，违约责任采取无过错归责原则，承揽合同确定的债务是结果债务，因此在承揽人交付的工作成果不符合质量要求的情形中，一般不考虑承揽人的过错。① 但是，无论是采取无过错归责原则的观点还是采取过错归责原则的观点，至少在工作成果不符合质量要求完全是定作人的原因导致的情形，达成的共识是承揽人一般不承担违约责任。② 这尤其体现在不符合质量要求仅是依定作人指示或者定作人提供材料的性质而产生的情形中。在承揽合同中，定作人也可能对承揽人发出指示，包括对次承揽人的指定、对特定工具或者材料的选择和购买途径的指定、对履行方式的选择等。一般情况下，虽然承揽人是按照定作人的要求完成工作，但是承揽人对完成工作的方法和程序等可以自主决定，并且承揽人可能已经根据承揽合同和定作人之前的指示进行相关的准备工作，因此定作人的指示可能与这些准备工作有矛盾。因此，承揽人没有义务遵循定作人的指示。但是，在特殊情况下承揽人负有遵循定作人指示的义务，包括：（1）双方对此明确约定；（2）指示本身是合同的一部分或规定于合同引用的图纸等文件之中；（3）合同本身赋予定作人选择权，定作人基于该选择权的行使而发出指示；（4）定作人的指令构成了《民法典》第 777 条所规定的“中途变更承揽工作的请求”。如果承揽人负有遵循定作人指示的义务，或者虽然不负有遵循的义务但实际上遵循了定作人的指示，那么当承揽人发现定作人的指示是不合理的时，承揽人应当依据《民法典》第 776 条的规定，及时通知定作人。如果承揽人未及时通知，那么因遵循定作人的指示而不能按照约定完成承揽工作的，承揽人仍应当承担违约责任；但是如果承揽人履行了及时通知的义务，那么承揽人不承担违约责任，同时有权请求相应的报酬和返还垫款，并就因此而遭受的损失请求赔偿。这在定作人

① 对类似《合同法》第 111 条实务中的观点皆如此，最高人民法院（2014）民申字第 793 号民事裁定书，最高人民法院（2014）民提字第 14 号民事判决书，最高人民法院（2013）民申字第 431 号民事裁定书，最高人民法院（2015）民二终字第 251 号民事判决书。金晶：《〈合同法〉第 111 条（质量不符合约定之违约责任）》，载《法学家》2018 年第 3 期，第 172 页。但是，《最高人民法院关于审理建设工程施工合同纠纷案件适用法律问题的解释》第 11 条规定：“因承包人的过错造成建设工程质量不符合约定，承包人拒绝修理、返工或者改建，发包人请求减少支付工程价款的，应予支持。”对建设工程合同中的类似责任采取过错责任原则，似乎超越了法律的规定。

② 参见王利明：《合同法研究》（第三卷），北京，中国人民大学出版社 2015 年版，第 444 页；崔建远：《合同法学》，北京，法律出版社 2016 年版，第 405 页。

提供材料的情形中同样如此。对《民法典》第775、776条进行反对解释即可得出同样的结论。[①] 如果不符合质量要求部分是因为定作人的指示或者定作人提供材料的性质而产生的，则适用《民法典》第592条第2款关于与有过错的规定。

同时，《民法典》第1193条规定：承揽人在完成工作过程中造成第三人损害或者自己损害的，定作人不承担侵权责任。但是，定作人对定作、指示或者选任有过错的，应当承担相应的责任。[②] 据此，承揽人因遵循定作人的指示造成第三人或者自己损害，而定作人对指示有过错的，定作人应当承担相应的责任。

二、承揽人因此而承担的违约责任

在很多大陆法系国家和地区，债务不履行以过错作为要件，此时对债务内容予以形式化确定，为了补缺，都将瑕疵担保责任作为一种特别的法定担保责任，适用无过错归责原则，而且有短期时效、异议通知等制度。[③] 而英美法系本来就对违约责任采取无过错归责原则，因此没有必要特别规定瑕疵担保责任。但是，这仅仅是形式上规范技术的不同，实践结论上并无实质性差异。[④] 在《民法典》中违约责任一般是无过错责任，所以《民法典》也未特别规定瑕疵担保责任，瑕疵担保责任仅仅是违约责任的一种。这样简化了法律的适用。[⑤] 据此，在承揽人因本条而承担违约责任时，因本条规定较为简单，必须要同时考虑《民法典》第577条及以下条文关于违约责任的一般规定的适用，以保持规则适用和价值判断的一致。

(一) 定作人合理选择修理、重作、减少报酬

依照《民法典》第582条的规定，定作人和承揽人事先对此有约定时，因该约定是民事法律行为，因而适用民事法律行为的一般规定。比如，双方约定的

---

① 《德国民法典》第645条、《日本民法典》第636条，以及我国台湾地区“民法”第496、509条对此有明确规定；DCFR第4.3-2：107条对此作同样规定。相同观点，参见谢鸿飞：《承揽合同》，北京，法律出版社1999年版，第96页；宁红丽：《论承揽人瑕疵责任的构成》，载《法学》2013年第9期，第140-141页。

② 《最高人民法院关于审理人身损害赔偿案件适用法律若干问题的解释》第10条作相同规定。

③ 例如，《德国民法典》设置了9个条文（第633条～第640条），《日本民法典》设置了7个条文（第634条～第640条），《葡萄牙民法典》设置了9个条文（第1218条～第1226条），我国台湾地区“民法”设置11个条文（第492条～第501-1条）。但并非所有大陆法系均如此，例如《俄罗斯联邦民法典》第721条就没有将承揽人的瑕疵担保责任和违约责任并列，承揽人承担的责任仍然是违约责任。

④ 日本在修法时已经对之前的做法反思，具体参见解亘：《日本契约拘束力理论的嬗变》，载《南京大学学报（哲学人文科学社会科学版）》2010年第2期；解亘：《我国合同拘束力理论的重构》，载《法学研究》2011年第2期。德国法修法之后，瑕疵担保责任与一般的债务不履行责任之间的差别也已经缩小。

⑤ 参见宁红丽：《论承揽人瑕疵责任的构成》，载《法学》2013年第9期，第134页。

“三包”规定中对不同瑕疵的后果进行了详细的约定时，就应当按照当事人之间的约定。如果当事人对违约责任没有约定，或者虽有约定但约定不明确的，此时就当依据《民法典》第510条的规定予以确定，当事人可以协议补充，不能达成补充协议的，按照合同有关条款或者交易习惯确定。如果当事人对此既无约定，也无法依据《民法典》第510条的规定予以确定的，则定作人根据标的的性质以及损失的大小，可以合理选择请求承揽人承担修理、重作、减少报酬、赔偿损失等违约责任。虽然本条并未明确当事人的约定等，但应当结合《民法典》第582条作出同样解释。

修理和重作有助于尽量维持当事人之间的合同关系。修理是对工作成果质量瑕疵的修补。在存在严重的质量瑕疵，以致不能通过修理使之符合质量要求的情形下，定作人可以选择重作的补救方式。由于承揽合同的工作成果是特定物，因此承揽合同中难以适用更换的责任。

对于修理、重作、减少报酬，定作人具有选择权，但其选择必须是合理的。① 修理、重作同样适用《民法典》第580条的规定，当这些方式事实上不能履行、履行费用过高以及定作人未在当事人约定期限或者合理期限内要求的，定作人不能再请求修理、重作，而只能请求承揽人承担其他违约责任。② 瑕疵是细微和无关紧要的，若修理、重作的费用过高，则不能请求修理、重作。修理、重作是不可能、不合理或者没有效果的，或者承揽人拒绝或在合理期间内仍不履行的，定作人可以请求减少报酬。如果承揽人在交付的工作成果不符合质量要求后，立即提出在合理期限内自己承担费用予以修理、重作，则定作人应当允许，除非该瑕疵已经致使合同目的不能实现，或者定作人有理由相信承揽人不可能在合理期限内并在不给定作人造成显著不便或不给定作人的合法利益造成其他损害的前提下实施有效的修理、重作。

同样，在对修理、重作的选择中，也要求选择的合理性。一般情况下，如

---

① 《德国民法典》第635条规定承揽人具有选择权，因为承揽人更易知悉采取何种方式成本会较低，也更符合定作人的要求，较为符合当事人之间的利益状态。但是，如果定作人享有选择权，但选择必须是合理的，这与承揽人享有选择权在结果上并不存在较大的差异。关于该问题的具体论述，参见宁红丽：《论承揽人瑕疵责任的形式及其顺位》，载《法商研究》2013年第6期，第103-112页。

② 上海市松江区人民法院（2011）松民三（民）初字第1691号民事判决书中认为：系争工作成果，总价款达四百余万元，如允许重作，必定会产生拆除及重作两项费用，且必定会造成原告无法经营的损失，其数额远大于上述总价款，显属履行费用过高。另，原告已实际使用系争工作成果多年，如拆除重作，则不利于充分发挥物的效用。江西省赣州市中级人民法院（2009）赣中民四终字第203号民事判决书中认为：本案涉及房屋修理、重作的成本过分高于肖士军应支付的工程款，因此，本院确定黄海生应承担减少报酬的违约责任。

果瑕疵仅仅是轻微的，而并未达到致使合同目的不能实现的程度，修理能够在合理时间内完成，并且修复程度很高，则定作人请求重作就可能是不合理的。但是，如果瑕疵达到了致使合同目的不能实现的程度，则定作人有权直接请求重作。①

承揽人修理、重作的，应当自行承担费用和因此产生的运输费用等合理费用。如果承揽人未按要求予以修理、重作，或者因情况紧急，定作人自行或者通过第三人修理、重作工作成果的，定作人有权主张承揽人负担因此发生的合理费用。这有利于维护定作人的利益，也与《民法典》第581条规定的精神相一致。在将修理、重作理解为补正履行，因此适用继续履行规则的情形中更是如此。②

修理、重作是不可能、不合理或者没有效果的，或者承揽人拒绝或在合理期间内仍不履行的，定作人可以请求减少报酬。③ 报酬未支付的，定作人可以主张减少其应支付的报酬；报酬已经支付的，定作人可以主张返还减价后多出部分的报酬。④ 定作人主张减价，承揽人对减价与否或者减价数额均认可的，按照当事人一致的意思表示处理；承揽人对减价与否或者减价数额有异议的，可以由人民法院或者仲裁机构予以确定。当事人双方有异议时，减价的标准就非常重

---

① "青龙山窑业有限公司诉弘达汽车修理公司案"（《人民法院案例选》2003年第3辑，第231-238页）的判决书中认为：由于双方间的基础法律关系为修理合同关系，修理是被告的第一要务，本着能修理仍应修理，实在不能修复的，才可更换或赔偿损失的精神，鉴于被告对争议的车辆认为有能力修复，因此，被告在一定时间内将该车修好并交付原告。

② 《德国民法典》第323条第2款和我国台湾地区"民法"第493条第2款对此有明确规定。《最高人民法院关于审理买卖合同纠纷案件适用法律问题的解释》第22条规定：买受人在检验期间、质量保证期间、合理期间内提出质量异议，出卖人未按要求予以修理或者因情况紧急，买受人自行或者通过第三人修理标的物后，主张出卖人负担因此发生的合理费用的，人民法院应予支持。在买卖合同中对此明确予以承认，而有偿合同参照适用买卖合同的有关规定，据此在承揽合同中也应如此。上海市长宁区人民法院（2011）长民三（民）初字第763号民事判决书中认为：本案中被告对原告在保修期提出的质量问题虽然修复了一部分，但是其余质量问题或敷衍或拒绝确认，在此情况下原告要求被告承担修复费、自行解决施工质量问题并无不当，本院应予准许。上海市第一中级人民法院（2012）沪一中民四（商）终字第158号民事判决书中认为：基于加工合同的特性，在加工方将工作成果交付完毕的前提下，若加工方不承担修理责任，定作方可以另行修理，引起的必要修理费用可向加工方主张。持类似的观点还有上海市第一中级人民法院（2004）沪一中民一（民）终字第180号民事判决书等。

③ 上海市徐汇区人民法院（2005）徐民二（商）初字第139号民事判决书中认为：鉴于原告已按照合同约定的数量如数制作完成，且该定作物制作完成后是不可能修复到与被告定作样本相同程度的，而被告定作笔记本系用于赠送来宾。据此，原告以承担减少报酬的违约责任为宜。河南省鹤壁市中级人民法院（2012）鹤民二终字第52号民事判决书中认为：吴长修、张玉花在2010年10月2日即已要求李胜远重作产品陈列柜，而李胜远予以拒绝。因此，吴长修、张玉花继而有权通过诉讼要求李胜远承担减少报酬、赔偿经济损失的违约责任。

④ 《最高人民法院关于审理买卖合同纠纷案件适用法律问题的解释》第23条第2款对此有明确规定。

要。不同的立法例对此有不同的规定。[①]《最高人民法院关于审理买卖合同纠纷案件适用法律问题的解释》第 23 条第 1 款规定：标的物质量不符合约定，买受人依照《合同法》第 111 条的规定要求减少价款的，人民法院应予支持。当事人主张以符合约定的标的物和实际交付的标的物按交付时的市场价值计算差价的，人民法院应予支持。参照适用该款规定，减少报酬的标准是交付时的差价。

（二）赔偿损失

《民法典》第 583 条规定：当事人一方不履行合同义务或者履行合同义务不符合约定的，在履行义务或者采取补救措施后，对方还有其他损失的，应当赔偿损失。据此，尽管承揽人在约定期间或者合理期间内已经采取了有效的补救措施，但定作人还有其他损失的，定作人仍然可以请求承揽人依法赔偿。这些损失主要包括：（1）承揽人最初的不履行合同义务或者履行合同义务不符合约定给定作人造成的损失；（2）嗣后的不采取补救措施或者补救措施不符合约定给定作人造成的损失；（3）承揽人采取补救措施完毕前期间的迟延履行给定作人造成的损失；（4）补救措施本身给定作人造成的损失；（5）补救措施仍然无法弥补的定作人的损失。

当然，这仅仅规定了采取补救措施后的赔偿。承揽人拒绝或者未能在约定期间或者合理期间内修理、重作的，定作人当然也可以请求赔偿损失。如果不修理、重作是不可能、不合理或者没有效果的，定作人也可以直接请求赔偿损失[②]；如果定作人有权直接解除合同，合同解除后定作人仍有权请求承揽人承担违约责任。两者的区别在于赔偿的范围是否包括替代给付。

另外，本条规定的赔偿损失，应当适用《民法典》第 584 条及以下条文关于违约赔偿责任的一般规定，同时需要参照适用《民法典》关于出卖人承担此种责任的规则。例如，当事人约定减轻或者免除承揽人对工作成果瑕疵承担的责任，承揽人故意或者出于重大过失不告知定作人工作成果瑕疵的，参照适用《民法典》第 618 条的规定，承揽人无权主张减轻或者免除责任。[③]

---

① 《德国民法典》第 441 条第 3 款规定，应当按照缔约时标的物在无瑕疵状态所具有的价值与其实际价值可能存在的比例减价；《联合国国际货物销售合同公约》第 50 条、《欧洲合同法原则》第 9：401 条第 1 款规定，减价按实际交付的货物在交货时的价值与符合合同的货物在当时的价值两者之间的比例计算。同时，也有观点认为，不是按照比例予以确定，而是按照绝对的差额予以确定。第一种方式更为公平，第二种方式更为简便，各有道理；同时，对于非标准化商品或者服务，上述两种计算方式都较难适用。

② 上海市第一中级人民法院（2005）沪一中民四（商）终字第 1042 号民事判决书中认为：兵广厂加工生产的大礼包不符合质量标准要求，雅艺公司在无法要求兵广厂承担修理、重作或减少报酬的方式进行处理的情况下，可以要求兵广厂承担赔偿损失的违约责任。

③ 参见宁红丽：《论承揽人瑕疵责任的构成》，载《法学》2013 年第 9 期，第 141 页。《德国民法典》第 639 条、我国台湾地区“民法”第 501－1 条对此有明确规定。

（三）定作人的其他救济

除本条规定之外，定作人还可以根据《民法典》合同编之通则的一般规定采取救济措施。例如，在工作成果不符合质量要求，致使不能实现合同目的时，定作人可以解除合同；如果不符合质量要求的瑕疵不重要，则定作人不得解除合同。[①] 同时，定作人还可以依法行使履行抗辩权。

三、承揽人的其他违约责任

首先是承揽人因违反权利瑕疵担保所承担的违约责任。如上文所述，定作人一般原始取得工作成果所有权，故原则上没有权利瑕疵担保责任的适用。[②] 但是并不能据此排除权利瑕疵担保责任。[③] 例如，在双方约定承揽人先取得工作成果所有权的情况下，就可能出现违反权利瑕疵担保的违约责任问题；承揽人提供的材料属于第三人所有，承揽人在交付工作成果前，将工作成果抵押给第三人，第三人符合善意取得的条件的，此时承揽人也应当负有违反权利瑕疵担保的违约责任。此时应当参照适用《民法典》第 612～614 条关于出卖人违反权利瑕疵担保的违约责任规则。

其次是承揽人因除这些之外的其他违约行为所承担的违约责任，此时仍然通过《民法典》合同编之通则的一般规定予以解决。这里需要特别予以说明的是，承揽人未按照期限完成工作、迟延交付工作成果而产生定作人的法定解除权问题，其中的关注点在于是否能够适用《民法典》第 563 条第 1 款第 3 项“当事人一方迟延履行主要债务，经催告后在合理期限内仍未履行”。对此，有观点认为，如果承揽人已经完成大部分工作，仅是迟延交付工作成果，且时间不是太久，单次定期催告无果后解除可能使已完成的大部分工作丧失价值，对承揽人失之过苛，且不合经济效益原则。[④] 在此需要权衡定作人和承揽人双方的利益。据此：

---

① 上海市徐汇区人民法院（2009）徐民二（商）初字第 2135 号民事判决书中认为：由于螺丝孔封闭、补漆事宜可以通过原告的修理义务予以完成，不属于根本违约行为，故被告不能以此作为其要求解除合同、退还承揽费用的依据。

② 参见邱聪智：《新订债法各论》（中），北京，中国人民大学出版社 2006 年版，第 54 页。

③ 同样观点，参见谢鸿飞：《承揽合同》，北京，法律出版社 1999 年版，第 78 页。DCFR 第 4.3-2：106 条第 2 款中也明确规定：根据服务合同的约定将工作成果的所有权移转给客户时，该工作成果免受第三人的任何权利或有合理根据的请求权的约束。

④ 参见崔建远：《合同一般法定解除条件探微》，载《法律科学》2011 年第 6 期，第 125 页；赵文杰：《〈合同法〉第 94 条（法定解除）评注》，载《法学家》2019 年第 4 期，第 186 页；宁红丽：《〈民法典草案〉“承揽合同”章评析与完善》，载《经贸法律评论》2010 年第 1 期，第 112-114 页。我国台湾地区“民法”第 502 条对承揽人迟延履行作出专门规定：“因可归责于承揽人之事由，致工作逾约定期限始完成，或未定期限而逾相当时期始完成者，定作人得请求减少报酬或请求赔偿因迟延而生之损害。前项情形，如以工作于特定期限完成或交付为契约之要素者，定作人得解除契约，并得请求赔偿因不履行而生之损害。”通说观点认为定作人的解除权不能适用我国台湾地区“民法”第 254 条的一般规定，以妥当平衡双方利益。

（1）在期限极为重要的定期承揽合同中，履行期限构成合同的必要因素，无论工作的大部分是否完成，此时应适用《民法典》第 563 条第 1 款第 4 项“当事人一方迟延履行债务或者有其他违约行为致使不能实现合同目的”，定作人直接享有法定解除权。（2）在非定期的承揽合同中，一般情况下，如果工作大部分尚未完成，此时仍然能够适用《民法典》第 563 条第 1 款第 3 项，经定作人催告后承揽人在合理期限内仍未履行的，定作人享有法定解除权。（3）但是，如果工作大部分已经完成，可以认为此时交付工作成果并非主要债务，故不能适用《民法典》第 563 条第 1 款第 3 项，而应适用《民法典》第 563 条第 1 款第 4 项，因此，此时单次催告无果并不足以发生解除权，尚需由定作人进一步证明合同目的不能实现，即工作成果对定作人已经没有多少利益，例如，承揽人迟延履行，而定作人为履行与他人之间的合同，已经与第三人订立了相同内容的承揽合同并已经履行完毕。①

第七百八十二条

定作人应当按照约定的期限支付报酬。对支付报酬的期限没有约定或者约定不明确，依据本法第五百一十条的规定仍不能确定的，定作人应当在承揽人交付工作成果时支付；工作成果部分交付的，定作人应当相应支付。

本条主旨

本条是关于定作人支付报酬之期限的规定。

相关条文

《合同法》第 263 条　定作人应当按照约定的期限支付报酬。对支付报酬的期限没有约定或者约定不明确，依照本法第六十一条的规定仍不能确定的，定作人应当在承揽人交付工作成果时支付；工作成果部分交付的，定作人应当相应支付。

① 相同观点，参见刘春堂：《承揽人未依限完成工作与契约解除》，载《裁判时报》2017 年第 9 期。广东省广州市中级人民法院（2016）粤 01 民终 8739 号民事判决书中认为：根据中汇公司前后两次向冠锋公司发送邮件内容可知，冠锋公司对中汇公司在第一次提出的关于拉手、边框、木皮等问题并未进行整改，中汇公司第二次邮件提出的问题与前述修改问题基本一致。可见，冠锋公司作为承揽人未能及时有效地按照中汇公司的要求制作涉案家具。据此，冠锋公司迟延交付货物，违反合同的主要义务，中汇公司有权解除“家具采购合同”，原审法院判令解除涉案合同正确，本院予以维持。

理解与适用

本条仅规定了定作人支付报酬的期限。关于报酬支付的数额、地点、币种等，在没有约定或者约定不明确时，应当依据《民法典》第 510 条和第 511 条第 2、3 项以及第 514 条予以确定。

本条适用的前提是承揽人按照约定完成工作并向定作人交付了工作成果。承揽人的履行不符合约定的，定作人可以不支付报酬或者相应地减少报酬。但是，如果承揽人的履行符合约定，即使定作人无正当理由地不受领，定作人仍应当支付报酬。

在此前提下，定作人应当按照合同约定的期限向承揽人支付报酬。如果承揽人提供了材料，定作人应当在支付报酬之外向承揽人另行支付材料费的，定作人支付材料费也适用本条的规定。如果双方约定有偿并由承揽人提供材料，但并未对材料费明确约定的，其材料费被推定为报酬的一部分，即原则上材料费由承揽人负担，并计入报酬，承揽人不得作出额外的请求。①

如果承揽合同对报酬的支付期限有约定的，定作人按照双方约定的支付期限支付报酬。没有约定或者约定不明确的，首先应当适用《民法典》第 510 条予以确定。据此，当事人可以协议补充约定报酬的支付期限，定作人按照补充约定的期限向承揽人支付报酬；当事人不能达成补充协议的，定作人按照合同有关条款或者交易习惯确定的支付期限向承揽人支付报酬。

如果承揽合同对报酬的支付期限未约定，依据《民法典》第 510 条仍不能确定的，定作人应当在承揽人交付工作成果的同时支付。这表明本条采取了报酬后付方式。② 合同约定由定作人自提的，承揽人应当在工作完成后，通知定作人提货，在工作完成的地点或者定作人指定的地点，将工作成果交付给定作人。承揽人通知定作人提货的日期为交付日期，定作人应当在该日期支付报酬。合同约定由承揽人送交的，承揽人在工作完成后，自备运输工具，将工作成果送到定作人指定的地点并通知定作人验收，定作人在接受工作成果时支付报酬。交付工作成果的具体时间，可以参照适用《民法典》第 598 条及以下条文关于买卖合同出卖人交付的规则予以确定。约定由运输部门或者邮政部门代为运送的，承揽人应当在工作完成后，将工作成果交到运输部门或者邮政部门、办理运输手续，运输部

① 我国台湾地区“民法”第 490 条第 2 项对此有明确规定。但是，如果双方约定无偿，并约定由承揽人提供材料的，应当推定材料费由定作人负担。

② 比较法上多采取此种方式，例如《德国民法典》第 641 条、《俄罗斯联邦民法典》第 711 条、《日本民法典》第 633 条。

门或者邮政部门接受工作成果的日期为交付日期。承揽人将运输部门或者邮政部门收运的日期通知定作人，定作人在收到该通知时，支付报酬。

如果工作成果是可分且仅部分交付，且报酬是就各部分而定的，则定作人应验收该部分工作成果，并根据已交付的部分工作成果，在承揽人交付该部分工作成果时向承揽人支付报酬。① 如甲与乙约定，由乙为甲制作三套沙发，每套 600 元，总价1 800元。乙交付了一套，则甲应当向乙支付 600 元。如果依据双方约定，工作成果交付后仍然需要继续一定的承揽工作的，则定作人可以拒绝支付该未完成部分的合理报酬。

根据承揽合同的性质，承揽工作无须特别交付的，完成工作并通知定作人的时间，就是定作人应当支付报酬的时间。②

第七百八十三条

定作人未向承揽人支付报酬或者材料费等价款的，承揽人对完成的工作成果享有留置权或者有权拒绝交付，但是当事人另有约定的除外。

本条主旨

本条是关于承揽人之留置权和抗辩权的规定。

相关条文

《合同法》第 264 条　定作人未向承揽人支付报酬或者材料费等价款的，承揽人对完成的工作成果享有留置权，但当事人另有约定的除外。

《担保法》第 84 条　因保管合同、运输合同、加工承揽合同发生的债权，债务人不履行债务的，债权人有留置权。

法律规定可以留置的其他合同，适用前款规定。

当事人可以在合同中约定不得留置的物。

《民法典》第 447 条　债务人不履行到期债务，债权人可以留置已经合法占有的债务人的动产，并有权就该动产优先受偿。

前款规定的债权人为留置权人，占有的动产为留置财产。

---

① 我国台湾地区“民法”第 505 条第 2 项作出了明确规定。

② 参见崔建远：《合同法学》，北京，法律出版社 2016 年版，第 407 页。DCFR 第 4.3-4：106 条第 3 款也规定：“依合同不得向客户转移加工物或其控制权的，价款应当在加工完成且加工人对客户为完成通知时支付。”

第 448 条 债权人留置的动产，应当与债权属于同一法律关系，但是企业之间留置的除外。

第 449 条 法律规定或者当事人约定不得留置的动产，不得留置。

第 807 条 发包人未按照约定支付价款的，承包人可以催告发包人在合理期限内支付价款。发包人逾期不支付的，除根据建设工程的性质不宜折价、拍卖外，承包人可以与发包人协议将该工程折价，也可以请求人民法院将该工程依法拍卖。建设工程的价款就该工程折价或者拍卖的价款优先受偿。

理解与适用

定作人应当向承揽人支付的价款包括报酬、材料费、保管费和承揽人为完成工作而垫付的其他费用等。定作人支付价款的义务是其主要义务。如果定作人无正当理由不履行该义务的，除当事人另有约定外，承揽人对完成的工作成果享有留置权或者有权拒绝交付。

一、承揽人的留置权

按照《民法典》第 447 条及以下条文的规定，承揽人享有留置权须具备以下前提。

第一，定作人无正当理由不支付已经到期的报酬、材料费等费用。如果定作人因合法行使履行抗辩权等正当理由而不支付，则承揽人不能享有留置权；同样，如果定作人支付费用的债务并未到期，则承揽人同样不能享有留置权，但是，如果定作人无支付能力，则承揽人在请求支付价款债权到期之前也享有留置权。[①] 在承揽合同中，对于定作人的违约赔偿责任，也可通过本条予以目的性扩张，从而在其不承担违约赔偿责任时，承揽人有权行使留置权。

第二，承揽人基于承揽合同占有定作人的工作成果。如上文所述，定作人原始取得作为工作成果的动产的所有权，因此，工作成果属于定作人所有，承揽人是基于承揽合同而占有该工作成果。工作成果必须是动产，如果工作成果不是动产，如已粉刷的墙壁，则承揽人无法享有留置权。如果承揽人已经将工作成果交付给定作人，则承揽人也无法享有留置权。承揽人的履行辅助人并非工作成果的占有人，不能享有留置权。

但是，如果工作成果不属于定作人，承揽人是否可以留置？例如，甲将从丙处盗来的物交给乙加工，甲未支付加工费，且甲不能取得所有权时，乙可否行使

① 我国台湾地区“民法”第 931 条第 1 款有明确规定。

留置权？按照《最高人民法院关于适用〈中华人民共和国担保法〉若干问题的解释》第108条的规定——债权人合法占有债务人交付的动产时，不知债务人无处分该动产的权利，债权人可以按照担保法第八十二条的规定行使留置权，此时，乙仍然可以行使留置权，有权以此拒绝甲的返还请求。但是，如果丙请求返还，因丙和乙之间并无合同关系，丙不负有向乙支付价款的义务，故乙不得行使留置权；如果加工使物的价值大大增加，则乙对丙享有不当得利请求权，就该项请求权，乙可以行使留置权，拒绝丙的返还请求。

第三，留置的工作成果应当与支付价款的债权属于同一法律关系，但是企业之间留置的除外。例如，甲与乙服装店约定，由乙服装店为甲制作一套西装。之后甲又与乙服装店约定，由乙服装店再为甲制作一件风衣。如果甲支付了制作风衣的报酬而未支付制作西装的报酬的，则乙只能留置西装而不能留置风衣。再例如，甲配件厂租用乙公司的汽车，同时乙公司和甲配件厂约定，由甲配件厂为乙公司加工一批汽车配件。如果乙公司未按照约定支付甲配件厂加工配件的报酬，则甲只能留置汽车配件而不能留置汽车。但是，在商业实践中，企业之间相互交易频繁，追求交易效率，讲究商业信用，如果严格要求留置的财产必须与支付价款的债权具有同一法律关系，有悖于交易迅捷和交易安全原则，因此，在企业之间的承揽合同中，承揽人留置的工作成果可以不与支付价款的债权属于同一法律关系。

需要考虑的是次承揽合同。次承揽人与定作人不存在合同关系，其占有工作成果与其对承揽人之间的债权不属于同一法律关系，因此，次承揽人一般不得对定作人主张留置权。但是，在次承揽合同中，承揽人没有向次承揽人支付费用的，因为其占有与其对承揽人支付价款的债权属于同一法律关系，所以次承揽人可以向承揽人主张留置权。①

在承揽合同无效、被撤销、确定不生效或者被解除的情形中，当事人负有相互返还的义务，此种相互返还也是一种债的关系，双方当事人的义务仍然属于同一债的关系，因此，可以认为，承揽人此时仍然可以对工作成果享有留置权。

第四，工作成果不属于根据法律规定或者当事人约定不得留置的财产。如果法律基于公序良俗等明确规定某些情形下不得留置或者某些财产不得留置，则须依照该法律规定，不得成立留置权。承揽合同当事人事先在合同中约定排除留置权的，则在定作人未向承揽人支付报酬或者材料费等价款时，基于尊重当事人的意思自治，承揽人也不得留置完成的工作成果。但是，定作人于工作成果交付后，陷入无支付能力状态，或者其无支付能力状态于交付后始为承揽人所知者，

① 参见谢鸿飞：《承揽合同》，北京，法律出版社1999年版，第130页。

即使存在约定不得留置的情形，承揽人也可以留置。[①]

依据《民法典》第450条的规定，工作成果为可分物的，留置财产的价值应当相当于债务的金额。至于承揽人行使留置权的法律效果方面，也要适用《民法典》第451条及以下条文的规定以及担保物权的一般规定。例如，承揽人作为留置权人负有妥善保管所留置工作成果的义务；因保管不善致使所留置工作成果毁损、灭失的，承揽人应当承担赔偿责任。留置权人（承揽人）与债务人（定作人）应当约定留置财产后的债务履行期间；没有约定或者约定不明确的，留置权人（承揽人）应当给债务人（定作人）60日以上履行债务的期间，但是鲜活易腐等不易保管的动产除外。债务人（定作人）逾期未履行的，留置权人（承揽人）可以与债务人（定作人）协议以留置财产折价，也可以就拍卖、变卖留置财产所得的价款优先受偿。留置财产被折价或者拍卖、变卖后，其价款超过债权数额的部分归债务人（定作人）所有，不足部分由债务人（定作人）清偿。

二、承揽人拒绝交付的抗辩权

承揽人也可能先取得工作成果的所有权，例如，承揽合同中也可能明确约定，先由承揽人取得工作成果的所有权，之后承揽人再将所有权移转给定作人。此时，定作人并不享有工作成果的所有权，因此，承揽人不能对自己所有的动产行使留置权。[②] 但此时，为了保障承揽人请求定作人支付价款的债权得到实现，承揽人有权拒绝交付工作成果。[③] 承揽人的此种权利的基础在于《民法典》第525条及以下条文所规定的履行抗辩权，因此应当符合《民法典》第525条及以下条文所规定的其他构成要件，并产生相应的法律后果。

承揽人的此种抗辩权和留置权的共同点在于，都可以拒绝交付工作成果，但是，抗辩权不像留置权那样具有物权效力，因此不能参照适用留置权的规定。承揽人在取得工作成果所有权的情况下，有权基于自己所享有的所有权而处置工作成果，以实现自己的债权，但此时应当参照适用留置权的法律效果规定，避免过分损害定作人的利益。

三、承揽人为保障价款请求权的实现而可能享有的其他权利

在工作成果并非动产，例如粉刷墙壁、装饰装修的情况下，也无留置权的适

---

① 我国台湾地区“民法”第931条第2款。

② 参见王利明：《合同法研究》（第三卷），北京，中国人民大学出版社2015年版，第430页。

③ 《德国民法典》第647条规定了承揽人的留置权，但此种留置权仅具有履行抗辩的效力，而不具有物权效力，因此类似于本条所规定的履行抗辩权。

用余地。但是，《民法典》在规定了承揽人对动产的留置权的同时，未明确规定承揽人对不动产的法定抵押权，故无法实现对承揽人的全面救济。[①] 针对建设工程合同，《民法典》第807条规定：发包人未按照约定支付价款的，承包人可以催告发包人在合理期限内支付价款。发包人逾期不支付的，除根据建设工程的性质不宜折价、拍卖外，承包人可以与发包人协议将该工程折价，也可以请求人民法院将该工程依法拍卖。建设工程的价款就该工程折价或者拍卖的价款优先受偿。这与很多立法例中规定的法定抵押权或者先取特权的实际效果比较类似。但是，对不动产的承揽工作并非建设工程合同所能完全概括，而承揽人的劳动价值并不必然比动产的加工等承揽劳动的价值小，甚至承揽人还要提供一些材料。如果承揽人无法就此优先受偿，对承揽人明显不公。[②] 据此，在承揽人对不动产实施承揽工作、定作人不支付价款的情形中，可以参照适用《民法典》第807条以及相关规范规定的构成要件和法律效果，使承揽人享有法定的优先权。[③] 例如，按照《建设工程司法解释二》第21条第2款的规定，价款的利息、违约金和损害赔偿金等不属于法定优先权担保的范围。

第七百八十四条

承揽人应当妥善保管定作人提供的材料以及完成的工作成果，因保管不善造成毁损、灭失的，应当承担赔偿责任。

本条主旨

本条是关于承揽人之保管义务的规定。

相关条文

《合同法》第265条　承揽人应当妥善保管定作人提供的材料以及完成的工

① 规定了承揽人对不动产的法定抵押权的立法例，例如《德国民法典》第648条和第648条之一、我国台湾地区“民法”第513条。《日本民法典》第325条及以下条文规定了与法定抵押权类似的先取特权。

② 参见谢鸿飞：《承揽合同》，北京，法律出版社1999年版，第134页以下。

③ 《最高人民法院关于审理建设工程施工合同纠纷案件适用法律问题的解释（二）》第18条规定：装饰装修工程的承包人，请求装饰装修工程价款就该装饰装修工程折价或者拍卖的价款优先受偿的，人民法院应予支持，但装饰装修工程的发包人不是该建筑物的所有权人的除外。该规定已将法定优先权扩张适用于装饰装修不动产的情形。但是，该法定优先权在具体适用中仍然存在大量的问题，最高人民法院的司法解释仅仅明确了部分问题，而没有完全、彻底地解决实践中的问题，其中最为核心的就是保障交易安全的登记制度。民法典未对此作出明确的规定。

作成果，因保管不善造成毁损、灭失的，应当承担损害赔偿责任。

《民法典》第 897 条　保管期内，因保管人保管不善造成保管物毁损、灭失的，保管人应当承担赔偿责任。但是，无偿保管人证明自己没有故意或者重大过失的，不承担赔偿责任。

理解与适用

一、承揽人的保管义务

依照本条规定，承揽人对定作人提供的材料和完成的工作成果有妥当保管的义务。[①] 规定此种保管义务不仅仅是为了定作人的利益，而且有助于承揽合同目的的实现。例如，如果定作人提供的材料，尤其是承揽工作的对象，灭失，承揽人可能就无法完成承揽工作，无法获得报酬，甚至要承担违约责任，因此，承揽人的保管义务有助于承揽人和定作人双方的利益。[②] 之所以如此，是因为承揽人能够最有效地采取保管措施。

首先，承揽人对定作人提供的材料负有妥当保管的义务。定作人提供材料后，虽然材料的所有权并未移转于承揽人，但承揽人已经取得对该材料的直接占有，定作人对该材料间接占有，占有的媒介关系就是承揽关系，故承揽人对材料负有保管义务，保持材料的质量状态，防止材料非正常损耗。如果材料是由承揽人自己提供的，承揽人当然不负有保管义务。当然，承揽人对定作人提供的材料之外的设备、技术图纸等同样负有保管义务。[③]

其次，承揽人对完成的工作成果也负有妥当保管的义务。承揽人的主要义务是完成工作并交付工作成果，在交付前，工作成果是在承揽人直接占有之下的，故承揽人应当妥善保管工作成果，保证工作成果如期交付。

最后，承揽人负有善意管理人的注意义务。《民法典》第 897 条已经区分了有偿保管和无偿保管，有偿保管人的注意义务程度更高，而无偿保管人仅在故意或者有重大过失的情况下才承担责任。承揽合同是有偿的合同，因此，承揽人所负有的义务是善良管理人的注意义务。在没有特别约定的情况下，承揽人应当按照本行业的一般要求，根据物品的性质选择合理的场地、采用适当的保管方式，防止物品毁

---

① 《俄罗斯联邦民法典》第 714 条明确规定了承揽人对定作人提供的材料的保管义务。DCFR 第 4.3－4：103 条也规定："加工人必须采取合理的预防措施防止对加工物的任何损害。"很多国家的民法典并未明确规定承揽人负有该义务，但均规定了承揽人对材料的风险负担，因此，与规定承揽人的保管义务具有功能的相似性。

② 参见谢鸿飞：《承揽合同》，北京，法律出版社 1999 年版，第 115 页。

③ 参见王利明：《合同法研究》（第三卷），北京，中国人民大学出版社 2015 年版，第 423 页。

损和灭失。承揽人可以自己保管材料，也可以将材料交给第三人保管。承揽人将材料交给第三人保管的，不得给定作人增加不合理的费用。保管费用，有约定的，按照约定；无约定或者约定不明确，且无法确定的，应当推定为由承揽人负担。

与《民法典》第897条的规定相一致，承揽人因保管不善造成材料或者工作成果毁损、灭失的，应当承担赔偿责任。这意味着不能要求承揽人承担无过错的责任，必须是在保管不善，也即违反善意管理人的注意义务的情况下，承揽人才承担赔偿责任。如果承揽工作本身需要对定作人提供的材料等造成损害，例如重新喷漆本身就需要将旧漆去掉并抛光，或者承揽工作本身就是粉碎机密文件或砸墙，则承揽人就没有保管不善，无须承担责任。[①] 材料因自身性质产生自然损耗的，承揽人自然也无须承担责任。

二、承揽合同中的风险负担

承揽合同中的风险负担，是指材料、工作成果一旦由于不可归责于双方当事人的事由而毁损、灭失，风险由谁承担。对此，当事人有约定的，应当按照约定处理；没有约定或者约定不明确的，可以考虑按照以下方式处理。

（一）材料的风险负担

如果材料是由定作人提供的，因定作人的交付并非以移转所有权为目的，材料的所有权仍然由定作人享有，承揽人并未取得所有权，故不能参照适用《民法典》第604条关于买卖合同中标的物交付后风险转移的规则。一旦由于不可归责于双方当事人的事由材料发生毁损、灭失，按照本条规定，承揽人并未违反妥当保管的义务，承揽人不承担赔偿责任。这意味着此种风险应当由定作人负担。[②] 此时，定作人应当重新提供材料，无权请求承揽人承担修理、赔偿等违约责任，承揽人完成工作的期限应当相应顺延；如果定作人无法重新提供材料，而约定由承揽人提供材料的，则定作人应当承担这些材料的费用，承揽人完成工作的期限

---

① 参见欧洲民法典研究组、欧盟现行私法研究组：《欧洲私法的原则、定义与框架规则》（第四卷），于庆生等译，北京，法律出版社2014年版，第484页。

② 参见王利明：《合同法研究》（第三卷），北京，中国人民大学出版社2015年版，第433-434页；崔建远：《合同法学》，北京，法律出版社2016年版，第409页。比较法也多采取此种观点，例如《德国民法典》第644条第1款第二句、《意大利民法典》第1673条、《法国民法典》第1789条、我国台湾地区“民法”第508条第2项。有观点认为，在不规则承揽中，定作人所提供材料的所有权已经移转，风险应当由承揽人负担。参见林诚二：《民法债法各论》（中），北京，中国人民大学出版社2003年版，第100-101页；宁红丽：《中国民法典上典型合同风险负担规则研究》，载《中国政法大学学报》2019年第6期，第55页。但是，如上文所述，不规则承揽中，在工作完成前材料的所有权并不移转，并且，上述观点将承揽人用自己的材料替代变成承揽人的义务，但不规则承揽中这是承揽人的权利，因此，不规则承揽中也适用与一般承揽相同的规则。

同样应当相应顺延；如果承揽工作因此而不可能的，则定作人和承揽人都有权解除合同，但承揽人还有权就已经完成的工作部分请求相应的报酬。

如果材料是由承揽人提供的，因定作人并未对材料予以控制，且承揽人提供材料是为了获得收益，故风险应当由承揽人负担。此时，承揽人应当重新提供材料，但是对于由此导致的履行迟延，应当根据事由影响的程度而全部或者部分免除其违约责任；如果承揽工作因此而不可能的，则定作人和承揽人都有权解除合同，承揽人无权就已经完成的工作请求报酬，但是对于因此导致的履行不能应当根据事由影响的程度而全部或者部分免除其违约责任。

（二）工作成果的风险负担和由此产生的报酬风险

关于完成工作之后的工作成果的风险负担，依照本条规定，承揽人仅因在交付前保管不善造成工作成果毁损、灭失的，才应当承担赔偿责任。如果由此进行反面推论，似乎工作成果的毁损和灭失，在交付前都应当由定作人承担风险。但是，在工作成果交付前，工作成果处于承揽人的支配和控制范围内。此时这种风险由谁承担以及如何承担，存在很大的争议。从比较法来看，更多的做法是采取交付主义或者完成工作并通知主义，以平衡双方的利益。[①] 据此，更为合理的解释方式是不能对本条进行反面推论，应当认为，本条仅规定了承揽人对工作成果保管不善时应当承担责任，但对于不可归责于双方的事由导致工作成果毁损、灭失时的风险负担，本条并未规定，而可以参照买卖合同的风险负担规则予以解决。[②]

具体而言，如果未交付工作成果，或者无须交付时未通知定作人工作完成的，风险一般应当由承揽人负担。关于风险负担的具体规则可以参照适用《民法典》第 604 条及以下条文。[③] 例如，定作人迟延受领的，参照适用《民法典》第 608 条，定作人应当自迟延受领时起负担风险；承揽人完成的工作成果不符合质量要求，致使不能实现合同目的，定作人拒绝接受或者解除合同的，参照适用《民法典》第 610 条，风险由承揽人负担；工作成果需要运输，且当事人没有约定交付地点或者约定不明确，依据《民法典》第 510 条的规定仍不能确定的，参照适用《民法典》第 607 条，在承揽人将工作成果交付给第一承运人前，承揽人

---

① 参见王利明：《合同法研究》（第三卷），北京，中国人民大学出版社 2015 年版，第 435 页；谢鸿飞：《承揽合同》，北京，法律出版社 1999 年版，第 173 页；宁红丽：《中国民法典上典型合同风险负担规则研究》，载《中国政法大学学报》2019 年第 6 期，第 54 页。比较立法例，例如《德国民法典》第 644 条、《法国民法典》第 1790 条、《瑞士债法》第 376 条第 1 项、我国台湾地区“民法”第 508 条第 1 项、DCFR 第 4.3-4：107 条等。

② 同样观点，参见周江洪：《服务合同在我国民法典中的定位及其制度构建》，载《法学》2008 年第 1 期。

③ 参见易军：《买卖合同之规定准用于其他有偿合同》，载《法学研究》2016 年第 1 期，第 97 页。

负担风险。

承揽人负担风险，而承揽工作仍有可能时，承揽人仍应继续履行，但是，履行期限可以相应顺延，承揽人对于由此导致的履行迟延应当根据事由影响的程度而全部或者部分被免除违约责任。此时，定作人仅有义务支付原约定的报酬，而无须支付承揽人新履行的报酬。定作人提供的材料也因此而灭失的，依据材料灭失的风险负担规则，定作人应当重新提供材料。① 定作人无法重新提供材料，而约定由承揽人提供材料的，定作人应当承担这些材料的费用；同时，定作人依据《民法典》第787条所享有的任意解除权不受影响，在承揽工作对定作人已经没有意义时，定作人也有权依据《民法典》第563条第1款第1项行使法定解除权。如果承揽人负担风险而承揽工作已经不可能，此时定作人和承揽人都有权依据《民法典》第563条第1款第1项行使法定解除权；承揽人无权请求定作人支付报酬，但对于由此导致的履行不能仍应当根据事由影响的程度而全部或者部分被免除违约责任。但是，当事人约定定期支付承揽人报酬的，定作人应就在事由发生之前已经经过的期间向承揽人人支付报酬。② 这也使承揽人负担风险并非对承揽人完全不公，毕竟承揽人可以和定作人约定定期支付。

如果已经交付工作成果，或者无须交付时已经通知定作人工作完成的，风险一般应当由定作人负担。此时，承揽人无须再为履行，有权请求定作人支付报酬；同时，承揽人有义务将工作成果的残存部分返还给定作人，如果定作人表示不再需要该残存部分的，承揽人可以处置该残存部分并由定作人承担费用。③

第七百八十五条

承揽人应当按照定作人的要求保守秘密，未经定作人许可，不得留存复制品或者技术资料。

本条主旨

本条是关于承揽人之保密义务的规定。

相关条文

《合同法》第266条 承揽人应当按照定作人的要求保守秘密，未经定作人

---

① 参见林诚二：《民法债法各论》（中），北京，中国人民大学出版社2003年版，第101页。
② 具体参见DCFR第4.3-4：107条第3～5款的规定。
③ 具体参见DCFR第4.3-4：107条第2款的规定。

许可，不得留存复制品或者技术资料。

《民法典》第 501 条 当事人在订立合同过程中知悉的商业秘密或者其他应当保密的信息，无论合同是否成立，不得泄露或者不正当地使用；泄露、不正当地使用该商业秘密或者信息，造成对方损失的，应当承担赔偿责任。

第 509 条第 2 款 当事人应当遵循诚信原则，根据合同的性质、目的和交易习惯履行通知、协助、保密等义务。

第 558 条 债权债务终止后，当事人应当遵循诚信等原则，根据交易习惯履行通知、协助、保密、旧物回收等义务。

理解与适用

承揽人在完成工作的过程中，可能会接触到定作人的一些秘密。为保护定作人的利益，承揽人对于这些秘密，应当按照定作人的要求保守秘密。《民法典》针对合同履行于第 509 条第 2 款规定：当事人应当遵循诚信原则，根据合同的性质、目的和交易习惯履行通知、协助、保密等义务。据此，本条规定是该规定在承揽合同中的具体化。①

据此，承揽人的保密义务属于附随义务的一种，其依据在于当事人在合同履行过程中形成了特别关系，负有使对方利益最大化的义务。当然，不仅在合同履行阶段，在合同订立阶段当事人也负有先合同义务，如《民法典》第 501 条规定："当事人在订立合同过程中知悉的商业秘密或者其他应当保密的信息，无论合同是否成立，不得泄露或者不正当地使用；泄露、不正当地使用该商业秘密或者信息，造成对方损失的，应当承担赔偿责任。"在合同终止后的阶段，当事人负有后合同义务，如《民法典》第 558 条规定："债权债务终止后，当事人应当遵循诚信等原则，根据交易习惯履行通知、协助、保密、旧物回收等义务。"据此，保密义务涵盖了合同订立阶段、合同履行阶段和合同终止后的阶段。保密义务仅仅是在不同阶段中被定性为先合同义务、附随义务和后合同义务，其产生的根据是共同的——诚信原则，其具体范围要依据诚信原则随着合同关系的发展在具体个案中判定，不宜以结果倒推保密义务的范围。要考虑诚信原则所要求的不同价值之间的平衡，要考虑交易习惯的举证，结合当事人主观方面的要求、履行的对价、成本和收益的对比、当事人约定的可能性等，在个案中具体判断保密义务的具体范围、强度、地域、内容、期限等。尤其要注意的是，对承揽人的主观

① 《俄罗斯联邦民法典》第 727 条也对承揽人的保密义务作出了明确规定。

方面的要求已经为诚信原则所涵盖，不能要求承揽人对无过错情形下违反保密义务承担责任。

保密的对象不限于定作人的商业秘密，还包括定作人其他不愿公开而应当保密的信息，如定作人的名称、工作成果的名称、其他隐私信息和个人信息等。如果定作人要求承揽人生产某一型号的车床，该车床的型号公开的，并且属于承揽人的产品系列，则这种情况下，承揽类似于买卖，承揽人可以留存该车床的生产技术资料而不必承担保密义务。但是，如果定作人要求承揽人生产一特大车床，承揽人以前没有生产过该车床，承揽人根据定作人提出的要求设计、生产，其费用由定作人负责的，则承揽人就应当在完成工作后，将图纸及有关技术资料交给定作人，并不得留存复制品。①

定作人可以要求承揽人对承揽的工作保密。定作人保密的要求可以通过合同作出约定，也可以在合同履行期间提出。定作人应当明确承揽人保密的内容、期限。即使定作人未提出保密的要求，只要定作人未明确作出相反的意思表示，为了保护定作人的利益，承揽人也应当予以保密。据此，对本条应当目的性扩张解释，即使定作人没有向承揽人提出保密要求的，承揽人也负有保密义务。

关于承揽人保密的方式，本条规定，承揽人在工作完成后，应当将涉密的图纸、技术资料等一并返还定作人，未经定作人的许可，承揽人不得留存复制品或者技术资料。例如，定作人与承揽人订立加工承揽合同，要求承揽人根据图纸加工出一台定作人设计的新型汽车发动机的样机，承揽人就不得根据图纸多加工几台以便供研究或者投放市场。这仅仅是对承揽人保密的方式的一种列举。因此，承揽人未经定作人许可而留存了复制品或者技术资料是承揽人违反保密义务的方式之一。除此之外，承揽人违反保密义务还有其他方式，例如，未经许可而泄露、公开、向他人提供复制品或者技术资料，未经许可而自己使用技术资料，未经许可而公开、向他人提供定作人的隐私信息等。

承揽人违反保密义务，可能要依照法律的规定在不同的阶段承担缔约过失责任、违约责任，在符合侵权责任构成的前提下也要承担侵权责任等，由此，缔约过失责任和侵权责任、违约责任和侵权责任可能会构成责任竞合，此时，定作人有权作出选择。

---

① 参见王利明：《合同法研究》（第三卷），北京，中国人民大学出版社2015年版，第426页。

第七百八十六条

共同承揽人对定作人承担连带责任，但是当事人另有约定的除外。

本条主旨

本条是关于共同承揽人之责任的规定。

相关条文

《合同法》第267条　共同承揽人对定作人承担连带责任，但当事人另有约定的除外。

《民法典》第178条　二人以上依法承担连带责任的，权利人有权请求部分或者全部连带责任人承担责任。

连带责任人的责任份额根据各自责任大小确定；难以确定责任大小的，平均承担责任。实际承担责任超过自己责任份额的连带责任人，有权向其他连带责任人追偿。

连带责任，由法律规定或者当事人约定。

理解与适用

共同承揽，是指由两个或者两个以上的人共同完成同一承揽工作，以定作人和全部承揽人之间存在共同约定为前提。共同承揽与转承揽不同：（1）转承揽是承揽人将自己承揽的部分工作交由第三人完成，发生次承揽效力，适用《民法典》第772、773条。（2）虽然共同承揽与转承揽都是由多个人完成工作，但共同承揽人都是承揽合同的当事人，而转承揽中的第三人虽然参与完成工作，但不是承揽合同的当事人，只是转承揽合同中的当事人。（3）共同承揽人对定作人承担连带责任，即每一个共同承揽人都对全部工作向定作人负责，定作人可以要求任何一个共同承揽人承担责任。转承揽中，参与完成工作的第三人向承揽人负责，承揽人向定作人承担责任。当工作成果不符合约定时，即使是第三人造成的，承揽人也要向定作人承担违约责任，定作人也只能请求承揽人而不能请求第三人承担责任。

在共同承揽中，从尊重当事人的意思自治出发，本条规定了当事人可以约定共同承揽的责任承担。如定作人与共同承揽人可以约定，共同承揽人承担按份责任；也可以约定，指定其中一个承揽人承担全部责任。有约定的，共同承揽人根据约定向定作人承担责任。无约定或者约定不明确的，共同承揽人承担连带责任。

共同承揽人应当按照约定完成工作，将工作成果交付给定作人。每一个共同承揽人都应当对承揽的全部工作向定作人负责。如果完成的工作不符合质量要求，依据《民法典》第178条第1款的规定，定作人有权请求部分或者全部共同承揽人承担责任，任何一个共同承揽人也都应当根据定作人的要求承担责任。同时，关于部分共同承揽人的履行、抵销、提存、免除、混同和定作人的受领迟延，应当适用《民法典》第520条的规定。除了连带责任，共同承揽人一般应当共同完成承揽工作，目的在于借共同承揽人之间的相互制约和相互配合来维护定作人的利益。所谓的共同行使，是指共同承揽人进行承揽工作时应相互协商，至于如何相互协商，应交由共同承揽人之间的约定确定，如果欠缺明确约定，应认为须经全体共同承揽人一致同意。

在共同承揽人的内部关系中，有约定的按照约定；没有约定的，依据《民法典》第178条第2款的规定，共同承揽人的责任份额根据各自责任大小确定，例如，其中一个或者数个承揽人未与其他承揽人协商而实施的行为损害了定作人的利益，因此而承担赔偿责任的，无过错的承揽人可以在承担连带责任后向实施行为的承揽人追偿；难以确定责任大小的，平均承担责任。依据《民法典》第178条第2款和第519条第2款，实际承担责任超过自己份额的共同承揽人，有权就超出部分在其他共同承揽人未履行的份额范围内向其追偿，并相应地享有定作人的权利，但是不得损害定作人的利益。其他共同承揽人对定作人的抗辩，可以向行使追偿权的共同承揽人主张。

共同承揽人在对定作人承担连带责任的同时，在无特别约定的情况下，也对定作人享有连带债权。此时，应当适用《民法典》第518条第1款和第521条，部分或者全部共同承揽人均可以请求定作人履行债务。共同承揽人之间的份额难以确定的，视为份额相同。实际受领超过自己份额的共同承揽人，应当按比例向其他共同承揽人返还。同时，参照适用连带债务的有关规定，但是部分共同承揽人免除定作人债务的，在扣除该部分承揽人的份额后，不影响其他共同承揽人的债权。

第七百八十七条

定作人在承揽人完成工作前可以随时解除合同，造成承揽人损失的，应当赔偿损失。

本条主旨

本条是关于定作人之任意解除权的规定。

相关条文

《合同法》第 268 条　定作人可以随时解除承揽合同，造成承揽人损失的，应当赔偿损失。

《民法典》第 933 条　委托人或者受托人可以随时解除委托合同。因解除合同造成对方损失的，除不可归责于该当事人的事由外，无偿委托合同的解除方应当赔偿因解除时间不当造成的直接损失，有偿委托合同的解除方应当赔偿对方的直接损失和合同履行后可以获得的利益。

理解与适用

一、定作人之任意解除权的目的和规范性质

《民法典》第 562、563 条规定了合同的协议解除、约定解除权和法定解除权三种解除合同的方式，其中，约定解除权和法定解除权都属于单方面的解除权。除此之外，本条又规定了特殊的法定解除权，即定作人的任意解除权。其与一般的法定解除权虽然都属于单方解除权，是形成权，因此无须对方当事人的同意，但区别在于，一般的法定解除权需要满足特定的情形方可主张，例如承揽人根本违约或者不可抗力致使不能实现合同目的，但定作人行使任意解除权无须任何理由。

定作人的任意解除权在比较立法例上极为常见。[①] 在承揽合同履行过程中，可能因为主观、客观因素的变化，定作人已经不需要约定的承揽工作了。定作人无法依据一般的法定解除权解除合同，在无法和承揽人协商解除的情况下，定作人就仍需要受领和验收完成的工作成果。即使定作人预期拒绝履行，承揽人仍可继续履行而追究定作人的违约责任。与买卖合同中的买方不同的是，定作人很可能难以将完成的工作成果转卖给他人。据此定作人对解除合同具有合法的利益，

---

① 例如，《德国民法典》第 648 条、《法国民法典》第 1794 条、《瑞士民法典》第 377 条、《意大利民法典》第 1671 条、《荷兰民法典》第 7：764 条、《俄罗斯联邦民法典》第 731 条第 2 款、我国台湾地区“民法”第 511 条、DCFR 第 4.3－2：111 条。关于更详尽的比较立法例的整理，参见欧洲民法典研究组、欧盟现行私法研究组：《欧洲私法的原则、定义与框架规则》（第四卷），于庆生等译，北京，法律出版社 2014 年版，第 425－426 页。

同时承揽人的利益通过请求定作人赔偿而得到保障。因此，定作人的任意解除权，实质上将定作人不再想要承揽工作的利益置于承揽人继续履行这一利益之上，以赔偿换取解除合同的权利，再通过赔偿保障承揽人的经济利益。由此能够实现双方当事人利益的平衡，对承揽人并无不利，但却有利于定作人，有利于社会资源的节省，有利于增进经济运行的效率，实现了帕累托最优状态。同时，只有定作人才有任意解除权，承揽人不享有这一权利，因为原则上承揽工作是为了定作人的利益。承揽人的利益通过解除后的赔偿予以解决。这与《民法典》第829条规定货运合同中托运人享有任意解除权而承运人不享有、第899条第1款规定保管合同中寄存人享有任意解除权而保管人不享有是一样的；但与委托合同中双方享有任意解除权不同，原因可能在于，较之委托合同，承揽合同更为侧重定作人的利益。

本条规定是强制性规范还是任意性规范，涉及定作人的任意解除权是否可以通过当事人的约定被事先限制或者排除。对此存在不同观点。[①] 限制意思自治必须要有充分且正当的理由，并且，承揽合同是有偿合同，除信赖关系之外还存在利益关系，即使承揽人在本次交易中的直接对价往往通过赔偿已经实现，但是承揽人除此之外还可能享有其他特别利益关系，例如承揽人通过本次承揽工作锻炼团队、提高商誉等。因此，双方当事人通过约定排除定作人的任意解除权，一般应当予以允许，除非这种约定因违反公序良俗或者格式条款的效力规范而无效，或者出现不得不解除合同的情形。[②] 因此，为防止定作人无故随时解除合同，若双方达成合意，则承揽人可以通过提前的书面约定来对定作人的任意解除权进行限制或排除，如“甲方不得中途无故解除合同，如要无故解除合同，应提前3个月书面通知乙方”“如甲方未经乙方书面同意单方解除合同的，甲方除需向乙方支付合同总金额之30%的违约金之外，还需赔偿因此给乙方造成的经济损失”。通过这些约定，可以很好地限制定作人任意解除合同，以此来减少承揽人履行合

① 认为可以排除的，参见黄立：《民法债编各论》（上），北京，中国政法大学出版社2003年版，第437页。认为不可排除的理由往往是该规定涉及公共利益，同时认为，如果可预先排除会导致强者利用自己的优势地位强迫弱者预先抛弃其权利。参见谢鸿飞：《承揽合同》，北京，法律出版社1999年版，第166-167页；蔡恒、骆电：《我国〈合同法〉上任意解除权的理解与适用》，载《法律适用》2014年第12期，第110页。《俄罗斯联邦民法典》第731条也持此种观点，我国台湾地区的通说观点也是如此，参见邱聪智：《民法债编通则》（中），北京，中国人民大学出版社2003年版，第246页。

② 对有偿委托合同持相同观点的，参见崔建远、龙俊：《委托合同的任意解除权及其限制》，载《法学研究》2008年第6期，第86页。持同样观点的判例，有福建省泉州市中级人民法院（2002）泉经初字第167号民事判决书、上海市高级人民法院（2018）沪民申783号民事裁定书、北京市第一中级人民法院（2018）京01民终7850号民事判决书等。

同的不确定性。但需注意，承揽合同仅仅对定作人的任意解除权进行限制，但符合《民法典》第 563 条规定的法定解除的情形的，定作人仍可以解除合同。

二、定作人之任意解除权的构成和行使

定作人行使任意解除权不需要任何理由，对此存在的唯一限制是时间限制，即定作人必须在承揽人完成工作前解除合同。定作人行使任意解除权的目的在于使承揽人的工作终止，使其不再继续进行，以防止不必要的工作对定作人和社会造成不利影响。如果承揽人已经完成工作，定作物在加工完毕后对定作人失去实用效能，则该种不利已经造成，行使任意解除权的目的已不能达到，即使解除承揽合同，亦不能挽回不利。如果允许定作人解除合同，则不利于交易秩序的稳定和安全，不符合公平原则，且极易造成社会资源浪费，并使承揽人陷入被动局面。故在承揽人已完成工作成果时，即使工作成果未交付，定作人也不得再解除合同，而必须受领工作成果。①

有少数立法例规定，定作人必须在对承揽人进行赔偿后才能解除合同。② 但是，如采取此种观点，则承揽人在获得赔偿前仍应继续工作。这虽然能够保障承揽人及时获得赔偿，但对定作人十分不利，并且承揽人的利益往往可以通过留置权来得到保障，没有对承揽人予以特殊保护的必要。据此，定作人行使任意解除权不以进行赔偿为要件。③ 另外，承揽合同是与特定结果目标联系在一起的，即完成一定的工作任务，承揽人给付的范围已经通过特定结果目标予以确定，并且通过这种方式确定了期限，虽然可能期限何时到来不确定，故承揽合同既非以持续履行债务为内容的继续性合同，也非不定期合同，故不能适用《民法典》第 563 条第 2 款。

定作人行使任意解除权时，只要将解除合同的意思表示通知承揽人即可。关于解除通知，应当适用《民法典》第 565 条的规定。

---

① 参见谢鸿飞：《承揽合同》，北京，法律出版社 1999 年版，第 167 页；李永军主编：《合同法学》，北京，高等教育出版社 2011 年版，第 326 页。采取这一观点的案例，参见上海市第一中级人民法院（2019）沪 01 民终 1442 号民事判决书、江苏省常州市中级人民法院（2017）苏 04 民终 3529 号民事判决书、河北省廊坊市中级人民法院（2011）廊民二终字第 90 号民事判决书、湖南省长沙市中级人民法院（2016）湘 01 民终 1020 号民事判决书。采取不同观点的案例，参见上海市闵行区人民法院（2013）闵民二（商）初字第 1765 号民事判决书：即使承揽人完成加工后，定作人依然可以继续行使任意解除权，但是承揽人完成加工后，定作人继续行使任意解除权的，可以视为免除了承揽人交付义务，但是对于定作人的对等给付义务不能因此免除。

② 例如《法国民法典》第 1794 条。

③ 参见谢鸿飞：《承揽合同》，北京，法律出版社 1999 年版，第 167 页；邱聪智：《新订债法各论》（中），北京，中国人民大学出版社 2006 年版，第 91 页。

三、定作人行使任意解除权的法律后果

定作人依法行使任意解除权后，原则上应当仅对将来发生效力。据此，承揽人有权请求已完成工作部分的报酬，并负有将已完成的工作部分以及定作人提供的剩余材料交给定作人的义务。但最具有争议的问题是，本条虽然规定了，定作人行使任意解除权，造成承揽人损失的，应当赔偿损失，但该赔偿损失的范围为何。

首先，无论何种观点，都认为定作人应当赔偿因定作人任意解除合同而给承揽人造成的直接损失，例如，承揽人为了该工作购入的材料以及已雇用的劳务人员等无法用于该工作所造成的损失等。在实践中，承揽人主张直接损失的，应当在其直接损失与所承揽的项目之间建立联系，此时可以综合考量该项费用是否必要、是否属于其履行加工承揽义务所必须具备的基本物质条件、提供的证据是否能证明该项损失已经发生来予以判断。①

其次，关于其他损失，包括承揽人的可得利益在内的履行利益损失，是否应当得到赔偿，存在不同观点。有的观点认为，任意解除权的行使不是违约行为，且承揽合同自订立时起就存在随时解除的风险，承揽人的可得利益没有保障，因此，承揽合同未履行部分的履行利益不应得到赔偿。② 但是，定作人的任意解除权保障了定作人的利益，避免强制其受领已经不想要的承揽工作成果而造成更大的浪费，但与此同时，也应当保护承揽人的利益。对于承揽人来说，其订立承揽合同的主要目的就是取得相应的合同履行利益。如果采取定作任意人解除承揽合同只需赔偿承揽人的直接损失的观点，不赔偿履行利益，不但对承揽人不公，而且极易诱发定作人的道德风险。因此，更为合理的观点应当是赔偿承揽人的履行利益。③

但是，关于履行利益的计算方法存在不同立法例。一种是报酬请求权模式，

---

① 例如，上海市第一中级人民法院（2014）沪一中民四（商）终字第 1774 号民事判决书中，对于承揽人主张的设备、工作服及工具损失，法院认为，弗通公司作为专门从事液压管路施工的公司，理应具备基本的施工设备、工作服和工具，若因弗通公司不具备基本的施工设备和工具而需要临时购买，也属弗通公司完备自身施工能力的支出，而非因宝高公司解除合同导致的弗通公司损失。

② 参见蔡恒、骆电：《我国〈合同法〉上任意解除权的理解与适用》，载《法律适用》2014 年第 12 期，第 112 页。持有此观点的案例，参见江苏省南通市中级人民法院（2016）苏 06 民终 3218 号民事判决书。

③ 采取此观点的案例，例如，最高人民法院（2017）民申 3852 号民事裁定书、浙江省宁波市中级人民法院（2017）浙 02 民终 2652 号民事判决书、湖南省长沙市中级人民法院（2017）湘 01 民再 37 号民事判决书、上海市第一中级人民法院（2014）沪一中民四（商）终字第 363 号民事判决书、江苏省高级人民法院（2015）苏审二民申字第 01790 号民事裁定书。

规定承揽人有权请求约定的报酬，但扣减承揽人因合同解除而节省的费用，或转将其劳动力用于他处而取得或原本能够取得但故意不取得的利益[①]；另一种是损害赔偿模式，明定赔偿范围包括承揽人的一切费用、实施的劳动及丧失的可得利益。[②] 在此，无论如何，请求履行利益赔偿的依据并非《民法典》第 584 条的规定，因为：定作人行使任意解除权是定作人依据法律享有的权利，因此定作人任意解除合同并不能被认为是违约行为，从而也就没有第 584 条适用的余地。[③] 但是，即使如此，其赔偿的范围同样是《民法典》第 584 条所规定的履行利益，此时可以参照适用第 933 条关于有偿委托合同任意解除后赔偿范围的规定，即“有偿委托合同的解除方应当赔偿对方的直接损失和合同履行后可以获得的利益”。在计算履行利益时，为减轻承揽人的举证责任，应当以报酬为计算依据。由此，在一般情况下，上述两种模式的差异仅仅是形式上的，在实际结果上并不存在较大差异。

定作人任意解除合同后，参照适用《民法典》第 933 条的规定，应当赔偿承揽人的直接损失和合同履行后可以获得的利益。具体计算时，为方便计算和减轻承揽人的举证责任，应当以报酬为基本的计算依据，定作人向承揽人支付已完成部分的报酬和未完成部分的报酬，但基于损益相抵的基本原理，应当扣除承揽人因合同解除而节省的费用，或转将其劳动力用于他处而取得或原本能够取得但故意不取得的利益。[④] 至于承揽人已经投入的材料或者劳动力等费用，因为这些费用已经计算到了报酬之中，所以不必另行赔偿，但如果材料费等是独立支付的，则也应当予以赔偿。

---

① 例如《德国民法典》第 649 条、《荷兰民法典》第 7：764 条。

② 例如，《意大利民法典》第 1671 条、《法国民法典》第 1794 条、《瑞士债法》第 377 条、《西班牙民法典》第 1594 条、《日本民法典》第 641 条。关于对这两种模式的具体整理，参见欧洲民法典研究组、欧盟现行私法研究组：《欧洲私法的原则、定义与框架规则》（第四卷），于庆生等译，北京，法律出版社 2014 年版，第 426 页。

③ 日本法对此的争论，具体参见［日］星野英一：《日本民法概论》，Ⅳ·契约，姚荣涛译、刘乐中校，台北，五南图书出版公司 1999 年版，第 248 页；周江洪：《委托合同任意解除的损害赔偿》，载《法学研究》2017 年第 3 期，第 83－84 页。

④ 持相同观点者如王利明：《合同法研究》（第三卷），北京，中国人民大学出版社 2015 年版，第 439 页；谢鸿飞：《承揽合同》，北京，法律出版社 1999 年版，第 169 页；黄立：《民法债编各论》（上），北京，中国政法大学出版社 2003 年版，第 439 页；邱聪智：《新订债法各论》（中），北京，中国人民大学出版社 2006 年版，第 92 页；宁红丽：《〈民法典草案〉“承揽合同”章评析与完善》，载《经贸法律评论》2010 年第 1 期，第 132 页；李宇：《民法典分则草案修改建议》，载《法治研究》2019 年第 4 期，第 30 页。《德国民法典》第 649 条最后一句，为减轻举证责任而规定：“就此情形，推定承揽人就该分摊于尚未提供之工作给付部分之约定报酬者，享有其中 5%。”这时，除已完成部分的报酬外，未完成部分的报酬推定为约定报酬的 5%，但当事人可以举证推翻该推定。

但是，承揽人在报酬之外还可能有其他损害，此时较之报酬请求权模式，损害赔偿模式就具有更大的涵盖性。第一，承揽人可能因定作人解除合同发生其他附带费用或损害，例如，运往工地之材料，若完成工作，无须运回并租用仓库保管等，则承揽人因合同解除而支出此一运输材料及租用仓库的费用；或者承揽人因为定作人解除合同，另寻承揽工作而支出费用但并无结果；或者因定作人解除合同而计算双方已为给付或报酬时所生之费用，均应由定作人承担。第二，承揽人除报酬之外对承揽合同的履行享有其他特别的利益。例如，承揽人可能以较低的报酬取得了承揽工作，通过承揽工作而实现承揽人在报酬之的其他自身利益，由于定作人解除了合同，此时可能要考虑对这些利益的赔偿。尤其是，在承揽人将自己的全部资源应用于与承揽合同相关的工作物制作的情形，或者在经济萧条时期，承揽人为挽留有素质的人员而十分在意承揽合同的执行，因定作人解除了合同，承揽人会遭受在报酬之外的其他损失。① 如果通过解释能够将承揽人在报酬之外的上述特别利益纳入合同内容，则定作人解除合同时的损害赔偿对象应当不限于报酬，还应包括承揽人因这些已经被纳入合同内容的特别利益丧失而遭受的损害。

如果双方约定定作人行使任意解除权应当支付一定金额的，则按照双方的约定处理，此时可以参照适用《民法典》第 585 条关于违约金的规定，从而有司法酌增或者酌减的可能性。

如果承揽人存在一定的违约行为，但并未致使合同目的不能实现，则定作人不能依据《民法典》第 563 条的规定享有法定解除权。定作人行使本条规定的任意解除权解除合同的，定作人对承揽人的赔偿仍然应当依据上述方式予以计算。但是，承揽人违约造成定作人损失，因而承揽人应当向定作人承担违约赔偿责任的，定作人可以依照《民法典》第 568 条的规定行使法定抵销权，扣减相应的赔偿金额。

四、承揽合同的其他特殊终止情形

在承揽人破产的情形，《企业破产法》第 18 条规定："人民法院受理破产申请后，管理人对破产申请受理前成立而债务人和对方当事人均未履行完毕的合同有权决定解除或者继续履行，并通知对方当事人。管理人自破产申请受理之日起二个月内未通知对方当事人，或者自收到对方当事人催告之日起三十日内未答复

---

① 参见杜景林、卢谌：《德国民法典全条文注释》（上册），北京，中国政法大学出版社 2015 年版，第 542 页。

的，视为解除合同。”“管理人决定继续履行合同的，对方当事人应当履行；但是，对方当事人有权要求管理人提供担保。管理人不提供担保的，视为解除合同。”

定作人死亡、终止或者丧失民事行为能力，并不会导致承揽合同的当然终止；承揽人的死亡、终止，原则上也不会导致承揽合同的当然终止。这与《民法典》第 934 条关于委托合同终止的规定不同，不能当然地参照适用该条规定。[①] 此时，定作人的继承人、遗产管理人、法定代理人或者清算人可以行使本条规定的任意解除权。

但是，在承揽工作的完成以承揽人的个人技能为必要条件的情况下，如果承揽人死亡、终止或者非因承揽人的过失丧失完成工作的能力，则工作已经不可能完成。此时，一些立法例规定，承揽合同当然终止而无须行使解除权。我国学者也有持相同观点者。[②]《民法典》对此并未规定，但此时可以例外地参照适用第 934 条和第 936 条关于委托合同终止的规定：承揽合同当然终止，但当事人另有约定的除外；承揽人或者承揽人的继承人、遗产管理人、法定代理人、清算人应当及时通知定作人；承揽合同终止将损害定作人的利益的，在定作人作出善后处理之前，承揽人或者承揽人的继承人、遗产管理人、法定代理人、清算人应当采取必要措施。同时，对于承揽人已经完成的部分工作，如果对定作人有用，定作人负有受领和支付相当报酬的义务。

---

① 我国台湾地区“民法”关于委托合同也有类似于《民法典》规定的规则，但关于承揽合同同样未规定与委托合同类似的规则，解释上的观点与本文的观点相同。

② 例如，《意大利民法典》第 1674～1675 条、我国台湾地区“民法”第 512 条。参见谢鸿飞：《承揽合同》，北京，法律出版社 1999 年版，第 178 页。

第十八章

建设工程合同

就建设工程合同而言，民法典在第三编“合同”中延续了 1999 年《合同法》的体例。在该编第二分编“典型合同”中，民法典以第十八章规定了“建设工程合同”。该章的规则对于规范建筑行业的发展、完善相关的司法实践均具有重要价值。从性质上来说，建设工程合同属于所谓广义上的“服务合同（service contract)”的范畴，是针对以原材料为“投入”而以建筑物等工作成果为“产出”的过程，这一过程最重要的特征是形成了不可移动的建筑物。[①]

民法典合同编中建设工程合同的规定源自 1999 年《合同法》第十六章，而后者是在原《经济合同法》中关于建设承包合同条文规定的基础上扩充而成的。根据参与《合同法》起草的相关专家的论述，《合同法》设立建设工程合同专章的主要目的是“适应我国经济建设发展和规范建筑市场管理的需要，对完善房地产市场体系、使房地产业成为国民经济新增长点发挥重要作用”[②]。另外，在《合同法》颁布后，最高人民法院又先后颁布了 2002 年《关于建设工程价款优先受偿权问题的批复》（法释〔2002〕16 号)、2004 年《关于审理建设工程施工合同纠纷案件适用法律问题的解释》（法释〔2004〕14 号，下称《建设工程司法解释一》)、2018 年 12 月《关于审理建设工程施工合同纠纷案件适用法律问题的解释（二)》（法释〔2018〕20 号，下称《建设工程司法解释二》）等重要的司法解释文件，对于统一司法裁判效果起到了重要的作用；因此，这些司法文件无疑是民法典编纂过程中的重要参考和来源。还值得注意的是，《建筑法》《招标投标

① See Study Group on a European Civil Code: *Principles of European Law on Service Contracts* (*PEL SC*), Munich: Sellier, 2009, p. 309.

② 李凡：《建设工程合同中的有关问题》，载《人民司法》1999 年第 11 期，第 4 页。

法》《建设工程质量管理条例》《建设工程勘察设计管理条例》《建设工程安全生产管理条例》《招标投标法实施条例》《建筑工程施工许可管理办法》《建设工程造价鉴定规范》等具有公法性质的单行法、行政法规、规章的有关规定亦可适用于建设工程合同。另外，据不完全统计，最高人民法院先后公布了三十多个涉及建设工程合同的指导性案例和公报案例。因此，建设工程合同的法律渊源体系呈现十分复杂的状态，这也是建设工程合同法律制度具有高度复杂性的重要原因。

因此，很容易理解的是，在民法典的编纂过程中，建设工程合同也始终是学者、专家们高度关注和热烈讨论的话题。[①] 但从立法机关最后所通过的民法典文本来看，较之于 1999 年《合同法》而言，民法典在建设工程合同部分的修订极其有限；究其原因，可能主要是由于民法典的编纂时间十分有限，对于一些争议问题，立法机关未能有充分的时间去进行全面和深入的研究；另外，由于司法机关已经有相对比较详细和成熟的司法解释、指导性案例、指导意见等司法文件，立法机关认为民法典对有些问题没有必要再作出规定。因此，民法典最后仅对《合同法》的个别条文进行了修订，这使得民法典在建设工程合同部分仅表现为现行法的延续，而无任何“革命性变化”。

第七百八十八条

建设工程合同是承包人进行工程建设，发包人支付价款的合同。

建设工程合同包括工程勘察、设计、施工合同。

本条主旨

本条对建设工程合同的含义进行了定义，强调其核心内容为承包人进行工程建设、发包人支付价款。另外，本条还列举了建设工程合同的种类，包括工程勘察合同、设计合同和施工合同等类型。

相关条文

《合同法》第 269 条　建设工程合同是承包人进行工程建设，发包人支付价款的合同。建设工程合同包括工程勘察、设计、施工合同。

---

① 笔者所在的教育部人文社会科学重点研究基地“中国人民大学民商事法律科学研究中心”曾在 2019 年 10 月及 11 月与有关机构合作，先后在中国人民大学及国家法官学院北京分院组织了两次“民法典合同编分则草案立法研讨会”，邀请多位学界和实务界的知名专家及来自立法机构的民法典编纂工作专班成员参会；会议期间，建设工程合同始终一直是讨论最为热烈的议题之一。

理解与适用

本条沿袭了《合同法》第 269 条的规定。

通常来说，建设工程是指建造新的或改造原有的固定资产。建设工程是固定资产再生产过程中形成综合生产能力或发挥工程效能的工程项目；其经济形态包括建筑工程建设、安装工程建设、购置固定资产以及与此相关的一切其他工作。从产业划分来说，建筑业属于第二产业；所谓第二产业是指采矿业（不含开采专业及辅助性活动）、制造业（不含金属制品、机械和设备修理业）、电力、热力、燃气及水生产和供应业以及建筑业等。

从法律角度来说，建设工程合同属于广义上的服务合同，其核心是承包人以其专业技能按照发包人的要求完成特定的工程建设。因此，承包人的核心义务是按照约定进行工程建设，而发包人的核心义务是支付工程价款；其中，承包人的工程建设行为显然是建设工程合同的“特征给付”，是使其区别于其他合同（如承揽合同）最为本质的特征。

就建设工程合同的类型，本条沿袭了《合同法》原来的规定，列举了工程勘察合同、设计合同和施工合同三大类别；其中，最为常见的是施工合同。所谓建设工程勘察，是指根据建设工程的要求，查明、分析、评价建设场地的地质地理环境特征和岩土工程条件，编制建设工程勘察文件的活动。所谓建设工程设计，是指根据建设工程的要求，对建设工程所需的技术、质量、经济、资源、环境等条件进行综合分析、论证，编制建设工程设计文件的活动。所谓工程施工，是指根据建设工程设计文件的要求，对建设工程进行新建、扩建、改建的活动。

值得探讨的是建筑装饰、装修合同是否属于建设工程合同的范围，建筑装饰、装修与建设工程本身有密切的内在联系：建筑装饰、装修行为都是针对建筑工程所进行的，它既可能在建设工程竣工之后实施，也可能与建设行为同时进行。2000 年《建设工程质量管理条例》第 2 条第 2 款规定：“本条例所称建设工程，是指土木工程、建筑工程、线路管道和设备安装工程及装修工程。”而 2018 年有关部门在进行产业划分调整时，将“建筑装饰和其他建筑业”更名为“建筑装饰、装修和其他建筑业”。因此，一直有专家建议在建设工程合同的范畴下纳入建筑装饰装修合同。但也有论者认为两类合同性质并不相同：“建设工程设计与装饰装修存在明显差异，前者侧重建设工程的前期工作，旨在使建设工程能够顺利立项、实施；后者侧重建设工程的后期工作，旨在通过室内建筑装饰、室内设备设施装饰以及室外的建筑结构与环境装饰，使房屋具备基本居住使用功能，给身处其中者带来高层级的享受。”① 另外，国家相关主管机构对于建设工程合同设有严格的资质监管、备案等程序，并设计了较为统一的合同范本；而对于装饰、装修合同则显然要宽松得多，更多的交由市场和行业来自行规范。鉴于这样的原因，民法典在建设工程合同的类型中最终没有纳入建筑装饰、装修合同。

第七百八十九条

建设工程合同应当采用书面形式。

本条主旨

本条规定了建设工程合同所必须采取的法律形式。

相关条文

《合同法》第 270 条　建设工程合同应当采用书面形式。

理解与适用

本条沿袭了《合同法》第 270 条的规定。

建设工程合同由于其专业性，所涉及的内容十分复杂和专业。以施工合同为例，其中涉及建设工程施工方面极为具体和专业性的内容（质量标准、工期、监理、验收、价款结算等）。如果不采取书面的正式形式，极易为未来预留隐患。因此，法律明确要求其采取书面形式，属于所谓要式合同，其主要原因在于明确当事人双方的权利义务关系，避免引发不必要的争议，并为未来的争议处理预留证据。

在审判实践中，书面形式的建设工程合同对于法官迅速准确判断当事人双方诉讼主体地位及权利义务关系以正确定分止争具有重要作用，因此，在建设工程合同相关的纠纷中，建设工程合同一直被作为核心证据提出。

值得注意的是，在审判实践中，在缺乏书面建设工程合同的情况下，双方依旧可能成立事实上的建设工程合同关系。在吉林省通化市中级人民法院 2019 年审理的一起案件中②，被告（开发方）意图开发一项目，因急于开工投产，决定

---

① 庞闻淙、朱晨阳：《对设计咨询合同的性质应综合判断》，载《人民司法》2019 年第 11 期，第 69 页。

② 参见“柳河县天鑫建筑工程有限责任公司与柳河县康华牧业有限责任公司、康宝权、原审第三人胡永丰建设工程合同纠纷案”吉林省通化市中级人民法院（2019）吉 05 民终 792 号民事裁定书。

边施工边办理相关手续；经被告董事长与原告（建设方）法定代表人沟通，原告个人股东对被告建设项目部分土建工程进行了施工并完工，但双方未就上述工程签订建设工程施工合同。后双方发生纠纷，原告诉请被告及其董事长支付工程款及相应利息，被告辩称原告无诉讼主体资格。在没有签订书面建设工程合同的情况下，法院根据案件情况判断是否建立了事实上的建设施工合同关系，认为“需要由主张权利一方当事人举证证明要约内容和承诺过程、没有签订书面合同原因、实际履行情况（包括承包方式、取费标准、施工现场的管理、财务管理、人事管理、税费的处理）、建设工程的验收、工程款结算等方面的事实，然后进行全面分析认定”。在该案中，被告虽曾向原告转账，但原告提交的证据不能充分证明建设工程施工合同从要约开始到实际履行的主要事实，因此其为实际施工人的证据不足。基于此一审及二审法院均驳回原告起诉。在另一起案件中①，一建设公司将其中标工程项目交由其项目经理负责具体施工，双方并未签订书面的建设工程施工合同，而是履行该公司与招标方签订的《建设工程施工合同》。后公司与该项目经理因工程款发生纠纷并诉至法院。二审法院认为项目经理施工过程中并不接受该建筑公司的内部管理，实际采取独立核算、自负盈亏，且其作为个人不具备承包涉案工程的相应资质，名为内部承包，实为非法转包，其与公司之间的建筑工程承包合同应属无效；虽双方之间未签订书面的建设工程承包合同，但双方认可执行建筑公司与招标方签订的《建设工程施工合同》且各方均认可项目经理实际施工的事实，因此仍可根据《建设工程司法解释一》第 2 条的规定参照双方约定确定工程款结算方式。

对于经过招投标程序确定承包方的建设工程项目来说，中标通知书是招标人和中标人之间的预约合同而无法仅由此得到建设工程合同关系成立的结论。在内蒙古自治区阿拉善盟中级人民法院 2019 年审理的一起案件中②，被告（开发方）通过招投标程序确定原告（建设方）为其项目建设方，并向其发出中标通知书；原告要求与被告签订《建设工程施工合同》，但被告要求原告支付 1 000 万元履约保证金，原告向被告缴纳履约保证金后被告仍未与其签订《建设工程施工合同》。而由于工期在即，原告积极准备开工材料、设备、施工人员等；其后被告向原告发出项目撤销的书面说明，双方就被告应返还款项发生纠纷并诉至法院。法院根据《合同法》第 270 条及第 32 条，认为建设工程合同关系自双方签订书

---

① 参见“新疆陆通建筑安装工程有限公司、周瑜建设工程施工合同纠纷案”，新疆维吾尔自治区高级人民法院（2016）新民终 470 号民事判决书。

② 参见“中恒建设集团有限公司与内蒙古大美丝路文化旅游开发有限公司建设工程合同纠纷案”，内蒙古自治区阿拉善盟中级人民法院（2019）内 29 民初 9 号民事判决书。

面合同时成立，故双方之间应当自书面合同签订之日合同才能成立，中标通知书属于招标人与中标人之间的预约合同。被告作为招标人在未做好研判的情况下进行项目招标，且在中标后未及时与原告签订建设工程施工合同，单方放弃中标项目，依法应当承担缔约过失的法律责任；原告在双方未签订《建设工程施工合同》的情况下，积极准备开工材料、设备、施工人员等，未能及时止损，存在扩大损失的情形，对此部分损失的请求法院不予支持。

第七百九十条

建设工程的招标投标活动，应当依照有关法律的规定公开、公平、公正进行。

本条主旨

本条针对建设工程招标投标活动，规定了公开、公平和公正原则。

相关条文

《合同法》第 271 条　建设工程的招标投标活动，应当依照有关法律的规定公开、公平、公正进行。

《招标投标法》第 5 条　招标投标活动应当遵循公开、公平、公正和诚实信用的原则。

理解与适用

本条沿袭了《合同法》第 271 条的内容。

基于前引《招标投标法》第 5 条规定的强制性，不允许当事人排除其适用，以维护招标投标程序的严肃性。因此，在审判实践中，违反招投标程序达成的建设工程合同会被法院认定为无效。在陕西省高级人民法院 2018 年审结的一起案件中①，原告（承包方）与被告（发包方，医院）就一建设项目达成合作框架协议，于此协议中双方就工程概况、工程款结算方式以及之后将以正式招投标的方式（议标的方式）进行承包达成合意；其后原告向被告法定代表人借款为包括其在内的三家建筑公司缴纳投标保证金，最终原告中标并签订了另一份《建设工程合同》以供备案，合作框架协议与备案合同内容并非完全一致。之后双方因工程

① 参见“陕西瑞龙建筑工程有限公司与榆林针灸按摩专科医院合同纠纷案”陕西省高级人民法院（2017）陕民终 919 号民事判决书。

进度款产生纠纷并诉至法院。依据《招标投标法》相关条文以及《合同法》第52条，一审及二审法院均认为合作框架协议因未履行招标手续而无效，备案合同因中标无效而导致合同无效；二审法院认为在合作框架协议与备案合同均无效的情况下，应尊重双方当事人的真实意思表示，参照双方当事人达成合意并实际履行的合同结算工程价款，并最终从该案实际出发，综合考量致使合作框架协议无效、项目停工的责任，以及造成的损失后果，酌情认定双方工程款的承担比例。在另一起案件当中①，事先签订的《建筑工程施工合同补充协议》及备案的《建设工程合同》均被法院认定无效。

类似的立场还可见于浙江省高级人民法院2019年审结的一起案件中。② 该案中，原告（承包方）与被告（承包方）就一旧村改造工程签订意向协议书并开始施工，在施工过程中双方补办招投标手续并签订《建设工程合同》以供备案，然而双方之后签订《建设工程施工合同补充协议书》，约定备案的《建设工程施工合同》约定的价款、计价方式和支付办法、违约责任等合同条款，仅作为备案之用，双方不实际执行。最后工程竣工并通过验收，双方因工程款及预期违约等发生纠纷并诉至法院。一审及二审法院因双方“明招暗定”的招投标违法行为认定意向协议书、《建设工程合同》及《建设工程施工合同补充协议书》无效并参照双方约定确定工程价款。

第七百九十一条

发包人可以与总承包人订立建设工程合同，也可以分别与勘察人、设计人、施工人订立勘察、设计、施工承包合同。发包人不得将应当由一个承包人完成的建设工程支解成若干部分发包给数个承包人。

总承包人或者勘察、设计、施工承包人经发包人同意，可以将自己承包的部分工作交由第三人完成。第三人就其完成的工作成果与总承包人或者勘察、设计、施工承包人向发包人承担连带责任。承包人不得将其承包的全部建设工程转包给第三人或者将其承包的全部建设工程支解以后以分包的名义分别转包给第三人。

禁止承包人将工程分包给不具备相应资质条件的单位。禁止分包单位将其承包的工程再分包。建设工程主体结构的施工必须由承包人自行完成。

---

① 参见“松原市粮食建筑有限责任公司与吉林省诚隆房地产开发有限公司建设工程施工合同纠纷案”，吉林省高级人民法院（2018）吉民终502号民事判决书。

② 参见“瑞安市汀田街道富里村股份经济合作社、瑞安市汀田街道强里村股份经济合作社建设工程施工合同纠纷案”，浙江省高级人民法院（2019）浙民终437号民事判决书。

本条主旨

本条规定了建设工程的转包与违法分包。

相关条文

《合同法》第 272 条 发包人可以与总承包人订立建设工程合同，也可以分别与勘察人、设计人、施工人订立勘察、设计、施工承包合同。发包人不得将应当由一个承包人完成的建设工程肢解成若干部分发包给几个承包人。总承包人或者勘察、设计、施工承包人经发包人同意，可以将自己承包的部分工作交由第三人完成。第三人就其完成的工作成果与总承包人或者勘察、设计、施工承包人向发包人承担连带责任。承包人不得将其承包的全部建设工程转包给第三人或者将其承包的全部建设工程肢解以后以分包的名义分别转包给第三人。禁止承包人将工程分包给不具备相应资质条件的单位。禁止分包单位将其承包的工程再分包。建设工程主体结构的施工必须由承包人自行完成。

《建筑法》第 28 条 禁止承包单位将其承包的全部建筑工程转包给他人，禁止承包单位将其承包的全部建筑工程肢解以后以分包的名义分别转包给他人。

第 29 条 建筑工程总承包单位可以将承包工程中的部分工程发包给具有相应资质条件的分包单位；但是，除总承包合同中约定的分包外，必须经建设单位认可。施工总承包的，建筑工程主体结构的施工必须由总承包单位自行完成。建筑工程总承包单位按照总承包合同的约定对建设单位负责；分包单位按照分包合同的约定对总承包单位负责。总承包单位和分包单位就分包工程对建设单位承担连带责任。禁止总承包单位将工程分包给不具备相应资质条件的单位。禁止分包单位将其承包的工程再分包。

《建设工程质量管理条例》第 25 条 施工单位应当依法取得相应等级的资质证书，并在其资质等级许可的范围内承揽工程。禁止施工单位超越本单位资质等级许可的业务范围或者以其他施工单位的名义承揽工程。禁止施工单位允许其他单位或者个人以本单位的名义承揽工程。施工单位不得转包或者违法分包工程。

理解与适用

本条源自《合同法》第 272 条；但在文字措辞上略有调整。

本条规定了转包与违法分包，这是建设工程合同领域中十分重要的问题。其中，转包是将所承包的全部建设工程转包给第三人；而承包人将其所承包的全部建设工程支解后以分包名义分别转包给第三人、将其工程分包给不具备相应资质条件的单位，均构成违法分包。根据《建设工程质量管理条例》第 78 条第 3 款的规定，转包是指承包单位承包建设工程后，不履行合同约定的责任和义务，将其承包的全部建设工程转给他人或者将其承包的全部建设工程支解以后以分包的名义分别转给其他单位承包的行为。

就分包而言，原则上是合法的，它主要是指主体符合资质要求、专业工程经约定或认可条件下的分包。由于建设工程主体结构的施工必须由承包人自行完成，因此，分包的内容是除主体结构的施工外的部分内容，只允许一次分包且分包指向内容合法，分包单位不得将其承包的建设工程再次分包。

根据《建设工程质量管理条例》第 78 条第 2 款规定，违法分包主要是指以下情况：1. 总承包方将建设工程分包给不具备相关资质条件的单位。2. 建设工程总承包方合同中没有约定，但又未经建设单位认可，承包单位将其承包的部分建设工程交由其他单位完成的。3. 施工总承包方将建设工程的主体结构施工分包给其他单位的。4. 分包单位将其承包的建设工程再分包的。

另外，实践中还有“内包”的概念，所谓“内包”又叫“内部承包”，是承包人承接工程后，将工程交由内部职能机构或者部门负责完成的一种经营行为。也有人认为内包属于转包的一种形式和变种，是无效的。但根据工程行业的惯例，内包原则上合法有效。内设机构或分支机构和法人属于同一主体，内设机构或分支机构的行为视为法人的行为，内设机构或分支机构不属于法律意义上的“他人”或“第三人”。因此，内包只是法人经营的策略或手段，并不属于法律意义上的转包。

在审判实践中，将全部承包工程转包给第三人、将工程分包给无资质的第三方的建筑工程承包合同无效。在一起案件中①，总承包方通过分包方式将其承包的全部工程转给由第三人实际控制的企业进行施工，法院认定就涉案工程构成事实上的违法转包关系，相关转包协议依法属于无效合同；对于已经竣工验收的工程，违法转包的总承包方应承担欠付的工程款，而发包方在其所欠工程款范围内，对总承包方的付款义务承担连带清偿责任。在又一起案件中②，总承包方将部分工程分包给不具备施工资质的第三方，此分包合同同样被法院认定无效。

还值得注意的是，本条较之于《合同法》第 272 条的主要变化是措辞方面的改进，一是将“肢解”改为“支解”，二是将“几个”改为“数个”。这一文字性的改动仍然具有重要的意义。因为民法典作为法典化最高成就的体现，其措辞用

① 参见“黄进涛、北京建工集团有限责任公司建设工程施工合同纠纷案”，最高人民法院（2018）民终 611 号民事判决书。

② 参见“湖南对外建设集团有限公司、冷仲华建设工程施工合同纠纷案”，湖南省高级人民法院（2019）湘民再 199 号民事判决书。

语必须既简明易懂，又要体现优美、典雅和庄重。法典的很多条款应当具有哲学命题式的美感，体现优雅、精确和简明。[①] 因此，有比较法学者指出，若想编纂一部好的民法典，立法者首先应当“重新学习语法学和语义学，因为适用和遵守一部良法，比适用和遵守一部糟糕的法律，显然更令人愉悦”[②]。就 1999 年《合同法》的建设工程合同部分而言，当时由于强调通俗易懂，立法条文采纳了大量的行业术语，导致立法的过分口语化、行话化。如果在民法典中继续保留这些行业术语，将严重损害民法典的典雅和形式美感。因此，法典最好应剔除那些过分口语化的措辞（如《合同法》中委托合同部分的“善后”，建设工程合同部分的“肢解”“窝工”“倒运”，《侵权责任法》中的“挂靠”“挖坑”，《继承法》中的“争抢”等），而代之以更为典雅、庄重的立法用语。令人欣慰的是，民法典最终删除了侵权责任编草案中的“挖坑”，将合同编部分的“肢解”修订为“支解”。就“肢解”和“支解”而言，虽然两个词在某些时候可以通用，但是在建设工程领域中，其本意是将建设工程分割成几个部分发包给多个承包人，因此在建设工程领域中，使用“支解”比“肢解”更为恰当，更为典雅。而《合同法》中“几个”的文字表述显然比较口语化；改为“数个”，更符合书面语的特征，以及民法典作为基本法律的文字美感与严肃性。

第七百九十二条

国家重大建设工程合同，应当按照国家规定的程序和国家批准的投资计划、可行性研究报告等文件订立。

本条主旨

本条规范国家重大建设工程合同的订立行为，要求其必须按照国家规定的程序和国家批准的投资计划、可行性研究报告等文件进行。

相关条文

《合同法》第 273 条　国家重大建设工程合同，应当按照国家规定的程序和国家批准的投资计划、可行性研究报告等文件订立。

---

① 参见石佳友：《民法典与社会转型》，北京，中国人民大学出版社 2018 年版，第 363 页。

② Jean Hausser，Les difficultés de la recodification：les personnes?，in Bernard Saintourens（dir.），Le Code civil：Une le on de légistique? Paris：Economica，2006，p. 64.

理解与适用

本条沿袭了《合同法》第273条的内容。

通常来说，国家重大工程一般指列入国家重点投资计划而且投资额巨大，建设周期特别长，由中央政府全部投资或者参与投资的工程，属于国家重大建设项目。另外，有些工程项目虽然未列入国家重点投资计划，但影响很大，因此也属于国家重大建设工程项目。鉴于国家重大项目的特殊重要性，其合同订立需遵循极为严格的程序。根据有关规定，国家重大建设工程事先应当进行可行性研究，对工程的投资规模、建设效益进行论证分析，并编制可行性研究报告，然后申请立项。立项获得批准后，根据立项制定投资计划，并报有关发改委等主管部门进行批准，投资计划批准后，有关建设单位根据工程的可行性研究报告和国家批准的投资计划，按照国家规定的程序进行发包，与承包人订立建设工程合同。

在审判实践中，国家规定的相关程序会对所订立的国家重大建设工程合同效力产生影响。部分违反程序的合同可能会被认定无效。在江苏省南通市中级人民法院2015年审结的一起案件中①，原告（承包方）与被告（发包方）双方就一道路工程项目签订了《投资建设合同》（BT方式），该项目以“企业投资建设，政府一次回购”的BT方式进行，工程竣工决算报当地审计局进行审计后确定；最终工程竣工并通过验收，双方就工程款的延期返还达成协议；最终双方就工程款返还发生争议并诉至法院。由于案涉工程未取得国有土地使用权证以及规划许可证，亦未办理招投标手续，违反我国法律的强制性规定，且因该工程最终的回购资金体现为国有资金，有可能损害国家和社会公共利益，因此法院认定建设工程合同及延期还款合同无效。而部分程序性文件不会对合同效力产生影响，如吉林省白城市中级人民法院于2019年审结的一起案件中②，省财政厅在对案涉工程结算进行审核时发现存在单价计算有误、重复计算问题，从而导致承建方与发包方（当地人民政府）之间的返还之诉。在该案中，结算审核并未对合同效力产生影响，法院认为，依据相关规定，含有国家财政性资金投入的工程，结算时需报财政部门审查，但这只是国家对建设单位基本建设资金的监督管理，不影响建设单位与承建单位的合同效力及履行。类似的立场还可见于最高人民法院2013年审结的一起案件③，在该案中，当事人已经同意接受国家机关的审计行为对民

---

① 参见“南通鸿基市政工程有限公司与如皋西部投资开发有限公司建设工程施工合同纠纷案”，江苏省南通市中级人民法院（2015）通中民初字第00002号民事判决书。

② 参见“中国第四冶金建设有限责任公司与镇赉县人民政府不当得利纠纷案”，吉林省白城市中级人民法院（2019）吉08民终995号民事判决书。

③ 参见“重庆建工集团股份有限公司与中铁十九局集团有限公司建设工程合同纠纷案”，最高人民法院（2012）民提字第205号民事判决书。

事法律关系的介入；且在双方当事人已经通过结算协议确认了工程结算价款并已基本履行完毕的情况下，国家审计机关作出的审计报告，不影响双方结算协议的效力。另外，《建设工程司法解释一》第 20 条规定："当事人约定，发包人收到竣工结算文件后，在约定期限内不予答复，视为认可竣工结算文件的，按照约定处理。承包人请求按照竣工结算文件结算工程价款的，应予支持。"因此，如果合同约定"发包人在 1 个月内没有审核完毕的，视为认可承包人的竣工结算报告"，承包人在竣工验收后向发包人递交了竣工决算书和相应的结算文件，但发包人在合同约定的 1 个月期限内没有审核完毕，也没有提出异议，则承包人有权根据约定要求按照竣工结算书中的金额来支付工程款。①

另外，有关的工程项目是否履行了相关程序建设也会成为判断建设工程合同是否成立的重要因素。在内蒙古自治区巴彦淖尔市中级人民法院 2019 年审结的一起案件当中②，原告（承包方）与被告（发包方，市民政局）就该市社会福利服务中心大楼的建设签订协议书，但未写明签订日期；在协议签订后，原告委托设计公司对该项目进行了设计并支付设计费；之后原告开始该项目的施工打桩，但其后依市政的规划要求，社会福利服务中心大楼项目的选址发生了变动，原告停止施工；原地址改建为商住楼，并由原告承建。原告诉请法院要求被告偿还支出的设计费用。法院指出该项目属于政府公用事业项目，完备的建设工程施工合同文本需依据建设部、国家工商行政管理局制定的《建设工程施工合同（示范文本）》进行起草，且必须经建设行政主管部门审查并登记备案。本案协议未对工程造价等关键条款进行约定且协议落款处因需等待政府批复文件未签注时间，故该协议不具备建设工程施工合同的完备条款，该协议应为双方通过初步协商，就建设项目在缔约过程中达成一致认识并表示合作意向的意向协议，并非正式合同。因此双方只能以是否遵守诚信原则来确定缔约过失责任。就本案而言，选址变动非被告可控制，故其并未违反诚实信用义务。

第七百九十三条

建设工程施工合同无效，但是建设工程经验收合格的，可以参照合同关于工程价款的约定折价补偿承包人。

---

① 参见王建东、孙兴洋：《建设工程合同竣工结算规则的合理性探讨》，载《法学》2006 年第 11 期，第 151－152 页。

② 参见"鄂尔多斯市锦道房地产开发有限公司与巴彦淖尔市民政局建设工程施工合同纠纷案"，内蒙古巴彦淖尔市中级人民法院（2018）内 08 民终 1231 号民事判决书。

建设工程施工合同无效，且建设工程经验收不合格的，按照以下情形处理：

（一）修复后的建设工程经验收合格的，发包人可以请求承包人承担修复费用；

（二）修复后的建设工程经验收不合格的，承包人无权请求参照合同关于工程价款的约定折价补偿。

发包人对因建设工程不合格造成的损失有过错的，应当承担相应的责任。

本条主旨

本条旨在解决建设工程施工合同无效后的工程价款的结算问题。

相关条文

《建设工程司法解释一》第 2 条　建设工程施工合同无效，但建设工程经竣工验收合格，承包人请求参照合同约定支付工程价款的，应予支持。

第 3 条建设工程施工合同无效，且建设工程经竣工验收不合格的，按照以下情形分别处理：（一）修复后的建设工程经竣工验收合格，发包人请求承包人承担修复费用的，应予支持；（二）修复后的建设工程经竣工验收不合格，承包人请求支付工程价款的，不予支持。因建设工程不合格造成的损失，发包人有过错的，也应承担相应的民事责任。

理解与适用

相较《合同法》，本条为新增条文，主要来自 2004 年《建设工程司法解释一》的第 2 条和第 3 条。但相较司法解释而言，民法典的主要变化在于本条第 1 款明确使用了“折价补偿”这一术语。其原因在于，《民法典》第 157 条前半段规定：“民事法律行为无效、被撤销或者确定不发生效力后，行为人因该行为取得的财产，应当予以返还；不能返还或者没有必要返还的，应当折价补偿。”为与民法典总则的立法措辞保持一致，本条明确采用了“折价补偿”这一术语。

另外，采纳“折价补偿”这一措辞，也进一步说明了所谓“无效合同、有效处理”做法的合理性。长期以来，《建设工程司法解释一》第 2 条的做法被实务界俗称为“无效合同、有效处理”，引起了一些不必要的误解；因为按照民法原理，在合同无效的情况下，合同中所约定的权利义务条款因违反强行法自然不能发生效力，不可能发生合同无效后还按有效来处理的情况。显然，这一称呼有简约主义的错误，司法解释实际上并非是将无效合同进行“有效处理”，而是因为合同无效后的返还不能所被迫采取的替代措施。根据前引《民法典》第 157 条，合同无效后，双方负有返还义务。然而，对于已经验收合格的建设工程而言，显然无法进行实物返还；在此情况下，只能采取折价补偿的方案。而为了计算补偿的折价，则必须参照建设工程施工合同的约定。采用“折价补偿”这一措辞更为充分和清晰地解释了前述做法的合理性所在。

在参照的主体上，《建设工程司法解释一》仅规定了“承包人”请求参照合同约定支付工程价款，这一表述在实践中让人误认为仅能由承包人主张，而发包人无权主张。实践中，一些地方法院不得不通过发布文件等方式来加以澄清，譬如 2012 年北京市高级人民法院《关于审理建设工程施工合同纠纷案件若干疑难问题的解答》（京高法发〔2012〕245 号）第 17 条规定：“建设工程施工合同无效，但工程经竣工验收合格，当事人任何一方依据《解释》第二条的规定要求参照合同约定支付工程折价补偿款的，应予支持。承包人要求发包人按中国人民银行同期贷款利率支付欠付工程款利息的，应予支持。发包人以合同无效为由要求扣除工程折价补偿款中所含利润的，不予支持。”有鉴于此，民法典不再单独规定承包人可以请求参照，而是笼统地规定“可以参照”，意即双方均有权主张。

在审判实践中，鉴于建设工程的特殊性，虽然合同无效，但施工人的劳动和建筑材料已经物化在建筑工程中，在建设工程合同无效但建设工程经竣工验收合格的情形下，承包人请求参照有效合同处理的，应当参照合同约定来计算涉案工程价款，但承包人不应获得比合同有效时更多的利益。例如，在最高人民法院 2019 年审结的一起案件中，发包方与承包方就一商品房小区的建设工程签订《银古花园补充协议》，其后承包方通过招投标程序中标并与发包方签订《建设工程施工合同》用以备案。在工程经过预验收并通报验收检查中存在的各施工单位未完成项目、未整改处理项目后，承包方撤出现场。其后承包方认为工程已通过竣工验收并催促发包方支付工程价款，涉案工程双方未进行移交，承包方实际施工的工程未经结算，施工资料亦未向发包方移交，双方就此产生纠纷并诉至法院。法院认为，当事人签订的《银古花园补充协议》及《建设工程施工合同》因“先定后招”的串标行为而应被认定无效，且涉案工程系未完工工程，已完工工程经过司法鉴定，存在诸项需要修复的质量问题并未通过竣工验收，但法院依据相关鉴定材料认为，涉案工程可以进行修复且经修复后有利用价值，因此根据案件实际情况，参照鉴定意见由承包方承担修复费用而视为工程验收合格，进而法院参照实际履行的合同以及合同无效不应获得比合同有效更高利益的原则确定工程价款。①

① 参见“江苏省苏中建设集团股份有限公司、宁夏银古实业有限公司建设工程施工合同纠纷案”，最高人民法院（2019）民终 1192 号民事判决书。

另外，前引《民法典》第 793 条第 3 款规定，“发包人对因建设工程不合格造成的损失有过错的，应当承担相应的责任”，这源自《民法典》第 157 条后半段规定：“有过错的一方应当赔偿对方由此所受到的损失；各方都有过错的，应当各自承担相应的责任。法律另有规定的，依照其规定。”由此，本条文保持了与民法典总则的逻辑一致性。

另外，在实践中，判断建设工程合同的效力经常需要解决以下问题。

1. 基于“挂靠”关系所订立的建设工程合同

“挂靠”是典型的行业术语，属于实践中约定俗成的“行话”，并非严谨的法律概念。在建设工程领域，“挂靠”是十分普遍的现象；因此，在民法典编纂的过程中，曾有专家建议民法典对此应作出规定。根据 2014 年住建部《建筑工程施工转包违法分包等违法行为认定查处管理办法（试行）》第 10 条的规定，挂靠“是指单位或个人以其他有资质的施工单位的名义，承揽工程的行为”。在实践中十分常见的是：没有取得施工资质的单位或个人借用施工资质的企业名义承揽工程，或施工资质等级较低的施工企业以施工资质等级较高的企业的名义去承揽工程，并向出借方缴纳一定比例的管理费。名义上的工程承包人（被挂靠人）并不实际组织施工，而是交由无资质或者资质等级低的挂靠人施工作业。《建筑法》第 26 条规定，“禁止……以任何形式用其他建筑施工企业名义承揽工程。禁止建筑施工企业以任何形式允许其他单位或个人使用本企业的资质证书、营业执照，以本企业的名义承揽工程”。第 66 条规定：“建筑施工企业转让、出借资质证书或者以其他方式允许他人以本企业的名义承揽工程的，责令改正，没收违法所得，并处罚款，可以责令停业整顿，降低资质等级；情节严重的，吊销资质证书。对因该项承揽工程不符合规定的质量标准造成的损失，建筑施工企业与使用本企业名义的单位或者个人承担连带赔偿责任。”然而，尽管法律有明文规定，实践中挂靠现象仍然屡禁不止。

根据《建设工程司法解释一》第 1 条第 2 项规定“没有资质的实际施工人借用有资质的建筑施工企业名义的”，合同无效；这被一些学者认为是“只是具有名义上的合法资质等级，其实质仍属无资质承揽工程”的“脱法行为”，因而应被认定为无效。① 然而，随着 2009 年《最高人民法院关于适用〈中华人民共和国合同法〉若干问题的解释（二）》的出台，学界对这一问题的看法发生了转变。有论者指出，《建设工程司法解释一》出台时《合同法解释二》尚未出台，彼时学术界对将法律的强制性规定区分为效力性强制性规定和管理性强制性规定尚无

① 参见王建东、毛亚敏：《建设工程合同的主体资格》，载《政法论坛》2007 年第 4 期，第 176 页。

统一意见。《建设工程司法解释一》的起草者并未对法律、法规有关转包、分包和借用资质的强制性规定属于效力性规定还是管理性规定进行区分。因此，不能得出发包人与出借资质企业之间施工合同无效的结论，而应当根据合同当事人双方之间的合同要素和具体情形，分别作出判断。①

有论者指出，应区分发包人明知挂靠关系和发包人不知挂靠关系的不同情形，分别加以处理。《建设工程司法解释一》针对挂靠形成的建设工程合同笼统宣告无效，对于施工合同中诚信的发包人利益的保护极为不利，不符合公平原则。更适宜的方式是，结合发包人在订立施工合同时的主观状况，也就是对于实际施工人借用资质的情况是否明知来决定施工合同的效力。如果发包人明知挂靠关系的存在，此时按照《合同法》第 402 条的隐名代理关系来处理即可，合同直接约束发包人和挂靠人。而如果发包人对挂靠关系不知情，则只能认定在出借资质的被挂靠人与发包人之间形成建设工程施工合同法律关系，而不能让合同约束发包人和挂靠人。“对于仅具有违反建筑企业资质管理制度出借资质的行为，但并不欠缺相应资质的挂靠施工合同……应审慎认定施工合同无效，适用更有利于维护各方利益的裁判规则……人民法院在认定挂靠施工合同无效的裁判规则上，存在一个由‘紧’到‘松’的变化过程。这一变化过程体现我国合同司法领域尊重了合同法律的效率价值，慎重认定合同无效，尽量促成交易的趋势，也有利于保障诚信的发包方权益，体现合同法律的公平价值。”② 由此，如果施工企业具备相应资质，仅违反资质管理规定存在借用资质订立施工合同的行为，或是在施工企业暂时存在资质缺陷但在规定期限内能够进行补正的情形下，都不会对施工安全和工程质量造成威胁，不存在违反立法目的的情形；在此情况下，实际施工人借用资质订立的施工合同并非必然无效。③

而值得注意的是 2018 年《建设工程司法解释二》第 4 条的规定：“缺乏资质的单位或者个人借用有资质的建筑施工企业名义签订建设工程施工合同，发包人请求出借方与借用方对建设工程质量不合格等因出借资质造成的损失承担连带赔偿责任的，人民法院应予支持。”按照起草者的解释，“在借用资质与发包人签订建设工程施工合同的情况下，名义上的承包人是出借资质的单位，实际上的承包人是借用资质的单位或者个人，出借资质方之名与借用资质方之实共同构成承包

① 参见龚雪林：《转包、分包和借用资质情形下的建设工程施工合同效力分析——兼论建设工程施工合同司法解释有关效力规定》，载《法律适用》2014 年第 12 期，第 72 页。

② 唐倩：《挂靠施工合同的效力分析》，载《法律适用》2019 年第 5 期，第 89 - 90 页。

③ 参见唐倩：《实际施工人的建设工程价款优先受偿权实证研究》，载《中国政法大学学报》2019 年第 4 期，第 84 页。

人，缺少任何一方，建设工程施工合同都不能订立。因此，在对外关系上，可将出借资质方和借用资质方作为一个整体，对发包人负责”①。这就是说，只要发包人的损失是由出借资质行为所造成，发包人就有权请求借用资质的单位或者个人与出借资质的建筑施工企业承担连带责任。当然，从严格的文义解释方法出发，本条其实只是解决了违约损害赔偿问题，而回避了对基于挂靠关系所签订合同效力的判断。但是，值得关注的是，本条既然允许发包人请求与之没有合同关系的挂靠人（资质的借用人）承担连带违约赔偿责任，实际上隐含着承认了挂靠形成的建设工程合同有效性的意蕴；可以认为，《建设工程司法解释二》对挂靠所形成的建设工程合同的有效性采取了某种默认的态度。由此，对这一问题目前已不存在争议，司法实践也形成了较为一致的成熟做法；在这样的背景下，立法机关最终在民法典中未对此作出规定。

2. 建设工程领域中的“黑白合同”问题

“黑白合同”也是建设工程领域十分常见的现象，是司法机关经常需要处理的棘手问题；而对这一问题的司法政策也历经了一个发展演变的进程，相关判决的结论并非完全一致。这也是这一问题在民法典的起草论证过程中成为备受关注的热点问题的原因所在。从内容上看，“白合同”对合同价款、工期及工程款拨付方面都比较客观且与市场实际相符合，而“黑合同”往往在工程造价方面约定比较低，有时还附带一些苛刻的条件，如要求承包方承担一些额外的费用，更有甚者还要求承包方垫付一定的资金。“黑白合同”造成了“名”与“实”的脱节，助长了“明招暗定”的不良风气，架空了公开招投标的意义，扭曲了建筑市场的竞争秩序。而更为严重的是，由于“黑合同”中私下约定的工程造价比较低，在利益的驱动下，承包人都会最大限度地降低成本，并采取转包、非法分包等手段甚至偷工减料，制造“豆腐渣”工程，导致建筑质量问题甚至安全责任事故频发。

《招标投标法》第46条规定：“招标人和中标人不得再行订立背离合同实质性内容的其他协议。”显然，依据严格的法律程序，经过招标、投标、开标、评标、定标的一系列严格程序才最终产生具有法律约束力的中标通知。“这一过程不仅体现了招投标双方当事人的意志，而且还体现了国家意志，其严肃性和权威性是无可置疑的，必须得到切实的维护。”② 这就是说，中标合同（“白合同”）

① 程新文、刘敏、谢勇：《〈关于审理建设工程施工合同纠纷案件适用法律问题的解释（二）〉的理解与适用》，载《人民司法》2019年第4期，第37-38页。

② 王建东：《论建设工程合同的成立》，载《政法论坛》2004年第3期，第60页。

的效力必须得到承认和维护。由此，对于建设工程领域的“黑白合同”问题，其处理方式与《民法典》第 146 条关于隐藏行为的处理逻辑明显不同：就建设工程合同而言，“白合同”有效；当事人私下签订和履行的“黑合同”则无效。而对于隐藏行为，作为虚假意思表示的“白合同”无效；而被隐藏和实际履行的“黑合同”的效力，则依照相关法律来确定（可能有效亦可能无效）。

对于“黑白合同”问题，最高人民法院 2004 年所发布的《建设工程司法解释一》第 21 条规定：“当事人就同一建设工程另行订立的建设工程施工合同与经过备案的中标合同实质性内容不一致的，应当以备案的中标合同作为结算工程价款的根据。”在“青岛百仕置业有限公司与青岛一建集团有限公司建设工程施工合同纠纷上诉案”中，法院指出，上诉人作为招标人与中标人即被上诉人签订的补充协议，未按照招标文件来签订合同，其中关于适用 1996 年定额作为结算依据的内容与招标文件不符，不仅违反了法律规定，同时，补充协议关于结算依据的约定显然背离了中标合同的实质性内容。根据《建设工程司法解释一》第 21 条之规定，应当以中标合同作为结算工程价款的根据。①

但是，一些论者也对《建设工程司法解释一》第 21 条的立场持批评态度。在他们看来，“以不得进行实质性变更为由，否定变更或补充协议的效力，是干预了当事人的意思自治，也与我国的合同法规定相违背”②。也就是说，考虑到建设工程这一领域的特殊性，对于当事人在中标合同签订后，另行签订的“黑合同”，不应一概认定为无效，而要根据具体情况来进行具体分析。也就是说，对于双方在中标合同之外另行签订的“黑合同”，在某些情况下，亦可承认其效力。譬如，如双方另行签订的“黑合同”仅对“白合同”作了非实质性内容的变更，则可以双方当事人实际履行的“黑合同”作为结算工程价款的依据。

但是，对于何谓“实质性变更”，最高人民法院的认识也经历了一个发展过程。最高人民法院民一庭 2015 年编著的《建设工程施工合同司法解释的理解与适用》（以下称《理解与适用》）中认为：“两份合同不一致的地方必须是在工程价款、工程质量或者工程期限等三个合同实质性内容方面有所违背，而不是一般的合同内容变更或者其他条款的修改。”③ 而 2016 年《第八次全国法院民事商事

---

① 参见“青岛百仕置业有限公司与青岛一建集团有限公司建设工程施工合同纠纷上诉案”，山东省高级人民法院（2014）鲁民一终字第 158 号民事判决书。

② 钟晓东：《建设工程合同效力问题所引发的思考》（下），载《仲裁研究》2014 年第三十六辑，第 67 页。

③ 最高人民法院民事审判第一庭编著：《最高人民法院建设工程施工合同司法解释的理解与适用》，北京，人民法院出版社 2015 年第 2 版，第 150 页。

审判工作会议（民事部分）纪要》第 31 条规定："招标人和中标人另行签订改变工期、工程价款、工程项目性质等影响中标结果实质性内容的协议，导致合同双方当事人就实质性内容享有的权利义务发生较大变化的，应认定为变更中标合同实质性内容。"重要的发展是 2018 年 12 月《建设工程司法解释二》第 1 条，该条第 1 款规定："招标人和中标人另行签订的建设工程施工合同约定的工程范围、建设工期、工程质量、工程价款等实质性内容，与中标合同不一致，一方当事人请求按照中标合同确定权利义务的，人民法院应予支持。"相比之下，《建设工程司法解释二》的显著变化是增加了"工程范围"这一要素并将其置于首位，其主要原因在于：一方面，工程范围的变化在很多情形下都会引发工程价款、工期、工程质量等要素的相应变更；另一方面，《建设工程司法解释二》的这一措辞也与《合同法》第 275 条保持一致，该条文将"工程范围"作为施工合同内容的首要因素。总而言之，《建设工程司法解释二》的立场很明确：如果"黑合同"对"白合同"的内容作出了实质性变更的，应排除其效力，而以中标的"白合同"作为结算依据。该司法解释在第 10 条再次重申了这一逻辑。

而同样值得注意的是《建设工程司法解释二》的第 9 条。该条规定："发包人将依法不属于必须招标的建设工程进行招标后，与承包人另行订立的建设工程施工合同背离中标合同的实质性内容，当事人请求以中标合同作为结算建设工程价款依据的，人民法院应予支持，但发包人与承包人因客观情况发生了在招标投标时难以预见的变化而另行订立建设工程施工合同的除外。"该条提出了两个十分重要的问题：一是何谓"依法不属于必须招标的建设工程"？二是何谓"因客观情况发生了在招标投标时难以预见的变化"？对于第一个问题，《招标投标法》第 3 条对于必须进行招标的建设工程已作出规定；2018 年国家发展和改革委员会也颁布了《必须招标的工程项目规定》《必须招标的基础设施和公用事业项目范围规定》等文件。从审判实践来看，开发商利用私人资本投资建设的商品房不属于必须招标的建设工程。而更为复杂的问题是，情事变更原则在建设工程合同是否能够适用？因为如果允许适用情事变更，则意味着允许当事人对最初所订立的中标合同进行修订，双方应以修订后的合同作为结算依据；这似乎与上述"黑白合同"的规则又有所矛盾。

3. 情事变更的适用与"黑白合同"问题

由此，不难理解的是，情事变更在建设工程合同中的适用也是民法典编纂过程中曾经受到关注的议题之一。必须看到，建筑行业确实具有很多特殊性，建设工程项目履行期间长，易受社会经济环境变化的影响；在合同履行的过程中，难免会出现建筑材料、工程设备、人工费用、规划设计等的涨跌变化，甚至是超出正常范围的价格重大波动。另外，在施工的过程中，有可能出现一些当事人未能预见的意外情况，其被迫对最初的施工方案或计划进行必要的修正，这必然带来成本的变化。由此，如果合同履行中出现了未曾预见的重大变化，严重影响了合同的缔约基础，也可以构成情事变更。显然，情事变更制度在建设工程合同中有适用的余地。但是，如同有法国论者所指出的，“情事变更在建筑法领域的适用不能很频繁，因为很多领域的建筑合同都包含有专门的条款，排除情事变更的适用：譬如合同中的履行艰难（hardship）条款、价格更新（actualisation）或调整条款，这些条款就是用来应对经济形势的变化。富有远见的当事人继续以合同条款对此作出规定，但在实践中也出现在这样或那样的情形下排除当事人以协议处理情事变更的做法。我们很难同意民法典第 1195 条的情事变更制度在建筑法领域有很大的适用余地。如果协议中没有作出规定，在出现情事变更的问题后，当事人自行谈判解决，如同他们经常所做的那样，只有在很少的情况下才会进入司法阶段达成新协议。对意外风险的同意条款用以排除第 1195 条情事变更制度，这一条款是否可以适用于包干型（type forfaitaire）建筑合同？因为在此类合同中，工程价格在缔约时以一次性的方式予以确定”①。在这类包干型建筑合同中，工程价格在一开始就以整体和终局性的方式予以确定，合同履行中的意外风险推定由承包人承担；因此，业主可以预先锁定风险，避免工程款金额出现意外。就此而言，《法国民法典》第 1793 条值得特别注意：“如建筑师或承揽人承诺以包干方式（*à* forfait）建造建筑物，在施工过程中，不得以劳动力或原材料有所增加为由，或以对原计划有所变动或增加为由，要求增加任何工程造价，除非此种修改或增加经过业主书面同意且价格与业主协商一致。”本条既针对包干型建筑工程合同履行中在经济层面所发生的变化，也涵盖了技术层面所可能出现的调整。就效力而言，作为特别法，第 1793 条可以排除第 1195 条情事变更的适用；另外，该条是强行法，禁止当事人以协议方式规避其适用。当然，对于第 1793 条所不适用的建设工程合同，承揽人接受一揽子价格并不当然表明其同意承担成本出现“过度”波动的风险，如果此种过分波动导致其出现履行艰难，承揽人仍然可以主张原因情事变更。

就我国法律而言，前引《建设工程司法解释二》第 9 条中“因客观情况发生了在招标投标时难以预见的变化”应该主要是指情事变更；根据最高人民法院民

---

① Mariane Faure-Abbad，» Les incidences de la réforme sur les effets des contrats de construction：questions choisies «，in Lionel Andreu et Marc Mignot (dir.)，Les contrats spéciaux et la réforme du droit des obligations，Paris：LGDJ，2017，p. 186.

一庭所编写的《理解与适用》，这里的“变化”必须是当事人在订立合同是所未能预见的；如果已经预见或能够预见未来所发生的变化，就应当属于正常的商业风险范围。[①] 依据《民法典》第533条，在建设工程合同履行的过程中，如果出现了当事人在订立合同时无法预见的、不属于商业风险的重大变化，继续履行合同对于当事人一方明显不公平的，该当事人可主张变更或解除合同。情事变更情况下的合同变更，属于法定变更，是当事人的权利，不属于当事人另行订立“黑合同”来规避中标的“白合同”的情形。《建设工程司法解释二》第9条允许发包人与承包人在因客观情况发生了在招标投标时难以预见的变化时，另行订立一份建设工程施工合同，它可以作为结算建设工程价款的依据。这被认为是兼顾了招标投标市场秩序的维护和当事人之间的契约自由原则。总之，基于维护投标程序的严肃性和中标合同的效力，对于此种例外情况应严格解释，将其限定于构成交易基础丧失的情事变更；只有在出现符合情事变更条件的“变化”时，才允许当事人在中标合同中之外另行签订新的协议，并以此作为结算依据；在此种情况下，新协议显然不构成所谓的“黑合同”。

第七百九十四条

勘察、设计合同的内容一般包括提交有关基础资料和概预算等文件的期限、质量要求、费用以及其他协作条件等条款。

本条主旨

本条规定了勘察、设计合同的主要内容。

相关条文

《合同法》第274条　勘察、设计合同的内容包括提交有关基础资料和文件（包括概预算）的期限、质量要求、费用以及其他协作条件等条款。

《建设工程勘察设计合同管理办法》第4条　勘察设计合同的发包人（以下简称甲方）应当是法人或者自然人，承接方（以下简称乙方）必须具有法人资格。甲方是建设单位或项目管理部门，乙方是持有建设行政主管部门颁发的工程勘察设计资质证书、工程勘察设计收费资格证书和工商行政管理部门核发的企业

① 参见最高人民法院民事审判第一庭编著：《〈最高人民法院建设工程施工合同司法解释（二）〉理解与适用：条文·释义·原理·实务》，北京，人民法院出版社2019年版，第215-217页。

法人营业执照的工程勘察设计单位。

第 5 条　签订勘察设计合同，应当采用书面形式，参照文本的条款，明确约定双方的权利义务。对文本条款以外的其他事项，当事人认为需要约定的，也应采用书面形式。对可能发生的问题，要约定解决办法和处理原则。双方协商同意的合同修改文件、补充协议均为合同的组成部分。

第 6 条　双方应当依据国家和地方有关规定，确定勘察设计合同价款。

理解与适用

本条沿袭了《合同法》第 274 条的规定。另外，2000 年，建设部、国家工商行政管理总局不仅修订了《建设工程勘察设计合同管理办法》，而且修订了《建设工程勘察合同（示范文本）》和《建设工程设计合同（示范文本）》。

建设工程勘察设计合同是指委托方与承包方为完成特定的勘察设计任务，明确相互权利义务关系而订立的合同。建筑勘察、设计合同的内容一般包括：提交有关基础资料和概预算等文件的期限、质量要求、费用，以及其他的协作条件等。

在审判实践中，核心条款是否存在有助于判定所签订合同的性质。在贵州省贵阳市中级人民法院 2018 年审结的一起案件中①，被告（发包方）向原告（承包方）发出《工程设计委托书》，委托原告完成各项目的研究及设计，同时其中载明在批准的招标方式完成相关手续后，参照《勘察设计收费标准》和项目具体条件签订正式合同；其后原告完成部分项目的可行性报告及施工图并被被告的工作人员签收，原告依据《工程设计委托书》向被告主张设计费用。法院认为，《工程设计委托书》虽然委托原告完成相关设计工作，但并未明确约定双方具体的权利、义务，更未约定委托事项的计价标准等，更载明了在达到一定条件后，被告才与原告签订正式合同。因此，该《工程设计委托书》应当是合同当事人为了订立本约而签订的预约合同，而非勘察、设计合同；原告在知晓这些情况下完成的工作应当是为了签订正式勘查设计工作而进行的前期准备工作，在尚未形成勘察、设计合同的情况下对原告要求被告支付设计费用的主张不予支持。

第七百九十五条

施工合同的内容一般包括工程范围、建设工期、中间交工工程的开工和竣工

---

① 参见“贵州中水建设管理股份有限公司与贵州北控城投投资有限公司、贵阳市人民政府合同纠纷案”，贵州省贵阳市中级人民法院（2016）黔 01 民初 1559 号民事判决书。

时间、工程质量、工程造价、技术资料交付时间、材料和设备供应责任、拨款和结算、竣工验收、质量保修范围和质量保证期、相互协作等条款。

本条主旨

本条规定了建设工程施工合同的主要内容。

相关条文

《合同法》第275条　施工合同的内容包括工程范围、建设工期、中间交工工程的开工和竣工时间、工程质量、工程造价、技术资料交付时间、材料和设备供应责任、拨款和结算、竣工验收、质量保修范围和质量保证期、双方相互协作等条款。

理解与适用

本条沿袭了《合同法》第275条的内容。

2017年，住房和城乡建设部、国家工商行政管理总局对《建设工程施工合同（示范文本）》（GF-2013—0201）进行了修订，制定了《建设工程施工合同（示范文本）》（GF-2017—0201）（以下简称《示范文本》）。

建设工程施工合同是指发包方（建设单位）和承包方（施工人）为完成商定的施工工程，明确相互权利、义务的协议。建设工程施工合同是承包人进行工程建设施工，发包人支付价款的合同，是建设工程的主要合同，同时也是工程建设质量控制、进度控制、投资控制的主要依据。

前述住房和城乡建设部、国家工商行政管理总局所发布的《示范文本》由合同协议书、通用合同条款和专用合同条款三部分组成。

1. 合同协议书。主要内容有：工程概况、合同工期、质量标准、签约合同价和合同价格形式、项目经理、合同文件构成、承诺以及合同生效条件等重要内容，集中约定了合同当事人基本的合同权利义务。

2. 通用合同条款。通用合同条款是合同当事人根据《中华人民共和国建筑法》《中华人民共和国合同法》等法律法规的规定，就工程建设的实施及相关事项，对合同当事人的权利义务作出的原则性约定。通用合同条款的具体条款分别为：一般约定、发包人、承包人、监理人、工程质量、安全文明施工与环境保护、工期和进度、材料与设备、试验与检验、变更、价格调整、合同价格、计量与支付、验收和工程试车、竣工结算、缺陷责任与保修、违约、不可抗力、保险、索赔和争议解决。前述条款安排既考虑了现行法律法规对工程建设的有关要求，也考虑了建设工程施工管理的特殊需要。

3. 专用合同条款。专用合同条款是对通用合同条款原则性约定的细化、完善、补充、修改或另行约定的条款。合同当事人可以根据不同建设工程的特点及具体情况，通过双方的谈判、协商对相应的专用合同条款进行修改补充。

施工合同中的结算条款是司法实践中争议高发的主要条款之一。在齐河环盾钢结构有限公司与济南永君物资有限责任公司建设工程施工合同纠纷案①中，法院认为：在确定工程价款时，一般应以市场价确定工程价款。这是因为，以定额为基础确定工程造价大多未能反映企业的施工、技术和管理水平，定额标准往往跟不上市场价格的变化，而建设行政主管部门发布的市场价格信息，更贴近市场价格，更接近建筑工程的实际造价成本，且符合《合同法》的有关规定，对双方当事人更公平。在中铁十九局集团有限公司与重庆建工集团股份有限公司建设工程合同纠纷再审案中②，法院认为：（1）根据审计法的规定，国家审计机关对工程建设单位进行审计是一种行政监督行为，审计人与被审计人之间因国家审计发生的法律关系与本案当事人之间的民事法律关系性质不同。因此，在民事合同中，当事人对接受行政审计作为确定民事法律关系依据的约定，应当具体明确，而不能通过解释推定的方式，认为合同签订时，当事人已经同意接受国家机关的审计行为对民事法律关系的介入。（2）在双方当事人已经通过结算协议确认了工程结算价款并已基本履行完毕的情况下，国家审计机关作出的审计报告，不影响双方结算协议的效力。

第七百九十六条

建设工程实行监理的，发包人应当与监理人采用书面形式订立委托监理合同。发包人与监理人的权利和义务以及法律责任，应当依照本编委托合同以及其他有关法律、行政法规的规定。

本条主旨

本条规定了建设工程监理合同。

---

① 参见“齐河环盾钢结构有限公司与济南永君物资有限责任公司建设工程施工合同纠纷案”，载《最高人民法院公报》2012 年第 9 期（总第 191 期）。

② 参见“中铁十九局集团有限公司与重庆建工集团股份有限公司建设工程合同纠纷再审案”，载《最高人民法院公报》2014 年第 4 期（总第 210 期）。

相关条文

《合同法》第 276 条　建设工程实行监理的，发包人应当与监理人采用书面形式订立委托监理合同。发包人与监理人的权利和义务以及法律责任，应当依照本法委托合同以及其他有关法律、行政法规的规定。

理解与适用

本条沿袭了《合同法》第 276 条的内容。

2012 年住房和城乡建设部、国家工商行政管理总局发布了《建设工程监理合同（示范文本）》。

“监理”是指监理人受委托人的委托，依照法律法规、工程建设标准、勘察设计文件及合同，在施工阶段对建设工程质量、进度、造价进行控制，对合同、信息进行管理，对工程建设相关方的关系进行协调，并履行建设工程安全生产管理法定职责的服务活动。建设工程监理合同的全称叫建设工程委托监理合同，是指工程建设单位聘请监理单位代其对工程项目进行管理，明确双方权利、义务的协议。建设单位称委托人、监理单位称受托人。

根据住房和城乡建设部、国家工商行政管理总局 2012 年联合制定的《建设工程监理合同（示范文本）》（GF—2012—0202），建设工程监理合同一般包括如下内容：

第一部分　协议书。包括：委托人、监理人；工程概况，词语限定，组成本合同的文件，总监理工程师，签约酬金，期限，双方承诺，合同订立。

第二部分　通用条件。包括：定义与解释，监理人的义务，委托人的义务，违约责任，支付，合同生效、变更、暂停、解除与终止，争议解决，其他。

第三部分　专用条件。包括：定义与解释，监理人义务，委托人义务，违约责任，支付，合同生效、变更、暂停、解除与终止，争议解决，其他。

在审判实践中，因监理人的过错对工程发包方造成损失的，监理方需要承担相应的赔偿责任。在新疆阿勒泰地区中级人民法院 2019 年审结的一起案件中①，工程发包方与监理方签订了建设工程监理合同，案涉工程在交工验收后不久发生渗漏事故，随后各方对事故现场进行了勘察、整改施工以及事故原因的鉴定。二审法院认为监理方应对施工过程及施工质量进行全程跟踪及监督，因此对于事故

① 参见“甘肃蓝野建设监理有限公司与新疆千鑫矿业有限公司建设工程监理合同纠纷案”，新疆阿勒泰地区中级人民法院（2019）新 43 民终 231 号民事判决书。

的发生应当负有相应的责任，应当承担赔偿责任；同时发包方与监理方系委托关系，双方之间的权利义务应当按照监理合同确定，因此法院依照合同相应条款的约定确定了赔偿数额。在另一起案件中①，发包方与监理方签订建设工程监理合同，在施工过程中发生支模架坍塌事故进而工程被质监站要求停工整改，停工期间双方就解除合同及支付相关款项进行了协商，复工后发包方与另一监理单位签订工程监理合同。经调查，事故直接原因为支模架未按国家相关标准规定搭建，监理方起诉解除原来双方签订的建设工程监理合同并且要求发包方赔偿相应损失。一审法院认为，双方已事实上解除合同且合同不能继续履行为双方共同的责任；二审法院认为，本案中的监理方并未按照行政法规的规定履行监理职责，未尽受托人的谨慎和勤勉义务，而事故给建设单位造成的损失，远远超过未给付的监理费部分。按照权利和义务相适应原则，由于监理方未全面履行法定义务，不应享有相应权利。且监理方在原审中拒绝就应给付的监理费申请评估，应承担举证不能的法律责任，因此驳回了监理方的请求。

同时，建设工程监理合同纠纷虽属于建设工程合同纠纷，但不同于建设工程施工合同纠纷，由此会对法律适用产生一定影响，如在山东省青岛市中级人民法院 2018 年审结的一起案件中②，在经过招投标程序后，发包方与监理方签订了两份实质内容存在区别的合同，其中一份进行了备案，双方之后就采取哪份合同约定的方式进行结算产生了纠纷。一审法院认为，应适用《建设工程司法解释一》第 21 条规定，当事人就同一建设工程另行订立的建设工程施工合同与经过备案的中标合同实质性内容不一致的，应当以备案的中标合同作为结算工程价款的根据；二审法院认为此司法解释系对建设工程施工合同纠纷案由所做的司法解释，因此一审法院法律适用错误。同时，根据之前的付款情况来看，双方实际履行的是未经备案的合同，二审法院认为其反映了双方当事人的真实意思表示，符合公平及诚实信用原则，应作为双方结算价款的依据。

第七百九十七条

发包人在不妨碍承包人正常作业的情况下，可以随时对作业进度、质量进行检查。

---

① 参见“上诉人成都安彼隆建设监理有限公司与被上诉人阆中市宏誉置业有限公司建设工程监理合同纠纷案”，四川省南充市中级人民法院（2017）川 13 民终 3060 号民事判决书。

② 参见“青岛金水源置业有限公司、山东昌隆建设咨询股份有限公司建设工程监理合同纠纷案”，山东省青岛市中级人民法院（2018）鲁 02 民终 418 号民事判决书。

本条主旨

本条规定了发包人的检查权。

相关条文

《合同法》第 277 条　发包人在不妨碍承包人正常作业的情况下，可以随时对作业进度、质量进行检查。

理解与适用

本条源自《合同法》第 277 条。

建设工程合同的履行期间通常较长。为保证承包人能按照约定的质量和期限完成工程建设任务，发包人必须有权利对承包人的建设行为进行监督检查。本条就规定了这一权利，依据本条，发包人可以在不妨碍承包人正常作业的情况下，随时对作业进度、质量进行检查。实践中，发包人一般指派代表在工地现场进行监督检查。发包人委派工地代表后，应当及时通知承包人；派驻的工地代表具体负责对工程进度、工程质量进行监督检查，办理中间交工工程验收手续以及其他应当由发包人解决的事宜。如果在检查中发现问题，应在第一时间通知承包人，确保问题及时得到解决。

在江苏省无锡市中级人民法院 2017 年审结的一起案件中①，发包方将一建筑项目发包给承包方进行建设，工程竣工验收后出现裂缝、漏水等质量问题，故发包方诉至法院要求承包方承担全部责任。经鉴定，裂缝产生的原因部分是由沉降因素所致，而沉降因素主要为楼房沉降未稳定，提前封闭后浇带导致沉降不均，而有证据证明提前封闭后浇带的行为是发包方曾发函严令承包方限期封闭后浇带。二审法院及一审法院均认为，发包方虽然可以随时对作业进度、质量进行检查，但应在不妨碍承包人正常作业的情况下进行，故发包方对于提前封闭后浇带的情形应负有一定责任。而承包方作为施工单位，理应具有专业施工经验和判断能力，应对其施工质量负责，对于发包方提出的违反法律、行政法规和建筑工程质量规定的标准，降低工程质量的要求，承包人未予拒绝而继续施工的，仍存在相应过错。因此，法院据此酌定沉降因素由双方各承担 50％的责任。

---

① 参见“中国建筑第四工程局有限公司等诉无锡新世界国际纺织服装城有限公司等建设工程施工合同纠纷案”，江苏省无锡市中级人民法院（2017）苏 02 民终 2180 号民事判决书。

第七百九十八条

隐蔽工程在隐蔽以前，承包人应当通知发包人检查。发包人没有及时检查的，承包人可以顺延工程日期，并有权请求赔偿停工、窝工等损失。

本条主旨

本条规定了隐蔽工程的验收。

相关条文

《合同法》第278条　隐蔽工程在隐蔽以前，承包人应当通知发包人检查。发包人没有及时检查的，承包人可以顺延工程日期，并有权要求赔偿停工、窝工等损失。

理解与适用

本条沿袭了《合同法》第278条的内容。

所谓隐蔽工程是指建筑物、构筑物在施工期间将建筑材料或构配件埋于物体之中后被覆盖外表看不见的实物，譬如房屋基础、钢筋、水电构配件、设备基础等分部分项工程。显然，隐蔽工程在隐蔽后如果发生质量问题，需要重新覆盖甚至拆除重建，会造成返工等损失与浪费。因此，为了避免资源的浪费和不必要的损失，承包人在隐蔽工程隐蔽以前，应当通知发包人检查，发包人检查合格的，方可进行隐蔽工程。如果发包人没有及时检查，承包人可以顺延工程日期，并有权请求赔偿停工、窝工等损失。

另外，本条中的“窝工”一词是工程领域的术语，从语义上来说是指承包商、分包商在进入施工现场后，不能按照总包合同或分包合同的约定等预定计划安排施工，使得施工进度慢于计划进度的现象；其成因在于因计划不周或调配不科学，人力和物料都不能充分发挥作用，出现“人等物”或“物等人”的不合理现象。譬如，承包商承建的工程项目因建设方依约应当提供的水电设施、原材料供应、设备、场地、技术资料等供应障碍或供应滞后，或者因建设方（业主）在建设项目土地征用、拆迁安置、拆迁补偿等方面的原因而被延误。因此，所谓“窝工”本质上是指一方因另一方未履行约定义务而产生的停工。

在审判实践中，当事人可对隐蔽工程的验收期限进行约定，逾期未验收可导致视为验收合格的后果。在山东省济宁市中级人民法院2014年审结的一起案件中①，发包方与承包方就小区室内外中央空调系统工程的建设施工达成协议，合

① 参见“山东康能地温空调有限公司与商丘市恒嘉置业有限公司承揽合同纠纷案”，山东省济宁市中级人民法院（2014）济民终字第1454号民事判决书。

同约定了隐蔽工作验收时间，即隐蔽工程在隐蔽前 48 小时，承包方应通知发包方验收，发包方验收合格后，承包方方可进行隐蔽和继续施工。合同约定了工程的验收方式为工程全部竣工后，承包方应向发包方提交竣工验收报告；发包方在接到报告后 15 日内应协同承包方及委托有关鉴定机构到场进行验收；双方代表应对系统的运行状况进行客观评价、检测，并在验收报告上签字；发包方逾期不组织验收即视为验收合格。承包方陆续打好 5 眼空调井，并申请报验，监理公司同意报验，发包方均未及时组织有关机构进行验收，后承包方继续施工并共完成 13 眼空调井施工；其后，由于发包方未能及时支付工程款，承包方因资金压力停止施工，并在其后诉至法院，要求解除合同并请求发包方支付工程款及承担违约损失等，发包方以空调井质量全部不合格进行抗辩。二审法院认为，承包方 13 眼空调井中的 5 眼验收单已经工程监理部门签字确认同意报验，应视为承包方履行了法律规定及合同约定的对发包方的通知验收义务，且根据双方约定，发包方应在接到验收报告后 15 日内组织有关人员进行验收，逾期不组织验收视为验收合格，承包方提交了 5 眼空调井验收报告，监理部门亦同意报验，但发包方并未在规定的期限内进行验收，应视为验收合格，因而就此 5 眼空调井否定了发包方关于空调井质量的抗辩。

第七百九十九条

建设工程竣工后，发包人应当根据施工图纸及说明书、国家颁发的施工验收规范和质量检验标准及时进行验收。验收合格的，发包人应当按照约定支付价款，并接收该建设工程。

建设工程竣工经验收合格后，方可交付使用；未经验收或者验收不合格的，不得交付使用。

本条主旨

本条规定了建设工程的竣工验收。

相关条文

《合同法》第 279 条　建设工程竣工后，发包人应当根据施工图纸及说明书、国家颁发的施工验收规范和质量检验标准及时进行验收。验收合格的，发包人应当按照约定支付价款，并接收该建设工程。建设工程竣工经验收合格后，方可交付使用；未经验收或者验收不合格的，不得交付使用。

《建筑法》第 61 条　交付竣工验收的建筑工程，必须符合规定的建筑工程质量标准，有完整的工程技术经济资料和经签署的工程保修书，并具备国家规定的其他竣工条件。建筑工程竣工经验收合格后，方可交付使用；未经验收或者验收不合格的，不得交付使用。

《建设工程质量管理条例》第 16 条　建设单位收到建设工程竣工报告后，应当组织设计、施工、工程监理等有关单位进行竣工验收。建设工程竣工验收应当具备下列条件：（一）完成建设工程设计和合同约定的各项内容；（二）有完整的技术档案和施工管理资料；（三）有工程使用的主要建筑材料、建筑构配件和设备的进场试验报告；（四）有勘察、设计、施工、工程监理等单位分别签署的质量合格文件；（五）有施工单位签署的工程保修书。建设工程经验收合格的，方可交付使用。

理解与适用

本条沿袭了《合同法》第 279 条内容。

工程竣工验收是指承包人依照国家有关法律、法规及工程建设规范、标准的规定完成工程设计文件要求和合同约定的各项内容，发包人取得政府有关主管部门所出具的工程施工质量、消防、规划、环保、城建等验收文件或准许使用文件后，对所完成的建设工程组织工程竣工验收并编制完成《建设工程竣工验收报告》。工程项目的竣工验收是施工全过程的最后一道程序，也是工程项目管理的最后一项工作。

本条第 2 款规定："建设工程竣工经验收合格后，方可交付使用；未经验收或者验收不合格的，不得交付使用。"此款规定源于《建筑法》第 61 条，后者规定："交付竣工验收的建筑工程，必须符合规定的建筑工程质量标准，有完整的工程技术经济资料和经签署的工程保修书，并具备国家规定的其他竣工条件。建筑工程竣工经验收合格后，方可交付使用；未经验收或者验收不合格的，不得交付使用。"就此而言，值得注意的是，2018 年民法典一审稿草案于建设工程合同部分曾增加了一个《合同法》所未规定的新条款：第 583 条规定，"建设工程未经竣工验收，发包人擅自使用的，除存在违反法律、行政法规强制性规定的情形以外，视为工程质量验收合格，但是承包人应当在建设工程的合理使用期限内对地基基础工程和主体结构质量承担责任"。该条源于《建设工程司法解释一》。不过，国家有关法律、法规、规章等对建筑工程竣工后的验收工作有着极为严格的程序规定（譬如，发包人、承包人除必须提供相应的资料外，还必须取得规划、公安消防、环保、燃气工程等专项验收合格文件、建设工程质量安全监督站出具的电梯验收准用证等法律文件）。如建设工程未经竣工验收而发包人擅自使用，将其直接“视为工程质量验收合格”，显然与前引的《建筑法》第61条等法律法规的规定不符。而且，这一新增规定容易引发由于发包人急于投入使用而使承包人赶工期的现象，极易制造工程隐患。因此，在立法研讨的过程中，部分专家建议删除该条款。最终，立法机关接受了这一建议，民法典删除了草案中的这一条文。

审判实践曾对“未经验收或者验收不合格的，不得交付使用”的规范性质进行过分析探讨。在上海市第一中级人民法院2012年审结的一起案件中①，原告认为被告向其出租的房屋未通过竣工验收，因此双方签订的房屋租赁合同违反了法律的强制性规定，应为无效。二审法院通过目的解释认为该条文的意旨在于加强行政管理，对于此条文的违反可能会导致相应的行政处罚，但并非否定私法行为的效力，并从体系解释的角度认为该条文所规制的是合同履行的前提条件，而非合同本身，进而认定该强制性规定为管理性强制性规定，而非效力性强制性规定。

在审判实践中，是否通过竣工验收是付款条件是否达成的重要判断基准，如在最高人民法院2018年审结的一起案件中②，发包方主张案涉建设工程合同对最后剩余合同总价款的付款条件存在多重约定，需满足获得临时验收、承包人应保证该项目无索赔、保修期满等，则只有在条件完全满足的情况下，承包方才有权主张工程价款，但承包方并未提交已完成上述事项、满足上述支付条件的证据。二审法院认为案涉工程已经竣工验收合格，双方已就工程价款进行了审计和结算，已不存在发包方主张的合同约定的付款条件未成就的问题，因而支持承包方要求支付剩余工程款的主张。而在另一起案件中③，根据合同约定，案涉工程虽未竣工验收，但根据合同的履行情况和建设工程合同的性质，施工方已向建设方提出竣工验收的申请，说明已基本完成涉案工程的建设，且案中没有证据证明未完成竣工验收应归责于施工方。因此，二审法院认为，涉案工程应进行竣工结算并由建设方向施工方支付工程款。

另外，项目竣工验收既是发包人的义务，亦是发包人的权利；承包人不得单

① 参见“七天快捷酒店管理（北京）有限公司等诉上海松瓯实业有限公司等房屋租赁合同纠纷案”，上海市第一中级人民法院（2012）沪一中民二（民）终字第3152号民事判决书。

② 参见“中国十五冶金建设集团有限公司、合肥水泥研究设计院有限公司建设工程施工合同纠纷案”，最高人民法院（2018）民终92号民事判决书。

③ 参见“阜新新兴房地产开发有限公司、中国新兴建设开发有限责任公司建设工程施工合同纠纷案”，最高人民法院（2019）民终1466号民事判决书。

方组织项目的竣工验收。在威海市鲸园建筑有限公司与威海市福利企业服务公司、威海市盛发贸易有限公司拖欠建筑工程款纠纷案①中，法院认为：依照《中华人民共和国合同法》第 279 条、《建设工程质量管理条例》第 16 条的规定，建设工程竣工后，发包人应当按照相关施工验收规定对工程及时组织验收。承包人未经发包人同意对工程组织验收，单方向质量监督部门办理竣工验收手续的，侵害了发包人工程验收权利。在此情况下，质检部门对该工程出具的验收报告及工程优良证书因不符合法定验收程序，不能产生相应的法律效力。

第八百条

勘察、设计的质量不符合要求或者未按照期限提交勘察、设计文件拖延工期，造成发包人损失的，勘察人、设计人应当继续完善勘察、设计，减收或者免收勘察、设计费并赔偿损失。

本条主旨

本条规定了勘察、设计人的质量责任。

相关条文

《合同法》第 280 条　勘察、设计的质量不符合要求或者未按照期限提交勘察、设计文件拖延工期，造成发包人损失的，勘察人、设计人应当继续完善勘察、设计，减收或者免收勘察、设计费并赔偿损失。

《建设工程质量管理条例》第 18 条　从事建设工程勘察、设计的单位应当依法取得相应等级的资质证书，并在其资质等级许可的范围内承揽工程。禁止勘察、设计单位超越其资质等级许可的范围或者以其他勘察、设计单位的名义承揽工程。禁止勘察、设计单位允许其他单位或者个人以本单位的名义承揽工程。勘察、设计单位不得转包或者违法分包所承揽的工程。

第 19 条　勘察、设计单位必须按照工程建设强制性标准进行勘察、设计，并对其勘察、设计的质量负责。

理解与适用

本条源自《合同法》第 280 条。

---

① 参见“威海市鲸园建筑有限公司与威海市福利企业服务公司、威海市盛发贸易有限公司拖欠建筑工程款纠纷案”，载《最高人民法院公报》2013 年第 8 期（总第 202 期）。

根据本条规定，勘察、设计的质量不符合要求或者未按照期限提交勘察、设计文件拖延工期，造成发包人损失的，勘察人、设计人所承担的责任包括：（1）继续完善勘察、设计；这是其质量瑕疵担保的方式，相当于瑕疵担保责任中的修理、重作、更换。（2）减收或者免收勘察、设计费；这也是瑕疵担保责任中的“减价”形式。（3）赔偿损失。这是其违约所应承担的损害赔偿责任。

在审判实践中，勘察、设计人就其勘察、设计失误承担继续完善，减收费用或赔偿损失等一系列责任。在内蒙古自治区高级人民法院2015年审结的一起案件中①，发包人与承包方虽未签订书面的委托设计合同，但通过双方就该项目形成的设计招标文件、报价表、中标通知书、投标邀请函等表明的内容具备合同成立的标的、价款、履行方式等主要条款，且承包方在其投标文件中承诺：由于设计不合理造成设计人提交的设计成果超出限额设计指标的5%，工程建设增加成本，设计人同意从设计费中扣除增加成本的10%作为对发包人的补偿。二审法院以鉴定报告为依据，认为承包方设计方案成本明显超出了其原有设计承诺，进而判令承包方承担合同约定的减价责任。与之类似，在安徽省安庆市中级人民法院2018年审结的一起案件中②，设计方提供的设计图纸在质量上存有与国家标准要求不符之处，且施工方在安装施工上存在三点与设计图纸、规范要求不符之处，使案涉液化气站不能正常使用；二审法院综合考量双方责任，要求设计方及施工方按照一定比例赔偿发包方无法使用烃泵正常充装液化气的经济损失。在另一起案件中③，因勘察单位和设计单位的缺陷致使涉案房屋地下室透水，二审法院要求两者按比例承担业主为此支出的维修费用。

另外，在设计质量不满足不符合要求的情况下，设计人亦有继续完善设计的义务。④ 在海擎重工机械有限公司与江苏中兴建设有限公司、中国建设银行股份有限公司泰兴支行建设工程施工合同纠纷案⑤中，法院认为：从事建设工程活动，必须严格执行基本建设程序，坚持先勘察、后设计、再施工原则。建设单位

① 参见“呼和浩特万达广场投资有限公司因与内蒙古建筑勘察设计研究院有限责任公司建设工程设计合同纠纷案”，内蒙古自治区高级人民法院（2015）内民一终字第00105号民事判决书。

② 参见“安徽省工业设备安装有限公司、安徽实华工程技术股份有限公司建设工程合同纠纷案”，安徽省安庆市中级人民法院（2018）皖08民终557号民事判决书。

③ 参见“张嘉欣、兴安盟宇科房地产开发有限公司房屋买卖合同纠纷案”，内蒙古自治区高级人民法院（2017）内22民终89号民事判决书。

④ 参见“北京中奥建工程设计有限公司、三亚远大投资管理有限公司建设工程设计合同纠纷案”，海南省三亚市中级人民法院（2018）琼02民终1626号民事判决书。

⑤ 参见“海擎重工机械有限公司与江苏中兴建设有限公司、中国建设银行股份有限公司泰兴支行建设工程施工合同纠纷案”，载《最高人民法院公报》2015年第6期（总第224期）。

未提前交付地质勘查报告、施工图设计文件未经过建设主管部门审查批准的，应对因双方签约前未曾预见的特殊地质条件导致的工程质量问题承担主要责任。施工单位应秉持诚实信用原则，采取合理施工方案，避免损失扩大。人民法院应当根据合同约定、法律及行政法规规定的工程建设程序，依据诚实信用原则，合理确定建设单位与施工单位对于建设工程质量问题的责任承担。

第八百零一条

因施工人的原因致使建设工程质量不符合约定的，发包人有权请求施工人在合理期限内无偿修理或者返工、改建。经过修理或者返工、改建后，造成逾期交付的，施工人应当承担违约责任。

本条主旨

本条规定了施工人的质量责任。

相关条文

《合同法》第 281 条　因施工人的原因致使建设工程质量不符合约定的，发包人有权要求施工人在合理期限内无偿修理或者返工、改建。经过修理或者返工、改建后，造成逾期交付的，施工人应当承担违约责任。

《建设工程质量管理条例》第 26 条　施工单位对建设工程的施工质量负责。施工单位应当建立质量责任制，确定工程项目的项目经理、技术负责人和施工管理负责人。建设工程实行总承包的，总承包单位应当对全部建设工程质量负责；建设工程勘察、设计、施工、设备采购的一项或者多项实行总承包的，总承包单位应当对其承包的建设工程或者采购的设备的质量负责。

第 32 条　施工单位对施工中出现质量问题的建设工程或者竣工验收不合格的建设工程，应当负责返修。

理解与适用

本条源自《合同法》第 281 条。

建设工程的施工是指根据工程的设计文件和施工图纸的要求，通过施工作业最终形成建设工程实体的建设。根据本条文，因施工人的原因致使建设工程质量不符合约定的，发包人享有的权利包括：(1) 有权请求施工人在合理期限内无偿修理或者返工、改建；这在性质上属于质量瑕疵担保责任。(2) 如经过修理或者返工、改建后，造成建设工程逾期交付的，施工人应当承担违约责任。违约责任包括施工合同中所约定的违约金责任及损害赔偿。

在司法实践中，因为建设工程质量出现问题而引起纠纷的案件不在少数。在江苏南通二建集团有限公司与吴江恒森房地产开发有限公司建设工程施工合同纠纷案中①，法院认为，承包人交付的建设工程应符合合同约定的交付条件及相关工程验收标准。工程实际存在明显的质量问题，承包人以工程竣工验收合格证明等主张工程质量合格的，人民法院不予支持。

在审判实践中，质量保证金对于施工人法定的保修义务起补充作用。在最高人民法院 2018 年审结的一起案件中②，发包方与施工方签订建设工程相关合同并在施工方退场后签订《结算协议》《支付协议》等，双方在《支付协议》对质量保证金进行了相应约定；工程施工完成后，承包人要求发包人支付剩余工程款项并按约定返还质量保证金，发包人主张已完成工程存在大量的质量问题并请了另一施工方进行维修，因此对质量保证金不予返还。一审法院因招投标程序违法而认定前期签订的建设工程相关合同无效，但由于《支付协议》等仅是对已有债权的安排，一审法院认可其效力；二审法院认为质量保证金的返还应遵循当事人约定，合同约定的缺陷责任期届满，发包人应当返还质量保证金，但保修义务是承包人的法定义务，发包人返还保证金后，承包人仍应在法定或合同约定的保修期内承担各部分工程的保修责任。在本案中，发包人应返还已到期的质量保证金并支付逾期返还利息，而对于其主张的质量问题，承包人应按照法律规定承担保修义务；同时发包人未提供充分证据证明其在约定的缺陷责任期内通知承包人维修而其拒绝维修，亦未能证明应扣除质量保证金的数额，因此双方关于工程质量问题的纠纷将另案解决。

在另一起建设工程合同被认定为无效的案件当中③，在工程全部完工，承包方退场并将涉案工程交付使用后，发包方曾就部分工程质量问题向承包方提出过异议，要求整改维修；由于工程质量问题等原因，双方当事人一直未对承包方所建工程设施的造价进行决算。发包方与承包方因工程价款及工程质量等产生纠纷。再审法院根据双方过错划分了双方责任：发包方在发包工程前未取得相应许

① 参见“江苏南通二建集团有限公司与吴江恒森房地产开发有限公司建设工程施工合同纠纷案”，载《最高人民法院公报》2014 年第 8 期（总第 214 期）。

② 参见“中国新兴建设开发有限责任公司与海上嘉年华（青岛）置业有限公司建设工程施工合同纠纷案”，最高人民法院（2018）民终 556 号民事判决书。

③ 参见“常州神州特种养殖有限公司与杨网大建设工程施工合同纠纷案”，江苏省高级人民法院（2019）苏民再 186 号民事判决书。

可，未按建筑法律法规的规定发包建设工程，未进行正规地质勘察及设计即与承包方达成建设工程施工合同，对工程质量问题承担主要责任；施工方作为工程建设方面的专业人士，其应知晓上述问题可能对建筑质量带来的影响，其在勘察及施工过程中未向发包方进行提示，也未采取加固建筑设施的方式，应承担次要责任。虽然双方对质量问题未作明确约定，但依据法律规定承包方仍应在涉案建设工程合理使用期限内对地基基础工程和主体结构质量承担相应的民事责任。此外，如出现建设工程质量问题，在双方当事人已失去合作信任的情况下，为解决双方矛盾，人民法院可以判决由发包人自行委托第三方参照修复设计方案对工程质量予以整改，所需费用由承包人承担。

第八百零二条

因承包人的原因致使建设工程在合理使用期限内造成人身损害和财产损失的，承包人应当承担赔偿责任。

本条主旨

本条规定了承包人的质量保证责任。

相关条文

《合同法》第 282 条　因承包人的原因致使建设工程在合理使用期限内造成人身和财产损害的，承包人应当承担损害赔偿责任。

《建设工程质量管理条例》第 26 条　总承包单位依法将建设工程分包给其他单位的，分包单位应当按照分包合同的约定对其分包工程的质量向总承包单位负责，总承包单位与分包单位对分包工程的质量承担连带责任。

理解与适用

本条源自《合同法》第 282 条。

根据本条，如因承包人的原因致使建设工程在合理使用期限内造成人身损害和财产损失的，则属于承包人的质量担保责任，承包人显然应对此承担赔偿责任。

在江苏省高级人民法院 2018 年审结的一起案件中①，案涉工程竣工验收后

① 参见“苏州国信建设集团有限公司、中国核工业芜湖基础工程公司等与青岛时代建筑设计有限公司建设工程施工合同纠纷”，江苏省高级人民法院（2017）苏民终 1672 号民事判决书。

发生建筑裂缝、倾斜、地坪裂缝、墙体错位及基坑位移等事故，发包人作为业主支付了事故鉴定、覆土回填、工程加固等一系列费用，其后诉请法院要求承包人承担相应的赔偿责任。二审法院认为合同中明确施工方对于基坑发生的质量问题应当承担全部责任且施工方作为基坑维护的专业单位，应当具备基坑维护的专业知识以避免事故的发生。且从现有证据看，设计公司系由施工方委托，而设计方案存在缺陷是涉案事故发生的最初原因。施工方作为基坑维护单位没有尽到协调各方的义务，采用的施工方案存在缺陷，过错较大，因此应当承担主要责任。发包方支解发包涉案工程，在施工中未尽到妥善选择或管理职责，存在一定的过错，承担次要责任。

在另一起案件中①，案涉工程竣工验收后发生坍塌事故，发包方与承包方就事故损失的承担未能达成一致遂起诉至法院。二审法院根据鉴定意见认定坍塌事故的根本原因系设计不合理，而该工程设计是由没有建筑工程设计资质的施工方员工完成，二审法院首先认定发包方与承包方之间事实上的建设工程设计合同关系无效，并根据各自的过错认定相应的责任：承包方作为专业的建筑企业，明知自己没有设计资质而实施设计行为，并依不合理的设计施工，应承担主要责任；发包方将案涉工程交由没有设计资质的百合安装公司进行设计，应承担次要责任。损失费用包括坍塌物清除费用和库存商品的运输费、装卸费、工程修复费用、损失商品费用以及为防止损失扩大另行租赁仓库的费用。

第八百零三条

发包人未按照约定的时间和要求提供原材料、设备、场地、资金、技术资料的，承包人可以顺延工程日期，并有权请求赔偿停工、窝工等损失。

本条主旨

本条规定了发包人的违约责任。

相关条文

《合同法》第 283 条　发包人未按照约定的时间和要求提供原材料、设备、场地、资金、技术资料的，承包人可以顺延工程日期，并有权要求赔偿停工、窝

① 参见“大安市鑫立食品有限公司与松原市百合建设安装有限责任公司建设工程施工合同纠纷案”，吉林省高级人民法院（2017）吉民终 537 号民事判决书。

工等损失。

理解与适用

本条源自《合同法》第 283 条。

根据本条，如果发包人未按照约定的时间和要求提供原材料、设备、场地、资金、技术资料，承包人可以要求发包人提供上述资料，并可要求顺延工程日期。承包人如果因此遭受停工、窝工等损失，有权要求发包人赔偿损失。

关于发包人的违约责任，2016 年《第八次全国法院民事商事审判工作会议（民事部分）纪要》第 32 点规定："因发包人未按照约定提供原材料、设备、场地、资金、技术资料的，隐蔽工程在隐蔽之前，承包人已通知发包人检查，发包人未及时检查等原因致使工程中途停、缓建，发包人应当赔偿因此给承包人造成的停（窝）工损失，包括停（窝）工人员人工费、机械设备窝工费和因窝工造成设备租赁费用等停（窝）工损失。"

司法实践中，对于发包人未能及时提供正确的技术资料的情况，法院认为承包人不能盲目等待，放任提供状态持续；这应该是考虑到承包人亦有防止损失扩大的义务。在河南省偃师市鑫龙建安工程有限公司与洛阳理工学院、河南省第六建筑工程公司索赔及工程欠款纠纷案中①，法院认定：因发包人提供错误的地质报告致使建设工程停工，当事人对停工时间未作约定或未达成协议的，承包人不应盲目等待而放任停工状态的持续以及停工损失的扩大。对于由此导致的停工损失所依据的停工时间的确定，也不能简单地以停工状态的自然持续时间为准，而是应根据案件事实综合确定一定的合理期间作为停工时间。

第八百零四条

因发包人的原因致使工程中途停建、缓建的，发包人应当采取措施弥补或者减少损失，赔偿承包人因此造成的停工、窝工、倒运、机械设备调迁、材料和构件积压等损失和实际费用。

本条主旨

本条规定了因发包人原因致工程停建、缓建的责任。

---

① 参见"河南省偃师市鑫龙建安工程有限公司与洛阳理工学院、河南省第六建筑工程公司索赔及工程欠款纠纷案"，载《最高人民法院公报》2013 年第 1 期（总第 195 期）。

相关条文

《合同法》第 284 条　因发包人的原因致使工程中途停建、缓建的，发包人应当采取措施弥补或者减少损失，赔偿承包人因此造成的停工、窝工、倒运、机械设备调迁、材料和构件积压等损失和实际费用。

理解与适用

本条源自《合同法》第 284 条。

根据本条规定，如因发包人的原因致使工程中途停建、缓建的，发包人应当采取措施弥补或者减少损失。如对承包人造成停工、窝工、倒运、机械设备调迁、材料和构件积压等损失或者使承包人额外支付了费用，还应赔偿这些损失和费用。

在审判实践中，即便在合同无效的情况下，若发包人的原因致使工程中途停建、缓建且此原因与合同无效原因无关，发包人仍应就承包人的停工、窝工等损失承担赔偿责任。在最高人民法院 2019 年审结的一起案件中①，发包方与承包方就一工程项目签订建设工程合同，其后承包方与第三人签订责任管理协议书，约定此人对承包项目实行自主经营、独立经济核算、自负盈亏。因涉诉项目周边滑坡，群众阻止施工，该项目中途停工。其后，发包人认为该工程系第三人挂靠承包人承包，向一审法院提起诉讼。承包人认为停工原因在于发包人，提起反诉。法院认为涉案合同为没有资质的实际施工人借用有资质的建筑施工企业名义签订而无效，但对于承包人提出的停工损失赔偿，再审法院认为停工原因与合同无效无关，根据相关鉴定意见，停工第一过错人（勘察方）及第三过错人（监理方）均为发包人委托，因此发包人应对承包人的停工损失承担主要责任，承包人承担次要责任。停工损失包括原材料积压损失、建筑施工模板毁损、建筑钢管架租赁费用损失、人工费损失、机械设备租赁损失、项目部办公室租赁费用损失及项目施工管理人员工资损失以及施工现场水电费损失。

在另一起案件中②，承包人（自然人）与发包人口头约定由发包人将其筹建的一工程项目发包给承包人施工，承包人为该工程实际施工人。其后承包人进场施工，其间承包人因资金周转问题与发包人产生纠纷，承包人停止施工。后发包

① 参见“广东吴川建筑安装工程有限公司、成信雄建设工程施工合同纠纷案”，最高人民法院（2019）民再 196 号民事判决书。

② 参见“王俊旭、平顶山市昊天实业有限公司与李海利建设工程施工合同纠纷案”，青海省高级人民法院（2019）青民终 84 号民事判决书。

人通知承包人退场，但承包人既未继续施工也未退场，案涉工程未进行竣工验收，亦未结算交付。二审法院明确停工原因系昊天公司未及时支付工程款，认为承包人为防止案涉工程在停工期间发生损失，雇用数量合理的看守人员照管案涉工程并提供安全保障，由此增加的费用属合理支出，因此对承包人主张的此项停工损失予以支持，但对其他项目停工损失，因证据不足等原因不予支持。

第八百零五条

因发包人变更计划，提供的资料不准确，或者未按照期限提供必需的勘察、设计工作条件而造成勘察、设计的返工、停工或者修改设计，发包人应当按照勘察人、设计人实际消耗的工作量增付费用。

本条主旨

本条规定了发包人的原因致勘察、设计的返工、停工或修改设计的责任。

相关条文

《合同法》第285条　因发包人变更计划，提供的资料不准确，或者未按照期限提供必需的勘察、设计工作条件而造成勘察、设计的返工、停工或者修改设计，发包人应当按照勘察人、设计人实际消耗的工作量增付费用。

理解与适用

本条源自《合同法》第285条。

根据本条，因发包人变更计划，提供的资料不准确，或者未按照期限提供必需的勘察、设计工作条件而造成勘察、设计的返工、停工或者修改设计的，发包人应当按照勘察人、设计人实际消耗的工作量增付费用。其理由在于，由于发包人的原因（变更计划，提供的资料不准确，或者未按照期限提供必需的勘察、设计工作条件等）使得勘察人、设计人额外增加了工作量，因此，发包人应当对这些额外增加的工作量支付相应的费用。

关于发包人不履行协作义务的责任问题，2016年《第八次全国法院民事商事审判工作会议（民事部分）纪要》第33点规定："发包人不履行告知变更后的施工方案、施工技术交底、完善施工条件等协作义务，致使承包人停（窝）工，以至难以完成工程项目建设的，承包人催告在合理期限内履行，发包人逾期仍不履行的，人民法院视违约情节，可以依据合同法第二百五十九条、第二百八十三条规定裁判顺延工期，并有权要求赔偿停（窝）工损失。”

在四川省高级人民法院2018年审结的一起案件中，发包方与承包方就一项工程签订建筑工程合同并开始施工，但由于当地居民阻挠施工、施工用水用电未接通、土石方弃土场未指定等问题承包方无法开始施工，其后在施工过程中因设计变更、增加工程量、道路中断、下雨等原因，工程多次停工，产生窝工损失，承包方亦在施工过程中多次索赔。二审法院根据案件证据情况否定了发包人未收到《竣工付款证书》、已超过索赔期限等抗辩事由，要求发包人承担相应的窝工损失。在另一起案件中①，原施工方为发包方就一项铁路工程试验段进行施工，其后发包方会议决定该铁路由原施工方在试验段基础上继续延伸施工，但其后招投标过程中，原施工方并未中标，原施工方与发包方就合同解除、工程款结算以及损失赔偿等问题产生纠纷并诉至法院。其中原施工方主张了设备及人员的窝工损失，法院确认设备系为后续工程准备的机械，因施工未能继续，造成设备窝工，因此对该项损失予以支持；原施工方提供的项目部工人工资表不足以证明其主张的窝工事实，情况汇报中双方当事人也未对窝工予以确认，因此法院对该项损失不予支持。

在海南省三亚市中级人民法院2018年审结的一起案件中②，委托方将一道路工程委托代建方代建，代建方通过招投标程序将此项工程发包给承包方施工，而承包方将此路段的绿化工程分包给第三方公司；施工期间当地管理委员会决定对该路段绿化工程进行提升，改变了原有的设计方案和施工方案，当地规划委员会对该第三方公司报送的设计方案不予通过，其后委托方与代建方在该第三方公司不知情的情况下对建设工程合同签订补充协议，且委托方对此项绿化工程项目进行重新招标。该第三方公司要求各方就重复招标行为对其造成的损失进行赔偿，支付相应的工程价款及设计费用。二审法院认为尽管该公司与其他各方之间未存在设计合同，但其已实际上完成了涉案工程施工图纸设计及提升方案设计，且主要因委托方未能配合该第三方公司进行后续修改的原因，该提升方案设计未能最终通过，根据《合同法》第285条规定，法院支持第三方公司对实际发包人即委托方关于设计费的请求，但是鉴于该公司的提升设计方案未最终通过评审并实际使用的原因，二审法院根据案件的具体情况，酌情支持鉴定结果50%的设计费。

---

① 参见“中铁二十四局集团有限公司与新疆甘泉堡神信物流有限责任公司建设工程施工合同纠纷案”，新疆维吾尔自治区乌鲁木齐市新市区人民法院（2014）新民一初字第15号民事判决书。

② 参见“海南北林大景观园林工程有限公司、三亚市海棠湾开发建设有限公司等与海南公路工程有限公司建设工程合同纠纷案”，海南省三亚市中级人民法院（2017）琼02民终922号民事判决书。

在云南省迪庆藏族自治州中级人民法院2016年审结的一起案件中①，发包方将一工程设计工作发包给承包方，之后经双方验收，工程完成竣工验收并进入投运，但发包方一直未支付剩余设计费用且在施工过程中，因地理原因，经发包方同意，承包方变更了部分线路，存在增加工程量的情况。二审法院认为双方所签合同中没有明确约定线路路径变更的处理方法，在竣工验收后，双方也没有对线路路径变更进行过协商；且该施工图纸是由承包方自行勘察、设计的，新增工程量双方没有进行结算，也没有进行评估鉴定，增加的费用是承包方单方作出的。在承包方所提供的证据不足以证明增加费用及发包方不予认可的情况下，二审法院对工作增量费用的支付请求不予支持。

另外，本条禁止发包人单方变更计划，因为施工计划此前是由双方共同协商确定的。正因为如此，《法国民法典》第1793条规定，承包人与土地所有人协商好建筑方案后，在工程施工过程中，不得以劳动力或原材料的数量增加或以对原方案有所增改为由，单方面要求增加任何工程造价，但经过业主批准或与业主协商一致的除外。其理由在于，建设工程的造价一般采取包干（forfait）模式，因此是终局性的，不允许单方变更。承包人不得就所实施的额外工程向发包人索要报酬，也不得主张对标的物存在认识错误、业主构成不当得利或者存在情事变更。②

第八百零六条

承包人将建设工程转包、违法分包的，发包人可以解除合同。

发包人提供的主要建筑材料、建筑构配件和设备不符合强制性标准或者不履行协助义务，致使承包人无法施工，经催告后在合理期限内仍未履行相应义务的，承包人可以解除合同。

合同解除后，已经完成的建设工程质量合格的，发包人应当按照约定支付相应的工程价款；已经完成的建设工程质量不合格的，参照本法第七百九十三条的规定处理。

本条主旨

本条规定了发包人和承包人的合同解除权。

---

① 参见“香格里拉市伟松房地产开发有限责任公司、昆明供电设计院有限责任公司建设工程施工合同纠纷案”，云南省迪庆藏族自治州中级人民法院（2016）云34民终45号民事判决书。

② François Collart Dutilleul et Philippe Delebecque，Contrats civils et commerciaux，10e éd.，Dalloz，2015，p. 703.

相关条文

《建设工程司法解释一》第 8 条　承包人具有下列情形之一，发包人请求解除建设工程施工合同的，应予支持：（一）明确表示或者以行为表明不履行合同主要义务的；（二）合同约定的期限内没有完工，且在发包人催告的合理期限内仍未完工的；（三）已经完成的建设工程质量不合格，并拒绝修复的；（四）将承包的建设工程非法转包、违法分包的。

第 9 条　发包人具有下列情形之一，致使承包人无法施工，且在催告的合理期限内仍未履行相应义务，承包人请求解除建设工程施工合同的，应予支持：（一）未按约定支付工程价款的；（二）提供的主要建筑材料、建筑构配件和设备不符合强制性标准的；（三）不履行合同约定的协助义务的。

第 10 条　建设工程施工合同解除后，已经完成的建设工程质量合格的，发包人应当按照约定支付相应的工程价款；已经完成的建设工程质量不合格的，参照本解释第三条规定处理。因一方违约导致合同解除的，违约方应当赔偿因此而给对方造成的损失。

理解与适用

本条是新增条文，主要源自 2004 年《建设工程司法解释一》第 8 条、第 9 条和第 10 条。其中，本条第 1 款规定源自《建设工程司法解释一》第 8 条第 4 项。其原因在于，根据《建筑法》第 28 条及第 29 条，承包人转包和违法分包的行为是违法的；在此种情况下，发包人可以主张因为承包人实施了违法行为而解除合同。本条第 2 款源自《建设工程司法解释一》第 9 条第 2 和 3 项，包括“使承包人无法施工，经催告后在催告的合理期限内仍未履行相应义务的”这一重要条件。其原因在于，《民法典》第 563 条第 3 项规定的法定解除事由为“当事人一方迟延履行主要债务，经催告后在合理期限内仍未履行”。因此，在迟延履行的情况下，债权人必须先履行催告程序，只有债务人在催告的合理期限内仍然未能履行其合同义务，债权人才能解除合同。由此，本条的这一表述更为周延，与民法典合同编通则部分的规定保持了一致性。

还需要强调的是，协助义务在建设工程合同的履行中具有特别重要的意义。协助义务又称为协力义务，包括：提供符合承包人进场施工条件的施工场地；及时提供工程图纸及文件，并适时对工程文件作出解释；确保整个施工现场的一般秩序，并负责协调各个承包人之间的工作；提供工程所需的执照和许可，并协助承包人办理必要的证件和批件；提供承包人使用或共用工地上必要的堆置地和施工场地；组织竣工验收并接收工程等。[①] 如同有论者所指出的，债权人的这些协力义务属于不真正义务，而非传统的（债务人的）附随义务；对于此类不真正义务，相对人通常不得请求履行，其违反并不发生损害赔偿责任，仅发生权利人可以主张的赔偿的相应扣减[②]；此点与非违约方的“减损义务”性质类似。

从审判实践来看，法院在判决建设工程合同解除的时候，会考虑双方的过错程度。在四川省高级人民法院 2019 年审结的一起案件中[③]，承包方通过招标程序承包一项工程并签订建设工程合同。在施工过程中，发包方以承包方主要管理人员不到场履职导致现场管理混乱、出现质量问题及诈骗阻工事件发生、相关人员煽动和组织工人到县政府机关闹事给项目造成极其恶劣的影响为由，要求解除施工合同，承包方回应不认可发包方所述理由，并要求发包方在收到回函后 3 个工作日内协商合同解除条件等相关问题。后双方未能就工程款结算及损失赔偿达成一致意见。其后承包方以发包方拒不支付工程款构成重大违约且违法解除施工合同给承包方造成巨大损失为由，向一审法院提起诉讼。一审法院认为依据双方约定不得分包，案涉工程中的水电安装工程部分属于承包方的总承包范围，但其将该部分工程分包给第三方，违反了双方的合同约定，发包方享有合同解除权；此外，对于合同解除后的损失分担问题，二审法院确认双方均存在违约行为，且双方的根本违约行为均构成合同被解除的条件，又根据双方提供的证据，无法证明双方的违约行为与合同解除的具体因果关系比例，因此支持一审法院根据双方过错程度，判定各承担损失的一半的责任划分。

在安徽省高级人民法院 2019 年审结的一起案件中[④]，发包方与承包方就两项工程达成建设工程合同，施工期间发包方长期欠付工程款项，因此承包方向法院起诉要求解除合同且承包方承担赔偿损失的责任。法院明确施工以来，发包方未支付工程款，特别是其已明确认可承包方施工进度业已达到支付工程款相应节点，在承包方向其催要工程款后其仍未履行的情况下，仍未支付工程款，法院认为，发包方提出的承包方未开具工程款发票仅系承包方违反附随义务而非主合同义务，且因发包方拒付工程款导致工程持续停工，同时其未明确给出愿意继续履行合同的意思表示，亦没有作出继续履行合同的行为，因此法院支持承包方解除

① 参见《中华人民共和国标准施工招标文件（2017 年版）》第四章“合同条款及格式”。

② 参见黄喆：《论建设工程合同发包人的协力义务——以德国民法解释论为借鉴》，载《比较法研究》2014 年第 5 期，第 106－107 页。

③ 参见“中国第四冶金建设有限责任公司、苍溪县博翔房地产开发有限公司建设工程施工合同纠纷案”，四川省市级人民法院（2019）川民终 22 号民事判决书。

④ 参见“江苏南通二建集团有限公司与合肥海润光伏科技有限公司建设工程施工合同纠纷案”，安徽省高级人民法院（2017）皖民初 50 号民事判决书。

合同的请求。审判实践中还存在不少因发包人拒付工程款且经承包人催告仍不支付而解除合同的案例。① 在青海方升建筑安装工程有限责任公司与青海隆豪置业有限公司建设工程施工合同纠纷案中②，法院认为：对于约定了固定价款的建设工程施工合同，双方未能如约履行，致使合同解除的，在确定争议合同的工程价款时，既不能简单地依据政府部门发布的定额计算工程价款，也不宜直接以合同约定的总价与全部工程预算总价的比值作为下浮比例，再以该比例乘以已完工程预算价格的方式计算工程价款，而应当综合考虑案件实际履行情况，并特别注重双方当事人的过错和司法判决的价值取向等因素来确定。

另外，前引《民法典》第 806 条第 3 款源自《建设工程司法解释一》第 10 条第 1 款，涉及建设工程施工合同解除的后果。根据该条，已经完成的建设工程质量合格的，发包人应当按照约定支付相应的工程价款；已经完成的建设工程质量不合格的，参照前引第 793 条的规定处理。鉴于《民法典》第 566 条已经规定，“合同因违约解除的，解除权人可以请求违约方承担违约责任”，因此，本款未再保留《建设工程司法解释一》第 10 条第 2 款中承担违约责任的表述。

第八百零七条

发包人未按照约定支付价款的，承包人可以催告发包人在合理期限内支付价款。发包人逾期不支付的，除根据建设工程的性质不宜折价、拍卖外，承包人可以与发包人协议将该工程折价，也可以请求人民法院将该工程依法拍卖。建设工程的价款就该工程折价或者拍卖的价款优先受偿。

本条主旨

本条规定了工程价款的支付及其优先受偿问题。

相关条文

《合同法》第 286 条　发包人未按照约定支付价款的，承包人可以催告发包人在合理期限内支付价款。发包人逾期不支付的，除按照建设工程的性质不宜折

① 参见“辽宁建工集团有限公司与抚顺市远达房地产开发有限公司建设工程施工合同纠纷案”，最高人民法院（2016）民申 3556 号民事判决书；“吉林民融投资有限公司、中国建筑第六工程局有限公司建设工程施工合同纠纷案”，最高人民法院（2018）民终 629 号民事判决书。

② 参见“青海方升建筑安装工程有限责任公司与青海隆豪置业有限公司建设工程施工合同纠纷案”，载《最高人民法院公报》2015 年第 12 期（总第 230 期）。

价、拍卖的以外，承包人可以与发包人协议将该工程折价，也可以申请人民法院将该工程依法拍卖。建设工程的价款就该工程折价或者拍卖的价款优先受偿。

最高人民法院《关于建设工程价款优先受偿权问题的批复》

一、人民法院在审理房地产纠纷案件和办理执行案件中，应当依照《中华人民共和国合同法》第二百八十六条的规定，认定建筑工程的承包人的优先受偿权优于抵押权和其他债权。二、消费者交付购买商品房的全部或者大部分款项后，承包人就该商品房享有的工程价款优先受偿权不得对抗买受人。三、建筑工程价款包括承包人为建设工程应当支付的工作人员报酬、材料款等实际支出的费用，不包括承包人因发包人违约所造成的损失。四、建设工程承包人行使优先权的期限为六个月，自建设工程竣工之日或者建设工程合同约定的竣工之日起计算。

《建设工程司法解释二》第 17 条　与发包人订立建设工程施工合同的承包人，根据合同法第二百八十六条规定请求其承建工程的价款就工程折价或者拍卖的价款优先受偿的，人民法院应予支持。

第 18 条　装饰装修工程的承包人，请求装饰装修工程价款就该装饰装修工程折价或者拍卖的价款优先受偿的，人民法院应予支持，但装饰装修工程的发包人不是该建筑物的所有权人的除外。

第 19 条　建设工程质量合格，承包人请求其承建工程的价款就工程折价或者拍卖的价款优先受偿的，人民法院应予支持。

第 20 条　未竣工的建设工程质量合格，承包人请求其承建工程的价款就其承建工程部分折价或者拍卖的价款优先受偿的，人民法院应予支持。

第 21 条　承包人建设工程价款优先受偿的范围依照国务院有关行政主管部门关于建设工程价款范围的规定确定。承包人就逾期支付建设工程价款的利息、违约金、损害赔偿金等主张优先受偿的，人民法院不予支持。

第 22 条　承包人行使建设工程价款优先受偿权的期限为六个月，自发包人应当给付建设工程价款之日起算。

第 23 条　发包人与承包人约定放弃或者限制建设工程价款优先受偿权，损害建筑工人利益，发包人根据该约定主张承包人不享有建设工程价款优先受偿权的，人民法院不予支持。

理解与适用

1999 年《合同法》第 286 条规定了承包人就建设工程价款的优先受偿权；这是建设工程合同部分最为关键和最为复杂的内容之一；在民法典编纂的立法研讨中，工程款优先受偿权也是建设工程合同部分讨论最受关注的议题之一。尽管立法者最终决定在《民法典》第807条中完全沿袭前述既有条文，对工程款优先受偿权相关问题的探讨与研究在未来仍然有必要延续。

1. 工程款优先受偿权制度的价值

在民法典编纂立法研讨过程中，有论者提出：工程款优先权的立法目的是保护农民工的权益，但是实际上他们的工资款是付给了承包商、分包商，这并没有达到立法的目的。另外，现在相关的行政管理手段比较严格，拖欠农民工工资的问题比较少，是否还有必要保留工程款优先权制度？这一观点确实具有一定道理。例如，国务院于2019年12月颁布了《保障农民工工资支付条例》，其中专设第四章"工程建设领域特别规定"（第23－37条）①，对农民工工资的支付规定了多项保障制度，其规定对于保障农民工工资的及时支付将发挥重要作用；但是，不能因此认为包括工程款优先受偿权在内的其他制度就不再有作用。另外，保障农民工工资的支付仅是工程款优先受偿权制度的目的之一，这一制度也同时可以保护承包人、分包人等其他群体的合法利益；这也是其他国家都广泛设立了这一制度的原因所在。因此，主流意见均认为民法典应该继续保留这一制度。

2. 工程款优先受偿权的性质

关于工程款优先权的性质，学界历来存在不同观点：有留置权说、优先权说、抵押权说等不同学说。譬如，鉴于我国的留置权只适用于动产，不少学者主张其为法定抵押权。② 此观点似乎受到德国法的影响，因为《德国民法典》第648条第1款前半段规定："建筑工程或者建筑工程之一部分的承揽人，可以针对自己由合同产生的债权，请求就定作人之建筑用地给予保全抵押。"③《德国民法典》第1184条第2款规定，保全抵押权必须在土地登记簿上标明。《法国民法典》第2374条规定了不动产优先权中的"特别优先权"；其中第4款规定了建

① 譬如，施工总承包单位应当按照有关规定开设农民工工资专用账户，专项用于支付该工程建设项目农民工工资（第26条）。因建设单位未按照合同约定及时拨付工程款导致农民工工资拖欠的，建设单位应当以未结清的工程款为限先行垫付被拖欠的农民工工资（第29条）。分包单位拖欠农民工工资的，由施工总承包单位先行清偿，再依法进行追偿。工程建设项目转包，拖欠农民工工资的，由施工总承包单位先行清偿，再依法进行追偿（第30条）。工程建设领域推行分包单位农民工工资委托施工总承包单位代发制度（第31条）。施工总承包单位应当按照有关规定存储工资保证金，专项用于支付为所承包工程提供劳动的农民工被拖欠的工资（第32条）。建设单位或者施工总承包单位将建设工程发包或者分包给个人或者不具备合法经营资格的单位，导致拖欠农民工工资的，由建设单位或者施工总承包单位清偿；施工单位允许其他单位和个人以施工单位的名义对外承揽建设工程，导致拖欠农民工工资的，由施工单位清偿（第36条）。

② 参见黄有丽：《论建设工程承包人的优先受偿权》，载《政法论坛》2005年第4期，第119页。

③ 同理，我国台湾地区"民法"第513条规定了承揽人的法定抵押权："承揽之工作为建筑物或其他土地上之工作物，或为此等工作物之重大修缮者，承揽人得就承揽关系报酬额，对于其工作所附之定作人之不动产，请求定作人为抵押权之登记；或对于将来完成之定作人之不动产，请求预为抵押权之登记。"

筑师、承包人、施工人等对所完成的建筑物，在工程完工之日起 6 个月内有优先权。《法国民法典》第 2396 条又规定了依照法律规定而产生的法定抵押权（hypothèque légale）；根据第 2400 条，法定抵押权包括：夫妻一方对另一方的权利与债权就后者财产所享有的法定抵押权，被监护人的权利或债权对监护人、法定管理人的财产享有的法定抵押权，国家对税收官员、会计人员等特定公务人员的债权就其不动产所享有的法定抵押权，受遗赠人的权利与债权对遗产有法定优先权等。不过，在法国法上，也有"优先权债权人（créanciers privilégiés）的法定抵押权"这一概念，这些优先债权人包括国库、社保机构、职工（企业破产时）、建筑承包商、建筑师、业主大会（如个别业主未支付基于区分所有所负担的费用）等。法定抵押权需要进行登记。而在加拿大，就建筑商的优先权，魁北克省《关于建筑物的法律》所使用的是"法定抵押权"的措辞，就权利人的工作所带来的"增值（plus-value）"部分享有优先受偿权，这些工作包括建造（construction）、修缮（rénovation）和扩建（agrandissement）等工作，因为这些工作会为建筑物带来增值，而不包括对建筑物的常规保养（entretien）。作为抵押权，法定抵押权必须在权利人所负责实施的工程完成之日起 30 日内登记；其具有追及效力，并可对银行等债权人的约定抵押权（hypothèque conventionnelle）享有优先性。法定抵押权的主体是承包人（总承包商和分包商）、工人、建筑师、工程师、建材供应商，权利人须在工程结束起 6 个月内行使。而新不伦瑞克省《关于建筑商、材料商优先权的法律》所使用的术语是"优先权（privilège）"，权利人是承包商、分包商、材料商等，权利范围以发包人对承包人所应支付的费用为限；禁止以合同方式剥夺第三方所享有的优先权；建筑工人所签署的放弃优先权的协议无效；优先权应当在完工之日起 60 日内登记，其行使期限为自登记之日起 90 天内，优先权以诉讼方式行使。

从以上比较法的分析来看，将工程款优先受偿权的属性界定为优先权抑或是法定抵押权，均有先例，二者在实质上其实差别不大。就我国而言，民法典物权编沿袭了《物权法》的相关规定，在抵押部分仅承认了约定抵押权（包括一般抵押权和最高额抵押权），并未另设法定抵押权。但我国《海商法》《破产法》等特别法则规定了一些法定优先权类型，因此，优先权在我国法律中是明确存在的。根据物权法定原则，物权的类型需要由法律加以规定；在这样的背景下，既然可以通过既有的优先权制度来解决问题，显然没有必要去专门创造出一个"法定抵押权"的新概念。因此，本书更赞同将工程款优先权归入法定优先权的范畴。①

---

① 参见孟勤国：《物权的二元结构论——中国物权制度的理论重构》，北京，人民法院出版社 2004 年第 2 版，第 339－346 页。

3. 工程款优先受偿权的权利主体

《合同法》第286条将工程款优先受偿权的权利主体规定为承包人，并未明确分包人、实际施工人等其他主体能否主张。民法典也沿袭了《合同法》的规定，未明确其他可以主张的主体。本书认为，就合法分包中的分包人而言，应允许其有权主张工程款优先受偿权。从上述比较法的分析可以看出，工程款优先受偿权的实质是特定群体对于建筑物提供了使其产生增值的工作，因此，其权利主体除了承包人之外，分包人、材料供应商、建筑师等均可主张。就我国的司法实践而言，很多地方法院所发布的司法政策文件中，都承认分包人或实际施工人完成了合同约定的施工义务且工程质量合格，在总承包人或转包人怠于行使工程价款优先受偿权时，就其承建的工程在发包人欠付工程价款范围内可以主张工程价款优先受偿权（如四川、浙江、安徽、江苏等省）。因此，可以对立法中的"承包人"概念进行扩大解释，将分包人纳入工程款优先受偿权的权利主体范围。

而"实际施工人"的情况则要复杂得多。这一概念是我国司法解释的一个创造；2004年《建设工程司法解释一》第26条第2款规定："实际施工人以发包人为被告主张权利的，人民法院可以追加转包人或者违法分包人为本案当事人。发包人只在欠付工程价款范围内对实际施工人承担责任。"本条突破了合同相对性原则，规定实际施工人享有对发包人的直接诉权，但并未规定其有优先受偿权。从各地的司法实践来看，"实际施工人"一般被认为是转包、违法分包以及借用资质的无效建设工程施工合同中的承包人。在建设工程历经数次转包或分包的，实际施工人是实际投入了资金、材料和劳力并负责工程施工的企业或个人。就实际施工人能否主张工程价款优先受偿权这一问题，持肯定意见的主要理由在于，当前建设工程领域存在层层转包、违法分包、资质挂靠等诸多乱象，实际施工人的存在是十分普遍的现象，应保护其合法利益。"工程竣工验收合格即表明法律认可无效合同的承包人对工程价值的增值，依据增值理论，自然应赋予其优先受偿的权利。"① 与之相反，持否定意见的理由在于，实际施工人往往无建设资质或超越其建设资质施工，由此其施工合同无效；在合同无效的情况下，显然不能支持其享有优先受偿权。而从法院的相关司法判例来看，有些判例持肯定态度，如"珠海宝辉生物科技有限公司与伍常青及湛江市粤西建筑工程公司珠海公司案外人执行异议之诉"中，最高人民法院认为：伍常青作为丽丰花园项目的实际施

---

① 孙科峰、杨遂全：《建设工程优先受偿权主体的争议与探究——〈合同法〉第286条之分析》，载《河北法学》201年第6期，第133页。

工人有权对该项目地上建筑物拍卖所得的价款主张优先受偿权。一、二审法院支持伍常青的诉讼请求并无不当。① 但是，也有不少判例持否定意见。例如，在“王春霖与辽宁万泰房地产开发有限公司、盛京银行股份有限公司沈阳市泰山支行申请再审案”中，最高人民法院认为：“王春霖作为实际施工人，主张建设工程价款优先受偿权没有法律依据。”②

在这样的背景下，2018 年《建设工程司法解释二》的相关内容就尤其值得注意：该司法解释对实际施工人能否主张工程价款优先受偿权这一争议问题仍然保持沉默③；第 24 条规定，实际施工人以发包人为被告主张权利的，人民法院可判决发包人在欠付建设工程价款范围内对实际施工人承担责任；第 25 条规定，实际施工人可向发包人提起代位权诉讼。从文义解释的方法来看，可以解释为新司法解释未承认实际施工人可以主张工程价款优先受偿权；这一立场在最高人民法院所编著的《建设工程司法解释二》的理解与适用中被得以表达。而此后的最新司法判例似乎也遵从了这一立场。④

笔者认为，法院最新的司法判例的否定立场是正确的，应予肯定。一方面，工程价款优先受偿权是基于有效的建设工程合同所产生的法定优先权；在合同无效的情况下，显然难以支持实际施工人向发包人主张这一法定优先权。另一方面，尽管实际施工人在建设工程中投入了资金、劳动力，但其对合同无效显然并非无辜，作为无资质的直接当事人，其对合同无效亦具有过错。在此情况下，法律没有必要对其授予合法的承包人、分包人所享有的优先受偿权。而且，正是考虑到其实际所投入的资金、劳动力等资源，前引司法解释赋予了其对发包人享有直接诉权；但这种诉权并非是优先受偿权，而是一种债权性质的权利。这与法国法的规定十分类似：《法国民法典》第 1798 条规定了建筑工程中受雇的泥瓦工、

① 参见“珠海宝辉生物科技有限公司与伍常青及湛江市粤西建筑工程公司珠海公司案外人执行异议之诉申请再审案”，最高人民法院（2013）民申字第 283 号民事裁定书。

② “王春霖与辽宁万泰房地产开发有限公司、盛京银行股份有限公司沈阳市泰山支行申请再审案”，最高人民法院（2015）民申字第 2311 号民事裁定书。

③ 关于实际施工人权利的保护问题，《建设工程司法解释二》第 24 条对《建设工程司法解释一》第 26 条第 2 款规定（“实际施工人以发包人为被告主张权利的，人民法院可以追加转包人或者违法分包人为本案当事人。发包人只在欠付工程价款范围内对实际施工人承担责任”）进行了完善。这表现在，明确规定人民法院应当（而非是可以）追加转包人或者违法分包人为本案第三人；在查明发包人欠付转包人或者违法分包人建设工程价款的数额后，判决发包人在欠付建设工程价款范围内对实际施工人承担责任。另外，《建设工程合同司法解释二》第 25 条还规定：“实际施工人根据合同法第七十三条规定，以转包人或者违法分包人怠于向发包人行使到期债权，对其造成损害为由，提起代位权诉讼的，人民法院应予支持。”

④ 参见“吴道全、重庆市丰都县第一建筑工程公司建设工程施工合同纠纷再审案”，最高人民法院（2019）民再 258 号民事判决书。

木工以及其他工人对于业主享有直接诉权，业主的责任范围以承包合同中对承包人所负的债务为限。但是，此种直接诉权并非优先权，而是一种债权性质的权利，因为这些工人相对于业主的其他债权人而言，并无优先受偿权。[①] 因此，实际施工人不能主张工程款优先受偿权；但如转包人或者违法分包人怠于向发包人行使到期债权，对其造成损害，则可根据《建设工程司法解释二》第 25 条的规定，代位行使承包人的权利，包括承包人的工程款优先受偿权。这一解释也符合民法典对《合同法》中的代位权制度所进行的修订：根据民法典第 535 条，债权人可以自己的名义代位行使债务人对相对人的权利以及与债权“有关的从权利”，包括具有担保物权属性的优先受偿权。总之，对于分包人，未来可以通过对民法典中的“承包人”概念进行扩张解释，将其纳入工程款优先受偿权的权利主体范围；对于实际施工人，鉴于其本身是司法解释所使用的概念，对其是否可以主张工程款优先受偿权的问题，显然继续交由司法解释和判例去解决较为适宜，民法典无必要对此作出规定。

4. 关于工程款优先受偿权的范围

关于优先受偿权担保范围，涉及所谓直接费用和间接费用的区分。所谓直接费用（direct costs），即工程建设所直接支付的人力和建筑材料等费用；而间接成本（indirect costs）是除了材料、人力等直接成本之外、为管理工程所必需的成本，包括设计费、评估费、咨询费、法律服务费用、国家和地方的税以及行政费用。[②] 就建设工程领域而言，根据住房和城乡建设部 2017 年发布的《建设项目总投资费用项目组成（征求意见稿）》，直接费是指施工过程中耗费的构成工程实体或独立计价措施项目的费用，以及按综合计费形式表现的措施费用；直接费包括人工费、材料费、施工机具使用费和其他直接费。间接费是指施工企业为完成承包工程而组织施工生产和经营管理所发生的费用，其内容包括管理人员薪酬、办公费、差旅交通费、施工单位进退场费、非生产性固定资产使用费、工具用具使用费、劳动保护费、财务费、税金，以及其他管理性的费用。

就工程价款优先受偿权的范围，2002 年最高人民法院《关于建设工程价款优先受偿权问题的批复》第 3 条曾规定：“建筑工程价款包括承包人为建设工程应当支付的工作人员报酬、材料款等实际支出的费用，不包括承包人因发包人违

---

① François Collart Dutilleul et Philippe Delebecque, Contrats civils et commerciaux, 10e éd., Paris: Dalloz, 2015, p. 687.

② Wyatt, P. *Property Valuation in an Economic Context*, Oxford, Wiley-Blackwell, p. 128.

约所造成的损失。”据此，在中铁二十二局集团第四工程有限公司与安徽瑞讯交通开发有限公司、安徽省高速公路控股集团有限公司建设工程施工合同纠纷案①中，法院认为：承包人诉讼请求中所主张的因发包人违约造成的停窝工损失和材料价差损失，不属于建设工程价款优先受偿权的权利行使范围，承包人请求对上述两部分款项行使优先受偿权的，人民法院不予支持。这一司法解释的规定也被认为过于机械和严苛，缺乏可操作性。

这样的背景下，2018 年《建设工程司法解释二》第 21 条对优先受偿权的范围采取了模糊规定："承包人建设工程价款优先受偿的范围依照国务院有关行政主管部门关于建设工程价款范围的规定确定。承包人就逾期支付建设工程价款的利息、违约金、损害赔偿金等主张优先受偿的，人民法院不予支持。”显然，该条不再像 2002 年司法解释那样，明确限定建设工程价款的范围，而是通过援引规范（“依照…确定”），指向“国务院有关行政主管部门关于建设工程价款范围的规定”。此条规定中的“国务院有关行政主管部门”，应为具体建设工程归属管理的国务院有关行政主管部门，根据所涉行业领域的不同而有所不同。至于“国务院有关行政主管部门关于建设工程价款范围的规定”，司法解释并未明确具体是哪一部：事实上，此类“规定”有多部。譬如，2004 年财政部、建设部发布《建设工程价款结算暂行办法》。2017 年住房和城乡建设部发布《建设项目总投资费用项目组成（征求意见稿）》和《建设项目工程总承包费用项目组成（征求意见稿）》等。② 未来，人民法院将参照这些规章，来确定承包人建设工程价款优先受偿的范围。另外，前引 2018 年《建设工程司法解释二》第 21 条第 2 款明确规定：“承包人就逾期支付建设工程价款的利息、违约金、损害赔偿金等主张优先受偿的，人民法院不予支持。”这就沿袭了 2002 年司法解释的一贯立场：违

① 参见“中铁二十二局集团第四工程有限公司与安徽瑞讯交通开发有限公司、安徽省高速公路控股集团有限公司建设工程施工合同纠纷二审案”，载《最高人民法院公报》2016 年第 4 期（总第 234 期）。

② 根据这些文件，建设项目工程总承包费用项目由建筑安装工程费、设备购置费、总承包其他费、暂列费用构成。其中，建设单位应根据建设工程总承包项目发包的工程内容、工作范围，按照风险合理分担的原则确定具体费用项目及其范围。建筑安装工程费指为完成建设项目发生的建筑工程和安装工程所需的费用，不包括应列入设备购置费的被安装设备本身的价值。设备购置费指为完成建设项目，需要采购设备和为生产准备的不够固定资产标准的工具、器具的价款，不包括应列入安装工程费的工程设备（建筑设备）本身的价值。总承包其他费指建设单位应当分摊计入工程总承包相关项目的各项费用和税金支出，并按照合同约定支付给总承包单位的费用。主要包括：(1) 勘察费、设计费、研究试验费。(2) 土地租用及补偿费。(3) 税费。(4) 总承包项目建设管理费。(5) 临时设施费。(6) 招标投标费。(7) 咨询和审计费。(8) 检验检测费。(9) 系统集成费。(10) 其他专项费用。指建设单位按照合同约定支付给总承包单位使用的费用（如财务费、专利及专有技术使用费、工程保险费、法律费用等）。

约金并不包含在优先受偿权范围内①；工程款利息同样不包含在此范围当中②，这被认为是平衡各方当事人利益的结果。

5. 工程款优先受偿权的登记与放弃问题

在立法研讨过程中，就工程款优先受偿权的登记问题也曾出现过一些争论。一些专家坚持现行法的规定，认为其作为法定的优先权无须登记，因为法律的直接规定就相当于公示作用，对其他债权人可以起到警示作用；这也是民法典最后所采纳的立场。但是，另一些专家则坚持登记的必要性。理由在于，一方面，工程款优先受偿权究其性质而言，仍然是不动产物权，而物权法对不动产物权原则上均要求登记方可生效（除承包经营权等因法律另有规定而除外），因此，工程款优先受偿权也应进行登记；这对于权利人和其他债权人的利益保护来说也都是有利的。另一方面，从技术层面来看，工程款优先受偿权的登记在操作层面并不存在障碍，因为承包合同、分包合同中均载明了工程价款的金额、履行期限等要素。可以参照比较法的经验，可要求权利人在合同中所约定的工程任务完成后的一定期限内（如 30 日内）进行登记，因为此时工程款优先受偿权的担保范围也相应固定下来。另外，通过登记制度，发包人事先可详细了解各分包人的相关情况，预先控制相关风险。正是基于这些原因，在全国人大常委会法工委民法室早期所起草的“室内稿”草案中曾规定工程款优先受偿权未经登记不得对抗；然而，由于存在分歧，这一条文最终被删除；民法典仍然选择沿袭《合同法》的立场，对工程款优先权不要求登记。

在民法典编纂过程中，曾有专家提出民法典应对工程款优先权能否预先放弃作出规定，因为在实践中不少业主提出过这样的缔约条件。从比较法上看，这一问题存有争议。以加拿大为例，根据魁北克省的法律，基于业主的利益，建筑商、材料商可以放弃其法定抵押权，业主与承包商的合同中常包含此类弃权条款；而总承包人与分包商、材料供应商的合同中有时候也有此类弃权条款。然而，新不伦瑞克省的法律却规定，除总承包人在其与发包人缔结的合同可以放弃工程款优先权之外，其他人不得放弃此种优先权。就我国而言，《建设工程司法解释二》第 23 条对此已有明确规定：“发包人与承包人约定放弃或者限制建设工程价款优先受偿权，损害建筑工人利益，发包人根据该约定主张承包人不享有建

① 参见“南通一建公司诉均英光电公司建设工程价款优先受偿权纠纷案”，江苏省高级人民法院（2014）苏民终字第 0289 号民事判决书。

② 参见“江苏弘盛建设工程集团有限公司、云南仟浩房地产开发有限公司建设工程施工合同纠纷案”，最高人民法院（2019）民终 272 号民事判决书；“阜新新兴房地产开发有限公司、中国新兴建设开发有限责任公司建设工程施工合同纠纷案”，最高人民法院（2019）民终 1466 号民事判决书。

设工程价款优先受偿权的，人民法院不予支持。”鉴于司法解释对此已有明确立场，民法典最终对这一问题没有再进行规定。

6. 工程价款优先受偿权期限的起算点

2002 年最高人民法院《关于建设工程价款优先受偿权问题的批复》第 4 条规定：“建设工程承包人行使优先权的期限为六个月，自建设工程竣工之日或者建设工程合同约定的竣工之日起计算。”这一司法解释确定以工程竣工之日起计算 6 个月的优先权期限；在一般情况下，工程竣工之日即为工程款支付的日期，因此，这一做法确有其合理性。在审判实践中，由于此期限限制，优先受偿权期限计算的起点以及主张的时间认定对案件结果有重大的影响。但是，实践中也存在工程款支付日期晚于工程竣工日期的情形；在这样的情况下，如果一律按照竣工日期作为 6 个月期限的起算点，对于承包人显然不公。正因为如此，有些地方的法院在审判实践中对司法解释的上述规定进行了变通。例如，在“南通一建公司诉均英光电公司建设工程价款优先受偿权纠纷案”[①] 中，江苏省高级人民法院认为：“对于承包人是否享有优先受偿权，应当结合《中华人民共和国合同法》第二百八十六条和《最高人民法院关于建设工程价款优先受偿权问题的批复》第四条的规定处理。由于实践中工程竣工之日往往也是工程款应当结清之时，因此，承包人主张工程款优先受偿权一般应从建设工程竣工之日或者建设工程合同约定的竣工之日起计算，但如果工程款债权在建设工程竣工之日或者建设工程合同约定的竣工之日尚未届清偿期，建设工程价款优先受偿权的起算点最早应当从债权应受清偿时起算，即在发包人未按约定支付价款，承包人在合理期限内催告后，发包人仍未支付的，从此时起算建设工程优先受偿权的行使期间。”在最高人民法院 2017 年审结的一起案件中[②]，在工程施工完成后，承包方向发包方提交了工程结算书，要求进行工程结算，此后双方就工程结算进行了长期的协商，但最终发包方仍旧未支付工程款，因此承包方诉至法院。对于优先受偿权，本案工程于 2012 年 10 月 18 日竣工，2014 年 9 月 23 日办理竣工验收备案，2014 年 10 月 24 日办理竣工结算备案，双方结算协议约定欠付款于 2015 年 1 月 27 日之前付清，案件焦点在于承包方对案涉工程主张优先受偿权是否已经超过 6 个月的

---

① “南通一建公司诉均英光电公司建设工程价款优先受偿权纠纷案”，江苏省高级人民法院（2014）苏民终字第 0289 号民事判决书。

② 参见“湖南协和建设有限公司、株洲市汉华房地产开发有限公司建设工程施工合同纠纷案”，最高人民法院（2017）民再 389 号民事判决书；类似判决可见“东方建设集团有限公司诉江苏多米诺塑胶制造有限公司、中国银行股份有限公司淮安分行建设工程施工合同纠纷案”，最高人民法院（2017）民申 356 号民事判决书。

保护期限。再审法院认为优先受偿权保护期限从 2015 年 1 月 27 日即发包方支付欠付款期限届满之日起计算，因为建设工程优先受偿的对象是工程折价或者拍卖价款，而工程需折价或者拍卖的前提是发包人逾期不支付工程价款。当发包人支付工程价款已届履行期时，承包人通过诉讼要求支付工程款才可能得到支持，并相应主张优先受偿权才有意义，故建设工程优先受偿权宜从发包人应付工程款期间届满之日起算；同时在认定该优先受偿权的行使期限时，应当尊重当事人之间关于支付工程价款期限的约定。此外，建设工程款优先受偿权的行使期限属于除斥期间，且承包人需在法定期限内通过诉讼的方式予以主张，因此再审法院认定承包人向一审法院提交诉状的时间为其主张优先受偿权的时间。此外，在建设工程未经竣工验收，发包人擅自使用且不与承包人结算工程款的情况下，安徽省高级人民法院在其 2014 年审结的一起案件①中认为，此时的竣工日期不宜依照最高人民法院《建设工程司法解释一》第 14 条第 3 项规定“建设工程未经竣工验收，发包人擅自使用的，以转移占有建设工程之日为竣工日期”，将案涉工程转移占有之日作为竣工日期，因为从立法目的看，该条文主要针对建设工程施工合同纠纷中发包人恶意拖延工程竣工验收时间，以达到拖延支付工程款的违法目的而作出的惩罚性规，而并非针对优先受偿权的规定。于此案中，二审法院按照最高人民法院全国民事审判工作会议纪要精神，认为因发包人的原因，合同解除或终止履行时已经超出合同约定的竣工日期的，承包人行使优先受偿权的期限自合同解除之日起计算。

正因为如此，2018 年《建设工程司法解释二》第 22 条对工程款优先受偿权行使期限的起算点重新作出了规定：“承包人行使建设工程价款优先受偿权的期限为六个月，自发包人应当给付建设工程价款之日起算。”较之于前引 2002 年司法解释，新司法解释的这一调整显然更为合理，从承包人可以行使其工程款优先受偿权之日起开始计算其 6 个月期限，对承包人更为公平，有重要的实践价值。

7. 工程价款优先权的强制执行法问题

承包人的建设工程价款优先受偿权须经执行程序申请法院依法拍卖工程，就拍卖所得价款优先受偿；但承包人并不能取得建设工程的所有权。另外，建设工程价款优先受偿权在获得执行之前，是否必须经过诉讼或仲裁程序？对此，一种观点认为必须先通过诉讼程序来确定优先权的有无及数额；另一种观点则相反，

① 参见“华丰建设股份有限公司诉替克斯阀门有限公司建设工程施工合同案”，安徽省高级人民法院（2014）皖民四终字第 00200 号民事判决书。

认为无须另行通过诉讼可直接申请执行。持后一种观点的部分学者受到《民事诉讼法》第196条关于申请实现担保物权程序相关规定的影响，认为可由权利人直接向担保财产所在地或者担保物权登记地法院提出。但这一观点忽视了不动产抵押权与工程价款优先受偿权的重要区别在于，不动产抵押权必须登记，因此，其所担保的主债权金额是确定的；而工程价款优先受偿权无须登记，因此，发生争议时双方常常工程价款优先受偿权是否存在以及具体金额难以达成一致。从法律性质上说，此类问题属于实体问题，应由审判机构通过诉讼程序或者由仲裁机构通过仲裁程序予以确认；执行机构无权对实体问题作出裁判。

另外，承包人可否以其建设工程价款优先受偿权为由，就进入强制执行程序的建设工程提起执行异议之诉？就此而言，江苏省高级人民法院2017年发布的《执行异议之诉案件审理指南》第24条规定："建设工程优先受偿权的本质是以建设工程的交换价值担保工程款债权的实现，也就是说，建设工程优先受偿权只是一种顺位权，不能达到阻却执行的效果。因此，人民法院对建设工程采取强制执行措施时，案外人不能以其对该建设工程享有优先受偿权为由提起执行异议之诉要求停止执行，而只能在执行程序中向执行法院提出优先受偿的主张。"最高人民法院在裁判中也表达了相同的立场。在2017年的"天津聚成建筑安装工程有限公司与中节能（天津）投资集团有限公司、天津市福鸿房地产开发有限公司案外人执行异议之诉案"① 中，最高人民法院认为：《民事诉讼法》第227条的"案外人对执行标的提出书面异议"，是指对执行标的的主张具有足以排除强制执行的权益。案外人执行异议之诉的标的是案外人是否有权请求排除对执行标的采取的强制执行措施，而这一诉讼标的的基础是案外人与被执行人谁对该执行标的享有实体权利。因此，足以排除强制执行的权益范围，应当为"所有权或者有其他足以阻止执行标的转让、交付的实体权利"。案外人只有认为自己对执行标的享有实体权利，而人民法院的强制执行行为妨碍了其所享有的实体权利的，才可以作为执行异议之诉的原告提起执行异议之诉。建设工程价款优先受偿权是承包人就建设工程折价或者拍卖的价款优先受偿的权利，属于法定优先权的范畴。优先受偿权是债权优先得到清偿的权利，这种权利不是所有权等实体权利，不能阻止执行标的的转让、交付。因此，主张建设工程价款优先权的人，不能依据《民事诉讼法》第227条规定提出异议。案外人对人民法院正在执行的财产主张享有建设工程价款优先受偿的，应当依据《最高人民法院关于适用〈中华人民共和国

① "天津聚成建筑安装工程有限公司与中节能（天津）投资集团有限公司、天津市福鸿房地产开发有限公司案外人执行异议之诉案"，最高人民法院（2017）民申5098号民事判决书。

民事诉讼法〉的解释》第 508 条第 2 款规定申请参与分配，而不能对执行标的提出异议。

从这些司法政策与判例可以看出，在人民法院看来，建设工程价款优先受偿权的目的是以建筑工程的交换价值作为担保，来实现对所欠付的工程价款的最终受偿；作为法定优先权，其主要的功能在于确保债务人清偿债务时，优先权人处于优先于其他债权人的次序首先获得受偿，显然，其目的并非在于获取建筑工程本身的所有权或处分权。因此，权利人不能以其所享有的建设工程价款优先受偿权对抗债权人就建设工程的强制执行程序。当然，尽管建设工程价款优先受偿权不能阻止执行标的的转让、交付，但并不影响执行标的在转让、交付获得相应执行价款之后，优先权人以享有法定优先权为由请求参与执行价款的分配。

第八百零八条

本章没有规定的，适用承揽合同的有关规定。

本条主旨

本条规定了对承揽合同的参照适用。

相关条文

《合同法》第 287 条　本章没有规定的，适用承揽合同的有关规定。

理解与适用

本条沿袭了《合同法》第 287 条的内容。

根据本条，如本章没有规定的，适用承揽合同的有关规定。其原因在于，建设工程合同本质上仍然属于承揽合同，两者的区别主要在于工作内容不同，以承揽建设工程为内容的是建设工程合同，而以承揽其他工作为内容的属于承揽合同。《法国民法典》第 1792－1799 条关于建设工程合同的规定，是置于承揽合同（contrat d'entreprise）的框架之下。① 同样，根据德国民法典，建设工程合同属于承揽合同的特殊类型，没有特别规定时，仍适用第 631 条、第 650 条的承揽合

① Philippe Malaurie，Laurent Aynès et Pierre-Yves Gautier，Droit des contrats spéciaux，8e éd.，LGDJ，2016，p. 454.

同一般规定。① 我国有论者指出，我国《合同法》将建设工程合同从承揽合同中分离出来的做法乃移植于苏联民法。苏联把建设工程合同称为基本建设包工合同，并在民法典中将“基本建设包工”列为独立一章，位于“承揽”之后。我国这一做法有两个目的：其一，规范建设市场，确保工程质量；其二，解决拖欠工程款和民工工资的问题。②

在审判实践中，法院可在建设工程合同纠纷中适用承揽合同的相关规定。如在四川省高级人民法院 2019 年审结的一起案件中③，发包人与承包人签订《建筑工程承包及商品房销售协议》，其后承包方开始施工，竣工验收后双方就工程款发生纠纷并诉至法院，同时发包人要求承包人交付部分商铺并赔偿逾期交付的损失。法院依据《合同法》第 264 条关于承揽人留置权的相关规定，认为在发包方未全额支付工程款的情况下，承包方有权就其承建的工程予以留置；且双方签订的《建筑工程承包及商品房销售协议》未就工程交付时间作明确约定。因此，即使承包方至今未向发包方交付此部分商铺，无论基于上述法律规定或者行使同时履行抗辩权，其均具有正当理由。

而真正复杂的问题在于，建设工程合同可否适用承揽合同中定作人的任意解除权。《民法典》第 787 条规定：“定作人在承揽人完成工作前可以随时解除合同，造成承揽人损失的，应当赔偿损失。”这样一种定作人的任意解除权，是否可以适用于在建工程施工合同？是否可允许发包人在承包人完成工作之前任意解除建设工程合同？

就此而言，值得注意的是，《建设工程司法解释一》第 8 条列举了发包人行使解除权的情形，包括：（1）明确表示或者以行为表明不履行合同主要义务的；（2）合同约定的期限内没有完工，且在发包人催告的合理期限内仍未完工的；（3）已经完成的建设工程质量不合格，并拒绝修复的；（4）将承包的建设工程非法转包、违法分包的。据此有论者认为，其中并没有提到发包人具有所谓“任意解除权”，因此，不能认为发包人享有这样的权利。另外，由于建设工程施工合同标的物的特殊性，建造工程不仅耗费时间长而且还需要投入相当多的人力、物力与财力。因此，一旦赋予发包人“任意解除权”，会给承包人造成极大的损失。因此，建设工程施工合同的解除不适用《合同法》第 268 条

① 参见黄喆：《德国工程合同法的体系与构》，载《东南法学》2018 年第 14 辑，第 79 页。

② 参见辛坚、闵海峰、章豪杰：《建设工程合同与承揽合同之区分》，载《人民司法》2011 年第 8 期，第 41－44 页。

③ 参见“简阳市虹都房地产开发有限公司、四川省都江堰龙泉山灌区管理处建筑工程公司建设工程施工合同纠纷案”，四川省高级人民法院（2019）川民终 325 号民事判决书。

的规定。

然而，上述观点值得商榷。在承包人完成工程之前，如果发包人由于其规划方案改变，或者整体的商业计划发生变化，原先所涉及的用途对其已无价值，甚至整个建筑工程对其来说已无需要可言。譬如，某大学基于此前的办学方案，拟建立公共卫生学院，因此通过招投标与承包人签署协议拟建造一座与此学科相关的实验室；但后来因政策与资金原因改变了学科建设方案，不再建立公共卫生学院。因此，原先拟建立的实验室在未来将不再有用。在此情况下，如发包人提出解除合同，承包人并无理由拒绝；承包人不能强迫发包人接受其继续施工的行为，在未来更不能强迫发包人接收其执意按原计划所建设的实验室。显然，应允许发包人及时通知承包人终止合同，避免施工行为继续所导致的不必要浪费。否则可能出现的情况是：在明知发包人已无需要的情况下，承包人还要继续履行合同，花费巨大的人力物力去建成对发包人而言毫无价值的工程，造成社会财富的浪费。正因为如此，《法国民法典》第 1794 条规定："工程业主得依其单方面的意愿（par sa seule volonté）解除包干型工程承揽合同，即使工程已经开始施工，亦同；但业主应当对工程承揽人在该工程中已经付出的所有费用和劳务及其所可以获得的利益给予赔偿。"当然，发包人解除合同如对承包人造成损失，应给予相应的赔偿。

第十九章

运输合同

众所周知，交通运输业是国民经济中的一个重要物质生产部门，它能把社会生产、分配、交换和消费等各个环节有机地联系起来。交通运输作为经济发展的重要基础和先导条件，在一定程度可促进或制约经济的发展速度。得益于交通运输的发展，各种生产要素频繁流动，由此带来巨大的人流、物流、资金流、技术流和信息流等，这会极大地促进城市化和区域经济一体化的进程。根据有关统计，2019 年，全国完成营业性客运量 176.04 亿人，完成旅客周转量 35 349.06 亿人公里，完成营业性货运量 462.24 亿吨，完成货物周转量 194 044.56 亿吨公里。

显然，运输合同是现代社会十分常见的合同类型，与民众出行、企业生产经营等都密切相关。因此，十分容易理解的是，1999 年《合同法》第十七章以专章规定了运输合同。民法典在其第三编“合同”第二分编“典型合同”中，在第十九章对运输合同作出了规定，基本沿袭了《合同法》的前述规定，并根据实际情况作出了少量的修订和补充。

第一节　一般规定

第八百零九条

运输合同是承运人将旅客或者货物从起运地点运输到约定地点，旅客、托运人或者收货人支付票款或者运输费用的合同。

本条主旨

本条规定了运输合同的定义与类型。

相关条文

《合同法》第 288 条　运输合同是承运人将旅客或者货物从起运地点运输到约定地点，旅客、托运人或者收货人支付票款或者运输费用的合同。

《民用航空法》第 107 条　本法所称国内航空运输，是指根据当事人订立的航空运输合同，运输的出发地点、约定的经停地点和目的地点均在中华人民共和国境内的运输。本法所称国际航空运输，是指根据当事人订立的航空运输合同，无论运输有无间断或者有无转运，运输的出发地点、目的地点或者约定的经停地点之一不在中华人民共和国境内的运输。

理解与适用

本条沿袭了《合同法》第 288 条的规定。

该条明确了运输合同的定义。运输服务的本质表现为承运人利用特定的运输工具将旅客或货物从起点运送到指定目的地的行为。运输行为是运输合同的本质，其外在表现为旅客或货物的物理位移，这也正是运输合同区别于装卸合同、包装合同、搬运合同等其他合同的主要特征所在。①

另外，根据本条，运输合同包括客运合同与货运合同，前者是指承运人将旅客从起点运送到约定的目的地的合同；而货运合同则是指承运人将所交运的货物从起点运送到约定目的地的合同。

实践中，运输合同关系必须与车辆租赁合同关系等加以区分，因为合同的定性将直接影响合同双方的权利义务范围，特别是在发生交通事故侵权责任后，将影响当事人的责任承担问题。在穆国宁与白城市德源农机有限责任公司、江苏东禾机械有限公司机动车交通事故责任纠纷案中②，法院认为，东禾公司以每天 200 元的价格购买的是车辆的使用收益，并不是运输行为，不能因该车辆租赁的主要使用目的是运输农机配件，即认定为运输合同。

另外，运输合同关系还应区分于雇佣合同关系。在朱立帅与孙强、张秀芝侵

---

① François Collart Duthilleul et Philippe Delebecque, Contrats civils et commerciaux, 10e édition, Dalloz, 2015, pp. 717 - 718.

② 参见“穆国宁与白城市德源农机有限责任公司、江苏东禾机械有限公司机动车交通事故责任纠纷案”，吉林省白城市中级人民法院（2019）吉 08 民终 1327 号。

权责任纠纷案中①，法院认为，雇佣关系中雇主对雇员的行为进行指挥、管理、监督。运输合同关系中，双方的法律地位是平等的，不存在任何隶属、服从关系；因此本案双方间属于运输合同关系。

第八百一十条

从事公共运输的承运人不得拒绝旅客、托运人通常、合理的运输要求。

本条主旨

本条规定了公共运输承运人的强制缔约义务。

相关条文

《合同法》第 289 条　从事公共运输的承运人不得拒绝旅客、托运人通常、合理的运输要求。

《民用航空法》第 91 条　公共航空运输企业，是指以营利为目的，使用民用航空器运送旅客、行李、邮件或者货物的企业法人。

理解与适用

本条沿袭了《合同法》第 289 条的规定。

该条赋予了公共运输承运人订约的强制性义务。公共运输服务属于公共服务的组成部分，是确保现代社会正常运行、满足社会公众基本出行需求的必备条件。鉴于公共运输的公共服务属性，必须对其承运人施加强制性的缔约义务，以确保社会公众均等和无差别地享受公共服务，防止针对特定群体或特定个人的歧视和社会排斥现象。

在司法实践中，常见案例集中在主体上如何界定从事公共运输的承运人，以及义务内容上旅客、托运人通常、合理的运输要求范围如何界定的问题。

一、义务主体的界定——从事公共运输的承运人

根据本条的规定，强制缔约义务的义务主体为“从事公共运输的承运人”。在马士基（中国）航运有限公司、马士基（中国）航运有限公司厦门分公司、中

① 参见“朱立帅与孙强、张秀芝侵权责任纠纷案”，山东省淄博市淄川区人民法院（2017）鲁 0302 民初 2961 号。

国厦门外轮代理有限公司与厦门瀛海实业发展有限公司国际海上货运代理经营权损害赔偿纠纷案中[①]，被告马士基公司系在厦门口岸经营国际集装箱班轮运输业务的公司，2005年马士基公司通知厦门外轮代理公司停止向原告瀛海公司提供马士基公司铅封，并拒绝瀛海公司提取马士基公司的集装箱，单方停止了与瀛海公司的所有业务。原告遂起诉判令马士基公司依业务惯例向其提供货运订舱相关服务。福建省高级人民法院二审认为，马士基公司作为海上承运人的运输行为，除了具有商业性的一面外，还由于其是面向社会大众的运输，因而具有公益性的一面，应当将其归入我国公共承运人的范畴。最高人民法院提审认为，公共运输履行着为社会公众提供运输服务的社会职能，具有公益性、垄断性等特征。但目前国际海上集装箱班轮运输是服务于国际贸易的商事经营活动，具有较强的竞争性，不属于公用事业，不具有公益性，也不具有垄断性，故不属于公共运输。托运人或者其货运代理人请求从事国际海上集装箱班轮运输的承运人承担强制缔约义务，没有法律依据，应予驳回。

二、强制缔约义务的适用对象——通常、合理的运输要求

根据本条的规定，强制缔约义务的适用对象为“通常、合理的运输要求”。在南澳县澄瀛石油气供应公司诉汕头市公路局莱长渡口所海上货物运输合同案中[②]，原告南澳公司系从事液化石油气运输的公司，被告莱长渡口所是事业单位，举办单位为汕头市公路局，负责莱长渡口管理，承担渡运及渡口收费工作。南澳县同周边陆地的交通完全依靠南澳县与澄海市之间的渡船。纠纷发生前，南澳公司的液化气罐车一直通过莱长渡口的渡船来渡运，后莱长渡口所对外发布通知称禁止渡运液化气罐车，原告遂诉请被告恢复对液化气罐车的运输，并赔偿停运期间可得利益的损失。经查明，莱长渡口所所属的渡船均没有渡运危险货物的合法运输资格。在主体认定上，法院认为，莱长渡口所是承担旅客、货物和汽车过往南澳岛至澄海市之间海上运输的事业单位，属于从事公共运输的承运人；但就南澳公司关于莱长渡口所渡运装载液化气罐车的要求超出了莱长渡口所所能实施的权利能力范围，并非通常、合理的要求。

---

① 参见“马士基（中国）航运有限公司、马士基（中国）航运有限公司厦门分公司、中国厦门外轮代理有限公司与厦门瀛海实业发展有限公司国际海上货运代理经营权损害赔偿纠纷案”，最高人民法院（2010）民提字第213号民事判决书。

② 参见“南澳县澄瀛石油气供应公司诉汕头市公路局莱长渡口所海上货物运输合同案”，广东省高级人民法院（2003）粤高法民四终字第55号民事判决书。

三、强制缔约义务的排除

如同有论证所指出的，应对承运人的强制缔约义务进行全面的理解，“不能忽视订立合同时旅客要求的合理性以及承运人履行义务的现实可能性，这对于保证公共航空运输的安全是十分关键的”①。因此，强制缔约义务在例外情况下亦可被排除，譬如，承运人有确切证据证明如履行缔约义务可能对公共安全、公共利益等造成危害，则可对特定对象拒绝履行其缔约义务。在范某与厦门航空有限公司等纠纷案中②，原告范某与厦航福州分公司宿怨已久，他曾在厦航工作，后因未能通过航空安全员转空中警察的考试，被厦航停止空勤工作。2005 年，厦航开始拒绝范某乘坐厦航的飞机，并在具体操作流程上对范某采取了一定措施。厦航还向各航空公司发函商请不要售予范某任何航班机票。2006 年，范某殴打厦航工作人员，被行政处罚。范某与厦航劳动仲裁调解达成协议，范某承诺“今后自愿在没有子女前放弃选择乘坐厦门航空公司航班的权利”。法院认为，公共航空运输企业同时负有法定的保障航空安全的义务。基于航空安全关乎其他旅客的生命财产安全的事实，公共航空运输企业如果认为旅客的运输要求可能构成对航空安全的影响，其应有权作出判断并基于合理的判断拒绝承运。此种拒绝既是对其他旅客合法利益的维护，亦是对其法定义务的履行，此种拒载亦符合相关国际惯例。为防止公共航空运输企业随意对旅客拒载，侵犯旅客合理要求运输的权利，在允许公共航空运输企业对旅客运输要求的合理性先行判断的同时，公共航空运输企业应就其判断的合理性作出正当解释，否则应当承担非法拒载的法律责任。

第八百一十一条

承运人应当在约定期限或者合理期限内将旅客、货物安全运输到约定地点。

本条主旨

本条规定了承运人按约定期间运输的义务。

相关条文

《合同法》第 290 条 承运人应当在约定期间或者合理期间内将旅客、货物

---

① 刁伟民：《航空旅客“黑名单”的法律分析》，载《法学杂志》2012 年第 7 期，第 128 页。

② 参见“范某与厦门航空有限公司等侵犯人格权纠纷上诉案”，北京市第二中级人民法院（2010）二中民终字第 8432 号民事判决书。

安全运输到约定地点。

理解与适用

本条源自《合同法》第 290 条的规定，略有文字上的改动，将“期间”改为“期限”。

该条规定了承运人的主合同义务，即在约定期限或者合理期限内将旅客、货物安全运输到约定地点。其中，“约定期限”可以根据双方当事人的合意确定，而如何确定将旅客、货物安全运输到约定地点的“合理期限”成为实践难点。期限是否合理，需要结合案件的具体情况，从通常的管理等角度，衡量承运人所最终耗费的运输期限是否“合理”。

第八百一十二条

承运人应当按照约定的或者通常的运输路线将旅客、货物运输到约定地点。

本条主旨

本条规定了承运人按约定线路运输的任务。

相关条文

《合同法》第 291 条　承运人应当按照约定的或者通常的运输路线将旅客、货物运输到约定地点。

理解与适用

本条沿袭了《合同法》第 291 条的规定。

该条规定了承运人在运输中路线的选择问题，其中路线的选择可以按照双方当事人的约定，也可以按照“通常的运输路线”。

1. 运输目的地是否合理需要具体判断

张某患有精神分裂症，独自一人欲前往房县某镇花沟的奶奶家，在房县汽车站后门，其乘坐邢某驾驶的出租车，双方约定打表计费至梅花山。邢某将张某载至梅花山大桥桥头后，邢某即开车调头回房县县城。张某下车后不久坠河身亡。法院认为，虽然张某系在梅花山大桥的两个桥体连接处下车，但其下车的地点有一户人家，从一般社会人的认知水平来看，刑某按照张某的要求在此停车并不违反常理，其也无法预知张某会从该桥上落水溺亡，邢某安全运输义务履行完毕。①

2. 高速公路上中途下车不合理

实践中，经常出现承运人在承运过程中，应旅客的要求中途停车，乘客中途下车导致交通事故的问题。法院可能需要结合适用《民法典》第 811 条讨论乘客要求下车是否为合理要求，乘客的下车要求也不能成为承运人免责的依据。在一则案例中，法院认为，乘客肖某要求在高速公路下车，不属于通常、合理的运输要求，承运人龙骧公司依法应予以拒绝，并应当在约定期限或合理期限内将肖某安全运输至约定地点。其基于旅客运输合同的义务尚未完成，应视旅客运输合同尚未结束，肖某下车后横过道路即被后向来车碰撞死亡，龙骧公司作为承运人对此负有过错，应承担赔偿责任。②

第八百一十三条

旅客、托运人或者收货人应当支付票款或者运输费用。承运人未按照约定路线或者通常路线运输增加票款或者运输费用的，旅客、托运人或者收货人可以拒绝支付增加部分的票款或者运输费用。

本条主旨

本条规定了旅客、托运人或收货人的基本义务。

相关条文

《合同法》第 292 条　旅客、托运人或者收货人应当支付票款或者运输费用。承运人未按照约定路线或者通常路线运输增加票款或者运输费用的，旅客、托运人或者收货人可以拒绝支付增加部分的票款或者运输费用。

《道路旅客运输及客运站管理规定》第 37 条　客运班车应当按照许可的起讫地、日发班次下限和备案的途经路线运行，在起讫地客运站点和中途停靠地客运站点（以下统称配客站点）上下旅客。

客运班车不得在规定的配客站点外上客或者沿途揽客，无正当理由不得改变

① 参见“张运辉、陈鸣生命权、健康权、身体权纠纷案”，湖北省十堰市中级人民法院（2019）鄂 03 民终 367 号民事判决书。

② 参见“中国人民财产保险股份有限公司湖南省分公司、中华联合财产保险股份有限公司湖南分公司保险纠纷案”，湖南省岳阳市中级人民法院（2018）湘 06 民终 1509 号民事判决书。

途经路线。客运班车在遵守道路交通安全、城市管理相关法规的前提下，可以在起讫地、中途停靠地所在的城市市区、县城城区沿途下客。

重大活动期间，客运班车应当按照相关道路运输管理机构指定的配客站点上下旅客。

理解与适用

本条沿袭了《合同法》第292条的规定。

根据本条，旅客、托运人或者收货人的主要义务是支付票款或者运输费用，这一费用通常在事前已由其与承运人协商一致，或其接受承运人所公示的收费标准。但是，如果承运人未按照约定路线或者通常路线运输，导致票款或者运输费用额外增加，旅客、托运人或者收货人可以拒绝支付增加部分的票款或者运输费用。如双方对运输线路约定不明，承运人必须按照“通常线路”来完成其运输义务；此种情况下，承运人所遵循的运输路线是否是“通常路线”，是否存在“绕道”等现象，同样要根据行业惯例等因素予以判断。

第二节　客运合同

第八百一十四条

客运合同自承运人向旅客出具客票时成立，但是当事人另有约定或者另有交易习惯的除外。

本条主旨

本条规定了客运合同的成立。

相关条文

《合同法》第293条　客运合同自承运人向旅客交付客票时成立，但当事人另有约定或者另有交易习惯的除外。

《民用航空法》第109条　承运人运送旅客，应当出具客票。旅客乘坐民用航空器，应当交验有效客票。

第110条　客票应当包括的内容由国务院民用航空主管部门规定，至少应当包括以下内容：（一）出发地点和目的地点；（二）出发地点和目的地点均在中华人民共和国境内，而在境外有一个或者数个约定的经停地点的，至少注明一个经停地点；（三）旅客航程的最终目的地点、出发地点或者约定的经停地点之一不在中华人民共和国境内，依照所适用的国际航空运输公约的规定，应当在客票上声明此项运输适用该公约的，客票上应当载有该项声明。

第 111 条　客票是航空旅客运输合同订立和运输合同条件的初步证据。旅客未能出示客票、客票不符合规定或者客票遗失，不影响运输合同的存在或者有效。在国内航空运输中，承运人同意旅客不经其出票而乘坐民用航空器的，承运人无权援用本法第一百二十八条有关赔偿责任限制的规定。在国际航空运输中，承运人同意旅客不经其出票而乘坐民用航空器的，或者客票上未依照本法第一百一十条第（三）项的规定声明的，承运人无权援用本法第一百二十九条有关赔偿责任限制的规定。

理解与适用

本条沿袭了《合同法》第 293 条的规定，略有文字改动，将“交付”改为“出具”，“但”改为“但是”。

客运合同成立时间的确定，决定着承运人承担义务的起算时间点，影响着旅客人身财产损失的责任承担问题。一般而言，如当事人间没有特殊的约定，客票本身就相当于客运合同；在承运人向旅客出具客票时，就意味着其同意承运旅客。因此，本条规定，客运合同自承运人向旅客出具客票时成立。另外，鉴于电子商务的普及，客票的出售主要采取网络在线方式；旅客在线购买客票后，承运人不再采取物理上的“交付”客票行为，而是由网络售票系统自动为客户生成电子形式的客票，因此，民法典将“交付”改为“出具”。“交付”改为“出具”，也意味着可避免客运合同是否属于实践合同（要物合同）的理论争议。①

不过，值得注意的是，在实践中承运人不一定先向旅客出具客票再开始承运，在部分客运合同中还存在着“先上车后补票”的情形，此时旅客的人身财产损失可能发生在收到客票前，此时法院通常将上车后补票视为本条所称的“交易习惯”。司法实践中，对此有一系列案例。

（1）公交车。被告陈某驾驶的 18 路公交车停放等客，原告乔某上车缴费过程中与他人发生碰撞摔倒在地，导致伤残，其主张公交公司和司机陈某的责任。法院认为，公交车的交易习惯为先上车后买票，被告公汽公司车辆停靠车站打开

---

① 参见刘海安：《航空客运合同成立时间——达成合意的回归》，载《北京理工大学学报（社会科学版）》，2016 年第 5 期，第 119 页。

车门营运中，同意原告乔某上车乘坐车辆，虽原告还未购票成功，但他是在投币购票过程中受伤，双方已实际履行客运合同，应认定运输合同已成立。[①]

（2）铁路运输。乘客伏某购买郑州铁路局值乘的2596次列车郑州至徐州5号车厢无座车票一张并按期从郑州出发，列车到达徐州后，通过调取相关视频，没有发现伏某下车出站。后警方在京沪线曹村至夹沟站839公里410米处线路东侧护网内路基盖板上发现死者伏某。法院认为，经承运人许可搭乘的无票旅客应视为存在旅客运输合同关系，这反映了旅客先上车后买票的交易习惯，此时车票并非合同成立标志，承运人许可旅客上车才是承诺，承运人对旅客的安全保障在旅客付款以及承运人出具车票之前。同理对旅客越站乘车亦存在因客观原因未补票的，按照交易习惯补票即可，按照公平原则以及合同法鼓励交易的原则以及公共运输合同中的强制缔约原则，不宜轻易否定旅客运输合同的存在，否则对旅客的安全保障极为不利。[②]

（3）其他车辆根据交易习惯予以认定。法院认为，运输合同是承运人将旅客或者货物从起运地点运输到约定地点，旅客、托运人或者收货人支付票款或者运输费用的合同。客运合同自承运人向旅客交付客票时成立，但当事人另有约定或者另有交易习惯的除外。关于原告与被告邓喜超之间的民事法律关系，根据法庭调查，被告邓喜超与乘客互不认识，有乘客陈述乘车费为50元，车程为从恩施市到来凤县，结合在公路旅客运输合同中，存在先上车后付费的行业交易习惯，本院认定双方形成公路旅客运输合同关系。被告邓喜超向乘客发出从恩施到来凤、票款为50元的要约，乘客表示同意并上车乘坐的行为即为承诺，公路旅客运输合同关系成立并生效。[③]

第八百一十五条

旅客应当按照有效客票记载的时间、班次和座位号乘坐。旅客无票乘坐、超程乘坐、越级乘坐或者持不符合减价条件的优惠客票乘坐的，应当补交票款，承运人可以按照规定加收票款；旅客不支付票款的，承运人可以拒绝运输。

---

① 参见“乔珍宝与大冶市公共汽车公司、陈章华公路旅客运输合同纠纷案”，湖北省大冶市人民法院（2019）鄂0281民初4477号民事判决书。

② 参见“郑州铁路局与钟某某、伏开济等铁路旅客运输合同纠纷案”，上海铁路运输法院（2017）沪71民终2号民事判决书。

③ 参见“张德辉与邓喜超公路旅客运输合同纠纷案”，湖北省恩施市中级人民法院（2014）鄂恩施民初字第02199号民事判决书。

实名制客运合同的旅客丢失客票的，可以请求承运人挂失补办，承运人不得再次收取票款和其他不合理费用。

本条主旨

本条规定了旅客对客票的使用规则。

相关条文

《合同法》第294条　旅客应当持有效客票乘运。旅客无票乘运、超程乘运、越级乘运或者持失效客票乘运的，应当补交票款，承运人可以按照规定加收票款。旅客不交付票款的，承运人可以拒绝运输。

《铁路旅客运输规程》第29条　旅客须按票面载明的日期、车次、席别乘车，并在票面规定有效期内到达到站。

持通票的旅客中转换乘时，应当办理中转签证手续。

第30条　持通票的旅客在乘车途中客票有效期终了、要求继续乘车时，应自有效期终了站或最近前方停车站起，另行补票，核收手续费。定期票可按有效使用至到站。

第43条　旅客丢失车票应另行购票。在列车上应自丢失站起（不能判明时从列车始发站起）补收票价，核收手续费。旅客补票后又找到原票时，列车长应编制客运记录交旅客，作为在到站出站前向到站要求退还后补票价的依据。退票核收退票费。

《道路旅客运输及客运站管理规定》第38条　一类、二类客运班线的经营者或者其委托的售票单位、配客站点，应当实行实名售票和实名查验（以下统称实名制管理），免票儿童除外。其他客运班线及客运站实行实名制管理的范围，由省级人民政府交通运输主管部门确定。

实行实名制管理的，购票人购票时应当提供有效身份证件原件（有效身份证件类别见附件9），并由售票人在客票上记载旅客的身份信息。通过网络、电话等方式实名购票的，购票人应当提供有效的身份证件信息，并在取票时提供有效身份证件原件。

旅客遗失客票的，经核实其身份信息后，售票人应当免费为其补办客票。

第50条　旅客应当持有效客票乘车，配合行李物品安全检查，按照规定使用安全带，遵守乘车秩序，文明礼貌；不得携带违禁物品乘车，不得干扰驾驶员安全驾驶。

实行实名制管理的客运班线及客运站，旅客还应当持有本人有效身份证件原件，配合工作人员查验。旅客乘车前，客运站经营者应当对客票记载的身份信息与旅客及其有效身份证件原件（以下简称票、人、证）进行一致性核对并记录有关信息。

对旅客拒不配合行李物品安全检查或者坚持携带违禁物品、乘坐实名制管理的客运班线拒不提供本人有效身份证件原件或者票、人、证不一致的，班车客运经营者和客运站经营者不得允许其乘车。

理解与适用

本条源自《合同法》第294条的规定，并有重要改动。

本条规定：旅客应当按照有效客票记载的时间、班次和座位号乘坐。因此，旅客乘车必须严格按照客票所注明的日期、时刻、班次以及座位号；禁止占据他人的座位，禁止购买低等级的车票却乘坐高等级的座位。因此，根据本条，承运人可以打击“霸座”等不文明行为。

本条还规定，旅客无票乘坐、超程乘坐、越级乘坐或者持不符合减价条件的优惠客票乘坐的，应当补交票款，承运人可以按照规定加收票款；旅客不支付票款的，承运人可以拒绝运输。本条所说的“超程乘坐”就是实践中经常发生的“买短乘长”，根据本条，应支付差额的运费。另外，无票乘车、持不符合减价条件的优惠客票乘车、超越座位等级乘车等，都应补交相应的运费。如果乘客拒绝补交票款的，承运人可以拒绝承运。

另外，本条规定，实名制客运合同的旅客丢失客票的，可以请求承运人挂失补办，承运人不得再次收取票款和其他不合理费用。本条为新增条款，在此前的实践中，一些人认为：依据国家发票管理有关规定，铁路部门出具的车票等运输票据具有发票属性，旅客丢失车票不能申请补办。但是，根据本条，对于实名制车票，旅客如果丢失，有权申请挂失补办；承运人不得再次收取票款或其他不合理费用，但可收取车票的工本费等合理的费用。

如果在乘车后，被发现没有客票，如何处理？2014年，何奎通过中国铁路客户服务中心网站购买从武汉开往长沙南的G1003次列车。何奎在武汉高铁站取票后进站上车。在长沙南站出站检票时，何奎未能出示车票，被长沙南站出站口工作人员视为无票旅客，要求其补票，并收取了手续费。何奎请求广铁公司向其返还因重新购票而多支付的车票费和手续费。法院认为，我国目前虽然实行铁路购票实名制，但铁路车票并非属于电子车票，除了在乘坐高铁而且未换取纸质车票的情形外，车票仍是双方运输合同关系成立的有效书面证明，旅客应当履行妥善保管车票的义务。同时，车票背面《铁路旅客乘车须知》载明参阅的《铁路旅客运输规程》中，也明确旅客应“妥善保管车票，保持票面信息完整可识别”。何奎没有按照约定妥善保管车票，其不正确履行合同义务的行为，已经构成违约。铁路运输企业在运输义务已经履行完毕，何奎又不能提供充分有效证据证明已经购票的情况下，为其办理了补票手续，符合法律规定和合同约定。因此，不予支持何奎的请求。①

旅客将电子客票改签成纸质车票后遗失车票，如何处理？在一起案件中，原告高学文通过中国铁路客服中心网站购得徐州至无锡东的火车票，后因故凭身份证将车票改签，并取得纸质车票。高学文出站时，因未能出示有效车票，补交了票款及手续费。高学文事后找到前述改签车票，并要求退还补票款。法院认为，高学文事后改签纸质车票系双方变更合同的行为，也是其对车票形式的选择，该纸质车票即为高学文乘车的有效车票，而之前从网站购得的电子客票同时失效。根据合同约定，旅客按规定的任一方式取得纸质车票后，铁路电子客票即失效，需凭纸质车票办理进出站检票和列车验票；电子客票和纸质车票只能选择其一作为有效的乘车凭证。高学文将原来网购的车票改签为纸质车票时，即对有效车票的形式进行了选择，按约定该纸质车票即为其在乘运过程中的唯一有效乘车凭证。高学文在履行客运合同过程中有妥善保管纸质车票以供上海铁路局查验的义务。现高学文在出站时不能出示有效乘车凭证，应当承担相应的违约责任，故上海铁路局向高学文补收票款依法有据，并无不当。②

第八百一十六条

旅客因自己的原因不能按照客票记载的时间乘坐的，应当在约定的期限内办理退票或者变更手续。逾期办理的，承运人可以不退票款，并不再承担运输义务。

本条主旨

本条规定了客票的退票与变更。

相关条文

《合同法》第 295 条　旅客因自己的原因不能按照客票记载的时间乘坐的，

---

①　参见“武广铁路客运专线有限责任公司、广州铁路（集团）公司与何奎铁路旅客运输合同纠纷案”，广东省广州铁路运输法院（2014）广铁中法民终字第 47 号民事判决书。

②　参见“高学文与上海铁路局铁路旅客运输合同纠纷”，上海市高级人民法院（2016）沪 71 民终 15 号民事判决书。

应当在约定的时间内办理退票或者变更手续。逾期办理的，承运人可以不退票款，并不再承担运输义务。

《铁路旅客运输规程》第36条　因承运人责任使旅客不能按票面记载的日期、车次、座别、铺位乘车时，站、车应重新妥善安排。重新安排的列车、座席、铺位高于原票等级时，超过部分票价不予补收。低于原票等级时，应退还票价差额，不收退票费。

第48条　旅客要求退票时，按下列规定办理，核收退票费：

1. 旅客退票必须在购票地车站或票面发站办理。

2. 在发站开车前，特殊情况也可以在开车后2小时内，退还全部票价。团体旅客必须在开车48小时以前办理。

3. 旅客开始旅行后不能退票。但如因伤、病不能继续旅行时，经站、车证实，可退还已收票价与已乘区间票价差额。已乘区间不足起码里程时，按起码里程计算；同行人同样办理。

4. 退还带有“行”字戳迹的车票时，应先办理行李变更手续。

5. 因特殊情况经站长同意在开车后2小时内改签的车票不退。

6. 站台票售出不退。

市郊票、定期票、定额票的退票办法由铁路运输企业自定。

必要时，铁路运输企业可以临时调整退票办法。

理解与适用

本条沿袭了《合同法》第295条的规定。

本条涉及办理客运退票和变更手续问题。因旅客自身原因，不能按期乘坐交通工具的，旅客应在约定的期限内办理退票或改签手续。如超过约定期限，承运人有权拒绝退款。实践中，铁路、地铁等运输中，常会出现旅客退票、改签等情形，旅客可能会损失部分乃至全部退票款，部分旅客诉至法院，请求承运人返还。承运人通常也会公开相关的退票或者变更手续，法院一般会将承运人相关公告视为约定。

（1）地铁运输。原告谷新华在地铁站长期倒卖地铁票，并因此多次受到治安处罚。2017年4月6日，其在北京市地铁建国门站购买了两张单价为8元的地铁单程票，随后索要了发票，约10分钟后申请退票，北京地铁公司以《车票使用规则》第5条第3款规定的“非轨道交通运营原因，单程票售出，不予退票”，不予退票。法院认为，一方面，谷新华长期进行地铁票倒票活动，从地铁公司购买车票之后销售给旅客赚取差价，不符合“旅客”的基本行为特征，不应适用

《合同法》中关于客运合同的专门规定进行调整。另一方面，北京地铁公司所依据的《车票使用规则》系对现行合法有效的《城市轨道交通运营管理办法》的具体落实，北京地铁公司在本案所涉地铁建国门站自动购票机旁已张贴《车票使用规则》，履行了向所有购票人进行提示和说明的义务，保障了包括谷新华在内的所有购票人的自主选择权。事实上，在地铁正常运行期间，乘客购票乘坐地铁，并无车次和时间上的限制，即使有关于单程票不予退换的规定，乘客也可以根据自己的行程安排，选择是否购票及购票的具体时机，从而有效地避免可能的损失。①

（2）铁路运输。申请人汪建国因堵车而未能按照客票记载的时间乘坐列车，依据铁路企业客运合同约定，该车票限乘当日当次车，开车后旅客仍可改签当日其他列车。因兰州火车站在当日（2016年3月23日）24时前，再无始发或经停该站开往泰州的旅客列车，故铁路公司无法为申请人进行改签或退票。法院认为，汪建国因堵车而未能乘坐列车，是因自身过错造成。根据铁路企业客运合同约定，承运人铁路公司可以不退票款，并不再承担运输义务。②

第八百一十七条

旅客随身携带行李应当符合约定的限量和品类要求；超过限量或者违反品类要求携带行李的，应当办理托运手续。

本条主旨

本条规定了旅客随身行李的要求。

相关条文

《合同法》第296条　旅客在运输中应当按照约定的限量携带行李。超过限量携带行李的，应当办理托运手续。

理解与适用

本条源自《合同法》第296条的规定，并有修订。

---

① 参见“谷新华与北京市地铁运营有限公司城市公交运输合同纠纷案”，北京市第四中级人民法院（2017）京04民终84号民事判决书。

② 参见“汪建国与兰州铁路局铁路运输合同纠纷案”，甘肃省高级人民法院（2016）甘民申1164号民事判决书。

本条规定是对旅客应当按照约定的限量和品类要求携带行李的规定；根据这一条文，旅客携带行李应当符合约定的限量和品类要求；在《合同法》第 296 条约定限量的基础上，增加了双方对“品类要求”的约定。对于旅客超过限量或者违反品类的行李，不可随身携带，而应当按规定办理托运手续。

实践中，承运人为控制成本，常常会限制客运合同旅客携带行李的重量，特别是在航空客运实践中，部分廉价航空公司推出的廉价折扣机票限制旅客随身携带的行李重量，甚至不提供免费行李重量，对旅客携带超额的行李收费，因而成诉。如原告朱新峰通过“去哪儿旅行”手机软件购买西部航空公司“低价特惠套餐”机票 1 张，从重庆始发到济南。订票中航空公司明确提示其可免费携带 5 公斤以内的非托运行李，无免费托运行李额。后朱新峰携带行李登机安检时，朱新峰行李超重，办理了行李托运手续并支付逾重行李费 80 元。朱新峰遂主张西部航空公司免费行李额违反《中国民用航空旅客、行李国内运输规则》经济舱旅客免费行李额 20 公斤的规定。法院认为，西部航空公司发展低成本航空服务、免费行李额低的差异化服务模式，不违反法律、行政法规的禁止性规定，且明确提示行李额受限，因而不支持原告的主张。①

第八百一十八条

旅客不得随身携带或者在行李中夹带易燃、易爆、有毒、有腐蚀性、有放射性以及有可能危及运输工具上人身和财产安全的危险物品或者违禁物品。

旅客违反前款规定的，承运人可以将危险物品或者违禁物品卸下、销毁或者送交有关部门。旅客坚持携带或者夹带危险物品或者违禁物品的，承运人应当拒绝运输。

本条主旨

本条规定了携带禁止违禁物品或危险物品。

相关条文

《合同法》第 297 条　旅客不得随身携带或者在行李中夹带易燃、易爆、有毒、有腐蚀性、有放射性以及有可能危及运输工具上人身和财产安全的危险物品

---

① 参见“朱新峰与西部航空有限责任公司航空旅客运输合同纠纷案”，广东省广州市中级人民法院（2017）粤 01 民终 5336 号民事判决书。

或者其他违禁物品。旅客违反前款规定的，承运人可以将违禁物品卸下、销毁或者送交有关部门。旅客坚持携带或者夹带违禁物品的，承运人应当拒绝运输。

《民用航空法》第 100 条　公共航空运输企业不得运输法律、行政法规规定的禁运物品。公共航空运输企业未经国务院民用航空主管部门批准，不得运输作战军火、作战物资。禁止旅客随身携带法律、行政法规规定的禁运物品乘坐民用航空器。

第 101 条　公共航空运输企业运输危险品，应当遵守国家有关规定。禁止以非危险品品名托运危险品。禁止旅客随身携带危险品乘坐民用航空器。除因执行公务并按照国家规定经过批准外，禁止旅客携带枪支、管制刀具乘坐民用航空器。禁止违反国务院民用航空主管部门的规定将危险品作为行李托运。危险品品名由国务院民用航空主管部门规定并公布。

《铁路旅客运输规程》第 52 条　下列物品不得带入车内：

1. 国家禁止或限制运输的物品；

2. 法律、法规、规章中规定的危险品、弹药和承运人不能判明性质的化工产品；

3. 动物及妨碍公共卫生（包括有恶臭等异味）的物品；

4. 能够损坏或污染车辆的物品；

5. 规格或重量超过本规程第五十一条规定的物品。

《中国民用航空旅客、行李国内运输规则》第 36 条　承运人承运的行李，只限于符合本规则第三条第二十三项定义范围内的物品。

承运人承运的行李，按照运输责任分为托运行李、自理行李和随身携带物品。

重要文件和资料、外交信袋、证券、货币、汇票、贵重物品、易碎易腐物品，以及其他需要专人照管的物品，不得夹入行李内托运。承运人对托运行李内夹带上述物品的遗失或损坏按一般托运行李承担赔偿责任。

国家规定的禁运物品、限制运输物品、危险物品，以及具有异味或容易污损飞机的其他物品，不能作为行李或夹入行李内托运。承运人在收运行李前或在运输过程中，发现行李中装有不得作为行李或夹入行李内运输的任何物品，可以拒绝收运或随时终止运输。

旅客不得携带管制刀具乘机。管制刀具以外的利器或钝器应随托运行李托运，不能随身携带。

理解与适用

本条沿袭了《合同法》第 297 条的规定。

本条是对旅客携带违禁物品或者危险物品的规定。实践中，承运人将违禁物品卸下、销毁或者送交有关部门可能会造成旅客损失，容易发生纠纷。实践中，有案例认为，机场方面处理违禁物品无责任。在唐海南与北京首都国际机场股份有限公司财产损害赔偿纠纷中①，原告唐海南于北京首都国际机场 T3 航站楼搭乘客机出行。在乘机时，就其携带的行李办理了行李托运手续。原告托运的行李内有三块大疆 DJI Mavic Air 无人机锂电池。到达目的地后，原告发现托运行李内的三块大疆 DJ Mavic Air 无人机锂电池不在行李包裹内，并在行李内收到开包检查单一张，检查单说明首都国际机场发现疑有禁止托运物品特征，因此进行了开包检查，电池、移动电源（充电宝）、火种类禁止托运的物品被移除。原告遂起诉主张赔偿电池价款和租赁电池费用。法院认为，涉诉锂电池已被法律以及中国民用航空局的相关规定界定为危险品，属于禁止托运的危险品。首都机场公司履行机场安检职责中履行了相关的提示和告知义务，对涉诉锂电池进行移除处理符合相关操作规范，相关行为是为了维护公共安全，合理且合法。

第八百一十九条

承运人应当严格履行安全运输义务，及时告知旅客安全运输应当注意的事项。旅客对承运人为安全运输所作的合理安排应当积极协助和配合。

本条主旨

本条规定了承运人的安全运输义务。

相关条文

《合同法》第 298 条　承运人应当向旅客及时告知有关不能正常运输的重要事由和安全运输应当注意的事项。

理解与适用

本条系对《合同法》第 298 条修订而成，在该条的基础上，增加了承运人的安全运输义务以及旅客的合作义务。

本条是对承运人安全运输义务和应当履行向旅客告知重要事项义务的规定。

① 参见“唐海南与北京首都国际机场股份有限公司财产损害赔偿纠纷案”，北京市顺义区人民法院（2019）京 0113 民初 2593 号民事判决书。

较之合同法原条文，该条增加了承运人安全运输义务的详细规定。众所周知，公共运输事关公共安全，因此，运输安全本身也是公共安全的重要内容。作为公共运输服务的提供者，承运人必须保证运输安全，保证旅客的人身安全，这也是其作为运输企业对旅客所应负担的安全义务；安全义务被认为是一种“结果义务”，即承运人必须实现将旅客安全运送到约定目的地的结果，方可视为义务履行完成。① 另外，承运人应当及时告知安全运输的注意事项，以保障旅客的知情权。对于承运人基于运输安全所采取的合理措施与安排，旅客负有配合与协助的义务，这也是其合作义务的内容。

司法实践中，有法院认为，客运合同中的安全运输事项应由承运人明确告知旅客，而不是要求旅客主动告知承运人。在朱兰英诉云南机场地面服务有限公司、成都航空有限公司航空旅客运输合同纠纷案中，原告朱兰英系高位截瘫人员，委托朋友帮其预定一张 2011 年 10 月 8 日从昆明飞往成都的航班机票，购票时未申明原告是残疾旅客。后原告独自一人到达昆明机场办理登机手续，申请专用窄型轮椅服务，被告表示临时申请轮椅需有人陪同或者有医院证明，原告不能申请轮椅，只能改签。原告独自通过安检到达登机口准备登机，被告以原告不具备该次航班乘机条件为由，决定对原告不予承运。法院认为：被告决定对原告不予承运的行为并未违反中国民航局规范性文件的规定，也符合其经民航四川监管局批准的国内客运手册的操作规程。但从原、被告具体订立并履行航空旅客运输合同来说，直接约束双方当事人的应当是具体合同条款确定的权利义务。根据《合同法》第 298 条规定客运合同中的安全运输事项应由承运人明确告知旅客，而不是要求旅客主动告知承运人。承运人在未明确告知病残旅客的特殊规定和要求的情况下拒载，已构成违约，应承担相应的违约责任。②

另外，如果发生不可抗力事件影响运输安全，承运人可以解除合同，终止原定的运输计划。在崔凤翎与兰州铁路局铁路旅客运输合同纠纷案中③，原告崔凤翎持兰州西至中川机场的火车票，乘坐被告所属的 C8523 次旅客列车，当日列车运行区间陈官营车站检测降雨量已达到封锁警戒值，被告封锁了陈官营车站上下行线路，随后取消了列车。后车站通知原告该趟列车停运。法院认为：本案是由

① François Collart Duthilleul et Philippe Delebecque, Contrats civils et commerciaux, 10e édition, Dalloz, 2015, pp. 734 - 735.

② 参见“朱兰英诉云南机场地面服务有限公司、成都航空有限公司航空旅客运输合同纠纷案”，云南省昆明市官渡区人民法院（2011）官民一初字第 3207 号民事判决书。

③ 参见“崔凤翎与兰州铁路局铁路旅客运输合同纠纷案”，兰州铁路运输法院（2017）甘 71 民终 24 号民事判决书。

于天气原因，不能实现合同目的，导致合同解除，属于《合同法》规定的不可抗力。被告考虑到天气恶劣，影响行车安全，取消 C8523 次旅客列车是其履行承运人职责、实现铁路运输安全管理的需要，且在取消该车次后及时通知了原告，并将票款全额退回。被告为保障旅客人身财产安全，取消该次列车并无过错，不应承担违约责任。

第八百二十条

承运人应当按照有效客票记载的时间、班次和座位号运输旅客。承运人迟延运输或者有其他不能正常运输情形的，应当及时告知和提醒旅客，采取必要的安置措施，并根据旅客的要求安排改乘其他班次或者退票；由此造成旅客损失的，承运人应当承担赔偿责任，但是不可归责于承运人的除外。

本条主旨

本条规定了承运人迟延运输的责任。

相关条文

《合同法》第 299 条　承运人应当按照客票载明的时间和班次运输旅客。承运人迟延运输的，应当根据旅客的要求安排改乘其他班次或者退票。

理解与适用

本条源自《合同法》第 299 条的规定，并有重要修订。

本条是关于承运人迟延运输的规定。承运人应当按照有效客票记载的时间、班次和座位号运输旅客。根据本条，承运人一旦发生迟延运输，应当履行告知和提醒义务，及时告知旅客相关的信息，并根据旅客的要求安排改乘其他班次或者退票；由此造成旅客损失的，承运人应当承担赔偿责任，但是不可归责于承运人的除外（譬如天气变化原因、临时性的空中交通管制、意外的地质灾害等）。

实践中，飞机和火车等经常会出现晚点现象，如非因合理原因造成的迟延运输，承运人需要赔偿。在卢廷阁诉北京铁路局赔偿纠纷案中，针对列车晚点所造成的损失，法院认为：由于前序列车晚点的原因，致使卢廷阁预定的车次晚点两小时，北京铁路局构成违约。在得知列车晚点的情况后，卢廷阁未选择退票而是决定继续乘坐该次列车，属于其作为守约方行使权利的正当行为。该行为已明确表明其放弃要求退票或改乘其他列车的权利，同时，亦表明双方当事人之间就发车时间又达成了新的合意，即卢廷阁同意北京铁路局按新的发车时间履行合同。①

关于航班延误，有论者认为，承运人对因延误给消费者造成的损失承担责任实行的是推定过失责任制。承运人只要证明“已采取必要措施以避免损失的发生，或者是出现承运人无法预料、无法控制的不可抗力因素，不可能采取此种措施”，就可免除其赔偿责任。② 在王磊等人诉中国南方航空股份有限公司航空旅客运输合同案中③，法院认为：王磊等人购买南航公司 CZ3817 航班机票后，即与该公司建立了合法有效的航空旅客运输合同关系。航空公司应于合同约定期间将旅客安全运送至约定地点，并履行相关法定附随义务。无论何种原因造成航班延误，航空公司均应依照相关法律、行业规范及惯例，本着善良管理人的注意义务，做好对旅客的安抚、解释工作，提供适时、良好的服务，保障旅客权利的正常行使，采取必要措施尽快恢复航班运行。本案航班近 24 小时的延误，南航公司均未能秉持提供良好服务的准则，适时（或根本没有）向旅客提供餐食服务，导致延误旅客长时间不能正常进食，存在服务质量瑕疵，且航班延误期间，南航公司未能始终如一全面、迅速、及时地将航班延误或取消以及新的飞行计划等信息向旅客进行告知和解释，限制乃至剥夺了旅客的知情权，并进而妨碍了旅客选择权的行使，南航公司未能全部履行航空旅客运输合同的附随义务，故构成违约。在卢子彬与深圳航空有限责任公司航空旅客运输合同纠纷案中，原告卢子彬购买了承运人深航公司从成都飞往南宁的 ZH9564 航班。卢子彬所乘坐飞机的前序航班因存在雷暴天气在重庆备降，后由重庆返回成都，故导致后序航班 ZH9564 延误。又因机组人员执行飞行任务时间较长，后序航班人员机组超时，故 ZH9564 航班于当日被取消，发生递次延误。法院认为：本案所涉航班的前序航班因天气原因在重庆机场备降后又返回双流机场导致初期延误，这是在客观上不可抗力的现象，无法避免和克服。但因上一段的延误导致本次 ZH9564 航班执勤机组执勤时间届满，即“机组超时”，这属于航空公司自身原因导致。本案发生的该时段属于雷雨多发季节，深航公司作为有多年经验的航空公司应当预见到该季节多发天气会造成延误，且深航公司于成都双流机场处设有基地深圳航空公司四川分公司，就应当考虑机组的执勤时间，及时调整机组人员的构成，增加运

① 参见“卢廷阁上诉北京铁路局铁路旅客运输合同纠纷案”，北京市第四中级人民法院（2016）京 04 民终 62 号民事判决书。

② 参见贺富永：《航空运输延误及判断依据》，载《河北法学》，2016 年第 5 期，第 82 页。另可参见蔡东辉：《航空旅客运输航班延误及其法律责任》，载《法律适用》，2006 年第 8 期，第 59 页。

③ 参见“王磊等人诉中国南方航空股份有限公司航空旅客运输合同案”，安徽省合肥市中级人民法院（2005）合民二终字第 39 号民事判决书。

力备份，以减少时间延误、递次延误的可能性。①

但如果不能按约定履行运输义务是由于承运人其他内部管理方面的原因，则承运人不能被免除责任。在阎玉海诉北京佳信安达科技发展有限公司等航空旅客运输合同纠纷案中，原告委托佳信公司购买北京—曼谷的往返机票。后佳信公司代理原告向大京中心购票，并将该机票交给原告。原告持上述机票飞赴曼谷，但返回北京时，被告知因座位未确定，无法登机。同日，原告另行购买机票一张返京。就原告在曼谷无法登机的原因，大京中心和斯航公司称系由于在订票过程中电脑网络传输出现问题，返程机票未经确认。大京中心和斯航公司只告知可以改期，并未告知可以退票。法院认为：大京中心与斯航公司之间的网络传输问题，系其内部事由，不能对抗原告并否定合同效力。斯航公司在发现履行合同有困难时，本应积极采取补救措施，以实现原告的合同目的，而其只是要求原告变更或者解除合同，明显违背诚实信用原则。在原告明确表示不同意变更、解除合同的情况下，斯航公司也未采取替代履行方式，而是拒绝原告在曼谷登机，已构成违约行为，应赔偿原告的合理损失。②

第八百二十一条

承运人擅自降低服务标准的，应当根据旅客的请求退票或者减收票款；提高服务标准的，不得加收票款。

本条主旨

本条规定了承运人变更运输工具时的处理。

相关条文

《合同法》第 300 条　承运人擅自变更运输工具而降低服务标准的，应当根据旅客的要求退票或者减收票款；提高服务标准的，不应当加收票款。

理解与适用

本条源自《合同法》第 300 条的规定，并有文字上的修订：删除了“承运人擅自变更运输工具”这一前提，将“要求”改为“请求”，并“不应当”改为“不得”。

---

① 参见“卢子彬与深圳航空有限责任公司航空旅客运输合同纠纷案”，成都铁路运输法院（2017）川 71 民终 7 号民事判决书。

② 参见“阎玉海诉北京佳信安达科技发展有限公司等航空旅客运输合同纠纷案”，北京市朝阳区人民法院（2007）朝民初字第 14945 号民事判决书。

本条是对承运人擅自变更降低服务标准的规定。本条删去了合同法原条文中“承运人擅自变更运输工具”这一降低服务标准的前提，因为承运人擅自降低服务标准与擅自变更运输工具之间无必然的因果联系；在不变更运输工具的情况下，也可能降低服务等级，譬如，因超售原因将客户购买的航班头等舱座位调低为经济舱座位①，或者将高铁的商务座调低为一等座。在这样的情况下，承运人应当根据旅客的请求，为其安排退票，或者退还相应的差额。如因为承运人的安排，使旅客的服务等级提升，譬如为旅客安排升舱或调改座位等级，承运人不应向旅客加收差额票款。

第八百二十二条

承运人在运输过程中，应当尽力救助患有急病、分娩、遇险的旅客。

本条主旨

本条规定了承运人的紧急救助义务。

相关条文

《合同法》第 301 条　承运人在运输过程中，应当尽力救助患有急病、分娩、遇险的旅客。

理解与适用

本条沿用了《合同法》第 301 条的规定。

本条是对承运人对旅客尽紧急救助义务的规定。虽然旅客的这些紧急情况并非由承运人造成的，但是，基于人道主义，承运人如果对其所运输旅客的急病、分娩等紧急情况拒绝救助、对旅客的安危不闻不问，显然有悖公序良俗，也违反了承运人所负担的安全义务。不过，“尽力（救助）”一词也表明，其救助义务是一种“方法之债”而非“结果之债”，即只要承运人作出了其客观条件允许范围内的努力，即应视为履行了救助义务；如旅客仍然发生意外伤亡，则承运人应免于承担责任。

关于承运人的紧急救助义务的司法案例较为丰富。在旅客突发疾病需救助时，如承运人未尽到紧急救助义务，则需担责。在阳光财产保险股份有限公司山

---

① 对于超售条款，理论界和司法实务界对其合理性始终存有争议，存在“肯定说”和“否定说”两种观点。肯定说认为，超售源自航空承运人为避免座位的虚耗以及满足更多旅客出行的需求，而非基于承运人之主观恶意，符合国际航空业的售票惯例。而否定说认为，超售侵犯了消费者的知情权，违反了诚实信用原则，构成欺诈。参见贺大伟：《论公共航空承运人运输总条件的法律属性及其适用困境消解》，载《政治与法律》，2018 年第 1 期，第 142－143 页。

西省分公司与宋守春等公路旅客运输合同纠纷案中，王生梅乘坐并州快客公司所属长途客车由广西北海返回山西省太原，车内配备两名司机和一名司乘人员。该车驶入河南省泌阳县服务区停车休息3个小时，休息过程中约1时50分许，有同车乘客发现王生梅手扶卫生间门口栏杆，有身体不适症状，经上前询问，王生梅无应答随即躺倒在地。2时40分，同车乘客拨打了当地120求救。医务人员于2时59分到达河南省驻马店市泌阳县铜山湖服务区现场进行救护。3时11分，该客车司乘人员拨打当地110报案，3时45分，王生梅经抢救无效死亡。法院认为：在运输过程中，对于患急病而猝死的王生梅，并州快客公司的司乘人员未能及时予以救助存在过错，理应承担相应的民事责任。①

另外，在乘客受伤后，承运人应采取紧急救助措施。在中国太平洋财产保险股份有限公司长春中心支公司与王某等运输合同纠纷案中，张某在长春市宽城区黑水路乘坐1路公交车时，与乘客李某发生争执，张某被李某殴打，次日凌晨3时许张某陷入昏迷入院治疗后死亡。法院认为：本案中，公交集团的司机在承运过程中，未对李某的犯罪行为及时进行制止、未拨打报警电话，事后，亦未对受害人张某采取必要的手段进行救助，此种不作为的行为既有违善良风俗和公共道德，也违反了上述法律规定的承运人对乘客的救助义务。故根据民法的公平原则和公序良俗原则，公交集团对因张某死亡而造成的相关损失应予以适当的分担和补偿。②

在王丽春诉长春站损害赔偿案中③，原告王丽春的丈夫尚洪民与同行人高杰持有效车票，从鞍山站乘坐列车回长春。上车后，尚、高二人去餐车吃饭，喝了几瓶啤酒。距长春还有30分钟左右时，该节车的列车员徐广才叫两人，两人未清醒。长春开车后，徐广才发现尚二人并未下车，遂通知车长和乘警到场。乘警也未能叫醒二人。该车到哈尔滨站前10分钟左右，发现尚洪民俯卧于铺上死亡，鉴定结论为呕吐物吸入气管致窒息死亡。法院认为：作为承运人的第三人的种种过错，促成了尚洪民死亡结果的发生。(1）因第三人未本着负责态度核对下车人数，致使尚洪民未在长春站下车。(2）旅客坐过了站时，第三人未履行此积极义务，未编制客运记录，亦未在前方停车站（德惠站）将尚洪民交下。(3）人饮酒超过一定的限度，即会达到危险状态，这是普通人所应当掌握的基本知识。根据尚洪民在长春站前后的种种表现，可以确认其已经喝了一定量的酒，因此，第三

① 参见“阳光财产保险股份有限公司山西省分公司与宋守春等公路旅客运输合同纠纷上诉案”，太原铁路运输法院（2017）晋71民终14号民事判决书。

② 参见“中国太平洋财产保险股份有限公司长春中心支公司与王亚春等运输合同纠纷上诉案”，吉林省长春市中级人民法院（2017）吉01民终4476号民事判决书。

③ 参见“王丽春诉长春站损害赔偿案”，北大法宝引证码：CLI. C. 25983。

人应当尽力予以救助，在前方站将其交下。但第三人未给予应尽的、足够的、能够确保其人身安全的救助措施。

另外，司法实践中也涉及对“尽力救助”的认定。在济南汇元出租汽车有限公司诉杨萍等出租汽车运输合同纠纷案中①，死者苏华民在窑头路上车搭乘汇元公司出租车司机王某驾驶的出租车。途中，苏华民突发急病。王某发现后将其送至位于济南市历下区甸新东路 28 号的济南市公安局公交分局第二派出所，该所民警让王某拨打 120 急救。王某与苏华民未发生任何冲突。法院认为：根据词典中对“尽力”的解释，“尽力”即用一切力量。根据汇元公司提交的济南市城市客运出租汽车驾驶员继续教育教材，遇到突发疾病时如果是心脏病要立即停车，尽量放平座位，并同时拨打 120 急救电话。遇到突然昏厥或者原因不明的情况下应立即拨打 120 急救电话。可见，在遇到突发情况时，通常有几种措施：将患者送至医院，或拨打 120 急救电话。本案出租车司机选择将车开至派出所再拨打 120 急救电话，选择的救助方式虽无明显不当，但却与《合同法》第 301 条规定，应尽到尽力救助义务存在差距，与之日常培训亦不符，也与通常情况下社会的正常期待存在差距。综上，不能认定出租车司机将乘客送至派出所然后拨打 120 急救电话的救助方式即尽到了尽力救助的义务。

此外，根据司法判例，在乘客因重大过失受伤后承运人仍有救助义务。在宋仙菊与广州马会巴士有限公司城市公交运输合同纠纷案中②，宋仙菊在上车后，在车辆行驶过程中，没有坐稳扶好，而是肩膀挎着挎包、一手拿着雨伞、一手拖着放满物品的购物车往车厢后部走去，后宋仙菊摔倒后乘客帮她在座位上坐好，车辆在广东省人民医院附近时送医院就医，且承运人马会巴士公司也垫付了医疗费、护理费等费用。法院认为：可以认定马会巴士公司尽了一定的救助责任。综上，原审法院认定宋仙菊的受损是由马会巴士公司和宋仙菊的共同过错造成的，其中宋仙菊的自我过错是造成损害的主要原因，其应自行承担主要责任，马会巴士公司承担次要责任。

第八百二十三条

承运人应当对运输过程中旅客的伤亡承担赔偿责任；但是，伤亡是旅客自身

---

① 参见“济南汇元出租汽车有限公司诉杨萍等出租汽车运输合同纠纷案”，山东省济南市中级人民法院（2016）鲁 01 民终 5152 号民事判决书。

② 参见“宋仙菊与广州马会巴士有限公司城市公交运输合同纠纷上诉案”，广东省广州市中级人民法院（2017）粤 01 民终 11886 号民事判决书。

健康原因造成的或者承运人证明伤亡是旅客故意、重大过失造成的除外。

前款规定适用于按照规定免票、持优待票或者经承运人许可搭乘的无票旅客。

本条主旨

本条规定了旅客伤亡的损害赔偿责任。

相关条文

《合同法》第 302 条　承运人应当对运输过程中旅客的伤亡承担损害赔偿责任，但伤亡是旅客自身健康原因造成的或者承运人证明伤亡是旅客故意、重大过失造成的除外。前款规定适用于按照规定免票、持优待票或者经承运人许可搭乘的无票旅客。

《民用航空法》第 124 条　因发生在民用航空器上或者在旅客上、下民用航空器过程中的事件，造成旅客人身伤亡的，承运人应当承担责任；但是，旅客的人身伤亡完全是由于旅客本人的健康状况造成的，承运人不承担责任。

第 127 条　在旅客、行李运输中，经承运人证明，损失是由索赔人的过错造成或者促成的，应当根据造成或者促成此种损失的过错的程度，相应免除或者减轻承运人的责任。旅客以外的其他人就旅客死亡或者受伤提出赔偿请求时，经承运人证明，死亡或者受伤是旅客本人的过错造成或者促成的，同样应当根据造成或者促成此种损失的过错的程度，相应免除或者减轻承运人的责任。在货物运输中，经承运人证明，损失是由索赔人或者代行权利人的过错造成或者促成的，应当根据造成或者促成此种损失的过错的程度，相应免除或者减轻承运人的责任。

理解与适用

本条沿用了《合同法》第 302 条的规定，略有文字和标点的修订。

本条是对旅客运输中承运人对旅客人身伤亡应负责任的规定。根据本条，承运人应当对运输过程中旅客的伤亡承担赔偿责任；但是，伤亡如果是旅客自身健康原因造成的或者承运人证明伤亡是旅客故意、重大过失造成的除外。其原因在于，旅客运输合同中，将旅客安全运送到约定的目的地，这是一种“结果债务”；只要安全运达目的地这一结果未达到，作为债务人的承运人即应承担责任，除非义务未履行应归咎于旅客自身的体质（譬如自身患有严重疾病或不适合长途旅行的疾病），或者是旅客的故意或重大过失（譬如旅客拒不遵守有关运输安全的规则而致自身伤亡）。

另外，根据本条第 2 款，第 1 款的规定同样适用于按照规定免票、持优待票或者经承运人许可搭乘的无票旅客。这就是说，承运人对旅客人身伤害的责任，同样适用于经其同意而免费乘坐的乘客或持减价优待票的乘客。譬如，根据承运人的营销政策，经常乘坐其交通工具的乘客可通过所积累的里程来兑换免费的客票，如其在使用所兑换的免费客票的过程中发生伤亡，承运人同样应承担责任，除非存在前述的法定免责事由。

在司法实践中，旅客伤亡是客运合同中最多的纠纷类型之一。在旅客运输活动中，实行无过错责任制度，即承运人即使在没有过错的情况下，如未能将旅客安全运送至指定目的地，应当承担损害赔偿责任，除非是由于旅客自身的健康原因或其故意、重大过失所造成。同时，结合《民法典》第 822 条，旅客自身健康原因造成伤亡且承运人合理救助的，承运人也可以免除责任。实践中，难点在于重大过失的认定。

对乘客重大过失的认定，需结合具体的案情来判断。在缪原慧与呼和浩特铁路局铁路旅客运输合同纠纷案中①，原告缪原慧持 K691 次自贡至昆明的旅客列车车票，乘坐于该车第 5 号车厢 5 号中铺。次日早上 6 点左右，缪原慧在去洗漱间洗漱的过程中摔倒。在缪原慧摔倒后，列车员赶到并广播寻医，对其进行了简单的伤情处理。在列车到达昆明火车站后，铁路局将缪原慧送入云南省第三人民医院进行治疗，经诊断，缪原慧右侧髌骨骨折，十级伤残。法院认为：缪原慧在行走时摔伤，没有尽到作为一个正常成年人所应负有的对自己人身安全的注意义务，以致身体受到伤害，缪原慧对其摔伤具有一般过失。缪原慧并非违反了普通人的注意义务，以极不合理的方式未尽到对自己人身安全最基本的注意，因此缪原慧的过失不是重大过失。铁路局不具有法定的免责事由，依法不能免除其赔偿责任。故对上诉人铁路局认为缪原慧存在重大过失，可以免除其赔偿责任的主张，法院不予支持，确定由缪原慧承担 60％的责任，铁路局承担 40％的责任。

第八百二十四条

在运输过程中旅客随身携带物品毁损、灭失，承运人有过错的，应当承担赔偿责任。

旅客托运的行李毁损、灭失的，适用货物运输的有关规定。

---

① 参见“缪原慧与呼和浩特铁路局铁路旅客运输合同纠纷案”，昆明铁路运输法院（2016）云 71 民终 33 号民事判决书。

本条主旨

本条规定了对旅客随身携带行李的赔偿责任。

相关条文

《合同法》第 303 条　在运输过程中旅客自带物品毁损、灭失，承运人有过错的，应当承担损害赔偿责任。旅客托运的行李毁损、灭失的，适用货物运输的有关规定。

《民用航空法》第 125 条　因发生在民用航空器上或者在旅客上、下民用航空器过程中的事件，造成旅客随身携带物品毁灭、遗失或者损坏的，承运人应当承担责任。因发生在航空运输期间的事件，造成旅客的托运行李毁灭、遗失或者损坏的，承运人应当承担责任。旅客随身携带物品或者托运行李的毁灭、遗失或者损坏完全是由于行李本身的自然属性、质量或者缺陷造成的，承运人不承担责任。本章所称行李，包括托运行李和旅客随身携带的物品。因发生在航空运输期间的事件，造成货物毁灭、遗失或者损坏的，承运人应当承担责任；但是，承运人证明货物的毁灭、遗失或者损坏完全是由于下列原因之一造成的，不承担责任：（一）货物本身的自然属性、质量或者缺陷；（二）承运人或者其受雇人、代理人以外的人包装货物的，货物包装不良；（三）战争或者武装冲突；（四）政府有关部门实施的与货物入境、出境或者过境有关的行为。本条所称航空运输期间，是指在机场内、民用航空器上或者机场外降落的任何地点，托运行李、货物处于承运人掌管之下的全部期间。航空运输期间，不包括机场外的任何陆路运输、海上运输、内河运输过程；但是，此种陆路运输、海上运输、内河运输是为了履行航空运输合同而装载、交付或者转运，在没有相反证据的情况下，所发生的损失视为在航空运输期间发生的损失。

第 126 条　旅客、行李或者货物在航空运输中因延误造成的损失，承运人应当承担责任；但是，承运人证明本人或者其受雇人、代理人为了避免损失的发生，已经采取一切必要措施或者不可能采取此种措施的，不承担责任。

第 127 条　在旅客、行李运输中，经承运人证明，损失是由索赔人的过错造成或者促成的，应当根据造成或者促成此种损失的过错的程度，相应免除或者减轻承运人的责任。旅客以外的其他人就旅客死亡或者受伤提出赔偿请求时，经承运人证明，死亡或者受伤是旅客本人的过错造成或者促成的，同样应当根据造成或者促成此种损失的过错的程度，相应免除或者减轻承运人的责任。在货物运输中，经承运人证明，损失是由索赔人或者代行权利人的过错造成或者促成的，应当根据造成或者促成此种损失的过错的程度，相应免除或者减轻承运人的责任。

第 128 条　国内航空运输承运人的赔偿责任限额由国务院民用航空主管部门制定，报国务院批准后公布执行。旅客或者托运人在交运托运行李或者货物时，特别声明在目的地点交付时的利益，并在必要时支付附加费的，除承运人证明旅客或者托运人声明的金额高于托运行李或者货物在目的地点交付时的实际利益外，承运人应当在声明金额范围内承担责任；本法第一百二十九条的其他规定，除赔偿责任限额外，适用于国内航空运输。

理解与适用

本条源自《合同法》第 303 条的规定，略有文字修订，将“自带物品”改为“随身携带物品”。

本条是对承运人对旅客自带物品毁损、灭失应负赔偿责任的规定。根据本条，在运输过程中旅客随身携带物品毁损、灭失，承运人有过错的，应当承担赔偿责任。因此，承运人对随身携带物品的赔偿，法律所采纳的是过错责任，即旅客必须证实承运人存在过失，这是因为承运人对于旅客随身行李一般是免费承运，基于无偿法律关系，承运人不应承担无过失责任，而仅对其过失负责。

另外，根据本条，旅客托运的行李毁损、灭失的，适用货物运输的有关规定。这是因为对托运行李的运输，相对于旅客运输而言具有一定的独立性；事实上，在实践中，承运人对于行李的托运都有另外的单独规则，甚至有时候会安排客舱之外的单独空间（如货舱、行李间等部位）存放。因此，对托运行李的处理，应适用货物运输的有关规则。由此，如果旅客将行李存放于大客车封闭的行李舱中，则应视为行李已托运，承运人应对此负有安全义务。在辽宁城际客运有限公司与齐佳运输合同纠纷案中①，齐佳乘坐城际客运公司大巴去沈阳五爱，将其自带的价值为 6 126 元服装放置在汽车下面提供存放货物的密闭舱内，车辆行驶到南塔鞋城时有顾客下车到行李箱取行李，后齐佳下车时发现自己的货物不见了。法院认为：齐佳乘坐客车，其携带的物品应处于其自身的控制之下，本人对之负有关注和保护义务，并不处于承运人的义务范围之内，但根据目前旅客乘坐城际客运或类似性质的客车普遍习惯，一般将携带的稍大物品放在汽车下面提供存放货物的密闭舱内，此时，该货物已脱离于齐佳的控制之下，此情形不属于因

① 参见“辽宁城际客运有限公司与齐佳运输合同纠纷上诉案”，辽宁省抚顺市中级人民法院（2017）辽 04 民终 1798 号民事判决书。

齐佳自己未尽到注意义导致货物丢失。对于作为承运人的城际客运，在建立与旅客的客运合同关系中，其负有安全运送义务，齐佳放在客车下面密闭舱的货物因舱门中途未关严导致丢失的结果系城际客运的原因，基于承运人的安全义务，城际客运应承担赔偿责任。

在吴悦与广东省湛江汽车运输集团有限公司湛江市汽车南站公路旅客运输合同纠纷案中①，吴悦及其女友游某购买了两张湛江至江门的汽车票，吴悦上车时将两个行李箱放置于班车的封闭行李舱中，并在两行李箱分别贴上标签，记载："乘客联（当班次领取有效）一、现金及贵重物品请随身携带、保管，丢失概不负责。二、非保价行李每千克赔偿不超过 10 元"，吴悦称没有为行李购买保价。② 车辆到达目的地后，吴悦发现两行李箱已丢失遂报警。法院认为：本案中，吴悦将行李放置在客车行李舱内，其丧失了对其物品的直接控制的权利，直到下客车的时候才能恢复，在此期间，乘客对物品的保管义务同时转移给了承运人，承运人应当尽到安全保管行李的义务，造成吴悦行李的丢失，湛江市汽车南站存在过错行为，需要承担损害赔偿责任。关于财物损失的问题。行李标签中注明的"非保价行李每千克赔偿不超过 10 元"的内容加重了托运人在货物丢失时的索赔条件并限制了索赔金额，属于减轻己方责任、加重对方义务的条款，依法应当认定此为无效条款，不能直接采用该计算标准。故法院根据实际货损确定赔偿额。

关于托运行李丢失损害的赔偿责任，一个比较复杂的问题是，是否适用限制赔偿规则？就此而言，司法判例存在两种做法。

（1）认为原则上适用。在一起案件中，旅客在咸阳机场转机换乘南方航空公司航班回武汉，登机前，其将行李箱办理了托运手续，但航班到达后，其未能领取到行李箱。直至次年 1 月 15 日，南方航空公司找到行李箱后，将行李箱送至其家中。该旅客认为行李箱之中的部分物品已丢失，具体包括玉石、手镯、红珊瑚念珠、天珠等，并提供了物品的付费凭证。法院认为：旅客托运的行李毁损、灭失的，适用货物运输的有关规定，货物的毁损、灭失的赔偿额，当事人有约定的，按照其约定。法律、行政法规对赔偿额的计算方法和赔偿限额另有规定的，

① 参见"吴悦与广东省湛江汽车运输集团有限公司湛江市汽车南站公路旅客运输合同纠纷上诉案"，广东省江门市中级人民法院（2016）粤 07 民终 2466 号民事判决书。

② 所谓保价条款是指承运人对价值较高的货物，声明其价值，并按其声明价值的一定比例（通常为千分之三），在运费外再支付保价费，一旦发生货损，则按声明价值赔付；如未保价，则按运费的一定倍数赔付。保价属于格式条例，其效力在审判实践中引起的争议较大。参见陈昶、罗懿：《运输合同中保价条款的效力及其排除适用的条件》，载《人民司法》2008 年第 24 期，第 83 页。

依照其规定。依据我国《民用航空法》第131条规定，确定了有关航空运输中发生损失的诉讼，应优先适用该法赔偿责任限额的原则。本案该旅客虽提交了相关证据，可以认定其丢失行李物品的实际价值，但该旅客在办理行李托运时未声明价值，交纳声明价值附加费。法院只能依据上述规定，按照其丢失行李在托运时的重量为基准计算赔偿责任限额。①

（2）认为原则不适用限额，除非承运人自证无责。在董学俭与中国东方航空股份有限公司西北分公司等航空旅客运输合同纠纷案中②，原告董学俭乘坐被告东航西北分公司格尔木至西安航班，在格尔木机场办理行李托运，飞机到达西安咸阳机场后原告发现在格尔木托运的8公斤行李丢失，在寻找无果的情况下，原告申报行李运输事故并报警，丢失的行李至今没有找回。就赔偿范围的问题，法院认为本案中董学俭搭乘飞机时，办理完行李托运手续后，行李就移交给东航西北分公司的代理人格尔木机场工作人员处理。在行李托运过程中，行李均在承运人的监管之下，董学俭乘坐飞机安全顺利抵达目的地，但董学俭却未领到其托运的行李，该托运行李丢失的原因非因旅客原因、非因风险性事故原因，而是承运人管理过失原因造成。在此情况下，东航西北分公司应承担举证责任，即对于东航西北分公司而言，如果认为应当适用《民用航空法》第128条、第129条有关赔偿责任限额的规定对董学俭丢失行李进行赔偿，其应当提供证据证明自身在运输旅客行李过程中没有故意或者明知可能造成损失而轻率地作为或者不作为，即承运过程中没有过错。本案中，因东航西北分公司没有提供证据证明，故法院认为，对于董学俭丢失行李的赔偿不应适用《民用航空法》第128条、第129条有关赔偿责任限额的规定。

第三节　货运合同

货运合同是承运人将托运人交付运输的货物运送到指定地点，托运人支付运费的合同，是运输合同的一种。③ 在货物运输实践中，收货人可能为托运人，但更为普遍的情况是收货人为托运人和承运人之外的第三人，因此货运合同往往有

---

① 参见“中国南方航空股份有限公司等诉某航空旅客运输合同纠纷案”，湖北省高级人民法院（2017）鄂民再239号民事判决书。

② 参见“董学俭与中国东方航空股份有限公司西北分公司等航空旅客运输合同纠纷上诉案”，西安铁路运输法院（2016）陕71民终36号民事判决书。

③ 参见崔建远：《合同法》，北京，法律出版社2016年版，第388页。

第三人参加，甚至被称为“真正利益第三人契约”，收货人即便不是订立合同的当事人，亦享有对托运人的直接请求权。[①]

本节规定了托运人、承运人和收货人的权利义务，规定了托运人的如实申报义务，提供审批、检验文件的义务，妥当包装义务以及在托运危险物品时的特殊危险防范义务，明确了托运人对于运输货物的处置权，还规定了货物到达后承运人的通知义务及收货人的提货和检验义务、承运人在特定情况下对运输货物的留置和提存。同时，本节规定了承运人对于运输过程中的货物毁损、灭失承担责任，并明确了赔偿额的计算方法，同时对于货物因不可抗力灭失时的运费处理进行了规范。最后，本节对于单式联运中的责任分配进行了规定，考虑到多式联运合同的责任和风险规则有诸多特殊之处，多式联运合同留待第四节进行专门规范。

第八百二十五条

托运人办理货物运输，应当向承运人准确表明收货人的姓名、名称或者凭指示的收货人，货物的名称、性质、重量、数量，收货地点等有关货物运输的必要情况。

因托运人申报不实或者遗漏重要情况，造成承运人损失的，托运人应当承担赔偿责任。

本条主旨

本条是对托运人如实申报义务的规定。

相关条文

《合同法》第 304 条　托运人办理货物运输，应当向承运人准确表明收货人的名称或者姓名或者凭指示的收货人，货物的名称、性质、重量、数量，收货地点等有关货物运输的必要情况。因托运人申报不实或者遗漏重要情况，造成承运人损失的，托运人应当承担损害赔偿责任。

《民用航空法》第 113 条　承运人有权要求托运人填写航空货运单，托运人有权要求承运人接受该航空货运单。托运人未能出示航空货运单、航空货运单不

---

① 参见货运合同为利益第三人合同这一观点，参见崔建远：《合同法》，北京，法律出版社 2016 年版，第 388 页；黄立：《民法摘编各论》（下），北京，中国政法大学出版社 2003 年版，第 655－656 页。当然，亦有人对此持反对观点，参见赵军、周荆、孙之斌、刘斌：《货物运输合同若干问题研究》，载《法律适用》2007 年第 5 期。

符合规定或者航空货运单遗失，不影响运输合同的存在或者有效。

第 114 条　托运人应当填写航空货运单正本一式三份，连同货物交给承运人。航空货运单第一份注明“交承运人”，由托运人签字、盖章；第二份注明“交收货人”，由托运人和承运人签字、盖章；第三份由承运人在接受货物后签字、盖章，交给托运人。承运人根据托运人的请求填写航空货运单的，在没有相反证据的情况下，应当视为代托运人填写。

第 115 条　航空货运单应当包括的内容由国务院民用航空主管部门规定，至少应当包括以下内容：（一）出发地点和目的地点；（二）出发地点和目的地点均在中华人民共和国境内，而在境外有一个或者数个约定的经停地点的，至少注明一个经停地点；（三）货物运输的最终目的地点、出发地点或者约定的经停地点之一不在中华人民共和国境内，依照所适用的国际航空运输公约的规定，应当在货运单上声明此项运输适用该公约的，货运单上应当载有该项声明。

第 117 条　托运人应当对航空货运单上所填关于货物的说明和声明的正确性负责。因航空货运单上所填的说明和声明不符合规定、不正确或者不完全，给承运人或者承运人对之负责的其他人造成损失的，托运人应当承担赔偿责任。

第 118 条　航空货运单是航空货物运输合同订立和运输条件以及承运人接受货物的初步证据。航空货运典上关于货物的重量、尺寸、包装和包装件数的说明具有初步证据的效力。除经过承运人和托运人当面查对并在航空货运单上注明经过查对或者书写关于货物的外表情况的说明外，航空货运单上关于货物的数量、体积和情况的说明不能构成不利于承运人的证据。

理解与适用

本条与《合同法》第 304 条的规定一致。

托运人在办理货物运输之时，应当向承运人准确地表明一些有关货物运输的必要情况，以便于承运人准确、安全地进行运输。这一规则亦见诸各运输特别法中，例如，《民用航空法》第 117 条规定托运人应当对航空货运单上所填关于货物的说明和声明的正确性负责；《海商法》第 66 条第 1 款规定托运人托运货物，应向承运人保证，货物装船时所提供的货物的品名、标志、包数或者件数、重量或者体积的正确性。《民法典》合同编对这些规则进行归纳和总结，在一般法层面对托运人如实申报义务作出规定。

一、托运人如实申报的事项

本条列举了三方面的申报内容。

第一，收货人的名称、姓名或者凭指示的收货人。运输合同中的托运人经常并非货物的接收方，因此为了方便承运人及时交货，托运人就需要在承运人的运单上列明或者以其他方式告知收货人的名称或者姓名，如果在托运人办理货物运输时并没有明确具体收货人，托运人应将提取货物的凭证告知承运人。①

第二，货物的名称、性质、重量、数量。托运人准确告知货物的情况，以便承运人采取恰当的措施完成运输；同时，如实告知货物的名称、性质、重量、数量，也是对托运人诚实履行合同的要求，因为承运人收取运费、装卸货物的方式往往都依赖于托运人所表明的货物的情况。②

第三，收货地点等其他有关货物运输的必要情况。《民法典》第 811 条针对运输合同一般性规定了承运人在约定期限或者合理期限内将货物运输到约定地点的义务，因此托运人自然应当告知承运人收货地点。其他必要情况还可以包括约定送达时间、货物保险指示以及当事人特别约定的其他事项。

二、托运人违反如实申报义务的法律后果

托运人违反如实申报义务，应当承担相应的法律后果。本条第 2 款规定，托运人申报不实或者遗漏重要情况，造成承运人损失的，应当承担赔偿责任。另外，托运人违反如实申报义务，使得承运人按照托运人申报的情况进行运输，最后导致托运人自身造成损失的，托运人理应承担自身损失。③ 我国法院在裁判中指出，承运人在运输之前，应当对货物进行简单的检验，在托运人未如实申报的情况下，承运人如果未能履行基本的检验义务，那么亦应当对损失承担一定的责任。④

值得探讨的是，如果托运人没有如实告知承运人所运送之物品为贵重物品，之后物品非因托运人、收货人的过错发生损毁灭失，承运人对于运输过程中的灭失、毁损的赔偿额如何确定，换而言之，在托运人未如实申报与物品的损害无因果关系的情况下，托运人的如实申报义务是否影响《民法典》第 833 条下赔偿额之认定，赔偿额是否应当依据贵重物品的真实价值确定，抑或以托运人申报的价值为限？对于这一点，第 833 条并未包含类似我国台湾“民法”第 639 第 2 款的

① 参见王利明：《合同法分则研究（上卷）》，北京，中国人民大学出版社 2012 年版，第 475 页；胡康生主编：《中华人民共和国合同法释义》，北京，法律出版社 1999 年版，第 465－466 页。

② 参见王利明：《合同法分则研究（上卷）》，北京，中国人民大学出版社 2012 年版，第 475 页。

③ 参见王利明：《合同法分则研究（上卷）》，北京，中国人民大学出版社 2012 年版，第 475 页；胡康生主编：《中华人民共和国合同法释义》，北京，法律出版社 1999 年版，第 466 页。

④ 参见“厦门环资矿业科技股份有限公司与南昌鄱阳湖航运有限公司公司运输合同纠纷上诉案”，江西省南昌市中级人民法院（2016）赣 01 民终 2463 号民事判决书。

以申报价值为限额之规则[1]，但是运输特别法中存在对申报数额和赔偿数额关系之规定。以《海商法》第56条为例，该条在设置货物灭失或损坏的赔偿限额的同时，明确了如果托运人在货物装运前已经申报其性质和价值，并在提单中载明，那么赔偿数额不受限额的限制。因此，在贵重物品运输中，托运人是否如实申报物品价值将会影响其在物品毁损、灭失时获得的赔偿，托运人如实申报同时也是对其自身财产利益的保护。

第八百二十六条

货物运输需要办理审批、检验等手续的，托运人应当将办理完有关手续的文件提交承运人。

本条主旨

本条规定了托运人向承运人提交审批、检验等文件的义务。

相关条文

《合同法》第305条　货物运输需要办理审批、检验等手续的，托运人应当将办理完有关手续的文件提交承运人。

理解与适用

本条与《合同法》第305的规定一致。

货物的运输可能会涉及某些手续的办理，所以在运输前，承运人往往要求托运人提交相应文件，以便顺利完成货物运输。本条对托运人应当办理的手续列举了审批、检验两种，出资之外还往往包括检疫、港口准入等，在危险品的运输时，还包括危险品运输的许可手续。[2]

涉及货物运输的专门立法基本都强调了托运人办理必要手续并提供相应单证、文件的义务，并且进一步规定，如果托运人没有向承运人提供必要的单证、文件或者提供的单证文件不充足、不正确，导致承运人遭受损失，托运人应当承

---

① 我国台湾地区“民法”第639条规定：金钱、有价证券、珠宝或其他贵重物品，除托运人于托运时报明其性质及价值者外，运送人对于其丧失或毁损，不负责任。价值经报明者，运送人以所报价额为限，负其责任。参见邱聪智：《新订债法各论（中）》，台北，元照出版公司2008年版，第521-522页；黄立：《民法债编各论（下）》，北京，中国政法大学出版社2003年版，第682-683页。

② 参见胡康生主编：《中华人民共和国合同法释义》，北京，法律出版社1999年版，第467页。

担赔偿责任。例如，《海商法》第 67 条规定：“托运人应当及时向港口、海关、检疫、检验和其他主管机关办理货物运输所需要的各项手续，并将已办理各项手续的单证送交承运人；因办理各项手续的有关单证送交不及时、不完备或者不正确，使承运人的利益受到损害的，托运人应当负赔偿责任。”《民用航空法》第 123 条规定：“托运人应当提供必需的资料和文件，以便在货物交付收货人前完成法律、行政法规规定的有关手续；因没有此种资料、文件，或者此种资料、文件不充足或者不符合规定造成的损失，除由于承运人或者其受雇人、代理人的过错造成的外，托运人应当对承运人承担责任。除法律、行政法规另有规定外，承运人没有对前款规定的资料或者文件进行检查的义务。”

第八百二十七条

托运人应当按照约定的方式包装货物。对包装方式没有约定或者约定不明确的，适用本法第六百一十九条的规定。

托运人违反前款规定的，承运人可以拒绝运输。

本条主旨

本条规定了托运人的货物包装义务。

相关条文

《合同法》第 306 条　托运人应当按照约定的方式包装货物。对包装方式没有约定或者约定不明确的，适用本法第一百五十六条的规定。托运人违反前款规定的，承运人可以拒绝运输。

理解与适用

本条在《合同法》第 306 条基础上修改而来，实质性内容未做变动，仅根据《民法典》的条文编号调整了交叉引用的法律条文。

此条规定了托运人妥善包装的义务，合同中对于包装方式有约定的，托运人应当按照约定的包装方式交付标的物；合同中对包装方式没有约定或者约定不明确，适用《民法典》第 619 条针对买卖合同之规定，按照如下规则确定包装方式：第一，按照《民法典》510 条的规则，由当事人签订补充协议就包装方式协商达成合意；第二，如果当事人不能达成补充协议，按照合同相关条款或者交易习惯确定；第三，如果按照《民法典》510 条的上述两项规则仍然无法确定包装方式，则应当采用通用方式包装，所谓通用方式，主要指按照某种运输工具运输某种货物的惯常包装方式；第四，没有通用的包装方式的，应当采取足以保护标的物且有利于节约资源、保护生态环境的包装方式，其中“有利于节约资源、保护生态环境”为此次《民法典》修订在《合同法》基础上增加的要求，进一步贯彻了绿色原则。

本条第2款进一步规定，托运人违反妥善包装义务的，承运人有权拒绝运输。同时，因包装不符合约定或者相关规定、规则导致托运人或者承运人损失的，托运人应当承担赔偿责任。① 这一点在特别法中已有明确规定，例如，《海商法》第66条第1款明确规定，托运人托运货物，应当妥善包装，由于包装不良对承运人造成损失的，托运人应当负赔偿责任。

承运人在运输过程中负有安全运输的义务，在运输途中应当注意运输安全，防止事故发生，对于需要照料的货物，应予适当的照料。② 承运人如果在运输途中发现包装安全隐患，应当在安全运输义务的范围内进行照料甚至补救，如果对损失的发生亦有过错，应当承担一定的责任。司法实践中出现过这样的案例，承运人为托运人提供货物运输服务，由托运公司负责装货，但是由于托运公司加装不牢，货物在运输途中发生了松动、倾斜，托运人遂派员工前往加固。在将货物人为扶正的过程中，货物发生严重倾斜砸伤了托运人的员工和承运人。法院审理发现，托运人未履行妥善包装的义务，导致了安全隐患，在途中加固的过程中，托运人派出的员工指挥不当，托运人应承担赔偿责任。但是与此同时，运输的货物超过了车辆核准载货量，承运人未尽到安全运输的义务，其在加固过程中有操作不当，对损害的发生亦应该承担责任。最终法院判决托运人与承运人各承担一半的责任。③

第八百二十八条

托运人托运易燃、易爆、有毒、有腐蚀性、有放射性等危险物品的，应当按照国家有关危险物品运输的规定对危险物品妥善包装，做出危险物品标志和标

① 参见胡康生主编：《中华人民共和国合同法释义》，北京，法律出版社1999年版，第469页。同时参考“陈正云与平凉中通速递服务有限公司泾川县分公司公路货物运输合同纠纷上诉案”，甘肃省高级人民法院（2016）甘08民终224号民事判决书。

② 参见崔建远：《合同法》，北京，法律出版社2016年版，391页。

③ 参见“张威、武汉曙光汽车附件有限公司侵权责任纠纷案”，湖北省武汉市中级人民法院（2017）鄂01民终2868号民事判决书。

签，并将有关危险物品的名称、性质和防范措施的书面材料提交承运人。

托运人违反前款规定的，承运人可以拒绝运输，也可以采取相应措施以避免损失的发生，因此产生的费用由托运人负担。

本条主旨

本条规定了托运危险货物时托运人的危险防范义务。

相关条文

《合同法》第307条　托运人托运易燃、易爆、有毒、有腐蚀性、有放射性等危险物品的，应当按照国家有关危险物品运输的规定对危险物品妥善包装，作出危险物标志和标签，并将有关危险物品的名称、性质和防范措施的书面材料提交承运人。托运人违反前款规定的，承运人可以拒绝运输，也可以采取相应措施以避免损失的发生，因此产生的费用由托运人承担。

《道路运输条例》第25条　货运经营者不得运输法律、行政法规禁止运输的货物。法律、行政法规规定必须办理有关手续后方可运输的货物，货运经营者应当查验有关手续。

第26条　国家鼓励货运经营者实行封闭式运输，保证环境卫生和货物运输安全。货运经营者应当采取必要措施，防止货物脱落、扬撒等。

运输危险货物应当采取必要措施，防止危险货物燃烧、爆炸、辐射、泄漏等。

第27条　运输危险货物应当配备必要的押运人员，保证危险货物处于押运人员的监管之下，并悬挂明显的危险货物运输标志。

托运危险货物的，应当向货运经营者说明危险货物的品名、性质、应急处置方法等情况，并严格按照国家有关规定包装，设置明显标志。

理解与适用

本条文在《合同法》第307条的基础上修改而来，实质性内容未做变动，仅将《合同法》第307条第1款中的“作出”危险物标志和标签改为“做出”，将第2款中的费用由托运人“承担”改为“负担”，法律语言表达和文字使用更加准确规范。

易燃、易爆、有毒、有腐蚀性、有放射性等危险物品的运输措施上与普通物品有诸多不同，如果不进行妥善处理，可能会对运输工具和公共设置造成损害，甚至会将运输人和第三人的生命健康乃至公共安全置于风险之中。对于危险物品的运输，各运输特别法已经进行了具体规定，《民法典》第 828 条承继《合同法》第 307 条，对这些专门规定进行了总结，规定了托运人的三项义务：第一，对危险物品妥善包装；第二，做出危险物品标志和标签；第三，将有关危险物品的名称、性质和防范措施的书面材料提交承运人，从而有利于承运人合理安排运输人和运输计划，并针对危险物品的具体情况采取适宜的防范和应对措施，避免运输过程中的损害。①

此处，国家有关危险物品运输的规定应当包括法律法规、部门规章中的规定及相关国家标准。值得注意的是，对于危险物品包装的要求应与《民法典》第 827 条中的一般包装要求进行区别。对于一般运输物品的包装，应优先服从当事人的约定，与之相比，危险物品的包装则必须服从国家规定，当事人之间就危险物品的包装达成的约定只能高于相关规定中的要求，如果当事人之间约定的包装方式没有达到国家规定的要求，托运人不得以双方约定为由主张相关责任的免除。②

如果托运人违反国家有关危险物品运输的规定，承运人可以拒绝运输，也可以采取相应措施以避免损失的发生，这些措施包括承运人可以在任何地点、任何时间根据情况将货物卸下、销毁或者使之不能为害，因此产生的费用由托运人承担。③ 有学者指出，即使托运人没有违反本条第 1 款规定的义务，承运人也知道危险物品的性质并且同意运输的，但在运输过程中如果危险货物对运输工具、人员和其他货物造成危险，承运人仍然可以基于安全运输的义务采取相应措施避免损失的发生，而不负有赔偿责任。④ 我国《海商法》第 68 条第 2 款采这一观点，规定："承运人知道危险货物的性质并已同意装运的，仍然可以在该项货物对于船舶、人员或者其他货物构成实际危险时，将货物卸下、销毁或者使之不能为害，而不负赔偿责任。但是，本款规定不影响共同海损的分摊。"

如果托运人违反国家有关危险物品运输的规定，承运人没有拒绝运输，导致损失，双方应按照各自的过错承担责任。本条第 2 款赋予了承运人拒绝运输的权利，自然就要求其在接受运输危险物品之前履行审慎注意义务。实践中，有托运人口头通知承运人运输硝酸钙，后承运人因未取得道路危险货物运输许可证被行政处罚。承运人认为托运人未提交有关危险物品的名称、性质和防范措施的书面材料，应当承担赔偿责任。法院认为，虽然托运人的确违反了托运危险物品时的义务，但是

---

① 参见王利明：《合同法分则研究（上卷）》，北京，中国人民大学出版社 2012 年版，第 477 页。

② 参见"连云港赣榆东宝化工有限公司等诉连云港顺泰物流有限公司运输合同纠纷案"，江苏省高级人民法院（2016）苏民再 301 号。

③ 参见胡康生主编：《中华人民共和国合同法释义》，北京，法律出版社 1999 年版，第 470－471 页。

④ 参见胡康生主编：《中华人民共和国合同法释义》，北京，法律出版社 1999 年版，第 470－471 页。

提单中明确记载货物名称为硝酸钙，承运人应当具备基本的认知能力，了解运输危险品必须取得的许可，其未尽审慎注意义务，在不具备相关资质的情况下进行危险物品运输，亦存在过错，法院最终决定双方各自承担一部分责任。[①]

第八百二十九条

在承运人将货物交付收货人之前，托运人可以要求承运人中止运输、返还货物、变更到达地或者将货物交给其他收货人，但是应当赔偿承运人因此受到的损失。

本条主旨

本条规定托运人任意变更、终止合同的权利，或称托运人之处置权。

相关条文

《合同法》第 308 条　在承运人将货物交付收货人之前，托运人可以要求承运人中止运输、返还货物、变更到达地或者将货物交给其他收货人，但应当赔偿承运人因此受到的损失。

理解与适用

本条沿袭《合同法》第 308 条，内容没有实质性变动，仅将“但”改为“但是”。

该条确认了托运人的处置权，即货运合同成立之后，到货物交付收货人之前，托运人有权不经承运人的同意而变更、解除合同，承运人无权询问托运人进行变更和解除的原因，如无正当理由，无权加以拒绝。[②] 具体而言，托运人可以要求承运人中止运输、返还货物、变更到达地或者将货物交给其他收货人。

这一规则对于现代国际贸易实践具有尤为重要的意义，例如，在交易过程中，卖方若有确切证据证明买方可能丧失履行能力，可以行使不安抗辩权中止合同的履行，此时若货物尚处在运输过程中而未交付，买方自然需要通过及时更改甚至解除运输合同避免进一步的损失。由于承运方并非买卖合同之当事人，法律需要将买卖与运输规则进行连接，托运人的处置权正满足了这一需求，使得运输

---

① 参见“太原远程张兰货运部与上海晋太渊物流有限公司公路货物运输合同纠纷案”，太原铁路运输法院（2017）晋 71 民终 10 号。

② 参见王利明：《合同法分则研究（上卷）》，北京，中国人民大学出版社 2012 年版，第 479－480 页。

情况可以及时随着货物买卖情况和市场变化进行调整。[①]

一、处置权的主体

根据本条规定，处置权主体为托运人。在国际海上货物运输实践中，往往存在两种不同的托运人，我国《海商法》第 42 条对其进行了区分，第一种是本人或者委托他人以本人名义或者委托他人为本人与承运人订立海上货物运输合同的人，第二种是本人或者委托他人以本人名义或者委托他人为本人将货物交给与海上货物运输合同有关的承运人的人。《民法典》第 829 条位于合同编第十九章第三节货运合同之下，因此此处的托运人宜理解为第一种托运人。[②] 另外，学者普遍认为，处置权主体因有无提单而有所区别。在提单运输中，由于提单是作为物权凭证而存在的，故而若承运人签发的是可转让提单，在提单转让后货物交付之前，托运人无权行使对于货物的处置权，这一权利应当由提单持有人行使。[③] 不过，我国《合同法》及《民法典》对这一点都没有作出明确规定。《最高人民法院关于审理无正本提单交付货物案件适用法律若干问题的规定》第 9 条规定："承运人按照记名提单托运人的要求中止运输、返还货物、变更到达地或者将货物交给其他收货人，持有记名提单的收货人要求承运人承担无正本提单交付货物民事责任的，人民法院不予支持。"[④] 根据《海商法》的规定，记名提单不得转让[⑤]，因此只有记名提单托运人享有对运输货物的处置权，这一司法解释似可理解为从侧面表明支持了可转让提单持有人的处置权。

---

① 参见陈晶莹：《〈合同法〉第 308 条在司法实践中的适用风险》，载《国际贸易问题》2012 年第 7 期，第 151－163 页。

② 参见司玉琢主编：《海商法》，北京，法律出版社 2018 年版，第 100 页。

③ 参见王利明：《合同法分则研究（上卷）》，北京，中国人民大学出版社 2012 年版，第 480 页；胡康生主编：《中华人民共和国合同法释义》，北京，法律出版社 1999 年版，第 471－472 页；陈晶莹：《〈合同法〉第 308 条在司法实践中的适用风险》，载《国际贸易问题》2012 年第 7 期；另参见邱聪智：《新订债法各论（中）》，台北，元照出版公司 2008 年版，第 493，501－502 页。不过，邱聪智之观点似依赖于我国台湾"民法"第 629 条之规定："交付提单于有受领物品权利之人时，其交付就物品所有权移转之关系，与物品之交付有同一之效力。"相较而言，我国《民法典》并未明确规定提单之物权效力。对于提单在我国法律制度下是否具有物权属性之探讨以及我国《合同法》第 308 条下处置权主体的讨论，可参见司玉琢主编：《海商法》，北京，法律出版社 2018 年版，第 99－100、107 页，其指出，按照《合同法》之规定，如果提单已经转移给第三人，托运人行使处置权，其结果是承运人无法履行对提单持有人的义务，承运人赔偿提单持有人不能提货所受之损失，并嗣后向托运人追偿。

④ 《最高人民法院关于审理无正本提单交付货物案件适用法律若干问题的规定》，法释〔2009〕1 号。这一司法解释系根据《海商法》《合同法》《民法通则》制定。依据《民法典》第 1260 条，后两者将于 2021 年 1 月 1 日废止。

⑤ 参见《海商法》第 79 条。

二、托运人行使处置权的限度

值得注意的是，托运人的处置权并不是毫无限度的，如果承运人变更或解除合同的请求违反法律、法规，损害公共和他人利益，或是严重影响承运人的正常运营，那么承运人应当有权利拒绝。① 最高人民法院曾在司法实践中处理过这样一起案例，托运人由中国宁波港出口一批不锈钢无缝产品至科伦坡，出港后托运人询问是否可以将货物退运并原船带回，承运人回复原船退回不具有操作性，需在目的港卸货后，由现在的收货人在目的港清关后，再向当地海关申请退运。最高人民法院认为：在承运人将货物交付收货人之前，托运人享有请求变更运输合同的权利，但双方当事人仍要遵循合同法规定的公平原则确定各方的权利和义务。海上货物运输具有运输量大、航程预先拟定、航线相对固定等特殊性，托运人要求改港或者退运的请求有时不仅不易操作，还会妨碍承运人的正常营运或者给其他货物的托运人或收货人带来较大损害。在此情形下，如果要求承运人无条件服从托运人变更运输合同的请求，显失公平。因此，在海上货物运输合同下，托运人并非可以无限制地行使请求变更、解除运输合同的权利，承运人也并非在任何情况下都应无条件服从托运人请求变更、解除运输合同的指示。为合理平衡海上货物运输合同中各方当事人的利益，在托运人可以行使请求变更、解除运输合同权利的同时，承运人也相应地享有一定的抗辩权。如果变更运输合同难以实现或者将严重影响承运人正常营运，承运人可以拒绝托运人改港或者退运的请求，但应当及时通知托运人不能执行的原因。② 对于这一点，《德国商法典》进行了更为详尽的规定，第 418 条第 1 款规定，承运人仅在执行指示既不会给自己企业的营运带来不利益，也不会给其他货物的托运人或者受令人带来损害的限度之内，有义务遵守这种指示。③ 我国《民法典》第 829 条虽未在这一点上进行直接规定，但是托运人处置权的界限可自公平原则推导出，如最高人民法院所述，应当根据具体情况平衡运输合同各方的利益。

三、行使处置权之赔偿责任

托运人就运输物品所为的处置，并非承运人所预料，承运人因此遭受的损失

---

① 有学者建议应当间接《鹿特丹规则》与《德国商法典》的有关规定，为托运人处置权设定限制条件：(1) 不妨碍承运人的正常营运；(2) 不给其他货物的托运人或收货人带来损害。参见陈晶莹：《〈合同法〉第 308 条在司法实践中的适用风险》，载《国际贸易问题》2012 年第 7 期。

② 参见“A. P. 穆勒-马士基有限公司（A. P. Moller-MaerskA/S）与浙江隆达不锈钢有限公司海上货物运输合同纠纷案”，最高人民法院（2017）民再 412 号民事判决书。

③ 参见杜景林、卢谌译：《德国商法典》，北京，法律出版社 2010 年版，第 235 页。

理应由托运人承担。因此，本条同时规定，托运人行使处置权，应当赔偿承运人因此所遭受的损失。例如，托运人变更到达地，可能会导致承运人办理通往新到达地的相应手续，产生时间延迟，发生额外费用，在此情况下，托运人应当赔偿承运人遭受的损失。实践案例中，有承运人因对托运人改变目的地不满与之发生争执，要求托运人另行支付费用才继续履行合同，因此造成不必要的延迟，在此情况下，承运人遭受的损失不应一概归于托运人，而应当根据具体情况判断托运人和承运人之间的责任分配。①

第八百三十条

货物运输到达后，承运人知道收货人的，应当及时通知收货人，收货人应当及时提货。收货人逾期提货的，应当向承运人支付保管费等费用。

本条主旨

本条规定了货物运输到达后，承运人的及时通知义务和收货人的及时提货义务。

相关条文

《合同法》第309条　货物运输到达后，承运人知道收货人的，应当及时通知收货人，收货人应当及时提货。收货人逾期提货的，应当向承运人支付保管费等费用。

理解与适用

一、承运人的及时通知义务

货物到达目的地并不意味着运输的完成，承运人还应当及时通知收货人，并完成货物交付。本条首先明确了承运人在货物运输到达后，及时通知收货人的义务。在货物运输中，由于装运时间和在途时间往往难以准确确定，当事人经常仅对运输期限进行约定，因此，要求承运人在货物运输到达后及时履行通知收货人的义务，是基于实践中需求的考量。② 当然，承运人履行这一义务的前提是其知晓收货人的通信地址或者联系方式，承运人如果不知道收货人，则应当通知托运

---

① 参见“成都庄吉物流有限公司与四川南方凯路物流有限责任公司公路货物运输合同纠纷案”，四川省自贡市中级人民法院（2016）川03民终754号民事判决书。

② 参见崔建远：《合同法》，北京，法律出版社2016年版，第391页。

人在合理期限内就运输货物的处分作出指示；如果托运人没有及时作出指示，承运人被免除相应的通知义务。[①] 承运人怠于履行通知义务可能导致违约的，其应当承担相应的赔偿责任。[②]

二、收货人的及时提货义务

收货人接到承运人的通知之后，应当及时提货。收货人逾期提货的，应当向承运人支付发生的保管等费用。在逾期期间，货物的毁损、灭失的风险由收货人承担。[③] 此外，依据《民法典》第 837 条，收货人无正当理由拒绝受领货物的，承运人依法可以提存货物。

第八百三十一条

收货人提货时应当按照约定的期限检验货物。对检验货物的期限没有约定或者约定不明确，依据本法第五百一十条的规定仍不能确定的，应当在合理期限内检验货物。收货人在约定的期限或者合理期限内对货物的数量、毁损等未提出异议的，视为承运人已经按照运输单证的记载交付的初步证据。

本条主旨

本条是对收货人的检验义务的规定。

相关条文

《合同法》第 310 条　收货人提货时应当按照约定的期限检验货物。对检验货物的期限没有约定或者约定不明确，依照本法第六十一条的规定仍不能确定的，应当在合理期限内检验货物。收货人在约定的期限或者合理期限内对货物的数量、毁损等未提出异议的，视为承运人已经按照运输单证的记载交付的初步证据。

---

① 参见王利明：《合同法分则研究（上卷）》，北京，中国人民大学出版社 2012 年版，第 482 页。

② 相关案例参见“武汉市黄陂区汉口北东方速达货物运输部与武汉市黄陂区四季丰华志友兴旺副食商行运输合同纠纷案”，湖北省武汉市中级人民法院（2017）鄂 01 民终 7419 号民事判决书。

③ 参见王利明：《合同法分则研究（上卷）》，北京，中国人民大学出版社 2012 年版，第 485 页；胡康生主编：《中华人民共和国合同法释义》，北京，法律出版社 1999 年版，第 473 页。相关案例参见“宁夏众欣联合方经睦纬医药有限公司与银川市兴庆区兴旺货运部等财产损害责任纠纷案”，宁夏回族自治区银川市中级人民法院（2017）宁 01 民终 1886 号民事判决书。

理解与适用

本条沿袭《合同法》第 310 条，内容没有实质变化，仅根据《民法典》的条文编号调整了交叉引用的法律条文，另外将“依照”改为“依据”，语言表达更为规范。

本条规定，收货人提货时应当按照约定的期限检验货物，检验的目的是查明承运人交付之货物的质量、数量和其他状况，确定其是否符合合同的约定。强调收货人应当及时检验货物，主要是为了尽快明确责任，及时发现和解决争议，加速商品的流转。①

对于收货人检验货物的期限，当事人有约定的，从其约定，没有约定或者约定不明确，应当依据《民法典》第 510 条的规定予以确定；仍然不能确定的，应当在合理期限内检验货物。这里的合理期限应当根据交易和运输的实际情况与货物损毁的特点确定，在司法实践中，如果货物存在明显的外观损坏，那么一般认为收货人在交付当场就应当提出异议。②《海商法》第 81 条对于合理检验期限进行了更为具体的规定，对于明显的灭失或损坏，收货人应当在交付货物之时就将这一情况书面通知承运人；如果货物灭失或者损坏的情况非显而易见的，在货物交付的次日起连续 7 日内，集装箱货物交付的次日起连续 15 日内，收货人应当进行书面通知，否则视为承运人已经按照运输单证的记载交付以及货物状况良好的初步证据。

在《合同法》的立法过程中，对于收货人未在约定的期间或者合理的期间内对货物的数量、损毁等提出异议的法律后果，曾有两种观点，第一种观点认为，如果收货人未及时提出异议，则应当视为交付的货物与运输单证的记载完全一致；第二种观点认为，未提出异议这一事实，只能视为承运人已经按照运输单证记载交付的初步证据。③《合同法》第 310 条采纳了第二种观点，《民法典》第 831 条亦延续这一路径。一方面，收货人在约定的期限或者合理期限内对货物的数量、毁损等未提出异议并不意味着收货人丧失了请求赔偿的权利；另一方面，承运人可以以此为由证明其完成了交付行为，收货人需有相反的证据推翻此种推定。④

---

① 参见胡康生主编：《中华人民共和国合同法释义》，北京，法律出版社 1999 年版，第 474 页。

② 参见“樊海兵与克拉玛依区安能货物运输代理服务部运输合同纠纷案”，新疆维吾尔自治区克拉玛依市中级人民法院（2018）新 02 民终 15 号民事判决书。

③ 参见胡康生主编：《中华人民共和国合同法释义》，北京，法律出版社 1999 年版，第 474 页。

④ 参见王利明：《合同法分则研究》（上卷），北京，中国人民大学出版社 2012 年版，第 486 页。

第八百三十二条

承运人对运输过程中货物的毁损、灭失承担赔偿责任。但是，承运人证明货物的毁损、灭失是因不可抗力、货物本身的自然性质或者合理损耗以及托运人、收货人的过错造成的，不承担赔偿责任。

本条主旨

本条规定了承运人对于运输过程中货物的毁损、灭失的责任。

相关条文

《合同法》第311条　承运人对运输过程中货物的毁损、灭失承担损害赔偿责任，但承运人证明货物的毁损、灭失是因不可抗力、货物本身的自然性质或者合理损耗以及托运人、收货人的过错造成的，不承担损害赔偿责任。

理解与适用

本条延续了《合同法》第311条的规定，没有实质修改，将承担“损害赔偿责任”改为“赔偿责任”，将“但”改为“但是”，另外，调整了标点符号。

承运人负有妥善保管货物的义务，应当根据货物的性质采取合理的运输方式，制订严格的运输计划，保证货物安全地送达目的地，对运输过程中货物的毁损、灭失，应承担赔偿责任。此处，“毁损”指的是货物因损坏而价值减少，“灭失”则指承运人无法将货物交付给收货人，既包括货物物质上的灭失，也包括占有的更新丧失及法律上不能回复占有的情形。运输过程应当自从托运人出收取货物为始，以在目的地交付货物为止，包括承运人掌管货物的整个期间。[①] 实践中容易引起的争议的为装卸货的过程，比如运输货物的车辆已经到达指定地点，但是在卸货的过程中发生毁损，法院认为，卸货时收货人尚未进行货物请点，因此应当认为货物尚在运输途中。[②]《海商法》第46条对运输期间进行了更加具体的界定，集装箱装运的货物的责任期间是指从装货港接收货物时起至卸货港交付货物时止，货物处于承运人掌管之下的全部期间，也就是通常所说的“钩至钩”；非集装箱装运的货物的责任期间，是指从货物装上船时起至卸下船时止，货物处于承运人掌管之下的全部期间；同时，当事人可以协议对在装船前和卸船后所承

---

① 参见黄立：《民法债编各论（下）》，北京，中国政法大学出版社2003年版，第679页。

② 参见“中国平安财产保险股份有限公司上海分公司与厦门西北南物流有限公司保险人代位求偿权纠纷案”，福建省厦门市中级人民法院（2015）厦民终字第4850号民事判决书。

担的责任作出约定。①

承运人货损责任有三个免责事由：第一种情形是不可抗力，《民法典》第180条第2款将不可抗力明确定义为不能预见、不能避免且不能克服的客观情况；第二种情形是货物本身的自然性质或者合理损耗；第三种情形是因托运人、收货人的过错造成的毁损、灭失。例如，托运人未按照《民法典》第825条之规定如实申报，导致承运人未能采取适宜的运输措施，货物毁损、灭失；再如，托运人没有采取足以保护标的物的包装措施，导致货物在运输过程中毁损、灭失。承运人应当对以上三种情形的存在负担举证责任。

第八百三十三条

货物的毁损、灭失的赔偿额，当事人有约定的，按照其约定；没有约定或者约定不明确，依据本法第五百一十条的规定仍不能确定的，按照交付或者应当交付时货物到达地的市场价格计算。法律、行政法规对赔偿额的计算方法和赔偿限额另有规定的，依照其规定。

本条主旨

本条规定了货物毁损、灭失赔偿数额的计算方式。

相关条文

《合同法》第312条　货物的毁损、灭失的赔偿额，当事人有约定的，按照其约定；没有约定或者约定不明确，依照本法第六十一条的规定仍不能确定的，按照交付或者应当交付时货物到达地的市场价格计算。法律、行政法规对赔偿额的计算方法和赔偿限额另有规定的，依照其规定。

理解与适用

本条沿袭了《合同法》第312条的规定，内容没有实质变化，仅根据《民法典》的条文编号调整了交叉引用的法律条文，另外将“依照”改为“依据”，语言表达更为规范。

对于货物的毁损、灭失的赔偿额或者计算方法，本条确定了四项规则。首

① 对于这一规则合理性的讨论，参见张丽英：《海商法学》，北京，高等教育出版社2016年版，第76页。

先，如果当事人已经就进行了约定，从其约定。例如，当事人往往对约定赔偿限额和计算方式作出约定，或者选择保价运输的方式。另外，实践中对于赔偿限额的约定常以格式条款的形式出现，在这种情况下，应当依据《民法典》第497条判断格式条款的效力。① 第二，当事人之间没有约定或者约定不明确，按照《民法典》第510条的规定确定，即由当事人协议补充，不能达成补充协议的，按照合同相关条款或者交易习惯确定。第三，赔偿额仍然不能确定的，按照交付或者应当交付时货物到达地的市场价格计算。规定“应当交付时货物到达地的市场价格”主要是考虑到货物没有按时到达，或者在途中灭失而根本就无法到达的情况，例如海运途中船舶沉没，运输途中货物全损等。② 第四，法律、行政法规对赔偿额的计算方法和赔偿限额另有规定的，依照其规定。我国与货物运输有关的专门法规往往对赔偿限额进行了一定的规定。例如，我国《海商法》第56条第1款规定：“承运人对货物的灭失或者损坏的赔偿限额，按照货物件数或者其他货运单位数计算，每件或者每个其他货运单位为666.67计算单位，或者按照货物毛重计算，每公斤为2计算单位，以二者中赔偿限额较高的为准。但是，托运人在货物装运前已经申报其性质和价值，并在提单中载明的，或者承运人与托运人已经另行约定高于本条规定的赔偿限额的除外。”

另外，托运人如果自愿办理了货物运输保险，在货物毁损、灭失时，得以向保险人索赔，保险人取得求偿代位权。③

第八百三十四条

两个以上承运人以同一运输方式联运的，与托运人订立合同的承运人应当对全程运输承担责任；损失发生在某一运输区段的，与托运人订立合同的承运人和该区段的承运人承担连带责任。

本条主旨

本条规定了单式联运中的运输责任。

---

① 相关案例参见“广州市贵腾物流有限公司与太平财产保险有限公司广州市分公司等保险人代位求偿权纠纷案”，广州铁路运输法院（2017）粤71民终153号民事判决书。

② 相关案例参见“周结发与刘波公路货物运输合同纠纷案”，安徽省安庆市中级人民法院（2017）皖08民终193号民事判决书；“中国人民财产保险股份有限公司厦门市分公司诉本溪钢铁（集团）腾达股份有限公司等海上、通海水域货物运输合同纠纷案”，上海海事法院（2008）沪海法商初字第491号民事判决书。

③ 参见胡康生主编：《中华人民共和国合同法释义》，北京，法律出版社1999年版，第478-479页。

相关条文

《合同法》第 313 条　两个以上承运人以同一运输方式联运的，与托运人订立合同的承运人应当对全程运输承担责任。损失发生在某一运输区段的，与托运人订立合同的承运人和该区段的承运人承担连带责任。

理解与适用

本条内容与《合同法》第 313 条相同，仅在标点符号上进行了调整。

本条是对于单式联运的规定。联运，是指两个以上的承运人以同一或者多样的运输方式从事运输活动，可以分为单式联运和多式联运。单式联运合同，又称相继运输合同，是指托运人与第一承运人订立运输合同之后，由第一承运人与其他承运人以相同方式完成同一货物运输的合同。① 多式联运合同则是两个或两个以上承运人以不同运输方式完成货物运输的合同，本章第四节对其进行专门规定。

合同中订约承运人应当对全称运输承担责任。关于单式联运中的承运人责任有两种立法观点，一种是连带责任说，即各承运人承担连带责任；第二是订约承运人负责说，由签订运输合同的第一承运人对运输的全程负责，我国《民法典》及此前的《合同法》均采第二种观点。若损失发生在某一运输区段的，与托运人订立合同的承运人和该区段的承运人承担连带责任。②

第八百三十五条

货物在运输过程中因不可抗力灭失，未收取运费的，承运人不得请求支付运费；已经收取运费的，托运人可以请求返还。法律另有规定的，依照其规定。

本条主旨

本条规定了货物在运输过程中因不可抗力灭失的运费处理。

相关条文

《合同法》第 314 条　货物在运输过程中因不可抗力灭失，未收取运费的，

① 参见王利明：《合同法分则研究（上卷）》，北京，中国人民大学出版社 2012 年版，第 483 页。

② 参见王利明：《合同法分则研究（上卷）》，北京，中国人民大学出版社 2012 年版，第 484 页。相关案例参见“广州国贸物流有限公司诉卡丹路品牌管理有限公司等运输合同纠纷案”，广东省广州市中级人民法院（2017）粤 01 民终 17510 号民事判决书。

承运人不得要求支付运费；已收取运费的，托运人可以要求返还。

理解与适用

本条在《合同法》第 314 条的基础上修改而来，在后者的基础上增加了最后一句“法律另有规定的，依照其规定”。2020 年 5 月 22 日提交全国人民代表大会的审议稿并未包含这一内容，其是在《民法典》审议的过程中作出的修改，是我国《民法典》对于日益发展的国际贸易运输实践进行的回应。

本条款确立的一般规则是，货物在运输过程中因不可抗力灭失，未收取运费的，承运人不得请求支付运费；已经收取运费的，托运人可以请求返还。规则的适用情形严格限制为货物在运输中因不可抗力灭失，货物必须全损，且原因仅限于不可抗力。① 《合同法》第 314 条的这一规定参考了我国台湾地区“民法”第 645 条规定和《海商法》第 90 条。② 学者认为，此规则设计旨意在于避免使得托运人遭受过分的损失，运费乃承运人按约定将货物运输至目的地的对价，货物因不可抗力灭失，未能运抵目的地，承运人不负赔偿责任，若托运人已付之运费无法得到返还，则托运人遭受双重损失，不符合公平原则。③

不过，随着国际货物运输的发展，这一规则开始受到质疑。在海上货物运输实践中，提单背面条款往往注明货方负有运费或其他费用之绝对义务，即使货物在运行过程中灭失，货方仍然要向承运方支付全额运费。另外，英美国家普遍采纳的规则是预付运费不退换的路径，而不论货物灭失之原因为何。换而言之，在海上货物运输实践中，承运人不承担预付运费之风险，但是如果灭失乃承运人所致，托运人可将预付运费作为其遭受损失的一部分向承运人索赔。④

为了兼顾国际货物贸易运输的实践需求，《民法典》第 835 条增加了“法律另有规定的，依照其规定”的条款。不过，我国《海商法》对于这一问题没有进

---

① 参见“广州市鲁丰物流有限公司等与彭军等公路货物运输合同纠纷案”，广州铁路运输法院（2016）粤 71 民终 60 号民事判决书。此案中，二审法院纠正了一审法院将该条款适用于非因不可抗力造成货物灭失的情况的判决。

② 参见胡康生主编：《中华人民共和国合同法释义》，北京，法律出版社 1999 年版，第 480－481 页。我国台湾地区“民法”第 645 条规定：“运送物于运送中，因不可抗力而丧失者，运送人不得请求运费，其因运送而已受领之数额，应返还之。”我国《海商法》第 90 条规定：“船舶在装货港开航前，因不可抗力或者其他不能归责于承运人和托运人的原因致使合同不能履行的，双方均可以解除合同，并互相不负赔偿责任。除合同另有约定外，运费已经支付的，承运人应当将运费退还给托运人；货物已经装船的，托运人应当承担装卸费用；已经签发提单的，托运人应当将提单退还承运人。”

③ 参见邱聪智：《新订债法各论（中）》，台北，元照出版公司 2008 年版，第 531－532 页；黄立：《民法债编各论（下）》，北京，中国政法大学出版社 2003 年版，第 655－656 页。

④ 参见司玉琢主编：《海商法》，北京，法律出版社 2018 年版，第 88、118 页。

行直接规范，在此背景下，在作为一般法的《民法典》中加入法律另有规定除外的规则，是否足以解决实践中的问题，这仍然值得探讨，但是即便如此，《民法典》这一修改为未来特别法层面的规则改进留下了充足的空间，这是值得肯定的。

第八百三十六条

托运人或者收货人不支付运费、保管费或者其他费用的，承运人对相应的运输货物享有留置权，但是当事人另有约定的除外。

本条主旨

此条规定了承运人的留置权。

相关条文

《合同法》第315条　托运人或者收货人不支付运费、保管费以及其他运输费用的，承运人对相应的运输货物享有留置权，但当事人另有约定的除外。

理解与适用

本规定沿袭了《合同法》第315条，内容未做实质变动，仅将“运费、保管费以及其他运输费用”中的“以及”改为“或者”，托运人或者收货人不支付任意一种费用，承运人都可以依法行使留置权，因此使用“或者”更加符合法律原意。另外，最后一个分句中的“但”改为“但是”。

此条规定了托运人或收货人不支付运输费用时承运人享有的留置权，其成立要件有三：第一，留置权主体是特定的，为承运人；第二，托运人或者收货人不支付运费、保管费以及其他运输费用，其他运输费用如海上货物运输中的亏舱费、滞期费、共同海损分摊费用等；第三，留置的对象为与上述未支付费用“相应的运输货物”，即运输费用应当是由于该货物的运输产生的，但是并不要求该货物为债务人所有，另外，留置货物的整体价值应当与托运人或者收货人未支付的运输费用具有相当性，如果货物的整体价值远高于未支付的费用，那么在货物可分的情况下，承运人只可以就部分货物行使留置权。①

① 参见司玉琢主编：《海商法》，北京，法律出版社2018年版，第89页；胡康生主编：《中华人民共和国合同法释义》，北京，法律出版社1999年版，第481－482页。相关案例参见“成都华川进出口集团有限公司等诉成都中远海运物流有限公司等合同纠纷案”，四川省成都市中级人民法院（2017）川01民终12875号民事判决书。

另外，本条同时规定当事人另有规定的除外，当事人可能在货运合同中直接约定承运人不享有留置权，也可能对运输费用作出其他约定，导致托运人实质上无法行使留置权，例如，当事人约定承运人先交付货物、托运人或收货人后支付费用等，在这种情况下，承运人应当先履行交付货物的义务，交付之后因不再占有货物无法行使留置权；再如，如果托运人或收货人提供了担保，那么承运人也不能留置货物。①

第八百三十七条

收货人不明或者收货人无正当理由拒绝受领货物的，承运人依法可以提存货物。

本条主旨

本条规定了运输货物的提存。

相关条文

《合同法》第 316 条　收货人不明或者收货人无正当理由拒绝受领货物的，依照本法第一百零一条的规定，承运人可以提存货物。

理解与适用

该条为《合同法》第 316 条修改而来，后者规定："收货人不明或者收货人无正当理由拒绝受领货物的，依照本法第一百零一条的规定，承运人可以提存货物。"其中《合同法》第 101 条为提存之一般规定。《民法典》删除了对提存一般规定之直接援引，转而表述为"承运人可以依法提存货物"。

此条规定了承运人在货物运输合同履行中提存货物的法定事由：收货人不明或者收货人无正当理由拒绝受领货物。收货人不明，既包括托运人没有向承运人提供收货人信息，承运人向收货人请求指示，托运人逾期没有指示之情况，亦包括虽有人主张自己为收货人，但是根据现有证据无法认定其是否为收货人的情形。收货人无正当理由拒绝受领，主张是指其对货物质量、品种、数量、运到期限等存有异议

① 参见崔建远：《合同法》，北京，法律出版社 2016 年版，第 390 页；王利明：《合同法分则研究（上卷）》，北京，中国人民大学出版社 2012 年版，第 479 页。

或者由于其他原因，与承运人未达成一致意见，而拒绝受领货物。①

依据《民法典》第570条第2款的规定，如果货物不适于提存或者提存费用过高，债务人依法可以拍卖或者变卖标的物，提存所得的价款。依据《民法典》第557条，承运人提存运输的货物后，运输合同关系即告消灭，该货物毁损、灭失的风险由收货人承担。提存产生的费用由收货人承担，当然，承运人若对于提存有过错，也应当承担相应的责任。②

第四节　多式联运合同

国际货物多式联运伴随着国际集装箱货物运输的发展而日渐繁荣，集装箱运输在运输效率和安全方面的优势，便利了海上运输、铁路运输、公路运输、航空运输和内河运输的结合，进一步实现了一体化的“门到门”运输。③ 我国“一带一路”倡议的建设工作要求提升经贸合作水平，推动贸易和运输便利化，多式联运作为一种高效运输组织形式，对促进“一带一路”倡议下的海陆运输通道的建设具有重要意义。④ 我国《民法典》本节规定的多式联运合同是指多式联运人经营人与托运人签订的，约定以两种或两种以上不同运输方式，采取同一运输凭证将货物运输至约定地点的合同。⑤ 多式联运与单式联运或者普通运输相比，在风险和责任分配机制上有诸多不同，因此第四节就多式联运合同作出特别规定，主要涉及了多式联运经营人的权利、义务及其责任，同时对多式联运经营人与各实际运输人之间的责任承担进行了规范。

第八百三十八条

多式联运经营人负责履行或者组织履行多式联运合同，对全程运输享有承运

① 参见崔建远：《合同法》，北京，法律出版社2016年版，390页。相关案例参见“周海超诉北京大唐环宇国际货运咨询服务有限公司等公路货物运输合同纠纷案”，北京市第四中级人民法院（2017）京04民终43号民事判决书。

② “相关案例参见威海韩进贸易有限公司、威海中外运物流发展有限公司运输合同纠纷案”，山东省威海市中级人民法院（2017）鲁10民终1110号民事判决书。

③ 参见司玉琢主编：《海商法》，北京，法律出版社2018年版，第176页。

④ 参见李志文、吕琪：《“一带一路”战略下对我国多式联运立法建构的思考》，载《法学杂志》2016年第4期。

⑤ 参见崔建远：《合同法》，北京，法律出版社2016年版，第393页。

人的权利，承担承运人的义务。

本条主旨

本条规定了多式联运经营人的权利和义务。

相关条文

《合同法》第 317 条　多式联运经营人负责履行或者组织履行多式联运合同，对全程运输享有承运人的权利，承担承运人的义务。

理解与适用

本条与《合同法》第 317 条的规定一致。

多式联运经营人，是本人或者委托他人以本人名义与托运人订立多式联运合同的人，是合同的当事人，而并非托运人的代理人或者实际承运人的代理人或者代表，其有可能仅为多式联运的缔约经营人，但并不进行实际承运，亦有可能为缔约经营人兼实际承运人，例如，在运输方式之一为国际海上货物运输的多式联运中，除非多式联运经营人为船公司，否则其本身往往不拥有船舶。①

对于多式联运中的经营人责任，存在着责任分担制和单一责任制两种路径。分担责任制是指多式联运经营人和区段承运人仅对自己完成的运输负责的责任形式；单一责任制则是要求多式联运经营人对全程负责。我国《民法典》第 838 条、第 839 条沿用了《合同法》采纳的单一责任制，要求多式联运经营人对全程承担责任。② 之所以采纳单一责任制，主要是考虑到多式联运经营人为合同当事人，而实际承运人往往有数个，且并非合同当事人，与托运人没有直接联系，因此多式联运经营人承担全部承运人的义务并享有承运人的权利更加合理。③

第八百三十九条

多式联运经营人可以与参加多式联运的各区段承运人就多式联运合同的各区

---

① 参见崔建远：《合同法》，北京，法律出版社 2016 年版，第 393 页；司玉琢主编：《海商法》，北京，法律出版社 2018 年版，第 176 页。

② 参见司玉琢主编：《海商法》，北京，法律出版社 2018 年版，第 177－179 页。相关案例参见“广东红土地物流有限公司与中国平安财产保险股份有限公司广东分公司等多式联运合同纠纷案东莞市锐展铸造材料有限公司与日照市日丰物流有限公司合同纠纷案”，青岛海事法院（2017）鲁 72 民初 553 号民事判决书。

③ 参见王利明：《合同法分则研究（上卷）》，北京，中国人民大学出版社 2012 年版，第 489 页；胡康生主编：《中华人民共和国合同法释义》，北京，法律出版社 1999 年版，第 485 页。

段运输约定相互之间的责任；但是，该约定不影响多式联运经营人对全程运输承担的义务。

本条主旨

本条规定了多式联运经营人的责任以及其与各实际承运人之间的责任分配。

相关条文

《合同法》第318条　多式联运经营人可以与参加多式联运的各区段承运人就多式联运合同的各区段运输约定相互之间的责任，但该约定不影响多式联运经营人对全程运输承担的义务。

理解与适用

本条沿袭《合同法》第318条，内容没有实质变动，仅将“但”改为“但是”，并调整了标点符号。

本条是对于单一责任制下多式联运经营人责任的进一步规定。多式联运经营人在组织联运的过程中，通常需要与各实际运输人分别订立合同，进行进一步的约定，多式联运经营人可以与参加多式联运的各区段承运人就多式联运合同的各区段运输约定相互之间的责任，但是这种约定不影响多式联运经营人对全程运输承担责任。在多式联运货物发生灭失、损坏或者运输延迟等情况下，托运人或者收货人只需要向多式联运经营人进行求偿。虽然多式联运经营人与各实际承运人之间的约定不发生对抗托运人或者收货人的效力，但是此约定可以调整多式联运经营人与各实际承运人之间的责任关系，在多式联运经营人承担责任之后，其可以基于此约定向实际承运人进行追偿。①

第八百四十条

多式联运经营人收到托运人交付的货物时，应当签发多式联运单据。按照托运人的要求，多式联运单据可以是可转让单据，也可以是不可转让单据。

本条主旨

本条是对多式联运单据的规定。

① 参见王利明：《合同法分则研究（上卷）》，北京，中国人民大学出版社2012年版，第490页；陈玉梅：《多式联运的法律解读》，载《湖南社会科学》2010年第2期。

相关条文

《合同法》第 319 条　多式联运经营人收到托运人交付的货物时，应当签发多式联运单据。按照托运人的要求，多式联运单据可以是可转让单据，也可以是不可转让单据。

理解与适用

本条与《合同法》第 319 条的规定一致。

多式联运经营人收到托运人交付的货物时，应当向托运人签发多式联运单据。多式联运单证是证明多式联运合同以及证明多式联运经营人接管货物并负责按照合同交付的单据。多式联运中只签发一个单据，结合前述第 838、839 条，不难发现，多式联运是通过“一份合同，一张单证，一个负责方”将多种运输方式和不同运输区段连接起来形成一个整体，这正是多式联运最大的特点。①

按照托运人的要求，多式联运单据可以是可转让单据，也可以是不可转让单据。

第八百四十一条

因托运人托运货物时的过错造成多式联运经营人损失的，即使托运人已经转让多式联运单据，托运人仍然应当承担赔偿责任。

本条主旨

本条规定了托运人对多式联运经营人的过错责任。

相关条文

《合同法》第 320 条　因托运人托运货物时的过错造成多式联运经营人损失的，即使托运人已经转让多式联运单据，托运人仍然应当承担损害赔偿责任。

理解与适用

本条与《合同法》第 320 条的规定一致。

---

①　参见陈玉梅：《多式联运的法律解读》，载《湖南社会科学》2010 年第 2 期。

因托运人托运货物时的过错造成多式联运经营人损失的，托运人应当承担赔偿责任；托运人的赔偿责任不受多式联运单据是否转让的影响，即使托运人已经转让多式联运单据，多式联运经营人仍然应当向托运人要求赔偿。

学者认为，这一规则主要是为了平衡托运人和受让人之间的利益，将托运人对多式联运经营人的赔偿责任一并转移至受让人，会将受让人置于过重的负担之下，不符合公平原则，也与多式联运的实践不符。[①]

第八百四十二条

货物的毁损、灭失发生于多式联运的某一运输区段的，多式联运经营人的赔偿责任和责任限额，适用调整该区段运输方式的有关法律规定；货物毁损、灭失发生的运输区段不能确定的，依照本章规定承担赔偿责任。

本条主旨

本条规定了多式联运经营人承担赔偿责任的适用法。

相关条文

《合同法》第 321 条　货物的毁损、灭失发生于多式联运的某一运输区段的，多式联运经营人的赔偿责任和责任限额，适用调整该区段运输方式的有关法律规定。货物毁损、灭失发生的运输区段不能确定的，依照本章规定承担损害赔偿责任。

理解与适用

本条与《合同法》第 321 条的规定一致。

第 838 条、第 839 条的评注中提到，我国《民法典》对多式联运中的责任分配采单一责任制，多式联运经营人对全程负责，但是可以与参与多式联运的各区段承运人就各区段的运输约定相互之间的责任。那么，多式联运经营人对于货物毁损、灭失的赔偿责任及责任限额如何确定？

学理上，单一责任制可以进一步细分为网状责任制和统一责任制。其中，网状责任制度是指就各个运输区段发生的货物损毁、灭失，赔偿责任按照适用于该区段的国际公约或者国内法确定，这种模式避免了多式联运法律规范与单一运输

① 参见崔建远：《合同法》，北京，法律出版社 2016 年版，第 394 页。

方式法律的冲突。但是，当损害发生的区段无法确定的时候，或者在损害逐渐发生的情况下，网状责任制就会使责任确定变得十分困难；另外，由于每一区段的责任原则可能是非常不同的，当事人对于赔偿结果往往难以预见。因此，网状责任制一般设计有兜底责任制度，或者称“包含所有条款”，规定货物毁损、灭失发生的运输区段不能确定的，应当适用某一具体规则。[①] 与之相对，统一责任制则要求无论损害发生在哪一区段，或者无论损害的区段能否确定，相应的责任都依照统一规则确定。另外，为了避免统一责任制下统一规则与各区段适用规则之间的冲突，在这一路径的基础上又衍生出了一种“经修正的统一责任制”，或称“综合性赔偿责任限制模式”，原则上多式联运经营人的责任仍然按照统一规则确定，但如果某一区段适用的国际规则或者国内法规定的责任限额高于统一规则下的限额时，适用后一类规则，例如，《联合国国际货物多式联运公约》第 19 条就采纳了“经修正的统一责任制”[②]。

《民法典》第 842 条采纳的是网状责任制，包括两种情形：第一，如果货物的毁损、灭失的发生区段是确定的，多式联运经营人的赔偿责任和责任限额，适用调整该区段运输方式的有关法律规定；第二，如果货物毁损、灭失的发生无法定域，依照本章规定确定赔偿责任。其中，第二种情形就是为了克服纯粹网状责任制带来的弊端，保证即使损害的发生无法准确定域，相应的赔偿责任仍然有规范可依。

---

① 参见贺万忠：《国际货物多式运输法律问题研究》，北京，法律出版社 2001 年版，第 31－35 页；司玉琢主编：《海商法》，北京，法律出版社 2018 年版，第 178 页。

② 司玉琢主编：《海商法》，北京，法律出版社 2018 年版，第 178－179；贺万忠、赵萍：《多式联运经营人货物损害赔偿责任限制规则的构建》，载《河北法学》2004 年第 3 期。“Article 19 of United Nations Convention on International Multimodal Transport of Goods provides：‘When the loss of or damage to the goods occurred during one particular stage of the multimodal transport，in respect of which an applicable international convention or mandatory national law provides a higher limit of liability than the limit that would follow from application of paragraphs 1 to 3 of article 18，then the limit of the multimodal transport operator's liability for such loss or damage shall be determined by reference to the provisions of such convention or mandatory national law.”在责任限额的确定上，《联合国国际货物多式联运公约》第 19 条采纳的是“经修正的统一责任制”。

第二十章

技术合同

我国关于技术合同的专门立法可以追溯到1987年6月23日由第六届全国人大常委会第二十一次会议通过并于同年11月1日起施行的《技术合同法》。1989年2月15日，原国家科技技术委员会发布并实施《技术合同法实施条例》。1995年4月2日，最高人民法院发布了《关于审理科技纠纷案件的若干问题的规定》。

1999年3月15日由九届全国人大二次会议通过的《合同法》结束了我国《经济合同法》《涉外经济合同法》和《技术合同法》三法并存的局面，用一套统一的市场交易规则来调整各类民事合同法律关系。《技术合同法》作为一类有名的合同被纳入了《合同法》之中。自此，《技术合同法》《技术合同法实施条例》和《关于审理科技纠纷案件的若干问题的规定》也在此后被废止。

2004年12月16日，最高人民法院发布《关于审理技术合同纠纷案件适用法律若干问题的解释》（简称《技术合同司法解释》），对《合同法》第十八章关于"技术合同"的规定予以解释。对比本章规定与《合同法》第十八章之差异和变化，并结合《技术合同司法解释》和《专利法》《反不正当竞争法》等法律的相关规定，将有助于更好地理解和适用本法中的技术合同制度。

概括来说，本章分4节，共45条，采用了总分结构，在"一般规定"之后，分别就"技术开发合同""技术转让合同和技术许可合同"和"技术咨询合同和技术服务合同"做了规定。其中，第一节和第三节在《合同法》的基础上，新增了对"技术许可合同"的专门规定，将"技术许可合同"与"技术转让合同"合并在一起加以规定。

从内容上看，本章着重规定了技术合同的概念，技术合同交易的基本原则和导向，技术合同的内容，技术合同的交易标的和对价，职务技术成果及其归属，非职务技术成果及其归属，技术合同的效力和履行规则，以及违约责任等。

第一节　一般规定

第八百四十三条

技术合同是当事人就技术开发、转让、许可、咨询或者服务订立的确立相互之间权利和义务的合同。

本条主旨

本条是关于技术合同的定义。

相关条文

《技术合同司法解释》第 1 条　技术成果，是指利用科学技术知识、信息和经验作出的涉及产品、工艺、材料及其改进等的技术方案，包括专利、专利申请、技术秘密、计算机软件、集成电路布图设计、植物新品种等。

技术秘密，是指不为公众所知悉、具有商业价值并经权利人采取保密措施的技术信息。

理解与适用

技术合同之所以被作为一个有名合同来对待，主要是因为此类合同交易之标的的特殊性，即“技术”或者说“技术成果”这类无形财产。[①] 因此，明确“技术成果”的内涵有助于判断特定合同交易是否属于“技术合同”并由本章调整，还是应当归入“买卖合同”“租赁合同”“承揽合同”“建设工程合同”等有名合同制度调整，或者说尚未被有名化处理的“服务合同”。

一、技术合同作为有名合同

现代社会是科技社会，普通商品的生产、财产的加工制作和修理、建设工程的展开以及各种服务的提供背后，都离不开技术的应用和支持。但在“买卖合

① 参见郃中林：《〈关于审理技术合同纠纷案件适用法律若干问题的解释〉的理解与适用》，载《人民司法》2005 年第 4 期，第 23 页。

同”“租赁合同”“承揽合同”“建设工程合同”和“服务合同”中，当事人交易的标的或者说广义上的买方希望通过合同交易取得的东西并不是技术本身，而是通过技术的应用产生的非技术成果（商品也好、服务也罢），如购买一辆自动驾驶新能源汽车、承租一套高级按摩设备、委托珠宝行用尖端科技把一块玉石材料加工为一件高档玉器、委托一家建筑公司开发一套原生态城市住宅、请求一家医院提供换脸手术服务，凡此等等。

技术合同之所以能够与前述合同类型区分开来，是因为当事人交易的标的本身就是技术或者技术成果，而不是通过技术的应用生产和提供的一般商品或者服务。技术合同当事人交易的内容就是技术或者技术成果。正是通过将技术成果应用于商品生产和服务提供活动中，或者说技术知识或者成果的持有人通过与技术需求方的合作使得技术成果得以开发或者转化为现实的生产力。① 这一合作过程，通常是通过技术合同这样一种交易形式来完成的，以区别于其他形式的合同。

对特定合同交易性质的认定，直接影响到双方当事人的权利义务关系。例如，在一起涉及技术交易的合同中，委托人为竞标某项目进行准备工作。受托人作为其外包服务商，根据委托人的安排，为委托人提供计量资产、计量运行、计量综合、报表及掌上营销与现在作业模块的开发或劳务派遣服务。但是，双方并未签订外包服务合同。后来，委托人竞标失败，受托人要求委托人支付报酬。不过，委托人认为双方系合作共同开发，该工作未产生收益，投资的风险应当由双方共同承担，不愿意向受托人支付报酬。本案争议的焦点在于，双方建立了何种合同关系。法院援引《合同法》第 322 条认为，涉案项目属于技术研发范畴，而受托人为该项目的研发工作确实投入了一定的人力、物力成本，符合技术合同关系的特征。再加上，双方长期合作的惯常做法，就是由受托人为委托人提供有偿的技术服务或劳务派遣服务，而且受托人是以自己的技术知识为委托人的项目提供技术服务，因此本案纠纷的性质应当是技术服务合同纠纷。② 双方的权利义务

① 参见黄薇主编：《中华人民共和国民法典合同编解读（下册）》，北京，中国法制出版社 2020 年版，第 1130－1131 页。

② 二审法院援引《技术合同司法解释》第 14 条第 1 款第 2 项的规定，认为对技术合同的价款、报酬和使用费，当事人没有约定或者约定不明确的，可以根据有关咨询服务工作的技术含量、质量和数量，以及已经产生和预期产生的经济效益等合理确定。具体到该案中，就是在受托人“自己提交的相关证据确定的该公司投入南网计量项目工作人员的人数、工作量、工作时间的基础上，综合考虑该项目所处行业的各种相关因素”予以确定，即最终按照法院委托的评估机构出具报告的评估值要求委托人向受托人支付服务费。参见“云南云电同方科技有限公司、深圳市爱德曼思科技有限公司技术服务合同纠纷案”，云南省高级人民法院（2018）云民终 25 号民事判决书。

关系需要根据技术合同法律规则来确定。

二、技术成果的内涵与外延

1. 技术成果的内涵

关于何为“技术成果”，《技术合同司法解释》第 1 条做了界定，即“利用科学技术知识、信息和经验作出的涉及产品、工艺、材料及其改进等的技术方案，包括专利、专利申请、技术秘密、计算机软件、集成电路布图设计、植物新品种等”。从内涵上看，首先有必要区分“技术成果”与“科学发现”①，后者是“对自然现象、特征或者规律的发现或者揭示”，是一种普适的自然科学知识，如万有引力定律等；而前者是在普适的科学知识、信息和经验基础上创造性地发明的“涉及产品、工艺、材料及其改进等的技术方案”。当事人交易的技术成果具有实用性和可重复再现性，能够解决特定的技术问题，能够制造或者使用，并且可以产生实际的效果。②

2. 技术成果的外延

从外延上看，除了《合同法》所关注和规定的专利、专利申请和技术秘密之外，具备技术品质且能够成为技术合同标的的还包括《技术合同司法解释》第 1 条规定的计算机软件、集成电路布图设计、植物新品种，以及动物新品种③和进入公有领域的技术内容。本章的规定在《合同法》基础之上，吸收了《技术合同司法解释》第 1 条的规定，在第 876 条规定，“集成电路布图设计专有权、植物新品种权、计算机软件著作权等其他知识产权的转让和许可”，参照适用本章第三节关于“技术转让合同和技术许可合同”的规定。

---

① 蒋志培主编：《技术合同司法解释的理解与适用》，北京，科学技术文献出版社 2007 年版，第 5 页。

② 参见蒋志培主编：《技术合同司法解释的理解与适用》，北京，科学技术文献出版社 2007 年版，第 5 页。

③ 动物新品种（能够产出纯紫色珍珠的三角帆蚌新品种）是否与植物新品种一样受到知识产权法律的保护，在学理上有争议。在一起关于能够产出纯紫色珍珠的三角帆蚌新品种的发现权纠纷中，原告张某某是金华职业技术学院的教授，其诉称在从事淡水珍珠三角帆蚌的研究和培育过程中获得了一个能够产出纯紫色珍珠的新品种。但其向全国水产原种和良种审定委员会申报该新品种时，获知上海海洋大学已于 2012 年进行申报。因存在争议，双方均未被认定。后来，张某某诉至法院，请求确认其为紫色珍珠蚌新品种的发现者，同时判令被告停止侵害其对该新品种的发现权。法院认为，根据《民法通则》第 97 条第 1 款规定，公民对自己的发现享有发现权，有权申请领取发现证书、奖金或者其他奖励。但是，发现权是指对自然的现象、特性或规律等作出的前所未有的阐释而依法取得的权利。发现权保护的客体是科学发现，即对客观存在的尚未揭示出来的自然现象、自然规律、事物性质迄今为止的一种新认识。本案中，诉争的三角帆蚌新品种并非一开始就在自然界存在，而是通过人工多代选育出来，不属于发现权的客体。原告的发现权主张不成立。参见“张某某与上海海洋大学、金华市浙星珍珠商贸有限公司发现权纠纷案”，浙江省金华市中级人民法院（2016）浙 07 民初 407 号民事裁定书。

3. 如何理解“进入公有领域的技术内容”

（1）何为“公有领域的技术内容”？关于以“进入公有领域的技术内容”为基础的技术开发[①]，我们可以通过一项关于司法裁判文书的数据采集技术的开发合同为例来理解。委托方委托一家大数据技术公司开发一套“裁判文书数据采集系统”，而受托方则根据自己的专业技术知识开发本系统。受托方所依赖的专业技术知识，既可能是其专有的技术成果，也可能是公有领域的技术内容，如由发布者按照一定协议公开、具有特定功能、开发者可自由下载和使用的代码片段，俗称“包”“库”“模块”等。例如，一个使用 Python 编程语言的开发者，采集网络上公开的裁判文书可能会使用 Scrapy 包、Selenium 包，分析裁判文书数据可能会用到 Pandas 包、Re 包。在这些“包”的基础上，开发者结合裁判文书的数据性状，设计更具针对性的技术解决方案，从而在公有技术内容基础上形成新的技术成果。

（2）至于当事人基于公有领域的技术内容形成的新的技术成果，是否值得法律保护，还是说也属于公有技术知识，则关键在于新的技术成果是否能够明显区别于公有知识，符合专利或者技术秘密的特点。例如，最高人民法院曾在一起案例中认为，关于“诉争技术是否属于公有领域的技术。在技术信息的各组成部分分别为公知技术的情况下，并不能当然得出公知技术的组合也属于公知技术的结论。一项信息要构成商业秘密，不仅要处于一般的保密状态，而且获得该项信息要有一定的难度”；案涉当事人“所转让的是一项技术秘密，即通过申京爱多年积累的经验及工艺技巧，将公知的低温乙醇法与压滤机结合起来应用于生产实践，从而达到白蛋白产品性能的优良及白蛋白收率的提高，符合不为公众知悉、具有实用性、经权利人采取保密措施等技术秘密的构成要素”。因此，对公有领域的知识进行组合加工并形成新的技术秘密成果的，应当予以法律保护。[②]

（3）判断技术合同当事人交易的标的到底是仅限于公有技术知识（以公有技术知识提供技术服务），还是在公有技术知识之外另有技术秘密，则需要结合具体场景来判断。以后文对本法第 870 条的释评中讨论的“庆大霉素生产技术”的技术秘密转让合同纠纷案为例，如果双方当事人在技术合同中约定的交易标的不是关于庆大霉素的一般性生产工艺和原理，而是“庆大霉素的高产技术的转让”，那么，当事人之间的合同关系就不是基于庆大霉素一般生产工艺的公知技术为受

① 感谢张建悦同学对这一技术内容的介绍。

② 参见“申京爱、贵阳黔峰生物制品有限责任公司技术转让合同纠纷案”，最高人民法院（2007）民三提字第 2 号民事判决书。

让人提供技术服务，而是高产技术的转让合同。即使公有知识领域的庆大霉素生产工艺原理大致相同，使用具体参数的不同也会导致生产效率的不同，因此，在实践中，生产工艺中涉及的参数及具体操作程序才是商业市场尽相保护的商业秘密，才是真正具有价值的技术秘密。

4. 专利与专利申请

关于专利和专利申请，我国的《专利法》及其实施细则有专门的规定，既有学术讨论也比较丰富。[①]（1）所谓专利，指的是依法获得专利权的发明创造，包括发明、实用新型和外观设计这三类。（2）专利申请，是指那些已经提交专利的申请但尚未获得授权的技术，特别是处于发明专利临时保护期的技术。更准确的表达，应该是“申请中的发明专利”，类似于“成立中的公司”。从发明专利申请到最终的专利授权或者不授权，通常有一个比较长的周期。发明专利的申请提交后，需要经过一段比较长的初步审查时间，然后对外公开予以公示；经过公示期确认没有权利冲突之后，再授予专利证书。[②] 在递交发明专利申请后、对外公示以前的审查阶段，申请人拟获得的发明专利仍然属于技术秘密，按照技术秘密来对待。但是，在经过审查并对外公示以后、正式颁发专利证书之前的这一期间（即发明专利的临时保护期），技术成果的发明创造主体的权益处于一个特殊阶段，既不同于已经授权的专利又不同于技术秘密，但也应当依法予以保护。

三、技术合同的类型

从类型上看，围绕技术成果展开的交易大致可以分为以下类型。

一是技术开发合同，包括委托开发与合作开发两大类，即当事人之间就新技术、新产品、新工艺、新品种或者新材料的研究开发订立的合同。本章第二节对此类合同做了系统规定。此类合同交易的主要目的是对技术成果的从无到有的研发，以待研发的技术成果本身作为交易标的。

二是技术转让合同和技术许可合同。对于既存技术成果，有在市场上完全或者部分流通的需求。权利持有人不仅可以向对外出售商品那样对外予以转让，而且可以像对外出租租赁物那样许可他人使用。不过，由于技术成果这类特殊“财产”在取得过程、排他性控制方面具有特殊性（如受让人常常需要接受出让人的技术指导方能有效掌握）等特点，技术成果的流通交易有诸多特殊性。

---

① 参见蒋志培主编：《技术合同司法解释的理解与适用》，北京，科学技术文献出版社2007年版，第6-7页。

② 与“发明专利”不同，“实用新型专利”“外观设计专利”的申请提交后，如果获得审查通过，审查机构在颁发专利证书的同时公开技术方案。

三是技术咨询合同和技术服务合同。这两类合同既不是以开发新的技术成果为目标，也不以既有成果的全部或者部分让与为合同目的，而是以一方的技术知识为基础，为另一方的技术项目的开展提供咨询服务或者解决另一方的技术问题。在合同交易实践中，与技术咨询服务类似的合同交易是商务咨询公司为需求方拟实施的商业计划（如旅游开发项目、影视娱乐项目）提供的咨询服务类似；而技术服务合同与承揽合同类似。但与一般的商务咨询和承揽服务不同，技术咨询和技术服务是以服务提供者的技术知识为背景的。

第八百四十四条

订立技术合同，应当有利于知识产权的保护和科学技术的进步，促进科学技术成果的研发、转化、应用和推广。

本条主旨

本条是关于技术合同交易的基本原则的规定。

相关条文

《民法典》第 850 条　非法垄断技术或者侵害他人技术成果的技术合同无效。

第 857 条　作为技术开发合同标的的技术已经由他人公开，致使技术开发合同的履行没有意义的，当事人可以解除合同。

《合同法》第 323 条　订立技术合同，应当有利于科学技术的进步，加速科学技术成果的转化、应用和推广。

理解与适用

科学技术是第一生产力，是一个国家和民族的经济发展和社会进步的重要驱动力。作为一种财产类型，技术成果一方面具有稀缺性，即是通过人类的劳动和资本投入来获取的；另一方面具有实用性，即能够用于满足社会生产和生活的需要。因此，技术合同交易应当遵循产权保护的基本原则，维护技术成果的开发者的合法权益；同时要以促进技术成果的转化、应用和推广为原则，充分发挥技术成果的社会效用。

但与普通财产不同，技术成果不是普通的消耗品。技术成果本身存在一个在既有技术基础上不断积累和创新的特点。新的技术的研发常常以既有技术成果为基础，在既有技术基础上发展和衍生出新的技术。因此，国家在通过专利授权等特殊机制保护既有的技术成果持有人的财产权益的同时，还得考虑如何促进科学技术的持续发展和进步，避免因为对既有权利人的保护抑制技术的不断进步。这也是技术合同区别于大量其他典型合同的地方。

概括来说，本条确立了以下技术合同交易的原则。

一是有利于知识产权的保护。技术合同交易的技术成果，是重要的知识产权和智力劳动成果。由于此类财产的易复制性等特点，当事人不容易通过物理控制来排除他人的侵占，或者说容易在合同交易中被他人知晓和复制利用。因此，技术合同交易当事人应当尊重相对人的技术成果，特别是要遵守本章大量条文中规定的保密义务等义务。有恒产者有恒心。如此设计技术合同规则，也有助于促进人们投入人力和物力，去研发新的技术成果，更好地服务于社会发展和进步。

二是有利于科学技术的进步。技术是在不断的发展中取得突破和进步的。保护既有技术成果的持有人的知识产权本身就有利于科学技术的进步。同时，如果既有技术成果持有人通过技术合同安排形成技术垄断，则会妨碍技术的持续进步。因此，本章第 850 条规定："非法垄断技术或者侵害他人技术成果的技术合同无效。"

三是有利于技术成果和产品的研发。合同当事人订立技术开发合同之后，是否能够按照合同的约定积极履行自己的研发义务，如何分享研发的技术成果，如何分担研发失败的风险或者如何处理第三人率先研发成功导致的投入损失，对当事人都至关重要。因此，技术合同规则的设计需要合理考虑技术合同交易的特点，在合同履行、成果分配、风险和损失分担上要作出符合技术交易特点的规定，促进当事人积极参与技术成果的研发。例如，本章第 857 条规定："作为技术开发合同标的的技术已经由他人公开，致使技术开发合同的履行没有意义的，当事人可以解除合同。"此种原因导致的合同解除，对双方而言都是意外风险，双方互不承担违约责任。

再以技术许可合同的履行为例，技术许可方允许被许可人使用专利技术从事特定产品生产的，如果许可方许可的技术不成熟，或者没有披露完整的技术资料，或者没有提供有效的指导，以至于受让方无法根据该技术开发生产特定产品的，受让方可以解除合同并请求许可方承担违约责任。坚持这样的规则，有助于促进技术交易当事人本着诚信原则，有效利用各方的投入，研发新的技术成果和产品。例如，原告与被告签订合作协议，约定由原告提供自有专利技术，被告提供厂房、库房、机器设备和资金，双方在青海省内生产和销售该技术产品；协议签订后，原告向被告讲解了该专利技术，指导被告生产了两台专利产品的样品，并经点火验收。之后，被告生产出第一批 70 台专利产品，但在经销中均因无法正常点火使用而未能销售出一台，被告遂中止了生产活动。原告诉至法院，要求继续履行合同，被告则反诉要求解除合同。法院援引《合同法》第 323 条“订立技术合同，应当有利于科学技术的进步，加速科学技术成果的转化、应用和推广”的规定，认为双方生产的 70 台专利产品不被市场所认可，已全部滞销的事实，能够证明该项技术尚不具备应用并推广的条件，无法实现合同预期的经济指标，也使合同继续履行成为不可能，驳回了原告继续履行的诉讼请求，支持了被告解除合同的请求。[①] 本案体现的技术合同准则是，对于那些不利于技术成果和产品的研发的，法律应当赋予当事人及时跳出合同约束并寻求救济的机会。

四是有利于技术成果的转化、应用和推广。将技术成果转化为现实的生产力是发挥技术财产的经济价值的重要环节。为此，全国人民代表大会常务委员会于 1996 年 5 月 15 日通过《促进科技成果转化法》，并于 2015 年 8 月 29 日予以修订，旨在促进科技成果转化为现实生产力，规范科技成果转化活动，加速科学技术进步，推动经济建设和社会发展。从技术合同交易规则层面看，要使技术成果持有人有动力和信心积极与他人缔结合同，将自己的成果与他人进行交易，一项重要的内容就是加强对技术成果持有人的“权益保护”。对此，《促进科技成果转化法》用第四章专门规定了“技术权益”，对技术成果的投入、分配和保密做了细致规定。例如，第 40 条就技术转化过程中权属不明的处理规则做了类型化区分和规定。[②] 第四条就技术成果转化中的保密义务做了规定。[③]

第八百四十五条

技术合同的内容一般包括项目的名称，标的的内容、范围和要求，履行的计划、地点和方式，技术信息和资料的保密，技术成果的归属和收益的分配办法，

---

① 参见“眉山市中能生物科技研究所与西宁信利机械制造有限公司技术转让合同纠纷”，青海省高级人民法院（2012）青民三终字第 4 号民事判决书。后原审被告申请再审，再审法院补充了如下理由：双方在合作协议中约定，原告提供自有专利技术、负责产品质量检验，并派两名工作人员从 2009 年 4 月开始负责产品质量检验，而且原告确实于 2009 年 4 月至 6 月指派两名工作人员到被告处负责产品质量检验与数量统计，可见产品质量检验是由原告所负责的，维持了原审判决。参见最高人民法院（2015）民申字第 1469 号民事裁定书。

② 该条规定：“科技成果完成单位与其他单位合作进行科技成果转化的，应当依法由合同约定该科技成果有关权益的归属。合同未作约定的，按照下列原则办理：（一）在合作转化中无新的发明创造的，该科技成果的权益，归该科技成果完成单位；（二）在合作转化中产生新的发明创造的，该新发明创造的权益归合作各方共有；（三）对合作转化中产生的科技成果，各方都有实施该项科技成果的权利，转让该科技成果应经合作各方同意。”

③ 该条规定：“科技成果完成单位与其他单位合作进行科技成果转化的，合作各方应当就保守技术秘密达成协议；当事人不得违反协议或者违反权利人有关保守技术秘密的要求，披露、允许他人使用该技术。”

验收标准和方法，名词和术语的解释等条款。

与履行合同有关的技术背景资料、可行性论证和技术评价报告、项目任务书和计划书、技术标准、技术规范、原始设计和工艺文件，以及其他技术文档，按照当事人的约定可以作为合同的组成部分。

技术合同涉及专利的，应当注明发明创造的名称、专利申请人和专利权人、申请日期、申请号、专利号以及专利权的有效期限。

本条主旨

本条是关于技术合同的主要条款的规定。

相关条文

《合同法》第 324 条　技术合同的内容由当事人约定，一般包括以下条款：

（一）项目名称；

（二）标的的内容、范围和要求；

（三）履行的计划、进度、期限、地点、地域和方式；

（四）技术情报和资料的保密；

（五）风险责任的承担；

（六）技术成果的归属和收益的分成办法；

（七）验收标准和方法；

（八）价款、报酬或者使用费及其支付方式；

（九）违约金或者损失赔偿的计算方法；

（十）解决争议的方法；

（十一）名词和术语的解释。

与履行合同有关的技术背景资料、可行性论证和技术评价报告、项目任务书和计划书、技术标准、技术规范、原始设计和工艺文件，以及其他技术文档，按照当事人的约定可以作为合同的组成部分。

技术合同涉及专利的，应当注明发明创造的名称、专利申请人和专利权人、申请日期、申请号、专利号以及专利权的有效期限。

理解与适用

与大量有名合同规则体系中关于合同主要条款的规定相似，本条对技术合同的主要条款做了倡导性规定，以提示和鼓励合同当事人尽可能地在缔约时就双方当事人关切的重要事项进行约定。特别是，技术合同交易的标的，即技术成果，本身就颇具复杂性。[①] 其不仅需要交易当事人就标的本身形成一致的理解，而且要求该技术成果能够被交易当事人所掌握、检验以及在一些场景下应用。例如，交易当事人如何确认受托开发方提交的技术成果是否达到了预期的标准，如何证明技术许可方提供的技术资料是否完整以及技术指导是否有效，如何分配技术交易中新产生的技术成果，如何判断和分配技术研发或者应用中的失败风险，都是一般的商品买卖合同不会面临的复杂问题。

因此，为了明确技术合同当事人的交易预期，当事人在缔约时应当结合拟交易技术自身的特点，尽可能地就与交易相关的事项作出明确的约定，特别是书面约定，从而提升合同的完备性，以便于在发生争议时确定双方约定的纠纷解决方案。这样做不仅明确和稳定当事人自己的预期，也有助于减轻纠纷发生后人民法院或者仲裁机构的司法负担。

与《合同法》第 324 条规定的倡导性条款相比，本条已经做了大幅度删减。这一方面是因为《合同法》第 324 条中关于“价款或者报酬”“违约责任”“解决争议的方法”等条款，本法第 470 条已经从合同编一般规定的层面做了规定；另一方面是因为关于“履行进度”“履行地域”等条款，并不是所有技术合同都涉及的条款，所以，没有必要作为技术合同的一般性主要条款予以规定。

通常来说，技术合同要就以下内容作出约定。

1. 项目的名称。特别是，在合同条款关于标的约定不清或者存在理解分歧时，项目名称有助于对双方交易标的的解释。例如，一研究机构为了开展关于某一类裁判文书的大数据挖掘和分析研究项目，与一家大数据公司签订合同。项目的名称是“裁判文书数据采集技术合同”还是“裁判文书数据采集合同”？虽然这两个名称只有“技术”二字之差，但可能对该合同是“技术开发合同”还是“技术服务合同”的解释存在重要影响。

2. 标的的内容、范围和要求。这一条款直接影响到交易当事人所指向的交易对象，影响到交易当事人的利益预期。除了技术标的的内容，明确交易对象的技术范围（如期限、地域、领域和方式[②]）和技术指标，对当事人至关重要。在前述案例中，假如项目名称是“裁判文书数据采集合同”，即数据采集服务合同而不是数据采集技术的开发合同，标的的内容是：“大数据公司根据委托方的要求，就涉及某疑难法律解释问题的所有裁判文书，通过‘人工标注’和‘半监督

① 参见王利明：《合同法研究（第三卷）》，第二版，北京，中国人民大学出版社 2015 年版，第 551 页。

② 许可方式包括：独占许可、排他许可、普通许可和转许可。可参见第 863 条的相关释评。

机器学习’的方式，就指定标签数据[①]进行采集。”但问题在于，这里约定的“裁判文书”的范围为何，以哪一个裁判文书数据库为准，截至哪一个时间点？需要“人工标注”的裁判文书，占整个需要采集和分析的裁判文书的比例多高？关于技术要求，“半监督机器学习”，即以人工标注的数据为基础来训练出一套人工智能大脑，对人工未标注的裁判文书进行机器标注或者说机器学习。那么，委托方对于机器标注数据的准确率和召回率有何种要求？这些内容直接关乎委托方合同目的的实现，如果能够做出明确约定，对整个合同的履行有重要作用。

3. 履行的计划、进度、期限、地点、地域和方式。履行的计划、进度和期限直接关乎技术成果的市场应用和转化问题，有时还涉及交易当事人与第三人之间的后续交易。履行的地点与当事人的交易成本有密切关联，如在上述“裁判文书数据采集合同”中，如果裁判文书的人工标注工作是由委托方组织人力来完成，那么，标注人员是去大数据公司的物理办公场所的设备上标注，还是通过远程接口参与标注工作，对履行成本有重要影响。履行的地域，通常与技术许可合同中被许可人的经营销售地域有关，与营业额挂钩。关于履行方式，一方面取决于合同的内容[②]；另一方面取决于当事人对不同履行方式的成本和对价估算，事先约定常有必要。

4. 技术信息和资料的保密。无论是涉及国家安全还是当事人的技术秘密，当事人都有必要在合同中就保密事项、保密范围、保密期限和违约责任进行约定。这不仅有助于发生纠纷后的争端解决，而且，甚至更重要的是，有助于提示交易当事人在交易过程中积极履行保密义务。如上述“裁判文书数据采集合同”中，受托方对于委托方的技术路线有保密义务，委托方对于接触到的受托方的关键数据挖掘技术不得随意公开展示。

5. 技术成果的归属和收益的分配办法。技术成果得以开发之后，或者技术许可使用中产生的新技术成果，在归属上如何分配，也是复杂的问题，涉及成果的类型、不同类型成果的应用范围和应用收益的分配。上述“裁判文书数据采集合同”交易中，最后采集的数据不仅包括便于科学研究的标签数据，还包括相关裁判文书的原始数据（以及经过字段解析的原始数据等）。这些数据不仅可以用作科学研究和发表，而且可以用于商业咨询服务，还可以用于相应司法人工智能

① 例如，“争议标的的数额”“法官是否支持原告的法律解释主张”“判决支持或者驳回原告主张的主要理由”“判决赔偿的金额”“法院支持或者驳回原告请求之比例与原告诉讼动力之变化的相关性”等。

② 参见黄薇主编：《中华人民共和国民法典合同编解读（下册）》，北京，中国法制出版社2020年版，第1136页。

的进一步技术开发。用作商业咨询服务的，将产生直接的经济收益。委托方与受托方如何分配前述成果及其应用收益，都有必要在合同中约定清楚。

6. 验收标准和方法。不同的技术标准决定了技术成果的技术水准和应用价值。例如，在一起植物气化炉的技术许可交易中，被许可人经培训取得的植物气化炉生产技术的重要标准之一就是燃料的燃烧率和火焰的纯净度。当事人有必要在合同中约定需要检验的项目、检验机构或者检验标准、方法。在一些情形中，当事人约定了明确的合同标的，但并未约定验收标准和方法，且难以根据本法第511条的解释规则得到可信结论的，则可能构成本法第563条第1款第5项规定的其他解除事由。例如，在一起技术委托开发合同纠纷中，委托人委托受托人开发螺杆鼓风机及真空泵，但是合同未对风险责任的承担、验收标准和方法作出任何约定，对于合同标的的内容、范围和要求亦未约定明确。在合同履行期间，受托人就合同中有关股权赠与、合作期间、报酬与技术开发验收标准、知识产权归属、保密的条款存在模糊不清、无法执行等情况提出异议，认为合同难以履行。后双方产生矛盾，受托人诉至法院，要求解除合同。法院认为，“由于本案双方当事人签约不够严谨的原因，未能就上述技术合同的主要条款作出明确约定，大大降低了合同履行的现实性和可能性，导致了合作关系的迅速破裂”；“在双方当事人无法就修补合同部分条款达成一致，无法恢复互信的情况下，继续以涉案合同拘束双方当事人的行为必将进一步扩大当事人的经济损失”，故最终支持了受托人解除合同的诉讼请求。①

7. 价款、报酬、投资或者使用费的额度及支付方式。在双方合作开发技术的交易中，双方当事人需要明确合作的方式，特别是技术投入、资本投入、场地投入和设备投入等投资承诺。在一方向另一方提供技术开发服务、转让技术、许可技术或者提供技术咨询服务的情形中，技术成果接受方需要支付的价款、报酬或者使用费及其支付方式（是否分期、币种等），是技术成果提供方的重要利益所在。

在一些技术交易中，还涉及特定条件下的费用追加问题，也有必要予以约定。例如，在上述“裁判文书数据采集合同”中，如果委托方在合同订立后，所需要挖掘的裁判文书范围和数量发生变化，需提取的标签数量和难度增加或者对机器学习的数据精度要求提高，则很可能涉及费用追加的问题。

8. 风险责任的承担。商品买卖交易的风险主要表现为标的物的毁损、灭失，

① 参见“巫修海、浙江珂勒曦动力设备有限公司技术合作开发合同纠纷”，浙江省高级人民法院（2017）浙民终139号民事判决书。

而技术合同交易的主要风险表现为“技术开发或者应用的失败”“技术缺陷或者技术应用不当造成损害”和“他人率先开发出技术成果并取得专利权”等技术或者法律风险。如果当事人不能根据特定交易的场景作出明确安排，一般来说需要根据双方当事人的过错程度来承担风险和损失。例如，在一起委托创作合同纠纷中，双方签订“APP 手机客户端开发合同”，约定由受托人为委托人开发微信商城和分销系统，3 个月内完成；但是合同并未就技术合同一般应包括的风险责任的承担、验收标准和方法作出明确约定。在实际履行过程中，双方不断对合同标的的内容和要求进行了细化和增加，甚至在履行期限早已届满后仍签订了包含 20 个具体问题的合同文件，但又未明确新的履行期限。后来，委托人诉至法院，要求解除合同并由受托人承担损害赔偿责任。法院认为，双方当事人对合同约定不明确均有过错，应按各自的过错承担相应损失的法律责任。①

除上述内容外，技术合同交易中的名词和术语的解释规则，也对交易对象及其提供有重要意义。

另外，与履行合同有关的技术背景资料、可行性论证和技术评价报告、项目任务书和计划书、技术标准、技术规范、原始设计和工艺文件，以及其他技术文档，有可能对解释合同中的交易条款有参考价值。如果当事人约定可以作为合同组成部分的，将按照合同条款来对待。

第八百四十六条

技术合同价款、报酬或者使用费的支付方式由当事人约定，可以采取一次总算、一次总付或者一次总算、分期支付，也可以采取提成支付或者提成支付附加预付入门费的方式。

约定提成支付的，可以按照产品价格、实施专利和使用技术秘密后新增的产值、利润或者产品销售额的一定比例提成，也可以按照约定的其他方式计算。提成支付的比例可以采取固定比例、逐年递增比例或者逐年递减比例。

约定提成支付的，当事人可以约定查阅有关会计账目的办法。

本条主旨

本条是关于技术合同的价款、报酬和使用费的计算和支付方式的规定。

① 参见“杭州逸马健康管理有限公司、杭州向欧电子商务有限公司委托创作合同纠纷”，浙江省高级人民法院（2017）浙民终 260 号民事判决书。

相关条文

《技术合同司法解释》第 14 条　对技术合同的价款、报酬和使用费，当事人没有约定或者约定不明确的，人民法院可以按照以下原则处理：

（一）对于技术开发合同和技术转让合同，根据有关技术成果的研究开发成本、先进性、实施转化和应用的程度，当事人享有的权益和承担的责任，以及技术成果的经济效益等合理确定；

（二）对于技术咨询合同和技术服务合同，根据有关咨询服务工作的技术含量、质量和数量，以及已经产生和预期产生的经济效益等合理确定。

技术合同价款、报酬、使用费中包含非技术性款项的，应当分项计算。

理解与适用

在术语上，技术合同交易的回报因交易类型而存有差异。例如，在技术开发合同、技术咨询合同和技术服务合同中，技术提供方的回报称作“报酬”；在技术转让合同中，出让方的回报称作“价款”；在技术许可合同中，许可方的回报称作“使用费”①。

一、技术合同交易回报的支付方式

技术合同的交易回报的计算和支付方式有其特殊性。技术合同交易的一个重要特点在于交易标的的创新性和个性化特点，在交易对价上很可能没有本法第 511 条的国家标准、行业标准，更没有推荐标准和交易惯例。因为相关交易很可能尚未形成一个统一的市场，所以，交易当事人根据参与特定交易过程中的技术投入、人力投入、资金投入和技术产出的经济和社会效应，事前评估自己投入状况、工作效益和利润分配预期，并在合同中明确约定回报的固定数额或者计算方法以及支付方式，有助于明确双方的交易预期和争端解决。不同的交易类型，很可能对应着不同的回报计算预期和支付要求。这也是为什么本条规定了多种计算方式，以应对实践中多元的回报计算和支付。

具体来说，本条规定了以下技术合同交易回报的支付方式。

1. 一次总算，一次总付或者分期支付

如果当事人对特定技术合同交易的投入、产出和回报估算能够一次性地完

① 黄薇主编：《中华人民共和国民法典合同编解读（下册）》，北京，中国法制出版社 2020 年版，第 1138－1139 页。

成，那么，可以通过在合同中一次总算的方式来确定交易回报金额，并要求相对人一次性付清或者分几次支付。

2. 提成支付

在不少技术合同交易中，一方当事人或者双方当事人对交易形成的技术成果的市场前景难以有一个明确的预估，都希望去分享将所交易的技术成果投入市场后产生的收益或增值，并去承担市场投入效果不好时的不利后果。因此，双方约定在未来按照一定的标准进行提成，如按照产品价格、实施专利和使用技术秘密后新增的产值、利润或者产品销售额的一定比例提成，也可以按照约定的其他方式计算。提成支付的比例可以采取固定比例、逐年递增比例或者逐年递减比例。这主要取决于交易当事人对未来市场前景的预估认识。

3. 提成支付附加预付入门费

在有的技术合同交易中，技术提供方为了加强合同的严肃性或者保证最低限度的成本付出得到弥补，会要求技术受让方先支付一笔入门费，然后根据市场销售业绩等情况来提成。

对于采取提成支付的，无论是否附加预付入门费的要求，在合同履行中的一个核心问题就是如何防止相对人的道德风险，即如何确保作为提成计算基础的市场销售业绩。为了防止一方的道德风险，法律赋予当事人查阅有关会计账目的权利。约定提成支付的，当事人可以约定查阅有关会计账目的办法。如果当事人没有约定查阅有关会计账目的办法，则当事人在有正当理由时可以请求查阅相关账目。

二、交易回报约定缺失或者不明时的处理

尽管本条规定了技术合同交易回报的四种计算和支付方式，但实践中仍然会有合同并未清楚地约定。由于不少技术合同交易很可能没有一个统一的交易市场，所以，很难简单地诉诸本法第 511 条规定的国家标准、行业标准或者说交易惯例。一个更有效的办法就是去评估各方的成本投入和经济产出，然后按照相应的比例寻找一个共赢或者损失共担的方案。对此，《技术合同司法解释》第 14 条规定："对技术合同的价款、报酬和使用费，当事人没有约定或者约定不明确的，人民法院可以按照以下原则处理：（一）对于技术开发合同和技术转让合同，根据有关技术成果的研究开发成本、先进性、实施转化和应用的程度，当事人享有的权益和承担的责任，以及技术成果的经济效益等合理确定；（二）对于技术咨询合同和技术服务合同，根据有关咨询服务工作的技术含量、质量和数量，以及已经产生和预期产生的经济效益等合理确定。技术合同价款、报酬、使用费中包含非技术性款项的，应当分项计算。"

例如，提出回报支付主张的当事人必须先证明其按照约定向相对方作出了技术性贡献。在一起技术合同纠纷中，原告以其生产打包机的图纸等产品技术与被告合作，签订了技术合作协议书，并对部分打包机产品的交易回报分配作了约定。在合同履行期间，原告为被告开发了压捆机、液压打包机等产品，部分产品成功申请了实用新型专利。后来，双方产生纠纷，又就相关事项签订备忘录，约定“从即日起，再行生产重新签约的打包机按何图纸、用何方式进行、工资待遇等，另行协商”。不过，双方后来就提供和研发的产品的利润分成纠纷未能协商解决，原告诉至法院，要求被告按照原合同已约定的交易回报分配方式，支付压捆机、液压打包机等产品的利润分成款。一审法院认为，原合同中并未约定压捆机等产品的利润分配方式，故未支持原告的诉请，让其“另行协商达成分配方式后另行主张权利”；二审法院进一步认为，原告既无法证明压捆机等产品的销量①，又无法证明压捆机等产品是否属于新产品②，故直接驳回了原告针对压捆机等产品利润分配的诉讼请求。③ 而在另一起专利实施许可合同纠纷中，合同约定，原告负责提供技术图纸和技术交底，并尽快帮助被告实现独立生产蜂窝煤采暖炉，合同约定被告向原告预付入门费加按销售额提成的方式分配利润；但后因不可归责于原告的原因致产品生产销售受阻，被告以原告“未出示过该产品的技术图纸，只是临时画些草图示意，使已生产出来的样炉无法检验，技术、质量是否合格亦无标准”为理由，拒绝支付入门费。原告诉至法院，要求被告支付使用费。一审法院认为原告在指导被告的过程中绘制的图纸有专利文件作为依据，属于技术图纸，支持了原告的诉讼请求；二审法院经咨询有关部门后，进一步认为“个人的技术发明，缺乏晒制图纸的条件，只要有详尽铅笔绘图，应视为正式图纸”，亦支持了支付使用费的诉请。④

---

① 原告在诉讼中提供了相关产品机身铭牌出厂编号的照片，尝试证明产品的生产、销售数量，并试图以此为基础计算利润数值，但是二审法院认为该证据与被告的生产销售情况并无直接对应关系。

② 一审法院咨询当地农机鉴定站，该站工作人员陈述打包机与压捆机系不同种类产品，而且根据一审“关于方捆压捆机利润分成，陈广大可与星光公司另行协商达成分配方式后另行主张权利”的表述，可以推断一审对压捆机等产品属于新产品的事实是认可的。但是二审在经过双方再次质证后，认为该事实真伪不明，故原告需要对此承担结果意义上的举证责任。

③ 参见“陈广大、星光玉龙机械（湖北）有限公司技术合同纠纷”，湖北省高级人民法院（2017）鄂民终 588 号民事判决书。结合《技术合同司法解释》第 14 条，可以推断出，二审法院认为，在原告未举证“研究开发成本”，且对“实施转化和应用的程度，当事人享有的权益和承担的责任，以及技术成果的经济效益”未完成行为意义上的举证责任时，仅凭有关技术成果的“先进性”不足以支持其诉讼请求。

④ 参见“刘秉正诉北京市康达汽车装修厂专利实施许可合同纠纷案”，载《最高人民法院公报》1989 年第 3 期（总第 19 期）。二审对一审的修正仅在于，对原告在补充协议中放弃的入门费部分予以减扣，除此以外维持了一审的裁判结果。

此外，在一些技术合同中，合同终止后，双方当时互负债务，则需要相互履行或者抵销。例如，原告与被告签订合作协议，约定双方合作设立生物治疗中心，开展体细胞研究及治疗工作，被告负责技术方面以及为实现技术所必需的基建投资，原告则负责其他投资，并负责向乙方支付设施设备折旧费。在合同履行期间，因不可归责于双方当事人的政策变动原因无法实现合同目的，双方约定解除原合同。之后，原告请求被告支付尚欠的投资款；被告则提出反诉，要求原告支付相应的设备折旧费。法院认为被告支付投资款和原告支付设备折旧费之间并不矛盾，而且符合抵销的要件，可以抵销，故同时支持了双方的诉请。①

第八百四十七条

职务技术成果的使用权、转让权属于法人或者非法人组织的，法人或者非法人组织可以就该项职务技术成果订立技术合同。法人或者非法人组织订立技术合同转让职务技术成果时，职务技术成果的完成人享有以同等条件优先受让的权利。

职务技术成果是执行法人或者非法人组织的工作任务，或者主要是利用法人或者非法人组织的物质技术条件所完成的技术成果。

本条主旨

本条是关于职务技术成果的界定和归属的规定。

相关条文

《合同法》第 326 条　职务技术成果的使用权、转让权属于法人或者其他组织的，法人或者其他组织可以就该项职务技术成果订立技术合同。法人或者其他组织应当从使用和转让该项职务技术成果所取得的收益中提取一定比例，对完成该项职务技术成果的个人给予奖励或者报酬。法人或者其他组织订立技术合同转让职务技术成果时，职务技术成果的完成人享有以同等条件优先受让的权利。

职务技术成果是执行法人或者其他组织的工作任务，或者主要是利用法人或者其他组织的物质技术条件所完成的技术成果。

《技术合同司法解释》第 2 条　合同法第三百二十六条第二款所称“执行法

① 参见“中国人民解放军海军总医院与深圳市博泰生物医学科技发展有限公司技术合同纠纷”，北京市海淀区人民法院（2017）京 0108 民初 55043 号民事判决书。

人或者其他组织的工作任务”，包括：

（一）履行法人或者其他组织的岗位职责或者承担其交付的其他技术开发任务；

（二）离职后一年内继续从事与其原所在法人或者其他组织的岗位职责或者交付的任务有关的技术开发工作，但法律、行政法规另有规定的除外。

法人或者其他组织与其职工就职工在职期间或者离职以后所完成的技术成果的权益有约定的，人民法院应当依约定确认。

第 3 条 合同法第三百二十六条第二款所称“物质技术条件”，包括资金、设备、器材、原材料、未公开的技术信息和资料等。

第 4 条 合同法第三百二十六条第二款所称“主要利用法人或者其他组织的物质技术条件”，包括职工在技术成果的研究开发过程中，全部或者大部分利用了法人或者其他组织的资金、设备、器材或者原材料等物质条件，并且这些物质条件对形成该技术成果具有实质性的影响；还包括该技术成果实质性内容是在法人或者其他组织尚未公开的技术成果、阶段性技术成果基础上完成的情形。但下列情况除外：

（一）对利用法人或者其他组织提供的物质技术条件，约定返还资金或者交纳使用费的；

（二）在技术成果完成后利用法人或者其他组织的物质技术条件对技术方案进行验证、测试的。

第 5 条 个人完成的技术成果，属于执行原所在法人或者其他组织的工作任务，又主要利用了现所在法人或者其他组织的物质技术条件的，应当按照该自然人原所在和现所在法人或者其他组织达成的协议确认权益。不能达成协议的，根据对完成该项技术成果的贡献大小由双方合理分享。

第 6 条 合同法第三百二十六条、第三百二十七条所称完成技术成果的“个人”，包括对技术成果单独或者共同作出创造性贡献的人，也即技术成果的发明人或者设计人。人民法院在对创造性贡献进行认定时，应当分解所涉及技术成果的实质性技术构成。提出实质性技术构成并由此实现技术方案的人，是作出创造性贡献的人。

提供资金、设备、材料、试验条件，进行组织管理，协助绘制图纸、整理资料、翻译文献等人员，不属于完成技术成果的个人。

理解与适用

本章规定的技术成果，是指利用科学技术知识、信息和经验作出的涉及产品、工艺、材料及其改进等的技术方案，包括专利、专利申请、技术秘密、计算机软件、集成电路布图设计、植物新品种、动物新品种①和进入公共领域的部分技术内容等。技术成果作为一种权利客体，对应的权利在性质上属于知识产权，即基于智力劳动成果的一种私权利。知识产权包括人身权和财产权。因此，技术成果上的知识产权也可以区分为人身权和财产权。前者主要是指技术成果的完成人基于完成行为而享有的、没有直接财产内容的权利，包括署名权、荣誉权等；后者是指使用和转让技术成果的权利。

本条和第 848 条系关于技术成果的财产权归属的规定，前者调整职务技术成果的财产权归属，后者调整非职务技术成果的财产权归属。第 849 条规定了技术成果的人身权。三个条文一起，构成了关于技术成果的权利归属规则体系。

1. 职务技术成果的界定

关于何为职务技术成果，本条第 2 款规定了两种类型。再加上《技术合同司法解释》第 5 条规定的跨单位完成的类型，共有三种类型。

（1）“执行法人或者非法人组织的工作任务”完成的技术成果。关于何为“执行法人或者其他组织的工作任务”，《技术合同司法解释》第 2 条做了解释，即首先采用约定优先原则，“法人或者其他组织与其职工就职工在职期间或者离职以后所完成的技术成果的权益有约定的，人民法院应当依约定确认”。没有约定或者约定不清的，根据技术成果完成人所处的岗位和时间这两个因素来判断：一是“履行法人或者其他组织的岗位职责或者承担其交付的其他技术开发任务”的，属于职务技术成果；二是“离职后一年内继续从事与其原所在法人或者其他组织的岗位职责或者交付的任务有关的技术开发工作，但法律、行政法规另有规定的除外”。

与职务技术成果相关的个人和法人之间存在双重法律关系，即劳动关系和职务发明创造关系。② 如果完成技术成果的当事人之间并没有职务或者说雇佣关系，则不宜认定为职务技术成果。例如，原告、被告系父子关系，共同设计某技术产品，并由被告申请实用新型专利，成为专利权人。后原告诉至法院，要求被告依《合同法》第 326 条向其支付设计费。法院认为本案的涉案专利人（被告）为自然人，虽然曾作为某公司代表人参与另案诉讼，但“其身份并不符合法人或其他组织的特征”，原告完成的也不是职务发明创造，故不适用有关职务技术成果的规定。③ 再如，在一起技术合同纠纷中，原告要求被告支付技术使用费和利润分成，

① 动物新品种是否与植物新品种一样受到知识产权法律的保护，在学理上有争议。

② 参见王利明：《合同法研究（第三卷）》，第二版，北京，中国人民大学出版社 2015 年版，第 559 页。

③ 参见“杨守信与杨东技术成果完成人报酬纠纷”，辽宁省沈阳市中级人民法院（2016）辽 01 民初 176 号民事判决书。

被告则以其使用的技术系原告的职务发明为理由，认为原告诉讼主体不适格。但是，原告举证证明该技术发明未经其所在单位或其他科研基金的立项和资助，并非执行本职工作，也未利用其所在单位的物质技术条件，为其本人业余时间自主完成，属非职务技术成果。法院接受了原告的这一主张，驳回了被告的抗辩理由。[①]

另外值得注意的是，尚未形成正式成果的技术工作内容，是否构成职务技术成果。这直接涉及工作单位对外转让此种工作内容时，完成人是否享有优先购买权的问题。例如，在一起科技成果权纠纷中，某公司工作人员在劳动关系存续期间，为公司开发技术产品，但是直至双方劳动关系终止，该工作人员仍未完成该项工作。后来，该公司诉至法院，要求确认该工作中的应用程序、电路制板等重要资料属于职务成果，归公司所有。法院认为，该研发工作的相关资料，虽然“还不具有相应的特征和功能，亦不能体现基本价值，无法实现原告验创公司的预期目的，没有形成技术方案”，但该工作人员在公司工作期间已完成的部分，属于劳动者为执行用人单位的工作任务而形成的技术成果，应当为职务技术成果，归该公司所有。[②] 笔者认为，这一判决立场是有道理的。

（2）“主要是利用法人或者非法人组织的物质技术条件”完成的技术成果。关于何为“物质技术条件”，《技术合同司法解释》第 3 条做了列举性解释，即“资金、设备、器材、原材料、未公开的技术信息和资料等”。

“主要利用”意味着技术成果的完成人还可能利用了自己或者其他法人或者非法人组织的物质技术条件，但发挥的是次要作用。根据《技术合同司法解释》第 4 条，关于物质技术条件的主要提供者，意思是说：“职工在技术成果的研究开发过程中，全部或者大部分利用了法人或者其他组织的资金、设备、器材或者原材料等物质条件，并且这些物质条件对形成该技术成果具有实质性的影响；还包括该技术成果实质性内容是在法人或者其他组织尚未公开的技术成果、阶段性技术成果基础上完成的情形。”学理上认为，这一规定系对物质贡献因素的适度弱化，对技术贡献的强化；物质贡献只有发挥了主要作用的，物质贡献主体才可

---

①　参见“吴琦诉北京思路高高科技发展有限公司技术合同纠纷”，北京市第一中级人民法院（2005）一中民初字第 10224 号民事判决书。

②　参见“南京验创科技有限公司与姚维东其他科技成果权纠纷”，江苏省南京市中级人民法院（2013）宁知民初字第 282 号民事判决书。虽然最终法院并未支持公司（原告）的该诉讼请求，但系出于其他原因，即公司认为该工作人员研发进度已达 90%，能够“点亮”电路制板的显示器，但被告认为研发进度仅进行了 10%左右；后法院到原告公司进行了现场勘验，发现该工作电脑及“电路制板”均无法通电工作，原告公司也没有证据证明该工作人员以其他方式使用了涉案的相关资料或将其据为己有，故最终未支持原告的诉请。总而言之，法院最终未支持公司的诉请，并非因为该未形成成果的技术资料不是职务技术成果，而是由于不能判令作为被告的原工作人员交付不存在的技术成果。

以主张成为技术成果的权利人。①

但值得注意的是，一方面，如果“对利用法人或者其他组织提供的物质技术条件，约定返还资金或者交纳使用费的”，或者说完成人系有偿使用的，则完成的技术成果就属于职务技术成果。另一方面，完成人在技术成果完成后仅仅“利用法人或者其他组织的物质技术条件对技术方案进行验证、测试的”，也不属于职务技术成果。

（3）跨单位完成的职务技术成果。《技术合同司法解释》第5条对此做了明确规定，即“个人完成的技术成果，属于执行原所在法人或者其他组织的工作任务，又主要利用了现所在法人或者其他组织的物质技术条件的”，仍然属于职务技术成果。只不过，对于跨单位完成的技术成果，问题的重点在于如何在两个单位之间分配成果的归属。毕竟，技术成果的完成得益于前后两个工作单位的物质技术条件。

2. 职务技术成果的财产权分配

技术成果的收益分配，原则上遵循按出资分配原则。出资人的资本可以是资金，也可以是技术，还可以是智力劳动。当事人对出资和分配有约定安排的，原则按照约定分配成果收益。②

没有约定或者约定不明的，关于职务技术成果的财产权分配（主要是使用权、转让权分配，包括许可他人使用的权利），本条规定和《技术合同司法解释》第5条一起，确立了以下三项分配规则。

第一，职务技术成果的财产权归完成人的工作单位。职务技术成果的使用权、转让权属于法人或者非法人组织的，法人或者非法人组织可以就该项职务技术成果订立技术合同。这不仅符合“谁投资，谁收益”的基本逻辑，而且符合职务技术成果的性质，即完成人基于职务要求为所属单位创造技术成果。

第二，职务技术成果的完成人享有受让权。法人或者非法人组织订立技术合同转让职务技术成果时，职务技术成果的完成人享有以同等条件优先受让的权利。这不仅是基于完成人的参与和贡献给完成人提供的一种优待，而且，完成人如果有意愿在同等交易条件下优先购买，很可能基于其对技术成果的了解，能够更好地发挥该技术成果的价值和效用。关于“同等条件”的问题，本书对本法726条规定的承租人优先购买权的释评具有类似性，可以参考。

---

① 参见邰中林：《〈关于审理技术合同纠纷案件适用法律若干问题的解释〉的理解与适用》，载《人民司法》2005年第2期。

② 参见蒋志培主编：《技术合同司法解释的理解与适用》，北京，科学技术文献出版社2007年版，第35页；王利明：《合同法研究（第三卷）》，第二版，北京，中国人民大学出版社2015年版，第557－558页。

值得注意的是，《合同法》第326条中规定有关于单位给职务技术成果完成人给予一定比例的奖励或者报酬的规定，即："法人或者其他组织应当从使用和转让该项职务技术成果所取得的收益中提取一定比例，对完成该项职务技术成果的个人给予奖励或者报酬。"这一规定被删除，大抵是因为，工作单位是否从技术成果收益中提取一定比例作为完成人的奖励或者报酬，属于雇佣关系和工作激励的范畴，由当事人自己安排更为合适。毕竟，如果用人单位希望雇员更好地完成技术成果，会主动作出这样的分配承诺，自然会受到合同法的约束。反之，如果用人单位认为没有必要作出这样的激励安排（并承担激励不足的后果），也属于企业自主经营决策的范畴。法律对此不宜过度介入。

第三，跨单位完成的技术成果按照各单位的贡献度分配利益。对于《技术合同司法解释》第5条关于跨单位完成技术成果的情形，首先应当由技术成果完成人原所在和现所在单位就技术成果的分配达成协议。不能达成协议的，则应当根据对完成该项技术成果的贡献大小由双方合理分享。至于如何评估两个单位对技术成果的贡献度，可以参考《技术合同司法解释》第14条关于技术合同交易价款、报酬和使用费的解释，即：对于技术开发和技术转让类成果，"根据有关技术成果的研究开发成本、先进性、实施转化和应用的程度"，以及技术成果的经济效益等因素，来合理确定当事人享有的权益。

3. 职务技术成果的完成人

本条和第848、849条都有关于技术成果的完成人（第848、849条为"个人"）的规定，但实践中有争议的问题是：何为"完成人"?《技术合同司法解释》第6条将其解释为："对技术成果单独或者共同作出创造性贡献的人，也即技术成果的发明人或者设计人。人民法院在对创造性贡献进行认定时，应当分解所涉及技术成果的实质性技术构成。提出实质性技术构成并由此实现技术方案的人，是作出创造性贡献的人。"也就是说，参与技术成果研发的人员是否具有"创造性贡献"是判断技术成果完成人的核心标准。只是"提供资金、设备、材料、试验条件，进行组织管理，协助绘制图纸、整理资料、翻译文献"等非创造性贡献的人员，不属于技术成果的完成人。但是，如果验证人、测试人除了提供验证、测试技术服务之外，还参与到了技术成果的后续改进工作中，并且对最终技术成果的形成和完善做出了实质性贡献，则验证人、测试人也构成该改进成果的完成人，按照贡献度分享相应的成果收益。①

---

① 参见蒋志培主编：《技术合同司法解释的理解与适用》，北京，科学技术文献出版社2007年版，第14页。

第八百四十八条

非职务技术成果的使用权、转让权属于完成技术成果的个人，完成技术成果的个人可以就该项非职务技术成果订立技术合同。

本条主旨

本条是关于非职务技术成果的归属的规定。

相关条文

无

理解与适用

与第847条规定的职务技术成果相对应，非职务技术成果的财产权（包括使用权和转让权）归完成技术成果的个人。不符合上一条规定的“职务技术成果”的判断标准的，就属于非职务技术成果。完成人不仅可以自己使用，而且可以许可他人使用，还有权对外予以转让。任何法人或者非法人组织擅自使用他人的非职务技术成果的，构成对个人知识产权的侵权行为。

值得注意的是，有的研究人员的技术创造得到了与其没有劳动关系的法人或者非法人组织的支持，但是，技术研发活动主要是由其自己完成的。其他法人或者非法人组织不得擅自以该技术成果作为客体主张或者申请相应财产权或者荣誉、奖励。例如，在一起科技成果纠纷中，原告（自然人）在被告（当地乡政府）扶持帮助下，以非职务科研人员身份参与研发工作，并完成“合成炭黑”等成果。后来，经原告同意，该成果以被告职能部门（企业办）为完成单位报请上级部门审核备案；但是，双方当事人之间没有签订关于该成果权益归属的书面合同。二审法院认为，原告是该非职务技术成果的主要完成人和权利人。虽然双方当事人之间未签订技术成果转让合同，但是因“事实上已经履行转让行为”，已经成立了合法有效的技术转让合同关系。因此，被告须为此向原告支付该成果的转让价款。①

---

① 参见“贾忠信与阜新蒙古族自治县卧凤沟乡人民政府其他科技成果权纠纷”，辽宁省高级人民法院（2015）辽民三终字第00046号民事判决书。不过，二审最终未支持原告（二审上诉人）的诉讼请求，因为原告的诉讼请求已超过诉讼时效。后该原告申请再审，最高人民法院重申了二审裁判的以下观点：该发明系非职务技术成果，被告径以自己的名义将该发明申报科技成果，需要向原告支付对价，但原告的诉请已超过诉讼时效，故驳回了原审原告的诉讼请求。参见“贾忠信诉阜新市蒙古族自治县卧凤沟乡人民政府科技成果权纠纷”，最高人民法院（2015）民申字第1898号民事裁定书。

第八百四十九条

完成技术成果的个人享有在有关技术成果文件上写明自己是技术成果完成者的权利和取得荣誉证书、奖励的权利。

本条主旨

本条是关于技术成果的人身权归属的规定。

相关条文

《民法典》第1031条　民事主体享有荣誉权。任何组织或者个人不得非法剥夺他人的荣誉称号，不得诋毁、贬损他人的荣誉。

获得的荣誉称号应当记载而没有记载的，民事主体可以请求记载；获得的荣誉称号记载错误的，民事主体可以请求更正。

理解与适用

技术成果的财产权归属按照职务技术成果和非职务技术成果进行区分。但是，技术成果的人身权与此不同，其专属于完成技术成果的个人，其他任何人都无权分享。完成人是基于工作职务要求研发了技术成果，还是非基于工作职务要求而为，在所不问。关于技术成果完成人的界定，前文关于第847条的释评已经做过比较详细的阐述，可参见之。

技术成果的完成人可以是一个人，也可以是多个人；在后一情形，多个人成为该技术成果的共同完成人。共同完成人可以是协同完成所有研发过程；也可以是分板块而分别完成，然后汇总融合而成；还可以是分阶段，先后完成不同的研发环节。例如，根据一项“虚假诉讼预警甄别模型”的研发计划，目标是研发一套能够对诉讼中的案件进行实时监测并对潜在的虚假诉讼行为进行甄别和预警的人工智能系统。在该套系统的研发中，一部分研究人员负责对涉诉案件的数据维度、采集来源和权重赋值进行研发，另一部分研究人员负责对各维度数据的采集和接入系统进行研发，还有一部分人员对数据的集成和运算系统进行攻关，凡此等等。在这个技术成果的研发中，对每一个重要环节有创造性贡献的个人，都构成最终技术成果的研发人员，享有署名权、荣誉权和获得奖励等身份权。

与技术成果完成人的人身相关的权利主要有三类。

一是署名权，即在有关技术成果文件上写明自己是技术成果完成者的权利。本条所称“有关技术成果文件”，主要是指专利申请书、科学技术奖励申请书、科技成果登记证书等确认和展示技术成果完成者身份和所获荣誉的证书和文件。如果他人擅自替换或者修改特定技术成果完成人的身份信息，构成对其署名权的侵权，应当承担相应的民事法律责任。

值得注意的是，如果研发人员完成的内容尚未达到“技术成果”的水平，尚不构成专利、专利申请、技术秘密、计算机软件、集成电路布图设计、植物新品种、动物新品种①等任何一种技术成果，不受知识产权法律的保护，那么，即便他人取得和利用了类似的技术内容，只要不构成对前者知识产权的侵犯，前者就无权主张专利意义上的署名权。例如，甲方以其研发的技术成果申请专利，并在初审合格后与乙方签订合作协议，约定接纳乙方为专利的共同申请人。但是，该专利申请后来被专利主管部门局驳回。再后来，甲、乙成立丙公司经营该非专利技术并向当地科技厅申报技术成果。在当地科技厅颁发的“科学技术成果鉴定证书”所附的“主要完成人员名单”中，名为“对完成项目作出的创造性贡献”的栏目仅将乙记载为项目主持人，甲为技术负责人（排第二位）。当地科技厅作为登记机关对上述技术进行了登记，颁发了科学技术成果登记证书和科学技术成果证书。登记证书载明，主要完成单位为丙公司，主要完成人员包括乙、甲等九人（乙排第一位，甲排第二位）。甲认为，乙、丙的行为侵害其技术成果署名权，于是诉至法院。法院认为，相关成果未进行科学技术成果登记②，故不存在署名问题，在登记证书上甲已被记载为“技术完成者”，且其无法证明自己系项目主持人，故未支持甲的诉讼请求。③

二是荣誉权，即基于完成人的身份而获取相应荣誉的权利。有关政府部门或者社会组织向技术成果完成人授予荣誉，是对其技术创造贡献的公共或者社会认可，也是对潜在的创造人的一种引导。这种权利也是人格权中的荣誉权的一种具体表现，受法律保护。本法第 1031 条（人格权编）对包括技术成果完成人的荣誉权在内的各种荣誉权做了一般性规定：“民事主体享有荣誉权。任何组织或者个人不得非法剥夺他人的荣誉称号，不得诋毁、贬损他人的荣誉。获得的荣誉称号应当记载而没有记载的，民事主体可以请求记载；获得的荣誉称号记载错误的，民事主体可以请求更正。”

三是获得奖励的权利，无论是政府部门或者社会组织，还是持有职务技术成

① 动物新品种是否与植物新品种一样受到知识产权法律的保护，在学理上有争议。

② 《科技成果登记办法》第 11 条规定：“凡存在争议的科技成果，在争议未解决之前，不予登记；已经登记的科技成果，发现弄虚作假，剽窃、篡改或者以其他方式侵犯他人知识产权的，注销登记。”

③ 参见“罗琮贵与丘寿勇、广西灏运环保燃料科技有限公司技术成果完成人署名权、荣誉权、奖励权纠纷”，广西壮族自治区玉林市中级人民法院（2017）桂 09 民初 29 号民事判决书。

果的单位，只要是对特定技术成果的完成人授予的奖励，应当专属于该个人所有。任何组织或者个人都不得截留或者侵占；在没有有效约定的情况下，也不得主张对奖金进行提成。

不过，实践中常见的争议发生在职务技术成果完成人与用人单位之间。特别是，用人单位的内部文件对职工的职务技术成果转化收益的分配做出约定的，是否构成职工主张奖励的法律依据。笔者认为，只要相应的内部奖励政策对员工公开，在相应研发活动之前为研发人员知晓，那么，作为职工的研发人员完成了符合相应奖励政策鼓励的职务技术成果，就应当按照相应的计算方法支付奖励。例如，职务技术成果完成人为所在单位研发技术，所在单位以该技术与案外人合作，获取股权收益等利润。职务技术成果完成人要求所在单位按照单位的现有政策文件分配股权收益。该单位负责人在报告中批示，同意此次按现有政策文件执行，但以后须按单位新文件精神处理。之后，所在单位出台新文件，规定“技术转让净收入的 70％一次性奖励科技成果完成人；科技成果入股时作价金额的70％股份一次性奖励给科技成果完成人”。在该文件出台后不久，单位将持有的案外人股权通过拍卖方式转让，获取转让款。职务技术成果完成人诉至法院，要求按新文件规定分配该转让款。法院认为，完成技术成果的个人有取得奖励的权利，“职务技术成果完成人所在单位关于奖励报酬的内部文件可以成为确定收益分配的政策依据；单位应该遵守自己制定文件的相关规定”，而且单位曾明确表示之后的利润分配按照新文件执行。故法院最终支持了职务技术成果完成人的诉讼请求。①

另值得注意的是，关于职务技术成果的奖励承诺，要区分是对技术开发活动的奖励，还是对技术转让活动的奖励。奖励承诺单位应当严守奖励承诺，不得在完成人申领奖励时附加额外条件。例如，某研究所的研发人员参加所在单位组织的课题组，成功研发新技术并通过技术鉴定。在该研发人员被调离单位后，该单位将该技术转让于第三人，获取转让费若干。该研发人员要求分配转让费，但单位认为，该项技术转让时，研发人员已不在单位工作，未参与转让工作，故无权要求提取奖励费用。法院认为，该研发人员虽未直接参加技术转让工作，但是其作为“直接从事研究、开发该项技术的人员”②，有权申请领取奖励费，故最终

---

① 参见“彭义霆、田晓辉诉湖北工业大学职务技术成果完成人奖励、报酬纠纷”，湖北省高级人民法院（2014）鄂民三终字第 00109 号民事判决书。

② 法院援引了《国务院关于技术转让的暂行规定》第 7 条（技术转让收入的使用）第 2 款，该款规定：“转让技术的单位应当从留用的技术转让净收入中，提取百分之五至十作为第四条规定的奖励费用，由课题负责人主持分配，本单位或其他有关部门不要干预。此项费用不计入本单位的奖金总额。”

支持了研发人员的诉讼请求，要求单位按照转让费的10%计提技术转让奖励费用。①

第八百五十条

非法垄断技术或者侵害他人技术成果的技术合同无效。

本条主旨

本条是关于技术合同效力瑕疵之无效事由的规定。

相关条文

《合同法》第329条　非法垄断技术、妨碍技术进步或者侵害他人技术成果的技术合同无效。

《技术合同司法解释》第7条　不具有民事主体资格的科研组织订立的技术合同，经法人或者其他组织授权或者认可的，视为法人或者其他组织订立的合同，由法人或者其他组织承担责任；未经法人或者其他组织授权或者认可的，由该科研组织成员共同承担责任，但法人或者其他组织因该合同受益的，应当在其受益范围内承担相应责任。

前款所称不具有民事主体资格的科研组织，包括法人或者其他组织设立的从事技术研究开发、转让等活动的课题组、工作室等。

第8条　生产产品或者提供服务依法须经有关部门审批或者取得行政许可，而未经审批或者许可的，不影响当事人订立的相关技术合同的效力。

当事人对办理前款所称审批或者许可的义务没有约定或者约定不明确的，人民法院应当判令由实施技术的一方负责办理，但法律、行政法规另有规定的除外。

---

① 参见"徐永北诉江苏省日用化工研究所奖金、奖励费纠纷"，载《最高人民法院公报》1990年第4期（总第24期）。虽然本案中，法院以该单位违反《国务院关于技术转让的暂行规定》为理由支持了研发人员的诉请，但是该规定第7条第1款规定："单位留用的技术转让收入的使用，由单位自行确定，上级领导机关或其他有关部门不得抽调和限制。"若严格依文义，则单位内部对该收入使用的分配应当具有主导地位；即在案例中，因单位明显不愿意向该研发人员分配技术转让收入，故理应按照最低限额5%计提奖励费用；但两审法院均明确按照10%的上限计算。故可以进一步推测，裁判观点理应认为，单位在对完成人申领奖励时违法、违约或背俗附加额外条件的情形下，法院不应当再考虑该单位的分配意见，而应直接按照诚信原则，衡量案情对分配比率予以确定——这样符合该《规定》第4条第2款的文义："根据本单位计划研究、开发的技术，其转让收入归单位；对直接从事研究、开发该项技术的人员给予奖励，对根据市场需求主动提出研究、开发项目建议并积极促其完成的有功人员，应当给予较为优厚的奖励。"

第 9 条 当事人一方采取欺诈手段，就其现有技术成果作为研究开发标的与他人订立委托开发合同收取研究开发费用，或者就同一研究开发课题先后与两个或者两个以上的委托人分别订立委托开发合同重复收取研究开发费用的，受损害方依照合同法第五十四条第二款规定请求变更或者撤销合同的，人民法院应当予以支持。

第 12 条 根据合同法第三百二十九条的规定，侵害他人技术秘密的技术合同被确认无效后，除法律、行政法规另有规定的以外，善意取得该技术秘密的一方当事人可以在其取得时的范围内继续使用该技术秘密，但应当向权利人支付合理的使用费并承担保密义务。

当事人双方恶意串通或者一方知道或者应当知道另一方侵权仍与其订立或者履行合同的，属于共同侵权，人民法院应当判令侵权人承担连带赔偿责任和保密义务，因此取得技术秘密的当事人不得继续使用该技术秘密。

理解与适用

本法总则编第六章第三节关于“民事法律行为的效力”的一般性规定，也适用于各类技术合同。本条关于涉及“非法垄断技术”和“侵害他人技术成果”的技术合同，大致属于《民法典》第 153 条规定的情形，即违反法律、行政法规的强制性规定的合同，或者违背公序良俗的合同。

1. 非法垄断技术的技术合同

技术合同首先应当遵循私人自治的民法一般原理，当事人之间可以就技术交易进行自由的约定。例如，《技术合同司法解释》第 28 条在解释技术许可合同的许可范围时规定：第一，“实施专利或者使用技术秘密的范围”，包括实施专利或者使用技术秘密的期限、地域、方式以及接触技术秘密的人员等。第二，“当事人对实施专利或者使用技术秘密的期限没有约定或者约定不明确的，受让人实施专利或者使用技术秘密不受期限限制”。这也就是说，当事人之间原则上可以自由约定技术许可的范围。

但是，当事人试图通过技术交易合同来非法垄断技术的，将妨碍技术的进步，则违反本章第 844 条确立的技术合同交易的基本原则。本条规定明确认定“非法垄断技术”的技术合同无效，就是为了抑制当事人从事此类违法交易的积极性。[①] 关于“非法垄断技术”的行为类型很多，从发生原因上看既可能是当事

---

① 本条源自《合同法》第 329 条，但删除了其中“妨碍技术进步”的字样。这大抵是因为，“妨碍技术进步”是“非法垄断技术”这一行为的结果，从立法简约的角度看，无须规定。

人双方串通起来构筑技术进入或者发展壁垒，也可能是一方当事人利用自身优势要求另一方接受不平等且垄断技术的合同条款。总之，凡是具有非法垄断技术、妨碍技术进步的效果的合同约定，都应当被认定为无效。例如，在某技术合同纠纷案中，原告与被告达成协议，约定双方就原告所掌握的技术开发系列商品（靶浓度输注麻醉泵），合同中约定双方“属独家合作方式，双方将持续开发上述系列产品，除此合作之外，双方不能重复与第三者进行合作”，且被告“不得通过其他方法获得具有靶浓度输注功能的单片机芯片”。后来，被告从原告之外的途径获取具有靶浓度输注功能的单片机芯片，原告以被告违约为由诉至法院，要求被告承担损害赔偿责任。法院认为，本案中双方关于被告不得通过其他方法获得具有靶浓度输注功能的单机芯片的约定，限制了被告从其他来源获得类似的技术，属于《合同法》第329条所称的“非法垄断技术、妨碍技术进步”的情形，故为无效约定。①

当然，如果涉及技术垄断的条款并不是合同交易的核心条款，该条款的无效不影响协议其他部分的有效性，双方应当履行协议其他部分的约定。

关于“非法垄断技术”行为的具体类型，除了本条规定之外，有大量国内法律、行政法规对排除、限制竞争的行为予以规范，也有不少国际条约的规制。②在这些国内法和国际法的基础上，《技术合同司法解释》第10条做了列举性解释，主要包括以下形态：(1）限制当事人一方在合同标的技术基础上进行新的研究开发或者限制其使用所改进的技术，或者双方交换改进技术的条件不对等，包括要求一方将其自行改进的技术无偿提供给对方、非互惠性转让给对方、无偿独占或者共享该改进技术的知识产权；(2）限制当事人一方从其他来源获得与技术提供方类似技术或者与其竞争的技术；(3）阻碍当事人一方根据市场需求，按照合理方式充分实施合同标的技术，包括明显不合理地限制技术接受方实施合同标的技术生产产品或者提供服务的数量、品种、价格、销售渠道和出口市场；(4）要求技术接受方接受并非实施技术必不可少的附带条件，包括购买非必需的技术、原材料、产品、设备、服务以及接收非必需的人员等；(5）不合理地限制技术接受方购买原材料、零部件、产品或者设备等的渠道或者来源；(6）禁止技术接受方对合同标的技术知识产权的有效性提出异议或者对提出异议附加条件。

在具体案件的判断中，人民法院需要着重考虑诉争合同条款是完成相应技术

---

① 参见“吴琦诉北京思路高高科技发展有限公司技术合同纠纷”，北京市第一中级人民法院（2005）一中民初字第10224号民事判决书。

② 关于这一点的更多信息，可参见蒋志培主编：《技术合同司法解释的理解与适用》，北京，科学技术文献出版社2007年版，第22-24页。

交易，实现相应合同目的所必需的条款以及给一方当事人设定的合同义务，还是与合同目的实现无关且会限制竞争的条款。[①] 例如，在某专利实施许可合同纠纷中，原告许可被告实施其持有的专利技术（石材切压成型机），合同还约定由原告向被告提供该石材切压成型机，被告以金钱和不动产向原告支付相应价款。嗣后被告未全额支付价款，于是原告将被告诉至法院，要求被告履行合同义务；被告辩称原合同“违反了法律强制性规定”，“被上诉人实施专利许可的目的是为了强制并高价销售并非实施该专利必不可少的设备，属于‘非法垄断技术、妨碍技术进步’的行为”，故合同无效。法院认为，《合同法》第 329 条规定的非法垄断技术、妨碍技术进步的行为，“是指要求技术接受方接受非实施技术必不可少的附带条件，包括购买技术接受方不需要的技术、服务、原材料、设备或者产品等和接收技术接受方不需要的人员，以及不合理地限制技术接受方自由选择从不同来源购买原材料、零部件或者设备等”。但是，根据专利实施许可合同，该案中涉及的石材切压成型机是为实施技术所必需的专用设备，“被告获得的专利实施许可，并不是制造专利产品（即石材切压成型机），而是通过使用该专利产品生产、销售最终产品石材。因此，在专利实施许可合同中约定由技术许可方提供履行合同所需要的专用设备并不违反法律、法规的规定”。最终，法院支持了原告的诉讼请求。[②]

2. 侵害他人技术成果的技术合同

技术合同侵害他人依法享有的技术成果的，（1）既可能是双方恶意串通，订立技术合同侵害他人技术成果产权；（2）又可能是因为无权处分人诈称自己有处分权或者冒称自己是技术成果产权人，与知道或者应当知道无权处分事实的第三人订立技术交易合同；（3）还可能是诈称者或者冒称者与不知情的善意第三人订立技术交易合同。

在第（1）种情形，即当事人恶意串通订立技术合同的情形，根据本法第 154 条关于恶意串通民事法律行为之效力的一般规定，技术合同归于无效，自始、确定无效。

在第（2）种情形，相应的技术合同是应当直接归为无效，还是认定为效力

---

① 学理上有关于“白色条款”“黑色条款”“灰色条款”的类型区分，即：“白色条款是一种限制条款，它具有合理限制、指引、合作互利功能；黑色条款是一种限制竞争条款，其主要功能是排除竞争；灰色条款是既不享受具体豁免又不受白色或黑色条款约束的许可合同条款，其主要功能是调和。”参见曹新明：《专利许可协议中的有色条款功能研究》，载《法商研究》2007 年第 1 期，第 89 页。

② 参见“大洋公司诉黄河公司专利实施许可合同纠纷”，最高人民法院（2003）民三终字第 8 号民事判决书。

待定的合同，可以经技术成果权利人的追认而有效，值得讨论。鉴于实践中此类交易很可能是因为诈称者或者冒称者故意侵权所致，并不像无权处分物理性财产的行为那样有不小的被追认机会，将这类合同直接认定为无效是符合知识产权保护这一价值取向的。本条的规定，应当理解为本法第 153 条规定的导致合同无效的强制性法律规范。不仅如此，根据《技术合同司法解释》第 12 条的规定，“当事人双方恶意串通或者一方知道或者应当知道另一方侵权仍与其订立或者履行合同的，属于共同侵权，人民法院应当判令侵权人承担连带赔偿责任和保密义务，因此取得技术秘密的当事人不得继续使用该技术秘密”。

不过，在第（3）类情形，善意第三人很可能基于信赖而做了技术转化投入，甚至产生了技术升级和经济效益。对于这类情形，不宜采取合同无效的规则给第三人课加过重的不利后果。这类情形不大容易发生在专利、植物新品种等以登记、公告授权为出让行为的特别生效要件的情形；这与不动产的权属变动以登记为生效要件的情形类似。但是，与普通动产的交易类似，技术秘密由于没有（也不可能）对外登记公示，所以存在善意取得的可能。鉴于这种情况，《技术合同司法解释》第 12 条对此做了特别的规定：“侵害他人技术秘密的技术合同被确认无效后，除法律、行政法规另有规定的以外，善意取得该技术秘密的一方当事人可以在其取得时的范围内继续使用该技术秘密，但应当向权利人支付合理的使用费并承担保密义务。”

3. 其他类型的技术合同法律效力问题

除了前述两种合同无效的情形，《技术合同司法解释》第 7—9 条还就以下涉及技术合同效力的问题做了解释。

（1）不具备民事主体资格的科研组织订立的技术合同。根据《技术合同司法解释》第 7 条，该类合同“经法人或者其他组织授权或者认可的，视为法人或者其他组织订立的合同，由法人或者其他组织承担责任；未经法人或者其他组织授权或者认可的，由该科研组织成员共同承担责任，但法人或者其他组织因该合同受益的，应当在其受益范围内承担相应责任”。实践中，有不少由法人或者其他组织设立的从事技术研究开发、转让等活动的课题组、工作室等。这些组织一方面隶属于设立单位，另一方面在对外技术合作交往上有较大的自由空间，容易订立不被设立单位认可的协议。这也意味着，与这类不具备法人或者其他组织资质的机构订立技术合同的，需要承担不被设立单位追认的风险。

反过来亦然，由课题组成员作为缔约当事人完成的技术合同交易，不隶属于任何单位的，课题组成员作为缔约当事人享有相关的权利，包括依据合同约定享有的权利和依据法律规定享有的技术成果人身权。例如，在某技术合同纠纷中，原告退休后接受被告的返聘，以开采技术研究课题组的名义与被告签署技术开发合同，继续从事新技术开发并负责生产力的转化。合同还约定了技术转化生产力后计提奖金的方法。在原告完成数个科研项目后，被告拒绝履行合同，且辩称原告仅是课题组代表，不是技术开发合同的主体，不具备本案的诉讼主体资格。一审法院认为，原告签订合同所用的“研究课题组”名义，是其所在单位为继续对技术创新和科研成果的转化而设立的内部临时性机构，原告依据技术开发合同主张的是“其个人应得的部分”，故认可了原告的诉讼主体资格。二审法院进一步认为，技术开发合同的签订者“技术研究课题组”是被告设立的不具有民事主体资格的科研组织，由包括原告在内的 8 人组成，由原告担任组长；原告作为课题组成员有权依据合同请求支付科技成果转化奖，且被告已按技术开发合同履行了部分发放科技成果转化奖的义务。因此，原告具备本案的诉讼主体资格。①

（2）需要行政审批或者许可的技术合同。关于需要需要行政审批或者许可的合同，民法学理论和司法审判实践日益达成共识，即在没有特别理由的情况下，是否获得行政审批或者许可不影响合同的效力，但会影响合同的履行可能性。②在没有获得审批或者许可时，由于缺乏履行的法律基础，相应的交易通常难以履行。对此，《技术合同司法解释》第 8 条第 1 款规定：“生产产品或者提供服务依法须经有关部门审批或者取得行政许可，而未经审批或者许可的，不影响当事人订立的相关技术合同的效力。”关于双方当事人之间的报批义务，如果当事人没有约定或者约定不明确的，一般来说由实施技术的一方承担更为合适。因为其通常对技术的性质和申报事宜更为熟悉，报批成本更低，效率更高。③

（3）一方采取欺诈手段订立的技术合同。由于技术成果的专业性和复杂性，交易欺诈的事件并不鲜见。当事人一方采取欺诈手段，就其现有技术成果作为研究开发标的与他人订立委托开发合同收取研究开发费用，或者就同一研究开发课题先后与两个或者两个以上的委托人分别订立委托开发合同重复收取研究开发费用的，受损害一方可以依据本法第 148 条或者第 149 条的规定请求人民法院或者仲裁机构撤销合同。

在技术服务合同中，技术服务提供方侵犯他人技术权利的，被欺诈的合同相对人不仅可以撤销合同，而且可以拒绝支付对价。例如，在某技术服务合同纠纷

---

①　参见“陈德俊与山东鲁泰煤业有限公司、山东鲁泰煤业有限公司太平煤矿技术合同纠纷”，山东省高级人民法院（2013）鲁民再字第 4 号民事判决书。

②　新近论述，可见王轶：《行政许可的民法意义》，载《中国社会科学》2020 年第 5 期。

③　参见蒋志培主编：《技术合同司法解释的理解与适用》，北京，科学技术文献出版社 2007 年版，第20 页。

中，委托人与受托人约定，由受托人向委托人提供相关地图数据，委托人应对提供的数据拥有著作权。但受托人提供给委托人的数字化资料中有侵犯他人著作权的图片资料，故委托人拒绝支付对价。[①] 不过，被欺诈的合同相对人因为接受服务获得利益的，被侵权人可以主张向其返还不当得利。

4. 技术合同无效、被撤销或者发生善意取得后的法律后果

关于技术合同被认定为无效或者被撤销后的法律后果，应当根据本法第 157 条规定的规则来处理。特别是关于当事人已经履行的部分且涉及研究开发经费、技术使用费、提供咨询服务报酬的，则应当根据双方当事人的过错来处理。如果技术提供方没有过错的，则相对方需要为其原因造成的合同无效或者被撤销的损失承担赔偿责任。双方均有过错的，按照过错分担损失。

在一些情形中，虽然技术合同被认定无效或者被撤销，但却因履行合同完成了新的技术成果或者在他人技术成果基础上完成后续改进技术成果。关于这一部分的归属，如果合同当事人是恶意串通或者非善意的，则应当认定构成不当得利，扣除必要成本之后，应当归被侵权的受害人所有。反过来，无过错的合同当事人可以根据其投入情况享有这些新增技术成果。

第三人主张善意取得并希望继续使用技术秘密的，需要向技术秘密的权利持有人支付使用费。否则，人民法院可以根据权利人的请求判令使用人停止使用。至于使用费的确定标准，人民法院一方面可以根据权利人通常对外许可该技术秘密的使用费或者使用人取得该技术秘密所支付的使用费来判断，另一方面也需要考虑该技术秘密的研究开发成本、成果转化和应用程度以及使用人的使用规模、经济效益等因素。不论使用人是否继续使用技术秘密，人民法院均应当判令其向权利人支付已使用期间的使用费。使用人已向无效合同的让与人支付的使用费应当由让与人负责返还。《技术合同司法解释》第 13 条对前述问题做了进一步解释。

第二节　技术开发合同

第八百五十一条

技术开发合同是当事人之间就新技术、新产品、新工艺、新品种或者新材料

① 参见“北京九州宏图技术有限公司诉北京北大千方科技有限公司技术服务合同纠纷”，北京市海淀区人民法院（2003）海民初字第 10456 号民事判决书。

及其系统的研究开发所订立的合同。

技术开发合同包括委托开发合同和合作开发合同。

技术开发合同应当采用书面形式。

当事人之间就具有实用价值的科技成果实施转化订立的合同，参照适用技术开发合同的有关规定。

本条主旨

本条是关于技术开发合同的定义和种类的规定。

相关条文

《合同法》第330条　技术开发合同是指当事人之间就新技术、新产品、新工艺或者新材料及其系统的研究开发所订立的合同。

技术开发合同包括委托开发合同和合作开发合同。

技术开发合同应当采用书面形式。

当事人之间就具有产业应用价值的科技成果实施转化订立的合同，参照技术开发合同的规定。

理解与适用

技术成果总有一个从无到有的开发过程。在科学技术日益复杂化的今天，大量科技成果是集多方的人力、物力和智力合作开发的。这一过程自然就涉及合作各方之间的合同关系，也即本节规定的技术开发合同。与《合同法》第330条相比较，本条做了两处修改：一是将“新品种”增列为可以开发的技术成果，包括植物新品种和动物新品种。这有利于“鼓励推出技术新品种，研究开发新品种”①。二是将“产业应用价值”调整为“实用价值”，“目的是扩大科技成果实施转化的适用范围”②，特别是一些可以实施转化的科技成果能够经过转化达到“产业应用价值”的高度，具有不确定性，但当事人判断是否具有“实用价值”的转化可能性，是相对比较容易判断的。

一、技术开发合同的界定

技术开发合同与技术转让、技术许可和技术服务等合同类型相区分，重点就

①②　黄薇主编：《中华人民共和国民法典合同编解读（下册）》，北京，中国法制出版社2020年版，第1149页。

在于双方交易标的的“开发”属性，即根据构想的技术开发目标，将原本不存在的新技术成果研发出来。而其他几类技术合同交易，是以既有的技术成果为基础的，主要是对既有技术成果的转让、许可或者用于服务他人；尽管技术许可甚至服务过程中可能产生新的技术，但是，这些交易中的新增技术并不是这些合同的主要目的，而更多的是副产品。据此，我们总结出技术开发合同的如下特点。

1. 技术开发合同以“开发新的技术成果”为合同标的

这也是为什么本条特别强调一个“新”字，即当事人拟通过此类合同研究开发的是“新技术、新产品、新工艺、新品种或者新材料及其系统”。关于“新”的标准，我们可以从时间和空间两个维度来理解。①

在时间维度上，应当以当事人订立合同的时点为标准，即双方拟研发的技术成果在缔约时是否已经存在。对此，《技术合同司法解释》第17条做了解释，即“新技术、新产品、新工艺、新材料及其系统”是指当事人在订立技术合同时尚未掌握的产品、工艺、品种、材料及其系统等技术方案。如果双方订立合同时已经存在相应的技术成果，那么，双方之间要么是对技术成果进行转让、许可或者用于提供服务（既有技术成果归合同当事人持有），要么是本法第850条规定的“侵害他人技术成果”（既有技术成果不归合同当事人持有）。此外，如果双方当事人只是对既有技术成果的改型、工艺变更、材料配方调整以及对技术成果的验证、测试和使用，而不涉及实质性的创新，则也不构成新技术的开发。

在空间维度上，“新”可以从客观标准和主观标准两个标准来认识。② 所谓客观标准，是指在合同订立时，拟开发的技术在国内外都没有公开发表和使用过，符合专利的“新颖性”要求。所谓主观标准，是指在订立合同时，当事人是否已经掌握。如果当事人已经掌握，则不构成对新技术的开发。《技术合同司法解释》第17条采用了主观标准，即拟研发的技术成果是“当事人在订立技术合同时尚未掌握的”产品、工艺、品种、材料及其系统等技术方案。笔者也认为，主观标准比客观标准更为合理。③ 因为，一方面，对当事人来说，要在订立合同时客观上准确知晓拟研发的技术是否与既有专利成果重复，存在信息搜集上的困难。毕竟，不少时候，合同当事人对拟研发的技术只有一个初步概念和设想，在研发出来之前并不清楚具体样态。另一方面，采用主观标准的话，即便拟研究的技术成果客观上已经存在了，只要当事人主观上没有掌握，也不至于影响开发合

① 关于时间维度和空间维度的区分，主要参见蒋志培主编：《技术合同司法解释的理解与适用》，北京，科学技术文献出版社2007年版，第36-37页。

② 蒋志培先生采用的是绝对标准和相对标准的区分。

③ 参见段瑞春：《技术合同》，北京，法律出版社1999年版，第122页。

同的效力。只不过，当出现其他人，在合同当事人研发出来之前已经成功研发并申请专利和公开的，本研究已经没有继续研究的意义，合同当事人需要承担相应的不利后果。例如，根据本法第 857 条的规定，当事人可以解除合同。

如果一方当事人订立合同时已经掌握了拟研发的技术，但另一方不掌握，那么，已经掌握的一方仍然与另一方订立技术“开发”合同的，则构成合同欺诈。被欺诈的一方既可以选择与对方协商，将合同变更为技术转让或者许可合同；也可以选择撤销合同，并追究对方的损害赔偿责任。

2. 技术开发合同是要式合同

技术合同是双务、有偿、诺成合同，比较容易理解。[①] 但如何理解本条第 3 款规定的“技术开发合同应当采用书面形式”呢？这一要求是倡导性的，还是强制性的，本条并没有明确。有观点主张技术开发合同是要式合同，因为与其他合同相比，技术开发合同的内容复杂程度高。[②] 笔者认为这种看法是有道理的。的确，技术开发合同在标的的明确性、研发经费及其利用、技术成果的归属、失败风险的分配等方面都不容易找到本法第 511 条规定的国家标准、区域标准、行业标准或者交易习惯来确定。毕竟，当事人的交易标的是尚不存在的“新技术”。如果双方当事人没有采用书面形式作出比较明确的约定，一旦发生争议，很可能难以通过法官来对合同的内容进行辨识和填补。在一些司法实践案例中，即便当事人订立了书面合同，但由于合同对技术标的等内容没有明确约定，法官无法判断当事人关于合同条款之主张的真实性，也缺乏进行合同填补的必要司法经验，法院最后只能以此为由支持一方当事人解除合同。这也大致说明了这样的问题。

不过，我们并不能当然反推未采用书面形式订立的合同就一定不成立。当事人之间虽未签订书面合同，但一方当事人或者双方当事人已经实际履行，且有证据证明对方接受的，则根据本法第 490 条第 2 款的规定，合同也告成立。例如，被告在未签订书面合同的情形下，通过电子邮件、召开会议等多种方式与原告沟通协商，要求原告开发软件平台，并在开发过程中提出修改要求。原告亦按照被告的要求开发了具备相应功能的软件平台，该开发成果已通过专家验收并上线运行。后来，因为被告利用原告公司所开发软件的部分源代码重新开发的软件，原告诉至法院，认为被告未经其许可，复制、剽窃并使用涉案软件源代码的行为，侵害其享有的软件著作权，要求被告承担侵权责任。法院认为，被告与原告就软

---

① 参见王利明：《合同法研究（第三卷）》，第二版，北京，中国人民大学出版社 2015 年版，第 571 页。

② 参见黄薇主编：《中华人民共和国民法典合同编解读（下册）》，北京，中国法制出版社 2020 年版，第 1150 页。

件开发中“各自的权利义务作出了明确约定，软件开发的指向明晰，开发内容和要求清楚，并不存在争议”，并援引《合同法》第37条，认为合同因实际履行而使其欠缺书面形式的瑕疵得以治愈。法院最终认定，双方当事人之间虽未签订书面协议，但“仍应确认彼此之间的涉案软件委托开发合同已然成立”①。

3. 技术开发合同具有较高的风险性

由于技术开发合同的交易标的是去研究和创造一套尚不存在的技术成果，其也可以被理解为一种科学研究活动。既然是科学研究活动，就有比较明显的“试错”色彩，有比较高的不确定性，包括开发可行性的不确定性、开发路径、成本和进度的不确定性、开发的技术成果的应用价值的不确定性、开发的技术成果的检验方法的不确定性，以及是否被人先行开发的不确定性，等等。这些风险与买卖合同中标的物的意外毁损、灭失风险不一样，很难以“交付时点”之类的确定标准来分配。在货物买卖合同中，通常来说，能够物理控制标的物的一方有更好的能力和机会去防止风险和损失。但在技术开发合同中，特别是在合作开发合同中，当事人都可能存在风险预测困难。这也是为什么本法第858条无法给出一个相对确定的判断标准，而是规定：“没有约定或者约定不明确，依据本法第五百一十条的规定仍不能确定的，风险由当事人合理分担。”

对于前述风险，当事人自己都难以在事前有效预知和分配的风险，事后由法官来判断，即便借助专家辅助，也存在比较高的不可预期性。也就是说，一方面，当事人有必要在订立合同之前进行充分调研和可行性论证，尽可能地降低前述研发风险；另一方面，对于涉及国家财政支持的科研项目，研发活动需要符合发包方的项目任务书要求和相关技术政策的规定。②

二、技术开发合同的种类

本条第2款将技术开发合同分为两类：一是委托开发合同，二是合作开发合

① “杭州聚合网络科技有限公司诉中国移动通信集团浙江有限公司、浙江融创信息产业有限公司等侵害计算机软件著作权纠纷”，浙江省高级人民法院（2013）浙知终字第289号民事判决书。一审法院据此认为，被告在双方合作终止之后，虽然利用了原告涉案软件的部分源代码开发新软件，“但其作为诉争软件的委托人及合法复制品持有人，其在委托开发的特定目的范围内部分使用诉争软件，不会损害原告的合法权益，其行为具有正当性”，故驳回了原告的诉讼请求。但二审法院认为，原审原告享有涉案软件著作权，原审被告“作为委托人仅可基于把该软件用于实际的计算机应用环境或者改进其功能、性能的目的，而进行必要的修改，且限于在软件作品委托创作的原有目的范围内继续使用”，但并无权限将该软件作品作为技术成果加以利用，最终认定了原审被告的侵权责任。

② 关于国家财政支持的研发项目的讨论，参见黄薇主编：《中华人民共和国民法典合同编解读（下册）》，北京，中国法制出版社2020年版，第1151页。

同。区分委托开发与合作开发，在很多方面具有法律意义。例如，在研发风险的承担方面，虽然本法第858条规定“没有约定或者约定不明确，依据本法第五百一十条的规定仍不能确定的，风险由当事人合理分担”，但是，由于委托开发场景中受托人的技术性判断、掌握、决策和控制能力更强，原则上要承担更重的责任去证明研发失败等风险的不可控性。合作开发中，双方都有实质性的研发参与，研发风险的控制能力和分配方案可能因为场景的差异而明显不同。

所谓委托开发，即一方当事人委托另一方当事人进行研究开发所订立的合同。在委托开发合同中，委托方向受托方提供研究开发经费和报酬，明确研发要求，提供必要的技术资料；有时，委托人也可能提供开展研发活动的物理场所或者条件，但并不参与受托人的智力研发过程。受托人以自己的名义、技术和劳务独立完成相应的研发活动，并向委托人交付约定的研发技术成果。简单地理解，委托技术开发是委托人向受托人订购一款个性化的技术成果，双方当事人的供需角色区分明显。

委托技术开发合同与技术服务合同的区分问题值得注意。技术服务合同由服务提供方以其既有技术成果为基础，向接受方提供服务，但并不向接受方交付技术本身；委托技术开发合同虽然也可能以受托人的既有技术成果为基础，但重点在于通过开发创造并向受托人交付新的技术成果。例如，被告系电机生产企业，与原告约定，原告为被告公司研发技术产品并申请专利，被告向其支付报酬。嗣后双方产生纠纷，原告诉至法院，称双方存在技术服务合同，要求被告按每月5 000元计算，支付5年的报酬。被告则辩称，双方之间并不存在该技术服务合同关系。法院经审理查明，证据证明双方之间的约定为原告为被告研发技术产品并申请专利，专利获授权后被告按每件1万元的价格支付原告报酬，并不存在被告委托原告完成指定的工作事项以及原告为解决被告的技术问题而实际付出了相关的技术服务内容，故判决被告应当依照委托合同的约定，向原告支付1万元的报酬。①

而所谓合作开发合同，顾名思义，系双方围绕共同开展技术研发活动订立的合同。双方当事人之间并没有明确的供需角色之分，而是共同投资、共同参与研究开发活动，共同承担前述各种研发风险。至于二者之间的具体分工，如第849条释评的那样，共同完成人可以是协同完成所有研发过程；也可以是分板块而分别完

---

①　参见“王乃兵与无锡市新宏达电机有限公司技术委托开发合同纠纷”，江苏省高级人民法院（2014）苏知民终字第00201号民事判决书。虽然按照委托合同的内容，原告并未使被告获得专利授权，但是按照法院认定的事实，原告在代表被告申请专利后，因为被告故意阻却（专利申请在国家知识产权局受理后，未在规定的期限内缴纳或缴足相关费用），导致专利申请未获得授权通过，应当视为涉案专利申请已经获得授权，故法院判决由被告向原告支付报酬。

成，然后汇总融合；还可以是分阶段，先后完成不同的研发环节。但无论如何，合作各方均有实质性的智力创造性投入和贡献。否则，一方仅仅提供资金、设备和物质条件的，或者仅仅是协助另一方完成部分事项的，只构成委托开发合同。

三、科技成果实施转化合同的参照适用

技术成果的研发不同于商品的批量生产，通常需要经过一个论证、设计、实验和改进的过程，有时甚至需要反复多次设计、实验和改进。这也意味着，有不少技术研究成果虽然具有了一定的实用价值，但尚未达到产业化应用的程度，尚未达到商品化、产业化的成熟度。从技术成果的完善成熟度的角度，这些技术成果还处于实验室阶段，我们也可以将其称为实验室技术成果。“为了使这些科技成果能够从保险柜里走出来，尽快形成现实的生产力，就需要进行后续开发研究，实现成果转化。”[①] 而这种后续开发又与典型的技术开发合同不同，不是完全的从头开始研发，而是在实验室技术成果基础上进行后续开发研究，以使其转化为可以用于工业化生产的技术成果。这也不同于技术转让合同，因为：技术转让合同的标的是那些已经具有实用价值的科技成果，而不是需要进行试验、开发以达到推广应用的程度。

正是基于前述考虑，1999 年《合同法》在吸收原来的《技术合同法》的同时，增加了技术成果转化合同这一新的技术合同类型。《技术合同司法解释》第 18 条就技术转化合同做了进一步解释，即“当事人之间就具有实用价值但尚未实现工业化应用的科技成果包括阶段性技术成果，以实现该科技成果工业化应用为目标，约定后续试验、开发和应用等内容的合同”。本条规定将《合同法》第 330 条规定的“产业应用价值”调整为“实用价值”，有助于进一步明确技术转化合同的交易标的。

虽然技术转化合同是以现有的实验室技术成果为基础的，但是，由于合同交易的目的主要是后续试验、开发和应用，仍然以技术开发为主，所以，在规则适用上“参照适用技术开发合同的有关规定”。

第八百五十二条

委托开发合同的委托人应当按照约定支付研究开发经费和报酬，提供技术资

① 蒋志培主编：《技术合同司法解释的理解与适用》，北京，科学技术文献出版社 2007 年版，第 38－39 页。

料，提出研究开发要求，完成协作事项，接受研究开发成果。

本条主旨

本条是关于委托人开发合同的委托人的主要义务的规定。

相关条文

《合同法》第 331 条　委托开发合同的委托人应当按照约定支付研究开发经费和报酬；提供技术资料、原始数据；完成协作事项；接受研究开发成果。

理解与适用

本条源自《合同法》第 331 条，但略有修改：一是删除了提供“原始数据”的义务；二是增加规定了“提出研究开发要求”的义务。根据本法第 854 条的规定，当事人违反约定造成研究开发工作停滞、延误或者失败的，应当承担违约责任。

根据本条的规定，委托开发合同的委托人负有以下义务。

1. 按照约定支付研究开发经费和报酬。所谓开发经费，主要是指用于完成研究开发活动所需要支付的成本，包括用于购买必要的设备仪器、研究资料、实验材料、能源、专家咨询费用、日常会议和办公支出等等。在合作开发的情形，双方当事人一般根据分工安排来各自或者相互承担这些开发经费；而在本条规定的委托开发的情形下，委托方一般需要在合同签订之后、开发活动正式启动之前支付，或者根据开发进程分批支付，也可能由受托方先行垫付并在开发任务完成后要求委托方一次性支付。

如果开发经费在开发活动结束后尚有剩余，则需要根据当事人的约定或者投入情况予以返还或者分配。“如果合同中约定研究开发经费包干使用，那么结余经费应当归研究开发人所有，不足的经费由研究开发人自行解决。”① 在当事人没有“经费包干”之类的约定时，开发经费原则上应当是以必要的实际支出为计算基准，多退少补。

委托人应当支付的报酬，主要是指取得研发成果的对价或者向研发人员支付的科研补贴。这主要是以研发人员的劳动所得，而不是实际花销为内容的开发费用。当事人之间既可能单列研发报酬，也可能将研发报酬计入研发经费之中。②

---

① 黄薇主编：《中华人民共和国民法典合同编解读（下册）》，北京，中国法制出版社 2020 年版，第 1154 页。

② 参见魏耀荣等：《中华人民共和国合同法释论（分则）》，北京，中国法制出版社 2000 年版，第 442 页。

实践中，开发经费和报酬支付争议并不少见。在一些案件中，委托人约定按照研发进度分批支付开发经费或者报酬，但后来双方就后续研发计划的执行和调整产生分歧。例如，北斗公司与博彦公司签订关于某操作系统的技术开发合同，双方约定工程分期和支付分期；委托方需要于受托方发布上线试运行（试点）版本之后的10个工作日之后支付第一期款项。在受托方博彦公司完成第一期的研发任务之后，双方签订“项目阶段性工作完成确认函”，内容既包括对博彦公司已完成部分的确认，也对“运营管理”等内容进行了调整，记录为“变更或二期”或“制订开发计划中”。博彦公司认为双方在“项目阶段性工作完成确认函”以及合同的实际履行过程中，对合同义务进行过变更，北斗公司既不履行一期合同的付款义务，也对博彦公司提出的二期合同要求不做任何回应，构成根本违约。北斗公司认为，“项目阶段性工作完成确认函”并非双方对开发需求变更与减少的协议，而是明确列举了博彦公司需要继续根据合同要求完成的工作，足以证明博彦公司没有履行全部合同义务。法院判决认为，确认函表明双方已一致认可的合同实际履行情况；结合具体案情与其他证据，其中对运营管理等功能双方作了变更约定，被变更的内容不再属于本合同开发范围。博彦公司已经履行第一期应当完成的合同义务，即于2015年8月21日发布上线试运行（试点）版本，但北斗公司未依约在10个工作日之后履行支付报酬的义务，已经构成违约。[①]

2. 提供技术资料。受托人能够在多大程度上完成委托人的开发任务，在很大程度上取决于对委托开发任务的理解准确性，包括需要开发的目标成果、与目标成果相关的背景信息和资料信息。例如，一家大数据科技公司接受一家人民法院的委托，开发一套关于诉讼案件的“智能繁简分流”系统，即：一方面，预估一个起诉到人民法院的案件的工作量；另一方面，评估每一位法官的审判专业技能和潜在耗时，从而达到案件工作量分配（workload）上的高效、快捷。那么，这家法院至少需要提供本院审判人员在过往审判的案件文书和工作时间记录方面的资料，以便于受托人比较准确地判断案件的工作量和审判工作人员的工作能力，并进行有效的“案件—审判人员”匹配。

如果委托人未能准确表达其拟追求的开发目标和相关的背景资料信息，致使受托人产生误解甚至制订和实施远离开发目标的技术路线的，则将造成不可挽回的研发损失。因此，委托人在技术资料提供上有重大遗漏或者隐瞒，以致误导受托人的研发计划和执行的，则构成违约，需要承担研发质量不高或者研发失败的

① 参见“北斗卫星数字新媒体（北京）有限公司（简称‘北斗公司’）与博彦科技广州有限公司（简称‘博彦公司’）计算机软件开发合同纠纷”，广东省高级人民法院（2018）粤民终1900号民事判决书。

不利后果。当然，受托人需要根据自身的专业技术知识，及时发现和索要相关技术资料。如果发现技术资料有问题但并未采取措施去解决和消除问题，则属于自身的不当履行。

关于委托人是否有义务提供原始数据的问题，本条删除了《合同法》第331条规定的一般性提供义务。这大抵是因为，原始数据是否是帮助受托人认识和了解研发目标和背景的必要信息，不能一概而论。再加上，原始数据可能涉及委托方的重要技术或者商业秘密，在不涉及受托方的研发任务开展时，没有必要提供。因此，委托方是否有义务提供原始数据，需要根据特定研发任务和性质来判断。

3. 提出研究开发要求。本条增加规定委托方的“提出研究开发要求”的义务。委托人明确开发要求和预期，也就是要明确交易的标的。这不仅包括对拟开发技术成果的技术形态和性能要求，也包括开发的进度、交付的时间等涉及研发目的的实现的重要因素。

4. 完成协作事项。受托人开发活动的顺利开展，有时需要委托人提供物理上的协助，如了解拟开发技术的应用环境、测试中期研发成果或者最终成果的性能；还有时需要委托人提供法律上的协助，例如，在受托人完成开发之后积极申请相应的权利证书，以帮助受托人完成交付义务。这也是本法第509条规定的依据诚信原则履行协助义务的具体体现。如果委托人拒不履行相关协助义务，导致受托人无法完成和交付技术成果，则需要承担相应的不利后果。

例如，在第845条释评中提到的“裁判文书数据采集技术合同”案中，接受委托的大数据公司的研发任务是：对涉及某一法律问题的裁判文书，根据前期对样本判决书的人工标注数据进行训练，研发出一套能够对此类判决书进行批量自学习的人工智能预测模型。委托人需要协助受托人的技术人员理解相应裁判文书的字句排列规律、行文规律和法官的推理逻辑，以便于技术人员有效组织和开展对样本裁判文书的人工标注。委托方还有义务协助核查和确认人工标注数据的准确性，以确保批量裁判文书的人工智能学习的有效性。

再如第851条曾提及的案例，由原告为被告公司研发技术产品并申请专利，专利申请成功后被告向原告支付报酬。在原告以被告名义申请专利的过程中，因未在期限内缴足相关申请费用，国家知识产权局向原告发出“视为撤回通知书”。后经原告补缴费用，国家知识产权局要求申请人提交具有被告签章的“恢复权利请求书”，但被告不同意提供，导致专利申请未成功。原告诉至法院，要求被告支付报酬。法院认为，被告故意阻止专利申请的条件成就，应当视为涉案专利申请已经获得授权，故据此判令被告向原告支付报酬。①

5. 接受研究开发成果。技术成果的呈现形态与普通商品不一样，需要通过一定的载体来交付。受托人负有按照符合科技成果交付要求的方式，将技术成果交付给委托人的义务。同样，委托人负有按照约定接受交付的义务，不得在合理的交付之外提出额外要求或者附加条件。例如，科学技术部于 2001 年发布的《技术合同认定规则》第 19 条就如何认定“合理的技术成果载体”做了规定：“申请认定登记的技术合同，当事人约定提交有关技术成果的载体，不得超出合理的数量范围。技术成果载体数量的合理范围，按以下原则认定：（一）技术文件（包括技术方案、产品和工艺设计、工程设计图纸、试验报告及其他文字性技术资料），以通常掌握该技术和必要存档所需份数为限；（二）磁盘、光盘等软件性技术载体、动植物（包括转基因动植物）新品种、微生物菌种，以及样品、样机等产品技术和硬件性技术载体，以当事人进行必要试验和掌握、使用该技术所需数量为限；（三）成套技术设备和试验装置一般限于 1—2 套。”据此，受托人的交付满足这些要求的，委托人没有约定依据或者其他正当理由时，不得拒绝受领技术成果。

不过，在学理上值得讨论的是，委托人的“接受研究开发成果”的义务是真正合同义务，还是不真正合同义务。② 所谓真正合同义务，即委托人需要做出积极行为，否则需要向对方承担违约责任。例如，本法第 830 条关于货物运输合同规定：“货物运输到达后，承运人知道收货人的，应当及时通知收货人，收货人应当及时提货。收货人逾期提货的，应当向承运人支付保管费等费用。”如果收货人不及时提取货物，则构成违约；不仅不能向承运人主张迟延交付的违约责任，而且需要支付因逾期提货造成的额外保管费用。而所谓不真正义务，主要是指因受领迟延导致相对人未能按时交付的，不得主张相对人违约并请求其承担责任，实际上就是相对人的抗辩事由。此时还涉及因为受领迟延导致的标的物损毁灭失的不利风险分配，即把受领迟延之后的标的物毁损灭失风险分配给受领迟延的一方。在技术合同中，委托人的受领义务，既可能是不真正义务（如可以随时交付的电子化技术成果），也可能是真正义务（如对受托人开发的生物类技术产

① 参见“王乃兵与无锡市新宏达电机有限公司技术委托开发合同纠纷”，江苏省高级人民法院（2014）苏知民终字第 00201 号民事判决书。一审法院未采纳原告关于被告“不正当地阻止专利申请的条件成就，应视为条件已成就”的主张，是考虑证据方面的原因，即一审中无证据证明被告拒绝提供“恢复权利请求书”的事实；后二审法院依职权调取了相应证据，证明前述事实存在，故作成与一审不同的裁判结果。

② 关于这一点的讨论，参见崔建远：《技术合同的立法论》，载《广东社会科学》2018 年第 1 期，第 242 - 243 页。

品，需要支付特殊的保存成本），不能一概而论，需要结合具体场景来判断。

第八百五十三条

委托开发合同的研究开发人应当按照约定制定和实施研究开发计划，合理使用研究开发经费，按期完成研究开发工作，交付研究开发成果，提供有关的技术资料和必要的技术指导，帮助委托人掌握研究开发成果。

本条主旨

本条是关于委托人开发合同的受托人的主要义务的规定。

相关条文

《合同法》第 332 条 委托开发合同的研究开发人应当按照约定制定和实施研究开发计划；合理使用研究开发经费；按期完成研究开发工作，交付研究开发成果，提供有关的技术资料和必要的技术指导，帮助委托人掌握研究开发成果。

理解与适用

与前一条规定的委托人的合同义务相对应，受托人负有按照约定制定和实施研究开发计划，合理使用研究开发经费，按期完成研究开发工作，交付研究开发成果，提供有关的技术资料和必要的技术指导，帮助委托人掌握研究开发成果等多项合同义务。

1. 制定和实施研究开发计划

与委托人的“提出研究开发要求”义务相对应。当双方当事人通过委托开发合同商定“研究开发要求”之后，受托人需要据此制定具有技术合理性和可行性的研究开发方案，并将该方案及时付诸实施行动，以确保在约定的期限完成相应成果的研发。受托人制定的研究开发计划不合理，明显不符合一般的技术经验的；或者计划实施无正当性地偏离研究计划或者不符合约定实施进度的，都可能造成研发失败（包括研发不出来成果或者晚于他人研发和公开的技术成果）。

无论是研发计划还是实施计划，都可能在执行过程中遇到障碍，包括技术障碍、材料障碍、法律障碍等各种阻碍既有研究和执行计划落实的情况。对于这些情况，受托人应当及时报告委托人，以便于委托人及时调整自己的工作或者商业计划，并与受托人一起商讨新的研发和执行方案。如果是遇到无法克服的技术困难，导致研发部分或者全部失败的，则需要根据本法第 858 条分担风险。

此外，委托技术开发合同的订立和履行，在很大程度上是基于委托人对受托人的技术能力和商业品性的信赖。因此，未经委托人同意，受托人不得将研发任务转委托给第三人来承担。当然，如果涉及一些辅助性工作，不依赖于受托人的核心技术能力的，受托人可以根据情况请求第三人完成。不过，受托人仍然需要就第三人的工作成果对委托人负责。①

2. 合理使用研究开发经费

要点在于专款专用②、账目清楚。受托人可以根据研发的需要，在不违反研发预算约定的前提下灵活把握研发经费的使用。但是，研发经费需要专款专用，不得用于从事与委托研发任务不相关的支出活动。同时，受托人要遵循会计准则的要求，保留好重要的支付凭证。委托人可以根据约定或者国家法律的规定，检查研究开发费用的使用情况③，并在使用情况不清时要求受托方作出合理的解释。受托方不能作出合理解释的，则可能构成对合理使用经费义务的违反。

3. 按期完成和交付研究开发成果

直接关系到委托人的合同利益的实现。受托人需要保证交付的技术成果符合约定的关键技术指标，或者在性能上符合约定的技术成果的使用性质。例如，在第845条释评中提到的“裁判文书数据采集技术合同”案中，接受委托的大数据公司的研发任务是：对涉及某一法律问题的裁判文书，根据前期对样本判决书的人工标注数据进行训练，研发出一套能够对此类判决书进行批量自学习的人工智能预测模型。如果受托人最后提交的预测模型对判决书的人工智能学习的准确率、召回率（与人工标注相比）不够高，达不到科学研究或者实务应用的标准，则属于交付的技术成果不合格。除非，这是由于裁判文书基础数据缺陷（如关键信息缺失、字段无法解析等）造成的，或者是服务双方缔约时预知和约定的风险。

（1）通知义务

此外，如果研发过程中遇到意外情况，影响研发任务的如期完成和交付的，受托人需要及时向委托人说明情况，因需要调整研究方案而推迟研发进度和交付时间的，也需要及时告知委托人，以便于委托人调整自己的预期和相关工作及商业计划。

（2）情势变更与不可抗力

受托人能否因为意外情况的发生而获得延迟完成或者交付成果的理由，而不

① 参见梁慧星主编：《中国民法典草案建议稿附理由：合同编》，北京，法律出版社2012年版，第1294页。

② 参见王利明：《合同法研究（第三卷）》，第二版，北京，中国人民大学出版社2015年版，第574页。

③ 参见黄薇主编：《中华人民共和国民法典合同编解读（下册）》，北京，中国法制出版社2020年版，第1158页。

用向对方承担违约责任，还需要根据“意外情况”的性质而定。重点在于，这些情况是否构成本法第533条规定的“情势变更”事由以至于受托方有正当理由请求调整工期，或者符合“不可抗力”等法定免责事由。例如，在前述“裁判文书数据采集技术合同”案中，双方订立合同时都有正当理由推定相应的裁判文书是可以充分获取的，但委托方后来发现不少省市的裁判文书上网率不高，出现了数据的区域不平衡问题，以至于严重到影响数据采取的全面性、训练数据的充足性以及训练出的人工智能预测模型的应用范围的，则受托方可以援引情势变更，主张调整研发方案或者延迟工期，以解决该问题。再如，如果一个国家突然出台法律，禁止通过人工智能的方式对裁判文书进行批量处理和大数据分析①，则构成法律上的不可抗力。受托方因此不能履行合同的，可以据此主张免责。② 但是，受托方的核心研发团队的工程师在攻坚阶段怀孕需要入院治疗或者辞职的，一般来说不构成受托方请求变更合同或者免责的正当事由。因为，这是比较常见的现象，受托方需要为这些事件的发生做好预案。

另值得注意的是，如果受托人在技术开发过程中遇到无法克服的技术困难（区别于情势变更和不可抗力），致使研究开发失败或者部分失败的，则需要根据本法第858条确定的规则在双方之间合理地分担风险。此种“无法克服的技术困难”是在合同订立之前就客观存在的，区别于合同订立后发生的情势变更或者不可抗力。

4. 提供有关的技术资料和必要的技术指导

首先，与上一条讨论的“原始数据”问题类似，受托人有义务提供的“有关的技术资料”是否包括原始数据，需要根据个案来判断。重点在于，原始数据是否构成委托人理解、掌握和使用研发技术成果的必备条件。例如，在前述“裁判文书数据采集技术合同”案中，受托人在向委托人交付关于相应裁判文书的人工智能预测模型时，需要交付相应裁判文书的原始数据（而不能要求委托人去中国裁判文书网自行下载），且是经过字段解析后的裁判文书数据，以便于委托人在使用这套人工智能预测模型时，能够去人工抽查和检验人工智能学习所得标签数据的精度和可靠性。同时，受托人有必要向委托人披露这一套人工智能预测模型

---

① See Jason Tashea, “France bans publishing of judicial analytics and prompts criminal penalty”, ABA Journal, June 7, 2019. https://www.abajournal.com/news/article/france-bans-and-creates-criminal-penalty-for-judicial-analytics.

② 法国还曾经禁止人工智能指引裁判，参见施鹏鹏：《法国缘何禁止人工智能指引裁判》，“正义网”，2019年10月30日，http://www.jcrb.com/xueshupd/dt/201910/t20191030_2070636.html（最后访问日期：2020年6月10日）。

所采用的算法的基础性背景信息，以便于委托人在科研发表中对科研过程和背景信息予以必要的介绍。但是，受托人没有义务向委托人披露算法和代码本身的原始数据，因为这很可能构成受托方的技术秘密。

其次，关于必要的技术指导，受托人应当本着诚实信用的原则，帮助委托人在合理的时间内学习和掌握新研发的技术成果。

5. 其他义务

除了前述义务之外，受托人在技术成果研发过程中或者交付之后，还负有以下义务：(1) 技术产品的瑕疵担保义务。如果因为提供的技术成果有缺陷，或者未能向委托人提供关键的技术资料和帮助其掌握关键的技术运用要领，导致委托人损失的，则需要承担相应的违约责任。(2) 保密义务，即不得擅自将向委托人交付的技术秘密或者了解的委托人的商业秘密披露给第三人。(3) 除非有特别约定，不得将为委托人开发的技术成果再次出让给第三人使用，因为这样会损害委托人的技术专有性利益。(4) 在涉及重大国家或者公共安全的委托研发中，受托方还负有对研发过程和成果的安全保护义务，除了不主动向他人泄露之外，还需要积极采取技术安全保密措施，防止被他人窥探或者盗窃（如在涉及数据科技的研发中，要保证数据研发环境的安全性，防止他人攻击）。而对于法律、法规规定对从事特定技术研发活动的主体有资质要求的，如涉及易燃、易爆、剧毒、放射性物质的技术研发的，受托人不仅需要具备相应的资质，而且应当具备与相应资质相符合的技术条件和安全防护设施。①

第八百五十四条

委托开发合同的当事人违反约定造成研究开发工作停滞、延误或者失败的，应当承担违约责任。

本条主旨

本条是关于委托人开发合同的当事人的违约责任的规定。

相关条文

《合同法》第 333 条　委托开发合同的委托人应当按照约定支付研究开发经费和报酬；提供技术资料、原始数据；完成协作事项；接受研究开发成果。

① 参见张邦清编著：《技术合同实务指南》，北京，知识产权出版社 2002 年版，第 123－124 页。

第 334 条　研究开发人违反约定造成研究开发工作停滞、延误或者失败的，应当承担违约责任。

理解与适用

本条对《合同法》第 333 条和第 334 条进行了合并处理，规定了委托开发合同当事人双方违反约定的违约责任。有评论认为，在技术合同交易中，“违约行为具有一定程度的不可避免性”①。第 852 条和第 853 条规定了委托方和受托方的主要合同义务。当事人违反前述合同义务，导致研究开发工作停滞、延误或者失败的，相对人可以采取以下措施获得救济。

一是根据本法第 582 条的规定，“根据标的的性质以及损失的大小，可以合理选择请求对方承担修理、重作、更换、退货、减少价款或者报酬等违约责任”。仍以第 845 条和上一条释评中提到的“裁判文书数据采集技术合同”案为例，如果受托方交付的裁判文书人工智能预测模型的数据采集精度达不到科研或者实务的基本要求，或者不符合约定的标准，则委托人可以要求受托人检查和改进开发的人工智能预测模型，提高数据采集精度。

二是根据本法第 583 条的规定，“在履行义务或者采取补救措施后，对方还有其他损失的，应当赔偿损失”。在“裁判文书数据采集技术合同”案中，尽管受托人改进后的人工智能预测模型解决了部分数据标签的智能提取效果，但仍有部分数据标签达不到约定标准的，则应当赔偿委托方的损失。

应当赔偿的损失范围需要根据本法第 584 条确立的违约责任计算规则来判断。特别是，在不少技术开发合同（无论是本条调整的委托开发还是第 856 条规范的合作开发）中，一方当事人基于对技术开发成果的合同预期，已经与第三人拟签订后续的技术转让、许可或者服务合同。如果委托开发合同的受托方违约或者合作开发合同的一方当事人违约，导致预期技术成果无法完成，进而导致委托人或者另一方当事人违反与第三人之间的技术合同并需要承担违约责任，那么，受托方或者合作开发合同的违约方在缔约时知道相对方与第三人的合同关系和违约风险的，受托方或者合作开发合同的违约方需要就此承担赔偿责任。例如，在“中国人民解放军信息工程大学与河南阿波罗自动化有限责任公司技术开发合同纠纷案”中，再审法院指出，信息工程大学违反合同约定，致使阿波罗公司与清华大学的合作项目失去了履行的可能性，信息工程大学应当对阿波罗公司在与第

---

① 欧修平：《技术合同违约行为的审查判断》，载《人民司法》2013 年第 5 期，第 46 页。

三方（清华大学）的合同交往中遭受的损失承担赔偿责任。①

三是根据本法第 562 条或者第 563 条的规定，解除合同。因为相对方违约导致合同解除的，不影响守约方按照前述方案请求相对方承担违约责任。如果因为一方违约，致使合同目的不能实现的，另一方可以解除合同，并可以请求违约方承担违约责任。例如，委托人拒绝按期支付开发经费或者报酬，影响合同目的实现的，受托人可以解除合同，并请求委托人继续履行相应的支付义务和利息损失。

当事人援引本法第 563 条第 1 款第 3 项解除合同的，需要在“经催告后在合理期限内仍未履行”时才可以解除。关于“合理期限”，《技术合同司法解释》第 15 条规定做了解释，即“技术合同当事人一方迟延履行主要债务，经催告后在 30 日内仍未履行”，可以主张解除合同；“当事人在催告通知中附有履行期限且该期限超过 30 日的”，也应当认定符合“合理期限”要求。

值得注意的是，如果一方未能履行合同的事实是因为另一方的违约行为导致的（如受领不当），则另一方需要自己承担相应的不利后果。例如，委托人与受托人签订技术开发合同，约定由受托人为委托人开发管理信息系统软件。在委托人支付了开发费用后，受托人将开发的软件模块、使用说明书及培训考试情况表交付给委托人。但在软件调试过程中，因委托人未提供统计数据，致使约定开发的技术成果未进行调试和验收。委托人诉至法院，以受托人违约，未交付开发技术成果为由，要求解除双方所签订的技术开发合同，并退还其支付的开发费用。法院认为，因为委托人的原因造成该软件未能进行调试和验收，此责任应由过错方委托人负担，受托人在履行合同过程中并无违约行为，委托人不能实现合同目的的责任在其自身，故未支持委托人的诉讼请求。②

第八百五十五条

合作开发合同的当事人应当按照约定进行投资，包括以技术进行投资，分工

① 参见河南省高级人民法院 2007）豫法民再字第 201 号民事判决书。

② 参见“昆明市保安护卫有限公司与昆明贝思特软件有限公司技术合同纠纷”，云南省昆明市中级人民法院（2005）昆民六终字第 1 号民事判决书。此外，双方约定开发的软件系统须在多米诺（domino）平台（一种软件运行工具）上运行、使用，但委托人并未得到该平台的授权。委托人（原审原告）在二审中主张受托人应向自己提供该软件运行工具的授权，并以此作为受托人违约的理由。二审法院认为，软件的开发以多米诺平台为基础，“但该平台系软件的运行环境，本身不是合同的标的”；该平台授权的交易习惯为“由具体使用人向工具供应商进行一对一的申请以获得使用授权，再根据终端用户的数量缴纳使用费”，所以受托人无法向委托人提供概括的使用许可，更毋论替委托人缴费获得授权。法院据此进一步认为“获得运行工具的合法使用授权以及按照自己的终端用户数量进行缴费应是委托人自己应完成的事项”，委托人应当自行承担不利后果。

参与研究开发工作，协作配合研究开发工作。

本条主旨

本条是关于合作开发合同的当事人的主要义务的规定。

相关条文

《合同法》第 335 条 合作开发合同的当事人应当按照约定进行投资，包括以技术进行投资；分工参与研究开发工作；协作配合研究开发工作。

理解与适用

本条与本法第 856 条一起规定了合作技术开发合同当事人的义务和违约责任。本条规定了合作开发合同当事人的三项义务。

1. 分工参与研究开发工作

合作技术开发合同与委托技术开发合同的根本区别在于，合同当事人是否都要实质性地参与研究开发工作，即本条规定的是否要“分工参与研究开发工作”。在委托开发合同中，双方当事人有比较明确的角色区分，委托方无须参加这方面的工作，但合作开发合同的当事人在合同目标和工作任务上具有一致性①，特别是均需实质性地参与研发活动，为技术成果的研发提供实质性的智力贡献。对此，《技术合同司法解释》第 19 条做了解释，即“分工参与研究开发工作”，是指“当事人按照约定的计划和分工，共同或者分别承担设计、工艺、试验、试制等工作”。

如果技术开发合同当事人一方仅提供资金、设备、材料等物质条件或者承担辅助协作事项，另一方进行研究开发工作并向其交付研发成果的，则属于委托开发合同。类似地，如果当事人仅仅是向实际从事研发的公司进行股权投资，并未实际参与研发活动，也不构成合作技术开发合同关系，不得主张对被投资方所开发技术成果的知识产权。例如，原告与被告九洲超声公司通过会议纪要的形式达成一致，由原告负责筹措并先行垫付九洲超声公司研发项目的资金，垫付的资金可作为原告后续持有被告股份的股本金。2016 年 4 月，原、被告双方合意解除合作关系，但原告主张其与被告已经形成技术合作开发合同关系，要求被告偿还原告履行合同期间垫付的所有研发费用并支付一定的报酬。法院援引《合同法》第 335 条认为，合作开发合同的当事人应当按照约定进行投资，包括以技术进行

① 参见王利明：《合同法研究（第三卷）》，第二版，北京，中国人民大学出版社 2015 年版，第 578 页。

投资、分工参与研究开发工作、协作配合研究开发工作；在案涉项目开发中，原告未与被告形成合作或协作配合研究开发的关系，而是被告的其他股东与原告之间进行合作和配合开发项目，被告并未基于该合作开发享有相应的权利义务，相反该公司的其他股东基于其各自在合作中的贡献享有被告相应的股份，加之原告也并非针对被告履行义务，故法院最终未支持原告的诉讼请求。①

虽然当事人最初订立的合同是技术合作开发合同，但双方在实际履行过程中已经通过履行行为改变合同交易性质，不再具备合作开发的特征的，没有实际参与技术性开发活动的一方当事人也不得依据最初订立的合作技术开发合同主张合同权利。当然，这不影响当事人根据合同的实际履行情况来主张相应的合同权利，如委托开发合同中委托人的权利。

例如，东营凯维公司与欧利亚机械厂签订“企业战略合作协议”，决定共同研发生产双金属螺杆泵系列产品。但是，该协议对于开发过程中双方的履行方式、成本分摊、利润分配、风险负担等均未作约定。不过，双方当事人均认可，合作中应由东营凯维公司负责转子的开发，由欧利亚机械厂负责定子的开发；在开发中期，由于东营凯维公司开发转子未果，该开发工作转由欧利亚机械厂完成。后来，后因为所生产的产品技术性能和指标不能达到合同要求，且双方无法解决技术瓶颈问题，东营凯维公司提出解除合作协议。欧利亚机械厂反诉称，东营凯维公司于 2014 年 2 月将原本约定由其承担的部件“转子”的开发工作委托给欧利亚机械厂进行，由此产生的相关费用应由东营凯维公司承担。东营凯维公司针对反诉辩称双方成立技术合作开发合同关系，而非委托合同关系，不认可欧利亚机械厂的反诉主张。

在双金属螺杆泵的整个开发过程中，最主要的定子、转子的开发工作均由欧利亚机械厂完成，而东营凯维公司则主要提供机器设备、部分材料，双方的履行方式已经改变了开发早期意向的合作开发模式。在此情形下，对双方之间是技术合作还是技术开发关系的判断，应从双金属螺杆泵的完整开发过程进行判断。法院认为，在合作初期，东营凯维公司负责转子的开发，欧利亚机械厂负责定子的开发，故属于技术合作开发关系。但在后期最主要的定子、转子的开发工作均由欧利亚机械厂完成，而东营凯维公司则主要提供机器设备、部分材料，双方的履行方式已经改变了开发早期意向的合作开发模式，东营凯维公司由于实际履行方式符合《技术合同司法解释》第 19 条规定的“技术开发合同当事人一方仅提供

① 参见“魏昭荣与成都九洲超声技术有限公司、罗宪中技术合作开发合同纠纷”，四川省成都市中级人民法院（2017）川 01 民初 3647 号民事判决书。

资金、设备、材料等物质条件或者承担辅助协作事项，另一方进行研究开发工作”之情形，故法院确认双方成立的是技术委托开发合同。①

合作技术开发合同当事人的一项主要合同义务就是“分工参与研究开发工作”。当然，合作开发者之间具体如何分工，主要取决于当事人之间的约定，既可以是共同参与和完成整个研发环节，也可以是分别完成不同的研发工序或者组件；既可以是按功能区分来分工，也可以是按研发进程来先后分工。但无论如何，合同当事人参与和完成了智力方面的创造性活动。

2. 按照约定进行投资

按照约定进行投资，是指合作开发的当事人以货币、设备、场地、材料和技术知识产权等对合作开发项目有价值的形式进行投资，为合作研发活动的开展提供必要的物质条件。在合作开发合同中，双方当事人需要遵守共同投资、共同收益和共担风险的合作准则。当事人通常需要根据投资份额来确定开发成果的权属和收益分配比例，以及承担相应比例的研发风险。如果是非货币投资的，则需要折算成相应的金额，以确定各自的投资比例。

与委托开发合同一样，负责实际支配相应投资的当事人，一方面需要确保当事人投入的合作开发物资专用于合作研发活动；另一方面，需要做了支出和使用记录，确保投资的流向和账目清楚，便于在当事人在有异议时查询。

3. 协作配合研发工作

如前面的多个条文所评述，在委托开发合同中，双方当事人之间存在明确的角色分工，一方支付开发经费和报酬，另一方负责完成技术成果的研发和交付。但在合作开发合同中，双方当事人之间具有角色对等性和义务相似性，在某种意义上就是一个合伙事业。双方当事人有着共同的交易目标，需要相互协作，共同推进研发活动的展开和技术成果的产出。这也就意味着，双方当事人之间保持密切的沟通与协助，积极参与研发计划的制订和实施工作，并就研发过程中遇到的问题保持密切沟通，以避免因为一方的懈怠而阻碍合作开发计划的顺利推进。任何一方的违约行为，都可能导致整个研发活动的失败或者延迟。② 一方当事人未能按照约定的合作计划积极参与合作研发活动的，则构成违约，需要视对研发活动的影响程度承担相应的不利后果。

---

① 参见“东营凯维石油科技有限责任公司与无锡市欧利亚机械厂技术合同纠纷”，江苏省无锡市中级人民法院（2015）锡知民初字第0162号民事判决书。

② 参见肖学文、张文新主编：《中国〈合同法〉实务操作丛书·技术合同》，北京，中国民主法制出版社2003年版，第154页。

第八百五十六条

合作开发合同的当事人违反约定造成研究开发工作停滞、延误或者失败的，应当承担违约责任。

本条主旨

本条是关于合作开发合同的当事人违约责任的规定。

相关条文

《合同法》第 336 条　合作开发合同的当事人违反约定造成研究开发工作停滞、延误或者失败的，应当承担违约责任。

理解与适用

关于合作开发合同当事人的违约责任，可以参考本书对委托开发合同当事人的违约责任（第 554 条）的释评。其与委托开发合同的不同之处如下。

一方面，合作开发合同的双方当事人在出资、研发和协助等事项上均负有合同义务，因此可能违反的义务类型更多，且相似性高。委托开发合同中双方当事人之间的角色区分明确，而合作开发合同中的双方当事人在工作角色上具有对等性和义务相似性。

另一方面，由于合作开发合同的每一方当事人都参与技术成果的研发活动，因此，每一方当事人的违约都可能对整个研发计划的制订、实施和调整产生实质性影响，也可能影响到另一方当事人合同义务的履行。例如，如果双方当事人按研发阶段分工，前一阶段的研发任务未完成，后一阶段的任务可能无法启动。所以，在判断合作合同违约方的违约责任时，要根据具体案情，充分结合合作研发的性质来判断特定违约行为对合作障碍或者失败的影响大小，应据此判定相应的违约责任。

合作技术开发合同的一方当事人向另一方承担违约责任，以一方的违约行为为前提。如果没有充分的证据证明违约行为的存在，合作技术成果的研发失败应当归结为第 858 条调整的因“无法克服的技术困难”所致研发失败，需要根据相应的规则分担失败风险。例如，在某技术合作开发合同纠纷中，原告（反诉被告）与被告（反诉原告）签订“技术合作开发合同”，由原告依约开发“基于影像识别技术的负气压单臂机械手臂—图像识别及控制部分”。合同签订后，被告向原告支付 2.4 万元研发费进行技术研发工作；直至合同履行期届满，原告未完成第一阶段的开发工作，即未能成功操作机械臂、运行图像识别及控制程序，标的技术至今未交付验收，产品样机至今未交付。后原告诉至法院，要求被告继续履行合同，支付剩余研发经费；被告则提出反诉，主张原告应返还已支付研发经费，并承担违约责任。法院认为，原告虽未在履行期限内交付研发成果，但其提供的证据足以证明其积极进行了研发工作，因被告无法证明原告存在怠于履行研发义务等违约行为，故应当按照研发失败的责任风险分担问题予以处理。案涉合同只对硬件采购和加工费用进行了约定（由被告负责），未对研发失败风险的责任分担进行约定，故法院援引《合同法》第 338 条规定，判定：(1) 因原告积极进行了研发工作，实际投入了技术、智力、人力等成本，故已支付的研发经费不予返还；(2) 因“硬件的采购及加工”由被告负责，且机械臂仍具有继续利用的使用价值，故机械臂的费用由被告自担。

第八百五十七条

作为技术开发合同标的的技术已经由他人公开，致使技术开发合同的履行没有意义的，当事人可以解除合同。

本条主旨

本条规定了技术开发合同的标的已由他人公开的法律效果。

相关条文

《合同法》第 337 条　因作为技术开发合同标的的技术已经由他人公开，致使技术开发合同的履行没有意义的，当事人可以解除合同。

理解与适用

通常来说，作为技术开发合同标的的技术已经由他人公开的情形，要么是他人在申请专利时予以了公开，要么是作为技术秘密的技术成果被公开而失去技术秘密的特点。在这两种情形下，本合同当事人正在从事的技术开发合同就失去了意义：继续开发出来的技术成果要么因为他人的在先专利而不被保护，要么因为不构成技术秘密不被保护。在此意义上，当事人订立技术开发合同的合同目的就落空了，任何一方当事人都可以解除合同。不过，此种合同目的落空的事由不是由任何一方当事人违约所致，也不容易归入不可抗力的情形，但可以归入本法第 563 条第 1 款第 5 项规定的“法律规定的其他情形”。

不过，从起诉到法院的争议案例来看，虽然有不少当事人以本条为依据，主张解除合同，但少有得到法院支持的。因为，这些当事人并未成功证明拟开发的技术成果与他人公开的技术成果具有同质性。更多的情况是，一方当事人基于其他考虑不希望继续履行合同了，以“作为技术开发合同标的的技术已经由他人公开”作为解除合同的借口。① 事实上，两个当事人拟研发的技术成果因为他人的类似成果公布而丧失“新颖性”的概率并不高。鉴于这些现象，人民法院在审查依据本条请求解除合同的，需要严格把关请求解除的当事人所主张的基础事实是否成立。

还值得讨论的是：因本条规定的事由解除技术开发合同的，解除后的法律效果为何？委托人与受托人，或者合作开发当事人之间，如何分配因此导致的经济损失（研发经费投入、研发人力投入等）?② 这一问题与下一条（第 858 条）规定的“因出现无法克服的技术困难”导致研发失败而产生的损失具有相似性。为此，我们转入下一条的段末一并释评。

第八百五十八条

技术开发合同履行过程中，因出现无法克服的技术困难，致使研究开发失败或者部分失败的，该风险由当事人约定；没有约定或者约定不明确，依据本法第五百一十条的规定仍不能确定的，风险由当事人合理分担。

当事人一方发现前款规定的可能致使研究开发失败或者部分失败的情形时，应当及时通知另一方并采取适当措施减少损失；没有及时通知并采取适当措施，致使损失扩大的，应当就扩大的损失承担责任。

本条主旨

本条规定了技术开发合同的风险负担规则和通知义务。

相关条文

《合同法》第 338 条 在技术开发合同履行过程中，因出现无法克服的技术困难，致使研究开发失败或者部分失败的，该风险责任由当事人约定。没有约定

---

① 代表性的如“太原市尖草坪区小裴开发汽车修理厂与山西前海企业管理咨询有限公司技术委托开发合同纠纷案”，(2017) 晋 01 民初 643 号民事判决书。

② 这也是本次民法典编纂过程中的重大议题。不过，立法工作机构认为这一情形可以根据本法第 566 条（合同编通则）关于合同解除之效果的一般规定来解决，因此并未就技术合同的这一特殊情形予以进一步处理。参见黄薇主编：《中华人民共和国民法典合同编解读（下册）》，北京，中国法制出版社 2020 年版，第 1165－1166 页。

或者约定不明确，依照本法第六十一条的规定仍不能确定的，风险责任由当事人合理分担。

当事人一方发现前款规定的可能致使研究开发失败或者部分失败的情形时，应当及时通知另一方并采取适当措施减少损失。没有及时通知并采取适当措施，致使损失扩大的，应当就扩大的损失承担责任。

理解与适用

一、技术风险的特点和认定

本条规定的技术风险是一种客观上的技术困难，即技术标的研发过程中面临的无法克服的技术困难。在买卖、承揽、租赁等合同中，当事人拟交易的标的主要是已经存在的商品或者可以根据成熟的生产或者加工工艺来供给的商品或者服务。与这些合同不同的是，技术开发合同的目的是要开发一套尚不存在的新技术成果，具有技术研发的实验性特点，即便经过严密的前期研发方案设计和论证，也必然伴随着一定的研发失败的风险。

此种技术风险是人类探索未知世界的必然代价。其并不是指外部环境和条件以及社会环境的客观变化，而是指受一定时期科技水平下人们主观能力的限制未能履行合同，是内在因素的限制和局限。① 这种风险既不是可以通过当事人经过合理的努力能够克服的困难，也不同于作为不可抗力的自然事件和社会事件，还区别于人员风险、市场风险等商业风险。② 也就是说，此种风险既不能归咎于当事人的违约行为，也不能等同于外来因素的破坏（如第 853 条释评中提到的因为国家法律禁止从事特定技术开发而面临的研发障碍），而是内生于人类科技认知水平的一种风险。

此类技术风险，既可能发生在研发阶段，即遇到了无法突破的技术瓶颈，难以继续推进研发计划；也可能发生在验证阶段，即无法验证所开发技术成果的有效性。无论发生在哪一个阶段或者环节，本条规定的技术风险大致可以从以下三个方面来判断：一是承担研发义务的当事人已经尽了最大限度的努力；二是此种技术障碍在国外、国内的现有技术水平下都构成实质性困难；三是此种研发困难系该领域的专家普遍认可的技术困难。③ 如果从事技术研发的当事人在缔约时有

---

① 参见关键主编：《技术合同》，北京，中国民主法制出版社 2003 年版，第 159 页。

② 参见周大伟：《谈谈委托技术开发合同的风险承担原则》，载《科技进步与对策》1988 年 05 期。

③ 参见黄薇主编：《中华人民共和国民法典合同编解读（下册）》，北京，中国法制出版社 2020 年版，第 1165－1167 页。

关于技术研发的初步承诺，也给了相对人的研发成功预期，那么，遭遇此种技术困难的一方当事人需要尽可能充分地说明和解释此种困难，至少达到让同领域专家理解的程度。相对人不接受此种技术风险主张的，也可以聘请专家提出相反证据。

二、因技术风险所致损失的分担

此类技术风险的发生，致使研发任务部分或者全部失败，除了合同当事人的预期利益部分或者全部无法实现之外，还很可能引发既有研发投资和人力投入的损失，以及因相信技术成果的研发成功而从事的相关投资失败。由于此种损失并非任何一方当事人的违约行为所致，自然就谈不上预期利益损失的赔偿问题。问题在于：对于既有研发投入的损失，当事人之间应当如何分担?

本条确立了如下风险分担规则。

1. 按照当事人之间的约定分担损失

如果当事人之间事前就潜在的技术风险做了预测和谈判，并就风险分担作出了安排，原则上应当尊重当事人之间的约定。无论是委托开发还是合作开发，只要承担研发任务的当事人在缔约时没有欺诈等法定的法律行为瑕疵以助于影响合同条款的效力，当事人就应当遵守这方面的约定。

实践中曾发生过这样的案件，虽然当事人之间作出了明确的风险分担约定（由一方当事人承担研发失败的成本投入），但在遭遇技术风险导致研发失败之后，但法院认为："而从双方合作性质而言……技术研发单位……应对技术的研发过程和可能的研发结果具有更强的掌控力，也更有可能提前预见或发现可能致使研发失败或部分失败的情形从而及早防范损失的扩大，其在技术研发初期过分美化技术开发前景，在技术开发过程中疏于提醒和防范，在最终技术研发失败的情形下亦未承担风险责任，实质上造成了双方间权利义务的失衡。"该法院最终判决撤销当事人之间的风险分担条款，并要求研发单位分担损失。①

但是，这一判决并未明确阐述撤销当事人之间的风险分担条款的原因，到底是因为"技术研发单位的缔约欺诈"，还是"技术研发单位的技术知识优势"，抑或"具有技术知识优势的一方未履行本条第 2 款规定的及时通知和止损义务"?对此，笔者意见如下。

第一，如果不能证明技术研发单位"在技术研发初期过分美化技术开发前

① 参见"湖南地源精细化工有限公司与兰州理工大学合同纠纷案"，最高人民法院（2012）民二终字第 43 号民事判决书。

景”构成欺诈，则不构成撤销该条款的事由。

第二，研发单位具有技术知识优势，一般来说另一方并不构成本法第 151 条规定的“缺乏判断能力”，也不得轻易依据本条主张“一方利用对方处于危困状态、缺乏判断能力等情形，致使民事法律行为成立时显失公平的，受损害方有权请求人民法院或者仲裁机构予以撤销”①。一般来说，我们推定参与技术开发合同交易的当事人具有起码的技术判断能力，或者在自身技术知识不足时会聘请专业人员协助作出判断。

第三，如果是因为研发单位“具有技术知识优势，但并未履行本条第 2 款规定的及时通知和止损义务”，那么，研发单位只“应当就扩大的损失承担责任”，但不至于导致当事人之间约定的研发失败风险分担条款被撤销的后果。

总之，对于当事人之间已经约定好的风险分担条款，在不涉及法定无效或者可撤销等效力瑕疵事由时，人民法院应当尊重当事人之间约定的效力。

2. 按照本法第 510 条确立的规则分担损失

当事人之间没有合同约定或者约定不明的，可以按照本法第 510 条的规则分担损失，即“可以协议补充；不能达成补充协议的，按照合同相关条款或者交易习惯确定”。当事人之间达不成补充协议的，需要按照当事人之间的相关条款的约定或者相关行业或者领域的交易习惯来判断。不过，对于技术研发交易，因为待研发的技术标的本身的特殊性，很有可能没有相应的交易习惯。

3. 合理分担规则

在无法通过前两种方法确定技术风险的分担规则时，本条最后规定了“合理分担规则”。至于何为“合理分担规则”，则需要考虑技术开发合同的特殊性，特别是技术风险这种必然伴随于技术研发活动的交易风险。“技术开发合同具有特殊性，假如照抄买卖、承揽、租赁等合同中的风险负担规则，则脱离了技术开发合同的实际情况。”②

实际上，技术风险并不是技术开发合同的独有问题。《产品质量法》第 41 条规定的发展风险抗辩规则有一定的类似之处。该条规定：“因产品存在缺陷造成人身、缺陷产品以外的其他财产损害的，生产者应当承担赔偿责任。生产者能够证明有下列情形之一的，不承担赔偿责任：……将产品投入流通时的科学技术水

---

① 当然，本案发生在 2012 年，即 2017 年《民法总则》颁布之前。1999 年的《合同法》第 54 条将“在订立合同时显失公平的”规定为可撤销、可变更的一般性事由。

② 崔建远：《技术合同的立法论》，载《广东社会科学》2018 年第 1 期，第 240 页。

平尚不能发现缺陷的存在的。”这一规则采取了不同于“严格责任”这样一种典型的产品责任归责原则，实际上对产品设计和生产者予以一定的优待，让其免于对存在普遍性技术认知缺陷的问题承担过于严苛的责任。或者说，这是在消费者权益保护与产品技术进步之间寻找一个平衡点。[①] 在这个意义上，对于此类人类按照一个常规的技术发展轨道追求技术进步时遇到的技术风险，采用了一种趋于公平的损失分担规则。同样，对于技术开发合同交易中的技术风险，在没有更好的分担规则时，应当遵守民法的公平原则来分配。

值得注意的是，合理分担并不等于平均分担，而是根据合同的具体情况来判断[②]；也不等同于损失的自然、随机分配规则（如本法第 180 条规定的不可抗力情形下的“互不担责”规则；如果在技术开发合同中采取随机分配规则，就是各方当事人对于发现“技术风险”之前的各方投入互不分担）。[③] 相反，风险的公平分担需要综合考虑以下因素：一是当事人在合同中约定的出资比例和成果分配比例。在合作开发合同中，本着公共投资、共同受益和共担风险的精神，按照当事人约定的投资和收益分配比例，对双方当事人的物质和人力研发投入进行分担，是公平的做法。二是考虑当事人之间对技术风险的认知和控制能力的差异。在委托开发合同中，受托方一方面作出了智力劳动，另一方面具有明显更好的技术风险认识和防患能力，包括确定相应研发成本投入的潜在风险的能力。因此，对于受托方的智力劳动投入，委托方有必要予以补偿。同样，对于委托方投入的开发成本明显过高的，受托方也需要反过来给予一定的补偿；如此也有助于激励研发机构更谨慎地规划和使用研发资金。三是考虑当事人的风险承受能力。如果一方合同当事人是以自然人身份缔结技术开发合同的研发人员，有必要予以特别考虑。

三、发现技术风险的当事人的通知义务和止损义务

如前面初步评论到的那样，当事人一方发现技术风险的，应当及时通知另一方并采取适当措施减少损失。如果没有及时通知并采取适当措施，致使损失扩大，应当就扩大的损失承担责任。这也是民法的诚实信用原则的具体体现和要求。

---

① 参见［美］罗伯特·考特、托马斯·尤伦：《法和经济学》，上海，上海三联书店，上海人民出版社 1997 年版，第 621 页。

② 参见魏耀荣等：《中华人民共和国合同法释论（分则）》，北京，中国法制出版社 2000 年版，第 455 页；参见王利明：《合同法研究（第三卷）》，第二版，北京，中国人民大学出版社 2015 年版，第 576 页。

③ 关于“风险的随机分配规则”的评论，参见 Bingwan Xiong，Thomas Kadner Graziano，COVID-19，*Contractual Obligation and Risk Allocation*：*The loss lies where it falls or parties' duty to renegotiate and to share loss*? The Journal of Chinese Comparative Law（2021，forthcoming）。

四、因技术风险所致损失的分担

再回到第857条释评中留下的问题，即："作为技术开发合同标的的技术已经由他人公开，致使技术开发合同的履行没有意义的"，一方当事人解除合同后，当事人之间如何分担之前的技术研发成本损失?

对此，本法第566条（合同编通则）第1款规定："合同解除后，尚未履行的，终止履行；已经履行的，根据履行情况和合同性质，当事人可以请求恢复原状或者采取其他补救措施，并有权请求赔偿损失。"但这一规定并未明确技术开发合同当事人如何采取"其他补救措施"。笔者认为，在研发人员严格按照约定的研发计划执行研发任务的前提下，作为技术开发合同标的的技术已经由他人公开，也是研发人员难以控制的法律风险，即法律不承认后来研发成果的风险。这种风险与本条着重评述的技术风险具有相似性，可以参考前面的损失公平分担规则。

第八百五十九条

委托开发完成的发明创造，除法律另有规定或者当事人另有约定外，申请专利的权利属于研究开发人。研究开发人取得专利权的，委托人可以依法实施该专利。

研究开发人转让专利申请权的，委托人享有以同等条件优先受让的权利。

本条主旨

本条是关于委托开发的发明创造成果之归属的规定。

相关条文

《合同法》第339条　委托开发完成的发明创造，除当事人另有约定的以外，申请专利的权利属于研究开发人。研究开发人取得专利权的，委托人可以免费实施该专利。

研究开发人转让专利申请权的，委托人享有以同等条件优先受让的权利。

理解与适用

本条与第860—861条一起，规定了当事人通过技术开发合同开发的技术成果的归属、利用和交易规则。本条规定的是委托开发合同完成的发明创造的归属、利用和交易规则。鉴于《专利法》已经对这三条规定的规则做了特别的规定，这里仅概述基本规则。

关于委托开发的发明创造，包括发明、实用新型和外观设计，专利申请权属于研究开发人。这一规则有助于尊重智力劳动成果和鼓励发明创造。当然法律另有规定或者当事人另有约定的，从之。例如，《专利法》第6条第3款规定："利用本单位的物质技术条件所完成的发明创造，单位与发明人或者设计人订有合同，对申请专利的权利和专利权的归属作出约定的，从其约定。"这实际上也是规定了约定优先原则。

法律在赋予研究开发人员专利申请权的同时，也给委托方（通常也是出资方）赋予了两项权利：(1) 研究开发人取得专利权的，委托人可以依法实施该专利。委托人依法实施该专利的，无须向研发人员另行支付使用费，因为，其在委托研发中已经支付了研发成本。这也是保持委托研发合同公平性的要求。当然，委托人依法实施该专利的，并不影响开发人员同时实施该专利。(2) 研究开发人转让专利申请权的，委托人享有以同等条件优先受让的权利。当然，此种优先购买权的形式，需要满足"同等条件"的要求。

值得讨论的是，如果委托人自己并不具有实施专利的条件，可否委托他人代为实施，或者许可他人实施？对此，《技术合同司法解释》第21条规定："技术开发合同当事人依照合同法的规定或者约定自行实施专利或使用技术秘密，但因其不具备独立实施专利或者使用技术秘密的条件，以一个普通许可方式许可他人实施或者使用的，可以准许。"这里的"普通许可方式"，区别于"独家许可"。因为，如果一方当事人独家许可第三方使用专利权，则会侵犯专利权人的专利权。有一种观点认为，这需要从许可数量和许可范围上判断，即："只能有一个许可，超过一个以上的许可，是不允许的，因为这样做，就会损害其他当事人的权益，超出了弥补当事人不能自行实施专利或者使用技术秘密的范畴。"①

笔者认为，是否应当像前述观点所主张的那样，"只能有一个许可"，则需要结合具体场景来个案分析，不能一概而论。只要委托技术开发合同的委托人请他人代为实施的行为符合弥补其自身实施能力缺陷的，就是合法的行为，不构成对研究开发人员的专利权的侵害。例如，在一起专利权纠纷中，原告接受案外人的委托，自行研发了公用自行车的锁止器控制板，后原告陆续委托被告加工公用自行车的锁止器控制板，并向国家知识产权局申请实用新型专利且获得授权。之

① 蒋志培主编：《技术合同司法解释的理解与适用》，北京，科学技术文献出版社2007年版，第49页。

后，案外人中标某市公共自行车系统的采购，并委托被告生产锁止器控制板；该锁止器控制板产品技术方案落入前述原告专利权的保护范围。原告主张被告利用为原告加工产品的机会，获知原告的技术并销售侵权产品，构成侵权。被告认为，涉案专利系案外人委托原告技术开发的成果，该案外人有权免费实施该专利，被告系受案外人委托加工被诉侵权产品，具有合法授权，不构成侵权。法院认为，案外人为涉案专利技术的研发支付了研发费用，其有权免费实施涉案专利，鉴于其并非生产型企业，故存在委托他人加工涉案产品的需要和必要；被告在接受案外人委托并按其提供的封样加工涉案产品后，定向销售给案外人，其受委托加工并定向销售的行为系案外人免费实施涉案专利权的行为；故法院判定被告的合法授权抗辩成立，其受案外人委托加工涉案产品并定向销售案外人的行为不构成侵权。①

第八百六十条

合作开发完成的发明创造，申请专利的权利属于合作开发的当事人共有；当事人一方转让其共有的专利申请权的，其他各方享有以同等条件优先受让的权利。但是，当事人另有约定的除外。

合作开发的当事人一方声明放弃其共有的专利申请权的，除当事人另有约定外，可以由另一方单独申请或者由其他各方共同申请。申请人取得专利权的，放弃专利申请权的一方可以免费实施该专利。

合作开发的当事人一方不同意申请专利的，另一方或者其他各方不得申请专利。

本条主旨

本条是关于合作开发的发明创造成果之归属的规定。

相关条文

《合同法》第340条　合作开发完成的发明创造，除当事人另有约定的以外，申请专利的权利属于合作开发的当事人共有。当事人一方转让其共有的专利申请权的，其他各方享有以同等条件优先受让的权利。

---

① 参见“宁波天派智能科技有限公司与宁波高新区捷思特电子科技有限公司侵害实用新型专利权纠纷”，浙江省宁波市中级人民法院（2016）浙02民初463号民事判决书。

合作开发的当事人一方声明放弃其共有的专利申请权的，可以由另一方单独申请或者由其他各方共同申请。申请人取得专利权的，放弃专利申请权的一方可以免费实施该专利。

合作开发的当事人一方不同意申请专利的，另一方或者其他各方不得申请专利。

理解与适用

本条规定的是合作技术开发合同完成的发明创造的归属、利用和交易规则。与《合同法》第 340 条相比，本条在第 1 款和第 2 款分别新增了“当事人另有约定的除外”规则，即约定优先规则，体现了对私人自主决策的尊重。在没有约定或者约定不明的情况下，按照以下方式来确定合作开发当事人之间的发明创造成果的归属、利用和流转规则。

合作开发完成的发明创造，申请专利的权利属于合作开发的当事人共有。这符合合作开发合同中共同投资、共担风险和共同收益的基本准则。至于最终申请的专利权的共有关系，是按份共有还是共同共有，同样遵循约定优先的规则。在没有约定的情况下，如果当事人之间就共有关系发生分歧的，应当根据合作各方的投资比例来确定；如果确定投资比例的，推定为等额按份共有。对共有关系的确定，在共有人对外转让专利时，对于如何分配转让款项至关重要。

与本法第 305 条关于按份共有人的优先购买权一致，当事人一方转让其共有的专利申请权的，其他各方享有以同等条件优先受让的权利。

此外，合作开发的当事人一方声明放弃其共有的专利申请权的，可以由另一方单独申请或者由其他各方共同申请。实践中，“合作开发的当事人一方声明放弃其共有的专利申请权的”案例并不常见，但也不排除发生的可能性。本条允许另一方单独或者由其他各方共同申请，这主要是对其他合作开发当事人的投资回报合理利益诉求的尊重。同时，申请人取得专利权的，放弃专利申请权的一方可以免费实施该专利。这也是在各方当事人之间寻求一个利益平衡，保证各方最终都能从合作开发的发明创造成果中受益。

合作开发的当事人一方不同意申请专利的，另一方或者其他各方不得申请专利。当事人一方不同意申请专利的原因有多种可能，既可能是认为采用“技术秘密”的方式来保护自己的技术成果更为有效，也可能是因为不希望因为申请专利而对外披露自己在发明创造成果中蕴含的特殊思想。再加上，一项发明创造成果作为一个权利的客体，具有不可分割性；且专利申请权具有一定的人身属性，因此，在一方发明创造人不同意申请专利时，其他发明创造人应当尊重对方的意愿。不过，如果当事人事前约定“放弃拒绝申请专利的权利”的，弃权行为原则上应当有效。除非研发的专利技术所指向的产品的确会引起对申请人的人格负面评价，强制申请很可能不符合一方当事人的人格尊严保护要求。

第八百六十一条

委托开发或者合作开发完成的技术秘密成果的使用权、转让权以及收益的分配办法，由当事人约定；没有约定或者约定不明确，依据本法第五百一十条的规定仍不能确定的，在没有相同技术方案被授予专利权前，当事人均有使用和转让的权利。但是，委托开发的研究开发人不得在向委托人交付研究开发成果之前，将研究开发成果转让给第三人。

本条主旨

本条是关于技术秘密成果的归属和分配的规定。

相关条文

《合同法》第 341 条　委托开发或者合作开发完成的技术秘密成果的使用权、转让权以及利益的分配办法，由当事人约定。没有约定或者约定不明确，依照本法第六十一条的规定仍不能确定的，当事人均有使用和转让的权利，但委托开发的研究开发人不得在向委托人交付研究开发成果之前，将研究开发成果转让给第三人。

理解与适用

本条所规定的技术秘密，是指当事人不愿意公开的不为公众所知悉、但能够给权利人带来经济收益、具有实用性且经权利人采取保密措施的技术信息。除了坚持约定优先原则之外，在技术开发合同当事人之间没有约定或者约定不明时，本条规定了技术秘密成果的如下归属、利用和转让规则。

一是依据本法第 510 条（合同编通则）确立的规则来解决。关于这一点，前面多个条文已有相关论述，这里不赘述。

二是在没有相同技术方案被授予专利权前，当事人均有使用和转让的权利。有相同技术方案被授予专利权的，技术秘密不仅不受保护，而且继续实施还涉及对他人专利权的侵犯。不过，在没有相同技术方案被授予专利权前，合同当事人，无论是委托开发还是合作开发当事人，均有使用和转让的权利，并独自取得因此获得的收益。例如，原告与被告签订建设工程设计合同，合同约定被告委托原告承担一期工程设计；工程设计结束后，原告发现被告在二期工程中所用的主体工程图纸系复制原告在一期工程中所设计的图纸，故诉至法院，主张被告未经许可擅自复制原告图纸并用于其他项目，谋取利益，侵犯了原告的技术秘密成果等权益。法院认为，原、被告双方签订技术合作开发合同，并未就合作开发中的技术秘密成果权归属作出约定，根据《合同法》第 341 条的规定，当事人均有不经对方同意而自己使用或者以普通使用许可的方式许可他人使用技术秘密，并独占由此所获利益的权利。故法院最终判定原告称被告侵犯其技术秘密等技术成果权的诉求不能成立。①

与第 859 条所讨论的“不具备实施能力的委托人委托他人实施”的情况类似，一方当事人“使用或者转让”技术秘密成果的，不得侵害其他当事人的使用和转让权利。这就意味着，在转让的场合，需要征得其他当事人同意；在许可他人使用的场合，不能是排他使用。对此，《技术合同司法解释》第 20 条做了明确规定：“‘当事人均有使用和转让的权利’，包括当事人均有不经对方同意而自己使用或者以普通使用许可的方式许可他人使用技术秘密，并独占由此所获利益的权利。当事人一方将技术秘密成果的转让权让与他人，或者以独占或者排他使用许可的方式许可他人使用技术秘密，未经对方当事人同意或者追认的，应当认定该让与或者许可行为无效。”

三是受托人在向委托人交付研究开发成果之前，不得将研究开发成果转让给第三人。因为，这样将使得委托人完全丧失委托开发的合同利益。

第三节　技术转让合同与技术许可合同

第八百六十二条

技术转让合同是合法拥有技术的权利人，将现有特定的专利、专利申请、技术秘密的相关权利让与他人所订立的合同。

技术许可合同是合法拥有技术的权利人，将现有特定的专利、技术秘密的相

① 参见“湖南中大冶金设计有限公司与新疆其亚铝电有限公司著作权权属、侵权纠纷”，新疆维吾尔自治区昌吉回族自治州中级人民法院（2017）新 23 民初 59 号民事判决书。该案中原告未能证明涉案图纸符合“技术秘密”所应当具备的要件（如信息载体），也未能证明技术成果权的保护范围。

关权利许可他人实施、使用所订立的合同。

技术转让合同和技术许可合同中关于提供实施技术的专用设备、原材料或者提供有关的技术咨询、技术服务的约定，属于合同的组成部分。

本条主旨

本条规定了技术转让合同与技术许可合同的定义。

相关条文

无

理解与适用

已经开发完成的技术成果[①]，与普通商品一样，可以在市场上流通，包括对技术成果财产权的完全让与和部分让与两种形式。[②] 1999 年《合同法》并未明确界定"完全让与（技术转让）"与"部分让与（技术许可）"，甚至在不少条文中并未明确区分技术转让合同当事人与技术许可合同当事人，而是概括使用了"技术转让""让与人"和"受让人"等术语。例如，《合同法》第 342 条规定："技术转让合同包括专利权转让、专利申请权转让、技术秘密转让、专利实施许可合同。技术转让合同应当采用书面形式。"

1. 技术转让合同与技术许可合同的界定

本法"技术合同"一章对《合同法》的"技术合同"一章做了明确的章节区分，并在第三节"技术转让合同和技术许可合同"伊始增设本条，对技术转让合同与技术许可合同做了分别界定。[③] 可以转让和许可的技术成果，除了本条规定的专利、专利申请、技术秘密之外，还包括本节第 876 条规定的"集成电路布图设计专有权、植物新品种权、计算机软件著作权等其他知识产权"。根据本条的规定，技术转让合同与技术许可合同的区分如下。

（1）技术转让合同是指合法拥有技术的权利人，将现有特定的专利、专利申请、技术秘密的相关权利让与他人所订立的合同。此种让与是技术成果的完全让

① 关于"技术成果"的概念和类型，可参见《民法典》对本法第 843 条的释评。

② 不过，无论是在"技术商品"的呈现形态上，还是交付方式上，还是合同义务的履行上，都与普通商品存在诸多不同。例如，"技术秘密"交易当事人的保密性要求，与普通商品交易当事人在特定合同交易场景中的保密性要求不可同日而语。

③ 关于本条的立法发生史的简要介绍，可见黄薇主编：《中华人民共和国民法典合同编解读（下册）》，北京，中国法制出版社 2020 年版，第 1177－1178 页。

与，出让人在出让之后不再享有技术成果财产权。至于技术成果的人身权，在当事人无特别约定的情况下，原则上不因财产权的变动而变化。

技术转让合同以转让人拥有独立的技术产权为前提。如果出让人只是利用公有领域的技术知识帮助相对人解决特定技术问题，则仅构成本法第878条第2款规定的技术服务合同。① 但如本书关于第843条的释评所讨论的那样，在一方当事人利用涉及公有领域的技术知识与另一方当事人交易时，判断是技术转让合同还是技术服务合同的关键在于：在技术信息的各组成部分分别为公知技术的情况下，一方当事人对公知技术的组合使用如果具有实质性的创新性，符合专利或者技术秘密的特点，也构成该当事人的技术产权，相应的合同就很可能被认定为技术转让合同。例如，最高人民法院在“申京爱、贵阳黔峰生物制品有限责任公司技术转让合同纠纷案”中认为：“从合同约定以及当事人实际履行情况看，本案《技术合同》所转让的是一项技术秘密，即通过申京爱多年积累的经验及工艺技巧，将公知的低温乙醇法与压滤机结合起来应用于生产实践，从而达到白蛋白产品性能的优良及白蛋白收率的提高，符合不为公众知悉、具有实用性、经权利人采取保密措施等技术秘密的构成要素。”因此，双方的技术合同构成技术秘密转让合同，而非技术服务合同。②

（2）技术许可合同是指合法拥有技术的权利人，将现有特定的专利、技术秘密的相关权利许可他人实施、使用所订立的合同。与租赁合同类似，技术许可合同是对技术成果财产权的部分让渡。许可合同当事人可以议定许可使用的时间、地域以及应用范围。被许可人可以在许可权限范围内实施、使用被许可的专利或者技术秘密。③ 实践中，由于技术成果常常要依附于一定的物理载体，如果当事人在合同中并未清楚约定许可使用的到底是载体，还是载体上所承载的技术方案，则需要结合合同条款和其他交易背景，探究当事人合同交易的真意。例如，在一起涉及模具的使用争议案件中，法院认为在判断合同性质时必须区分涉案载体与载体上所载技术方案，明确载体抑或技术方案之间何者才是合同当事人的主要交易目标。判决认为：“从协议字面解释，新力厂缔约系为获得润新公司模具这一专用设备的使用权，但探求新力厂缔约之目的，其真实意思表示是希望通过

---

① 参见王利明：《合同法研究（第三卷）》，第二版，北京，中国人民大学出版社2015年版，第586页。

② 参见“申京爱、贵阳黔峰生物制品有限责任公司技术转让合同纠纷案”，最高人民法院（2007）民三提字第2号民事判决书。

③ “专利申请”，或者更准确地说，“申请中的专利”，如第843条释评所述，是对申请过程中的发明专利的一种特殊权属状态。其作为一种可以期待的权利，当然可以转让，但不适合作为许可使用的标的。一是因为这个过渡期不长，二是因为申请中的专利可能因为其他权利人的异议而最终无法获得专利权证书。

使用模具，以期获得对模具上所附载的关于产品结构的技术方案的使用权，协议的主要标的是模具上所附载的技术而非载体本身。”① 因此，这是一起关于模具承载的技术方案的转让合同，而不是模具本身的租用或者买卖合同。

此外，技术转让合同和技术许可合同中可能有关于提供实施技术的专用设备、原材料或者提供有关的技术咨询、技术服务的约定。单独来看，这些约定在性质上与买卖合同、技术咨询或者技术服务合同更接近。但是，这些约定主要是为实现技术转让和技术许可的目的服务的。对此，《技术合同司法解释》第 22 条第 2 款规定：“技术转让合同中关于让与人向受让人提供实施技术的专用设备、原材料或者提供有关的技术咨询、技术服务的约定，属于技术转让合同的组成部分。因此发生的纠纷，按照技术转让合同处理。”本条第 3 款吸收了这一司法解释。

2. 技术转让合同与联营合同的区分

《技术合同司法解释》第 22 条第 3 款规定：“当事人以技术入股方式订立联营合同，但技术入股人不参与联营体的经营管理，并且以保底条款形式约定联营体或者联营对方支付其技术价款或者使用费的，视为技术转让合同。”这里规定的“技术转让合同”属于广义上的“技术转让合同”，应当同时包括本条规定的“技术转让合同”和“技术许可合同”。关键在于，当事人以技术入股的，是以整个技术产权入股，还是以部分技术产权入股。该解释对“联营合同”采取了实质主义路径，即“技术入股人不参与联营体的经营管理”，且有保底条款作为“入股”对价的，构成技术转让合同。

例如，在最高人民法院审理的“闫春梅与被申请人朱国庆技术转让合同纠纷案”② 中，闫春梅与朱国庆签订“合作经营合同”，约定：闫春梅将其自主开发的技术独家转让给朱国庆，用于作为闫春梅向拟设立的奶牛精饲料公司的合作经营投资；闫春梅帮助建立为使用该技术所必需的生产线；朱国庆分三期向闫春梅支付技术转让费 100 万元。后来，天翔公司（朱国庆任法定代表人）以闫春梅未履行技术转让义务和帮助公司建立生产线以及将技术转让给他人等违约行为为由，诉请闫春梅承担违约责任。关于涉案合同的性质，最高人民法院认为：(1) 合同词句上使用的“公司的股份确认”并不能得出必须设立以朱国庆、闫春梅、季新华为股东的公司的明确意思表示；该条款约定的“股份”并未明确就是有限责

① “增城市润新工贸有限公司与刘澎潮专利实施许可合同纠纷案”，广东省高级人民法院（2006）粤高法民三终字第 368 号民事判决书。

② 最高人民法院（2009）民申字第 159 号民事裁定书。

任公司股东的出资份额，而实际是指提取公司利润的计算标准。(2) 本案合同的目的在于通过技术转让获取利润，设立以朱国庆、闫春梅、季新华为股东的公司并不是合同目的。(3) 在技术转让交易中，存在以固定部分转让费（也叫预付入门费）加利润提成作为技术转让费方式的习惯。综合考虑这些因素，法院判决认为，本案合同应当属于预付前期技术转让费加利润提成方式的技术转让合同，不能以该合同名称为“合作经营合同”以及合同中有表面上的合作经营内容就否定合同的主要内容和目的为技术转让，不能否认其为技术转让合同。合同中所约定的财务监督、技术指导等内容，表面上是合作经营内容，实际上是技术转让合同中技术转让方的附随权利义务。

第八百六十三条

技术转让合同包括专利权转让、专利申请权转让、技术秘密转让等合同。

技术许可合同包括专利实施许可、技术秘密使用许可等合同。

技术转让合同和技术许可合同应当采用书面形式。

本条主旨

本条规定了技术转让合同与技术许可合同的种类及订立形式。

相关条文

《合同法》第 342 条　技术转让合同包括专利权转让、专利申请权转让、技术秘密转让、专利实施许可合同。

技术转让合同应当采用书面形式。

理解与适用

如上一条所述，本法在《合同法》基础上，明确区分了技术转让合同与技术许可合同。上一条对这两类合同做了界定，本条前两款列举了技术转让合同与技术许可合同的主要类型；本条第 3 款就这两类合同的订立形式做了规定。

1. 技术转让合同的类型

技术转让合同包括专利权转让、专利申请权转让、技术秘密转让等合同。其中，专利权转让合同的交易标的是已经依法批准的发明人或者其权利受让人对发明成果在一定期限内的排他性专用权。而专利申请权转让合同的交易标的是申请专利之前的发明创造成果；受让人取得申请权并在申请成功后成为专利权人。

2. 技术许可合同的类型

技术许可合同包括专利实施许可、技术秘密使用许可等合同。进一步的分类如下。

（1）约定许可和强制许可

专利实施的许可可以分为约定许可和强制许可两类。在欧美、印度等法域，专利强制许可案件并不鲜见。这属于强制缔约的一种，即国家为了满足重大公共利益需要，强制专利权人许可他人实施其专利。例如，当某一医药制造商拒绝将特定医药专利许可给他人实施或者提出过高许可费，以至于严重有害于特定公共安全事件的应对的主管部门有可能提出此种强制许可要求。不过，这类案件在我国尚未实际发生过。无论是约定许可，还是强制许可，被许可人都应当支付许可使用费。对此，《专利法》第 12 条规定："任何单位或者个人实施他人专利的，应当与专利权人订立实施许可合同，向专利权人支付专利使用费。被许可人无权允许合同规定以外的任何单位或者个人实施该专利。"

（2）四种许可类型

无论是专利许可使用还是技术秘密的许可使用，当事人都需要在合同中明确许可使用的期限、地域范围和应用领域。据此，专利许可使用可以分为"独占实施许可""排他实施许可"和"普通实施许可"三类。《技术合同司法解释》第 25 条第 1、2 款对此做了解释："专利实施许可包括以下方式：（一）独占实施许可，是指让与人在约定许可实施专利的范围内，将该专利仅许可一个受让人实施，让与人依约定不得实施该专利；（二）排他实施许可，是指让与人在约定许可实施专利的范围内，将该专利仅许可一个受让人实施，但让与人依约定可以自行实施该专利；（三）普通实施许可，是指让与人在约定许可实施专利的范围内许可他人实施该专利，并且可以自行实施该专利。当事人对专利实施许可方式没有约定或者约定不明确的，认定为普通实施许可。专利实施许可合同约定受让人可以再许可他人实施专利的，认定该再许可为普通实施许可，但当事人另有约定的除外。"除了这三种许可方式之外，还值得注意的是第四种许可方式——转许可，即被许可人在享有实施专利权的同时，可以根据当事人之间的约定许可第三人实施其专利。这与租赁合同中的转租类似，但前提是得到了许可人的同意。本法第 867 条明确禁止擅自转许可的行为。

实践中，有的专利权人先将其专利许可给一方当事人实施，后来又与另一方当事人签订专利实施许可合同。如果两份许可合同都是普通许可，则两方被许可人之间的实施权利并不冲突。但是，如果专利权人与其中一方或者两方被许可人签订了独家许可或者排他许可协议，被独家或者排他许可方主张排除另一被许可方实施权利的，应当如何处理？对此，有的法院判决认为，两个被许可合同均成为普通实施许可。[①] 笔者认为，这一做法是有道理的。毕竟，两位被许可人很可能都在订立许可协议后为实施专利做了积极准备和投入，如果完全排除一方的实施机会（仅让其请求许可方承担违约责任），则可能造成实施投资的浪费。当然，失去许可合同约定的独家或者排他实施权利的被许可方，可以请求许可人承担违约责任。

3. 技术转让和许可合同的缔约形式要求

关于技术转让合同与技术许可合同的缔约形式，本条规定"应当采用书面形式"。本书关于第 851 条规定的"技术开发合同"的释评指出，技术合同的复杂性决定了书面形式要求的重要性；但是，当事人虽未签订书面合同但已作出履行行为、对方表示接受的，也应当认定合同成立。其对技术秘密转让合同和技术许可合同的缔约形式要求同样适用。

但值得注意的是，对于专利申请权或者专利权的转让合同，我国采取登记生效主义，且要求登记申请人向专利行政部门申请登记时提交书面合同。《专利法》第 10 条第 2、3 款规定："中国单位或者个人向外国人、外国企业或者外国其他组织转让专利申请权或者专利权的，应当依照有关法律、行政法规的规定办理手续。转让专利申请权或者专利权的，当事人应当订立书面合同，并向国务院专利行政部门登记，由国务院专利行政部门予以公告。专利申请权或者专利权的转让自登记之日起生效。"据此，当事人之间没有订立书面合同的，几乎不可能完成权属变更登记。因此，即便当事人之间达成口头协议的，也不太可能具有履行的可行性。

第八百六十四条

技术转让合同和技术许可合同可以约定实施专利或者使用技术秘密的范围，但是不得限制技术竞争和技术发展。

本条主旨

本条是关于技术转让合同与技术许可合同的限制性条款的规定。

相关条文

《民法典》第 844 条　订立技术合同，应当有利于知识产权的保护和科学技

① 参见"爱科公司与微生物公司等专利侵权纠纷上诉案"，海南省高级人民法院（2008）琼民二终字第 21 号民事判决书。

术的进步，促进科学技术成果的研发、转化、应用和推广。

第 850 条　非法垄断技术或者侵害他人技术成果的技术合同无效。

理解与适用

根据本章第 844 条和第 850 条这两条关于技术合同的一般性规定，当事人订立技术合同的，不得限制技术竞争和妨碍技术进步。本条就技术转让与技术许可合同交易领域的潜在限制技术竞争现象做了针对性规定，是前两条一般性规定的具体体现。前文关于两条一般性规定的释评，可资参考。这里不赘述。

第八百六十五条

专利实施许可合同仅在该专利权的存续期限内有效。专利权有效期限届满或者专利权被宣告无效的，专利权人不得就该专利与他人订立专利实施许可合同。

本条主旨

本条是关于专利实施许可合同的有效期限的规定。

相关条文

《合同法》第 344 条　专利实施许可合同只在该专利权的存续期间内有效。专利权有效期限届满或者专利权被宣布无效的，专利权人不得就该专利与他人订立专利实施许可合同。

理解与适用

专利实施许可合同以许可人享有被许可的专利权为基础。许可人不享有专利权的，自然也就没有可以许可的标的与他人交易。与出租人就租赁物对承租人负有瑕疵担保义务类似，专利实施许可合同中的许可人对许可使用的专利权负有瑕疵担保义务。

就专利而言，一方面，我国《专利法》第 42 条规定："发明专利权的期限为二十年，实用新型专利权和外观设计专利权的期限为十年，均自申请日起计算。"这也就是说，专利期限届满之后，专利权人不再享有可以许可的权利。另一方面，取得专利权利证书的当事人与在先权利人的专利权冲突，后来被撤销的，也不再享有可以许可的权利。在这两种情形中，专利权人都不得就该专利与他人订立专利实施许可合同。

在被许可的专利权的存续期限内，专利实施许可合同合法有效，自不待言。问题在于：（1）专利权有效期限届满后或者专利权被宣告无效后，专利权人仍然与他人订立专利实施许可合同，效力如何？笔者认为，专利权期限届满的情形，构成本法第580条规定的“履行不能”，且是自始不能，故合同应当无效。但专利权被宣告无效的，则构成本章第850条规定的“侵害他人技术成果的合同”，也应当归于无效。（2）专利权有效期限届满前或者专利权被宣告无效前，专利权人与他人订立专利实施许可合同的，在专利权有效期限届满前或者专利权被宣告无效前的合同有效，但之后的合同因为合同目的不能实现，被许可人可以根据本法第563条第1款第4项或者第5项解除合同。

实践中常见的情况是因为专利被宣告无效或者因故被终止导致专利实施许可合同被解除。如果专利被宣告无效主要是因为国家专利主管部门的审查不严导致的，不可归责于专利申请人（许可人），则专利许可人不构成违约，被许可人只能根据本法第563条第1款第5项解除合同，且不能请求许可人承担违约责任。①但是，如果是因为专利申请人的申请材料不实导致无效，或者是因为专利权人未按时缴纳专利年费以及专利权人以书面声明放弃其专利权导致专利权提前终止②，则构成许可人的违约行为。被许可人可以根据本法第563条第1款第4项解除合同，并请求许可人承担违约责任。

另外，如果专利权是因为被许可人的原因失效的，许可人可以主张解除许可合同，并请求被许可人承担违约责任。例如，在“邹桂怀诉襄阳汽车轴承股份有限公司专利实施许可合同纠纷案”中，专利权人邹桂怀将专利证书交付于襄阳汽车轴承股份有限公司保管并由其按时缴纳年费。由于后者未缴纳年费，国家专利局公告其专利终止。法院判决认为，由于被许可人依约负有缴纳年费的义务，但

① 因为专利权被宣告无效引起合同解除的案例，可参见“朝明公司与育恒公司专利合同纠纷案”，青海省西宁市中级人民法院（2017）青01民初246号民事判决书。本案中，“一种防近视书簿”发明专利的权利人许可他人独家实施该专利，但该专利后来被国家知识产权局宣告无效。

② 《专利法》第44条第1款规定：“有下列情形之一的，专利权在期限届满前终止：（一）没有按照规定缴纳年费的；（二）专利权人以书面声明放弃其专利权的。”《技术合同司法解释》第26条也规定：“专利实施许可合同让与人负有在合同有效期内维持专利权有效的义务，包括依法缴纳专利年费和积极应对他人提出宣告专利权无效的请求，但当事人另有约定的除外。”相关案例可参见“万和新公司与何某实用新型专利实施许可合同纠纷案”，广东省佛山市中级人民法院（2011）佛中法知民初字第450号民事判决书。该案中，万和新公司和何某于2010年11月10日签订协议，何某作为许可方，将自己的五项专利权普通许可给万和新公司实施。被许可人在许可协议签订后依约支付了第一年的许可费390 000元。但国家知识产权局的官方网站显示，其中一项专利权于2009年10月23日起因未缴年费而终止。许可人应当返还这一项专利的许可费。

其未按照合同约定按时缴费导致技术许可合同的标的失效，应负主要责任。被许可人应当向许可人返还专利证书等，并赔偿许可人因专利权失效而遭受的经济损失。[①] 这与本书第 714 条释评中讨论的加油站承租人怠于履行约定的年检手续办理义务，导致加油站的资质被撤销的案例类似。

第八百六十六条

专利实施许可合同的许可人应当按照约定许可被许可人实施专利，交付实施专利有关的技术资料，提供必要的技术指导。

本条主旨

本条是关于专利实施许可合同许可人的主要义务的规定。

相关条文

《合同法》第 345 条　专利实施许可合同的让与人应当按照约定许可受让人实施专利，交付实施专利有关的技术资料，提供必要的技术指导。

理解与适用

在专利实施许可合同中，许可人至少负有四项合同义务：一是向被许可人交付实施专利有关的技术资料的义务；二是向被许可人提供必要的技术指导的义务；三是第 865 条规定的权利瑕疵担保义务；四是不侵犯被许可人的实施权限的义务。[②]

如前一条所比较的那样，专利许可合同与租赁合同颇有类似之处，出租人负有交付租赁物、维修租赁物和租赁物瑕疵担保义务。与租赁合同不同的是，一方面，许可人对许可使用的技术成果的交付只能通过交付技术资料的方式来完成。另一方面，被许可人在取得技术资料后，常常无法像租赁物那样可以直接使用，而是需要经历一个学习的过程，需要许可人提供必要的技术指导。否则，被许可

---

① 参见“邹桂怀诉襄阳汽车轴承股份有限公司专利实施许可合同纠纷案”，最高人民法院（1997）知终字第 5 号民事判决书。

② 在独占实施许可中，许可人自己不得实施；在排他实施许可中，许可人没有特别原因，不得许可他人实施。但是，《技术合同司法解释》第 27 条规定：“排他实施许可合同让与人不具备独立实施其专利的条件，以一个普通许可的方式许可他人实施专利的，人民法院可以认定为让与人自己实施专利，但当事人另有约定的除外。”

人可能就无法实施技术专利。

许可人是否履行本条规定的两项合同义务，根据“谁主张，谁举证”的基本原理，一般应当由许可人举证证明。在发生争议之后，许可人不仅需要证明自己已经向被许可人交付了技术资料，而且需要证明所交付的技术资料是与被许可实施的专利技术的核心资料。否则，许可构成违约，被许可人可以根据情况要求许可人承担违约责任，或者解除合同并要求许可人承担违约责任。例如，在“高某某与金璞公司著作权权属、侵权纠纷案”① 中，双方签订专利实施许可合同，约定高某某将两项专利产品许可给金璞公司实施、推广。后来许可人以被许可人拖延生产时间，导致未能实施生产与推广专利产品，给许可人造成损失为由诉至法院，要求解除合作，并要求被许可人赔偿许可人精神损失费及诉讼费用支出共计12万元。案件的争议焦点在于，许可人是否履行了专利实施许可合同中规定的义务（交付技术资料）。法院判决认为，双方所签协议中虽未约定许可人应交付的技术资料名称、种类及应交付的期限，但庭审中许可人确未提交已将相关技术图纸交付被告的证据。而技术图纸当属技术资料的重要组成部分，因此可以认定许可人并未完全履行交付技术资料的义务。

再如，在“襄阳渤天新型环保建材有限公司与武汉中天创新环保科技开发有限公司专利实施许可合同纠纷案”② 中，渤天公司与中天公司签订代理合同书，约定由中天公司向渤天公司提供发泡免蒸砌块配制和生产技术、模具制作技术和图纸、提供场地设计和建设图纸、提供设备和指导设备安装、指导渤天公司订制配套生产设备，许可渤天公司在襄阳地区生产发泡免蒸砌块等；渤天公司向中天公司支付专利实施许可费。后来，渤天公司以中天公司未履行合同主要义务为由，通知中天公司解除合同，并返还已支付款项与定金。中天公司反诉称其在订立合同后，严格遵守和履行了合同义务，且渤天公司在解除合同前已经引进了其他技术和设备，构成根本违约。

法院审查证据后认为，尚无证据证明中天公司在订立合同时即向渤天公司交付了相关技术资料，而其向渤天公司邮寄的函件中也未注明邮寄物品的名称，尚不能认定其在渤天公司书面通知解除合同之前已向渤天公司交付了合同约定的技术资料。另外，交付发泡免蒸砌块配制和生产技术相关资料是中天公司的主要合同义务，渤天公司得以运用该项技术生产免蒸砌块产品是其主要合同目的，虽然

---

① “高银锋与北屯金璞机械制造有限公司著作权权属、侵权纠纷案”，新疆维吾尔自治区乌鲁木齐市中级人民法院（2015）乌中民三初字第218号民事判决书。

② 湖北省高级人民法院（2014）鄂民三终字第00182号民事判决书。

合同对交付相关技术资料的时间并未明确约定，但渤天公司曾致函中天公司对专利技术交付进行了催告，此后中天公司仍未履行该项义务，即从双方签订合同至渤天公司发出解除合同通知近一年半的时间内，作为专利技术让与人的中天公司并未向专利技术受让人渤天公司交付实施专利有关的技术资料，因此法院认为中天公司并未履行合同义务，渤天公司有权解除合同。

第八百六十七条

专利实施许可合同的被许可人应当按照约定实施专利，不得许可约定以外的第三人实施该专利，并按照约定支付使用费。

本条主旨

本条是关于专利实施许可合同被许可人的主要义务的规定。

相关条文

《合同法》第 346 条 专利实施许可合同的受让人应当按照约定实施专利，不得许可约定以外的第三人实施该专利；并按照约定支付使用费。

理解与适用

与第 866 条相对应，本条规定了专利实施许可合同被许可人的主要义务，包括“应当按照约定实施专利”“不得许可约定以外的第三人实施该专利”和“按照约定支付使用费”等三项义务。如前一条对比分析的那样，这与让渡租赁物的部分权能的租赁合同类似，承租人应当按照约定的方式或者按照租赁物的用途使用租赁物、不得擅自转租且应当按照约定支付租金。

一、按照约定实施专利的义务

被许可人对专利的实施，不得超过约定的实施方式、实施地域、实施领域和实施期限。无论是独占实施许可、排他实施许可、普通实施许可还是转许可，都需要符合双方当事人之间的约定。这与租赁合同中承租人不得违反约定的租赁物使用方式和期限相似。在租赁合同中，如果当事人没有约定使用方式或者约定不明确的，则依据租赁物的性质确定使用方式。类似地，在专利实施许可合同中，如果当事人之间没有就许可方式作出约定或者约定不明确的，根据《技术合同司法解释》第 25 条第 2 款的规定，“认定为普通实施许可”。

二、不得擅自转许可的义务

被许可人不得许可约定以外的第三人实施专利。这里的第三人，既包括与被许可人没有隶属或者控制关系的第三人，也包括被许可人的子公司。① 当然，如果许可人同意被许可人向第三人许可实施（转许可），尊重其约定。被许可人的这一义务，与上一条释评的许可人的“不侵犯被许可人的实施权限的义务”相对应（在独占实施许可中，许可人自己不得实施；在排他实施许可中，许可人没有特别原因，不得许可他人实施）。

三、支付许可费的义务

1. 及时支付许可费

被许可人有义务按照约定支付使用费，以作为许可人让渡专利权的部分权能的交易对价。实践中的问题在于，被许可人未能按照约定的时间履行支付义务的，许可人要求解除合同，如何判断许可人的解除权的行使是否有效？例如，在一起关于“防近视簿册及其印刷方法”发明专利的许可合同交易中，双方当事人在“专利实施许可合同”中约定了许可费的支付方式（2013 年 10 月 31 日之前付给专利费 5 万元整；2014 年 10 月 31 日前付给专利费 5 万元整）。但是，被许可人逾期未付应于 2013 年 10 月 31 日之前支付的 5 万元专利使用费；许可人于 2013 年 12 月 26 日直接向原告发出解除合同的通知。问题是：许可人在此情形下是否具备了本法第 563 条第 1 款第 4 项规定的解除条件？法院判决认为，“根据双方长期合作的实际和履行合同的实际情况，从鼓励交易和有效实施专利的角度出发，被许可人迟延履行主要债务，许可人应当在行使合同解除权之前催告原告在合理期限内履行，但许可人未进行催告直接向被许可人发出解除合同通知，该通知在双方之间尚不能发生法律效力”②。

笔者认为，在专利实施许可这类继续行合同中，当事人以相对方“迟延履行债务或者有其他违约行为致使不能实现合同目的”为由解除合同的，的确“应当在合理期限之前通知对方”。但是，本法第 563 条第 2 款规定的此种通知要求，主要是为了给被解除的一方以必要的时间，为合同和自身业务的终止做好准备，但不是为了“催告”。这不同于本法第 528 条规定的不安抗辩权的“通知催告”

① 参见黄薇主编：《中华人民共和国民法典合同编解读（下册）》，北京，中国法制出版社 2020 年版，第 1188 页。

② “宁夏永宁县永中育源印刷有限公司与甘肃省武威市光明印刷物资有限公司、曹平发明专利实施许可合同纠纷案”，甘肃省兰州市中级人民法院（2014）兰民三初字第 16 号民事判决书。

要求。在这个意义上，本判决存在明显的法律适用错误。不过，具体到本案案情，被许可人迟延支付许可费的时间并不长，尚未到达“致使不能实现合同目的”的严重程度，尚不足以解发本法第 563 条第 1 款第 4 项规定的解除权条款。许可人的通知并不能引发解除的效果。

2. 许可费的支付符合“税费”约定

许可费作为许可人的营业收入（非自然人作为许可人）或者个人所得（自然人作为许可人），与许可人的税费缴纳义务密切相关。在不少合同中，当事人在许可合同中明确约定许可费是税前还是税后所得。例如，“东北大高科华泰制药有限公司、胡小泉发明专利实施许可合同纠纷案”中，双方当事人签订的“注射用三磷酸腺苷二钠氯化镁专利授权使用协议”第 2 条明确约定：第一，被许可人应每半年足额支付人民币 700 万元至许可人账户；第二，700 万元为被许可人支付给许可人的净款项，且开票税额由被许可人承担。法院据此认为，“足额”、“净款项”与“开票税额”等约定表明，当事人合同用语意在指明 700 万元为许可人实际收取的税后许可费，而非被许可人主张的税前许可费。①

四、保密义务

此外，被许可人还负有本法第 509 条规定的诚信义务，特别是保密义务。因为，即便被许可的专利技术已经被公开，许可人在申请专利权时也不一定公开了所有技术信息和资料。相反，不少专利申请人在申请专利的同时，还选择保留一些对专利实施活动的展开有重要影响的技术秘密。许可人在履行第 866 条规定的“必要技术指导”义务时，有可能在不同程度上向被许可人披露此种技术秘密。对此，被许可人负有保密义务。此种保密义务，与本法第 869 条规定的技术秘密许可合同中的被许可人保密义务性质相同。

第八百六十八条

技术秘密转让合同的让与人和技术秘密使用许可合同的许可人应当按照约定提供技术资料，进行技术指导，保证技术的实用性、可靠性，承担保密义务。

前款规定的保密义务，不限制许可人申请专利，但是当事人另有约定的除外。

---

① 参见“东北大高科华泰制药有限公司、胡小泉发明专利实施许可合同纠纷案”，山东省高级人民法院（2017）鲁民终第 1257 号民事判决书。

本条主旨

本条是关于技术秘密让与人和许可人主要义务的规定。

相关条文

《合同法》第 347 条　技术秘密转让合同的让与人应当按照约定提供技术资料，进行技术指导，保证技术的实用性、可靠性，承担保密义务。

《技术合同司法解释》第 29 条　合同法第三百四十七条规定技术秘密转让合同让与人承担的“保密义务”，不限制其申请专利，但当事人约定让与人不得申请专利的除外。

当事人之间就申请专利的技术成果所订立的许可使用合同，专利申请公开以前，适用技术秘密转让合同的有关规定；发明专利申请公开以后、授权以前，参照适用专利实施许可合同的有关规定；授权以后，原合同即为专利实施许可合同，适用专利实施许可合同的有关规定。

人民法院不以当事人就已经申请专利但尚未授权的技术订立专利实施许可合同为由，认定合同无效。

理解与适用

一、技术秘密让与人和许可人的主要义务

技术秘密是持有者并未公开的技术成果，既可以完全转让给受让人，也可以许可给被许可人使用。与专利实施许可合同的许可人义务类似，技术秘密让与人和许可人负有向受让人和被许可人“提供技术资料的义务”和“进行技术指导的义务”。关于这两项义务，第 866 条关于专利实施许可合同中许可人的合同义务的释评可资参考。

技术秘密让与人和许可人的义务与专利许可合同许可人的义务不同之处如下。

第一，专利实施许可人只负有“提供必要的技术指导”的义务，即只有在必要时有义务指导被许可人；但技术秘密让与人和许可人负有“进行技术指导”的一般性义务。这主要是因为，专利技术成果经过专利申请，有着比较高程度的公开，被许可人学习和掌握起来相对比较容易。故只在必要时，许可人才负有指导义务。

不过，技术秘密让与人和许可人负有的一般性“技术指导”义务也不能绝对

化，其仍然是以受让人和被许可人的实际需求为前提条件的。如有的法院在裁判中所指出的那样："技术指导作为技术转让合同中出让方的一种法定附随义务，是否需要技术指导一般是由双方作出约定，如无明确约定的则根据受让方的需求及请求实施，即使其没有履行，但在没有证据证实所需要的技术指导会导致所转让技术根本无法实施的情况下，一般亦不宜以此认定出让方构成根本性违约。"①

第二，专利技术的"实用性、可靠性"在专利申请过程中得到了确认。法律推定专利权人转让的专利具有实用性和可靠性。但是，技术秘密并未经过这一审查确认过程，因此，法律特别规定许可人负有"保证技术的实用性、可靠性"的义务。例如，在一起关于"粉刷石膏、内墙石膏砌块和外墙自保温石膏砌块等建材产品的生产配方和技术"的转让案②中，出让人承诺其拥有成熟生产配方和技术，并与受让人约定了违约金。后来，双方就转让的技术是否成熟可靠产生争议。双方推荐的专业技术人员就外墙自保温石膏砌块如适用外墙必须具备耐水性达成了一致意见。但是，许可人自行委托的鉴定报告未对耐水性进行检测，对于抗冻性也未检测，并不足以证明转让技术的成熟性和可规模化生产的品质。最后，法院判决许可人违约，需要向被许可人返还许可费并赔偿其损失。

不过，虽然技术秘密转让合同中让与人提供的技术资料（如图纸）存在缺陷，但可以通过补充和修改来消除缺陷，且不影响技术秘密的有效实施的，受让人不得以技术不具有可靠性和实用性为由拒绝支付技术转让费。例如，在"上海螺钉厂诉上海群英机械厂技术转让合同纠纷案"③中，双方签订技术转让合同，约定出让人向受让人转让 Z47—16 型螺控多功位联合机（大张嘴）技术。合同签订后，出让人向受让人提供了技术图纸 8 套。受让人据此图纸，生产了 3 台 Z47—16 型螺控多功位联合机并已销售。但受让人以图纸有缺陷，部分技术不具备实用性和可靠性为由，拒不支付技术转让费。法院查明，上述技术在转让过程中，出让人与受让人曾共同对图纸进行过实质性的修改和补充，且之后受让人根据图纸生产了 3 台 Z47—16 型螺控多功位联合机，每台以 36 万元价格售出。因此，法院判决认为，出让人提供的图纸虽有误差和不完善之处，但是，经双方共同对图纸进行修改和补充，并未影响转让技术的实施，且受让人已生产并销售了 3 台机器，足以证明出让人转让的专利技术具备实用性、可靠性，不存在明显缺陷。

---

① "海南葫芦娃药业集团股份有限公司、广西科伦制药有限公司确认合同效力纠纷案"，(2018) 桂民终 134 号民事判决书。

② 参见"中电华鼎（北京）低碳科技研究院、中电华软投资集团有限公司技术合同纠纷案"，河南省高级人民法院（2015）豫法知民终字第 90 号民事判决书。

③ 《最高人民法院公报》1993 年第 2 期。

第三，专利技术是已经公开的技术，被许可人不负有保密义务[①]；而技术秘密这类成果的首要保护方式是“对外保密”，因此，无论是出让方（许可方），还是受让方（被许可方），都相互负有保密义务。因为，无论是哪一方当事人公开技术秘密，都会使得技术秘密失去排他性占有的权利价值，成为公共知识，而这必然损害对方的利益。这也是为什么本条和下一条，分别规定了出让方（许可方）和受让方（被许可方）的保密义务。

二、技术秘密许可人的专利申请权

本条第 2 款是对《合同法》第 347 条的增补，是对《技术合同司法解释》第 29 条的部分吸收。该司法解释第 29 条第 1 款规定：“技术秘密转让合同让与人[②]承担的‘保密义务’，不限制其申请专利，但当事人约定让与人不得申请专利的除外。”

这一规则的合理性在于：一方面，技术秘密许可合同的许可人决定申请专利的，既有可能是对技术秘密被泄露的一般性担忧，也有可能是因向被许可人披露而担忧被公开。

另一方面，技术秘密许可人成功申请专利的，被许可人变为专利实施许可中的被许可人，一般来说并不会因此面临实质性的不利影响。《技术合同司法解释》第 29 条第 2 款规定：“当事人之间就申请专利的技术成果所订立的许可使用合同，专利申请公开以前，适用技术秘密转让合同的有关规定；发明专利申请公开以后、授权以前，参照适用专利实施许可合同的有关规定；授权以后，原合同即为专利实施许可合同，适用专利实施许可合同的有关规定。”当然，技术秘密许可合同的许可期限长于专利有效期限的，许可人申请专利的行为则在相应期限内违反了合同的约定，需要与被许可人重新协商或者承担违约责任。

此外，《技术合同司法解释》第 29 条第 3 款还规定：“人民法院不以当事人就已经申请专利但尚未授权的技术订立专利实施许可合同为由，认定合同无效。”

第八百六十九条

技术秘密转让合同的受让人和技术秘密使用许可合同的被许可人应当按照约

① 如上一条（第 867 条）最后所释评的那样，不少专利申请人在申请专利的同时，还选择保留一些对专利实施活动的展开有重要影响的技术秘密。被许可人知晓此内容的，对此负有保密义务。

② 如前所述，《合同法》并未严格区分“技术转让合同中的让与人”与“技术许可合同中的让与人”，这里的“让与人”实际上指的是后者。

定使用技术，支付转让费、使用费，承担保密义务。

本条主旨

本条是关于技术秘密受让人和被许可人主要义务的规定。

相关条文

《合同法》第 348 条　技术秘密转让合同的受让人应当按照约定使用技术，支付使用费，承担保密义务。

理解与适用

在《合同法》第 348 条的基础上，本条考虑到对“技术转让合同”与“技术许可合同”的明确区分，做了补改。

关于技术秘密受让人与被许可人的“按照约定使用技术”和“支付转让费、使用费”的义务，本书对第 867 条规定的专利实施许可合同中被许可人的此类义务的释评，对这里具有参考意义。关于保密义务的问题，笔者在评论上一条（第 868 条）规定的技术秘密出让人与许可人的保密义务时，已经一并做过评论。这里均不赘述。

第八百七十条

技术转让合同的让与人和技术许可合同的许可人应当保证自己是所提供的技术的合法拥有者，并保证所提供的技术完整、无误、有效，能够达到约定的目标。

本条主旨

本条是关于技术转让合同的让与人和技术许可合同的许可人的瑕疵担保义务的规定。

相关条文

《合同法》第 349 条　技术转让合同的让与人应当保证自己是所提供的技术的合法拥有者，并保证所提供的技术完整、无误、有效，能够达到约定的目标。

理解与适用

一、两种瑕疵担保义务

技术转让合同的让与人和技术许可合同的许可人负有两方面的瑕疵担保义务。

1. 权利瑕疵担保义务，即保证所出让的或者许可的技术成果或者技术成果的部分权能（专利或者技术秘密）由出让人或者许可人合法拥有。在技术转许可的情形，被许可人向次许可人再次许可的，以获得许可人的转许可授权为前提。关于这一点，本书前文关于买卖合同中出卖人的权利瑕疵担保义务和租赁合同中出租人的权利瑕疵担保义务的释评，在这里可以参考适用。

不同的是，在让与人与许可人并非所提供的技术的合法拥有者时，技术转让合同与技术许可合同的效力如何？在买卖和租赁合同中，我国当前的学说和司法实践趋向于区分“合同的效力”与“合同能否履行”这两个层面的问题（或者说负担行为与处分行为的区分）；无权出卖或者无权出租的合同本身有效，只是可能因为有权出卖人或者有权出租人取回标的物而无法履行。这种区分不仅具有学说逻辑自洽上的优势，更有实务上的考虑：无权出卖人或者无权出租人事后取得处分权或者出租权的概率并不小，这使得相应的合同具有履行的可能性。但在技术合同中，很可能是因为无权转让和无权许可行为得到事后补救的概率更小，所以，立法工作机构倾向于认为此类合同应当归于无效。① 不过，这方面的事实假设是否以及在多大程度上存在，还有待更多的经验观察和实证研究。

2. 技术瑕疵担保义务，即保证所转让或者许可的技术成果具备出让人或者许可人宣称的技术品质，能够解决受让方的技术问题，实现双方交易的预期目标。关于这一点，第 866 条规定的专利实施许可人的“交付技术资料的义务”和“提供必要的技术指导的义务”和第 868 条规定的技术秘密让与人与许可人的“交付技术资料的义务”“进行技术指导的义务”和“保密义务”，实际上就是本条规定的技术瑕疵担保义务的具体展开。笔者在前述两个条文中的相关释评，可资参考。

本条进一步规定，出让人和许可人需要保证“技术完整、无误、有效”。这只是立法上的一个方向性指引，具体的还取决于当事人在合同中对拟转让或许可的技术的细节描述，以及对当事人合同交易目的的探究。在这类纠纷中，法官妥善分配双方当事人的举证责任至关重要。在不少情形中，需要通过专家鉴定等方

---

① 参见黄薇主编：《中华人民共和国民法典合同编解读（下册）》，北京，中国法制出版社 2020 年版，第 1192 页。

式来判断双方当事人关于交易技术的“完整性、无误性、有效性”的主张。下面就“技术完整”和“技术无误”予以举例说明。

（1）所谓技术完整，是指出让人和许可人需要将与交易的技术标的相关的整套技术提供给受让人和被许可人。否则，受让人和被许可人无法获得约定的技术，也难以实现其相应的生产目标。

例如，在一起关于“庆大霉素生产技术”的技术秘密转让合同纠纷①中，出让人在合同履行过程中仅向受让人移交了部分菌种及部分生产工艺，但双方欲完成的合同目的是庆大霉素的高产技术的转让，而不是基于庆大霉素提炼生产工艺的公知技术为受让人提供技术服务。关于“硫酸庆大霉素提炼详细生产工艺是否是公知技术”的问题，法院认为需要根据双方当事人约定的交易标的来判断。“双方当事人在合同第一条约定合同项目为硫酸庆大霉素高产技术转让，第二条技术内容及标准中约定转让内容包括庆大霉素发酵菌种及详细生产工艺和硫酸庆大霉素提炼详细生产工艺。根据该约定可知，双方当事人将硫酸庆大霉素提炼详细生产工艺作为合同转让标的的一部分……即使药品生产的生产工艺原理相同，使用具体参数的不同也会导致生产效率的不同，因此，在实践中，生产工艺中涉及的参数及具体操作程序才是商业市场尽相保护的商业秘密，才是真正具有价值的技术秘密。”鉴于双方当事人约定转让的是一套关于庆大霉素的高产技术，且“庆大霉素生产技术文件”中的工艺流程图显示此技术应是一套完整的技术，由发酵菌种及详细生产工艺和硫酸庆大霉素提炼详细生产工艺两部分组成，完成其中任何一项技术内容都不能判断为完成全部的技术转让。出让人除了需要向受让人提供生产工艺的一般原理之外，还应当提供关于庆大霉素高产技术的参数设置及具体操作程序。最后，法院判决认为，出让方提供的技术并不完整，不能够达到约定的目标，构成违约。

（2）所谓技术无误，是指出让人和许可人提供的技术产品、工艺、材料及其系统或者改进的技术应当准确，没有误差。② 受让人与被许可人利用该技术生产的产品不会出现过量的残次品。例如，在一起关于汽车维修的“立式振动光饰机”技术转让合同纠纷案③中，出让人与受让人签订了技术转让合同，约定出让

① 参见“汤华钊、四川省长征药业股份有限公司技术转让合同纠纷案”，贵州省高级人民法院（2016）黔民终153号民事判决书。

② 参见黄薇主编：《中华人民共和国民法典合同编解读（下册）》，北京，中国法制出版社2020年版，第1192－1193页。

③ 参见“临清市汽车修理厂诉北京市青年经济开发总公司技术转让合同纠纷案”，载《最高人民法院公报》1987年第4期。

人向受让人提供全部技术图纸资料，并派技术人员对受让人进行人员培训和样机调试。合同签订后，受让人即付给出让人技术转让费，并提走全部技术图纸，按图纸进行样机生产。但在生产过程中，受让人发现图纸中多处有差错，按图纸生产出的样机无法使用。出让人则辩称，合同不能如期履行，是因为受让人无加工能力，又没有按机械产品生产规律进行生产准备即投入生产，造成出让人无法进行后期工作。法院受理后，委托中国技术市场开发中心对“立式振动光饰机”技术转让合同的标的进行了技术鉴定和现场调查。鉴定报告指出，出让人提供的施工蓝图上存在大量差错，且图纸凌乱，标注不全，无技术人员签名，并存在无法检验的情况。鉴定中心认为该图纸不符合国家有关规定，不能用于投产。因此，法院判决认为，技术转让合同不能履行的主要原因是出让人提供的技术图纸存在较多差错，不符合“技术完整、无误、有效”的规定，不能用于实际投产，无法实现合同目的。出让人是引起纠纷的责任方，应承担违约责任。

二、违反权利瑕疵担保义务的责任承担

如果让与人和许可人并不是该技术的合法拥有者，那么，受让人或者被许可人使用该技术从事生产或者销售产品，就会侵害其他人的知识产权，并会引发侵权责任的承担问题。对此，本法第 874 条规定：“受让人或者被许可人按照约定实施专利、使用技术秘密侵害他人合法权益的，由让与人或者许可人承担责任，但是当事人另有约定的除外。”

笔者认为，我们有必要区分四种情形来分别判断合同双方当事人对他人的侵权责任问题。

1. 被侵害的技术拥有者请求停止侵害的，无论是让与人、许可人，还是受让人、被许可人（无论此前是否对侵权事实知情），都有责任立即停止侵权。特别是，受让人、被许可人必须停止相关技术产品的生产和销售活动；继续生产和销售的，应就继续生产和销售的部分承担侵权损害赔偿责任。

2. 被侵害的技术拥有者请求赔偿损失的，如果受让人与被许可人此前知晓让与人、许可人系无权处分的，则构成共同侵权，需要依据本法第 1168 条之规定，承担连带赔偿责任。

3. 被侵害的技术拥有者请求赔偿损失的，如果受让人与被许可人对让与人、许可人无权处分的事实并不知情，则主观上并无本法第 1165 条第 1 款所要求的“过错”，并不满足过错侵权责任的构成要件，无须向受害人承担侵权责任。相反，让与人或者许可人系侵权责任人，需要向受害人承担损害赔偿责任。实践中，技术转让或者许可合同侵害他人知识产权的，多属此种情形。

4. 让与人、许可人与受让人、被许可人在技术转让合同或者技术许可合同中明确约定，双方就未来对他人的损害共同承担赔偿责任的，则当事人的约定优先。不过，受让人与被许可人对让与人、许可人无权处分的事实并不知情，且双方当事人关于责任共同承担的约定只是双方之间的内部约定的，受害人不得直接请求受让人与被许可人承担赔偿责任。不过，受害人请求让与人、许可人承担赔偿责任之后，让与人、许可人可以依据合同约定向受让人、被许可人追偿。[①]

第八百七十一条

技术转让合同的受让人和技术许可合同的被许可人应当按照约定的范围和期限，对让与人、许可人提供的技术中尚未公开的秘密部分，承担保密义务。

本条主旨

本条是关于技术转让合同的受让人和技术许可合同的被许可人的保密义务规定。

相关条文

《合同法》第 350 条　技术转让合同的受让人应当按照约定的范围和期限，对让与人提供的技术中尚未公开的秘密部分，承担保密义务。

理解与适用

关于技术转让合同的受让人和技术许可合同的被许可人的保密义务，可以参照前文在释评第 867 条时，对专利实施许可合同中的被许可人的保密义务的释评。这里不赘述。

第八百七十二条

许可人未按照约定许可技术的，应当返还部分或者全部使用费，并应当承担违约责任；实施专利或者使用技术秘密超越约定的范围的，违反约定擅自许可第三人实施该项专利或者使用该项技术秘密的，应当停止违约行为，承担违约责

① 关于这一点，立法工作机构的解释不够明确。参见黄薇主编：《中华人民共和国民法典合同编解读（下册）》，北京，中国法制出版社 2020 年版，第 1198－1199 页。

任；违反约定的保密义务的，应当承担违约责任。

让与人承担违约责任，参照适用前款规定。

本条主旨

本条是关于技术许可合同的许可人和技术转让合同的让与人的违约责任的规定。

相关条文

《合同法》第351条 让与人未按照约定转让技术的，应当返还部分或者全部使用费，并应当承担违约责任；实施专利或者使用技术秘密超越约定的范围的，违反约定擅自许可第三人实施该项专利或者使用该项技术秘密的，应当停止违约行为，承担违约责任；违反约定的保密义务的，应当承担违约责任。

理解与适用

本条与下一条（第873条）一起构成了技术许可合同和技术转让合同的违约责任体系。本条规定了许可人和让与人的违约责任；下一条规定了被许可人与受让人的违约责任。本条对《合同法》第351条的表达方式做了调整，在第1款详细规定了技术许可人的违约责任，在第2款对技术让与人的违约责任采用“参照适用”立法技术，即参照第1款规定的技术许可人的违约责任。

许可人的违约行为和责任主要表现如下。

1. 没有按照约定向被许可人交付技术成果，包括“迟延办理专利权移交手续”“未提供有关的技术资料”“未进行必要的技术指导”“交付的技术成果上有权利瑕疵”“交付的成果失效”等情形（参见本法第865条、第866条、第868条规定的许可人的交付义务和技术成果维持义务）。这些违约行为的发生，与出租人未按照约定交付租赁物或者交付的租赁物不适租一样，都将实质性地阻碍被许可人实施专利或者使用技术秘密。

在此情形，被许可人可以请求许可人继续履行，满足交付技术成果的“完整性、无误性和有效性”①；也可以在许可人严重违约影响合同目的实现时解除合同，并请求许可人承担违约责任；还可以在受领有瑕疵的履行之后，就瑕疵部分

① 值得注意的是，技术成果是否构成本法第580条第1款第2项规定的“债务的标的不适于强制履行”，不能一概而论。如果是在国家专利主管部门登记的专利，是可以强制履行的；但如果是技术秘密或者与专利实施相关的技术秘密，原则上不适于强制履行。

请求许可人承担违约责任。除了请求许可人承担违约责任之外，许可人需要将履行不合格的部分对应的使用费返还给被许可人①；但是，被许可人不能同时主张继续履行请求权与使用费返还请求权，除非继续履行的请求没有实现。

在实践中，可能存在许可人仅向被许可人转让部分技术的情形；这需要结合具体案情，判断该部分技术是否有独立使用的价值，进而考虑应当要求许可人返还部分还是全部使用费。例如，在某技术转让合同纠纷中，原告与两名被告签订"技术转让合同"，约定由两被告向原告转让"硫酸庆大霉素高产技术"，该技术分为两部分，分别为：（1）庆大霉素发酵菌种及详细生产工艺（第一阶段）；和（2）硫酸庆大霉素提炼详细生产工艺（第二阶段）；合同还约定当被告不能全部完成第二条技术内容及标准时，原告可以通知被告解除合同，被告应将原告已支付的合同费用全额退还；但该合同并未约定履行期限。合同签订后，原告向被告支付了 100 万元技术转让费，被告向原告转让了第一阶段的技术。嗣后，双方当事人在事后对合同履行期限进行了补充约定，但被告未能在期限内完成第二阶段的技术转让。后原告诉至法院，要求解除合同，并诉请两被告返还 100 万元的技术转让费。法院认为，被告虽然向原告移交了部分技术，但是根据原合同，该技术应当是一套完整的技术，仅转让其中的一项技术内容不能判断为完成全部的技术转让，故符合合同约定的解除条件，原告可以解除合同；在合同解除后，被告应当将技术转让费返还给原告。②

再如，在一技术转让合同纠纷中，箭波公司与华夏公司签订合同，约定由华夏公司向箭波公司转让技术并授权生产许可以及转让和授权的相应细节，箭波公司向华夏公司支付相应的转让费和授权许可费。后箭波公司首笔转让费迟延交付 1 日，但华夏公司对此并未提出异议；华夏公司分数次交付了技术样品和硬件生产技术的资料，但交付的样品不符合合同约定，软件核心技术资料一直未向箭波公司提供，亦未履行技术培训、指导、咨询及协助义务。后箭波公司诉至法院，

---

① 例如，在第 865 条释评中已经讨论过的一起专利许可纠纷案中，许可方将自己的五项专利权普通许可给被许可方实施。被许可人在许可协议签订后依约支付了第一年的许可费 390 000 元。但国家知识产权局的官方网站显示，其中一项专利权因未缴年费而终止。则许可人应当返还这一项专利的许可费。参见"万和新公司与何某实用新型专利实施许可合同纠纷案"，广东省佛山市中级人民法院（2011）佛中法知民初字第 450 号民事判决书。

② 参见"汤华钊、四川省长征药业股份有限公司技术转让合同纠纷"，贵州省高级人民法院（2016）黔民终 153 号民事判决书。值得注意的是，两审法院虽然均援引《合同法》第 351 条作为被告返还"使用费"的依据，但是从裁判思路上，两审法院实际上运用的是合同在满足约定解除条件被原告解除后，要求相对人返还已履行部分的原理——这凸显了本条所涉的技术转让合同让与人违约责任规则与合同解除后返还规则之间的紧张关系；如果不能在非合同解除的情形下解释出使用费返还规则的独立适用空间，那么本条第一句第一分句有成为具文之嫌。

要求解除合同并诉请华夏公司返还技术转让费；华夏公司反诉要求继续履行合同。法院认为，不能认定华夏公司“所提供的技术完整、无误、有效，能够达到约定的目标”；其已履行的义务并不代表技术转让已经完成；华夏公司的行为已构成根本违约。最终法院支持了箭波公司的诉讼请求。①

2. 超越约定范围实施专利或者使用技术秘密，包括“许可人自己超越约定范围实施专利或者使用技术秘密”和“违反约定擅自许可第三人实施该项专利或者使用该项技术秘密”这两种情形。

前文在多个地方将技术许可合同与租赁合同做类比分析，因为两类合同的交易结构都是一方当事人将特定财产上的利用机会或者说权能部分地让渡给另一方当事人。但与租赁合同不同的是，技术许可合同的交易标的并不具有物理上的唯一性，而是可以备份和复制的。租赁物交付给承租人之后，出租人就失去了控制和利用机会；但技术成果交付给被许可人之后，许可人仍然持有技术资料和信息，在事实上可以与被许可人同步利用。而双方关于许可使用的范围（如期限、地域、领域和方式②）的约定③，实际上就是划定了双方的权利边界，是双方当事人的核心利益之所在。因此，无论是专利实施许可使用还是技术秘密许可使用，无论是许可人还是被许可人，都需要严格遵守合同约定的许可范围，在约定的范围内行使自己的权利。

双方当事人通过许可合同划定案涉技术成果的利用边界或者说范围（期限、地域、领域和方式）之后，都应当及时停止违约行为，并向对方承担违约责任。如果是请求违约方承担损害赔偿责任，那么，损害的计算需要着重考虑违约方超越的使用期限、地域、领域和方式等因素来具体判断。

3. 违反约定的保密义务，泄露技术秘密，给被许可人造成损失的，应当承担相应的违约责任。实践中的难题在于，如何评估给相对人造成的损失。毕竟，技术秘密并无一个成熟的交易市场，存在评估困难。

第八百七十三条

被许可人未按照约定支付使用费的，应当补交使用费并按照约定支付违约

① 参见“山东箭波通信设备有限公司与华夏星通（北京）科技发展有限公司技术转让合同纠纷”，山东省高级人民法院（2015）鲁民三终字第42号民事判决书。法院将援引《合同法》第351条的说理内容置于“关于涉案项目合作协议书应否解除以及解除后双方应如何承担民事责任的问题”的标题之下，说明法院认为《合同法》第351条的规定应当属于合同解除的特殊规则或者提示规则。

② 许可方式包括：独占许可、排他许可、普通许可和转许可。可参见第863条的相关释评。

③ 关于许可使用的范围，可参见第845条的释评。

金；不补交使用费或者支付违约金的，应当停止实施专利或者使用技术秘密，交还技术资料，承担违约责任；实施专利或者使用技术秘密超越约定的范围的，未经许可人同意擅自许可第三人实施该专利或者使用该技术秘密的，应当停止违约行为，承担违约责任；违反约定的保密义务的，应当承担违约责任。

受让人承担违约责任，参照适用前款规定。

本条主旨

本条是关于技术许可合同的被许可人和技术转让合同的受让人的违约责任的规定。

相关条文

《合同法》第352条　受让人未按照约定支付使用费的，应当补交使用费并按照约定支付违约金；不补交使用费或者支付违约金的，应当停止实施专利或者使用技术秘密，交还技术资料，承担违约责任；实施专利或者使用技术秘密超越约定的范围的，未经让与人同意擅自许可第三人实施该专利或者使用该技术秘密的，应当停止违约行为，承担违约责任；违反约定的保密义务的，应当承担违约责任。

理解与适用

与上一条关于许可人和让与人的违约责任相对应，本条第1款规定了被许可人的违约责任，第2款对技术转让合同中的受让人的违约责任采用“参照适用”立法技术，即参照第1款规定的被许可人的违约责任。

如本法第867条和第869条所规定的那样，专利实施被许可人和技术秘密被许可人负有“按照约定使用技术”“支付使用费”和“保守秘密”等义务。被许可人违反这些义务的，需要根据本条和本法合同编通则第八章关于“违约责任”的一般规定承担违约责任。被许可人的违约行为和责任主要表现如下。

1. 未按照约定支付使用费的，应当补交使用费并按照约定支付违约金。支付使用费是被许可人的主要合同义务，是取得技术使用机会的交易对价。许可人不仅可以请求其补交许可费，而且可以请求支付违约金。只要许可人履行了“提供有关的技术资料”“进行必要的技术指导”和保证“技术成果上无权利或者技术瑕疵”等义务，帮助被许可人掌握了该技术，即履行了合同义务。被许可人就需要按照约定支付使用费。至于被许可人是否将掌握的技术成果投产以及是否营利，与技术许可合同的履行无关，不得作为延迟或者拒绝支付的理由（除非有相反约定）。例如，原告与被告签订专利实施许可合同，合同约定，原告负责提供技术图纸和技术交底，并尽快帮助被告独立生产专利产品；被告负责投资、生产设备、材料运输和出售产品，并向原告支付入门费，商品销售后，再提取销售额的 4%作为专利技术实施费支付给原告。之后，在原告指导下，被告已完全掌握了该专利技术，但被告未向原告支付入门费。后原告诉至法院，要求被告承担违约责任，被告辩称“合同没有全面履行的原因是双方造成的，而且原告责任大于被告”。法院认为，被告在掌握了该项技术后，未能批量生产技术产品，是出于缺少原料等原因，并非技术原因；因此，原告履行了合同规定的全部义务，被告答辩的理由不能成立。①

2. 不补交使用费或者支付违约金的，许可人既可以根据案情行使本法第 525—528 条规定的履行抗辩权，要求被许可人停止实施专利或者使用技术秘密、交还技术资料；又可以在被许可人的迟延支付行为达到本法第 563 条第 1 款第 4 项的严重程度时解除合同，并要求被许可人停止实施专利或者使用技术秘密、交还技术资料。无论是行使履行抗辩权，还是解除合同，都不影响许可人根据本法合同编通则第八章关于“违约责任”的一般规定，请求被许可人就其违约行为承担相应的违约责任。

3. 超越约定范围实施专利或者使用技术秘密的，包括未经许可人同意擅自许可第三人实施该专利或者使用该技术秘密的，许可人可以请求被许可人停止违约行为，承担违约责任。关于越权使用的问题，笔者已经在上一条就许可人和被许可人双方的越权使用行为的违约责任做过一并评论，可资参考。

4. 违反约定的保密义务，泄露技术秘密，给许可人造成损失的，应当承担相应的违约责任。

第八百七十四条

受让人或者被许可人按照约定实施专利、使用技术秘密侵害他人合法权益的，由让与人或者许可人承担责任，但是当事人另有约定的除外。

本条主旨

本条是关于实施专利、使用技术秘密侵害他人合法权益的责任承担的规定。

---

① 参见“刘秉正诉北京市康达汽车装修厂专利实施许可合同纠纷”，载《最高人民法院公报》1989 年第 3 期（总第 19 期）。

相关条文

《合同法》第 353 条 受让人按照约定实施专利、使用技术秘密侵害他人合法权益的，由让与人承担责任，但当事人另有约定的除外。

理解与适用

前文在释评本法第 870 条规定的“出让人或者许可人违反权利瑕疵担保义务的责任承担”问题时，对本条规定的内容做了一并评论，可资参阅。

第八百七十五条

当事人可以按照互利的原则，在合同中约定实施专利、使用技术秘密后续改进的技术成果的分享办法；没有约定或者约定不明确，依据本法第五百一十条的规定仍不能确定的，一方后续改进的技术成果，其他各方无权分享。

本条主旨

本条规定了技术许可合同中后续改进技术成果的分享规则。

相关条文

《合同法》第 354 条 当事人可以按照互利的原则，在技术转让合同中约定实施专利、使用技术秘密后续改进的技术成果的分享办法。没有约定或者约定不明确，依照本法第六十一条的规定仍不能确定的，一方后续改进的技术成果，其他各方无权分享。

理解与适用

本条主要是关于技术许可合同中后续改进技术成果的分享规则的规定。在技术转让合同中，由于出让人将所拥有的技术成果的财产权完全让渡给了受让人，因此，受让人在成为该技术成果财产权的新的权利人之后，对该技术成果进行后续改进的成果，当然归属于受让人。[①] 这就类似于买卖合同的标的交付之后的所

---

① 不少文献认为“技术转让合同”的后续改进的技术成果也是本条调整的重点内容，不甚准确。如杨立新主编：《中华人民共和国民法典释义与案例评注·合同编》，北京，中国法制出版社 2020 年版，第 875 条评注；黄薇主编：《中华人民共和国民法典合同编解读（下册）》，北京，中国法制出版社 2020 年版，第 1199 页。

有权和新生孳息归买受人一个道理。

在技术许可合同中，被许可人只是在许可范围（期限、地域、领域和方式）内享有对技术成果的利用权。在许可使用范围内，无论是专利实施许可还是技术秘密许可，被许可人都有可能在使用技术成果期间通过后续改进创设新的技术成果。这就类似于租赁物在承租人租用期间产生孳息，需要确定孳息的归属。

本条确立了如下后续改进成果的分享规则。

1. 当事人可以按照互利的原则，在合同中约定后续改进的技术成果的分享办法。约定优先。

2. 没有约定或者约定不明确的，依据本法第 510 条规定的解释规则，先寻求补充协议解决；然后按照相关交易条款或者交易习惯来解决。

3. 按照前述方法仍然无法解决的，后续改进的技术成果归完成技术改进的人所有，其他各方无权分享。完成技术改进的人，既可能是被许可人，也可能是许可人同意转许可时的次被许可人。这与本章第二节关于“技术开发合同”所确立的规则一致：约定不明且难以通过合同解释来确定的，则成果归完成人享有；在职务成果情形，技术成果的财产权归单位所有，人身权归完成人所有。这也与本法第 720 条确立的“租赁物的孳息归承租人所有”的精神一致。此外，本法第 847 条确立的“有实质性贡献的验证人、测试人可以按照贡献度分享后续改进成果”的规则一致。

概括来说，技术成果的权利归属以约定为优先；在没有确定或者约定不明，也无法通过本法第 510 条的解释规则得到妥当结论的，采取按照贡献分配所创造的技术成果的原则来确定新创设的技术成果的归属。在技术许可情形，被许可人在许可使用过程中改进创造的技术成果，应当归完成人享有。

第八百七十六条

集成电路布图设计专有权、植物新品种权、计算机软件著作权等其他知识产权的转让和许可，参照适用本节的有关规定。

本条主旨

本条是关于其他类型的知识产权的转让和许可的法律适用的规定。

相关条文

无

理解与适用

本条是本次民法典编纂过程中新增的条文，旨在进一步明确专利、技术秘密之外的其他几种类型的知识产权的转让和许可合同交易法律适用问题。

前文在释评本法第 843 条时，曾就“技术成果的内涵与外延”做过讨论，涉及集成电路布图设计专有权、植物新品种权、计算机软件著作权等其他知识产权的合同交易的界定问题，可资参阅。

略需补充的是，在涉及新品种（植物新品种和动物新品种）的交易中，不仅转让和许可合同需要参照适用本节的规定，而且开发合同需要直接适用本章第二节关于“技术开发合同”的规定（见第 851 条）。但是，集成电路布图设计专有权的问题是新兴的知识产权问题，目前主要由国务院于 2001 年制定的《集成电路布图设计保护条例》调整；而计算机软件著作权的创作开发问题，主要适用著作权法等方面的法律规则。

第八百七十七条

法律、行政法规对技术进出口合同或者专利、专利申请合同另有规定的，依照其规定。

本条主旨

本条是关于技术进出口合同或者专利、专利申请合同的特殊规定。

相关条文

《合同法》第 355 条　法律、行政法规对技术进出口合同或者专利、专利申请合同另有规定的，依照其规定。

理解与适用

技术进出口合同在性质上仍然属于技术转让合同或者技术许可合同。在涉及技术转让或者许可的交易规则时，可以依据本节的规则来处理；但涉及技术进出口的行政管理问题时，需要依照相关的法律或者行政法规，特别是基于国家技术安全等考虑而设立的进出口管制制度来处理。例如，我国《对外贸易法》第 16 条规定：“国家基于下列原因，可以限制或者禁止有关货物、技术的进口或者出口：（一）为维护国家安全、社会公共利益或者公共道德，需要限制或者禁止进口或者出口的；（二）为保护人的健康或者安全，保护动物、植物的生命或者健康，保护环境，需要限制或者禁止进口或者出口的；（三）为实施与黄金或者白银进出口有关的措施，需要限制或者禁止进口或者出口的；（四）国内供应短缺或者为有效保护可能用竭的自然资源，需要限制或者禁止出口的；（五）输往国家或者地区的市场容量有限，需要限制出口的；（六）出口经营秩序出现严重混乱，需要限制出口的；（七）为建立或者加快建立国内特定产业，需要限制进口的；（八）对任何形式的农业、牧业、渔业产品有必要限制进口的；（九）为保障国家国际金融地位和国际收支平衡，需要限制进口的；（十）依照法律、行政法规的规定，其他需要限制或者禁止进口或者出口的；（十一）根据我国缔结或者参加的国际条约、协定的规定，其他需要限制或者禁止进口或者出口的。"

国家限制或者禁止有关货物、技术的进口或者出口的主要措施就是对相关合同交易进行审批。对此，国务院于 2019 年制定的《技术进出口管理条例》就规定了技术进出口合同的审批制度。其中，第 2 条对"技术进出口"活动做了界定，即："从中华人民共和国境外向中华人民共和国境内，或者从中华人民共和国境内向中华人民共和国境外，通过贸易、投资或者经济技术合作的方式转移技术的行为。前款规定的行为包括专利权转让、专利申请权转让、专利实施许可、技术秘密转让、技术服务和其他方式的技术转移。"第 11 条规定："进口属于限制进口的技术，应当向国务院外经贸主管部门提出技术进口申请并附有关文件。技术进口项目需经有关部门批准的，还应当提交有关部门的批准文件。"第 15 条规定："申请人依照本条例第十一条的规定向国务院外经贸主管部门提出技术进口申请时，可以一并提交已经签订的技术进口合同副本。国务院外经贸主管部门应当依照本条例第十二条和第十四条的规定对申请及其技术进口合同的真实性一并进行审查，并自收到前款规定的文件之日起 40 个工作日内，对技术进口作出许可或者不许可的决定。"当事人从事的技术转让或者许可合同交易涉及前述情形的，就需要按照规定报批；在主管部门批准之前，合同处于待生效状态。

专利和专利申请权的转让或者许可，无论是否涉及进出口问题，都应当订立书面合同且向国务院专利行政主管部门办理登记，且由国务院专利行政主管部门予以公告。《专利法》第 10 条第 2 款还规定："中国单位或者个人向外国人、外国企业或者外国其他组织转让专利申请权或者专利权的，应当依照有关法律、行政法规的规定办理手续。"

第四节　技术咨询合同和技术服务合同

第八百七十八条

技术咨询合同是当事人一方以技术知识为对方就特定技术项目提供可行性论证、技术预测、专题技术调查、分析评价报告等所订立的合同。

技术服务合同是当事人一方以技术知识为对方解决特定技术问题所订立的合同，不包括承揽合同和建设工程合同。

本条主旨

本条是关于技术咨询合同和技术服务合同的定义规范。

相关条文

《合同法》第356条　技术咨询合同包括就特定技术项目提供可行性论证、技术预测、专题技术调查、分析评价报告等合同。

技术服务合同是指当事人一方以技术知识为另一方解决特定技术问题所订立的合同，不包括建设工程合同和承揽合同。

理解与适用

一、技术咨询合同和技术服务合同的界定

1. 技术咨询合同的界定

咨询（consultation）在中国古代“咨”和“询”原是两个词，分别表示“商量”和“询问”的意思。后来，“咨”和“询”合在一起使用，表达询问、谋划和商量的意思。今天，咨询活动已经成为一种具有参谋、服务性的社会活动，已成为社会、经济、政治和军事活动中辅助决策的重要手段，且日益形成了一门应用性软科学。咨询活动的主要特点是：通过咨询服务提供者所具备的知识经验和通过对各种信息资料的综合加工而进行的综合性研判活动，通过咨询产生的智力劳动成果，可以为决策者充当顾问、参谋和外脑的作用，帮助决策者更好地决策。

技术咨询同样如此，只不过是以受托人所具备的技术知识为基础，围绕委托人的特定技术项目提供的咨询服务活动，包括本条规定的为委托人“就特定技术项目提供可行性论证、技术预测、专题技术调查、分析评价报告等”活动。通常来说，作为受托人向委托人提供咨询服务的交易对价，委托人需要向受托人支付相应的咨询服务费用或者说报酬，还需要就拟咨询的技术项目向受托人提供必要的资料和信息。

技术咨询合同，就是委托人与受托人为了实现前述交易目标而订立的合同。此类合同具有如下特点。

（1）合同标的的特殊性，即是受托人围绕委托人的“特定技术项目”向其提供的咨询服务。所谓“特定技术项目”，《技术合同司法解释》第30条将其解释为“包括有关科学技术与经济社会协调发展的软科学研究项目，促进科技进步和管理现代化、提高经济效益和社会效益等运用科学知识和技术手段进行调查、分析、论证、评价、预测的专业性技术项目”①。也就是说，咨询服务合同是围绕具有专业性的技术项目展开的活动；如果是不涉及技术问题的咨询，则不构成技术咨询。

仍以第845条释评中提到的“裁判文书数据采集技术”为例，假如一家大数据公司拟自行研发一套关于裁判文书的数据采集技术系统：对涉及某一法律问题的裁判文书，根据前期对样本判决书的人工标注数据进行训练，研发出一套能够对此类判决书进行批量自学习的人工智能预测模型。但是，技术公司的研发团队没有关于这一法律问题的法律专家，于是邀请了一位该领域的资深法学教授为其提供咨询服务。法学教授的咨询服务主要是帮助技术研发人员理解“裁判文书的行文结构”“法官裁判时的思路与逻辑”等与法官的司法裁判活动相关的专业信息。虽然该法学教授提供的咨询具有很强的专业性，且在法学领域常常被冠以“法律科学”“司法技术”等名号，但是，这种专业知识并不构成本章所调整的技术合同中的“技术”。因此，法学教授提供的只是普通咨询服务，而不是技术咨询服务。

反过来，在决定投入大量资源来研发这一套人工智能预测模型之前，该技术公司邀请另一家在裁判文书的数据挖掘方面有操作经验的法律大数据公司为其提供咨询服务，帮助其评估本项目拟处理的“某一法律问题的裁判文书”在数量、段落结构和词句表达上是否具有进行人工智能预测模型的可能性，以及潜在的预测准确率，则构成技术咨询合同。

① 《技术合同司法解释》第30条的解释主要来自国家科委于1989年制定的《技术合同法实施条例》（已失效）第80条的规定。

如后面将进一步比较的那样，虽然合同交易的标的都具有技术性，但是技术咨询合同的标的只是提供一种参谋服务①，即通过技术性研判辅助委托人作出技术开发或者利用决策和行动。受托人本身并不直接参与技术的开发和利用活动。“诸如技术开发、技术转让、工程设计、工程验收、人员培训等技术活动不属于此类。”②

(2) 合同主体的特殊性。《合同法》第 356 条第 1 款规定：“技术咨询合同包括就特定技术项目提供可行性论证、技术预测、专题技术调查、分析评价报告等合同。”在此基础上，本条第 1 款增加了“当事人一方以技术知识为对方……”这一限定条件，即强调技术咨询合同的受托人的主体资质特殊性，要求技术咨询服务提供方拥有一定的技术知识。③ 至于此种技术知识是受托人享有的专利、技术秘密，还是具有一定掌握难度的公有领域技术知识，在所不问。正是受托方所掌握的技术知识，使其有能力为委托方提供技术项目顾问和参谋。否则，受托方提供的顾问和参谋服务只能构成一般的咨询服务。

2. 技术服务合同的界定

与《合同法》第 356 条第 1 款对技术咨询合同的界定不同，《合同法》第 356 条第 2 款在界定技术服务合同时明确强调，受托人是具有技术知识的服务提供方，即“技术服务合同是指当事人一方以技术知识为另一方解决特定技术问题所订立的合同，不包括建设工程合同和承揽合同”。本条第 2 款规定延续了这一要求，并在第 1 款对技术咨询服务提供者增设了同样的要求。

(1) 技术服务合同的概念

所谓技术服务合同，根据本条之规定，“是指受托人以自己的知识、技术信息和劳务，为委托人解决技术性问题，委托方接受服务并支付报酬的协议”④。技术咨询合同以委托人拟决策和实施的技术项目为工作对象，受托人只提供顾问和参谋服务，但不直接参与项目的决策和实施。但技术服务合同以委托人面临的现实技术问题为工作对象，旨在通过受托人的技术能力直接解决该技术问题。

这里所谓的“特定技术问题”，《技术合同司法解释》第 33 条将其解释为“包括需要运用专业技术知识、经验和信息解决的有关改进产品结构、改良工艺流程、提高产品质量、降低产品成本、节约资源能耗、保护资源环境、实现安全操作、提高经济效益和社会效益等专业技术问题”。

---

① 参见崔建远主编：《合同法第六版》，北京，法律出版社 2016 年版，第 411 页。

② 黄建中：《合同法分则重点疑点难点问题判解研究》，北京，人民法院出版社 2006 年版，第 598 页。

③ 参见黄薇主编：《中华人民共和国民法典合同编解读（下册）》，北京，中国法制出版社 2020 年版，第 1206 页。

④ 王利明：《合同法分则研究（上卷）》，北京，中国人民大学出版社 2012 年版，第 547 页。

受托人帮助委托人解决这些技术问题，之所以能够成为一类典型的合同加以规定，是因为这些问题具有明显的技术性，在解决方式上具有一定的难度，依赖于服务提供方的专业技术知识。① “技术服务合同带有智力密集性特征，因而要求受托人必须是掌握一定专业技术知识的科学技术人员，这些科技人员大都具有相当技术知识和技能，并能以自己的知识、技能和经验完成委托人的特定技术项目。”② 如果受托方或者服务提供方解决这类问题并不是以其掌握的专业技术知识为基础，则构成普通服务合同，不受本节的合同规则调整。

（2）技术服务合同的类型

技术服务合同分为三种类型：一是普通的技术服务合同，二是技术培训服务合同，三是技术中介服务合同。不过，根据本节第 887 条的规定，“法律、行政法规对技术中介合同、技术培训合同另有规定的，依照其规定”。

无论是技术培训，还是技术中介，在广义上都是利用受托方的技术知识，向委托方提供技术服务，即通过培训帮助委托方的人员掌握特定技术并具备技术能力，或者通过提供技术中介服务帮助促进潜在客户之间的技术交易和成果转化。立法过程中，有人提出：“实践中技术培训和技术中介情况复杂，纠纷较多，建议对技术培训合同、技术中介合同作出规定。”③ 不过，鉴于相应的实践总结和立法研究准备不足的问题，本条最终延续了《合同法》第 364 条的模式，为法律、行政法规的特别规定的适用提供了一个链接，也为未来的相关立法提供了一个制度空间。

1）技术培训合同。实际上，《技术合同司法解释》也对这两类特殊的技术服务合同做了解释。例如，第 36 条规定：“‘技术培训合同’，是指当事人一方委托另一方对指定的学员进行特定项目的专业技术训练和技术指导所订立的合同，不包括职业培训、文化学习和按照行业、法人或者其他组织的计划进行的职工业余教育。”这一解释从正反两个方面解释了技术培训合同的内涵和外延。在内涵上，“技术培训合同的本质特征在于以传授特定技术项目的专业技术知识为合同的主要标的，以委托方指定的与特定技术项目有关的专业技术人员为培训对象”④。

就技术培训合同而言，培训场地、设施和试验条件的提供问题，培训学员的学习能力问题，培训教员的教学能力问题，都是合同交易目的实现的重要内容。

① 参见蒋志培主编：《技术合同司法解释的理解与适用》，北京，科学技术文献出版社 2007 年版，第 75 页。

② 关键主编：《技术合同》，北京，中国民主法制出版社 2003 年版，第 238 页。

③ 黄薇主编：《中华人民共和国民法典合同编解读（下册）》，北京，中国法制出版社 2020 年版，第 1224 页。

④ 蒋志培主编：《技术合同司法解释的理解与适用》，北京，科学技术文献出版社 2007 年版，第 82 页。

在当事人没有约定或者约定不明时，需要法律提供补充性规则。①

2）技术中介合同。一方面，技术中介合同具有技术性，需要适用本章的一般性规定和本节的规定。《技术合同司法解释》第38条规定：“‘技术中介合同’，是指当事人一方以知识、技术、经验和信息为另一方与第三人订立技术合同进行联系、介绍以及对履行合同专门提供专门服务所订立的合同。”据此，技术中介合同是一种技术居间合同，只不过居间人是具备一定技术知识的中介，区别于房屋交易中介等不依赖于技术知识的居间活动。“《合同法》关于居间合同的规定对其有适用余地。此外，国家为规范技术中介市场，出台了一系列的规定，其中属法律或行政法规的，对技术中介合同也有适用余地。”②

另一方面，技术中介合同又是“中介合同”的一种，应当适用本法典型合同中第二十六章关于“中介合同”的一般规定。由于技术中介是以其技术知识为基础来开展中介服务活动的，这意味着接受中介服务的当事人对其有技术上的信赖，中介人要承担与技术信赖相关的合同义务，不得隐瞒或者欺诈。本法第962条规定：“中介人应当就有关订立合同的事项向委托人如实报告。中介人故意隐瞒与订立合同有关的重要事实或者提供虚假情况，损害委托人利益的，不得请求支付报酬并应当承担赔偿责任。”③

关于中介费用的支付，在当事人没有约定或者约定不明时，也需要法律提供补充性规则。本法第964条规定：“中介人未促成合同成立的，不得请求支付报酬；但是，可以按照约定请求委托人支付从事中介活动支出的必要费用。”④ 且

---

①《技术合同司法解释》第37条也作了相关解释：“当事人对技术培训必需的场地、设施和试验条件等工作条件的提供和管理责任没有约定或者约定不明确的，由委托人负责提供和管理。技术培训合同委托人派出的学员不符合约定条件，影响培训质量的，由委托人按照约定支付报酬。受托人配备的教员不符合约定条件，影响培训质量，或者受托人未按照计划和项目进行培训，导致不能实现约定培训目标的，应当减收或者免收报酬。受托人发现学员不符合约定条件或者委托人发现教员不符合约定条件，未在合理期限内通知对方，或者接到通知的一方未在合理期限内按约定改派的，应当由负有履行义务的当事人承担相应的民事责任。”

② 崔建远主编：《合同法》（第六版），北京，法律出版社2016年版，第417页。

③《技术合同司法解释》第40条第2款也作了相关解释：“中介人隐瞒与订立技术合同有关的重要事实或者提供虚假情况，侵害委托人利益的，应当根据情况免收报酬并承担赔偿责任。”

④《技术合同司法解释》第39条也作了相关解释：“中介人从事中介活动的费用，是指中介人在委托人和第三人订立技术合同前，进行联系、介绍活动所支出的通信、交通和必要的调查研究等费用。中介人的报酬，是指中介人为委托人与第三人订立技术合同以及对履行该合同提供服务应当得到的收益。当事人对中介人从事中介活动的费用负担没有约定或者约定不明确的，由中介人承担。当事人约定该费用由委托人承担但未约定具体数额或者计算方法的，由委托人支付中介人从事中介活动支出的必要费用。当事人对中介人的报酬数额没有约定或者约定不明确的，应当根据中介人所进行的劳务合理确定，并由委托人承担。仅在委托人与第三人订立的技术合同中约定中介条款，但未约定给付中介人报酬或者约定不明确的，应当支付的报酬由委托人和第三人平均承担。”

根据本法第965条的规定，“委托人在接受中介人的服务后，利用中介人提供的交易机会或者媒介服务，绕开中介人直接订立合同的，应当向中介人支付报酬”。这些关于中介合同的一般性规则，与本章关于技术合同和技术服务合同的一般性规则一样，也是技术中介合同的一般性规则。

此外，根据《技术合同司法解释》第41条第1款的规定，“中介人对造成委托人与第三人之间的技术合同的无效或者被撤销没有过错，并且该技术合同的无效或者被撤销不影响有关中介条款或者技术中介合同继续有效，中介人要求按照约定或者本解释的有关规定给付从事中介活动的费用和报酬的，人民法院应当予以支持。”也就是说，只要中介人提供的中介服务合法，且对当事人之间的合同效力瑕疵没有过错，那么，其付出的中介服务就应当得到相应的回报。至于撮合的交易当事人之间的合同效力问题，由当事人自己负责。这一解释规则，对于本法典型合同中第二十六章关于“中介合同”的一般规则也是很好的补充。

（3）技术服务合同与技术转让合同的联立问题

在一些技术交易中，当事人订立技术服务合同，是为了更好地促进先前订立的技术转让或者技术许可合同的交易目的实现，或者提供增值服务。那么，此类技术服务合同与先前的技术转让或者许可合同之间就存在学理上所称的“联立合同”关系。如果先前的技术转让或者许可合同因被解除而无须履行，那么，作为从合同的技术服务合同就失去了履行的基础，任何一方当事人都可以主张解除。不过，对此类从属关系的判断要谨慎。尽管技术服务合同与先前合同有一定的牵连关系，但是，如果技术服务提供方已经按照约定履行了服务，即便先前合同无效或者被解除，也不影响受托方主张服务费用。例如，在一起技术服务合同纠纷[①]中，技术服务的接受方（委托方）辩称双方签订的技术服务合同是双方签订的技术转让合同的从合同，旨在为主合同正常投产之后在生产过程中提供的后续技术服务；但是，由于主合同约定的生产线未能调试成功、验收并不能正常生产，技术服务合同没有履行的前提。法院判决认为，虽然案涉技术服务合同与案外合同之间存在一定牵连关系，但本案系一个独立的技术服务合同，权利义务独立于其他合同；受托方已经按照约定履行了技术服务，委托方也需要按照本合同履行自己的费用支付义务。

3. 技术咨询合同与技术服务合同的区分

技术咨询在广义上仍然属于一种技术服务活动，与狭义上的技术服务合同一

---

① 参见“新冶高科技集团有限公司与安阳龙腾热处理材料有限公司技术服务合同纠纷案”，北京市海淀区人民法院（2015）海民（知）初字41897号民事判决书。

样，在主体资格上都以服务提供方的技术知识为基础，处理服务接受方的技术性问题。只不过，在合同标的上，咨询服务主要是一种顾问和参谋服务；而狭义上的技术服务是一种致力于委托方技术问题的实际解决的服务。

在交易实践中，合同当事人可能并不会明确区分所订立的合同到底是技术咨询合同还是技术服务合同，或者会混用这两类合同的名称。国家科委于 1989 年制定的《技术合同法实施条例》（已失效）第 80 条第 2 款规定："当事人一方委托另一方就解决特定技术问题提出实施方案、进行实施指导所订立的合同，是技术服务合同，不适用有关技术咨询合同的规定。"此时，法官需要根据当事人在合同条款中约定的权利义务的内容来判断交易的标的和合同的类型。例如，在一起涉及"设计制造熔炉技术"争议案件中，当事人争议的焦点为：受托方是仅仅就委托方的"设计制造熔炉"计划提供咨询，还是要向委托方提供"设计制造熔炉"的服务？法院结合双方当事人提供的证据，认为双方当事人"签署的技术咨询合同明确约定的技术服务范围和内容并不包含设计、制造窑炉的内容，其后'甲方的协作事项'一条的规定，虽甲、乙方表述混乱，互有矛盾，但综观合同整体，前面是技术咨询合同受托人提供服务的范围，后面条款一般应为委托人应当协作的内容，故无法得出双方约定由被告设计制造熔炉的结论"①。据此，该合同应该是关于委托方的"设计制造熔炉"计划的咨询合同，受托方不负有帮助委托方设计和制造熔炉的服务义务。

二、与其他技术合同的区分

本章以合同交易的目的性差异，将技术合同分为三大类型：(1) 技术开发合同，以从无到有地研发出新的技术成果为合同目的。(2) 技术转让合同和技术许可合同，以将现存的技术成果的利用机会（或者说权能）全部或者部分地让渡给他人为合同目的。(3) 技术咨询合同和技术服务合同，与前两类相区别，其以一方当事人已经掌握的技术知识为基础，为相对人就特定技术项目提供咨询服务或者帮助相对人解决特定技术问题。第三类合同交易既不致力于创造新的技术成果，也不以技术成果本身的让渡为目标，而是基于一方已经掌握的技术知识向相对方提供咨询或者服务，以帮助相对方更好地理解和安排拟开展的技术项目或者解决正面临的技术问题。

关于这三类合同的区分，前文在释评第 843 条（技术合同的定义）、第 851

① "南京神童特种玻璃技术有限公司与东华大学技术服务合同纠纷案"，上海市黄浦区人民法院 (2017) 沪 0101 民初 9548 号民事判决书。

条（技术开发合同）和第 862 条（技术转让与许可合同）时，已经就这两类技术合同与本条规定的技术咨询和服务合同的区分做了讨论，可资参考。这里仅作概要介绍。

1. 结合双方当事人之间的交易习惯来判断是技术合作开发合同还是技术服务合同。例如，在第 843 条的释评讨论的“受托人为委托人的竞标活动提供技术服务案”① 中，受托人作为其外包服务商，根据委托人的安排为委托人提供计量资产、计量运行、计量综合、报表及掌上营销与现在作业模块的开发或劳务派遣服务。后来，委托人竞标失败，受托人要求委托人支付报酬；但委托人认为双方系合作共同开发，该工作未产生收益，投资的风险应当由双方共同承担，不愿支付报酬。法院援引《合同法》第 322 条认为，涉案项目属于技术研发范畴，而受托人为该项目的研发工作确实投入了一定的人力、物力成本，符合技术合同关系的特征。再加上，双方长期合作的惯常做法，就是由受托人为委托人提供有偿的技术服务或劳务派遣服务，而且受托人是以自己的技术知识为委托人的项目提供技术服务，因此本案纠纷的性质应当是技术服务合同纠纷。

2. 根据合同交易中涉及的技术知识范围判断是技术转让合同还是技术服务合同。这一点在涉及公有领域的技术知识交易时尤为突出。利用涉及公有领域的技术知识与另一方当事人交易时，判断是技术转让合同还是技术服务合同的关键在于：在技术信息的各组成部分分别为公知技术的情况下，一方当事人对公知技术的组合使用如果具有实质性的创新性，符合专利或者技术秘密的特点，也构成该当事人的技术产权，相应的合同就很可能被认定为技术转让合同。

以第 843 条和第 870 条的释评中讨论的“庆大霉素生产技术”的技术秘密转让合同纠纷案为例，如果双方当事人在技术合同中约定的交易标的不是关于庆大霉素的一般性生产工艺和原理，而是“庆大霉素的高产技术的转让”，那么，当事人之间的合同关系就不是基于庆大霉素一般生产工艺的公知技术为受让人提供技术服务，而是高产技术的转让合同。虽然公有知识领域的庆大霉素生产工艺原理大致相同，但使用具体参数的不同会导致生产效率的不同，因此，在实践中，生产工艺中涉及的参数及具体操作程序才是商业市场尽相保护的商业秘密，才是真正具有价值的技术秘密。类似地，最高人民法院在“申京爱、贵阳黔峰生物制品有限责任公司技术转让合同纠纷案”中认为：“从合同约定以及当事人实际履行情况看，本案《技术合同》所转让的是一项技术秘密，即通过申京爱多年积累

① “云南云电同方科技有限公司、深圳市爱德曼思科技有限公司技术服务合同纠纷案”，云南省高级人民法院（2018）云民终 25 号民事判决书。

的经验及工艺技巧，将公知的低温乙醇法与压滤机结合起来应用于生产实践，从而达到白蛋白产品性能的优良及白蛋白收率的提高，符合不为公众知悉、具有实用性、经权利人采取保密措施等技术秘密的构成要素。”因此，双方的技术合同构成技术秘密转让合同，而非技术服务合同。①

三、技术服务合同与承揽、建设工程合同的区分

本条第 2 款特别强调，本节调整的技术服务合同不包括承揽合同和建设工程合同。这不仅是因为本法已有关于承揽合同（典型合同，第十七章）和建设工程合同（第十八章）的专门规定，而且，更重要的是，技术服务合同以本章着力调整的“技术交易”为基础。

1. 技术服务合同与承揽合同

承揽合同是指，“承揽人按照定作人的要求完成工作，交付工作成果，定作人支付报酬的合同。承揽包括加工、定作、修理、复制、测试、检验等工作”②。虽然承揽合同和技术服务合同都以解决委托人的特定问题为目标，但是，其与技术服务合同存在三方面的差异。

第一，当事人在两种合同中拟解决的问题的属性不一样。“承揽合同履行的目的是为满足人们在生产和工作及日常生活中的需要”③，不以承揽方具备本法规定的技术知识条件为必要。例如，在一起涉及“水煤浆”技术交易的案件中，法院认为，“承揽方的主要义务是按定作方的要求完成一定的工作，并交付工作成果，所谓完成一定的工作，即以体力劳动为主，一般不需要具备较高的科学技术知识水平就能完成该项成果。就本案而言，四川九达公司需要运用自己掌握的水煤浆全套工艺技术，完成跨世纪公司交付的涉案技改工程这项特定工作，并非提供一般的劳务就能获得的成果，故本案合同性质不符合承揽合同的特点”④。

第二，从两种服务的成果性质来看，承揽活动的成果通常是委托人根据一般生活经验可以预期的加工产品、定作物或者修缮物等；但是，“技术服务合同中更可能出现新的技术成果，甚至可能因该技术成果的出现而产生知识产权问题”⑤，涉及新生技术成果的权属分配问题。

① 参见“申京爱、贵阳黔峰生物制品有限责任公司技术转让合同纠纷案”，最高人民法院（2007）民三提字第 2 号民事判决书。

② 见本法第 770 条的界定。

③ 孙邦清：《技术合同实务指南》，北京，知识产权出版社 2002 年版，第 194 页。

④ “夹江县跨世纪瓷业有限责任公司与四川省九达水煤浆技术产业有限公司技术服务合同纠纷案”，四川省高级人民法院（2010）川民终字第 129 号民事判决书。

⑤ 王利明：《合同法分则研究（上卷）》，北京，中国人民大学出版社 2012 年版，第 550 页。

第三，从法律赋予两种合同的委托人（客户）一方的合同解除权上看，承揽合同的委托人享有任意解除权。根据本法第 787 条的规定，“定作人在承揽人完成工作前可以随时解除合同，造成承揽人损失的，应当赔偿损失”。但是，技术服务合同规则体系并未赋予委托人以任意解除权。[①] 之所以如此，原因之一就在于，承揽服务本身是一项普通的服务工作，不仅市场选择多元，而且定价比较好确定，不会因为委托人的解除造成责任确定上的困难。

2. 技术服务合同与建设工程合同

建设工程合同是指“承包人进行工程建设，发包人支付价款的合同。建设工程合同包括工程勘察、设计、施工合同”[②]。应当说，建设工程合同交易也常常涉及大量的技术问题，在这方面其与技术服务合同存在相似性。但是，建设工程合同与技术服务合同的主要区别在于合同目的的不同：建设工程合同是为进行工程勘察、设计或施工而订立，技术服务合同是为解决特定技术问题而订立。对二者进行区分的一大标准就是当事人交易的目的是否为完成特定的建设工程。

例如，在“贵州务川万年峰公司与傅大卫技术服务合同纠纷案”中，法院认为：“双方当事人签订的《委托规划合约书》约定的项目名称、规划范围、编制内容、深度要求及合同履行的过程中均反映出双方当事人签订该合同的目的，针对的是由傅大卫一方以技术知识为务川万年峰实业公司就务川县洋溪镇湿地公园农业园区的客源市场分析、总体布局概念性规划、定位与营销策划、容量控制与环境保护、配套工种规划、视觉系统工程规划、投资效益分析与实施建议等总体规划问题提供解决方案，并不涉及工程建设。”[③] 因此，该合同并不是建设工程合同，而是技术服务合同关系。

第八百七十九条

技术咨询合同的委托人应当按照约定阐明咨询的问题，提供技术背景材料及有关技术资料，接受受托人的工作成果，支付报酬。

本条主旨

本条是关于技术咨询合同的委托人的主要义务的规定。

---

① 参见王利明：《合同法分则研究（上卷）》，北京，中国人民大学出版社 2012 年版，第 550 页。

② 本法第 788 条的界定。

③ “贵州务川万年峰实业发展有限公司、傅大卫技术服务合同纠纷案”，贵州省高级人民法院（2019）黔民终 176 号民事判决书。

相关条文

《合同法》第357条　技术咨询合同的委托人应当按照约定阐明咨询的问题，提供技术背景材料及有关技术资料、数据；接受受托人的工作成果，支付报酬。

理解与适用

技术咨询合同的委托人的主要义务如下。

1. 按照约定阐明咨询的问题

委托人要想实现技术咨询交易的目的，首先需要向受托人阐明其需要咨询的问题，让受托人能够有针对性地提供咨询服务。无论是就特定技术项目提供可行性论证，还是进行技术预测、专题技术调查、分析评价报告等，委托人都需要向受托人讲清楚其咨询问题的要点和对咨询服务的成果预期。委托人阐明的咨询事项“不应当超出合同约定的范畴，应当与其所欲咨询的问题相关”①。如果因为委托人自身的错误阐述误导受托人的咨询活动的，受托人根据委托人阐明的事项完成和交付的咨询成果视为依约履行义务；委托人需要自己承受相应的不利后果。例如，本法第881条第3款规定：“技术咨询合同的委托人按照受托人符合约定要求的咨询报告和意见作出决策所造成的损失，由委托人承担，但是当事人另有约定的除外。”

2. 提供技术背景材料及有关技术资料

与本章第852条规定的委托技术开发合同的委托人的“技术资料提供”义务类似，技术咨询合同的委托人也负有提供技术资料的义务。与第852条之规定不同的是，本条还特别强调，技术咨询委托人需要提供“技术背景资料”。这是为了确保提供咨询服务的一方能够准确了解拟咨询问题的来龙去脉，能够更好地着手研判拟咨询的技术项目所处的局势，并据此提供好参谋服务。“受托人能否按时按质完成技术咨询服务，很大程度取决于委托人对于拟咨询问题的彰明，以及对相关背景资料及技术数据的提供。”② 与“阐明咨询的问题”义务一样，委托人未能提供必要的技术背景材料（以及有关技术资料）或者提供错误的，应当承担相应的不利后果。

3. 接受工作成果和支付报酬

关于“接受工作成果”和“支付报酬”，与本章第852条规定的委托技术开

---

① 王利明：《合同法分则研究（上卷）》，北京，中国人民大学出版社2012年版，第543页。

② 岳业鹏：《合同法注释全书（配套解析与应用实例）》，北京，法律出版社2015年版，第795页。

发合同的委托人的义务类似，可以参考前面的释评。此外，《技术合同司法解释》第 14 条第 1 款第 2 项规定："对于技术咨询合同和技术服务合同，根据有关咨询服务工作的技术含量、质量和数量，以及已经产生和预期产生的经济效益等合理确定。"下面就几个特殊问题予以释评。

（1）"缔约磋商"与"成果接受（交付）"的同步发生

受托人为了了解委托人的问题并说明其提供咨询服务的能力，可能在与委托人的沟通和讨论过程中、在订立技术咨询合同之前就向委托人提供了有价值的咨询信息。在实践中，若双方当事人并未订立技术咨询合同，但在事实上，受托人一方已经提供了技术咨询服务的，应当认定为存在事实上的技术咨询合同，委托人一方应当支付相应的报酬。例如，在"叶晓明等诉索佳公司技术成果权侵害案"中，拟获取技术咨询服务的公司的技术人员一行 6 人来到武汉大学测绘学院叶晓明等处的测量仪器馆检修室，与叶晓明等人就本公司设备面临的问题和拟获取的咨询进行商讨。在双方订立合同之前，叶晓明等人利用新的检测方法做了技术演示，并指出该公司的技术设备存在的设计错误问题，并提出了改进方案。拟委托方在这一过程中发现了其产品存在的缺陷、改进方案和检测方法。法院判决认为，虽然没有订立书面合同，但拟委托方与受托方的一系列磋商活动的主要目的是为获得技术咨询服务，且事实上也获得了咨询成果。法院据此认定技术咨询合同成立，但鉴于双方之间没有关于技术咨询费的约定，也难以确定案涉技术秘密的价值，最终酌定了委托方需要支付的费用数额。①

（2）咨询调研活动成本的负担规则

另值得注意的是，《技术合同司法解释》第 31 条第 1 款规定："当事人对技术咨询合同受托人进行调查研究、分析论证、试验测定等所需费用的负担没有约定或者约定不明确的，由受托人承担。"第 35 条第 1 款就技术委托合同设立了同样的费用负担规则，即："当事人对技术服务合同受托人提供服务所需费用的负担没有约定或者约定不明确的，由受托人承担。"本法第 886 条采纳了这两条司法解释的规则，将二者合并在一起规定为："技术咨询合同和技术服务合同对受托人正常开展工作所需费用的负担没有约定或者约定不明确的，由受托人负担。"

这不仅是因为，"对于受托人完成咨询任务过程中的费用，按照合同法的对价理论，并不在'报酬—成果'这组对价之列，在性质上不应属于工作成果的对价范畴"②。更重要的是，在当事人没有额外约定时，法律上推定合同约定的委

① 参见湖北省高级人民法院（2002）鄂民三终字第 6 号民事判决书。

② 蒋志培：《技术合同司法解释的理解与适用》，北京，科学技术文献出版社 2007 年版，第 72 页。

托方应支付的咨询报酬中涵盖了受托方从事调查研究、分析论证、试验测定等活动的成本。毕竟，委托人并不一定了解和掌控受托人完成咨询成果的过程和成本；而且，与技术开发活动相比，技术咨询活动的成本支出名目和金额远没有那么复杂，推定受托人在磋商咨询报酬时已经一并考虑。这也是为什么本章第 852 条就技术开发合同的交易对价设立了不同的规则，即分别计算“开发经费（成本）”和“报酬”。

（3）咨询调研活动成本的负担规则的例外

在委托人没有约定的负担义务时，如果委托人自愿负担了相应成本，则视为对成本负担的补充约定，合法有效。例如，在“赣州逸豪实业有限公司与潘勤峰技术服务合同纠纷案”中，受托方为了开展咨询调研，入住逸豪宾馆，发生食宿费用。最高人民法院在裁判中认为，在该宾馆发生的食宿费用系受托人为了提供服务咨询服务支出的必需费用。双方未就此作出约定，也没有就此作出结算安排，因此不属于逸豪公司自愿承担的咨询成本费用，而是逸豪公司为受托人垫付的咨询开支费用。受托人应当向逸豪公司返还该食宿费用。不过，逸豪公司此前向受托人报销支付了工资及交通费，且已经由逸豪公司报账入账，因此可以视为逸豪公司自愿承担的咨询成本，受托人没有义务返还。①

第八百八十条

技术咨询合同的受托人应当按照约定的期限完成咨询报告或者解答问题，提出的咨询报告应当达到约定的要求。

本条主旨

本条是关于技术咨询合同的受托人的主要义务的规定。

相关条文

《合同法》第 358 条　技术咨询合同的受托人应当按照约定的期限完成咨询报告或者解答问题；提出的咨询报告应当达到约定的要求。

理解与适用

技术咨询合同的受托人需要按照合同约定的时间和要求完成咨询成果，并提

① 参见“赣州逸豪实业有限公司与潘勤峰技术服务合同纠纷案”，最高人民法院（2016）民申 2680 号民事裁定书。

交给委托人。概括来说，受托人负有以下义务。

1. 按期完成咨询报告或者解答问题

委托人愿意支付对价聘请受托人提供咨询服务，主要是希望通过咨询成果增强对拟启动或者实施的技术项目的可行性、实施效果和社会经济效益等信息进行预测和评估。“就受托人所提供的咨询服务而言，其一般具有时效性”①，如果受托人不能按时完成咨询报告，意味着委托人的项目计划就需要延期或者在缺乏充分决策信息的前提下实施。这些都可能让委托人遭受经济利益损失。

2. 保证咨询报告的内容达到约定的要求

所谓“约定的要求”，既包括形式和数量要求（咨询报告的形式、内容、份数等要求），也包括质量要求。委托人之所以聘请特定受托人提供咨询服务，主要是因为对受托人的技术知识和参谋能力的信任。因此，“受托人要尽可能地收集与咨询对象相关的经济技术内容，预测技术经济前景，为委托方的技术项目决策提供科学依据、参考方案，提出具有较高科学水平的参考价值的咨询报告和意见”②。也就是说，受托人不仅需要本着严肃认真的态度去开展咨询研判，而且需要发挥其技术知识特长。如果受托人未能尽职尽责地研判委托方的技术项目，提供的咨询报告存在重大遗漏或者误导性信息的，则构成违约，需要承担违约责任。

实践中的难点在于，如何确定受托人提供的咨询成果是否达到了约定的要求。在双方各执一词时，比较好的方案就是由双方共同选定或者由争端解决机构指定相应的技术专家，对咨询成果进行评估，以多数专家的意见来判断咨询成果的品质。③

值得注意的是，咨询成果的主要作用在于帮助委托方就技术项目的可行性、实施效益等方面进行研判，而不是制定一套实施计划。对此，国家科委于1989年制定的《技术合同法实施条例》（已失效）第80条第2款规定：“当事人一方委托另一方就解决特定技术问题提出实施方案、进行实施指导所订立的合同，是技术服务合同，不适用有关技术咨询合同的规定。”

3. 保密义务

《技术合同司法解释》第31条第2款规定：“当事人对技术咨询合同委托人提供的技术资料和数据或者受托人提出的咨询报告和意见未约定保密义务，当事

① 王利明：《合同法分则研究》，北京，中国人民大学出版社2012年版，第546页。

② 黄建中：《合同法分则重点难点疑点问题判解研究》，北京，人民法院出版社2006年版，第599页。

③ 参见黄薇主编：《中华人民共和国民法典合同编解读（下册）》，北京，中国法制出版社2020年版，第1211页。

人一方引用、发表或者向第三人提供的，不认定为违约行为，但侵害对方当事人对此享有的合法权益的，应当依法承担民事责任。”由于受托方在提供咨询服务过程中，不可避免地了解到委托方的技术项目信息、背景资料信息和技术资料，如果完成的咨询报告包含这些内容，公开发表或者向第三人披露后有可能泄露委托人的技术秘密或者商业秘密。因此，无论当事人之间是否约定了保密义务，受托人都需要在公开利用咨询报告时考虑侵害委托人的技术秘密和商业秘密的可能性。

第八百八十一条

技术咨询合同的委托人未按照约定提供必要的资料，影响工作进度和质量，不接受或者逾期接受工作成果的，支付的报酬不得追回，未支付的报酬应当支付。

技术咨询合同的受托人未按期提出咨询报告或者提出的咨询报告不符合约定的，应当承担减收或者免收报酬等违约责任。

技术咨询合同的委托人按照受托人符合约定要求的咨询报告和意见作出决策所造成的损失，由委托人承担，但是当事人另有约定的除外。

本条主旨

本条规定了技术咨询合同当事人的违约责任和决策风险的负担规则。

相关条文

《合同法》第 359 条　技术咨询合同的委托人未按照约定提供必要的资料和数据，影响工作进度和质量，不接受或者逾期接受工作成果的，支付的报酬不得追回，未支付的报酬应当支付。

技术咨询合同的受托人未按期提出咨询报告或者提出的咨询报告不符合约定的，应当承担减收或者免收报酬等违约责任。

技术咨询合同的委托人按照受托人符合约定要求的咨询报告和意见作出决策所造成的损失，由委托人承担，但当事人另有约定的除外。

理解与适用

1. 委托人的违约责任

本法第 879 条规定了技术咨询合同委托人的“咨询问题阐明义务”“技术背

景材料及有关技术资料的提供义务”“接受受托人的工作成果的义务”和“支付报酬的义务”。受托人在委托人阐明问题之后，已经开始咨询研究活动，开始履行咨询服务义务。但由于委托人未按照约定提供必要的资料，受托人只能基于委托人提供的资料展开咨询工作。如果因此影响工作进度和质量，是由咨询服务接受方自身的原因所致，而不是受托人的违约行为所致，后果应当由委托人自己承担。因委托人自身原因影响咨询成果的进度和质量的，即便委托方不接受或者逾期接受工作成果的，受托方已经履行了合同义务，有权利要求委托方履行报酬支付义务，并可以主张迟延履行的利息。

2. 受托人的违约责任

反过来，技术咨询合同的受托人未按期提出咨询报告或者提出的咨询报告不符合约定的，构成受托人的违约。受托人应当向委托方承担违约责任，包括减收或者免收报酬、补充完善咨询成果、赔偿因此给委托人造成的预期利益损失等。例如，在一起关于“煤矿矿区地质调查和相关报告资料编制”的技术咨询合同纠纷[①]中，委托方为了从政府主管部门申请取得某煤矿的探矿权，委托受托人提供以“煤矿矿区地质调查和相关报告资料编制”为内容的咨询服务，并在订立合同后向受托方支付了182万元报酬。受托方完成了详查地质工作并编制完成了《贵州省瓮安县大源煤矿详查报告》，且取得贵州省国土资源厅评审备案证明。但是，贵州省国土资源厅经审查后并没有批准委托方依据咨询报告提出的探矿权申请，因为，“该探矿权勘查程度仅达到详查，不符合国土资源部规定的‘应达到勘查程度’的条件”。委托方后来以受托方违约为由，诉至法院，请求退还报酬。法院审理认为，受托方作为专业技术咨询公司，虽已经向委托方移交了工作成果，但由于受托人的原因导致咨询报告并没有达到合同约定的目的，因此，受托人应承担减收报酬的责任。再如，在一起关于“编制地质检测报告”的技术咨询合同中[②]，双方并未约定地质检测报告所要达到的标准。但是，因为受托人编制和提交的报告不符合国家行业标准，所指向的矿山因无资源可采致使委托人无法按照预期从国土资源主管部门申请取得相应的资源。法院判决支持了委托人的损失赔偿请求。

3. 受托人对委托人的资料缺陷通知义务

咨询合同的委托人提供给受托人的资料、数据、材料等可能存在明显错误和

① 类似案情，参见“陈益芳与贵州天辰地矿技术咨询有限公司技术咨询合同纠纷案”，贵州省高级人民法院（2015）黔高民三终字第38号民事判决书。

② 参见“卢德荣与贵州地元生态工程有限公司等技术咨询合同纠纷案”，贵州省高级人民法院（2014）黔高民三终字第10号民事判决书。

缺陷，尽管这可能是委托人的无心之过，但受托人可能在咨询研判过程中发现该错误。对此，受托人有义务及时通知委托人；委托人在接到通知后，应当及时答复和补正。进一步的问题在于：如果受托人发现委托人提供的资料、数据和材料存在明显瑕疵但未主动通知委托人，因此发生的损失应当如何处理？关于这一问题主要有两种观点："一种意见认为，既然可以视为受托人认可委托人的履行行为，就不应当再要求委托人承担赔偿损失的责任；另一种意见认为，在受托人不通知时，虽可视为其认可委托人的履行，但双方当事人对造成损失均有过错，应当按照各自的过错大小承担赔偿损失的责任。"① 《技术合同司法解释》第 32 条采取了第一种观点，其规定："技术咨询合同受托人发现委托人提供的资料、数据等有明显错误或者缺陷，未在合理期限内通知委托人的，视为其对委托人提供的技术资料、数据等予以认可。委托人在接到受托人的补正通知后未在合理期限内答复并予补正的，发生的损失由委托人承担。"这一解释是有道理的，毕竟，委托人提供有明显缺陷或者错误的资料、数据、材料，通常是无心之失，因为这样不符合其缔结合同的初衷。与此相比，受托人发现之后本可以通过比较简单的通知来避免此种错误或者瑕疵以及后续损失，但受托人怠于采取此种低成本的行动来避免损失，应当由其自己承担相应损失。

4. 决策风险的负担规则

即便是委托人竭尽所能，提供了委托人掌握的所有技术资料和信息，且受托人努力地完成了咨询服务合同，咨询报告仍然可能存在研判风险。这也是为什么大量咨询报告都会就所得出的结论的稳健性作出相应的声明。对于此种风险，本条第 3 款规定："技术咨询合同的委托人按照受托人符合约定要求的咨询报告和意见作出决策所造成的损失，由委托人承担，但是当事人另有约定的除外。"这大抵是因为，技术咨询服务所产生的债权债务关系的核心内容是"适当完成一定行为"。如果债务人的活动是严格按照合同约定来进行的，那么他就不应对能否得到预期的结果负责。② 关于这一点，前文在释评本法第 879 条时也作过释评，可资参考。

第八百八十二条

技术服务合同的委托人应当按照约定提供工作条件，完成配合事项，接受工作成果并支付报酬。

---

① 蒋志培主编：《技术合同司法解释的理解与适用》，北京，科学技术文献出版社 2007 年版，第 74 页。

② 参见关键主编：《技术合同》，北京，中国民主法制出版社 2003 年版，第 234 页。

本条主旨

本条是关于技术服务合同的委托人主要义务的规定。

相关条文

《合同法》第 360 条　技术服务合同的委托人应当按照约定提供工作条件，完成配合事项；接受工作成果并支付报酬。

理解与适用

1. 提供工作条件，完成配合事项

在技术咨询合同中，委托方阐明问题并提供必要的资料后，后续咨询工作原则上由受托方独立完成。但与技术咨询合同不同，技术服务合同的目的是解决委托人的特定技术问题，受托人服务工作的开展很可能需要直接作用于委托人的人员或者财产。因此，委托人除了需要向受托人阐明服务需求和标准之外，还需要承担“提供工作条件，完成配合事项”的义务。

这一点在技术培训合同中表现得尤为明显。根据《技术合同司法解释》第 36 条的解释，“技术培训合同”是指当事人一方委托另一方对指定的学员进行特定项目的专业技术训练和技术指导所订立的合同。① 这不仅意味着受托人需要提供符合培训目标的师资，而且意味着委托人需要提供必要的培训条件和对象。对此，《技术合同司法解释》第 37 条规定：“当事人对技术培训必需的场地、设施和试验条件等工作条件的提供和管理责任没有约定或者约定不明确的，由委托人负责提供和管理。技术培训合同委托人派出的学员不符合约定条件，影响培训质量的，由委托人按照约定支付报酬。受托人配备的教员不符合约定条件，影响培训质量，或者受托人未按照计划和项目进行培训，导致不能实现约定培训目标的，应当减收或者免收报酬。受托人发现学员不符合约定条件或者委托人发现教员不符合约定条件，未在合理期限内通知对方，或者接到通知的一方未在合理期限内按约定改派的，应当由负有履行义务的当事人承担相应的民事责任。”

在一些情形中，为了便于受托方开展技术服务工作，委托方依照合同约定负有完成一定的前期工作的义务。委托方的前期工作是受托方后期工作的基础条件，属于本条规定的“完成配合事项”的义务。例如，下一条（第 883 条）评述的“裁判文书数据采集服务合同”中委托人的前期“人工标注”义务，就属此

① 但不包括职业培训、文化学习和按照行业、法人或者其他组织的计划进行的职工业余教育。

类。委托人违反该义务的（如人工标注的基础数据存在明显错标或者漏标，严重影响“机器模型预测”的），将自担受托人无法提供符合约定质量要求的工作成果的不利后果。这属于本法第 884 条规定的“委托人不履行合同义务或者履行合同义务不符合约定，影响工作进度和质量”的情形。无论委托人最终是否接受受托人交付的不符合约定质量的工作成果，其支付的报酬不得追回，未支付的报酬应当支付。

2. 接受工作成果的义务

第 852 条关于“委托技术开发合同”中委托人的“工作成果接受义务”，涉及该义务“是真正合同义务，还是不真正合同义务”的问题。① 所谓真正合同义务，即委托人需要作出积极行为，否则需要向对方承担违约责任。例如，本法第 830 条关于货物运输合同规定：“货物运输到达后，承运人知道收货人的，应当及时通知收货人，收货人应当及时提货。收货人逾期提货的，应当向承运人支付保管费等费用。”如笔者在第 852 条的释评中指出的那样，委托人的受领义务，既可能是不真正义务（如可以随时交付的电子化技术成果），也可能是真正义务（如对受托人开发的生物类技术产品，需要支付特殊的保存成本），不能一概而论，需要结合具体场景来判断。这一点对技术服务合同的委托人同样适用。

在涉及技术性验收的工作成果时，委托人“如发现工作成果不符合合同规定的技术指标和要求，应当在约定的期限内及时通知对方返工或改进”②。委托人在接受工作成果之后，不能举证证明工作成果存在瑕疵的，视为验收合格。

3. 支付报酬的义务

在当事人对服务报酬没有约定或者约定不明时，报酬的计算是司法实践中的一个难题。《技术合同司法解释》第 14 条第 1 款第 2 项规定了主要考量因素和标准，即“对于技术咨询合同和技术服务合同，根据有关咨询服务工作的技术含量、质量和数量，以及已经产生和预期产生的经济效益等合理确定。”但是，实践中发生争议时，人民法院常常需要借助专业评估机构的评估报告来确定与咨询服务工作相关的成本、预期经济效益和合理利润。③

---

① 关于这一点的讨论，参见崔建远：《技术合同的立法论》，载《广东社会科学》2018 年第 1 期，第 242－243 页。

② 最高人民法院经济审判庭编著：《合同法释解与适用》，北京，新华出版社 1999 年版，第 1787－1789 页。

③ 代表性的案例，如“云南云电同方科技有限公司、深圳市爱德曼思科技有限公司技术服务合同纠纷”，云南省高级人民法院（2018）云民终 25 号民事判决书。

第八百八十三条

技术服务合同的受托人应当按照约定完成服务项目，解决技术问题，保证工作质量，并传授解决技术问题的知识。

本条主旨

本条是关于技术服务合同的受托人主要义务的规定。

相关条文

《合同法》第 361 条　技术服务合同的受托人应当按照约定完成服务项目，解决技术问题，保证工作质量，并传授解决技术问题的知识。

理解与适用

技术服务合同的受托人的主要义务，可以从两个方面来理解。

一是按照约定完成服务项目，解决技术问题，保证工作质量。由于技术服务合同的标的是解决委托人的特定技术问题，所以，受托人按照约定完成服务项目，就意味着所完成项目（或者说提交的工作成果）的质量有保证，能够解决技术问题。或者说，“受托人所应当保证的工作质量，是与解决技术问题联系在一起的……受托人所提交的工作成果应当能够解决委托人所提出的特定技术问题”①。以第 845 条释评中讨论的“裁判文书数据采集服务合同”为例。如前所述，本合同的标的是：“大数据公司根据委托方的要求，就涉及某疑难法律解释问题的所有裁判文书，通过‘人工标注’和‘半监督机器学习’的方式，就指定标签数据②进行采集。”“半监督机器学习”，即以人工标注的数据为基础来训练出一套人工智能大脑，对人工未标注的裁判文书进行机器标注或者说机器学习。

如果受托方最终提供的机器标注数据的准确率和召回率不够高，达不到学术研究发表和司法应用的基本要求的，则交付的工作成果的质量不合格，构成本法第 884 条第 2 款规定的“技术服务合同的受托人未按照约定完成服务工作的”，需要承担相应的违约责任。受托人需要承担的违约责任并不一定是第 884 条第 2

① 参见王利明：《合同法》，北京，中国人民大学出版社 2015 年版，第 447 页。

② 例如，“争议标的的数额”“法官是否支持原告的法律解释主张”“判决支持或者驳回原告主张的主要理由”“判决赔偿的金额”“法院支持或者驳回原告请求之比例与原告诉讼动力之变化的相关性”等。

款明确列举的“免收报酬”这一种形式①，还可能是第881条第2款规定的“减收报酬”，以及继续履行、采取补救措施和赔偿损失等。关键在于受托人违约行为的严重程度，以及委托人的救济选择。如果受托的大数据公司处理的部分数据标签的机器学习是符合约定质量的、且委托人可以就这些标签数据进行独立研究和应用，那么，违约责任就是“减收报酬”。如果由专家知识表明是大数据公司投入的工程人力资源不合格或者不够的，委托人可以要求受托人采取补救措施，分配具备相应技术能力的工程师继续从事该项工作。凡此等等。

不过，如果“工作成果不合格”与受托人采用的工程技术和人力投入没有关系，那么，则应当由委托方承受不利后果；受托方并不构成违约。例如，根据“裁判文书数据采集服务合同”的约定，委托方负责组织人力完成相应部分裁判文书的人工标注。但由于委托方所组织的人力资源未能准确理解“标签”与“文书词句”的准确对应关系，或者存在明显的错误标注或者标注遗漏问题，以至于直接影响到受托方进行半监督机器训练和学习的数据基础质量，则构成委托方违反了上一条规定的“完成配合事项”的义务。

二是传授解决技术问题的知识。受托人解决的技术问题“包括需要运用专业技术知识、经验和信息解决的有关改进产品结构、改良工艺流程、提高产品质量、降低产品成本、节约资源能耗、保护资源环境、实现安全操作、提高经济效益和社会效益等专业技术问题”。因此，受托人最终提交的工作成果不仅表现为数据、图纸、软件、光盘等可以承载相关信息的载体，在一些情形下还需要口传心授。需要口传心授的技术内容一般“不涉及专利和非专利技术的权属。委托人如果需要获得专利实施许可或者取得受托人未公开的非专利技术成果的，应当另行订立

① 在一起案例中，受托人与委托人签订了利用现有热回收焦炉研制生产型焦的“技术服务协议”。合同签订后，受托人向委托人提供了《研制“方型铸造焦”可行性方案》。受托人于2009年1月9日向国家知识产权局申请取得了“用焦炉生产铸造型焦的方法及型焦原料块”的发明专利，并于2009年3月离开委托人处。委托人后来主张，受托人提供的是公知的技术，且提供的技术、方案、实验均失败，最终未能生产出符合协议约定的型焦产品，没有达到合同目的，因此需要承担“免收报酬”的违约责任。委托人在庭审中建议受托人使用其提供的技术及利用该公司机器设备生产涉案产品，以证明其提供技术的可行性，但是受托人表示现有证据能够认定此事实，认为没有必要做。法院审理后认为，双方约定的技术服务费高达60万元，说明研制技术服务产品的质量是“技术服务协议”中的关键内容；型焦产品的质量不仅直接关系到其经济价值和使用价值，还直接关系到该企业的竞争与发展。受托人作为焦化工程师和技术方案的提供者，应当按照法律规定以及协议约定，在该关键阶段为委托人提供技术服务，包括解决技术问题，保证工作质量，并传授解决技术问题的知识等合同义务。但是，受托人于2009年3月自行离开了委托人的单位，其不但未能提供相应的证据证明离开该公司时的产品研制情况，而且未能证明其履行合同义务情况。法院综合以上事实，最后认定受托人在无证据证明其按协议约定完成服务工作的情况下，应承担免收报酬的违约责任。参见“林鸣秋诉山西明源集团沁泽焦化有限公司技术合同纠纷案”，山西省高级人民法院（2015）晋民终字第178号民事判决书。

技术转让合同”①。这也是技术服务合同与技术转让、技术许可合同之区别。

上一条（第882条）释评的技术培训服务类合同就是典型的例子。受托人不仅需要用一定的载体将提供的技术知识和操作规程记载下来，而且需要帮助被培训的对象理解和掌握这些技术知识。受托人配备的教员不符合约定条件，影响培训质量的，应当及时更换教员，以保证培训质量。当然，委托人派出的学员不符合约定条件，影响培训质量的，相应后果由委托人自担。这也符合服务合同的一般原理，即在服务提供方已经按照约定做好准备并提供服务的，但因为服务接受方自身的特殊原因未能充分获得服务的价值的，后果由服务接受方承受。足底保健服务就是日常生活服务中的常见例子，服务接受方因为不习惯足底按摩或者其他原因导致没有从按摩服务中获得身体放松收益的，不能拒绝支付服务费用。

第八百八十四条

技术服务合同的委托人不履行合同义务或者履行合同义务不符合约定，影响工作进度和质量，不接受或者逾期接受工作成果的，支付的报酬不得追回，未支付的报酬应当支付。

技术服务合同的受托人未按照约定完成服务工作的，应当承担免收报酬等违约责任。

本条主旨

本条是关于技术服务合同当事人违约责任的规定。

相关条文

《合同法》第362条　技术服务合同的委托人不履行合同义务或者履行合同义务不符合约定，影响工作进度和质量，不接受或者逾期接受工作成果的，支付的报酬不得追回，未支付的报酬应当支付。

技术服务合同的受托人未按照合同约定完成服务工作的，应当承担免收报酬等违约责任。

理解与适用

技术合同的委托人和受托人违反自己的合同义务，都需要根据本条的规定承

① 黄建中：《合同法分则重点疑点难点问题判解研究》，北京，人民法院出版社2006年版，第601页。

担相应的违约责任。前文在释评委托人的合同义务（第882条）和受托人的合同义务（第883条）时，已经就本条规定的违约责任做了一并评述，可资参考。

第八百八十五条

技术咨询合同、技术服务合同履行过程中，受托人利用委托人提供的技术资料和工作条件完成的新的技术成果，属于受托人。委托人利用受托人的工作成果完成的新的技术成果，属于委托人。当事人另有约定的，按照其约定。

本条主旨

本条是关于技术咨询和服务合同的受托人在履行过程中产生的技术成果和委托人在利用工作成果过程中产生的技术成果的归属规则。

相关条文

《合同法》第363条 在技术咨询合同、技术服务合同履行过程中，受托人利用委托人提供的技术资料和工作条件完成的新的技术成果，属于受托人。委托人利用受托人的工作成果完成的新的技术成果，属于委托人。当事人另有约定的，按照其约定。

理解与适用

本法第875条规定了技术许可合同中被许可人在利用被许可技术的过程中的后续改进技术成果的归属，其采用了“归属于改进技术成果完成人”的规则。这实际上也是新创造的技术成果权属分配的一般规则，即以技术成果的实质创造性贡献度来确定归属。[①] 对于技术咨询和服务合同的受托人在履行过程中产生的技术成果和委托人在利用工作成果过程中产生的技术成果，这一原理同样适用，即应当归属于创造该技术成果的一方。

采用这一规则的优势还有三个方面：第一，无论是技术咨询合同，还是技术服务合同，委托人缔约的目的都不是取得新的技术成果，而是就自己的特定技术项目取得咨询服务或者解决自己的特定技术问题。同样，受托人向委托人交付工作成果之后，已经从报酬中实现了对价支付，通常并没有关于交付后的新成果的

① 职务性成果的财产权除外，即主要归属于所在单位。这主要是因为单位提供了物质条件，且为工作人员支付了工资。

权属预期。这与技术开发合同存在明显的不同。第二，这也有利于鼓励各方当事人在完成合同义务、满足相对人的合同利益预期的同时，更积极主动地探索新的技术成果，符合人类社会发展的总体利益。第三，即便允许相对人分享新生成果，也可能存在比较大的证明困难（不像技术开发合同那样，事先有比较明确的约定），并因此引发不必要的社会纠纷解决成本。

第八百八十六条

技术咨询合同和技术服务合同对受托人正常开展工作所需费用的负担没有约定或者约定不明确的，由受托人负担。

本条主旨

本条规定了技术咨询合同和技术服务合同中受托人的合同履行成本的负担规则。

相关条文

无

理解与适用

前文在释评本法第 879 条时，已经在“3. 接受工作成果和支付报酬”一节中就本条做过详细评述，可资参阅。

第八百八十七条

法律、行政法规对技术中介合同、技术培训合同另有规定的，依照其规定。

本条主旨

本条是关于技术中介合同与技术培训合同的法律适用的规定。

相关条文

《合同法》第 364 条　法律、行政法规对技术中介合同、技术培训合同另有规定的，依照其规定。

理解与适用

前文在释评本法第 878 条时，已经对本条规定作了一并评述，可资参阅。

第二十一章

保管合同

本章主要依据《合同法》第十九章“保管合同”相关条文修改而成，围绕保管合同法律关系的主要内容，对保管合同的定义、成立、有偿和无偿、保管凭证、保管人和寄存人的权利义务、第三人保管和对保管物的权利主张、贵重物品寄存、保管物领取、保管物返还、保管费用支付期限和保管人的留置权进行了规定。

整体而言，《民法典》合同编第二十一章“保管合同”基本承袭了《合同法》第十九章“保管合同”的相关规定，除新增少数实体规则外，主要是立法语言或表达等文字方面的修改和完善。主要修改内容如下：第一，在保管合同定义处新增特定场所存放物品法律性质不明情形下“视为保管”的法律拟制规则，以回应司法实践纠纷和统一法律适用；第二，增加无偿保管合同中保管人承担保管物毁损、灭失责任的免责事由，保管人“证明自己没有故意或者重大过失”即可免责而不仅限于“没有重大过失”，扩大了免责适用范围；第三，完善了保管人行使留置权的构成要件，寄存人未按照约定支付保管费或者其他费用，满足前述条件之一而非全部的，保管人就可对保管物行使留置权；第四，其他语言文字方面的修改，如将“给付保管凭证”修改为“出具保管凭证”，“但”修改为“但是”，“保管期间”修改为“保管期限”等。

保管合同是传统的民事合同，与民事主体日常生活和经济发展密切相关，具备典型性和普遍性，属于我国合同法和民法学研究中的有名合同。保管合同的相关规则较为完整清晰，学说和司法实践争议较少，民法典整体承继了合同法的规定，改动幅度不大，体现了立法的延续性，便于司法裁判。

第八百八十八条

保管合同是保管人保管寄存人交付的保管物，并返还该物的合同。

寄存人到保管人处从事购物、就餐、住宿等活动，将物品存放在指定场所的，视为保管，但是当事人另有约定或者另有交易习惯的除外。

本条主旨

本条是关于保管合同定义和保管法律关系拟制的规定。

相关条文

《合同法》第365条　保管合同是保管人保管寄存人交付的保管物，并返还该物的合同。

理解与适用

本条是在《合同法》第365条的基础上修改而成的，本条在保管合同定义条款的基础上，新增特定场所下存放物品视为保管的规定作为第2款。民法上，保管合同又称寄存合同或寄托合同，是指经双方当事人协商一致，约定由一方当事人替另一方保管交付的物品并按期返还该物的合同。“保管合同始自罗马法。罗马法把寄托分为通常寄托与变例寄托。通常寄托是指受寄人应于合同期满后将受托保管的原物返还寄托人，而变例寄托是指受寄人得返还同种类、品质、数量之物，包括金钱寄托、讼争物寄托及危难寄托。”① 本条第1款规定：“保管合同是保管人保管寄存人交付的保管物，并返还该物的合同。”根据该定义，保管合同双方当事人包括保管人（保管物品的一方，又称受寄人）和寄存人（交付保管物品的一方，又称寄托人），交付保管的物品称为保管物。

一、保管合同的法律性质

首先，保管合同属于双方法律行为，保管合同需要保管人和寄存人就物品保管的意思表示达成一致；其次，保管合同是实践合同，除双方当事人意思表示一致外，寄存人将保管物交付保管人是保管合同的成立要件；再次，保管合同以保管物品为目的，通常而言，保管指占有保管物并维持原状，不包括对保管物进行改良、利用和处分，除消费保管合同外不发生保管物所有权的转移变动②；复

① 胡康生主编：《中华人民共和国合同法释义》，北京，法律出版社1999年版，第534页。

② 参见崔建远：《合同法》，（第六版），北京，法律出版社2015年版，第418页。

次，保管合同为不要式合同，双方当事人无须采用特定形式订立保管合同；最后，根据不同的合同内容，保管合同既可以是有偿合同、双务合同，也可以是无偿合同、单务合同。

二、保管物的种类

保管合同的标的物为保管物，问题在于，保管物是否仅限于动产，保管物的外延直接决定了保管合同制度的适用范围。在比较法上，主要有两种立法模式：第一，以德国、意大利为代表的单一模式规定保管物仅限于动产，《德国民法典》第 688 条规定："根据保管合同，保管人负有保管存放人所交付的动产的义务。"《意大利民法典》第 1766 条规定："寄托是一方接受他方的某个动产，负责保管并返还的契约。"第二，以日本和我国台湾地区为代表的双重模式规定，保管物包括动产与不动产，《日本民法典》第 657 条规定："寄托，因当事人一方约定为相对人保管而受取某物，而发生效力。"我国台湾地区"民法"第 589 条第 1 款规定："称寄托者，谓当事人一方以物交付他方，他方允为保管之契约。"其立法理由谓"寄托之标的物，是否以动产为限，抑无论动产及不动产皆可寄托，各国立法例未能一致，本法则认动产不动产皆可为寄托之标的物"①。我国《民法典》就保管物的种类并未进行限制，且第 115 条第一句规定："物包括不动产和动产。"因此，就解释而言，本条的保管物不应限于动产。

三、保管合同的实践争议

司法裁判中，与保管合同有关的争议集中于：在停车场、超市等特定场所存放车辆或其他物品受损后，双方当事人之间形成何种法律关系的法律定性方面。民法典在合同编就该问题进行了专门规定。实践中，就停车场车辆保管形成的法律关系存在保管合同、场地租赁合同及消费服务合同的附随义务等三种性质的关系②，而超市自助寄存也存在保管合同、借用合同或租赁合同之争，司法裁判结果差异明显。

酒店住客入住后，在酒店保安引导下将车辆停放于酒店停车场，酒店疏于保管致使车辆被盗，酒店方是否应赔偿住客损失？四川省乐山市中院认为，乘客按照工作人员指示将车辆停放在指定位置，实际上是作出将车辆交付给停车场保管的要约。而停车场收取停车费的行为表示其愿意接受该要约，因此双方构成有偿

① 宁红丽：《论我国保管合同制度的法律适用》，载《暨南学报（哲学社会科学版）》2008 年第 6 期。

② 参见刘立峰：《对停车场机动车丢失的民事责任分析》，载《法学杂志》2004 年第 1 期。

保管合同关系。[①] 但在另一起案情高度相似的案件中，甘肃省高院则认为，保管合同的成立既需要合同双方一致的意思表示，也需要保管物的交付。虽然住客在酒店保安的指引下将车驶入停车位，但这一行为并不代表酒店接收保管物的法律行为。因住客未提出保管车辆的要求也并未交付车辆控制权，酒店停车场也未收取停车费或作出承诺保管车辆的表示，双方不成立保管合同关系，酒店不存在保管义务，也无须赔偿住客损失。[②] 消费者将个人财物存入超市门口自助存包柜后，存包柜内物品被盗，消费者主张双方构成保管合同关系，超市应当赔偿消费者损失。法院并未支持消费者的主张，消费者仅借助使用自助寄存柜继续实现对自己物品的控制和占有，未发生保管物的转移占有，故超市与消费者之间不形成保管合同，仅形成借用合同。[③]

本条第 2 款为新增条款，"寄存人到保管人处从事购物、就餐、住宿等活动，将物品存放在指定场所的，视为保管，但是当事人另有约定或者另有交易习惯的除外"，将购物、就餐、住宿等特定情形下发生的物品保管行为认定为"保管"，实质上确立了特定场所存放物品合同法律性质不明情形下法律拟制为保管合同的规则。该规则在平衡双方利益和风险的基础上，旨在通过立法明晰法律规则，统一法律适用，减少司法争议。"增强对消费者权益的保护，是现代各国民法立法和司法实践之潮流"[④]，将上述争议合同认定为保管合同，有助于增强对消费者权益的保护，促使特定场所的管理人履行对他人财产安全的注意义务，即"场所主人之责任"[⑤]。此外，本条也通过"当事人另有约定或者另有交易习惯的除外"的但书条款，作为法律拟制的例外，以尊重私法自治和更好地平衡个案利益。

第八百八十九条

寄存人应当按照约定向保管人支付保管费。

---

① 参见"周丽诉四川省沐川县翔盛旅游开发有限公司等保管合同纠纷案"，四川省乐山市中级人民法院（2018）川 11 民终 100 号民事判决书。

② 参见"民勤县西渠镇人民政府与武威荣华宾馆保管合同纠纷案"，甘肃省高级人民法院（2012）甘民申字第 473 号民事裁定书；另参见"钦州国星油气有限公司诉广西钦州金湾大酒店保管合同案"，广西壮族自治区钦州市中级人民法院（2008）钦民二终字第 53 号民事判决书；"沈阳新世界鹿鸣春大厦有限责任公司沈阳新世界酒店与绥中县土地管理局保管合同纠纷上诉案"，辽宁省沈阳市中级人民法院（2001）沈经终字第 798 号民事判决书。

③ 参见"李杏英诉上海大润发超市存包损害赔偿案"，载《最高人民法院公报》2002 年第 6 期。

④ 汤征宇、陈亚男：《车辆保管合同与场地租赁合同之辨》，载《人民司法》2011 年第 4 期。

⑤ 史尚宽：《债法各论》，北京，中国政法大学出版社 2000 年版，第 539 页

当事人对保管费没有约定或者约定不明确，依据本法第五百一十条的规定仍不能确定的，视为无偿保管。

本条主旨

本条是关于保管合同费用的规定。

相关条文

《合同法》第 366 条　寄存人应当按照约定向保管人支付保管费。当事人对保管费没有约定或者约定不明确，依照本法第六十一条的规定仍不能确定的，保管是无偿的。

理解与适用

本条是在《合同法》第 366 条的基础上修改而成的，《民法典》对《合同法》的内容进行了立法表达上的完善，将“依照本法”修改为“依据本法”，将“保管是无偿的”修改为“视为无偿保管”，提升了立法语言的准确性、规范性。本条第 1 款规定，“寄存人应当按照约定向保管人支付保管费”，表明保管合同既可以有偿也可以无偿，取决于双方当事人之间的约定。该款确定了有偿保管合同中寄存人的费用支付义务，在有偿保管情形下，保管合同构成双务合同，保管人应当履行保管交付物的义务，而寄存人应当按照约定对待给付，即向保管人支付保管费。

保管合同当事人就保管费用没有约定或者约定不明确的，应当首先依据《民法典》第 510 条的规定进行确定，该条规定：“合同生效后，当事人就质量、价款或者报酬、履行地点等内容没有约定或者约定不明确的，可以协议补充；不能达成补充协议的，按照合同相关条款或者交易习惯确定。”具体而言，保管费用属于对合同报酬内容没有约定或者约定不明确的，民法典尊重当事人的意思自治，双方当事人可以就保管费用的实际数额、支付方式、支付期限等内容进行协商，达成补充协议。不能达成补充协议的，则应当按照保管合同的相关条款或者交易习惯确定，即通过对合同的相关条款进行体系解释，探求保管合同约定的权利义务内容或参照交易习惯进行具体确定。在一起案件中，法院认为，原被告双方形成事实上的保管合同关系，合同生效。因双方未签订书面合同，未约定保管费的具体数额，原告的保管费应当参照案涉货场所在地停车收费标准确定。

依据《民法典》第 510 条的规定仍然无法确定保管费用的，视为无偿合同，此时法律拟制该保管合同为“无偿合同”。主要原因在于，“保管合同主要是社会成员之间相互提供帮助或服务部门向社会提供服务的一种方式，这种保管合同在现实生活中多是无偿的”，并且“从传统上看，罗马法将保管合同规定为无偿合同。在近现代西方国家的民事立法上一般也规定保管合同以无偿为原则，以有偿为补充”①。一般而言，保管合同作为传统民事合同，与商事合同的营利性质有明显区别，保管合同当事人就保管费用没有约定或者约定不明确且通过其他规定也无法确定的，法律将其拟制为无偿合同，不仅契合保管合同的民事属性，且与其他比较法制度相一致，符合主流立法习惯。实践中有法院认为，原告完成维修工作后，被告未提走车辆，发生了原告对其轿车进行保管的事实。双方对保管费没有约定，未能就保管费问题达成补充协议，也没有相关合同条款可供参照，原告又未能举证说明存在相关交易习惯，且被告未提车的行为没有增加原告负担的恶意，被告无须支付保管费用。②

第八百九十条

保管合同自保管物交付时成立，但是当事人另有约定的除外。

本条主旨

本条是关于保管合同成立的规定。

相关条文

《合同法》第 367 条　保管合同自保管物交付时成立，但当事人另有约定的除外。

理解与适用

本条是在《合同法》第 367 条的基础上修改而成，与《合同法》相比，本条并无实质性内容修改，只是完善了立法语言的表达，将“但当事人另有约定的除外”修改为“但是当事人另有约定的除外”。

本条规定是对保管合同属于“实践合同”的宣示，保管合同的成立，不仅需要双方当事人就形成物品保管的意思表示达成一致，而且需要寄存人将保管物交

① 胡康生主编：《中华人民共和国合同法释义》，北京，法律出版社 1999 年版，第 536－537 页。

② 参见“刘雅如与赤峰奥邦汽车服务有限公司承揽合同纠纷上诉案”，内蒙古自治区赤峰市中级人民法院（2017）内 04 民终 5983 号民事判决书；另参见“四川奥派思食品有限责任公司与邻水县人民政府保管合同纠纷上诉案”，四川省广安市中级人民法院（2016）川 16 民终 1172 号民事判决书。

付保管人，寄存人交付保管物是保管合同成立的要件。同时，本条明确了保管合同的成立时间，保管合同自保管物交付时成立。实践合同与诺成合同的区分最早可追溯至罗马法。与债的发生根据一样，罗马法中的契约可以细分为四类：实物契约、口头契约、文书契约与合意契约。实物契约通过物的交付而成立，实施物的交付是双方当事人合意的意思表示。① 基于合同自由原则，近现代民法通常不对合同形式或类型作强制性规定，多数合同尊重当事人的意思自治，双方达成合意即可成立，实践合同已属特殊合同。② 目前，大陆法系国家主要将保管合同规定为实践合同，《德国民法典》《法国民法典》《日本民法典》《意大利民法典》等对保管合同的定义均强调寄存人对保管物的"交付"。实践中，法院也认为保管合同自保管物交付时成立，双方在订立保管合同之时具有形成有偿保管合同的意思表示，车主事后是否实际缴纳停车费并不影响双方订立合同之时的真实意思表示，双方之间仍为有偿的保管合同关系。③ 保管合同中，双方意思表示一致，保管物的交付，事实上就成立了保管合同关系。④ 保管物的"交付"一般包括直接交付和间接交付中的简易交付，至于占有改定和指示交付等方式能否构成保管物的交付，学界存在不同见解。⑤

保管合同自保管物交付时成立，但是当事人另有约定的除外。本条的但书条款进一步贯彻了合同当事人的私法自治原则，当事人可以通过约定排除"保管合同自保管物交付时成立"的适用，重新约定保管合同的成立时间。在有偿保管合同中，保管合同可以自合同签订时成立并生效，双方当事人应当按照约定履行义务，保管人拒绝保管交付的物品时，寄存人有权要求其继续履行合同；寄存人未交付保管物，未履行保管合同时，保管人有权追究寄存人的违约责任。也有学者

---

① 参见［意］奥利维耶罗·迪利贝尔托：《罗马法中租赁与买卖的异同》，黄美玲译，载《环球法律评论》2017年第3期。

② 参见韩世远：《合同法总论》（第三版），北京，法律出版社2011年版，第59页。

③ 参见"北京莲花物业管理有限责任公司与深圳市深开电器实业有限公司保管合同纠纷案"，北京市第一中级人民法院（2012）一中民终字第9661号民事判决书；另参见"四川正源实业有限公司诉陆建惠保管合同纠纷案"，四川省高级人民法院（2017）川民申5470号民事裁定书；"张甲与某某物业服务有限公司保管合同纠纷案"，北京市第二中级人民法院（2013）北民二初字第××号民事判决书；"广州市白云区永平街东平村马市岭经济合作社等诉罗克忠保管合同纠纷案"，广东省广州市中级人民法院（2017）粤01民终23516号民事判决书；"昆明置富物业管理有限公司与罗青保管合同纠纷上诉案"，昆明铁路运输法院（2018）云71民终2号民事判决书。

④ 参见"贾香丽与北京韩韵坊美容诊所保管合同纠纷上诉案"，北京市高级人民法院（2018）京02民终4077号民事判决书；另参见"衢州领跑健身有限公司、徐雪军保管合同纠纷案"，浙江省衢州市中级人民法院（2017）浙08民终1093号民事判决书。

⑤ 参见崔建远：《合同法》（第三版），北京，北京大学出版社2016年版，第622页；陈小君主编：《合同法学》（第二版），北京，高等教育出版社2009年版，第444页。

对实践合同制度提出批判性意见，认为“要物合同制度无充分的正当性根据，现行法上的要物性规定亦无明确、可靠的学理基础，在解释论层面上，为去除要物合同制度的弊端，应当在适用相关条文时做目的性限缩，将自然人间的有偿保管等合同排除在适用范围之外”①。

第八百九十一条

寄存人向保管人交付保管物的，保管人应当出具保管凭证，但是另有交易习惯的除外。

本条主旨

本条是关于保管人出具保管凭证的规定。

相关条文

《合同法》第368条　寄存人向保管人交付保管物的，保管人应当给付保管凭证，但另有交易习惯的除外。

理解与适用

本条是在《合同法》第368条的基础上修改而成的，与《合同法》相比，本条并无实质性内容修改，主要规范了立法表达，将“给付保管凭证”修改为“出具保管凭证”，将“但另有交易习惯的除外”修改为“但是另有交易习惯的除外”。

寄存人向保管人交付保管物的，保管人应当出具保管凭证。本条规定了保管合同中保管人出具保管凭证的义务，同时，但书规定另有交易习惯的除外，即在交易实践中存在不出具保管凭证习惯的，依照该习惯，保管人可免除前述出具保管凭证的合同义务。基于合同法主要是任意法的性质，解释上当然允许保管合同当事人对不出具保管凭证进行特别约定，该约定有效。

保管合同是典型的实践合同，除当事人另有约定外，保管合同自保管物交付时成立。同时，保管合同为非要式合同，法律不要求其采取特定方式订立。保管人出具保管凭证不是保管合同成立的形式要件，是否给付保管凭证不影响保管合同的成立。在一起车辆保管案件中，法院认为，是否交纳保管费并非保管合同成立的前提条件，给付保管凭证系保管人依法应承担的义务，亦非保管合同成立的

① 张金海：《论要物合同的废止与改造》，载《中外法学》2014年第4期。

前提条件。且根据双方以往的交易习惯，停车保管无须给付保管凭证，故不给付保管凭证不影响保管合同的成立。①

尽管保管凭证并非合同成立的要件，但该凭证本身具有一定的现实生活和法律意义。首先，保管凭证是寄存人交付保管物且保管人已接收保管物的证明，得以佐证保管合同的成立；其次，保管凭证可以在一定程度上证明保管人对保管物的验收和确认，证实保管物寄存的原初状态；最后，鉴于保管合同的非要式性，现实生活中多数情况下缺少书面协议，保管凭证对确定合同内容和双方权利义务关系有重要作用，是保管合同的重要载体，也是当事人履行义务和纠纷发生时裁判的依据。为避免可能的法律风险，保管凭证可以参照《民法典》第470关于合同内容的规定，记载保管合同当事人的基本信息，保管物的名称、性质、数量、质量，保管时间、地点、要求，保管费用，违约责任等基本事项。

第八百九十二条

保管人应当妥善保管保管物。

当事人可以约定保管场所或者方法。除紧急情况或者为维护寄存人利益外，不得擅自改变保管场所或者方法。

本条主旨

本条是关于保管人履行妥善保管保管物义务的规定。

相关条文

《合同法》第369条　保管人应当妥善保管保管物。当事人可以约定保管场所或者方法。除紧急情况或者为了维护寄存人利益的以外，不得擅自改变保管场所或者方法。

理解与适用

本条是在《合同法》第369条的基础上修改而成的，与《合同法》相比，本条并无实质性内容修改，只是完善了立法语言的简洁性，将“除紧急

① 参见“海南贵州大厦诉陈起璠财产损害赔偿纠纷案”，海南省海口市中级人民法院（2002）海中法民终字第208号民事判决书；另参见“干治平等与倪红福等保管合同纠纷上诉案”，浙江省湖州市中级人民法院（2015）浙湖商终字第166号民事判决书。

情况或者为了维护寄存人利益的以外”修改为“除紧急情况或者为维护寄存人利益外”。

保管合同以物品的保管为直接和主要目的，因而妥善保管保管物是保管人应当履行的主要义务，该义务不因保管合同的有偿与否而免除，只是对义务的履行标准或注意义务标准存在影响。

“传统民法理论根据程度的不同确立了三种不同的注意标准：一为普通人的注意，欠缺普通人的注意即为重大过失。二为与处理自己事务为同一的注意，违反此种注意义务，即为具体轻过失，也称主观的轻过失。三为善良管理人的注意，违反此种义务即为抽象的轻过失，也称客观的轻过失。近代民法倾向以债务人对抽象的轻过失负责为原则，对具体的轻过失或重大过失负责为例外。”① 就比较法而言，各个国家和地区通常以保管合同是否有偿为标准，对保管人规定不同程度的保管义务，即区分有偿合同和无偿合同中保管人的注意义务。在有偿合同中，保管人一般应尽善良管理人的注意义务，承担更重的合同义务，而无偿保管人只需要尽与处理自己事务同一的注意义务。例如，原告将货物送至被告经营的冷库进行冷藏保管，被告为此收取一定费用，后原告于保管期间发现货物已变质，要求被告赔偿损失。原告主张双方构成保管合同关系，被告主张双方构成租赁合同关系。法院认为双方构成保管合同关系，保管人未尽到妥善保管义务致使货物毁损的，应当承担赔偿责任。② 本案中，因保管合同的有偿性，被告则应当承担较高的保管义务。

前述区分主要考虑到了民法中的公平原则，应根据不同的利益和风险情况，合理确定当事人之间的权利义务，《民法典》第6条明确规定：“民事主体从事民事活动，应当遵循公平原则，合理确定各方的权利和义务。”鉴于现代商业经济的复杂性，为保护消费者的利益，不应拘泥于以是否直接给付保管费作为判断保管合同有偿与否的标准，同时应当注意到特定场合下保管合同所具有的间接有偿性，如营业场所对顾客的物品寄存，在此情形下，保管人都应尽善良管理人的注意。③

本条第2款是关于保管合同当事人对保管场所或者方法进行约定的规定。保

---

① 宁红丽：《论我国保管合同制度的法律适用》，载《暨南学报（哲学社会科学版）》2008年第6期。

② 参见“缙云县正大农牧有限公司与李福松保管合同纠纷上诉案”，浙江省丽水市中级人民法院（2017）浙11民终1481号民事判决书；另参见“张春瑞等诉姜波保管合同纠纷案”，辽宁省高级人民法院（2017）辽06民申147号民事裁定书；“王升与大丰市绿丰蔬菜冷藏有限公司保管合同纠纷上诉案”，江苏省盐城市中级人民法院（2017）苏09民终463号民事判决书。

③ 参见郭明瑞、王轶：《合同法新论·分则》，北京，中国政法大学出版社1997年版，第340页。

管场所或者保管方法是保管合同的主要内容之一，当事人可以根据保管物的性质和寄存人的特别要求对保管场所和保管方法进行特别约定，该约定具有优先效力，当事人应当遵守，《民法典》第 509 条第 1 款规定：“当事人应当按照约定全面履行自己的义务。”在当事人有约定的情况下，除紧急情况或者为维护寄存人利益外，保管人不得擅自改变保管场所或者方法。此处的紧急情况，主要是指保管物因其他原因可能发生毁损、灭失的风险，而为维护寄存人利益也应作类似的解释，一般不包括保管物的改良、利用甚至处分。当事人对保管场所或者保管方法没有约定的，保管人应按照有利于保管物保存的合理方式保管，并可参照《民法典》第 509 条第 2 款和第 3 款的规定保管保管物：“当事人应当遵循诚信原则，根据合同的性质、目的和交易习惯履行通知、协助、保密等义务。当事人在履行合同过程中，应当避免浪费资源、污染环境和破坏生态。”

第八百九十三条

寄存人交付的保管物有瑕疵或者根据保管物的性质需要采取特殊保管措施的，寄存人应当将有关情况告知保管人。寄存人未告知，致使保管物受损失的，保管人不承担赔偿责任；保管人因此受损失的，除保管人知道或者应当知道且未采取补救措施外，寄存人应当承担赔偿责任。

本条主旨

本条是关于寄存人特殊告知义务的规定。

相关条文

《合同法》第 370 条　寄存人交付的保管物有瑕疵或者按照保管物的性质需要采取特殊保管措施的，寄存人应当将有关情况告知保管人。寄存人未告知，致使保管物受损失的，保管人不承担损害赔偿责任；保管人因此受损失的，除保管人知道或者应当知道并且未采取补救措施的以外，寄存人应当承担损害赔偿责任。

理解与适用

本条是在《合同法》第 370 条的基础上修改而成的，与《合同法》相比，本条并无实质性变化，主要是进行了文字方面的表达完善，将“按照保管物的性质需要采取特殊保管措施的”修改为“根据保管物的性质需要采取特殊保管措施的”，将“除保管人知道或者应当知道并且未采取补救措施的以外”修改为“除保管人知道或者应当知道且未采取补救措施外”，将“损害赔偿责任”修改为“赔偿责任”。

本条规定了寄存人的特殊告知义务，包括两个部分。第一句明确了寄存人就保管物的特殊情况应当向保管人进行告知的法定义务。保管物的特殊情况包括保管物有瑕疵和根据保管物的性质需要采取特殊保管措施两种情形。保管物有瑕疵，是指保管物的品质、效用或价值存在缺陷，如保管的衣物为被污染之物，保管人因此患病。[①] 根据保管物的性质需要采取特殊保管措施，是指保管物存在易燃、易爆、易碎、易腐、有毒、放射性等不同于一般物品的特征，需要采取特殊的方法进行保管，如海鲜、水果等食物需要低温保藏。

本条第二句规定了寄存人未履行特殊告知义务造成损失的责任承担问题。寄存人违反告知义务造成保管物损失的，由寄存人自己承担责任，保管人不承担赔偿责任，此时保管物的损失完全是因为寄存人自己的过错，保管人未违反合同义务。寄存人违反告知义务造成保管人损失的，亦可归责于寄存人的瑕疵履行，此时由寄存人承担赔偿责任无可厚非。在一起车辆保管案件中，法院认为当事人应当预料到涉案车辆因债务纠纷随时可能会被他人强行开走，其在将车辆交付停车场进行保管时，应当就车辆的相关情况告知停车场，并告知停车场对涉案车辆采取特殊的保管措施。但其未履行告知义务导致车辆被开走，停车场对此事件无法预料也无法控制，因此停车场无须承担赔偿责任。[②]

同时，本条规定了寄存人的免责事由，即使寄存人违反告知义务造成保管人损失，若保管人知道或者应当知道且未采取补救措施，寄存人不承担责任。原因在于，保管人已经知道保管物存在瑕疵或其他不合理的风险，仍怠于采取相应的补救措施，以避免损害的发生或扩大，保管人的该行为有违民法的诚实信用原则。也有法院认为，合同双方应根据过错分担损失，在一起保管合同中，原告明知涉案红枣对贮藏温度的要求较高，却未在储存前将红枣的性质及保管方法告知被告，故原告自身对红枣霉烂变质存在重大过错，承担主要责任。被告因未将其冷库温度等贮藏环境条件告知原告，亦存在一定过失，被告对原告损失仅需承担

---

① 参见邱聪智：《新订债法各论》（中），姚志明校订，北京，中国人民大学出版社 2006 年版，第 289 页。

② 参见“蔡建友等诉平顶山市新华区亨利停车场保管合同纠纷案”，河南省平顶山市中级人民法院（2018）豫 04 民终 275 号民事判决书；另参见“王朝洋与杨文增、杨召召保管合同纠纷案”，河南省商丘市中级人民法院（2016）豫 14 民终 2580 号民事判决书。

10%的责任。①

第八百九十四条

保管人不得将保管物转交第三人保管，但是当事人另有约定的除外。

保管人违反前款规定，将保管物转交第三人保管，造成保管物损失的，应当承担赔偿责任。

本条主旨

本条是关于保管人亲自保管义务的规定。

相关条文

《合同法》第371条　保管人不得将保管物转交第三人保管，但当事人另有约定的除外。保管人违反前款规定，将保管物转交第三人保管，对保管物造成损失的，应当承担损害赔偿责任。

理解与适用

本条是在《合同法》第371条的基础上修改而成的，与《合同法》相比，本条并无实质性变化，主要进行了法律文字方面的修改，将“但当事人另有约定的除外”修改为“但是当事人另有约定的除外”，将“对保管物造成损失的”修改为“造成保管物损失的”，将“损害赔偿责任”修改为“赔偿责任”。

除当事人另有约定外，保管人不得将保管物转交第三人保管。本条确立了保管合同中保管人亲自保管保管物的义务。传统民法上，保管合同属无偿合同，双方当事人通常基于相互之间的信任关系而进行保管，体现的是市民社会公民之间的互助精神。从此种意义上讲，传统的保管合同具有某种人身性质的色彩。这里的亲自保管，并不限于保管人自己，利用履行辅助人进行保管应当属于“亲自保管”的范畴。因此，保管人不得将保管物转交第三人保管，这里的“第三人”在解释上不应当包括履行辅助人。② 但是，履行辅助人在保管过程中造成保管物损失的，保管人应当向寄存人承担赔偿责任。

---

① 参见“熊某某等诉胡某某保管合同纠纷案”，江西省南昌市中级人民法院（2017）赣01民终212号民事判决书；另参见“北京永盛丰农资有限公司青岛分公司与河北金沃土农业服务有限公司保管合同纠纷上诉案”，河北省邢台市中级人民法院（2016）冀05民终1807号民事判决书。

② 参见林诚二：《民法债编各论》，北京，中国人民大学出版社2003年版，第325－326页。

“但是当事人另有约定的除外”表明，经保管人和寄存人协商一致，保管人可以将保管物交给第三人保管，学说上称之为“合法转保管”，该第三人为“次保管人”。我国《民法典》仅规定了“当事人约定”这一种合法转保管的情形，比较法上的立法往往还规定了免除保管人亲自保管义务的其他情形。如我国台湾地区“民法”第592条规定：“受寄人应自己保管寄托物。但经寄托人之同意或另有习惯或有不得已之事由者，得使第三人代为保管。”除了当事人约定或同意，交易习惯和不得已之事由也是转委托的合法情形。《民法典》第892条第2款后句规定：“除紧急情况或者为维护寄存人利益外，不得擅自改变保管场所或者方法。”解释上，本条关于转保管的规定，在“紧急情况或者为维护寄存人利益外”的情形下，似有扩大解释或类推适用的可能性。

在转保管的情形下，保管物毁损灭失的，保管人如何承担责任需要根据具体情况分析。一般认为，在合法转保管的情形下，由于征得寄存人的同意，原则上保管人不直接承担保管物的损失责任，除非保管人对第三人存在选任或指示上的过失。[①] 我国台湾地区“民法”第593条第2款也采此种规制路径：“受寄人依前条之规定，使第三人代为保管者，仅就第三人之选任及其对于第三人所为之指示，负其责任。”在违法转保管的情形下，保管人未取得寄存人同意，将保管物擅自转交第三人保管，保管人明显违反亲自保管的合同义务，有法院认为，保管人擅自将寄存人委托保管的货物转移给第三方，侵犯了原告的合法权益，应当予以返还。[②] 由于寄存人与转保管人不存在合同关系，寄存人原则上无法直接向次保管人求偿。

第八百九十五条

保管人不得使用或者许可第三人使用保管物，但是当事人另有约定的除外。

本条主旨

本条是关于保管人不得使用或者许可第三人使用保管物的规定。

相关条文

《合同法》第372条　保管人不得使用或者许可第三人使用保管物，但当事

---

① 参见王利明、房绍坤、王轶：《合同法》，北京，中国人民大学出版社2002年版，第481页。

② 参见“江西常鑫仓储管理有限公司诉宁波韩电电器有限公司返还原物纠纷案”，江西省赣州市中级人民法院（2017）赣07民终2493号民事判决书。

人另有约定的除外。

理解与适用

本条是在《合同法》第372条的基础上修改而成的，与《合同法》相比，本条并无实质性变化，只是完善了立法的语言表达，将“但当事人另有约定的除外”修改为“但是当事人另有约定的除外”。

本条确立了保管人对保管物的禁止使用义务，除当事人另有约定外，保管人既不得自己使用保管物，也不得许可第三人使用保管物，这里的第三人当然包括履行辅助人。原因在于，保管合同的目的是对物品进行保管而非管理，不包括对保管物的使用、改良甚至处分，其旨在维持保管物的原有状态。对保管物的使用，一定程度上会减损其自身价值、功效或使用寿命，增加保管物毁损灭失的风险，因此原则上禁止使用保管物。但是，若基于保管物的特殊性质，对保管物进行必要的使用才能有效或合理履行保管义务以维持保管物的应有状态的，即使未经寄存人同意，保管人亦不构成违约，如定期发动汽车防止发动机故障，对保管的牛羊进行适当放牧等。前述“使用”行为本身就构成合理的保管，属于保管合同内容的一部分。

本条从结构上看，属于不完整法条，只规定了行为模式要件，缺少必要的法律后果。未经当事人同意擅自使用保管物的，构成合同义务的违反，寄存人有权要求保管人承担违约责任，造成保管物损失的，可以要求其赔偿损失。在一起车辆保管案件中，酒店工作人员在履行保管车辆的职务过程中，未经原告同意，私自将原告停放的车辆开出使用，后导致该车辆毁损，原告请求被告承担车辆修理费。法院经审理认为，双方之间形成车辆保管合同关系。在保管合同履行期间，保管人员工将寄存的车辆开出使用并造成损害，酒店违反保管合同义务，依法应当承担赔偿责任。[①] 同时，保管人擅自使用他人之物取得利益的，可构成不当得利，寄存人有权要求返还该利益或支付使用费用。经当事人同意使用保管物的，就合理的物之减损，原则上保管人不承担责任，而对于其他损失，则应当承担责任。

第八百九十六条

第三人对保管物主张权利的，除依法对保管物采取保全或者执行措施外，保

① 参见“昆明爱诺风情酒店有限公司与郝飞飞等保管合同纠纷上诉案”，昆明铁路运输法院（2017）云71民终18号民事判决书；另参见“黄兵与胡燕等保管合同纠纷上诉案”，四川省宜宾市中级人民法院（2016）川15民终1940号民事判决书。

管人应当履行向寄存人返还保管物的义务。

第三人对保管人提起诉讼或者对保管物申请扣押的，保管人应当及时通知寄存人。

本条主旨

本条是关于保管人返还保管物和危险通知义务的规定。

相关条文

《合同法》第373条　第三人对保管物主张权利的，除依法对保管物采取保全或者执行的以外，保管人应当履行向寄存人返还保管物的义务。第三人对保管人提起诉讼或者对保管物申请扣押的，保管人应当及时通知寄存人。

理解与适用

本条是在《合同法》第373条的基础上修改而成的，与《合同法》相比，本条并无实质性变化，只是进行了立法表达的完善，将“除依法对保管物采取保全或者执行的以外”修改为“除依法对保管物采取保全或者执行措施外”。

保管合同是以转移保管物的占有而非所有权来对保管物进行保管的合同，因此保管期限届满或出现其他事由时，保管人应当履行向寄存人返还保管物的义务。基于对占有事实的合理信赖，保管人有理由相信寄存人对保管物享有所有权或处于有权占有的地位，保管合同的成立不要求保管人明晰保管物的真实权利状态，这会不合理加重保管人的审查义务。因此，存在第三人对保管物主张权利的可能性。由于合同的相对性和保管保管物的主要合同义务，即使第三人对保管物主张权利，保管人亦负有向寄存人返还保管物的义务，除非第三人已通过法定程序，依法对保管物采取了保全或者执行措施，包括对保管物进行查封、扣押、冻结、封存或者拍卖等。当保管物因案外人主张权利，被其他法院裁定查封时，保管人在法律上存在向寄存人交付货物的障碍；货物被其他法院查封后，保管人已经履行了向寄存人告知义务的，此时货物不能交付并非保管人自身原因所致，因此保管人不承担责任。①

第三人对保管人提起诉讼或者对保管物申请扣押的，保管人应当及时通知寄

① 参见“江苏苏美达国际技术贸易有限公司与张家港泰富石油仓储有限公司仓储合同纠纷案”，湖北省武汉海事法院（2005）武海法商字第393号民事判决书；另参见“华坤商业集团有限公司诉宁德市港务集团有限公司公司仓储合同纠纷案”，最高人民法院（2017）民申4629号民事裁定书。

存人，本条第 2 款规定了保管合同中保管人的危险通知义务。这里的危险，是指保管物罹于诉讼的情形。① 危险通知义务，是指当第三人对保管人提起诉讼就保管物主张权利，或者对保管物申请扣押时，保管人应当将上述可能危及保管物的情况及时通知寄存人。寄存人将保管物交付保管人保管时，可能无法直接了解保管物的当前状态，当第三人通过诉讼程序主张对保管物的权利时，若保管人不及时通知寄存人参与诉讼或采取其他合理措施，寄存人的权益就会受损。该危险通知义务是基于诚实信用原则产生的合理附随义务，即根据合同的性质、目的和交易习惯履行通知、协助、保密的义务等。因此，保管人未及时履行危险通知义务，给寄存人造成损失的，保管人应当承担赔偿责任。

第八百九十七条

保管期内，因保管人保管不善造成保管物毁损、灭失的，保管人应当承担赔偿责任。但是，无偿保管人证明自己没有故意或者重大过失的，不承担赔偿责任。

本条主旨

本条是关于保管物毁损、灭失时保管人赔偿责任的规定。

相关条文

《合同法》第 374 条　保管期间，因保管人保管不善造成保管物毁损、灭失的，保管人应当承担损害赔偿责任，但保管是无偿的，保管人证明自己没有重大过失的，不承担损害赔偿责任。

理解与适用

本条是在《合同法》第 374 条的基础上修改而成的，与《合同法》相比，《民法典》对前述条文进行了两方面的修改与完善。一是实质内容的修改，增加了保管物毁损、灭失时，无偿保管人“证明自己没有故意”的免责事由；二是形式方面的修改，提升了立法语言的准确性和规范性，将“保管期间”修改为“保管期内”，将“但”修改为“但是”，将“损害赔偿责任”修改为“赔偿责任”。

《民法典》第 892 条第 1 款明确规定：“保管人应当妥善保管保管物。”这确立了保管人对保管物进行妥善保管的义务，以实现保管合同之保管目的。保管人

① 参见邱聪智：《新订债法各论》(中)，姚志明校订，北京，中国人民大学出版社 2006 年版，第 4 页。

未尽妥善保管义务，造成保管物毁损、灭失的，保管人应当承担赔偿责任，只是该保管合同有偿与否会对保管人的责任负担大小有影响。最高人民法院认为，当委托人明知保管人并非具有专业保管知识能力的企业，双方约定的保管费用又仅为一般看管责任所对应的数额较低的“场地保管费”，此时让保管人承担全部责任，有违民法中的公平原则。①

本条是按照以有偿为原则、以无效为例外的立场规定保管人的赔偿责任的。② 在有偿合同情形下，保管人承担较为严格的责任，在保管期内，只要保管人保管不善造成保管物毁损、灭失，就应当承担赔偿责任。当然保管人并非承担绝对责任，其可以援引合同的法定免责事由，如不可抗力，《民法典》第 590 条第 1 款前句规定：“当事人一方因不可抗力不能履行合同的，根据不可抗力的影响，部分或者全部免除责任，但是法律另有规定的除外。”在一起案件中，法院认为寄存人与保管人成立保管合同，因预报的自然灾害远超预期而导致保管物受损的，如保管人已采取必要措施减轻损害后果，则对保管物的损失部分不承担赔偿责任。若事后当事人双方均未采取任何减损措施，以致损失扩大的，双方均有过错，应平均负担该部分损失。③ 除此之外，《民法典》第 917 条规定：“储存期内，因保管不善造成仓储物毁损、灭失的，保管人应当承担赔偿责任。因仓储物本身的自然性质、包装不符合约定或者超过有效储存期造成仓储物变质、损坏的，保管人不承担赔偿责任。”仓储合同性质上属于广义上的保管合同，因此，前述规定在有偿保管合同中有类推适用的空间。

在合同无偿的情形下，《合同法》规定“保管人证明自己没有重大过失的，不承担损害赔偿责任”（第 374 条）。显然，考虑到无偿保管合同的非营利性和社会互助性，不宜苛责保管人过高的保管义务，只有当保管人有重大过失的情形下才承担责任。同时，根据举轻以明重的解释规则，既然无偿保管人在重大过失的情形下都需要承担赔偿责任，当其故意造成保管物毁损、灭失的，当然也应该承担责任。鉴于此，《民法典》将无偿保管人承担责任的情形明确为故意或重大过失。解释上，无偿保管人若要免除保管物的损失责任，应当证明自己没有故意或者重大过失。

---

① 参见“山西省棉麻公司侯马采购供应站等与中国太平洋财产保险股份有限公司北京分公司保险人代位求偿权纠纷上诉案”，最高人民法院（2016）民终 347 号民事判决书。

② 参见朱广新：《民法典之典型合同类型扩增的体系性思考》，载《交大法学》2017 年第 1 期。

③ 参见“中捷缝纫机股份有限公司与宁波经济技术开发区远亚仓储有限公司保管合同纠纷上诉案”，浙江省高级人民法院（2006）浙民三终字第 142 号民事判决书。

第八百九十八条

寄存人寄存货币、有价证券或者其他贵重物品的，应当向保管人声明，由保管人验收或者封存；寄存人未声明的，该物品毁损、灭失后，保管人可以按照一般物品予以赔偿。

本条主旨

本条是关于寄存人贵重物品声明义务的规定。

相关条文

《合同法》第 375 条　寄存人寄存货币、有价证券或者其他贵重物品的，应当向保管人声明，由保管人验收或者封存。寄存人未声明的，该物品毁损、灭失后，保管人可以按照一般物品予以赔偿。

理解与适用

本条源自《合同法》第 375 条，与《合同法》相比，本条无实质变化，只是对标点符号进行了适当修改，明晰了本规定的逻辑层次。

根据保管物的性质，保管物可以分为贵重物品和一般物品两类，前者是指货币、有价证券、珠宝等具有较高功效和社会价值的物品，后者是指不具有高价值的其他一般物品。保管物价值的区分具有相当的合同意义，在保管合同中，寄托人将被保管物的名称、数量、状态等告知保管人，有助于明确责任划分，保管人也可以根据被保管物的特点采取相应保管措施，保管人还可以根据被保管物的价值高低调整收费标准以体现风险的合理承担。① 保管人应当妥善保管保管物，保管物价值的高低，直接决定了保管人履行保管义务的程度。就高价值物品而言，由于其本身的社会价值，因而被盗或毁损的高额赔偿极易发生，这就要求保管人采取高标准的保管措施或存放于特定的保管场所。由于保管物归属于寄存人或主要处于其控制之下，若寄存人不对该物品的价值进行声明，保管人则无法对保管物进行确认以决定采取何种保管措施。因此，本条第 1 款明确了寄存人寄存贵重物品的声明义务，以便保管人验收或者封存。

寄存人履行前述规定的贵重物品声明义务的，保管人对保管物的性质已经知悉，应当按照合同约定或根据保管物的性质、行业习惯等，依据诚信原则履行保

① 参见张为一：《浅论保管箱合同》，载《法学杂志》1999 年第 4 期。

管义务，未尽妥善保管义务的，则应当根据实际损失承担赔偿责任。反之，寄存人未声明的，由于保管人无法知悉保管物的价值等真实状态，不可能进行验收进而采取特殊的保管措施。同时在正常交易状态下，保管费用往往与保管物的价值或风险挂钩，保管物损失的，若按照原价值赔偿，会产生诸多问题：一方面，由于保管人未对该高价值物品进行确认，保管物遗失时，会产生证明难的问题，实践中有法院以现有证据不足以证明贵重物品的存在为由，对原告要求赔偿相机、手机、眼镜及现金的诉讼请求不予支持。也有法院直接以原被告之间没有就该贵重物品形成保管合同关系为由，认为被告对该部分财物没有保管义务，因被盗而产生的损失不应由被告承担赔偿责任。① 另一方面，按照保管物的原价值赔偿，与保管费用差距较大，使保管人承担更大的交易风险，有悖民法的公平原则。有鉴于此，法律在综合平衡双方当事人利益的基础上，规定寄存人未履行贵重物品声明义务的，该物品毁损、灭失后，保管人可以按照一般物品予以赔偿。这也与《邮政法》的精神相一致，该法第 47 条第 1 款规定："邮政企业对给据邮件的损失依照下列规定赔偿：（一）保价的给据邮件丢失或者全部损毁的，按照保价额赔偿；部分损毁或者内件短少的，按照保价额与邮件全部价值的比例对邮件的实际损失予以赔偿。（二）未保价的给据邮件丢失、损毁或者内件短少的，按照实际损失赔偿，但最高赔偿额不超过所收取资费的三倍；挂号信件丢失、损毁的，按照所收取资费的三倍予以赔偿。"

第八百九十九条

寄存人可以随时领取保管物。

当事人对保管期限没有约定或者约定不明确的，保管人可以随时请求寄存人领取保管物；约定保管期限的，保管人无特别事由，不得请求寄存人提前领取保管物。

本条主旨

本条是关于领取保管物的规定。

相关条文

《合同法》第 376 条　寄存人可以随时领取保管物。当事人对保管期间没有

① 参见"周丽诉四川省沐川县翔盛旅游开发有限公司等保管合同纠纷案"，四川省乐山市中级人民法院（2018）川 11 民终 100 号民事判决书。

约定或者约定不明确的，保管人可以随时要求寄存人领取保管物；约定保管期间的，保管人无特别事由，不得要求寄存人提前领取保管物。

理解与适用

本条是在《合同法》第 376 条的基础上修改而成的，与《合同法》相比，本条并无实质性变化，主要进行了法律用语方面的修改，将“保管期间”修改为“保管期限”，将“要求”修改为“请求”。

保管保管物是保管合同的目的，保管合同终止的，寄存人有权领取保管物，保管人有义务返还保管物。本条第 1 款赋予了寄存人随时领取保管物的权利，不论是否约定保管期。这实质上是赋予寄存人在保管合同中的任意解除权，寄存人解除保管合同，保管人失去继续占有保管物的权源，承担保管物返还义务。① 原因在于，“保管的目的是为寄存人保管财物，当寄存人认为保管的目的已经实现时，尽管约定的保管期间还未届满，为了寄存人的利益，寄存人可以提前领取保管物。而且寄存人随时领取保管物，也不问保管为有偿或无偿。保管是无偿的，寄存人提前领取保管物，可以提早解除保管人的义务，对保管人实为有利；保管是有偿的，只要寄存人认为已实现保管目的而要求提前领取的，保管人也无阻碍之理”②。

保管合同的任意解除权只能由寄存人单方行使，并且不受保管期限的限制，因保管人扣留寄存人设备和工具致使寄存人需另行租赁设备和工具的，保管人需赔偿寄存人因此产生的租赁损失。③ 而在当事人对保管期限没有约定或者约定不明确的情形下，保管人可以随时请求寄存人领取保管物属于当然之理，这也与一般合同履行制度相一致，《民法典》第 511 条第 4 项规定：“履行期限不明确的，债务人可以随时履行，债权人也可以随时请求履行，但是应当给对方必要的准备时间。”在双方对保管期限进行明确约定的情形下，保管期限构成合同的主要内容，保管人应当在该期限内妥善保管保管物，保管人无特别事由，不得请求寄存人提前领取保管物。

---

① 参见崔建远：《合同法》（第六版），北京，法律出版社 2015 年版，第 422 页。

② 胡康生主编：《中华人民共和国合同法释义》，北京，法律出版社 1999 年版，第 547 页。

③ 参见“吕翠凤诉李金生财产损害赔偿纠纷案”，河北省高级人民法院（2017）冀民申 1197 号民事裁定书；另参见“东莞市伟旭升塑胶制品有限公司与广州易腾品牌策划有限公司保管合同纠纷上诉案”，广东省东莞市中级人民法院（2016）粤 19 民终 8301 号民事判决书；“北京常轮鑫海汽车轮胎有限公司上诉上海耐克森轮胎销售有限公司保管合同纠纷案”，北京市第二中级人民法院（2016）京 02 民终 6975 号民事判决书。

第九百条

保管期限届满或者寄存人提前领取保管物的，保管人应当将原物及其孳息归还寄存人。

本条主旨

本条是关于保管人返还保管物及其孳息的规定。

相关条文

《合同法》第 377 条　保管期间届满或者寄存人提前领取保管物的，保管人应当将原物及其孳息归还寄存人。

理解与适用

本条是在《合同法》第 377 条的基础上修改而成的，与《合同法》相比，本条并无实质性变化，主要完善了立法语言的表达，将“保管期间”修改为“保管期限”。

《民法典》第 899 条规定了寄存人就保管合同的任意解除权，即不论是否约定保管期限，保管期限是否届满，寄存人都有权领取保管物，本条再次明确了此项规则，寄存人可以在保管期限届满时领取保管物或者提前领取保管物。保管期限届满或者寄存人提前领取保管物时，返还保管的物品是保管人应当履行的主要合同义务之一。基于合同的性质和目的，保管合同仅限于对物品的妥善保管，不包括使用、完善、收益等，因此保管人在履行返还义务时应当将原物及其孳息一并返还寄存人。在一起案件中，购房人向卖房人支付了定金，卖房人将定金交给中介保管，中介出具了定金保管书，后购房人未能与卖房人签订房产转让合同。卖房人要求中介将定金退还时，中介拒绝退还。法院认为，卖房人和中介之间存在保管关系。现寄存人主张返还保管物，保管人应当将保管物及其孳息一并予以返还。法院判决中介返还卖房人定金及利息。①

《民法典》第 460 条也规定：“不动产或者动产被占有人占有的，权利人可以请求返还原物及其孳息；但是，应当支付善意占有人因维护该不动产或者动产支出的必要费用。”传统民法上，孳息分为天然孳息和法定孳息。天然孳息是指依原物的自然属性而生长的物，包括果实、牲畜幼崽等；法定孳息是指因一定的法

① 参见“新市区河北东路博邦房产信息咨询服务部与罗立保管合同纠纷上诉案”，新疆维吾尔自治区乌鲁木齐市中级人民法院（2018）新 01 民终 271 号民事判决书；另参见“陈西南诉南京高业房产经纪有限公司等保管合同纠纷案”，江苏省南京市中级人民法院（2017）苏 01 民终 9072 号民事判决书。

律关系而产生的收益，包括租金、利息等。在货币保管中，法院一般会支持原告要求被告返还委托其保管款项的本金及利息。① 保管期限届满或者寄存人提前领取保管物的，保管人应当将原物及其孳息归还寄存人，解释上，这里的孳息既包括天然孳息也包括法定孳息。

第九百零一条

保管人保管货币的，可以返还相同种类、数量的货币；保管其他可替代物的，可以按照约定返还相同种类、品质、数量的物品。

本条主旨

本条是关于消费保管的规定。

相关条文

《合同法》第378条　保管人保管货币的，可以返还相同种类、数量的货币。保管其他可替代物的，可以按照约定返还相同种类、品质、数量的物品。

理解与适用

本条是在《合同法》第378条的基础上修改而成的，与《合同法》相比，本条并无实质性变化，主要完善了标点符号的使用，将句号改为分号。

本条规定源于《合同法》第378条，学界主流观点认为，该条规定了保管合同中的消费保管合同。② 也有学者认为，由于保管人无权消费其所保管的货币，无法得出消费保管的结论，该条规定属于混藏保管。③ 消费保管合同，又称不规则保管合同，是指保管物为可替代物，约定寄存人将保管物的所有权移转至保管人，将来保管人则返还相同种类、品质、数量的物品。消费保管合同与一般保管合同的主要区别在于，以替代物作为保管物，且移转保管物的所有权。④

---

① 参见“再审申请人刘永平与被申请人刘辉、原审被告丁金秀保管合同纠纷审查案”，山西省高级人民法院（2016）晋民申865号民事裁定书。

② 参见龙翼飞等：《合同法教程》，北京，法律出版社2008年版，第323页；郭明瑞主编：《合同法学》，上海，复旦大学出版社2005年版，第406页；崔建远：《合同法》（第六版），北京，法律出版社2015年版，第419页。

③ 参见万建华：《〈中华人民共和国合同法〉第378条之理解与完善——兼论我国货币保管合同的民商分立》，载《法商研究》2010年第2期。

④ 参见刘春堂：《民法债编各论》（中），台北，三民书局2007年版，第314－315页。

本条与《民法典》第 898 条规定的货币、有价证券或者其他贵重物品的保管不同。本条是关于消费保管的规定，当事人可以约定将货币等代替物的所有权移转至保管人，保管人可以对这里的保管物进行占有、使用、收益和处分，将来保管人仅需要返还相同的种类物即可。而《民法典》第 898 条规定的是货币（或其他贵重物品）寄存的一般保管合同，移转的只是特定货币的占有，保管人不享有该保管物的所有权，不得进行利用和处分，合同期满的保管人应当返还该货币原物，并且该条主要是明确了寄存人就贵重物品寄存的声明义务和赔偿规则。

本条所谓的替代物，是指种类物。学理上，根据物是否具有独立的特征或者是否被权利人特定化，物可分为特定物和种类物。种类物是指性质或种类相同，可以等价替代的物。除收藏或被其他方式特定化外，一般的货币属于种类物，其价值以票面载明金额来计算，不取决于其重量、体积等。双方就货币形成保管合同关系的，双方均应按照约定全面履行自己的义务，保管人应当返还相同种类、数量的货币。① 其他的种类物还包括普通的食物、钢筋、水泥等。由于种类物一般不具有特定性，因而可以成为消费保管合同的标的物，移转其所有权，保管人嗣后只需以等价的种类物返还寄存人即可。在此种意义上，消费保管合同与消费借贷合同具有一致性。但是，两者仍有明显区别：消费保管合同以保管为目的，主要是为了实现寄存人的利益；而消费借贷合同以借用物的使用为目的，侧重于借用人的利益。

第九百零二条

有偿的保管合同，寄存人应当按照约定的期限向保管人支付保管费。

当事人对支付期限没有约定或者约定不明确，依据本法第五百一十条的规定仍不能确定的，应当在领取保管物的同时支付。

本条主旨

本条是关于保管费用支付期限的规定。

相关条文

《合同法》第 379 条　有偿的保管合同，寄存人应当按照约定的期限向保管

---

① 参见“朱金桃与朱利平等保管合同纠纷上诉案”，湖南省张家界市中级人民法院（2017）湘 08 民终 74 号民事判决书。

人支付保管费。当事人对支付期限没有约定或者约定不明确，依照本法第六十一条的规定仍不能确定的，应当在领取保管物的同时支付。

理解与适用

本条是在《合同法》第 379 条的基础上修改而成的，与《合同法》相比，本条并无实质性变化，只是修改了立法语言的表达，将“依照本法”修改为“依据本法”。

《民法典》第 889 条规定：“寄存人应当按照约定向保管人支付保管费。当事人对保管费没有约定或者约定不明确，依据本法第五百一十条的规定仍不能确定的，视为无偿保管。”原则上，保管合同为无偿合同，符合保管合同的原初性质，若当事人明确约定了保管费，则保管合同为有偿合同。在有偿保管合同中，保管人的义务是妥善保管保管物，而寄存人的义务是根据约定支付保管费用。本条再次明确了有偿保管合同中保管人的报酬请求权。在一起保管合同中，法院认为，原被告之间达成口头有偿保管合同，该合同是双方当事人的真实意思表示，不违反法律行政法规的强制性规定，依法成立生效。寄存人可以随时凭相关单据领取保管物，也应该按照约定的期限向保管人支付保管费。①

保管费用的支付期限，有约定的按照当事人的约定，即本条第 1 款的规定：有偿的保管合同，寄存人应当按照约定的期限向保管人支付保管费。当事人对支付期限没有约定或者约定不明确的，首先应当依据本法第 510 条的规定确定，当事人可以就保管费的支付期限进行协商，达成补充协议；不能达成补充协议的，按照合同相关条款或者交易习惯确定。根据本法第 510 条的规定仍无法确定保管费支付期限的，寄存人应当在领取保管物的同时支付保管费用。可见，保管合同中的保管费用采取了“费用后付主义”模式。于此，保管人可就保管费用的支付与保管物的返还主张先履行抗辩，但不得就保管费用的支付与保管物的保管主张同时履行抗辩。

第九百零三条

寄存人未按照约定支付保管费或者其他费用的，保管人对保管物享有留置权，但是当事人另有约定的除外。

---

① 参见“刘春林与重庆市顺鸿农副产品有限公司保管合同纠纷上诉案”，重庆市第五中级人民法院（2016）渝 05 民终 3847 号民事判决书。

本条主旨

本条是关于保管人留置权的规定。

相关条文

《合同法》第380条　寄存人未按照约定支付保管费以及其他费用的，保管人对保管物享有留置权，但当事人另有约定的除外。

理解与适用

本条是在《合同法》第380条的基础上修改而成的，与《合同法》相比，本条有两处变化，完善了立法语言的表达，将“寄存人未按照约定支付保管费以及其他费用的”修改为“寄存人未按照约定支付保管费或者其他费用的”，将“但当事人另有约定的除外”修改为“但是当事人另有约定的除外”。

本条主要规定了保管人因寄存人拖欠保管费用而对保管物享有的留置权，同时规定了保管人就其他合理费用的偿还请求权。根据规定，寄存人应当按照约定向保管人支付保管费自不待言，这是寄存人的合同义务。本条的“其他费用”是指保管人为履行保管义务，维持保管物的合理状态，客观上所产生的必要费用，如保管物的税费、清洁费、动物的饲养费、生鲜的冷藏费等。① 原因在于，保管合同是为寄存人的利益而设，根据民法的公平原则，寄存人应当支付该合理费用。在有偿或无偿保管合同中，当事人均可以对此进行约定。即使没有约定，按照公平原则和诚实信用原则也应当作此解释，同时可以考虑不当得利制度的运用。需要指出的是，民法典对保管人行使留置权的行使要件作了修正，不再要求寄存人未支付保管费以及其他费用，保管费和其他费用其中之一未支付的，保管人即可行使留置权，并有权就保管物优先受偿。②

就留置权而言，应当同时适用《民法典》物权编的相关规定。《民法典》第447条明确了留置权的定义和行使要件：“债务人不履行到期债务，债权人可以留置已经合法占有的债务人的动产，并有权就该动产优先受偿。前款规定的债权人为留置权人，占有的动产为留置财产。”尽管根据解释，保管物不限于动产，亦包括不动产，但根据物权法定主义原则，此时保管人仅可就保管的动产行使留

---

① 参见邱聪智：《新订债法各论》（中），姚志明校订，北京，中国人民大学出版社2006年版，第287页。

② 参见“中国工商银行股份有限公司萍乡安源支行诉江西中外运有限公司等公司保管合同纠纷案”，江西省九江市中级人民法院（2016）赣04民终1639号民事判决书。

置权，而无法对保管的房屋等不动产行使该权利。同时，《民法典》第 448 条规定："债权人留置的动产，应当与债权属于同一法律关系，但是企业之间留置的除外。"根据该规定，除企业之间的保管外，其余保管合同中，保管人留置的动产必须与债权属于同一法律关系，即只能留置拖欠费用合同项下的保管物，而不能留置其他保管物。实践中，法院也认为留置权担保的是保管费及其他为履行保管合同产生的费用，原告主张的对被告拥有的全部债权均享有优先受偿权，没有法律依据。[①] 此外，《民法典》第 449 条规定："法律规定或者当事人约定不得留置的动产，不得留置。"若当事人在保管合同中明确约定了保管人不得对该保管物行使留置权，保管人也无法行使该权利。就留置物的保管和其他事项，应当适用本法物权编或总则编的规定。

① 参见"浙江嘉兴福达建设股份有限公司等诉嘉兴大晨光电科技有限公司破产债权确认纠纷案"，浙江省嘉兴市中级人民法院（2015）浙嘉商终字第 393 号民事判决书。

第二十二章

仓储合同

本章共十五条，主要依据《合同法》第二十章相关条文修改而成，围绕仓储合同法律关系主要规定了仓储合同的成立及内容、危险物品和易变质物品的储存、保管人的验收义务和通知义务、保管人承担赔偿责任的范围及其免责事由、仓单的内容和性质、存货人或仓单持有人的检查权、保管人危险催告义务和紧急处置权、逾期提取仓储物的法律后果、储存期限不明确时仓储物提取等内容。

与《合同法》相比，本章主要修改了以下内容：其一，明确了仓储合同的成立时间，规定仓储合同自保管人和存货人意思表示一致时成立，由此确认了仓储合同的诺成性，有助于违约责任的认定。其二，丰富了仓储物提取凭证的类型，明确保管人接收存货人交付仓储物后应当出具仓单、入库单等，增加规定入库单也可作为提取仓储物的凭证，这是对司法实践中出现的多样化仓储单据的回应。其三，增强了法条用语的准确性和一致性，如将“储存期间”修改为“储存期限”，将“签字”修改为“签名”等，进一步完善和统一了《民法典》的表述。

本章所规定的仓储合同是由一般保管合同发展、演变而来，属于保管合同的特殊类型，又称“仓储保管合同”。仓储合同与保管合同可以视作特殊与一般的关系，因此，法律对仓储合同有特别规定的，适用该特别规定；在本章中没有特别规定的，则适用保管合同的有关规定。

第九百零四条

仓储合同是保管人储存存货人交付的仓储物，存货人支付仓储费的合同。

本条主旨

本条是关于仓储合同定义的规定。

相关条文

《合同法》第 381 条　仓储合同是保管人储存存货人交付的仓储物，存货人支付仓储费的合同。

理解与适用

本条与《合同法》第 381 条的规定一致。

根据本条的规定，仓储合同是保管人储存存货人交付的仓储物，存货人支付仓储费的合同。由此所见，仓储合同的含义如下。

一、仓储合同是保管人与存货人之间的合同

仓储合同是保管人与存货人之间的法律关系。存货人是指对仓储物享有所有权或其他相关权益的人，保管人是指按照合同约定保管存货人交付的仓储物的人。保管人对仓储设备应当具有所有权或使用权。仓储合同的标的物是仓储物，且必须是动产，不动产不能作为仓储合同的标的物。其中的动产是否为商品，以及其价值多少，在所不问。[①] 仓储合同的目的是维持仓储物的原状，因此，金钱、有价证券以及其他权利凭证一般不能作为仓储合同的保管对象。此外，仓储营业须兼具存储和保管功能，二者缺一都不构成仓储合同，而可能成立租赁合同或保管合同等，例如只提供仓储设备供他人储存物件而不负保管责任，或不具备储存设备仅承担保管义务等。[②]

二、仓储合同是继续性、双务、有偿的合同

仓储合同需要保管人长期不断地提供仓储服务，合同义务不是一次给付即可完结，即债务人的给付义务在时间上具有持续性。所以，仓储合同为继续性合同。在仓储合同中，双方当事人互负给付义务，保管人负有接收并储存仓储物的义务，存货人因此支付相应的仓储费作为对价，一方的义务即为另一方的权利，

---

① 参见邱聪智：《新订债法各论》（中），姚志明校订，北京，中国人民大学出版社 2006 年版，第 317 页；刘春堂：《民法债编各论》（中），台北，三民书局 2007 年版，第 375－376 页。

② 参见邱聪智：《新订债法各论》（中），姚志明校订，北京，中国人民大学出版社 2006 年版，第 317 页；刘春堂：《民法债编各论》（中），台北，三民书局 2007 年版，第 376 页。

故仓储合同属于双务有偿合同。[①] 如在“中国石油物资郑州有限公司、浙江明日国际贸易有限公司仓储合同纠纷案”[②] 中，法院在判决中指出，双务有偿是仓储合同的基本特征之一。保管人提供储存、保管的义务，存货人承担支付仓储费的义务是认定构成仓储合同纠纷的要素。

三、仓储合同是商事合同

仓储或仓库营业是随着国际和地区贸易发展而兴起的商业活动。仓储合同属于典型的商事合同，其在合同主体、保管对象等方面有别于一般保管合同。我国采取民商合一的立法例，因此将仓储合同规定于《民法典》合同编。

在仓储合同关系中，仓储合同中的保管人须是仓储营业人[③]，即保管人必须是具有相应从业资质的专门或兼营从事仓储保管业务的法人、非法人组织或自然人，且具备符合规定的仓储设备。仓储设备是保管人从事仓储营业的基本物质条件，包括房屋等能够储存仓储物的设施。在司法实务中，多数法院均认为仓储合同中的保管人需要具备相关的资质，并将此作为认定构成仓储合同的标准。如“仓储合同中的保管人须具有仓储设备和从事仓储业务的资格”[④]，“宿城区粮库提供的营业执照显示，该单位系专业粮食收购、储备经营者且具有仓储设备，故本案应定性为仓储合同”[⑤]，“被告从事冷库经营，系从事专业仓储业的人员，原告作为存货人将水果萝卜存放在被告冷库中，由被告保管，双方之间的行为符合仓储合同的合同行为”[⑥]。

第九百零五条

仓储合同自保管人和存货人意思表示一致时成立。

---

① 参见史尚宽：《债法各论》，台北，荣泰印书馆商务有限公司1981年第5版，第524－525页；郑玉波：《民法债编各论》（下），台北，三民书局1981年第6版，第556页。

② “中国石油物资郑州有限公司、浙江明日国际贸易有限公司仓储合同纠纷案”，河南省高级人民法院（2017）豫法民终1222号民事判决书。

③ 参见崔建远：《合同法》，北京，法律出版社2015年第6版，第426页。

④ “北京正合海石油工程技术有限公司与中国石油化工股份有限公司东北油气分公司等仓储合同纠纷案”，内蒙古自治区前郭尔罗斯蒙古族自治县人民法院（2019）吉0721民初484号民事判决书。

⑤ “宿迁市宿城区粮食储备库与蒋中民间借贷纠纷案”，江苏省宿迁市中级人民法院（2014）宿中民终字第1793号民事判决书。

⑥ “武留忠与樊肖峰仓储合同纠纷案”，河南省内黄县人民法院（2017）豫0527民初1323号民事判决书。

本条主旨

本条是关于仓储合同成立时间的规定。

相关条文

《合同法》第 382 条　仓储合同自成立时生效。

理解与适用

本条是在《合同法》第 382 条的基础上修改而成的。对于仓储合同是诺成性合同还是实践性合同，《合同法》未明文规定。由此引发了理论和实践的争议，不利于司法裁判的统一适用。同时，《合同法》第 382 条关于仓储合同生效时间的规定与《民法典》第 136 条第 1 款关于“民事法律行为的生效时间”以及《民法典》第 502 条第 1 款关于“合同生效时间”的规定重复。因此，在总结审判实践发展的基础上，本条修改了《合同法》关于仓储合同生效时间的规定，明确仓储合同的成立时间是双方当事人意思表示一致时，自此从立法层面确认了仓储合同为诺成性合同。

一、仓储合同是诺成性合同

不同于一般保管合同，仓储合同是诺成性合同，合同自双方当事人意思表示一致时成立，而非仓储物交付时或履行特定行为时成立。这主要是基于仓储合同的商事属性。仓储合同的当事人是商主体，其通常是存货人就大宗物品与专门从事仓储营业的保管人订立协议。一方面，基于专业性和营利性，保管人通常会为履行合同做准备而支出一定费用，若存货人在交付仓储物之前改变交易意愿，保管人可以基于违约责任要求存货人承担赔偿责任。若定性为实践合同，由于合同未成立，保管人只能主张缔约过失责任。另一方面，存货人也同样面临保管人在接收仓储物之前拒绝储存的风险。① 实践性合同不利于当事人的权利保障，也不符合合同中合意主义的要求。本条将仓储合同定性为诺成性合同，表明双方当事人意思表示一致即受合同拘束，一方不按约定履行义务即承担违约责任。这为实现商事交易的稳定性和可预期性提供了充分的法律保障。

---

①　参见崔建远：《合同法》，北京，法律出版社 2015 年第 6 版，第 427 页；王利明：《合同法分则研究（上卷）》，北京，中国人民大学出版社 2012 年版，第 591 页。

二、仓储合同是不要式合同

关于仓储合同是否为不要式合同，学者间有不同认识。采“要式合同”观点的认为，仓储合同必须以书面形式订立。持相反观点的则认为法律未规定仓储合同必须具备特定形式，保管人向存货人出具的仓单或其他凭证也非合同的成立要件，故仓储合同是不要式合同。[①] 依据《民法典》第905条的规定，仓储合同成立不要求遵循特别形式，签发仓单只是保管人的一种履行行为，所以仓储合同是不要式合同。司法实践中，法院认定仓储合同的成立也不以书面形式为判断依据。如在一起仓储合同纠纷中，法院认为，“原告与被告口头约定，原告将其火鸡存放在被告的冷库中，双方之间的仓储合同已经成立”[②]。

第九百零六条

储存易燃、易爆、有毒、有腐蚀性、有放射性等危险物品或者易变质物品的，存货人应当说明该物品的性质，提供有关资料。

存货人违反前款规定的，保管人可以拒收仓储物，也可以采取相应措施以避免损失的发生，因此产生的费用由存货人负担。

保管人储存易燃、易爆、有毒、有腐蚀性、有放射性等危险物品的，应当具备相应的保管条件。

本条主旨

本条是关于储存危险物品和易变质物品的规定。

相关条文

《合同法》第383条　储存易燃、易爆、有毒、有腐蚀性、有放射性等危险物品或者易变质物品，存货人应当说明该物品的性质，提供有关资料。存货人违反前款规定的，保管人可以拒收仓储物，也可以采取相应措施以避免损失的发生，因此产生的费用由存货人承担。保管人储存易燃、易爆、有毒、有腐蚀性、有放射性等危险物品的，应当具备相应的保管条件。

---

① 参见郭明瑞、王轶：《合同法新论·分则》，北京，中国政法大学出版社1997年版，第350页。

② “徐洪文与郭富年仓储合同纠纷案”，山东省潍坊市中级人民法院（2011）潍商终字第80号民事判决书。

理解与适用

本条是在《合同法》第383条的基础上修改而成的。本条的修改体现在：将“储存易燃、易爆、有毒、有腐蚀性、有放射性等危险物品或者易变质物品”修改为“储存易燃、易爆、有毒、有腐蚀性、有放射性等危险物品或者易变质物品的”；将“因此产生的费用由存货人承担”修改为“因此产生的费用由存货人负担”。这两处的修改主要是语词的调整，其原因在于，“承担责任”与“负担费用”更符合民法用语的惯常搭配，也与《民法典》相关表述相一致。

无论是存货人还是保管人，对于储存危险物品和易变质物品都应当履行相应的义务和具备特殊的条件。本条第1款是对存货人说明义务的规定，即存货人在订立合同时应当说明物品的性质并提供有关资料，这是诚实信用原则的应然要求。此项义务是法定义务，无论当事人是否有约定，存货人都应当履行说明义务。这是因为危险物品和易变质物品本身具有较大危险性，如果不提前告知，很可能会导致严重的人身或财产损害。因此，存货人应当提前说明仓储物的特殊性质，并且提供仓储物保管注意事项等材料，这便于保管人采取特殊的保管措施。如果存货人不履行该项义务造成损失，通常会被认定自身具有过错。如在“徐伟钟与绍兴市越州冷冻食品有限公司仓储合同纠纷案”① 中，双方当事人就洋葱的不当储存造成的损失发生争议，法院认为，存货人不能证明自身在交付洋葱之时已将涉案洋葱的具体品种和适宜的储藏温度明确告知冷冻公司，其自身存在一定过错。

本条第2款与第3款是对保管人储存特殊物品权利义务的规定：一是如果存货人不履行危险物品和易变质物品的说明义务和材料提供义务，保管人享有拒收仓储物的权利或主动采取措施避免损失，且因此发生的费用由存货人负担。如果存货人不履行说明义务且未提供有关材料，导致损坏其他存货人的货物或给保管人带来财产损失，存货人应当承担赔偿责任。二是危险物品和易变质物品有特殊保管要求，即保管人不但需要具有相应从业资质，同时应当符合法律规定的特别储存条件并按规定进行操作。保管人不具备相应储存条件就对上述危险物品进行保管，因此造成自身损失的，存货人不负赔偿责任。司法实践中，保管人是否具备储存特殊物品的条件也是认定保管人是否尽了妥善保管义务的重要依据。例如

① “徐伟钟与绍兴市越州冷冻食品有限公司仓储合同纠纷案”，浙江省绍兴市中级人民法院（2017）浙06民终2516号民事判决书。

在“深圳市新宁现代物流有限公司、南昌欧菲光科技有限公司仓储合同纠纷案”[①] 中，法院认为：“新宁公司作为专业的仓储物流公司，对该危险物品的保管条件应当具有专业的辨识能力，但其对涉案锂电池的保管未采取必要的分类存放或隔离措施。且新宁公司既未提供证据证明涉案仓库经过了消防验收或备案，也未提供充分证据证明其具备必要的消防设施，且消防设施能正常运转并发挥应有的消防功能，而且不能举证证明案涉火灾及火灾导致的货物损失属于合同约定的免责事由，故新宁公司未尽妥善保管义务，存在重大过失。”

第九百零七条

保管人应当按照约定对入库仓储物进行验收。保管人验收时发现入库仓储物与约定不符合的，应当及时通知存货人。保管人验收后，发生仓储物的品种、数量、质量不符合约定的，保管人应当承担赔偿责任。

本条主旨

本条是关于仓储物验收的规定。

相关条文

《合同法》第 384 条　保管人应当按照约定对入库仓储物进行验收。保管人验收时发现入库仓储物与约定不符合的，应当及时通知存货人。保管人验收后，发生仓储物的品种、数量、质量不符合约定的，保管人应当承担损害赔偿责任。

理解与适用

本条是在《合同法》第 384 条的基础上修改而成的。相比而言，本条的修改体现在：将保管人应当承担的“损害赔偿责任”修改为“赔偿责任”。此处措辞上的变动，是为了统一《民法典》关于责任承担规定的表述。

一、保管人负有验收义务

该条确立了保管人的入库验收义务。在仓储合同中，保管人负有验收义务，这也是仓储合同与保管合同的不同之处。验收的方式包含实物验收和抽样验收，

---

① “深圳市新宁现代物流有限公司、南昌欧菲光科技有限公司仓储合同纠纷案”，江西省高级人民法院（2018）赣民申 1270 号再审审查与审判监督民事裁定书。

一般根据当事人的约定或交易习惯确定。[①] 验收是指保管人对仓储物的品种、数量、规格等进行查验，以确定是否符合合同约定。保管人如未按照合同约定的项目、方法和期限进行验收，或验收不准确的，因此造成的损失由保管人承担。违反验收义务所承担的赔偿责任为严格责任，不以保管人的过错为前提。例如，在“重庆中集物流有限公司与象屿重庆有限责任公司仓储合同纠纷案”[②] 中，法院明确指出：“保管人的损害赔偿是严格责任，不以保管人存在保管不善的过错为前提要件，只要发生‘仓储物的品种、数量、质量不符合约定’的结果即可。”另外，在当事人双方交接仓储物中发现问题的，保管人应妥善暂存，并在有效验收期内通知存货人处理，暂存期间发生的一切费用和损失由存货人负担。[③]

二、保管人承担怠于履行验收义务的赔偿责任

首先，验收是保管人接收仓储物的前提，当保管人验收完毕后，仓储合同即进入履行阶段，保管人开始履行妥善保管仓储物的义务。其次，保管人验收时发现入库仓储物与约定不符合的，应当及时通知存货人。由存货人作出解释说明，或修改合同，或将不符合合同约定的仓储物予以退还。如果保管人未及时通知或未提出异议，则推定为验收合格，视为仓储物符合合同约定的条件。保管人验收后，其已实际占有仓储物，应当履行妥善保管之合同义务。[④] 因此，如果验收后发生仓储物的品种、数量、质量不符合约定的，推定此为保管人未履行保管义务之后果，故保管人应当承担赔偿责任。例如，在一起仓储合同纠纷中，法院认为：“新河公司作为仓储人没有就仓储货物的重量进行查验，导致其不能按照凭证记载的重量向提货人交付货物的后果，由新河公司自行承担。”[⑤] 需要注意的是，质量是否符合约定首先根据当事人的约定和交易习惯进行判断，如果没有约定或者约定不明确，验收后发生质量不符合约定的，保管人并非一律承担赔偿责任。[⑥] 依据《民法典》第 917 条的规定，因仓储物本身的自然性质、包装不符合约定或者超过有效储存期造成仓储物变质、损坏的，保管人不承担赔

---

① 参见魏耀荣等：《中华人民共和国合同法释论（分则）》，北京，中国法制出版社 2000 年版，第 537 页。

② “重庆中集物流有限公司与象屿重庆有限责任公司仓储合同纠纷案”，重庆市高级人民法院（2016）渝民终 330 号民事判决书。

③ 参见郭明瑞、王轶：《合同法新论·分则》，北京，中国政法大学出版社 1997 年版，第 352 页。

④ 参见王利明：《合同法分则研究》（上卷），北京，中国人民大学出版社 2012 年版，第 601 页。

⑤ “中国外运天津集团新河储运公司与天津义联国际货运代理有限公司等仓储合同纠纷案”，最高人民法院（2015）民申字第 3084 号申请再审民事裁定书。

⑥ 参见胡康生：《中华人民共和国合同法释义》，北京，法律出版社 1999 年版，第 556 页。

偿责任。

第九百零八条

存货人交付仓储物的，保管人应当出具仓单、入库单等凭证。

本条主旨

本条是关于保管人出具仓单、入库单义务的规定。

相关条文

《合同法》第385条 存货人交付仓储物的，保管人应当给付仓单。

理解与适用

本条是在《合同法》第385条的基础上修改而成的。本条的修改体现在：将“给付仓单”修改为“出具仓单、入库单等凭证”。增加规定保管人接收存货人交付仓储物后应当出具入库单等义务，是在总结审判实践基础上对凭证形式的补充完善。

存货人交付仓储物的，保管人负有出具仓单、入库单的义务。保管人拒不填发仓单、入库单的，构成债务不履行。仓单是指保管人在收到仓储物时向存货人签发的，表示其收到一定数量储存物的有价证券。① 入库单是指保管人对其收到的仓储物入库数量的确认。仓单、入库单等凭证的作用主要体现为：一是证明仓储合同关系的存在，且保管人已收到仓储物。应当注意的是，尽管该凭证上可能记载仓储合同的主要内容，但不能代替仓储合同，只能作为仓储合同存在的凭证。仓储合同经双方当事人意思表示一致即成立，无论是存货人交付仓储物，还是保管人出具仓单、入库单等凭证，都是在履行合同成立后的义务。如果保管人在检验时发现仓储物不符合合同约定条件，从而通知存货人取回仓储物，则保管人无须出具仓单等凭证。二是存货人可以凭借该凭证提取仓储物。司法实践中，法院通过明确相关单证的性质来认定当事人是否可以提取仓储物。例如，最高人民法院认为，“仓储保管人锦泰公司对于本案所涉货物的提货手续有着具体明确的要求，应包括正式出库单和提货单。本案中的《货权转移证明》既非出库单也非提货单，华联公司关于琨福公司持有《货权转移证明》传真件即可提取货物的主张既不符合法律规定，也不符合当事人《货物储运合同》的相关约定，该主张

① 参见郭明瑞、房绍坤：《新合同法原理》，北京，中国人民大学出版社2000年版，第676页。

不能成立。”①

填发仓单是仓储合同的主要特色，也是赋予其独立有名合同类型的理由之一。② 关于仓单，主要有三种立法例。一是一单主义，即保管人只出具一张仓单，该仓单可以提取仓储物，也可以转让和出质。二是复单主义，即保管人同时出具存入仓单和出质仓单，前者用于提取货物或通过背书转让仓储物；后者可以设定质权担保。三是并用主义，即依存货人的意愿出具一单或两单。③ 我国采取的是一单主义，兼作转让和出质之用。④ 按照《民法典》第 440 条，仓单可以出质。第 441 条规定，以仓单出质的，质权自权利凭证交付质权人时设立；没有权利凭证的，质权自办理出质登记时设立。法律另有规定的，依照其规定。

第九百零九条

保管人应当在仓单上签名或者盖章。仓单包括下列事项：

（一）存货人的姓名或者名称和住所；

（二）仓储物的品种、数量、质量、包装及其件数和标记；

（三）仓储物的损耗标准；

（四）储存场所；

（五）储存期限；

（六）仓储费；

（七）仓储物已经办理保险的，其保险金额、期间以及保险人的名称；

（八）填发人、填发地和填发日期。

本条主旨

本条是关于仓单应记载事项的规定。

相关条文

《合同法》第 386 条　保管人应当在仓单上签字或者盖章。仓单包括下列事

---

① “中商华联科贸有限公司与昌邑琨福纺织有限公司买卖合同纠纷案”，最高人民法院（2013）民提字第 138 号。

② 参见邱聪智：《新订债法各论》（中），姚志明校订，北京，中国人民大学出版社 2006 年版，第 321 页。

③ 参见房绍坤：《仓单若干问题探讨》，载《求是学刊》2002 年第 1 期；胡康生：《中华人民共和国合同法释义》，北京，法律出版社 1999 年版，第 557 页。

④ 参见黄立：《民法债编各论》（下），北京，中国政法大学出版社 2003 年版，第 637－638 页。

项：(一) 存货人的名称或者姓名和住所；(二) 仓储物的品种、数量、质量、包装、件数和标记；(三) 仓储物的损耗标准；(四) 储存场所；(五) 储存期间；(六) 仓储费；(七) 仓储物已经办理保险的，其保险金额、期间以及保险人的名称；(八) 填发人、填发地和填发日期。

理解与适用

本条是在《合同法》第386条的基础上修改而成的。本条的修改体现在：将“签字”修改为“签名”；将“存货人的名称或者姓名和住所”修改为“存货人的姓名或者名称和住所”；将“仓储物的品种、数量、质量、包装、件数和标记”修改为“仓储物的品种、数量、质量、包装及其件数和标记”；将“储存期间”修改为“储存期限”。总的来说，本条的变化主要体现在文字上的修改和语序的调整，其原因在于，加强文字的准确性，避免理解上的歧义。

一、仓单是要式证券

要式证券是具备法律规定的形式才能有效的证券，本条对仓单的格式和记载事项均有严格规定，故仓单是要式证券。首先，仓单必须经由保管人签名或盖章。这是仓单发生效力的必备条件。签名和盖章只需一项即可，不必同时具备。保管人在仓单上签名或盖章表明其已收到存货人交付的仓储物，且认可了仓单上的记载事项，同时也是证明仓单真实性的凭证。如果没有签名或盖章，则难以证明符合合同约定的仓储物已交付的事实，仓单应当认定为无效。其次，仓单应当具备一定的形式。仓单作为有价证券，可以用于转让或出质，为了使受让人或质权人了解仓储合同的内容，便于其行使权利和履行义务，本条规定了仓单的应载事项。

二、仓单应当记载法定事项

一是仓单为记名证券，因此应当记载存货人的姓名或者名称和住所。存货人是自然人的，需记载姓名和住所；存货人是法人或其他组织的，需记载名称和住所地。二是仓单是背书证券和物权证券，存货人可以通过背书转让仓储物，因此必须明确权利客体。记载仓储物的品种、数量、质量、包装及其件数和标记可以将仓储物特定化，便于当事人行使权利。三是损耗标准。由于仓储物可能因为自然原因或自身性质发生损耗，因而在仓单上应当明确仓储物的损耗标准，以区分其与因保管不善造成的损失，避免提取仓储物时发生纠纷。四是储存场所。记载存放仓储物的场所对于确定合同的履行地点有重要意义，便于存货人或仓单持有人及时、准确提取仓储物。五是储存期限。储存时间是保管人储存仓储物的保管时间，同时也是存货人或仓单持有人提取仓储物的时间界限。储存期间到期之后，存货人或仓单持有人负有提取仓储物的义务。六是仓储费。仓储合同原则上是双务有偿合同，仓储费是存货人向保管人支付的报酬，仓单上应当记载数额、支付方式、支付时间等事项。但如果当事人间有特殊约定，存货人也可以不支付仓储费。七是仓储物的投保情况。如果仓储物已经办理保险的，仓单上应当记载保险金额、期间以及保险人的名称，这有利于保险事故发生后，仓单持有人向保险人主张权利。八是填发人、填发地和填发日期。这是物权证券的基本要求，便于确定当事人的权利义务。司法实践中，法院通过考察文本记载内容来认定是否构成仓单。例如，有法院认为，“由于案涉货物为镍铁矿大宗货物，在本案中未出现制式仓单这一权利外观要件，但 2014 年 1 月 26 日、6 月 4 日的两份《三方协议书》已载明存货人名称和住所、仓储物情况、仓储费等内容，具备《中华人民共和国合同法》第三百八十六条规定的仓单的基本要素。”①

第九百一十条

仓单是提取仓储物的凭证。存货人或者仓单持有人在仓单上背书并经保管人签名或者盖章的，可以转让提取仓储物的权利。

本条主旨

本条是关于仓单的转让规定。

相关条文

《合同法》第 387 条　仓单是提取仓储物的凭证。存货人或者仓单持有人在仓单上背书并经保管人签字或者盖章的，可以转让提取仓储物的权利。

理解与适用

本条是在《合同法》第 387 条的基础上修改而成的。本条的修改体现在：将“保管人签字”修改为“保管人签名”。这一修改主要是语词的调整，与《民法典》的相关表述相一致。

① “江苏国泰国际集团恒联进出口有限公司与维维食品饮料股份有限公司买卖合同纠纷案”，江苏省高级人民法院（2016）苏民终 439 号民事判决书。

一、仓单的可转让性

仓单作为一种有价证券，可以流通。所谓“有价证券”是指，设定并证明持券人能取得一定财产权利的书面凭证，其权利的行使或处分必须借助于证券的占有或移转。[①] 流通的方式包含转让和出质。本条主要体现了仓单的可转让性。仓单的转让必须符合：其一，需要通过背书的方式进行转让，且应当符合有价证券对背书连续性的要求。[②] “背书”是指存货人或仓单持有人在仓单的背面或者粘单上记载被背书人（受让人）的姓名或名称、住所等有关事项的行为。[③] 其二，保管人应当在仓单上签名或盖章。如果仓单仅由存货人或仓单持有人背书，但缺少保管人签名或盖章，仓单的转让也不发生效力。仓单是仓储合同的证明凭证，保管人是仓储物的合法占有人，经由保管人签名或盖章可以避免出现伪造、涂改仓单等损坏权利人利益的现象。同时，仓单是无因证券，即使发生基础法律关系无效或被撤销的情形，仓单转让的效力也不受影响。

二、仓单的效力

仓单既是存货人与保管人之间仓储合同的证明，亦是存货人或仓单持有人向保管人请求交付货物的凭证。仓单兼具债权效力和物权效力[④]，但主要表现为物权效力。一方面，仓单是仓储合同的书面凭证，仓单持有者享有请求保管人交付仓储物的权利；另一方面，仓单交付会产生物权变动的效果，仓单据此具有物权凭证的效力。经存货人或仓单持有人在仓单上背书并经保管人签名或盖章后，仓单持有人将仓单转让给第三人时，即相当于完成货物之交付，第三人即取得货物所有权。[⑤] 仓单表彰其记载物品的所有权，持有仓单者即享有该仓储物的所有权。例如，在“佛山市佛安能源有限公司诉中石化中海船舶燃料供应有限公司等买卖合同纠纷案”[⑥] 中，法院认为，“中海燃料持有由存货人或者仓单持有人中源石油与保管人佛安能源共同出具的仓单，且保管人佛安能源亦在涉案货物所有

---

① 参见马俊驹、余延满：《民法原论》，北京，法律出版社 2010 年版，第 718 页。

② 例如甲背书转让给乙，乙背书转让给丙。背书的连续性是为了保证每个背书人都是有权进行背书转让的人。

③ 参见胡康生：《中华人民共和国合同法释义》，北京，法律出版社 1999 年版，第 559 页。

④ 参见吴志正：《债编各论逐条释义》，台北，元照出版公司 2013 年版，第 311 页。

⑤ 参见邱聪智：《新订债法各论》（中），姚志明校订，北京，中国人民大学出版社 2006 年版，第 328 页；王利明：《合同法分则研究》（上卷），北京，中国人民大学出版社 2012 年版，第 592 页。

⑥ “栾川县豫广金属冶炼有限责任公司诉上海平欣资产管理有限公司金融借款合同纠纷案”，上海市第一中级人民法院（2017）沪 01 民终 6125 号民事判决书。

权确认函中盖章确认了仓储物的所有权人为中海燃料，已符合转让提取仓储物权利的全部形式要件，因此中海燃料依法取得了提取涉案仓储物的权利。"① 仓单不仅可以表现为纸质形式，还可以表现为电子形式，如实践中有法院认为电子仓单作为电子商务领域的金融服务创新产品，也可以是仓单的一种表现形式。另外，对于仓单出质的，需要适用《民法典》物权编关于权利质押的规定。

第九百一十一条

保管人根据存货人或者仓单持有人的要求，应当同意其检查仓储物或者提取样品。

本条主旨

本条是关于存货人或仓单持有人有权检查仓储物或提取样品的规定。

相关条文

《合同法》第 388 条　保管人根据存货人或者仓单持有人的要求，应当同意其检查仓储物或者提取样品。

理解与适用

本条与《合同法》第 388 条的规定一致。

本条规定了保管人因存货人或仓单持有人的请求，应当允许其检查仓储物或提取样品。原因在于，仓储物交付后由保管人实际占有，存货人有权请求了解货物的存放和保管情况。同时，仓单交付会产生物权变动的效果，当仓单经由存货人背书且保管人签名或盖章而转让或出质，仓单受让人或质权人即成为仓单持有人，仓单持有人同样拥有检查仓储物或提取样品的权利。存货人或仓单持有人对仓储物进行检查或样品提取，也有助于监督保管人认真履行合同义务。② 但检查仓储物或提取样品的行为，不得妨碍保管人的正常工作。从保管人的角度看，这是其容忍义务。一是容许存货人或仓单持有人检查、清点仓储物；二是容许存货人或仓单持有人提取仓储物样本。存货人或仓单持有人的检查或提取方法、范围

① "佛山市佛安能源有限公司诉中石化中海船舶燃料供应有限公司等买卖合同纠纷案"，广东省广州市黄埔区人民法院（2016）粤 0112 民初 256 号民事判决书。

② 参见邱聪智：《新订债法各论》（中），姚志明校订，北京，中国人民大学出版社 2006 年版，第 331 - 332 页；王利明：《合同法分则研究》（上卷），北京，中国人民大学出版社 2012 年版，第 602 页。

等不应当超出维持仓储物原状的目的，且应符合交易习惯和诚实信用原则。[①] 检查仓储物或提取样品所造成的损失或产生的费用，由存货人或仓单持有人承担。

需要注意的是，本条规定的检查权属于存货人或者仓单持有人的法定权利，在仓储期限内均可以行使。在实践中，要将其与合同中的约定检查权相区别。例如，在一起由最高人民法院审理的合同纠纷中，上诉人认为，被上诉人不同意其对代购代存玉米进行检验，所以其拒绝付款提货。法院经审理认为，对仓储物进行检查是存货人的法定权利，无须以合同约定为前提条件。但根据案件事实，被上诉人并未拒绝上诉人行使仓储货物的检查权，因此上诉人拒绝付款提货是在行使不安抗辩权的理由不成立。[②]

第九百一十二条

保管人发现入库仓储物有变质或者其他损坏的，应当及时通知存货人或者仓单持有人。

本条主旨

本条是关于保管人危险通知义务的规定。

相关条文

《合同法》第 389 条　保管人对入库仓储物发现有变质或者其他损坏的，应当及时通知存货人或者仓单持有人。

理解与适用

本条是在《合同法》第 389 条的基础上修改而成的。本条的修改体现在：将"保管人对入库仓储物发现有变质或者其他损坏的"修改为"保管人发现入库仓储物有变质或者其他损坏的"。这一修改主要是表述上的调整，使其更加符合用语习惯。

保管人接收存货人交付的仓储物后，在符合合同约定的条件和要求下储存和保管仓储物，仓储物因自身性质、超过有效储存期等原因发生变质或其他损坏

① 参见刘春堂：《民法债编各论（中）》，台北，三民书局 2007 年版，第 407 页。

② 参见"曹县谷丰粮食购销有限公司与佳木斯市惠农谷物专业合作社其他合同纠纷案"，最高人民法院（2014）民二终字第 135 号民事判决书。

的，保管人虽然不承担赔偿责任，但应履行危险通知义务。根据本条规定，保管人在发现入库仓储物有变质或者其他损坏，或是存在变质或者其他损坏的危险时，应当及时通知存货人或仓单持有人，使其尽早采取措施，避免损失的发生或扩大。"仓储物有变质或者其他损坏"一般是指仓储物发生变质、数量减少、价值降低、包装破损造成的损坏等情形。如有法院认为，"依据已查明事实，苏宁物流公司已通过电子邮件形式告知北京酵真公司货物有效期届至情况及相应货物数量，且要求该公司尽快处置即将过期货物，已经履行了案涉合同约定的保管人通知义务。货物超过保质期并不属于危及其他货物安全或正常保管的情形，故北京酵真公司主张苏宁物流公司应在货物过期时采取处置措施，缺乏合同及法律依据，本院不予支持。"①

同时，本条的规定体现了诚实信用原则的精神，是该原则的具体化。依据《民法典》第 509 条的规定，"当事人应当按照约定全面履行自己的义务。当事人应当遵循诚信原则，根据合同的性质、目的和交易习惯履行通知、协助、保密等义务。当事人在履行合同过程中，应当避免浪费资源、污染环境和破坏生态。"这表明，仓储合同的保管人除了按合同约定履行义务，还应当遵循诚实信用原则，根据仓储合同的性质、目的和交易习惯，在仓储物发生变质或其他损坏，或者仓储物有变质或其他损坏的危险时，向存货人或仓单持有人履行通知义务。②

第九百一十三条

保管人发现入库仓储物有变质或者其他损坏，危及其他仓储物的安全和正常保管的，应当催告存货人或者仓单持有人作出必要的处置。因情况紧急，保管人可以作出必要的处置；但是，事后应当将该情况及时通知存货人或者仓单持有人。

本条主旨

本条是关于保管人危险催告义务和紧急处置权的规定。

相关条文

《合同法》第 390 条　保管人对入库仓储物发现有变质或者其他损坏，危及

① "江苏苏宁物流有限公司与北京酵真生物科技有限公司合同纠纷上诉案"，江苏省南京市中级人民法院（2017）苏 01 民终 6114 号民事判决书。

② 参见胡康生：《中华人民共和国合同法释义》，北京，法律出版社 1999 年版，第 561 页。

其他仓储物的安全和正常保管的，应当催告存货人或者仓单持有人作出必要的处置。因情况紧急，保管人可以作出必要的处置，但事后应当将该情况及时通知存货人或者仓单持有人。

理解与适用

本条是在《合同法》第390条的基础上修改而成的。本条的修改体现在：将“保管人对入库仓储物发现有变质或者其他损坏”修改为“保管人发现入库仓储物有变质或者其他损坏”；将“保管人可以作出必要的处置，但事后应当将该情况及时通知存货人或者仓单持有人”修改为“保管人可以作出必要的处置；但是，事后应当将该情况及时通知存货人或者仓单持有人”。这两处修改主要是标点符号和表述上的调整，使其更加符合用语习惯，同时与《民法典》第912条的改动保持一致。

一、保管人的催告义务

司法实践中对于《民法典》第912条的通知义务与第913条的催告义务存在结合适用和单独适用的情形。如“金秋元公司通知的证据仅为一条短信，在大蒜出现发芽情况后金秋元公司未举证证明其向刘江平通知货物情况、并要求刘江平尽快处置，故金秋元公司未尽保管方的提醒义务”①；“被告没有将胡萝卜超出有效储存期并损坏的情况及时通知原告，胡萝卜损坏影响其冷库的使用和其他仓储物保管的情况下没有通知原告进行必要的处置，被告自己也没有采取必要的措施”②；“上诉人并未提交证据证实被上诉人存储的苹果发现有变质或者其他损坏，危及其他仓储物的安全和正常保管，即便存在该种情形，依法亦应当通知存货人作出必要处理，同时，上诉人也未提交证据证实存在紧急情况其必须处置的情形”③。

保管人发现入库仓储物有变质或者其他损坏，或仓储物存在变质或者其他损坏的危险时，若这种变质或损坏是由仓储物自身性质或包装破损等不可归责于保

---

① “刘江平、昆明金秋元贸易有限公司仓储合同纠纷”，昆明市中级人民法院（2014）昆民四终字第337号民事判决书。

② 该案中，法官引用《合同法》第389条（通知义务）和第390条（催告义务）之规定，认为被告在为原告冷存胡萝卜过程中，虽然多次催促原告出库，但并没有将胡萝卜超出有效储存期并损坏的情况及时通知原告，在胡萝卜损坏影响其冷库的使用和其他仓储物保管的情况下没有通知原告进行必要的处置，被告自己也没有采取必要的措施，从而导致仓储费用的不断扩大。参见“张文龙与德州飞马冷链物流有限公司保管合同纠纷上诉案”，山东省德州市中级人民法院（2018）鲁14民终85号民事判决书。

③ “荣成市华峰果品有限公司与陈志华仓储合同纠纷上诉案”，山东省威海市中级人民法院（2017）鲁10民终1005号民事判决书。

管人的原因造成的，保管人应当履行《民法典》第 912 条规定的危险通知义务，如果这种变质或其他损坏已经危及其他仓储物的安全和正常保管，保管人还应当催告存货人或者仓单持有人作出必要的处置。因情况紧急，保管人可以作出必要的处置；但是，事后应当将该情况及时通知存货人或者仓单持有人。保管人的催告对象必须是存货人或仓单持有人，否则不构成有效催告。催告的内容一般包括：要求存货人或仓单持有人对发生变质或其他损坏的仓储物进行处置或作出处置指示。如果保管人怠于催告，则应对其他货物的损失或自己遭受的损失自负责任。存货人接到催告后应当及时进行处置，如果其违反此项义务，导致保管人或其他仓储物存货人财产损失的，存货人承担赔偿责任。

二、保管人的紧急处置权

通常来说，保管人不具有对仓储物的处分权，但因情况紧急，保管人可以作出必要处置；但是，事后应当将该情况及时通知存货人或者仓单持有人。因此，在一般情况下保管人只需履行催告义务，只有在保管人无法通知存货人或仓单持有人，或者保管人必须马上采取措施才能避免其他货物的损害的紧急情形下，法律赋予保管人不经催告的紧急处置权。紧急处置以能够保证其他货物的安全和正常保管为限度。[①] 保管人的紧急处置权是保管人防止损失扩大的注意义务的体现，即仓储物产生较为严重的变质或其他损坏后，保管人应当采取合理措施尽量避免损失扩大。保管人紧急处置仓储物产生的费用由存货人或仓单持有人负担。

第九百一十四条

当事人对储存期限没有约定或者约定不明确的，存货人或者仓单持有人可以随时提取仓储物，保管人也可以随时请求存货人或者仓单持有人提取仓储物，但是应当给予必要的准备时间。

本条主旨

本条是关于储存期限不明确时如何提取仓储物的规定。

相关条文

《合同法》第 391 条　当事人对储存期间没有约定或者约定不明确的，存货

① 参见马俊驹、余延满：《民法原论》，北京，法律出版社 2010 年版，第 722 页。

人或者仓单持有人可以随时提取仓储物，保管人也可以随时要求存货人或者仓单持有人提取仓储物，但应当给予必要的准备时间。

理解与适用

本条是在《合同法》第391条的基础上修改而成的。本条的修改体现在：将“当事人对储存期间没有约定或者约定不明确的”修改为“当事人对储存期限没有约定或者约定不明确的”；将“保管人也可以随时要求存货人或者仓单持有人提取仓储物”修改为“保管人也可以随时请求存货人或者仓单持有人提取仓储物”；将“但”改为“但是”。这三处修改主要是表述上的调整，其目的在于提高法条用语的准确性，“期限”相较于“期间”而言更能指明提取仓储物的时间界限，“请求”相比“要求”而言更符合合同债权的性质。

从保管人的角度看，本条前段规定了保管人须满足存货人或仓单持有人提取仓储物请求的义务，即储存期限不明确时，存货人或者仓单持有人可以随时提取仓储物。存货人或仓单持有人随时提取货物不属于违约行为，也不产生仓储费用的增减问题，仓储费按照实际储存时间确定。关于储存时间是否明确，司法实践一般综合考量是否直接标明货物的储存期限或取回时间等约定条款，单独的仓储物转库时间视为双方对储存期限没有约定。[①] 本条后段规定的是保管人请求存货人或仓单持有人提取仓储物的权利，即保管人也可以随时请求存货人或者仓单持有人提取仓储物，但是应当给予必要的准备时间。所谓“给予必要的准备时间”，是指保管人预先通知提货，然后确定一个合理的期限，以给存货人或仓单持有人留出必要的准备时间，在期限届至前提货即可，并非在通知当时就必须提取仓储物。[②] 如果保管人没有给予存货人或仓单持有人必要的准备时间，导致仓储物发生损失的，保管人承担赔偿责任。[③] 究其本质，储存期限不明确的仓储合同属于不定期合同，当事人有权单方终止合同。[④] 司法实践中，也有法院将其认定为是

---

① 例如有法院认为，“案涉《货物转库移交表》注明的时间虽为2010年2月9日，但该时间仅为仓储物转库时间，移交表上并没有写明货物储存期间或取回日期，当事人双方在诉讼中也未提交相关仓储合同，应视为双方对储存期间没有约定。”参见“成小红等诉湘潭诚信冷冻冷藏食品有限公司与公司有关的纠纷案”，湖南省高级人民法院（2017）湘民终79号民事判决书。

② 参见胡康生：《中华人民共和国合同法释义》，北京，法律出版社1999年版，第563页。

③ 例如有法院认为，“龙泰公司2013年8月14日通知王洪杰要求其于2013年8月15日前将所剩苹果自行处理，在没有给予王洪杰必要准备时间的情况下，龙泰公司即将剩余苹果按垃圾废品处理，故龙泰公司应按剩余苹果的重量及价格对王洪杰承担损害赔偿责任。”参见“王洪杰与莱阳市龙泰果蔬食品有限公司仓储合同纠纷案”，山东省烟台市中级人民法院（2017）鲁06民终1277号民事判决书。

④ 参见吴志正：《债编各论逐条释义》，台北，元照出版公司2013年版，第314页；王利明：《合同法分则研究》（上卷），北京，中国人民大学出版社2012年版，第608页。

合同任意解除权的体现。如在一起仓储合同纠纷案中，法院认为，“双方未约定煤炭储存期间，因此金港公司作为存货人可以随时提取煤炭，其于2013年5月4日要求拉出煤炭，系行使仓储合同的任意解除权，双方之间的仓储合同关系应于该日解除。”①

第九百一十五条

储存期限届满，存货人或者仓单持有人应当凭仓单、入库单等提取仓储物。存货人或者仓单持有人逾期提取的，应当加收仓储费；提前提取的，不减收仓储费。

本条主旨

本条是关于储存期限有明确约定时如何提取仓储物的规定。

相关条文

《合同法》第392条　储存期间届满，存货人或者仓单持有人应当凭仓单提取仓储物。存货人或者仓单持有人逾期提取的，应当加收仓储费；提前提取的，不减收仓储费。

理解与适用

本条是在《合同法》第392条的基础上修改而成的。本条的修改体现在：将“储存期间届满”修改为“储存期限届满”；将“存货人或者仓单持有人应当凭仓单提取仓储物”修改为“存货人或者仓单持有人应当凭仓单、入库单等提取仓储物”。这两处修改的原因在于，“期限”更能准确指明仓储物的储存时间界限，且与《民法典》相关表述保持一致；将“仓单”修改为“仓单、入库单等”是针对实践中不断丰富的仓储物提取凭证作出的规定，且与《民法典》第908条规定保管人接收存货人交付仓储物后应当出具仓单、入库单等凭证的义务相统一。

依据《民法典》第908条，仓单、入库单是保管人接收存货人交付仓储物后应当出具的凭证，可以用于提取仓储物。因此本条规定，存货人或仓单持有人应当凭仓单、入库单等提取仓储物。仓储期限届满，仓储合同终止，存货人或仓单

① “徐州飞达港与江苏金港能源有限公司仓储合同纠纷案”，江苏省徐州市中级人民法院（2017）苏03民终778号民事判决书。

持有人可以请求保管人返还仓储物，这也是存货人或仓单持有人按期提取仓储物的义务。当存货人或仓单持有人违反此项义务时，会产生两项法律后果：一是逾期提取的，应当加收仓储费。如果存货人或仓单持有人超出合同约定的储存期限提取仓储物，将会增加保管人的保管成本和负担，因此，基于公平原则，保管人应当加收仓储费。司法实践中，甚至有法院认为支付的逾期仓储费可以视为双方就逾期仓储费收取标准达成了新的协议。① 二是提前提取的，不减收仓储费。合同明确约定了储存期限，存货人或仓单持有人在期限届至前提取仓储物的，在一般情况下不会导致保管人受损，但保管人可能为此作出大量准备，提前提取的行为会破坏保管人的保管计划和合同信赖，甚至因此丧失其他缔约机会。所以，为了维护保管人的合法利益，本条规定提前提取的，不减收仓储费。②

第九百一十六条

储存期限届满，存货人或者仓单持有人不提取仓储物的，保管人可以催告其在合理期限内提取；逾期不提取的，保管人可以提存仓储物。

本条主旨

本条是关于保管人提存权的规定。

相关条文

《合同法》第 393 条　储存期间届满，存货人或者仓单持有人不提取仓储物的，保管人可以催告其在合理期限内提取，逾期不提取的，保管人可以提存仓储物。

理解与适用

本条是在《合同法》第 393 条的基础上修改而成的。本条的修改体现在：将

① 如在“汝城县星宇矿业有限公司与汝城县瑞泰隆投资有限公司仓储合同纠纷上诉案”中，法院认为，“星宇公司逾期提取冰铜矿，瑞泰隆公司可加收仓储费。星宇公司在提货时已按 60 元/吨/月的标准支付给瑞泰隆公司逾期仓储费，应视为双方就逾期仓储费收取标准达成了新的协议。”参见湖南省郴州市中级人民法院（2017）湘 10 民终 1892 号民事判决书。

② 参见魏耀荣等：《中华人民共和国合同法释论（分则）》，北京，中国法制出版社 2000 年版，第 551 页。司法实践中，法院也作此认定。如在“莒南县供销社果品蔬菜公司等诉陈华伟仓储合同纠纷再审案”中，法院认为，“即使 2007 年 11 月下旬陈华伟与孔某订立合同，提前提取大蒜，陈华伟也应向果品公司支付协议书约定的全部仓储费用”。参见山东省高级人民法院（2017）鲁民再 3 号民事判决书。

“储存期间届满”修改为“储存期限届满”；将“，”修改为“；”。本条修改的原因在于，一是提高标点符号使用的准确性；二是“期限”更能准确指明仓储物的储存时间界限，且与《民法典》相关表述保持一致。

保管人于约定保管期限届满前，不得请求存货人或仓单持有人提取仓储物，否则会造成存货人或仓单持有人临时另觅堆藏之地的窘境。[①] 储存期限届满，存货人或仓单持有人凭仓单、入库单等凭证提取仓储物，这既是存货人或仓单持有人的权利，也是其义务。如果存货人或仓单持有人不能或拒绝提取，保管人可以确定一个合理期限，催告其在此期限内提取，逾期仍不提取的，保管人可以提存仓储物。这就是保管人的提存权，其设置的原因主要是为了及时消灭债的关系，不增加保管人的保管负担。所谓“提存”，是指以提存代替清偿，即由于债权人的原因，债务人无法向债权人清偿到期债务，债务人将合同标的物交付给特定的提存部门，从而完成债务的清偿，达到使合同权利义务终止的效果。[②] 依据《民法典》第 570 条第 1 款，提存的原因分为三类，债权人拒绝受领、债权人不能受领以及债权人不确知。本条即属于债务内容的实现以债权人的受领为必要，但债权人无正当理由拒绝受领之情形。保管人提存的前提条件是储存期限届满，经保管人催告后，存货人或者仓单持有人在合理期限内仍未提取仓储物。本条的“不提取仓储物”包含仓储物全部未提取和遗留部分仓储物两种情形。此外，本条也适用《民法典》第 570 条第 2 款的规定，即“标的物不适于提存或者提存费用过高的，债务人依法可以拍卖或者变卖标的物，提存所得的价款”。司法实践中，法院会结合第 570 的规定对保管人的提存行为是否构成违约进行综合认定。例如最高人民法院在一起合同纠纷案中指出[③]，在谷丰公司函告后，惠农合作社仍不作出提货安排的情况下，谷丰公司可依法提存仓储物，因 5 万吨玉米的提存费用过高，谷丰公司变卖代存玉米，符合法律规定。此外，新玉米即将上市，谷丰公司还要履行与案外人签订的仓库租赁合同。合同履行期限届满，为避免损失继续扩大，谷丰公司对垫资代购代存的玉米进行销售，系采取正当的自力救济措施，且该行为并未导致惠农合作社的利益受到损害。惠农合作社上诉称，谷丰公司销售代存玉米侵害了其合法权益，法院不予支持。

---

① 参见吴志正：《债编各论逐条释义》，台北，元照出版公司 2013 年版，第 314 页。

② 参见崔建远：《我国提存制度的完善》，载《政治与法律》2019 年第 8 期；韩世远：《提存论——〈合同法〉第 101－104 条的解释论》，载《现代法学》2004 年第 3 期。

③ 参见“曹县谷丰粮食购销有限公司与佳木斯市惠农谷物专业合作社其他合同纠纷”，最高人民法院（2014）民二终字第 135 号民事判决书。

第九百一十七条

储存期内，因保管不善造成仓储物毁损、灭失的，保管人应当承担赔偿责任。因仓储物本身的自然性质、包装不符合约定或者超过有效储存期造成仓储物变质、损坏的，保管人不承担赔偿责任。

本条主旨

本条是关于仓储合同保管人承担赔偿责任的情形及其免责事由的规定。

相关条文

《合同法》第394条　储存期间，因保管人保管不善造成仓储物毁损、灭失的，保管人应当承担损害赔偿责任。因仓储物的性质、包装不符合约定或者超过有效储存期造成仓储物变质、损坏的，保管人不承担损害赔偿责任。

理解与适用

本条是在《合同法》第394条的基础上修改而成的。本条的修改体现在：将“储存期间”修改为“储存期内”；将“因保管人保管不善造成仓储物毁损、灭失的”修改为“因保管不善造成仓储物毁损、灭失的”；将两处的“损害赔偿责任”修改为“赔偿责任”；将“仓储物的性质”修改为“仓储物本身的自然性质”。这几处修改一是提高法条用语的简洁性和准确性，避免在理解和适用上产生歧义；二是为了与《民法典》相关表述相一致。

一、保管人的妥善保管义务

在仓储物储存期内，保管人负有妥善保管的义务。保管人的妥善保管义务主要包括三种情形：一是具备法定的资格和保管条件，如对于危险物品的保管，法律规定了特别保管条件，保管人应当符合该要求。二是保管人必须按照仓储合同的约定按要求和条件进行保管。三是除了合同约定的保管条件和保管要求外，保管人还应当尽到善良管理人的义务。① 如保管人应当完善安全防范措施，避免仓储物毁损、灭失。因为仓储合同中保管人的专业性和营利性，其注意义务要高于一般保管合同中的保管人的。在判断保管人是否尽到妥善保管义务时，可以参考行业内的一般水平加以认定。保管不善造成仓储物毁损、灭失的，保管人应当承

① 参见马俊驹、余延满：《民法原论》，北京，法律出版社2010年版，第722页。

担赔偿责任。

“保管不善”主要包括以下情形：一是保管人不具备相关保管资质的，如在“深圳市新宁现代物流有限公司、南昌欧菲光科技有限公司仓储合同纠纷案”中，新宁公司对危险物品的保管不符合相关的保管条件，对涉案锂电池的保管未采取必要的分类存放或隔离措施，未提供证据证明其具备相应消防条件，未尽妥善保管义务，存在重大过失。[①] 二是保管人不能依约定返还仓储物。司法实践中，法院的观点举例如下：中远公司作为仓储方不能及时向中铁柳州公司返还仓储物，应当赔偿相应的价款以及运输费用[②]；中港公司作为保管人对全明公司存储的货物负有妥善保管义务，涉案货物因中港公司保管不善导致雨淋，经鉴定机构鉴定质量不合格，因此中港公司应赔偿全明公司的货物损失。[③] 三是保管人违反验收、通知、催告义务，对扩大的损失也应承担相应的责任。法院的判决理由如金娟对入库仓储物没有验收而直接入库，应当视为金娟对于人参入库时的完好状态予以确认，在金娟履行仓储保管义务期间，涉案人参发生霉变，金娟未能提供证据证明系仓储物自身原因所致，应当承担保管不善的法律责任。[④] 四是保管人的必要处置措施不恰当的，也应承担相应的违约责任。如法院认为，即使根据合同约定可以调整场地，际誉公司也应通知运达公司，现际誉公司提供的证据不能证明其在调整前或调整后以何种方式通知过福田法院及运达公司，运达公司也不认可煤炭仍在际誉公司的仓储场地内，故际誉公司应承担损害赔偿责任。[⑤]

二、保管人不承担赔偿责任的情形

保管人承担赔偿责任的主要原因在于，仓储物的毁损、灭失是因为保管不善所造成的，即两者存在因果关系。所以，如果仓储物变质、损坏是因为其本身的自然性质、包装不符合约定或者超过有效储存期所造成的，则保管人不承担赔偿责任。一方面，在仓储物本身的自然性质或包装不符合约定的情况下，即便保管

---

① 参见“深圳市新宁现代物流有限公司、南昌欧菲光科技有限公司仓储合同纠纷案”，江西省高级人民法院（2018）赣民申1270号再审审查与审判监督民事裁定书。

② 参见“中国铁路物资柳州物流有限公司诉广州中远海运物流有限公司仓储合同纠纷案”，广东省广州市中级人民法院（2017）粤01民初128号民事判决书。

③ 参见“青岛中港仓储有限公司与青岛全明肥料有限公司仓储合同纠纷案”，山东省青岛市黄岛区人民法院（2015）黄商初字第69号民事判决书。

④ 参见“金娟与范琳红仓储合同纠纷上诉案”，广东省广州市中级人民法院（2016）粤01民终8760号民事判决书。

⑤ 参见“内蒙古际誉仓储物流有限责任公司与巴彦淖尔市运达工贸有限责任公司仓储合同纠纷上诉案”，内蒙古自治区巴彦淖尔市中级人民法院（2016）内08民终1778号民事判决书。

人履行了妥善保管义务也无法避免发生腐烂等异状，故保管人不应当承担赔偿责任。例如当双方未对仓储物损耗问题作出明确约定时，保管人对油品的损耗不承担赔偿责任。[①] 另一方面，仓储物本身存在有效期时，因超出有效储存期导致变质或损坏，应当由存货人承受超出储存期造成的损失。[②] 如在一起仓储合同纠纷中，法院认为，存货人在仓储时间届满后，没有及时提取仓储物，造成仓储物发生腐烂，因此存货人对仓储物发生损失也应承担相应的责任。[③] 本条实际上确立了保管人的法定免责事由。值得注意的是，保管人在上述情况中免于承担赔偿责任的前提是已经履行了危险通知、催告、必要处置等义务。此外，发生不可抗力或存货人的行为导致仓储物毁损、灭失的，保管人也不承担赔偿责任。

第九百一十八条

本章没有规定的，适用保管合同的有关规定。

本条主旨

本条是关于仓储合同法律适用的规定。

相关条文

《合同法》第 395 条　本章没有规定的，适用保管合同的有关规定。

理解与适用

本条与《合同法》第 395 条的规定一致。

仓储合同又称仓储保管合同，就其性质而言，仍属于保管合同的一种。本条属于准用性规则，这表明法律上承认仓储合同和保管合同的相似性。对仓储合同没有规定的，适用保管合同的有关规定。例如关于仓储合同保管人留置权的规定可以参照适用《民法典》第 903 条保管合同留置权的规则，即“寄存人未按照约定支付保管费或者其他费用的，保管人对保管物享有留置权，但是当事人另有约

---

① 相关判决参见“中国石油天然气股份有限公司山西销售分公司与山西省代县林红伟石化有限公司仓储合同纠纷案”，山西省太原市万柏林区人民法院（2017）晋 0109 民初 59 号民事判决书。

② 参见王利明：《合同法分则研究》（上卷），北京，中国人民大学出版社 2012 年版，第 600 页。

③ 参见“金娟与范琳红仓储合同纠纷案”，广东省广州市荔湾区人民法院（2015）穗荔法民二初字第 1125 号民事判决书。

定的除外。”在“太仓新港物流管理中心有限公司与奥特斯维能源（太仓）有限公司仓储合同纠纷案”中，法院援引保管合同留置权之规定，认为该条款界定了保管人享有留置权的货物范围为保管人保管的货物，并不要求必须是寄存人所有的货物，但当事人另有约定的除外。因被告奥特公司未向原告新港公司支付其应承担的仓储服务费用，所以原告对被告仍在仓储未出库的货物享有留置权，包括商业单据显示的货物进口方为鑫辉公司、海润公司的货物。① 另如仓储合同中第三人主张权利的返还问题可以适用《民法典》第 896 条，即“第三人对保管物主张权利的，除依法对保管物采取保全或者执行措施外，保管人应当履行向寄存人返还保管物的义务。第三人对保管人提起诉讼或者对保管物申请扣押的，保管人应当及时通知寄存人。”对此，法院通常在判决中援引保管合同的相关规定，进而认定仓储合同纠纷问题。②

需要注意的是，并非所有仓储合同没有规定的情形都可以适用保管合同相关规定。在确定是否能够参照适用时，应当考虑仓储合同的特殊性，与仓储合同性质相悖的规则不能适用。

① 参见“太仓新港物流管理中心有限公司与奥特斯维能源（太仓）有限公司仓储合同纠纷案”，湖北省武汉海事法院（2018）鄂 72 民初 383 号民事判决书。类似判决参见天津市第二中级人民法院（2017）津 02 民终 2399 号民事判决书。

② 第三人对保管物主张权利时仓储保管人仍应向存货人返还。相关案例参见浙江省宁波市镇海区人民法院（2016）浙 0211 民初 1252 号民事判决书。

第二十三章

委托合同

第九百一十九条

委托合同是委托人和受托人约定，由受托人处理委托人事务的合同。

本条主旨

本条是关于委托合同之概念的规定。

相关条文

《合同法》第 396 条　委托合同是委托人和受托人约定，由受托人处理委托人事务的合同。

《民法典》第 796 条　建设工程实行监理的，发包人应当与监理人采用书面形式订立委托监理合同。发包人与监理人的权利和义务以及法律责任，应当依照本编委托合同以及其他有关法律、行政法规的规定。

第 960 条　本章没有规定的，参照适用委托合同的有关规定。

第 966 条　本章没有规定的，参照适用委托合同的有关规定。

第 984 条　管理人管理事务经受益人事后追认的，从管理事务开始时起，适用委托合同的有关规定，但是管理人另有意思表示的除外。

理解与适用

一、委托合同的功能

亲自处理自己的事务，受时间、空间的限制，可能无法事必躬亲。通过委托合同，由他人处理自己的事务，可以突破上述限制。同时，随着社会分工的发展，每个人无法像百科全书一样掌握所有的知识，委托合同，也可以突破专业知识的限制。因此，委托合同能够扩大自治可能性，弥补自治能力的不足。在交易实践中，委托合同经常作为交易结构设计的一环，通过与其他法律工具的组合，实现当事人的整体目标。在我国由于大量管制性规则的存在，委托合同具有更重要的价值和意义。

同时，委托合同是以提供一定的劳务或服务为内容的服务合同的一种。较之以物或者权利的转移为中心的合同，服务合同具有库存的不可能性、无形性或者识别困难性、复原返还的不可能性、受到服务人特质的制约、受领人的协作、受领人自身的特性与服务效果之间的密切关联性、信息的不对称性、持续性、损害的特殊性等特点。① 服务合同内部分为承揽性服务合同（承揽合同、建设工程合同、运输合同等）、保管性服务合同（保管合同、仓储合同等）和委托性服务合同（委托合同、物业服务合同、行纪合同、中介合同等），《民法典》并未规定统一的服务合同规则。② 委托合同是委托性服务合同的基本类型，其规定构成了委托性服务合同的基础。因此，在其他委托性服务合同没有特别规定时，可以参照适用委托合同的规定。针对行纪合同和中介合同，《民法典》第 960 条和第 966 条都规定：本章没有规定的，参照适用委托合同的有关规定。这属于法定的准用条款。即使法律规定的物业服务合同、证券投资顾问合同、金融理财合同等没有规定此种法定准用条款，在其没有特别规定时，仍然可以参照适用委托合同的有关规定。《民法典》和其他法律没有明文规定的委托性服务合同，例如经理人、代办商、合伙事务执行，在没有特别规定时，依据《民法典》第 467 条第 1 款，也可以参照适用最相类似的委托合同的有关规定。

除民事委托之外，行政法也借用概念形成行政委托。行政委托是行政机关在其职权职责范围内依法将其行政职权或行政事项委托给有关行政机关、社会组织或者个人，受托人以委托机关的名义实施管理行为和行使职权，并由委托机关承担法律责任。行政委托必须有法定依据、符合法定程序，委托的行政机关必须拥有法定权限，受托人应当是符合法定条件的有关企事业单

---

① 参见周江洪：《服务合同研究》，北京，法律出版社 2010 年版，第 15－18 页。

② DCFR 也将服务合同和委托合同区分开，其认为委托合同更多集中在被授权和被指示的是什么，而不是作为提供商提供的是什么。参见欧洲民法典研究组、欧盟现行私法研究组：《欧洲私法的原则、定义与框架规则》（第四卷），于庆生等译，北京，法律出版社 2014 年版，第 709 页。

位、社会组织或者个人，且必须以委托机关的名义实施管理行为和行使职权。①

二、委托合同是受托人处理委托人事务的合同

委托合同是以处理委托人事务为标的的合同，因而与以交付和转移所有权为内容的买卖合同是不同的。当然，委托合同和买卖合同确实存在易混淆的部分，尤其是在链条型交易中。在实践中，第三方由一方指定并按照其指示与另一方签订买卖合同，另一方受托处理交易并收取买卖合同差价作为报酬，被认为是委托合同②；而按照双方签订的合同，甲方的主合同义务是提供商品，乙方作为独家经营销售商按月向其采购不少于一定数量的商品，乙方采购后以何种形式何种价格面向社会销售，甲方均不参与，也不承担乙方在市场推广中发生的任何费用的，则被认为实质上是买卖合同关系。③

委托合同中的处理事务，与无因管理中的管理事务在行为层面大致类似，除非处理行为因属于其他典型合同而不属于委托合同中的处理事务，例如保管、行纪等。④ 所处理的事务更是多元化，不仅涉及法律行为，例如买卖、赠与、租赁等，也可以涉及准法律行为和非法律行为，例如看房子、质押财产监管、账户监管等；不仅可以是实体法上的事务，也可以是程序法上的事务，例如办理登记、批准、代理诉讼等；既可以涉及财产，也可以不涉及财产；不仅可以是一次性事务，也可以是持续一段时间的事务。⑤ 在交易实践中，常见的委托事务包括但不限于：代办担保登记、行政审批、行政登记等手续，委托采购、委托销售、委托拍卖，委托代理

---

① 《最高人民法院关于对中国长江航运（集团）总公司与武汉港务管理局委托代收水运客货运附加费纠纷一案请示的复函》（〔2002〕民四他字第 41 号）指出：本院经研究认为，水运客货运附加费属国家行政规费，交通部是唯一的法定征收单位。中国长江航运（集团）总公司（以下称长航总公司）和武汉港务管理局虽是企业法人，但根据交财发〔1993〕456 号和交财发〔1993〕541 号两个文件的规定，它们是受交通部委托征收水运客货运附加费的代征单位和代收单位，因此与交通部形成行政委托法律关系，长航总公司与武汉港务管理局之间则构成该项行政委托的转委托关系，不应认定是民事委托关系。

② 参见最高人民法院（2017）民终 569 号民事判决书。

③ 参见最高人民法院（2017）民终 701 号民事判决书。

④ 参见邱聪智：《新订债法各论》（中），北京，中国人民大学出版社 2006 年版，第 138 页。

⑤ 参见王利明：《合同法研究》（第三卷），北京，中国人民大学出版社 2015 年版，第 684 页。《日本民法典》第 643 条将委托事项限定为法律行为，但第 656 条将委托合同规定准用于对非法律行为事务的委托。

诉讼活动，委托经营，委托收购股权，委托理财，委托监管①，委托贷款、委托收款，有限责任公司股东委托会计师事务所查阅公司账簿，委托投资和股权代持②，委托借名购房③，等等。但是，依据法律规定、当事人约定或者依行为的性质，

---

① 实践中常见的质押财产委托监管，如果监管人并不实际占有和控制监管物，而是帮助质权人监督实际仓储方的仓储保管工作，则可认为存在委托合同关系，参见最高人民法院（2013）民申字第591号民事裁定书；如果监管人实际保管，则可以认定为存在保管合同关系，参见最高人民法院（2015）民申字第230号民事裁定书。也有观点认为，该关系为混合合同关系，监管人的合同义务不限于保管质物，还包括验明质物、监管质物等义务，与保管人在保管合同项下承担的义务有所区别，应被视为复合法律关系，参见最高人民法院（2013）民申字第138号民事裁定书。在此要区分合同效力和物权效力，监管是否足以确定质物是否已经交付债权人，进而是否足以使质权有效设立。《全国法院民商事审判工作会议纪要》第63条规定：在流动质押中，经常由债权人、出质人与监管人订立三方监管协议，此时应当查明监管人究竟是受债权人的委托还是受出质人的委托监管质物，确定质物是否已经交付债权人，从而判断质权是否有效设立。如果监管人系受债权人的委托监管质物，则其是债权人的直接占有人，应当认定完成了质物交付，质权有效设立。监管人违反监管协议约定，违规向出质人放货、因保管不善导致质物毁损灭失，债权人请求监管人承担违约责任的，人民法院依法予以支持。如果监管人系受出质人委托监管质物，表明质物并未交付债权人，应当认定质权未有效设立。尽管监管协议约定监管人系受债权人的委托监管质物，但有证据证明其并未履行监管职责，质物实际上仍由出质人管领控制的，也应当认定质物并未实际交付，质权未有效设立。此时，债权人可以基于质押合同的约定请求质押人承担违约责任，但其范围不得超过质权有效设立时质押人所应当承担的责任。监管人未履行监管职责的，债权人也可以请求监管人承担违约责任。

② 实践中也多将股权代持合同认定为委托合同，参见最高人民法院（2011）民二终字第63号民事判决书、广东省深圳市中级人民法院（2017）粤03民终10534号民事判决书等。该协议在当事人之间原则上有效，并且区分对内效力、对公司等的效力和对外效力，例如，《最高人民法院关于适用〈中华人民共和国公司法〉若干问题的规定（三）》第24、25条，《最高人民法院关于审理外商投资企业纠纷案件若干问题的规定（一）》第15条、《全国法院民商事审判工作会议纪要》第28条等。关于对内效力按照当事人之间的合同处理，包括但不限于以下问题：投资权益一般归属于实际投资人；名义股东未经实际投资人同意处分股权应当承担违约责任等。关于对公司的效力包括但不限于以下问题：实际出资人未经公司其他股东半数以上同意，请求公司变更股东、签发出资证明书、记载于股东名册、记载于公司章程并办理公司登记机关登记的，不予支持；有限责任公司过半数的其他股东知道实际出资的事实，且对实际投资人实际行使股东权利未曾提出异议，对实际出资人提出的登记为公司股东的请求，应予支持；有限责任公司登记股东均与实际出资人之间具有委托持股关系，实际出资人行使知情权，不涉及公司以外第三人的利益，亦未破坏有限责任公司的人合性特征，应予支持。参见福建省龙岩市中级人民法院（2015）岩民终字第12650号民事判决书。关于对公司以外第三人的对外效力包括但不限于以下问题：名义股东对外处分股权有效；实际投资人对名义股东的债权人执行股权时是否有权提出执行异议［不予支持的判决，参见最高人民法院（2013）民二终字第111号民事判决书、最高人民法院（2013）民申字第758号民事裁定书］；实际投资人在名义股东破产时是否有权取回股权。但无论如何，当事人之间的合同效力和股权归属是两个不同的问题，即使签订协议是为了规避外资持有股权的限制性规定等，也并不必然导致委托合同无效。最高人民法院（2015）民申字第136号民事裁定书中认为：股权归属关系与委托投资关系是两个层面的法律关系。前者因合法的投资行为而形成，后者则因当事人之间的合同行为形成，保监会的上述规章仅仅是对外资股东持股比例所作的限制，而非对当事人之间的委托合同关系进行限制。因此，实际出资人不能以存在合法的委托投资关系为由主张股东地位，受托人也不能以存在持股比例限制为由否定委托投资协议的效力。

③ 如果房屋买卖合同由出名人以自己的名义与出卖人订立，但出名人系受借名人委托，借名合同在此种情形中应被认定为委托合同。参见杨代雄：《借名购房及借名登记中的物权变动》，载《法学》2016年第8期。在此，仍然要将委托合同的效力和物权效力区分开，物权效力涉及出名人是否取得了房屋所有权以及其后处分的效力。

应当由本人亲自实施的行为，例如办理结婚登记、履行演出合同、不作为等，一般不适用委托合同。同时，委托的目的和事项不得违反法律、行政法规的效力性规定，不得违背公序良俗，于此适用法律行为的一般规则。①

处理委托人事务，同样要求委托合同可以为委托人或者第三人的利益，可以为委托人和受托人或者第三人的利益，可以为第三人和受托人的利益，但不得仅为受托人的利益。② 同时，处理委托人事务，原则上并非必须达到一定的结果，即其是行为之债而非结果之债。该行为是否产生预期的工作成果，通常不能成为评判受托人是否履行合同的考量因素，这是委托合同与承揽合同的最重要区别。《民法典》实际上采用的是“大委托、小承揽”的理念，在无法准确对合同定性的前提下，基于使债务人负担越重越需要债务人的明确同意这个自治原则，推定为适用或者参照适用委托合同而非承揽合同的规则。③ 换言之，委托合同的规则可以构成服务合同的一般性和默认规则，但在委托合同未规定时，也可以在性质不相违背的范围内参照适用承揽合同的相关规定。

还应当注意的是，委托合同和劳动合同或者劳务合同的内容均为提供劳务，但委托的目的在于处理委托人事务，受托人提供劳务仅是手段，即使受托人应当按照委托人的指示处理委托事务，受托人仍具有独立性，有权根据自己的经验、知识和技能，选择自己认为最好的方法；而在劳动合同或者劳务合同中，提供劳务方仅是单纯地提供劳务，同时，其应当服从债权人的指示、安排、指挥和监督，当事人之间具有控制、支配和从属关系。④ 但是，委托合同规则可以是劳务合同的一般和默认规则。⑤

委托合同的标的是处理委托人事务，这也使委托合同与中介合同区分开。在实践中，两者区分的关键是中介人仅报告订立合同的机会或者提供订立合同的媒介服务，中介人并不实际参与委托人与相对人的合同关系，而由委托人和相对人

---

① 例如，最高人民法院（2014）民申字第1358号民事裁定书中认为，委托合同的主要内容是协调降低国有土地使用权的挂牌价格，损害了国家利益和社会公共利益，委托合同无效。涉及代孕的委托合同，也会因此而被判定无效，例如上海市第二中级人民法院（2016）沪02民终9572号民事判决书。违反国家限制经营、特许经营以及法律、行政法规禁止经营规定的委托合同也无效。

② 参见邱聪智：《新订债法各论》（中），北京，中国人民大学出版社2006年版，第139页。

③ 同样结论，参见王利明：《合同法研究》（第三卷），北京，中国人民大学出版社2015年版，第694页；邱聪智：《新订债法各论》（中），北京，中国人民大学出版社2006年版，第148页。

④ 最高人民法院（2015）民申字3557号民事裁定书中认为，委托合同是受托人为委托人办理委托事务，委托人支付约定报酬或不支付报酬的合同；当事人在履行委托合同的过程中地位是平等的，不具有管理与被管理的特点；而劳动合同是劳动者与用人单位之间确立劳动关系，明确双方权利和义务的协议。《重庆市高级人民法院民二庭关于委托合同纠纷法律适用问题的解答》（2014年）第1条采取同样的观点。

⑤ 我国台湾地区“民法”第529条对此有明确规定。

实质性地协商。①

三、委托人承受委托事务的最终收益和风险

受托人处理委托事务，并非必须要以委托人的名义。这涉及委托合同和代理授权行为的不同。并非所有的委托合同都伴随着代理权，例如仅委托传达时即没有代理权问题。代理权也并非仅以委托合同作为基础关系，合伙合同、劳动合同都可能作为基础关系，甚至法定代理权也可以作为基础关系。即使委托合同伴随着代理权，但产生代理权的并非作为基础关系的委托合同，而是代理授权行为。委托合同仅仅产生委托人和受托人之间的债权债务关系。代理权是代理人取得的一种以自己的意思表示改变被代理人法律地位的法律权力，由被代理人承受代理行为的法律效果，但代理人本人并没有根据代理权获得利益，换言之，代理权属于一种私法中的权力而非权利。② 同时，代理授权行为并不会课予代理人义务，只要代理权力未行使就无法产生权利、义务，故代理授权行为并非债的发生原因。③ 因此，委托合同仅仅产生债权债务关系，产生私法中的债权和债务，而代理授权行为产生将代理行为的效果归属于被代理人的私法权力，两者在法律效果上显然不同，效果意思成为基础行为与代理授权行为区分的基础。在通常的律师委托行为中，可以看到其中的区别：双方通常要先签订一个委托合同，之后再由委托人出具授权委托书，产生代理权的并非委托合同，而是授权委托书所表现出来的代理授权行为。该区分中最为重要的价值考虑是使相对人原则上无须对内部基础行为予以审查，而仅需审查代理授权行为中的代理权有无和权限，增加无权代理中相对人善意认定的可能性，从而降低相对人对代理权有无和权限范围的审

---

① 四川省德阳市中级人民法院（2019）川06民终980号民事判决书认为：从本案查明的事实来看，袁宇、李季接受喻林强的委托后，收取喻林强费用，以自己或者自己另行委托的代理人的名义向相关单位支付费用，以围标的方式以期达到让喻林强承包项目工程的目的，喻林强从始至终未参与进去。如果袁宇、李季是向喻林强提供订立合同的机会，或者提供订立合同的服务，那么就应当让喻林强自己参与进去并自行判断是否签订合同。综上，本案的法律关系应当是委托合同关系。北京市第三中级人民法院（2019）京03民终10717号民事判决书认为：本院认为，玉钢受托之事虽有居间的性质，但其不仅仅限于介绍龙民与产权公司认识，而且协议中有关于房屋的单价、楼层、户型等的具体约定，双方之间的法律关系应当认定为委托关系更为符合本案实际。四川省成都市中级人民法院（2019）川01民终12363号民事判决书认为：根据“协议”内容，启西公司不仅负责向泰晤士公司报告与指点学校订约机会、为其缔约居中斡旋，同时还直接参与双方通过股权转让方式完成指点学校收购的具体事宜，故双方“协议”的性质应为委托合同关系，而非居间合同关系。

② 关于代理权的性质，参见［德］拉伦茨：《德国民法通论》，王晓晔等译，北京，法律出版社2003年版，第827页；朱庆育：《民法总论》，北京，北京大学出版社2013年版，第328页。

③ 参见王泽鉴：《债法原理》，北京，北京大学出版社2009年版，第282页。关于持此观点的案例，参见重庆市高级人民法院（2015）渝高法民终字第72号民事判决书，载《人民司法·案例》2016年第2期。

查成本。[①] 因此，委托合同仅侧重解决委托人和受托人之间的权利义务问题，而代理权侧重解决代理人所作出法律行为的效果归属问题。

但是，委托合同是受托人处理委托人事务的合同，因此，在委托人和受托人之间，受托人处理委托事务所产生的利益和风险，最终由委托人承受。[②] 这也构成了委托合同与其他很多合同的区别。例如，当事人就商铺、产权式酒店等订立的委托经营合同，不应一概定性为委托合同。如当事人明确约定委托人将商铺、房屋交予受托人经营，经营收益和风险均由受托人承担，受托人支付固定金额的“租金”或“投资回报”的，应认定为租赁合同。如当事人约定委托人将商铺、房屋交予受托人经营，经营收益和风险均由委托人承担，委托人支付一定金额的报酬给受托人的，则应认定为委托合同。[③]

实践中，委托合同的应用情形之一是委托理财或者资产管理合同。委托理财是指委托人将其资金、证券等资产委托给受托人，由受托人将该资产投资于股票、期货等交易市场或通过其他金融形式进行管理，所得收益由双方按约定进行分配或由受托人收取代理费的经济活动。根据受托人的主体特征不同，委托理财可分为金融委托理财和民间委托理财。金融委托理财，又称金融机构委托理财。在我国从事委托理财业务的金融机构主要有商业银行、证券公司、信托公司、保险公司、基金公司等五类，这些金融机构从事这类业务须有一定的资质并经有关主管部门批准方可进行。民间委托理财，又称非金融机构委托理财，其受托主体主要为资产管理公司、投资咨询公司、一般企事业单位等非金融机构或自然人。民间委托理财合同和民间借贷合同经常难以区分，这涉及诉讼管辖、民间借贷的利息管制等一系列问题，也会出现以委托理财合同掩盖民间借贷合同的情形。其中重要的考虑因素之一仍然在于是否由委托人承担风险。此时，应该透过合同的标题、形式去审视合同的实质内容，应进一步区分不同权利、义务的约定以界定其法律关系并确定案由。

双方当事人在合同中约定或以事实行为表明，委托人获得固定本息回报的，

---

① 参见［德］拉伦茨：《德国民法通论》，王晓晔等译，北京，法律出版社 2003 年版，第 856 页；谢鸿飞：《代理部分立法的基本理念和重要制度》，载《华东政法大学学报》2016 年第 5 期。当然，关于是否承认代理授权行为的独立性仍然存在争论，但这些争论在是否应当和如何保护相对人这个价值判断问题上并无区别。承认独立性可以实现对相对人的保护，不承认独立性同样可以通过其他方式实现对相对人的同等程度的保护，因此，这仅仅是一个理论性争议而已，争论本身不会导致价值判断上的区别。对此请参见［日］山本敬三：《民法讲义Ⅰ·总则》，解亘译，北京，北京大学出版社 2012 年版，第 290 页。

② 参见欧洲民法典研究组、欧盟现行私法研究组：《欧洲私法的原则、定义与框架规则》（第四卷），于庆生等译，北京，法律出版社 2014 年版，第 710 页。

③ 参见《重庆市高级人民法院民二庭关于委托合同纠纷法律适用问题的解答》（2014 年）第 3 条。

即约定有“保底条款”的，例如受托人到期返还本金和固定收益，则因此时是委托人收取固定回报而受托人承担全部风险，再结合其他因素，有理由认定为“名为委托理财、实为借贷关系”，从而双方成立借贷关系，以借款合同纠纷确定案由，并适用相关法律、行政法规和司法解释的规定予以处理。① 在证券委托理财中，如果当事人在合同中约定，由委托人向受托人交付资金，受托人自行开设证券账户进行证券交易，委托期限届满后由受托人向委托人返还本金并支付固定回报，或除支付固定回报外对超额投资收益约定由委托人与受托人按比例分成的，可以认定双方成立以委托理财为表现形式的借贷关系，并以借款合同纠纷确定案由。但是，如果当事人在合同中约定，由委托人自行开设账户并投入资金或购买证券资产后，将账户控制权委托受托人进行证券交易，受托人承诺委托期限届满后向委托人返还本金并支付固定回报，或者除支付固定回报外对超额投资收益约定由委托人和受托人按比例分成的，应认定双方之间成立有保底条款的委托关系，并以委托合同纠纷确定案由。②

如果被认定为委托理财合同，证券公司从业人员受托理财、受托进行外汇投资、以委托理财为形式进行洗钱活动，或者不具有委托资产管理经营资质的非金融机构法人作为受托人，会因为违反《证券法》《外汇管理条例》《个人外汇管理办法》《金融机构反洗钱规定》等，而以违反法律、行政法规的效力性强制性规定或者违背公序良俗而被认定无效③；受托人接受不特定多数人委托从事受托理财业务（尤其是集合性受托投资管理）的，也有很大的被认定为合同无效的风险。如果被认定为有保底条款的委托理财合同，则受托人为金融机构时，委托理

---

① 例如，最高人民法院（2014）民提字第148号民事判决书、最高人民法院（2009）民二终字第83号民事判决书、山东省高级人民法院（2015）鲁商终字第142号民事判决书，这些案例中因为有保底条款的存在而认定为借款合同关系。广东省广州市中级人民法院（2019）粤01民终7774号民事判决书则因为无保底条款的存在而认定为委托理财合同。《江苏省高级人民法院关于审理委托理财合同纠纷案件若干问题的通知》（2004年）第2条（一）中也规定：对于被认定成立以委托理财为表现形式的借贷关系的合同效力，应根据人民法院审理借款合同纠纷的一贯原则认定。

② 参见《江苏省高级人民法院关于审理委托理财合同纠纷案件若干问题的通知》（2004年）第2条第1款。

③ 例如，《北京市高级人民法院关于审理金融类委托理财合同纠纷案件若干问题的指导意见（试行）》（2007年）第2条规定：未经中国证监会批准、未取得国家外汇管理局额度批准的境外机构作为委托人订立的金融类委托理财合同，未取得特许经营资质的证券公司作为委托人订立的金融类委托理财合同，不具备金融类委托理财资质的其他非金融机构作为受托人订立的金融类委托理财合同，其他主体违背相关法律法规订立的金融类委托理财合同，这些合同应当认定无效。上海市高级人民法院（2004）沪高民二（商）终字第6号民事判决书认为，不具有委托资产管理经营资质的非金融机构法人接受他人委托，与他人订立委托资产管理协议，该协议应被认定为无效。

财合同应当全部无效而非仅保底条款无效。① 自然人之间存在这种约定的，因现行的法律法规尚没有对受托人为特定金融机构以外的委托理财合同的保底条款作否定性规定，可以被认定为有效。②

实践中，委托贷款合同和借款合同也经常联系在一起。按照《贷款通则》第7条第2款的规定，委托贷款系指由政府部门、企事业单位及个人等委托人提供资金，由贷款人（即受托人）根据委托人确定的贷款对象、用途、金额、期限、利率等代为发放、监督使用并协助收回的贷款；贷款人（受托人）只收取手续费，不承担贷款风险。这里存在委托合同和借款合同两个法律关系。因此，委托贷款法律关系中，委托人贷款资金的来源并不影响委托借款合同的效力，委托人委托银行发放贷款，并非直接从事银行业金融机构的业务活动，未违反银行业监督管理法相关规定。③ 委托借款合同形式上的贷款人是受托人，实质上的贷款人则是作为被代理人的委托人，因此，作为贷款人的受托人无须承担贷款风险。在委托贷款合同约定的还本付息期限届满的情况下，当事人可以约定将委托贷款关系转为一般借款合同，将作为三方关系的委托贷款关系转为作为双方关系的一般借贷关系，但此种变化既未实质性地改变借款关系的当事人，亦未改变借款合同的权利义务关系，主债权的借款关系并不消灭，作为从权利的担保权利也未消灭。④ 基于同样原因，委托贷款合同在监管层面受到“穿透式监管”，委托贷款合同的效力、委托人与借款人之间的利息、逾期利息、违约金等权利义务均应受有关民间借贷的法律、法规和司法解释的规制。⑤

---

① 《全国法院民商事审判工作会议纪要》第92第1款规定：信托公司、商业银行等金融机构作为资产管理产品的受托人与受益人订立的含有保证本息固定回报、保证本金不受损失等保底或者刚兑条款的合同，人民法院应当认定该条款无效。受益人请求受托人对其损失承担与其过错相适应的赔偿责任的，人民法院依法予以支持。另参见高民尚：《关于审理证券、期货、国债市场中委托理财案件的若干法律问题》，载《人民司法》2006年第6期；最高人民法院（2009）民二终字第1号民事判决书；《北京市高级人民法院关于审理金融类委托理财合同纠纷案件若干问题的指导意见（试行）》第4条。

② 例如，湖南省永州市中级人民法院（2009）永中法民二终字第99号民事判决书。

③ 参见最高人民法院（2018）民终112号民事判决书。

④ 参见最高人民法院（2017）民终624号民事判决书。

⑤ “上海浦东发展银行股份有限公司深圳分行与梅州地中海酒店有限公司等借款合同纠纷案”（载《最高人民法院公报》2020年第4期）的审理法院认为：“委托贷款属于商业银行中间业务，不构成商业银行表内资产、表内负债，仅形成银行非利息收入。由此可见，委托贷款已经纳入国家金融监管范围……委托贷款在不同的方面分别体现出金融借款与民间借贷的特点，在现行法律及司法解释对委托贷款未作明确规定的情况下，可通过分析相关问题是更具有金融借款还是民间借贷的特点，进而确定可参照的规则。现行法律及司法解释未对委托贷款的利率上限作出限制，鉴于委托贷款系由委托人而非作为贷款人的金融机构确定借款利率等合同主要条款并实际收取利息，同时考虑到委托贷款与民间借贷在资金来源相同的基础上亦可推定其资金成本大致等同，人民法院确定委托贷款合同的利率上限时当参照民间借贷的相关规则。”持同样观点者如最高人民法院（2016）民终124号民事判决书，（载《最高人民法院公报》2016年第11期）；最高人民法院（2016）民终790号民事判决书。

四、委托合同基于当事人之间的特别信任而订立

受托人按照约定处理委托事务，委托事务的最终风险由委托人承受，且受托人不保证结果的一定实现。这意味着委托合同应当具有一定的人身信赖属性，以委托人和受托人的相互信任为基础。委托人是基于对受托人的能力、经验、品行等方面的信任而委托受托人处理事务，而在受托人处理委托事务过程中，需要委托人大量的协作，还要按照委托人的指示处理，这也需要受托人对委托人特别信任。虽然，所有的合同都需要当事人之间的一定信任才会订立，但是，委托合同中当事人之间的信任是一种特别信任，此种信任在要求与表现方面要高于一般合同中的信任。①

五、委托合同是诺成合同和不要式合同

委托合同在双方当事人意思表示达成一致时即可成立，需要要约和承诺，于此适用民事法律行为和合同成立的一般规则。有些立法例规定，以受托处理事务为营业的主体，例如律师事务所、会计师事务所等，如果已有受托处理一定事务的公开表示，在其接到要约而不愿意订立合同时，负有积极拒绝承诺的通知义务，如果没有及时地明确拒绝，即为承诺。② 《民法典》对此未作出明确规定，一般不应使其负有明确拒绝的义务，但是如果法律规定、当事人约定或者符合当事人之间的交易惯例使其负有明确拒绝义务时，依照《民法典》第 140 条第 2 款的规定，单纯的沉默也可以被视为承诺的意思表示。

委托合同与无因管理最大的区别在于另一方是否有法定或者约定的义务，在其他方面，无因管理和无偿委托合同中当事人的权利义务比较类似，但仍然存在一定区别。若当事人之间存在委托合同，则受托人就负有处理或者管理的义务，不构成无因管理。但是，管理事务最初构成无因管理，但受益人可以对此追认，《民法典》第 984 条规定，管理人管理事务经受益人事后追认的，则从管理事务开始时起，适用委托合同的有关规定，但是管理人另有意思表示的除外。

无偿委托合同既然是合同，就应当与作为非法律行为的情谊行为有所区分。情谊行为与无偿委托合同都涉及的是无偿的活动，但情谊行为不具有法律行为所要求的受法律拘束的意思，因此情谊行为的主体一般不负有义务，只有在行为构

---

① 参见陈甦：《委托合同 行纪合同 居间合同》，北京，法律出版社 1999 年版，第 7 页。

② 例如《德国民法典》第 663 条、《瑞士债法》第 395 条、我国台湾地区“民法”第 530 条，但适用的范围并不完全相同。

成侵权时才承担责任。商事交易中，一般应当认定为委托而非情谊行为。在日常生活的行为中，如果该行为会产生较为高额的费用，则可以推定为委托合同，例如浇花不产生行车费用时，是情谊行为；而产生行车费用时，可以推定为委托合同。①

委托合同的形式可以由当事人协商确定，法律没有明确限制，故委托合同是不要式合同。

委托合同的其他事项由当事人约定。例如，关于委托合同的期限，当事人可以约定明确的期限，也可以不约定期限，还可以以完成特定事务为期限。

《民法典》中的委托合同既可以有偿，也可以无偿。②

第九百二十条

委托人可以特别委托受托人处理一项或者数项事务，也可以概括委托受托人处理一切事务。

本条主旨

本条是关于委托事务范围的规定。

相关条文

《合同法》第 397 条　委托人可以特别委托受托人处理一项或者数项事务，也可以概括委托受托人处理一切事务。

理解与适用

受托人既然是为委托人的利益处理委托人事务，则受托人委托事务的范围，应当根据委托合同确定。受托人在处理委托事务时，应以委托人指示的范围为准。以此为标准可把委托划分为两大类，即特别委托和概括委托。

特别委托，是委托人特别委托受托人处理一项或者数项事务的委托。在委托事务范围内，委托人可以再行确定受托人的权限，如果未明确权限，则受托人的权限是为处理委托事务所需要的一切必要行为，例如，律师事务所受托处理委托

① 参见［德］梅迪库斯：《德国债法分论》，杜景林、卢谌译，北京，法律出版社第 2007 年版，第 338 页。

② 《德国民法典》区分无偿的委托合同和有偿的事务处理合同；《日本民法典》和我国台湾地区“民法”则以委托合同无偿为原则，但允许特别约定为有偿。

人的某一诉讼，其不但可以起诉或者应诉，也可以撰写诉讼所需要的法律文件、查找证据等。① 在有争议的情况下，应当按照有利于委托人的原则，认为受托人的权限仅包括为处理委托事务所必需的管理行为，而不能包括处分行为等对委托人的重大利益有影响的行为。

概括委托，是委托人概括委托受托人处理一切事务的委托。此时，受托人可以为委托人为一切行为。例如，律师事务所处理委托人的全部法律事务。

当然，特别委托和概括委托具有相对性，在某一领域是概括委托，而相对于更大的领域是特别委托。但是，纵然是概括委托，也可能要求在委托事项对委托人的重大利益具有影响时需要委托人的特别授权。② 例如，《民事诉讼法》第 59 条第 2 款中规定，诉讼代理人代为承认、放弃、变更诉讼请求，进行和解，提起反诉或者上诉，必须有委托人的特别授权。

需要注意的是，概括委托和全权委托不同，概括委托涉及委托事务的范围，而全权委托涉及受托人处理委托事务的权限。在概括委托和特别委托中，都可发生全权委托。例如，委托律师事务所处理某一诉讼，这是特别委托，但委托人可以授予受托人处理该事务的全部权限。

第九百二十一条

委托人应当预付处理委托事务的费用。受托人为处理委托事务垫付的必要费用，委托人应当偿还该费用并支付利息。

本条主旨

本条是关于委托人预付及偿还费用之义务的规定。

相关条文

《合同法》第 398 条　委托人应当预付处理委托事务的费用。受托人为处理委托事务垫付的必要费用，委托人应当偿还该费用及其利息。

---

① 参见我国台湾地区“民法”第 533 条、我国澳门地区民法典第 1085 条第 2 款。

② 我国台湾地区“民法”第 534 条所列举的需要特别授权的行为有：不动产之出卖或者设定负担、不动产之租赁其期限逾两年者、赠与、和解、起诉、提付仲裁。《瑞士债法》第 396 条第 3 款规定需要特别授权的行为有：同意和解、接受仲裁裁决、承担票据债务、让与不动产、以不动产设定负担或者赠与财产。

理解与适用

一、委托人预付费用的义务

处理委托事务的费用，不同于《民法典》第928条规定的报酬，即使是无偿的委托合同，委托人也应当偿还受托人为处理委托事务垫付的必要费用并支付利息。但是，在有偿委托合同中，当事人对费用未约定或者约定不明确时，应当推定为报酬包括了处理委托事务的费用。委托合同为无偿委托合同时，或者虽然是有偿委托合同，但当事人明确约定费用应当另外单独支付时，当事人对费用未约定或者约定不明确的，应当推定为委托人负有预付或者偿还处理委托事务的必要费用的义务。①

受托人处理的是委托人的事务，受托人就没有垫付的义务。为了处理事务得以开展，无特别约定时，委托人就负有预付处理委托事务费用的义务，预付费用的范围应当以处理委托事务客观上的必要费用为限。除当事人另有约定外，委托人不得以受托人未处理事务而主张履行抗辩权。如果委托人不预付，受托人有权拒绝处理事务，不因此而对委托人承担违约责任。但是，受托人是否可以请求委托人预付？对此存在争议。有观点认为，处理委托事务，并非为受托人的利益，无利益即无诉权。② 但是，处理委托事务可以并非仅为委托人的利益，也可同时为受托人的利益，如果委托人不预付导致委托事务无法处理的，受托人自然可以解除委托合同，但是，解除合同对受托人的声誉或者锻炼团队等利益有损，此时，受托人应当享有请求委托人预付的权利，这对委托人也并无不利③；同时，委托人享有任意解除权，委托人可以通过任意解除权的行使而不预付费用。

当然，委托人预付的费用在委托事务处理完毕后有剩余的，受托人应当将剩余的费用返还给委托人。

二、委托人偿还费用和利息的义务

受托人不负有为处理委托事务而垫付费用的义务，但受托人垫付了的，其有权请求委托人偿还垫付的费用及其利息。偿还费用的范围以受托人实际垫付的必要费用为限。这首先要求受托人已经实际垫付。其次要求受托人垫付的费用是必

---

① DCFR第4.4-2：103条第1、2款有明确规定。

② 参见崔建远：《合同法学》，北京，法律出版社2016年版，第496页；张谷：《民法典合同编若干问题漫谈》，载《法治研究》2019年第1期，第76-77页。

③ 邱聪智：《新订债法各论》（中），北京，中国人民大学出版社2006年版，第176页。

要的，具体判断时应当以受托人决定垫付的时间点为标准，具体斟酌事务的性质、繁简程度、通常支出水平、受托人的身份/职业等而客观确定，具有相关性、合理性和适当性；受托人认为委托人未合理预见的费用是必要费用时，按照《民法典》第922条，受托人一般应当取得委托人的指示。符合这两个要求的，受托人应当按照《民法典》第924条的规定报告垫付费用的情况。委托人除了有义务偿还必要费用，还有义务偿还必要费用的利息，利息的计算应当从受托人垫付时起①，依据全国银行间同业拆借中心公布的贷款市场报价利率（LPR）计算。②委托人无正当理由未偿还的，受托人可以请求委托人承担违约责任，同时有权行使履行抗辩权，拒绝继续处理事务或者转交财产，或者在符合留置权构成的前提下，有权行使留置权，不因此而对委托人承担违约责任。当事人可以在委托合同中明确约定以达到一定结果为支付报酬的条件，但是，这并不意味着受托人应当负担因此支出的必要费用，受托人仍然有权请求委托人偿还因处理事务所支出的必要费用及其利息，除非当事人另有约定。③

按照本条规定不使受托人因处理委托事务受损的意旨，受托人为处理委托事务而负担必要债务的，受托人可以请求委托人代为清偿，债务未届清偿期的，可以请求委托人提供相应担保。④ 至于受托人因处理委托事务受到的损失，依据《民法典》第930条处理。

另外，虽然不是处理委托事务的必要费用，但却是受托人处理委托事务的有益费用的，受托人是否有权请求委托人偿还？《民法典》未予明确，解释上可以认为，可以由当事人约定，未约定的，可与无因管理的理论处理方案一致，即符合《民法典》第979条规定的适法无因管理的构成要件的，可以请求返还该有益费用及利息；不符合第979条的规定，按照第980条，委托人享有管理利益的，其在取得的利益范围内对受托人负有返还该有益费用和利益的义务。⑤

---

① 《日本民法典》第650条第1款、《意大利民法典》第1720条第1款、我国台湾地区“民法”第546条第1项有明确规定。

② 为深化利率市场化改革，推动降低实体利率水平，自2019年8月20日起，中国人民银行已经授权全国银行间同业拆借中心于每月20日（遇节假日顺延）9时30分公布贷款市场报价利率（LPR），中国人民银行贷款基准利率这一标准已经取消。《全国民商事审判工作会议纪要》关于借款合同已经明确，自此之后人民法院裁判贷款利息的基本标准应改为全国银行间同业拆借中心公布的贷款市场报价利率。

③ DCFR第4.4-2：103条第4款有明确规定，并且这与上文所说的报酬被推定为包括必要费用并不矛盾。

④ 《瑞士债法》第402条第1款、《日本民法典》第650条第2款、我国台湾地区“民法”第546条第2项有明确规定。

⑤ 同样观点，参见邱聪智：《新订债法各论》（中），北京，中国人民大学出版社2006年版，第177页。

第九百二十二条

受托人应当按照委托人的指示处理委托事务。需要变更委托人指示的，应当经委托人同意；因情况紧急，难以和委托人取得联系的，受托人应当妥善处理委托事务，但是事后应当将该情况及时报告委托人。

本条主旨

本条是关于受托人服从委托人指示的义务的规定。

相关条文

《合同法》第 399 条　受托人应当按照委托人的指示处理委托事务。需要变更委托人指示的，应当经委托人同意；因情况紧急，难以和委托人取得联系的，受托人应当妥善处理委托事务，但事后应当将该情况及时报告委托人。

理解与适用

一、受托人应当按照委托人的指示处理委托事务

既然受托人是为委托人处理事务，处理事务的收益和风险最终由委托人承受，那么，受托人应当按照委托人的指示处理委托事务。委托人的指示包括在订立委托合同时的指示和在订立委托合同后的指示，受托人都应当服从这些指示，否则应当承担违约责任。指示属于意思通知而非意思表示，但可以类推适用意思表示的一般规定。指示又可以区分为受托人无裁量权的命令性指示、受托人有一定裁量权的指导性指示和受托人有高度裁量权的任意性指示，这对于判断受托人是否违背了委托人的指示以及是否变更了委托人的指示具有意义。①

这也意味着，委托人可以随时变更自己的指示，对于同一委托事务，委托人可以根据主客观情况的变化，变更自己的指示。这与《民法典》第 777 条关于定作人任意变更权的规定相互协调，参照适用第 777 条，委托人变更指示应当在受托人完成委托事务之前，在受托人完成委托事务后，已经不存在变更指示的可能性。委托人变更指示的，无须取得受托人的同意，无须特别的理由。当委托人的指示前后不一致时，受托人应当按照委托人的最新指示处理事务。

同样，参照适用《民法典》第 777 条，如果委托人变更指示，虽然并非违约行为，但是造成受托人损失的，委托人仍然应当赔偿损失。这属于《民法典》第

---

① 参见邱聪智：《新订债法各论》（中），北京，中国人民大学出版社 2006 年版，第 160 页。

930条规定的适用范围，即受托人处理委托事务时因不可归责于自己的事由受到损失的，可以向委托人请求赔偿损失。例如，委托人变更指示导致委托合同内容的实质性变更，使受托人处理事务的难度和劳动量增加的，受托人可以请求赔偿，该赔偿可以按照与确定初始报酬时所采取的计算方法相同的方法予以计算，实质上就是因工作量增加而可能增加的报酬；如果有明确的履行期限，有必要时，受托人还有权请求顺延相应的履行期限。① 如果委托人变更指示导致受托人处理委托事务的难度显著增加的，受托人可以依据《民法典》第933条行使任意解除权而解除委托合同，且这属于不可归责于受托人的事由，受托人无须向委托人承担赔偿责任。如果委托人变更指示，使委托事务无法按照委托人的指示完成的，按照《民法典》第928条第2款，这属于不可归责于受托人的事由，委托事务不能完成的，委托人应当向受托人支付相应的报酬，除非当事人另有约定。

二、受托人的通知义务和委托人的同意

如果委托人作出了指示，但是按照委托人的指示处理委托事务，将比按照委托合同的约定处理事务或者按照原指示处理事务显著地增加金钱或时间，或者该指示与委托合同的目的不一致，或者可能不利于委托人的利益，需要变更委托人的指示的，受托人不能单方变更委托人的指示，而应当通知委托人。受托人在此负有通知义务，以方便委托人的指示。②

一般情况下，受托人仅能够通知，但无权按照自己的意愿自行变更委托人的指示，否则应当承担违约责任。例如，委托人指示受托人提供给第三人贷款，但第三人可能丧失履行能力的，则受托人有义务通知委托人，由委托人决定是否继续提供贷款。受托人如果自行变更委托人的指示，可能会违反委托人恰恰想要帮助第三人的意思。因此，一般不能赋予受托人自行变更委托人指示的权利，除非当事人另有约定。③ 如果受托人履行了通知义务，委托人在合理期间内作出了答复，受托人应当服从委托人答复中的指示。也即，委托人同意受托人变更指示的，受托人应当变更指示；委托人不同意变更指示的，受托人

---

① DCFR第4.4-4：201条第1、2款对此作了明确规定。也请参见关于《民法典》第777条的具体释评。

② DCFR第4.4-4：101条第3款对此作了明确规定。

③ 参见《德国民法典》第665条。最高人民法院（2009）民二终字第78号民事判决书中认为：港渝公司作为受托人，对受托的财产只有经营权，其无权在他人享有所有权的财产上进行添附，如果需要进行任何经营上的变更，应当取得委托人超霸公司的同意。

就应当按照委托人的原指示处理委托事务，但不妨碍上文所述的受托人在委托人的指示变更了其更早之前的指示时所享有的权利。如果委托人已经作出指示，受托人认为需要变更，委托人接到受托人通知后未在合理期间内同意的，应当推定为委托人不同意变更，受托人仍应当按照委托人的指示处理委托事务。

三、情况紧急下受托人的妥善处理义务和及时报告义务

委托人作出指示而需要变更的，受托人负有通知义务，原则上不能在未经委托人同意的情况下自行变更委托人的指示，但是，本条赋予了例外情况下受托人自行处理委托事务的权利。该例外的构成要件包括：(1) 因情况紧急，需要立即作出新的措施；(2) 由于客观上的原因，难以和委托人取得联系；(3) 依据情况这样办是为了委托人的利益的。此时，受托人具有自行处理的权利，包括变更委托人的指示，甚至突破关于受托人权限的指示而超越原定权限。并且，为了在紧急情况下维护委托人的利益，受托人此时也负有妥善处理的义务，即在根据已取得的信息和指示可以合理地推断出的委托人的期待、偏好及优先选择的基础上处理委托事务。同样，如果构成对委托人指示的合理的实质性变更，使受托人处理事务的难度和劳动量增加，受托人同样享有上文所述的其在委托人变更指示时所享有的权利。① 同时，受托人毕竟变更了委托人的指示，因此在妥善处理委托事务后，仍然应当向委托人及时报告。

四、受托人的其他通知义务和委托人的协助义务

应当注意的是，委托人作出指示而需要变更，这仅仅是受托人的通知义务的适用情形之一。在委托人未作出指示的其他情形中，受托人同样可能负有通知义务。按照《民法典》第 509 条第 2 款，当事人应当遵循诚信原则，根据合同的性质、目的和交易习惯履行通知、协助、保密等义务；同时，《民法典》第 776 条也规定了承揽人的通知义务，该规定可以参照适用于委托合同中的受托人。据此，受托人负有诚信原则所要求的通知义务，但是，也不能将受托人的通知义务过分扩大，否则会对受托人产生不利。受托人负有通知义务的前提条件，类似于承揽合同中承揽人负有通知义务的前提条件；同时，依据《民法典》第 500 条的规定，受托人在合同订立阶段也负有诚信原则所要求的通知义

① DCFR 第 4.4-4：104 条对此有明确规定。

务。同样，委托人也可能在一定条件下负有诚信原则要求的通知义务。① 关于具体的前提和法律后果，这在对第 776 条的释义中已经说明，故这里不赘述。②

同时，《民法典》第 509 条第 2 款规定：当事人应当遵循诚信原则，根据合同的性质、目的和交易习惯履行通知、协助、保密等义务。据此，委托人也负有诚信原则要求的协助义务。委托人负有协助义务以需要委托人协助为前提，包括双方有明确的约定或者是依据处理事务的性质所需要的。并且，委托人的协助义务的具体范围和内容的确定也取决于双方的明确约定以及是否是委托人处理委托事务所合理期待的，这包括但不限于及时提供受托人处理事务所必要的信息、接到受托人通知情形下及时答复或者指示等。③ 如果委托人在接到通知后未及时提供信息或者作出指示，致使委托事务无法继续的，则受托人有权：（1）依据《民法典》第 930 条，要求委托人赔偿其误工等损失；同时，（2）参照适用《民法典》第 778 条关于定作人之协助义务的规定，催告委托人在合理期限内履行义务，顺延履行期限，委托人逾期仍不履行的，受托人有权解除合同；或者（3）自行妥善处理，即在根据已取得的信息和指示可以合理地推断出的委托人的期待、偏好及优先选择的基础上处理委托事务。④

第九百二十三条

受托人应当亲自处理委托事务。经委托人同意，受托人可以转委托。转委托经同意或者追认的，委托人可以就委托事务直接指示转委托的第三人，受托人仅就第三人的选任及其对第三人的指示承担责任。转委托未经同意或者追认的，受托人应当对转委托的第三人的行为承担责任；但是，在紧急情况下受托人为了维护委托人的利益需要转委托的除外。

---

① 最高人民法院（2006）民二终字第 194 号民事判决书中认为：关于宁夏国禾公司单方改变销售为租赁……招租本身不为总代理合同所禁止，从法律上讲，租赁行为本身并不对销售产生法律上的约束或排斥，带租销售既不违法，亦不违约。……总代理合同、营销策划报告及项目营销执行方案均未对此作出排斥性安排，故租赁招商并不违约。但宁夏国禾公司自 2005 年 8 月 21 日起将排他性委托营销改为自行招租属营销策划方案的重大变化，宁夏国禾公司单方改变销售方式，应当履行提前通知的义务，未履行即应视为违约……

② 参见 DCFR 第 4.4－4：102 条。关于通知义务规定在承揽和委托中的相互参照，参见欧洲民法典研究组、欧盟现行私法研究组：《欧洲私法的原则、定义与框架规则》（第四卷），于庆生等译，北京，法律出版社 2014 年版，第 710 页。

③ DCFR 第 4.4－2：101 条对此有明确规定。

④ 类似的规定，参见 DCFR 第 4.4－4：103 条。也请参见关于《民法典》第 778 条的释评。

本条主旨

本条是关于转委托的规定。

相关条文

《合同法》第 400 条 受托人应当亲自处理委托事务。经委托人同意，受托人可以转委托。转委托经同意的，委托人可以就委托事务直接指示转委托的第三人，受托人仅就第三人的选任及其对第三人的指示承担责任。转委托未经同意的，受托人应当对转委托的第三人的行为承担责任，但在紧急情况下受托人为维护委托人的利益需要转委托的除外。

《民法典》第 169 条 代理人需要转委托第三人代理的，应当取得被代理人的同意或者追认。

转委托代理经被代理人同意或者追认的，被代理人可以就代理事务直接指示转委托的第三人，代理人仅就第三人的选任以及对第三人的指示承担责任。

转委托代理未经被代理人同意或者追认的，代理人应当对转委托的第三人的行为承担责任，但是在紧急情况下代理人为了维护被代理人的利益需要转委托第三人代理的除外。

理解与适用

一、转委托

转委托，是受托人将处理委托事务的义务委托由第三人（转受托人）履行，第三人替代受托人履行处理委托事务的义务。这与委托合同权利义务的概括转移不同：转委托合同与委托合同各自独立，转委托合同的成立、生效与效力，与委托合同无关；委托合同最终无效、被解除或者确定不生效时，不影响转委托合同的效力，仅仅是产生了法定解除权。

受托人是否具有转委托的权利，取决于其和委托人之间的约定。但欠缺明确约定时，因委托合同基于当事人之间的特别信任而订立，当事人之间具有特别的信任关系，委托人是基于对受托人之能力、经验、品行等方面的信任而委托受托人处理事务，但这并不意味着委托人就必然信任受托人基于其对他人的个人信任而选择的该他人，因此，受托人有义务亲自处理委托事务，而无转委托的权利。[①] 亲自处理委托事务，不排除利用各种辅助人员从事辅助工作。这并非转委托，无须委托人同意，但就这些工作受托人应当向委托人承担责任。同时，在实践中，对于业务明显关联的母公司与子公司、总公司与分公司之间，一方将工作交由另一方实际处理的，一般不认为另一方构成"第三人"[②]。但是，该规定是为了保护委托人的利益，据此而存在一些例外情况。

二、合法转委托一：经过委托人的同意或追认的转委托

如果委托人事先同意转委托，例如委托合同中约定了受托人可以转委托，或者虽然委托合同中未约定，但委托人在转委托前予以同意，则受托人的转委托自然是合法的。虽然委托人事先未同意，但委托人在事后追认的，转委托同样是合法的。委托人的同意或追认的意思表示可以是明示的，也可以通过其行为予以默示。但是，委托人知道或应当知道受托人转委托而未表示反对的，依《民法典》第 140 条第 2 款，这种单纯的沉默原则上不能认为构成同意或追认的意思表示，除非存在法律规定、当事人约定或符合当事人之间的交易习惯。这一点在最高人民法院之前的司法解释中也体现出来，例如《最高人民法院关于审理海上货运代理纠纷案件若干问题的规定》第 5 条第 2 款规定：没有约定转委托权限，货运代理企业或第三人以委托人知道货运代理企业将海上货运代理事务转委托或部分转委托第三人处理而未表示反对为由，主张委托人同意转委托的，人民法院不予支持，但委托人的行为明确表明其接受转委托的除外。同样，委托人采取措施避免损失的行为，也不能被认为是事后追认。[③]

委托人的同意或者追认，使转委托成为合法的转委托。但是，在向作为转受

① 这是比较法上的通行规则。除此之外，《德国民法典》第 664 第 2 款同时规定了委托事务处理的请求权在有疑义时不得让与，但是，第 664 条仅适用于无偿的委托合同，而对有偿的事务处理合同不适用。考虑到目前有偿的委托合同的重要性，在委托合同包括有偿的和无偿的情况下，目前也有示范法不采取此种方式，而采取原则上可以转委托、例外不允许的做法，例如，DCFR 第 4.4－3：302 条第 1 款规定："受托人不经委托人同意即可全部或部分地将委托合同中的义务转委托，但委托合同规定受托人亲自履行的除外。"

② 此时，一方客观的组织关系并未破坏当事人之间的特别信赖；委托人对受托人处理委托事务的请求权转让也应同样理解。参见［日］我妻荣：《债法各论》（中卷·二），周江洪译，北京，中国法制出版社 2008 年版，第 144 页。

③ 最高人民法院（2012）民申字第 769 号民事裁定书中认为：飞极物流作为受托人未能及时将货物出运而转委托永泽公司处理时，依照法律规定应当征得相城公司的同意。依据现有的证据，飞极物流不能证明相城公司同意其将货物出运事项转委托永泽公司，而相城公司请求承运人补发提单的行为是相城公司采取必要措施避免损失的行为，不能据此推定相城公司事后认可了飞极物流的转委托行为。

托人的第三人的指示问题上，委托人和受托人没有明确约定时，为维护委托人的利益，方便委托人，本条特别规定委托人有权就委托事务直接指示第三人。在委托人和受托人的指示存在矛盾时，由于最终是由委托人承担处理委托事务的风险，故应以委托人的指示为准。同时，本条仅仅规定了委托人直接指示受托人的权利，但如果第三人过错造成委托人损失的，而受托人仅就第三人的选任和指示承担责任。为了周全保护委托人的利益，应当认为委托人对第三人享有直接的请求权，此时委托人有权对第三人主张受托人对第三人的请求权，例如报告、赔偿、转交财产等。①

但是，在其他方面，第三人和委托人之间是否产生直接的关系？例如，第三人是否对委托人负有报告义务？需要变更委托人指示的，是否应当适用《民法典》第 922 条的规定？第三人是否有权向委托人直接请求费用返还和支付报酬？对此，存在不同的观点。有的观点认为，委托人和第三人之间并未产生直接关系，第三人对委托人没有直接的权利，例如，第三人对于处理委托事务所支出的费用、所遭受的损失等不能直接请求委托人负责，而只能请求受托人负责；同样，对委托人的请求，第三人原则上也不能因为受托人的原因而对委托人拒绝履行。② 但有的观点认为，第三人对委托人享有与受托人相同的权利和义务，第三人可以向委托人主张受托人对委托人的权利。③ 如果在委托人和第三人之间不产生直接关系，那么第三人的过错行为造成委托人损失时，受托人就应当根据其与委托人之间的委托合同承担全部责任，而不能像本条规定那样仅限于对第三人的选任和指示过错承担责任；同时，如果仅仅使委托人对第三人享有权利，而不对第三人负有义务，这似乎对第三人而言也并不公平；并且，如果第三人无权对委托人请求协助，则委托事务也无法继续。因此，可能更为合理的观点是，委托人可以直接请求第三人报告等，第三人也可以直接向委托人请求费用返还、报酬支付、协助等，即委托人和第三人之间产生了与委托人和受托人之间的关系同样的

---

① 参见邱聪智：《新订债法各论》（中），北京，中国人民大学出版社 2006 年版，第 165 页。《法国民法典》第 1994 条第 2 款、《瑞士债法》第 399 条第 2 款、《意大利民法典》第 1717 条第 4 款对此有明确规定。

② 参见崔建远：《合同法学》，北京，法律出版社 2016 年版，第 492－493 页；邱聪智：《新订债法各论》（中），北京，中国人民大学出版社 2006 年版，第 166 页。我国台湾地区“民法”第 539 条规定，“受任人使第三人代为处理委托事务者，委托人对于该第三人关于委任事务之履行，有直接请求权”；且该条适用于合法转委托和违法转委托，同时并未规定第三人对委托人的权利。

③ 参见陈甦：《委托合同行纪合同居间合同》，北京，法律出版社 1999 年版，第 48 页；［日］我妻荣：《债法各论》（中卷·二），周江洪译，北京，中国法制出版社 2008 年版，第 142－143 页。《日本民法典》第 644 条之二第 2 款规定，在合法转委托情况下，转委托的第三人于其权限范围内，对于委托人，享有与受托人相同的权利，负担相同义务。

关系，并且由受托人和第三人之间的转委托合同约定范围，双方请求权的范围受到两个合同的限制。例如，委托人和受托人之间约定了 10 万元报酬，而受托人与第三人之间约定了 8 万元报酬，则第三人只能向委托人请求 8 万元报酬。当然，委托人和受托人之间的委托合同依然具有效力，委托人向第三人直接支付了报酬的，其对受托人的报酬支付义务在相应范围内消灭。①

在委托人和受托人之间中，双方的委托合同关系依然具有效力，但是本条特别规定，受托人仅就对第三人的选任和指示对委托人承担责任。② 此时，受托人对委托人承担责任的构成要件包括：(1) 转委托的第三人对委托人承担责任。只有在转委托的第三人对委托人承担责任的前提下，受托人才可能对委托人承担责任。如果第三人在处理委托事务时纠正了受托人的不当指示，受托人即使存在指示错误，也不向委托人承担责任。(2) 受托人仅在就第三人的选择和指示有过错的前提下承担责任。受托人选择的第三人必须具有处理事务的能力，而且受托人不能指示不当。根据保护委托人利益的制度目的，应进行目的性扩张解释，受托人还需就其选任第三人之后的监督承担责任。在其他情况下，受托人不因第三人的行为而对委托人承担责任。当然，受托人和委托人之间有特别约定的除外。(3) 受托人作出了真正的选任、指示或监督行为。如果委托人明确指定了第三人作为转受托人，受托人并无转委托的自由，此时受托人自然无须就对第三人的选任对委托人承担责任，但是即使如此，如果受托人明知第三人不胜任等情形却怠于通知委托人或者未尽对委托人明确指定的第三人的监督责任，则受托人仍应对委托人承担责任。在委托人就委托事务直接或者通过受托人指示第三人的情形中，同理，受托人自然无须就对第三人的指示向委托人承担责任。

在委托人对第三人享有直接赔偿请求权，又对受托人享有赔偿请求权时，在相应范围内构成了连带债务关系，于此适用《民法典》第 519、520 条关于连带债务的一般性规定。但在受托人和第三人之间，如果没有特别约定，则不存在内部分享比例，而是由第三人全部承担责任。③ 委托人请求受托人而非第三人承担责任的，受托人向委托人承担责任后，有权按照《民法典》第 929 条请求第三人对受托人承担违约责任。相应的，第三人向委托人承担责任后，无须向受托人承

---

① 参见［日］我妻荣：《债法各论》（中卷・二），周江洪译，北京，中国法制出版社 2008 年版，第 143 页。

② 参见《德国民法典》第 664 条第 1 款、《瑞士债法》第 187 条第 2 款、《意大利民法典》第 1717 条第 2－4 款、我国台湾地区“民法”第 539 条第 2 款。

③ 参见邱聪智：《新订债法各论》（中），北京，中国人民大学出版社 2006 年版，第 166 页。理论上有的称之为不真正连带债务，其与真正的连带债务，在外部关系上并无区别，仅仅是在内部关系上无比例可言，而由部分债务人承担全部责任。

担违约责任。

就受托人和第三人之间的关系而言，双方存在转委托合同，因此应当适用委托合同的一般性规则。

三、合法转委托二：紧急情况下为了维护委托人利益的转委托

在紧急情况下，受托人为了维护委托人的利益需要转委托第三人的，无须经过委托人的同意或追认。所谓紧急情况，参考《最高人民法院关于贯彻执行〈中华人民共和国民法通则〉若干问题的意见（试行）》第 80 条的规定，是指由于急病、通讯联络中断等特殊原因，受托人自己不能处理委托事务，又不能与委托人及时取得联系，如不及时转委托他人，会给委托人的利益造成损失或者扩大损失的。

紧急情况下的转委托所产生的法律后果与经过委托人同意或追认的转委托所产生的法律后果相同。本条第三句分号前规定"受托人应当对转委托的第三人的行为承担责任"，分号后紧接着规定"但是，在紧急情况下受托人为维护委托人的利益需要转委托第三人的除外"。这容易使人误解为受托人无须就第三人的行为向委托人承担责任。但是，按照体系解释和价值考量，即使是紧急情况下的转委托，受托人仍然要就对第三人的选任和指示向委托人承担责任。

四、违法转委托：非紧急情况下未经委托人同意或者追认

在非紧急情况下，如果受托人转委托第三人未经委托人同意或者追认，在受托人和第三人之间，转委托合同仍然有效，适用委托合同的一般规定。但是，受托人违反了亲自处理委托事务的义务，且事务处理与信任关系极为密切，因此致使不能实现合同目的的，委托人有权解除其与受托人之间的委托合同。于此可以适用《民法典》第 563 条第 1 款第 4 项的规定"当事人一方……有其他违约行为致使不能实现合同目的"，并参照适用《民法典》第 772 条第 2 款中的"未经定作人同意的，定作人也可以解除合同"①。为了进一步加强对委托人的保护，第三人的行为就等同于受托人的行为，按照本条规定，受托人就应当向委托人承担责任，而不限于合法转委托情形中的选任和指示过错。

但是，如果委托人未行使解除权，在违法转委托中，委托人和第三人之间是否产生直接的权利义务关系？例如，委托人是否有权就委托事务直接指示转委托的第三人？如果第三人过错造成委托人损失的，此时委托人是否对第三人享有直

① 具体参见关于《民法典》第 772 条的释评。

接的赔偿请求权？对此同样存在争论。[①] 为了与合法转委托的后果区分开，可能更为合理的观点是，违法转委托中委托人和第三人之间不产生直接的权利义务关系，这对委托人也并无不利，毕竟委托人可以通过追认将违法转委托转变为合法转委托，并且可以在追认中保留对受托人的赔偿请求权。

五、基于转委托作出的民事法律行为的效果归属

如果以委托合同和转委托合同为基础关系，产生了第三人的转委托代理权（复代理权），仍需解决的问题是，第三人（复代理人）基于此种复代理权作出的代理行为的效果归属。虽然这属于代理而非委托合同的范畴，但与本条存在密切联系，故也附带提及。

在合法转委托的情况下，此时第三人就是被代理人的有权代理人，以被代理人的名义作出的代理行为的效果直接归属于被代理人。在其他方面则应适用代理的一般规则，例如，如果复代理人无权代理，则由复代理人作为无权代理人依据《民法典》第 171 条第 3、4 款对相对人承担无权代理责任；复代理人和被代理人之间的同样适用代理的一般规则，被代理人有权依据内部基础关系或侵权关系请求复代理人承担赔偿责任；对相对人则依据《民法典》第 172 条予以表见代理的保护。

如果是违法转委托，复代理人无代理权，则适用《民法典》第 171、172 条关于无权代理和表见代理的规定。如果不构成表见代理，且被代理人不追认的，依据《民法典》第 169 条，本代理人应当对复代理人的行为承担责任，民事法律行为的效果不应归属于被代理人。[②] 但这样仍然存在不清晰之处：是本代理人向相对人直接承担无权代理的责任，还是先由复代理人向相对人承担责任，然后由本代理人向复代理人承担责任呢？[③] 此时应当区分不同的情形：如果复代理人向相对人表明自己是复代理人，显示出多层代理关系，相对人信赖本代理人是被代

---

① 我国台湾地区“民法”第 539 条规定的委托人对第三人的直接请求权，适用于合法转委托和违法转委托。《法国民法典》第 1994 条第 2 款同样如此。但《瑞士民法典》第 399 条第 3 款将委托人对第三人的直接请求权限制于合法转委托。

② 最高人民法院（2016）民终第 299 号民事判决书中认为：潘明欣仅认可代理人胡荣坤在办理还款事宜后将所得款项直接划入其指定账户，而非转委托他人以其他方式抵偿欠款；胡荣坤在转委托张永胜从振兴煤矿以购煤形式抵扣潘明欣借款后，亦未取得潘明欣的事后追认；由于胡荣坤转委托张永胜的行为事前未征得潘明欣的同意，事后亦未获得潘明欣的认可，该转委托的行为后果不应由潘明欣承担。

③ 关于争论意见，参见黄立：《民法总则》，北京，中国政法大学出版社 2002 年版，第 414 页；［德］布洛克斯、瓦尔克：《德国民法总论》，张艳译，北京，中国人民大学出版社 2012 年版，第 331 页以下。

理人的代理人的，此时无权代理责任由本代理人直接向相对人承担；相反，如果复代理人未表明自己是复代理人，相对人信赖复代理人是被代理人的代理人的，则为保护相对人的信赖，无权代理责任由复代理人向相对人承担，本代理人不直接向相对人承担责任。①

第九百二十四条

受托人应当按照委托人的要求，报告委托事务的处理情况。委托合同终止时，受托人应当报告委托事务的结果。

本条主旨

本条是关于受托人的报告义务的规定。

相关条文

《合同法》第 401 条　受托人应当按照委托人的要求，报告委托事务的处理情况。委托合同终止时，受托人应当报告委托事务的结果。

理解与适用

一、受托人报告义务的制度目的

受托人是为委托人处理事务，处理事务的收益和风险最终由委托人承受，因此，委托事务的处理情况和结果直接涉及委托人的利益。据此，本条规定了受托人在委托事务处理过程中和委托合同终止时的报告义务。这有利于委托人及时了解情况以便作出判断而发出指示，也有利于委托人对事务处理结果进行接收审核，判断受托人是否有过错，确定偿还费用和支付报酬的具体数额，还便利委托人行使权利和履行义务。

二、委托事务处理情况的报告义务

在委托事务处理过程中，受托人有义务向委托人报告委托事务的处理情况，以便委托人作出合理的判断。但是，受托人的报告义务对受托人而言是一个负

① 参见朱庆育：《民法总论》，北京，北京大学出版社 2013 年版，第 340 页；［德］拉伦茨：《德国民法通论》，王晓晔等译，北京，法律出版社 2003 年版，第 880 页以下；［德］梅迪库斯：《德国民法总论》，邵建东译，北京，法律出版社 2000 年版，第 749 页。

担，随时让委托人了解受托人行为的所有细节不可行且不必要，过分宽泛的报告义务甚至使委托人干预受托人的处理细节而延缓委托事务的处理，并最终影响受托人请求支付报酬的权利。① 因此，需要在报告义务的履行时间和报告的具体范围中予以适当平衡。

首先是报告的具体范围，包括了处理状况、进度、突发事件的情况等，但无须涉及受托人行为的所有细节，关于其具体的范围要在个案中予以判断。

其次是报告义务的履行时间。按照本条规定，受托人在委托人要求时，才负有报告义务。② 委托人的要求可以体现在委托合同中约定的报告履行时间，也可以在未明确约定时随时合理要求。但是，委托人可能根本不知道何时要求和要求什么，也可能无法预知事务处理情况的变化。《民法典》第 509 条第 2 款也规定，当事人应当遵循诚信原则，根据合同的性质、目的和交易习惯履行通知、协助、保密等义务。因此，有必要将受托人的报告义务扩展到委托人虽然未要求但依据诚信原有必要报告的情形。③ 事实上，《民法典》第 922 条就已经规定了受托人在委托人未要求时负有报告义务的情形之一，即"因情况紧急，难以和委托人取得联系的，受托人应当妥善处理委托事务，但是事后应当将该情况及时报告委托人"。

三、委托事务结果的报告义务

委托合同可能因完成特定委托事务而终止，也可能因解除、当事人死亡等其他原因而终止。无论基于何种原因，也无论委托事务完成还是未完成，在委托合同终止时，受托人都负有报告委托事务结果的义务。报告委托事务结果，包括报告受托人履行的方式、委托事务的最终处理结果、预付费用和所垫付的费用开支情况、其他收益状况等，还包括提交必要的证明文件。在委托合同终止时，无须委托人请求，受托人就负有报告义务。④ 这有助于在非排他性的委托中避免委托人自己和委托其他人处理所可能产生的风险。例如，委托出售房屋，受托人在签订房屋买卖合同后，应当立即报告委托人，否则委托人自己可能和他人也签订了

---

① 参见欧洲民法典研究组、欧盟现行私法研究组：《欧洲私法的原则、定义与框架规则》（第四卷），于庆生等译，北京，法律出版社 2014 年版，第 815 页。

② 采取同样观点的立法例有《瑞士债法》第 400 条第 1 款、《日本民法典》第 645 条。但是《日本商法典》第 47 条就代理商规定了无须委托人请求的报告义务。

③ 采取此种立法例的，参见《德国民法典》第 666 条、《法国民法典》第 1993 条、我国台湾地区"民法"第 540 条、DCFR 第 4.4－3：401 条。《日本商法典》第 47 条就代理商规定了无须委托人请求的报告义务，构成了《日本民法典》的例外。

④ 参见崔建远：《合同法学》，北京，法律出版社 2016 年版，第 494 页；邱聪智：《新订债法各论》（中），北京，中国人民大学出版社 2006 年版，第 166 页。

房屋买卖合同。

四、受托人违反报告义务的法律后果

受托人迟延履行报告义务的，委托人有权依据违约责任的一般规定，请求继续履行，但此时只能采取间接强制的方式执行。例如，《民事诉讼法》第 255 条规定，被执行人不履行法律文书确定的义务的，人民法院可以对其采取或者通知有关单位协助采取限制出境，在征信系统记录、通过媒体公布不履行义务信息以及法律规定的其他措施。《民事诉讼法》第 111 条也规定，拒不履行人民法院已经发生法律效力的判决、裁定的，人民法院可以根据情节轻重予以罚款、拘留；构成犯罪的，依法追究刑事责任；如果是债务人是单位，人民法院可以对其主要负责人或者直接责任人员予以罚款、拘留；构成犯罪的，依法追究刑事责任。受托人违反报告义务导致委托人损失的，委托人也有权依据违约责任的一般规定，请求受托人予以赔偿。

但是，只有在受托人违反报告义务，致使合同目的不能实现时，委托人才有权解除合同。于此不应适用《民法典》第 563 条第 1 款第 3 项“当事人一方迟延履行主要债务，经催告后在合理期限内仍未履行”，而应当适用第 4 项“当事人一方迟延履行债务或者有其他违约行为致使不能实现合同目的”。

第九百二十五条

受托人以自己的名义，在委托人的授权范围内与第三人订立的合同，第三人在订立合同时知道受托人与委托人之间的代理关系的，该合同直接约束委托人和第三人；但是，有确切证据证明该合同只约束受托人和第三人的除外。

本条主旨

本条是关于受托人以自己名义订立合同且第三人知情时的法律后果的规定。

相关条文

《合同法》第 402 条　受托人以自己的名义，在委托人的授权范围内与第三人订立的合同，第三人在订立合同时知道受托人与委托人之间的代理关系的，该合同直接约束委托人和第三人，但有确切证据证明该合同只约束受托人和第三人的除外。

《民法典》第 162 条　代理人在代理权限内，以被代理人名义实施的民事法律行为，对被代理人发生效力。

理解与适用

一、本条规范目的

从体系上而言，本条并非着眼于委托人和受托人之间的内部关系，而着眼于受托人以自己名义所签订合同的效果归属，因此主要涉及代理，故本条将委托人和受托人称为被代理人和代理人。关于本条的理论争论甚多，实践中误用情形也较多。有的将本条规定的内容理解为间接代理，有的理解为隐名代理，有的理解为直接代理的特殊形态。在价值判断上，有人认为该条是对大陆法系代理公开原则的背离，实践中也多有误用滥用；也有人认为，代理公开也包括仅公开代理事实但未公开被代理人身份的情形，因此该条并非对代理公开原则的突破，具有价值正当性。关于适用范围，有人认为应当仅适用于商事交易，但也有人认为，代理公开和不公开并非民事代理和商事代理的区分标准，应当一体适用于所有交易。①

《民法典》第162条规定了，代理人在代理权限内，以被代理人名义实施的民事法律行为，对被代理人发生效力。此即代理公开原则。本条与第162条的其他构成要件相同，区别仅在于代理人是以自己名义而非被代理人名义订立合同，但法律效果都是将代理行为的效果归属于被代理人。据此，本条与第162条同样属于效果直接归属规范。

在1999年制定《合同法》时规定本条和下条的内容是为了解决外贸代理问题，但是自2004年7月1日起，外贸经营权已经由审批制改为登记制，代理人可以自由选择是以自己的名义还是以被代理人的名义行为，最初的目的已经不再需要，因此，目前需要将本条与代理公开原则结合而探求其制度目的。代理公开最重要的目的就是保护相对人的利益，通过代理事实和被代理人特定身份的公

① 关于这些争论，近五年来的主要专题论文有尹飞：《论我国民法典中代理制度的类型与体系地位》，载《法学杂志》2015年第9期，第12页以下；殷秋实：《论代理中的显名原则及其例外》，载《政治与法律》2016年第1期，第76页以下；耿林、崔建远：《未来民法总则如何对待间接代理》，载《吉林大学社会科学学报》2016年第3期，第21页以下；武亦文、潘重阳：《民法典编纂中代理制度的体系整合》，载《浙江社会科学》2016年第10期，第60页以下；方新军：《民法典编纂视野下合同法第402条、第403条的存废》，载《法学研究》2019年第1期，第78页以下；朱虎：《代理公开的例外类型和效果》，载《法学研究》2019年第4期，第82页以下；胡东海：《合同法第402条（隐名代理）评注》，载《法学家》2019年第6期，第176页以下。《全国法院民商事审判工作会议纪要》第2条第2款将本条称之为隐名代理，同样观点的案例参见最高人民法院（2015）民二终字第128号民事判决书。

开，相对人就能够知悉特定的交易对方。这涉及相对人对交易对方的履行能力和信用状况的信赖。① 据此，当相对人的利益不需要通过代理公开予以保护时，即使代理未公开，也可以产生与代理公开相同的后果。代理人公开代理事实，相对人自然知道其交易相对人并非代理人而是被代理人，但代理人未公开代理事实，并不意味着相对人必然不知道代理事实。重要的是保护相对人的利益这个实质目的，不能舍本逐末地把手段当成目的本身。代理人虽然以自己名义作出代理行为，但相对人已经知道代理人实际上是为了被代理人的利益而行为时，代理公开所要实现的使相对人获知交易对方的目的已经实现，即使代理未公开，同样有理由使被代理人承受代理行为的后果。② 因此，代理公开和不公开不是依名义作出区分，而是以相对人是否知道代理事实作为区分标准。相对人知道代理事实的公开代理，包括了代理事实公开（“以被代理人名义”）和代理事实未公开但相对人知道这两种情形，两者具有相同的法律效果。③

但是，在代理人具有代理权的前提下，代理人并非只能为被代理人的利益行为，其也可以为自己的利益行为。如果代理人选择以自己的名义行为，一般表达的就是为自己利益的意图。代理人以自己的名义行为本身就表明代理行为仅约束代理人和相对人而无法约束被代理人。同时，代理人以自己的名义行为也可能体现了被代理人隐身幕后、不愿被约束的意思。即使相对人知道代理人与被代理人之间的代理关系，但既然代理人以自己的名义行为，那么相对人也不能合理信赖代理人以自己的名义作出的法律行为能够约束被代理人。因此，在代理人以自己的名义行为时，概括地使被代理人承受行为效果，就可能使本来愿意受到行为约束的代理人可以不受约束，反而使本来不愿受到行为约束的被代理人受到约束。④ 为了避免这种情形，本条对此作出了严格的构成要件限定。

二、构成要件一：以代理人（受托人）自己的名义

本条的构成要件之一是以代理人自己的名义与第三人订立合同，这是区分本条与《民法典》第 162 条的适用范围的关键。

如果代理人以被代理人的名义订立合同，则代理人公开了代理事实和特定的

---

① 参见朱庆育：《民法总论》，北京，北京大学出版社 2013 年版，第 326 页。

② 同样观点，参见［日］山本敬三：《民法讲义》，Ⅰ·总则，解亘译，北京，北京大学出版社 2012 年版，第 283 页。

③ 例如《国际商事合同通则》第 2.2.3 条。关于具体的资料梳理，参见朱虎：《代理公开的例外类型和效果》，载《法学研究》2019 年第 4 期，第 88－89 页；胡东海：《合同法第 402 条（隐名代理）评注》，载《法学家》2019 年第 6 期，第 177－179 页。

④ 据此，《国际货物销售代理公约》第 12 条未将“以自己名义”作为要件。

被代理人，应当适用第 162 条。但是，如果代理人公开了代理事实而未公开被代理人，即仅对相对人第三人表明了自己是代理人，但未公开特定的被代理人的，该适用哪条就可能存在疑问。此种情形的发生有正当的经济理由：可能是为了被代理人的利益，如果相对人知道实际的交易对象是被代理人，交易条件可能更为苛刻，或者被代理人基于合理原因而更愿意隐居幕后；也可能是为了代理人的利益，其付出大量成本发展出其资源网络，不愿让相对人和被代理人直接联系而使自己被绕开，或者代理人先与相对人订立合同，之后再寻找愿意承受代理行为效果的特定被代理人，但代理人同时不愿直接对相对人承担责任。代理人已经清晰地表明了代理事实和为他人利益行为的意思，相对人已经知道合同当事人并非代理人而是另有他人时，相对人就有两种选择：或者接受这一点并订立合同，行为效果不由代理人而由隐藏的被代理人承受；或者其因不愿承担交易对方不明的风险而拒绝交易。相对人可以基于自己的利益自由地选择，这种自由选择的可能性已足以保护相对人的利益。据此，如果相对人选择接受，则代理行为应当直接约束被代理人和相对人，代理人并非合同当事人。[①] 这与适用第 162 条的法律效果相同。行为效果之所以由被代理人承受，不是因为代理人公开了被代理人的特定身份，而是因为代理人表明了其所为的意思表示效果不归属于代理人自己，而是归属于被代理人的意思，且代理人和相对人基于此共同认识而订立合同。因此，第 162 条中的"以被代理人名义"应被理解为代理人公开了代理事实，是否公开了被代理人的特定身份则是无关紧要的。据此，该情形应当是代理公开的类型之一而非例外，属于第 162 条的适用范围。

同样，代理公开原则是保护相对人利益的规范手段。据此，当相对人的利益不需要通过代理公开予以保护时，即使代理未公开，也可以产生与代理公开相同的后果。其中的情形之一是，对于相对人而言，交易对方是代理人还是被代理人根本不重要，即"隐蔽的行为归属"。例如，日常生活中的现金交易，如果相对人的权利已经消灭，则相对人的义务和责任是对被代理人还是对代理人承担无关紧要，对相对人的利益并无影响，所以通说认为此时由被代理人承受行为后果而享有违约请求权、撤销权等。[②] 此时可以类推适用本条规定。[③]

在委托人和受托人的关系中，受托人应当以自己的名义还是以委托人的名义

---

① 参见美国《代理法重述（第三次）》第 1.04 条、《国际商事合同通则》第 2.2.3 条、《欧洲合同法原则》第 3：203 条。

② 参见［德］吕特斯、施塔德勒：《德国民法总论》，于馨淼、张姝译，北京，法律出版社 2017 年版，第 500 页。

③ 参见胡东海：《合同法第 402 条（隐名代理）评注》，载《法学家》2019 年第 6 期，第 181 页。

订立合同不明确时，可以通知委托人，请求委托人作出指示；在委托人未作出指示时，受托人有权在根据已收集的信息和指示可以合理地推断出的委托人的期待、偏好及优先选择出基础上予以选择①；有疑义时，可以推定为受托人应当以委托人的名义订立合同。

三、构成要件二：代理人在授权范围内订立合同

本条适用的构成要件还包括代理人在授权范围内订立合同。由此，有疑问的是：如果受托人以自己的名义却无代理权，可否适用或者类推适用无权代理或者表见代理规则?② 本条与《民法典》第 162 条仅解决代理公开的问题，而代理权限本来就不属于这两条的适用范围，但是，在以被代理人的名义订立合同时，如果无代理权，则适用《民法典》第 171、172 条的无权代理和表见代理规则解决代理权限欠缺的法律后果，而本条与第 162 条同样属于效果直接归属规范，自然也有理由类推适用第 171、172 条。从利益衡量角度观察，适用第 171 条，由于被代理人享有追认权，对被代理人并无不利，第三人则享有善意时的撤销权和请求代理人赔偿的权利，对第三人也并无不利；适用第 172 条，虽然不利于被代理人，但其中的考量与一般的表见代理中的考量并无不同。

代理人可以与第三人订立任何类型的合同，这可以类推适用于代理人实施的其他法律行为。实践中，最常出现的类型是委托借款合同③，还有其他一些类型的合同，例如资产转让合同④、建设工程设计合同⑤、房地产开发经营合同⑥、租赁合同⑦、运输合同、专利实施许可合同⑧，等等。

---

① 参见 DCFR 第 4.4－4：102 条第 2 款和第 4.4－4：103 条第 3 款。

② 关于肯定观点，参见尹飞：《论隐名代理的构成与效力》，载《法律科学》2011 年第 3 期，第 114 页；相关案例，参见重庆市长寿区人民法院（2015）长法民初字第 06532 号民事判决、甘肃省天水市麦积区人民法院（2013）麦民二初字第 279 号民事判决书。关于否定观点，参见胡东海：《合同法第 402 条（隐名代理）评注》，载《法学家》2019 年第 6 期，第 182－183 页。

③ 参见《最高人民法院关于如何确定委托贷款协议纠纷诉讼主体资格的批复》（法复〔1996〕6 号），最高人民法院（2018）民终 673 号民事判决书，最高人民法院（2017）民终 369 号民事判决书，最高人民法院（2016）民终 124 号民事判决书，最高人民法院（2012）民二终字第 131 号民事判决书。

④ 参见最高人民法院（2011）民提字第 29 号民事判决书。

⑤ 参见最高人民法院（2012）民申字第 668 号民事裁定书。

⑥ 参见最高人民法院（2018）民终 1329 号民事判决书。

⑦ 参见北京市第一中级人民法院（2013）民终字第 13718 号民事判决书。

⑧ 参见最高人民法院（2010）民提字第 213 号民事裁定书（载《最高人民法院公报》2011 年第 10 期），西藏自治区高级人民法院（2007）藏法民再终字第 2 号民事判决书。

四、构成要件三：第三人在订立合同时知道代理关系

如果代理人“以自己的名义”作出法律行为，此时对“以自己的名义”首先应依据客观化的文义解释立场，即《民法典》第142条第1款中所述“按照所使用的词句”，予以认定。是否以代理人自己的名义，要看所签订合同的词句和当事人条款显示出来的双方当事人。如果代理人作出代理行为，且根据文义判断代理行为的当事人是代理人，那么一般而言，不能将代理行为的效果直接归属于被代理人。但即使以文义为起点，也还要“结合相关条款、行为的性质和目的、习惯以及诚信原则”，从规范解释的立场确定代理人的意思。例如，代理人的明确表示或者交易过程中明确显示出来的代理人意思，使交易相对人知道代理人的真正意思是将代理行为的效果直接归属于被代理人，此时相对人仍然具有选择交易对方的自由，按照意思表示的解释，可以使被代理人受到代理行为的约束。换言之，代理人“以自己的名义”仅仅是依据文义来认定，仅构成了意思表示解释的起点，但如果根据意思表示解释的其他因素，相对人知道代理人具有将效果归属于被代理人的真实代理意思，那么从规范立场和相对人立场对代理人意思予以解释的结果就是代理人具有代理意思，也即代理人的代理意思与相对人知道代理的存在乃一体两面，由此在意思表示解释的结果上也符合《民法典》第162条中的代理人“以被代理人名义”，进而与《民法典》第142条第1款的意思表示解释规则能够形成一致。另外，按照此种解释方案，本条的适用范围绝对不是非常广泛的，而仅适用于代理人文辞上以自己的名义但从客观的相对人立场认为代理人具有代理意思的情形。本条中的“第三人在订立合同时知道受托人与委托人之间的代理关系”，指的是从客观的相对人立场认为受托人具有代理意思。例如，在办理委托贷款业务时，签订合同的方式主要有两种：一种是分别由委托人与受托人签订委托合同、受托人（贷款人）与借款人签订借款合同，在委托合同和借款合同中均载明贷款资金的委托人和借款人；另一种是委托人、受托人、借款人三方共同签订委托贷款合同，约定各自的权利义务关系。无论采何种方式，一般而言，借款人均知晓委托人与受托人的真实身份，而借款人系由委托人确定的。又如，在实践中出现的一些循环贸易中，可能其实质目的是融资借款，虽然融资人与中间人签订的合同，但实质上融资方是知道真正的出资人的，此时如果最终认

定为借款合同[1]，则借款合同的双方当事人是融资人和出资人，其并不约束中间人。[2] 具体而言：

首先，第三人在订立合同时知道。第三人在履行过程中或者在纠纷解决过程中知道的，不能适用本条。[3]

其次，第三人知道。对此应当作更为严格的认定。“知道”体现了较高程度的证明要求。[4] 当代理人以自己的名义行为时，代理意思和事实的公开程度较低，此时第三人对背后的代理意思和事实不应当负有较高程度的注意义务，否则会增加第三人的交易成本。在判断第三人是否知道时，就要根据相对人较低的注意和审查义务，探求客观第三人处在相对人的地位将会如何理解，斟酌合同缔结前的联系、被代理人与相对人先前的交易关系和商业习惯等予以确定。第三人知道的途径无关紧要，仅仅在判断第三人是否知道时作为考量因素之一。

最后，第三人知道的内容是代理人和被代理人之间的代理关系。至于被代理

① 最高人民法院（2014）民申字第1894号民事裁定书、最高人民法院（2014）民二终字第56号民事判决书中均认为，审理循环贸易案件首先应审查当事人的真实意思与表明合同行为是否具有一致性，且尽管循环贸易以“走单、走票、不走货”为典型特征，但是不能仅以贸易中没有实际货物交付为由否认当事人之间的买卖合同关系，货物是否真实交付应当与各方是否存在借贷意思表示的情况结合考虑予以判断。最高人民法院（2018）民终888号民事判决书中认为：根据宇航公司、中船公司、斯创姆公司等三案外人之间签订的买卖合同下的付款、交货情况，结合二审中双方当事人均认可无实际交货的事实，一审法院经审理查明将本案认定为循环贸易式融资法律关系正确。最高人民法院（2016）民终539号民事判决书中则认为，如循环贸易关系不构成闭合模式，应基于合同相对性原则，认定当事人之间为买卖合同关系，而非民间借贷关系。最高人民法院（2011）民提字第227号民事判决书中认为，在循环贸易中，即使存在证明买卖关系的买卖合同、货权转移证明等文件，但如果存在融资方享有和承担任何市场价格变化产生的盈亏，中间方和出资方按照固定比例加价作为固定收益，不承担货物验收、市场交易风险而只享有固定回报的约定，应当属于典型的资金拆借行为。最高人民法院（2010）民提字第110号民事判决书中也认为：交易各方签订货物规格和数量相同的买卖合同，在较短时间内发生相同货物购买又出售的行为，且进行高买低卖的，有悖正常交易习惯，可能被认定为以货物买卖形式掩盖融资目的借贷关系。最高人民法院（2015）民提字第74号民事判决书（载《最高人民法院公报》2017年第6期）中认为，多个企业之间通过封闭式循环贸易掩盖融资借贷实质，实际借款人高买低卖，作为中间方的托盘企业并非出于生产、经营需要而借款，而是为转贷牟利。如果被认定为借款合同关系，此时有关借贷的管制规则应当适用于该等关系。

② 在被认为融资人和出资人存在借款合同的前提下，出资人就有权依据借款合同直接请求融资人。但是，实践中往往因为融资人不能返还而使出资人遭受损失，对于明知并促成循环贸易的中间人而言，在其并未明确作出债务加入或者连带保证的意思表示的情况下，其既是融资人的受托人，也是出资人的受托人，因此要根据委托合同对作为委托人的融资人依法承担过错责任。在损失的确定上，实践中往往判决中间人依据委托合同对融资人不能返还的部分承担30%～50%的责任。参见最高人民法院（2013）民再申字第15号民事裁定书、最高人民法院（2010）民提字第110号民事判决书。

③ 参见山东省青岛市中级人民法院（2016）鲁02民终3145号民事判决书。

④ 无论是否认为本条也应包括“应当知道”的情形，共识在于对此应当有较高程度的证明要求。

人的特定身份，无须构成第三人知道的内容。关于授权的范围，本条将代理人在授权范围内与第三人订立合同作为其适用的构成要件之一，在解释上可以认为相对人知道的内容不包括授权的内容和权限。① 如果第三人知道代理事实，但不知道代理人无代理权限，如上文所述，可以类推适用《民法》第 171 条、第 172 条。

五、构成要件四：没有证据证明该合同只约束代理人和第三人

本条同时规定了消极性的构成要件，即有证据证明该合同只约束代理人和第三人的，该合同不能直接约束委托人。这里的“有证据证明”，包括了代理人或者第三人的意思表示、具体交易情况和法律规定。

首先，代理人或者第三人的意思表示。代理人或者第三人于订立合同时通过意思表示表明不愿意使被代理人成为合同当事人。代理人通过意思表示，无论是明示还是通过行为的默示，表明其仅具有为自己缔约的意思，而不希望合同对被代理人发生效力时，不能适用本条。第三人通过意思表示，无论是明示还是通过行为的默示，表明仅具有与代理人缔约的意思的，同样不能适用本条。② 但是，代理人和第三人的此种意思表示应当在订立合同时存在，否则若随时可以表明意思表示，将使本条根本无适用余地。③ 例如，在委托贷款中，当事人关于诉讼主体的约定主要有三种：一是约定以受托人（贷款方）的名义向借款人提起诉讼，相关费用和后果由委托人承担；二是约定由受托人协助委托人提起和参与诉讼，相关费用和后果由委托人承担；三是约定由委托人直接向借款人提起诉讼。如果在受托人（代理人）和第三人之间存在第一种约定，就可以认为有证据证明该合同只约束受托人和第三人。但是，如果是委托人和受托人（代理人）之间存在约

① 参见朱虎：《代理公开的例外类型和效果》，载《法学研究》2019 年第 4 期，第 90 页；胡东海：《合同法第 402 条（隐名代理）评注》，载《法学家》2019 年第 6 期，第 185 页。

② 参见胡东海：《合同法第 402 条（隐名代理）评注》，载《法学家》2019 年第 6 期，第 186－187 页。

③ 最高人民法院（2012）民申字第 668 号民事裁定书对此存在误用：虽然大连机电公司知道东华公司与其签订《总承包合同》系受日达公司委托，但因在日达公司发函表明行使委托人的合同介入权的情况下，大连机电公司明确表示选择东华公司作为相对人主张权利，二审判决认定《总承包合同》约束东华公司与大连机电公司，符合《中华人民共和国合同法》第 402 条但书条款、第 403 条第 2 款的规定和合同相对性原则。所谓的误用，第一，将《合同法》第 402 条（《民法典》第 925 条）的但书条款和第 403 条（《民法典》第 926 条）第 2 款并用，事实上，这两个条文的构成要件不同，无法并用，在第三人知道代理关系的前提下，不存在被代理人的介入权；第二，最为重要的，现有的事实和证据仅证明了，第三人在订立合同后被代理人发函时明确表示选择代理人作为相对人，而判决并未着眼于第三人在订立合同时具有此种意思表示。

定，与第三人无关，同时该约定更有可能是赋予委托人权利，而非限制委托人行为的义务，此时，委托人既可以自行向第三人请求，也可以要求受托人向第三人请求。①

在第三人依据合同向被代理人主张权利时，被代理人也可以通过证明该合同只约束代理人和第三人而使自己不受合同约束，例如，被代理人在第三人订立合同时，明确向第三人表明自己不受合同约束。

其次，具体交易情况。例如，在货运代理中，虽然承运人明显知道货运代理中的代理事实，但是承运人基于交易成本的考虑而不愿意和大量的散货货主形成合同关系。除此之外，现代商事实践的节奏加快、陌生人趋势增强反而更加注重代理制度的形式要求，因此产生了大量的广告代理人、保付代理人、海运经纪人等“承担特别责任的代理人”，此时，相对人对代理人的信赖程度可能要高于相对人对被代理人的信赖程度。② 据此，依据交易惯例和交易情境等可以推断相对人只愿意与代理人形成该合同关系，或者有证据证明如果被代理人作为合同当事人相对人就不会订立该合同时，合同自然仅能约束代理人和相对人，而不能在被代理人和相对人之间形成合同关系。③

实践中还存在委托型借名购房，即房屋买卖合同由出名人以自己的名义与出卖人订立，但出名人系受借名人的委托。在此种情形中借名合同可以被认定为委托合同。在为规避政策、规章借名购房的情形中，如果借名购买的是经济适用房等保障性住房，第三人（出卖人）显然只愿意将房屋出卖给具备购房资格的

---

① 参见最高人民法院（2016）民终124号民事判决书（载《最高人民法院公报》2016年第11期）中认为：“委托贷款合同”第1.4条受托人承诺中约定，“借款人不能按期偿还本金及利息时，受托人应按照委托人的书面要求以受托人的名义向借款人、担保人及相关联人提起诉讼”，该约定是受托人兴业银行武汉分行对委托人长富基金的承诺，只约束兴业银行武汉分行和长富基金，与中森华房地产公司无关；就约定内容而言，是否以兴业银行武汉分行作为原告对借款人、担保人及相关联人提起诉讼，是该约定赋予长富基金的权利，而非系限制其行为的义务，长富基金既可以自行起诉，也可要求受托人兴业银行武汉分行提起诉讼。

② 参见方新军：《对我国合同法第402、403条的评说——关于两大法系代理理论差异的再思考》，载《北大法律评论》2001年第4卷第2辑，第534页以下。

③ 参见最高人民法院（2014）民申字第2225号民事裁定书（载《最高人民法院公报》2017年第11期）中认为：《合同法》第402条关于委托人介入权的规定一般限于单纯的委托合同关系，但本案除委托合同关系外，还涉及买卖、借贷以及担保等多重法律关系，特别是担保法律关系。……据此，在厦航开发公司已实际为东方龙金属公司垫付巨额货款的前提下，在南钢金易公司知道该事实的情况下，若简单适用合同法第四百零二条（不适用该条的但书），排除买卖关系中买方厦航开发公司要求卖方南钢金易公司返还货款的权利，明显损害厦航开发公司的权利，不符合该条的立法本意。本案应当适用该条的但书规定，即“钢材购销合同”的上述约定内容以及南钢金易公司知道东方龙金属公司为该笔交易向厦航开发公司融资的事实，属于《合同法》第402条但书中规定的“确切证据”，故“钢材购销合同”只约束厦航开发公司和南钢金易公司。

受托人（出名人），即便其在订约时明知道委托关系，也可以基于保障性住房的特殊性认定“该合同只约束受托人和第三人”。如果委托型借名购房的目的是规避限购令，由于借名人在特定区域内同样不具备购买此处房屋的资格（要么没有本地户口且社保缴费年限不够，要么虽有本地户口但已经拥有多处房屋），所以也应当认定出卖人只愿意与具备购房资格的出名人发生房屋买卖合同关系。①

最后，法律规定。例如，在行纪合同中，即使相对人知道委托人的存在，委托人和相对人之间也不直接发生合同权利义务关系，但《民法典》第960条规定了行纪合同准用委托合同的相关规定，这会导致本条的规定被适用于行纪合同。但是，委托合同的规定补充适用于行纪合同的前提是行纪合同无相应规定，而《民法典》第958条已经明确规定相对人和行纪人发生权利义务关系。如果委托人选择行纪人，相对人与具有营业外观的行纪人进行交易，这本身就意味着从客观的相对人立场不能认为行纪人行为时具有代理意思。委托人取得合同权利、义务仅能基于其和行纪人之间的关系进行合同权利义务的约定概括移转，故本条不能适用于行纪合同。②

此外，在举证责任上，代理人以自己的名义行为，一般应当认定为代理行为不对被代理人发生效力，因此，如果要适用本条规定，主张合同产生直接约束委托人和第三人的法律效果者，应当证明前三个积极构成要件的存在，而由主张不适用本条者证明该合同只约束代理人和第三人。

六、法律效果：合同直接约束被代理人和第三人

本条适用的法律效果是合同直接约束被代理人和第三人，即：被代理人对第三人享有权利和负担义务，并有权主张从属性权利③；第三人对被代理人也享有

---

① 参见杨代雄：《借名购房及借名登记中的物权变动》，载《法学》2016年第8期。

② 相同观点，参见汪渊智：《代理法论》，北京，北京大学出版社2015年版，第211页以下；李宇：《民法总则要义：规范释论与判解集注》，北京，法律出版社2017年版，第769页。

③ 最高人民法院（2018）民终673号民事判决书中认为：颐和酒店公司对于“委托贷款合同”的存在及韩啸与平安银行海口分行之间的代理关系应当明知，其是在对韩啸为案涉贷款实际权利人有清楚认知的基础上签订的两份“抵押担保合同”。对颐和酒店公司名下国有土地使用权办理抵押登记时，虽然登记的抵押权人为平安银行海口分行，但因该抵押法律关系是为案涉贷款设定，在委托贷款法律关系中，受托人平安银行海口分行的代理行为产生的后果应当归属于委托人韩啸。在本案诉讼中，平安银行海口分行也明确表示韩啸享有案涉国有土地使用权的抵押权，故韩啸可以自己的名义直接向颐和酒店公司主张以平安银行海口分行名义设立的抵押权。

权利和负担义务。同时，代理人不是合同当事人，因此其不对第三人负有义务①，也不能向第三人主张权利②，但在被代理人和第三人之间的诉讼中可以被列为第三人。该效果的发生是基于法律的直接规定，并不取决于当事人是否存在此种约定。③

这与适用《民法典》第 162 条的法律效果是一样的，因此，本条和第 162 条同属于效果直接归属规范。这具有重要的意义。例如，由于代理行为的后果直接归属于被代理人，因此，相对人即不得以代理人对相对人所独立负担的债务抵销相对人根据代理行为对被代理人负担的债务，同样，被代理人也不得以相对人对代理人独立负担的债务抵销被代理人根据代理行为对相对人负担的债务。④ 又如，如果代理人基于被代理人的明确授权在与相对人的合同中约定了仲裁条款，由于代理行为的后果直接归属于被代理人，此时应认为被代理人也受到仲裁条款的约束。这对于相对人的利益没有影响，同时也并不违背被代理人的预期。⑤

第九百二十六条

受托人以自己的名义与第三人订立合同时，第三人不知道受托人与委托人之间的代理关系的，受托人因第三人的原因对委托人不履行义务，受托人应当向委

① 参见“名山电力有限责任公司诉威格尔国际合作发展公司等专利实施许可合同纠纷案”（载《最高人民法院公报》2002 年第 2 期）的判决书中认为：周鼎力与威格尔公司之间的委托代理关系是明确的。威格尔公司在签订合同前接待被上诉人名山公司在北京参观考察、签订合同、代交保险费等，是其履行代理义务的行为。对周鼎力与威格尔公司之间的委托代理关系，名山公司是清楚的。……合同责任应当由周鼎力承担。威格尔公司关于其不应因代理而承担连带责任的上诉理由……应当支持。此外，在委托贷款中，中国人民银行曾经于《关于商业银行开办委托贷款业务有关问题的通知》中规定，商业银行开办委托贷款业务只收取手续费，不得承担任何形式的贷款风险。

② 《最高人民法院关于如何确定委托贷款协议纠纷诉讼主体资格的批复》（法复〔1996〕6 号）指出：在履行委托贷款协议过程中，由于借款人不按期归还贷款而发生纠纷的，贷款人（受托人）可以借款合同纠纷为由向人民法院提起诉讼；贷款人坚持不起诉的，委托人可以委托贷款协议的受托人为被告、以借款人为第三人向人民法院提起诉讼。其中前半句认为，贷款人（受托人）可以借款合同纠纷为由向人民法院提起诉讼，这似乎不符合本条规定。最高人民法院的案例也仅是在受托人（贷款人）在其与委托人有约定的情况下承认了受托人以自己的名义向借款人主张权利。参见最高人民法院（2017）民终 369 号民事判决书：案涉“一般委托贷款借款合同”约定委托人可以授权受托人对借款人催收并追索相关债权。其后，中山证券公司、新余钢铁公司均分别向工行鹰潭分行出具了相关函件，明确委托工行鹰潭分行以自身名义提起诉讼。

③ 当然，如果当事人之间存在此种约定，则该约定也是有效的。参见最高人民法院（2007）民二终字第 7 号民事判决书。

④ 美国《代理法重述（第三次）》第 6.06 条第 1 款对此有明确规定。

⑤ 同样观点，参见汪渊智：《代理法论》，北京，北京大学出版社 2015 年版，第 211 页以下；徐涤宇：《间接代理制度对仲裁条款的适用》，载《法学研究》2009 年第 1 期，第 36 页以下。

托人披露第三人，委托人因此可以行使受托人对第三人的权利。但是，第三人与受托人订立合同时如果知道该委托人就不会订立合同的除外。

受托人因委托人的原因对第三人不履行义务，受托人应当向第三人披露委托人，第三人因此可以选择受托人或者委托人作为相对人主张其权利，但是第三人不得变更选定的相对人。

委托人行使受托人对第三人的权利的，第三人可以向委托人主张其对受托人的抗辩。第三人选定委托人作为其相对人的，委托人可以向第三人主张其对受托人的抗辩以及受托人对第三人的抗辩。

本条主旨

本条是关于委托人的介入权、第三人的选择权的规定。

相关条文

《合同法》第 403 条　受托人以自己的名义与第三人订立合同时，第三人不知道受托人与委托人之间的代理关系的，受托人因第三人的原因对委托人不履行义务，受托人应当向委托人披露第三人，委托人因此可以行使受托人对第三人的权利，但第三人与受托人订立合同时如果知道该委托人就不会订立合同的除外。

受托人因委托人的原因对第三人不履行义务，受托人应当向第三人披露委托人，第三人因此可以选择受托人或者委托人作为相对人主张其权利，但第三人不得变更选定的相对人。

委托人行使受托人对第三人的权利的，第三人可以向委托人主张其对受托人的抗辩。第三人选定委托人作为其相对人的，委托人可以向第三人主张其对受托人的抗辩以及受托人对第三人的抗辩。

理解与适用

一、本条的体系定位

本条规定了受托人以自己的名义与第三人订立合同，而第三人不知道受托人与委托人之间的代理关系的情形。从文义上观察，《民法典》第 162 条中的“对被代理人发生效力”和第 925 条中的“该合同直接约束委托人和第三人”，都表明这两条是效果直接归属规范，即代理行为的后果直接归属于被代理人。但是，本条的文义表述却并非如此，表明该条并非效果直接归属规范。按照本条规定，合同仍然仅直接约束受托人和第三人[①]，只有受托人因第三人的原因对委托人不履行义务，或者受托人因委托人的原因对第三人不履行义务时，才有委托人介入权和第三人选择权的问题，也才有相互主张权利的可能性。[②] 由此可见，本条规定不同于英美法中的不公开代理。[③]

二、共同适用前提

根据本条规定，委托人介入权和第三人选择权的共同适用前提是，受托人以自己的名义与第三人订立合同时，第三人不知道受托人与委托人之间的代理关系。因为受托人以自己的名义，所以区别于《民法典》第 162 条规定的情形；因为第三人不知道受托人与委托人之间的代理关系，所以区别于《民法典》第 925 条规定的情形。[④] 同时，虽然本条的文义上并未体现出来，但本条仍以受托人在授权范围内与第三人订立合同为前提。由于本条并非效果归属规范，因此与《民法典》第 925 条规定的情形不同，在受托人超出授权范围或者无授权情形下，不能类推适用《民法典》第 171、172 条关于无权代理和表见代理的规定。

三、委托人的介入权

（一）行使前提和制度目的

按照本条第 1 款的规定，在受托人因第三人的原因对委托人不履行义务时，受托人应当向委托人披露第三人，委托人因此可以行使受托人对第三人的权利。因此，委托人介入权的行使前提是受托人因第三人的原因对委托人不履行义务，

---

① 最高人民法院（2015）民申字第 956 号民事裁定书（载《最高人民法院公报》2016 年第 1 期）中认为："委托人行使介入权，则合同直接约束委托人与第三人，委托人代替受托人成为合同主体，受托人不能行使合同权利；委托人不行使介入权的，则合同仍约束受托人，受托人可以行使合同权利。"这样的界定似乎并不完全妥当。

② 同样观点，参见徐涤宇：《间接代理制度对仲裁条款的适用》，载《法学研究》2009 年第 1 期，第 39 页；张平华、刘耀东：《间接代理制度研究》，载《北方法学》2009 年第 4 期，第 34 页；尹田：《民事代理之显名主义及其发展》，载《清华法学》2010 年第 4 期，第 22 页以下；殷秋实：《论代理中的显名原则及其例外》，载《政治与法律》2016 年第 1 期，第 86 页以下；朱虎：《代理公开的例外类型和效果》，载《法学研究》2019 年第 4 期，第 91－92 页。《全国法院民商事审判工作会议纪要》第 2 条第 2 款将本条称之为间接代理，最高人民法院（2015）民申字第 956 号民事裁定书将本条称为隐名代理，似乎都不妥当。

③ 关于本条与英美法中的不公开代理的区别，以及委托人介入权和第三人选择权在不同立法例中具体适用前提的不同，参见朱虎：《代理公开的例外类型和效果》，载《法学研究》2019 年第 4 期，第 91 页以下。

④ 有些案例同时适用《民法典》第 925 条和第 926 条（《合同法》第 402 条和第 403 条），似乎并不妥当，参见"巴菲特投资有限公司诉上海自来水投资建设有限公司股权转让纠纷案"，（载《最高人民法院公报》2010 年第 4 期）；最高人民法院（2012）民申字第 668 号民事裁定书。

而不包括第三人已经向受托人履行义务，而受托人未向委托人履行是出于自身原因的情形。

对于委托人而言，基于专业分工等合理考虑，存在通过专业的中间人进入市场这种重要的商业需求，同时也存在交易时不公开自身的合理商业需求。如果法律不对这些商人予以保护，使其在中间人违约或者破产时向第三人直接主张权利，则这些商人可能会因害怕中间人违约或者破产而不愿再进行此种交易。因此，允许委托人行使介入权而直接向第三人主张，有助于商业便利、减少理论逻辑与商业现实之间的冲突，同时能够平衡委托人、受托人和第三人的利益。

具体而言，委托人面对的风险，首先是受托人未破产时的违约风险。这又可以区分为受托人因自身原因违约和因第三人原因违约。如果受托人因自身原因违约，由于受托人和委托人之间存在委托等内部关系，委托人能够采取事先的风险控制机制，而第三人由于不知道代理事实，故其无法预防受托人对委托人违约的风险。因此，委托人较之第三人对此种风险的控制成本更低，故有理由将这种风险分配给委托人。换言之，此种风险是委托人应当承担的一般交易风险，对此没有必要进行特别保护，否则将会使不知情的第三人有更多的机会遭到委托人的突然袭击。与此不同的是，受托人因第三人原因而对委托人违约这种风险。虽然委托人同样可以通过其与受托人的内部关系而采取事先的风险预防机制，但是第三人对此种风险的控制成本更低，即只要其按照其与受托人之间的合同履行其本应履行的合同义务即可。此时允许委托人行使介入权，第三人所应当履行的仍然是其所承诺的，仅仅是履行相对方不同而已，故并未使第三人增加任何新的成本。

委托人还需要面对的风险是受托人的破产风险，此时又可以分为两种情形，即第三人已经履行了义务和未履行义务。在第三人已经履行了义务的情形中，受托人对第三人的债权已经实现，委托人自然无法行使已经消灭的权利。在第三人未履行义务的情形中，即使受托人破产，第三人仍有义务履行，并且即使义务未到期，也应在受托人破产时视为到期。此时，毕竟第三人并未履行义务，故此种情形也可以被纳入受托人因第三人原因而不履行义务的情形中。

因此，在委托人、受托人和第三人的内部关系中，允许委托人的介入权是妥当的，并且没有必要在更多情形中允许介入权的行使。

（二）受托人的披露义务

为了保障委托人的介入权的实现，本条第 1 款规定了受托人应当主动或者在委托人请求后的合理期限内披露第三人，包括第三人的姓名或名称及住址。① 基

---

① DCFR 第 4.4-3：403 条第 1 款对此有明确规定。

于委托人和受托人之间的内部关系，为保障受托人的利益，如果委托人没有按照其与受托人的内部关系履行自己对受托人的义务，此时受托人有权基于该内部关系行使履行抗辩权，拒绝向委托人履行披露第三人的义务。相应的，若受托人没有履行披露义务，则委托人也有权在相应范围内行使履行抗辩权；造成委托人损失的，应当按照《民法典》第 929 条的规定对委托人承担赔偿责任。

（三）消极构成：不存在第三人与受托人订立合同时如果知道该委托人就不会订立合同的情况

本条第 1 款明确规定了但书，即“第三人与受托人订立合同时如果知道该委托人就不会订立合同”的，委托人不能行使介入权。这明显是为了保护第三人的利益。[①] 该但书的满足，可以是明示的，如果按照债权转让的规范逻辑，这也属于《民法典》第 545 条第 1 款所规定的当事人约定债权不得转让的情形；也可以根据交易惯例和交易具体情势推导出来。如果根据交易的具体情势，可以推断第三人只愿意与受托人形成合同关系（尤其是在受托人承担特别责任的情形）或有较优惠条件的合同关系，或者第三人向委托人履行将明显使义务性质发生变更，显著增加第三人负担或者提高风险，显著地不利于第三人履行义务的，则委托人不享有介入权。[②] 按照债权转让的规范逻辑，这属于《民法典》第 545 条第 1 款规定的根据合同性质或者依照法律规定不得转让的情形。这也构成了委托合同与行纪合同的区别。在行纪合同中，委托人和行纪人也可以在订立行纪合同时预先作出未来债权转让的明确安排，行纪人在取得对第三人的权利后，也可以将该权利转让给委托人，但在未预先作出此等明确安排且之后也并未明确转让的情形下，依据《民法典》第 958 条第 1 款，只能由行纪人享有权利。这就属于但书规定的情形之一，此时委托人不享有介入权。

但书规定的举证责任应当由主张委托人不能行使介入权者承担。

（四）法律效果

1. 债权转让

委托人的介入权为一种形成权，对其行使后的效果能够依债权转让的教义构造予以更为体系化的一致的解释，即委托人因此可以行使受托人对第三人的权利。

以受托人和委托人之间存在委托合同为例：如果在委托合同签订时就已经提前作出了未来债权转让的安排，这毫无疑问是可以的。即使未提前作出该安排，

---

① 《国际货物销售代理公约》第 13 条第 6 款、《荷兰民法典》第 7：420 条第 1 款作了同样的规定。

② 参见王利明：《合同法研究》（第三卷），北京，中国人民大学出版社 2015 年版，第 720 页。

依据《民法典》第 927 条，受托人应当将处理委托事务取得的财产转交给委托人，受托人对第三人的债权也属于该范围，也应当转让给委托人。基于委托人对受托人享有请求债权转让的权利，为保障委托人的利益，本条直接规定委托人的介入权，行使介入权的效果就是债权转让，无须委托人和受托人之间达成债权转让合意。此时相当于法律拟制了委托人和受托人之间的债权转让合意，从而一旦委托人行使介入权，债权便从受托人处移转至委托人处。据此也可将此情形概括为介入权的行使导致法定的债权让与。

如果采取债权转让的教义构造，就可以将债权转让的规则适用于委托人行使介入权的效果，这有助于填补本条第 1 款可能的法律漏洞。首先，按照《民法典》第 546 条，债权转让未通知债务人的，该转让对债务人不发生效力。据此，委托人行使介入权的，应当通知受托人和第三人，第三人一旦收到通知，可以要求委托人提供其特定身份和其与受托人之间关系的合理证明。在收到该证明前，第三人对受托人作出善意履行的，第三人的债务消灭；在收到该证明后，第三人即不得向受托人履行义务或者与受托人协商而使自己的债务减少或消灭。其次，委托人也可以依据《民法典》第 547 条取得有关的从权利。最后，如下文所述，第三人也可以行使《民法典》第 548 条及以下条文规定的债务人保护机制。

2. 第三人的抗辩权

为了进一步保护第三人的利益，与《民法典》第 548 条的规范考量一致，本条第 3 款同时规定，在委托人行使介入权的情形下，“第三人可以向委托人主张其对受托人的抗辩”。该抗辩包括但不限于抗辩权，其范围更为广泛，包括权利不存在、权利消灭和变更的抗辩等。

即使如此，仍存在以下法律漏洞：首先，其并未规定抵销的问题，因此，应类推适用《民法典》第 549 条的规定予以弥补。其次，同样要考虑约定管辖和仲裁条款，从而涉及受托人和第三人间之合同的约定管辖和仲裁条款能否约束委托人和第三人，这与债权转让中的考量仍然一致。① 原则上，委托人行使介入权后也受到这些条款的约束，因为委托人在判断是否介入时必然会对仲裁条款予以考虑，故无须对其予以特别保护。同时，为了避免第三人因为委托人的介入而使得约定管辖和仲裁意愿落空，且第三人本来就受到约定管辖和仲裁条款的约束，故也不

① 《最高人民法院关于适用〈中华人民共和国仲裁法〉若干问题的解释》第 9 条和《最高人民法院关于适用〈中华人民共和国民事诉讼法〉的解释》第 33 条中都规定，债权全部或者部分转让的，仲裁协议或者管辖协议原则上都对受让人有效；同时分别规定了一些例外，但其中一些例外仍有待斟酌，此处不予详论。

能给他重新选择的机会。因此，约定管辖和仲裁条款能够约束委托人和第三人。[①]

3. 外部关系

本条并未规定委托人和受托人的其他债权人之间的外部关系。这涉及以下两个问题：在受托人破产的程序中，委托人是否享有受托人对第三人之债权的取回权和第三人已经交给受托人之财产的取回权[②]？在受托人的其他债权人申请执行受托人的此等债权和财产时，委托人是否可以提出执行异议？[③]

以取回权为例：如果从经济归属上看，似乎允许委托人行使取回权更合适，毕竟受托人仅仅是一个管道或者中间人而已。但是，确定委托人是否享有取回权时，必须考虑到委托人利益的保护和交易安全之间的平衡，以及委托人和受托人串通的道德风险。此时，可以考虑以受托人是否具有为他人利益而行为的营业外观作为确定委托人是否享有取回权的依据。[④] 如果受托人具有为他人利益而行为的营业外观，例如是行纪商、外贸代理商等，虽然会存在委托人和受托人串通的道德风险，例如乙对丙享有债权，在乙破产时，乙和甲串通，虚构不存在的代理关系，如倒签委托合同等，以使甲可以就乙对丙的债权行使取回权，从而伤害乙之破产债权人的利益，但是，此时受托人的债权人应当合理推定受托人持有多项他人财产，不应合理期待受托人所占有的财产均归受托人所有，同时可借由独立账户等降低受托人之债权人的信息成本，受托人的债权人与受托人进行交易时也更容易采取控制此风险的措施，且审判者也能够借由独立账户等证据查明委托人和受托人串通的可能性，因此，串通成本较高，道德风险较低，故不必担心让委托人享有取回权会发生欺诈其他债权人以及扰乱债权债务关系，进而破坏交易安全的后果。[⑤] 但是，如果受托人不具有为他人利益的营业外观，受托人的其他债

---

① 关于仲裁条款的相同观点，参见汪渊智：《代理法论》，北京，北京大学出版社 2015 年版，第 210 页以下；徐涤宇：《间接代理制度对仲裁条款的适用》，载《法学研究》2009 年第 1 期，第 42 页。

② 可能对于债权是否存在取回权存在疑问，但是所有的权利都具有归属的问题，因此在债权或者物权的名义归属和实际归属不一致的情况下，就可能会涉及取回权的问题。参见许德风：《破产法论》，北京，北京大学出版社 2015 年版，第 223 页。当然，如果是卖出委托的情形下，根据《最高人民法院关于适用〈中华人民共和国企业破产法〉若干问题的规定（二）》第 2 条第 1 项，被代理人取回自己的物并无疑问，但在其他情形中欠缺明确规定。

③ 《德国商法典》第 392 条第 2 款允许在行纪中对债权行使此等权利，通说观点认为可以扩充到相对人向行纪人交付的标的物。与此类似的还有《瑞士债法》第 401 条第 3 款、《法国破产法》第 121 条第 1 款和第 122 条、《意大利民法典》第 1705 条第 2 款和 1707 条等，但范围和条件并不完全相同。

④ 同样观点，参见许德风：《破产法论》，北京，北京大学出版社 2015 年版，第 226 页以下。下文对这个问题的论证也部分借鉴了该书。

⑤ 例如，《证券法》第 131 条规定：证券公司客户的交易结算资金应当存放在商业银行，以每个客户的名义单独立户管理。……证券公司破产或者清算时，客户的交易结算资金和证券不属于其破产财产或者清算财产。非因客户本身的债务或者法律规定的其他情形，不得查封、冻结、扣划或者强制执行客户的交易结算资金和证券。

权人更应推定受托人持有的财产是受托人自己的。尤其在欠缺债权公示机制的情形下，受托人的其他债权人获知受托人为委托人持有财产的信息成本较高，因此预先采取控制此风险的措施的能力也较弱，而审判者查明委托人与受托人串通的成本较高，故串通成本较低，道德风险较高。

该等考虑同样适用于委托人是否有权提出执行异议这个问题。据此，在受托人具有为他人利益而行为的营业外观时，委托人可以行使取回权和提出执行异议；反之则否。

四、第三人的选择权

与委托人享有介入权相对应，第三人享有选择权。本条第 2 款规定，如果“受托人因委托人的原因对第三人不履行义务”，则第三人可以选择向受托人或者委托人主张权利。对第三人选择权的内在经济理性考量和教义构造恰恰与对委托人的介入权的基本保持一致。由此，受托人因自身原因对第三人违约，是第三人所应承担的一般交易风险，此时不应赋予第三人选择权，否则就将委托人不合理地作为担保提供者。受托人因委托人原因对第三人违约时，第三人享有选择权具有正当性；如果受托人破产且委托人未履行义务，则可以纳入受托人因委托人原因违约的情形。同样，在受托人破产时第三人与受托人的其他债权人之间的关系中，只有在受托人具有为他人利益而行为的营业外观时，第三人才可以行使取回权和提出执行异议。为保障第三人选择权的行使，受托人也对第三人负有披露委托人的义务。

同样，对第三人行使选择权的效果也可以采取债务转移的教义构造。按照《民法典》第 921 条，委托人应当偿还受托人为处理委托事务垫付的必要费用及其利息，虽然文义上委托人不负有承担受托人因处理委托事务所负债务的义务，但按照《民法典》第 921 条的论述，对此也能作目的性扩张解释。第三人选择向委托人直接主张权利，即可被认为同意了债务转移，此时无须委托人和受托人之间存在债务转移合意，而《民法典》第 551、553、554 条有关债务转移的规定同样具有适用余地。当然，第三人选择向委托人直接主张权利的，也应当通知委托人和受托人，委托人在收到通知后，即不得向受托人履行义务或者与受托人协商而使自己的债务减少或消灭。总之，在未特别说明之处，第三人选择权的规则与委托人介入权的规则并无不同，可参考上文论述。

本条第 2 款规定第三人不得变更选择，这意味着第三人行使选择权的效果并非形成受托人和委托人之间的连带债务，故并非《民法典》第 552 条规定的债务加入。第三人一旦选择向委托人直接主张权利，之后不能再转而向受托人主张权利。因为赋予第三人选择权已经对其进行了保护，没有理由再通过连带责任给予进一步保护。理论上认为，第三人行使选择权后虽然不得变更，但是在第三人因误信受托人或者委托人有足够资力而进行了选择的情形此举未必公平。① 考虑到此种情形发生的前提是受托人未公开代理而第三人不知情，第三人无从预先采取风险预防措施，而委托人的风险控制成本较低，将此种情形的风险分配给委托人是合理的。因此，美国法的规定值得借鉴，解释上可以考虑在行使选择权的意思表示存在重大误解时允许变更，以实现此种风险分配。

同时，在第三人选择向委托人直接主张权利时，为了保障委托人的利益，依照本条第 3 款，委托人可以向第三人主张委托人对受托人的抗辩以及受托人对第三人的抗辩。其中，委托人可以主张受托人对第三人的抗辩，与《民法典》第 553 条的规范逻辑保持一致。同时，毕竟委托人是被迫成为请求对象的，不能使其地位恶化，因此其也可以对第三人主张委托人对受托人的抗辩。关于抵销，同样参照适用《民法典》第 553 条中的“原债务人对债权人享有债权的，新债务人不得向债权人主张抵销”，委托人不得以第三人对受托人独立承担的债务抵销委托人根据合同对第三人承担的债务。第三人和受托人之间的合同约定了仲裁条款时，如果第三人行使了选择权，则虽然第三人的仲裁利益很重要，但其具有选择可能性，而委托人是被迫成为请求对象的，两相权衡，委托人不应当受到仲裁条款的约束。②

第九百二十七条

受托人处理委托事务取得的财产，应当转交给委托人。

本条主旨

本条是关于受托人之转交财产义务的规定。

相关条文

《合同法》第 404 条　受托人处理委托事务取得的财产，应当转交给委托人。

---

① 美国《代理法重述（第三次）》第 6.09 条对此规定，“委托人或受托人对第三人负有债务，针对其中一方的判决得到满足的，另一方的债务消灭”，此时另一方居于类似于一般保证人的地位。

② 参见汪渊智：《代理法论》，北京，北京大学出版社 2015 年版，第 210 页以下；徐涤宇：《间接代理制度对仲裁条款的适用》，载《法学研究》2009 年第 1 期，第 42 页以下。

理解与适用

一、委托人处理委托事务取得的财产

既然受托人是为委托人处理事务，则委托人享有委托事务的最终收益，因此，除另有约定外，受托人处理委托事务取得的财产，应当转交给委托人。

受托人处理委托事务取得的财产具有以下特征：首先，是因处理委托事务取得的财产，包括委托人交给受托人的财产，例如为让受托人照看房屋交给其钥匙、预付的处理委托事务的费用的剩余部分①，也包括受托人处理委托事务从他人处取得的财产。② 其次，包括金钱、其他动产和不动产、已经收取的孳息③，也包括受托人以自己名义为委托人取得的债权、股权等权利。受托人未收取孳息的，自然不负有转交义务，但可能会依据《民法典》第929条承担赔偿责任。

二、转交义务

转交义务包括使委托人取得对财产的占有以及取得财产的权利。首先，如果财产是金钱、其他动产和不动产、已经收取的孳息这些物，则受托人应当使委托人取得对这些物的占有。

其次，受托人还应当将其取得的权利转让给委托人。④ 如果受托人作为代理人依据《民法典》第162、925条直接使委托人取得了权利，则受托人自然无须再履行该义务。但是，如果受托人以自己的名义先取得了这些权利，则其就负有将这些权利转让给委托人的义务。转让的权利不仅包括取得的权利本身，也包括基于该权利而产生的损害赔偿请求权。⑤

至于转交义务的履行时间，有约定的按照约定，没有约定的则按照委托内容确定，无法确定的，则依据《民法典》第511条第4项，属于履行期限不明确的

---

① 《重庆市高级人民法院民二庭关于委托合同纠纷法律适用问题的解答》第7条第1款认为：委托合同约定，如委托事务未完成，则受托人退还委托人预先支付的款项的，只要双方当事人意思表示真实，没有违反法律、行政法规禁止性规定，人民法院应认定其效力。受托人主张在返还的款项中扣除其为委托事务实际支出的合理费用的，人民法院应予支持，但双方明确约定委托事务未完成，由受托人承担实际支出的费用的除外。

② 《德国民法典》第667条明确规定应当转交的包括"因执行委托事务所收取者"和"因处理事务所取得者"。

③ 最高人民法院（2009）民二终字第78号民事判决书中认为：在没有明确约定超出部分归港渝公司所有的情况下……港渝公司应当将其处理委托事务所取得的全部租金收入转交超霸公司。

④ 《日本民法典》第647条第2款、我国台湾地区"民法"第541条第2款对此有明确规定。

⑤ 参见邱聪智：《新订债法各论》（中），北京，中国人民大学出版社2006年版，第168－169页。

债务，在委托人请求且必要的准备时间届满后，受托人应当履行转交义务，否则就构成履行迟延。但是，委托合同终止的，受托人应当在委托合同终止后及时转交。①

三、违反转交义务的责任

受托人违反转交义务的，应当承担违约责任，委托人可以依法请求继续履行等。如果委托人已经取得物的所有权，则其也可以选择依据所有权请求受托人返还占有。此举无须考虑受托人的过错，构成请求权的竞合。同时，如果受托人将应返还给委托人的金钱，或者应为委托人利益而使用的金钱，为自己的利益而消费，则构成了不当得利。② 此时同样无须考虑受托人的过错，受托人负有返还义务并且应当自使用时按照贷款市场报价利率（LPR）支付利息。

但是，受托人违反转交义务造成委托人损失，应承担赔偿责任的，应符合《民法典》第929条的规定，即有偿委托合同中受托人有过错，无偿委托合同中受托人有故意或者重大过失。例如，受托人依照约定的期限退还委托人预先支付的费用的，不应计付资金占用费，但当事人另有约定的除外；但是，受托人超过约定期限返还委托人预先支付的费用的，委托人有权请求从逾期之日起按照法定利率计付资金占用费。如果非因受托人的过错，而是因为法律或者事实上的障碍，受托人无法将取得的财产转让给委托人的，受托人不承担赔偿责任。③

第九百二十八条

受托人完成委托事务的，委托人应当按照约定向其支付报酬。

因不可归责于受托人的事由，委托合同解除或者委托事务不能完成的，委托

---

① 参见崔建远：《合同法学》，北京，法律出版社2016年版，第494页。最高人民法院（2009）民二终字第78号民事判决书中认为：委托人或者委托人都可以行使任意解除权，但受托人应将处理委托事务取得的财产转交委托人。

② 参见崔建远：《合同法学》，北京，法律出版社2016年版，第495页。《德国民法典》第668条、《日本民法典》第647条、我国台湾地区“民法”第542条对此有明确规定。之所以特设规定，是为了使应返还金钱的，应当自使用金钱时而非应予返还时支付利息。

③ 最高人民法院（2012）民二终字第13号民事判决书中认为：受托人受托收购股权后，因为法律的限制无法将股权转让给委托人的，在该股权并非依法当然应当过户给委托人的情形下，受托人解除委托合同、未将股权转让给委托人具有客观理由，不应赔偿该股款差价款损失。

人应当向受托人支付相应的报酬。当事人另有约定的，按照其约定。

本条主旨

本条是关于委托人支付报酬的规定。

相关条文

《合同法》第 405 条　受托人完成委托事务的，委托人应当向其支付报酬。因不可归责于受托人的事由，委托合同解除或者委托事务不能完成的，委托人应当向受托人支付相应的报酬。当事人另有约定的，按照其约定。

理解与适用

一、有偿委托合同

本条适用的前提是有偿委托合同。委托合同既可以有偿，也可以无偿。在当事人未明确约定有偿或者无偿时，依据《民法典》第 510 条确定，此时应当考虑交易习惯、委托事务的性质等，例如，如果受托人以处理事务为营业的，可以推定为有偿，这也与无因管理人以管理事务为职业者可以请求报酬的价值权衡保持一致。① 仍然无法确定的，考虑到实际生活中没有约定报酬事项的委托合同大多是非经营领域的委托合同，而其中大多为无偿的委托合同，并考虑到鼓励发挥无偿委托合同在社会成员互助中的积极作用，可以推定为无偿。

报酬是受托人提供劳务的对价，即使当事人在委托合同中明确约定以达到一定结果为支付报酬的条件，按照意思自治，当事人可以作出此种附条件的约定，例如实践中常见的风险代理，此时与承揽很相似，但报酬仍然是受托人提供劳务

---

① 参见崔建远：《合同法学》，北京，法律出版社 2016 年版，第 497 页。德国法中也如此认为，参见［德］梅迪库斯：《德国债法分论》，杜景林、卢谌译，北京，法律出版社 2007 年版，第 342 页。我国台湾地区“民法”第 547 条规定，报酬纵未约定，如依习惯，或依委任事务之性质，应给与报酬者，受任人得请求报酬。据此学说也多采取此种观点，参见邱聪智：《新订债法各论》（中），北京，中国人民大学出版社 2006 年版，第 180 页。DCFR 第 4.4－2：102 条第 1 款也采取同样观点：受托人是在其经营活动中履行委托合同的义务的，委托人必须支付价款，但委托人期待或应当期待受托人无偿履行合同义务的除外。例如，旅店提供观光服务，但并未指示价格，即使旅店是经营者，但客人也可能合理预期旅店提供服务是无偿的，因为旅店希望借此获得积极评价，或者借此销售其他服务。参见欧洲民法典研究组、欧盟现行私法研究组：《欧洲私法的原则、定义与框架规则》（第四卷），于庆生等译，北京，法律出版社 2014 年版，第 750－751 页。

的对价，仍然应被理解为委托，仅就报酬支付义务约定附条件。① 报酬的形式、数额由当事人约定。报酬的形式不限，可以是金钱，也可以是其他形式，例如一定比例的股权，委托管理多间房屋而允许受托人居住其中某间房屋等；报酬的数额可以是固定数额，也可以是处理委托事务所获得收益的一定分成比例。当事人没有约定或者约定不明确的，首先按照《民法典》第510条予以确定；仍然无法确定的，报酬的形式应当是金钱。至于报酬的数额，依据《民法典》第511条第2项，是订立合同时履行地的市场价格，市场价格此时可以参照所涉及的行业或近似行业上年度职工平均工资标准，如无法判断行业的，可以参照上年度城镇经济单位在岗职工平均工资，酌情确定委托报酬。

同时，报酬支付义务以委托合同有效为前提。如果委托合同无效，则受托人无权以合同约定为依据主张委托报酬，此时应当适用《民法典》第157条，据此，受托人有权请求委托人支付其为履行合同已实际支出的合理费用和劳务费用；委托人有权请求返还已经支付的委托报酬请求，但受托人可以主张扣除其为履行合同实际支出的合理费用和劳务费用；就应当返还给委托人的委托报酬，委托人有权请求支付资金占用损失，双方均有过错的，应根据其过错大小，在委托人与受托人之间分担资金占用损失。

二、委托事务完成情形中的报酬支付义务

委托事务是否完成，应当依据委托合同的约定予以确定。受托人按照委托合同约定完成了委托事务，即使未达到委托人的预期目的，委托人也应当向受托人支付报酬。② 委托人预付的处理委托事务的费用被受托人挪用，虽然受托人可能

---

① 最高人民法院（2018）民终25号民事判决书中认为：故华融资产云南公司除实际支付的前期费用10万元外，剩余律师代理费的计收为附条件的约定，需要根据实际回收的为现金或非现金以及金额价值的不同阶段，按不同的比例计算，因此，华融资产云南公司为实现本案债权而需要承担的律师费尚处于不确定状态。故对华融资产云南公司已经实际支出的10万元律师代理费应予支持，对“委托代理合同”约定了计算方式但尚未实际发生的，可待实际发生后另行主张。《律师服务收费管理办法》第11～13条对风险代理的范围、案件类型、方式和幅度均作出了严格限定，即只能适用于涉及财产关系的民事案件（且排除了婚姻、继承、劳动报酬等四类案件），在订立风险代理条款前应告知委托人政府指导价，最高收费金额不得高于收费合同约定标的额的30%。

② 最高人民法院（2011）民二终字第92号民事判决书中认为：委托人与受托人约定报酬的，只要受托人完成约定事项，委托人即使没有达到预期目的，也应向受托人支付报酬。本案中，根据相关合同约定，使标的公司符合被收购条件是受托人的合同义务，收购标的公司的股份系委托人的合同义务，故对于委托人尚未成功收购目标股份，受托人无须承担法律责任。而且各方也未约定报酬的支付和使用应以成功收购目标股份为条件……虽然委托人未实际收购成功目标股份可能导致受托人使用报酬所产生的成果被他人享有，因受托人系受托完成相关事务，且委托人未及时终止与受托人的委托关系，对履行委托事务过程中发生的损失应由委托人自行承担。（但是，本案在认定受托人完成了约定事项的同时，又适用了本条第2款，即《合同法》第405条第2句的规定，似乎相互矛盾）。也请参见最高人民法院（2013）民申字第985号民事裁定书。

构成不当得利，但并非当然能够证明委托事务未完成。①

关于支付报酬的时间，有约定的，按照约定，例如，可以约定在事务处理达到特定效果时才支付报酬，例如实践中常见的风险代理；没有约定，依据《民法典》第 510 条仍不能确定的，在完成委托事务后，按照《民法典》第 924 条的规定，受托人还应当报告委托事务的结果。为了保障委托人的利益，应当认为，支付报酬的时间是受托人完成委托并且报告委托事务的结果时。②这意味着，除非当事人另有约定，支付报酬原则上采取后付主义，此时受托人不能以委托人未支付报酬为由不履行继续处理事务和报告的义务。但是，委托人无正当理由未支付报酬的，受托人可以请求委托人承担违约责任，同时有权依法行使履行抗辩权，或者在符合留置权构成的前提下有权行使留置权，拒绝转交财产。

三、委托事务未完成情形中的报酬支付义务

委托合同中受托人的义务一般属于手段债务而非结果债务，受托人不负有保证委托事务完成的义务，委托事务能否完成，并不完全依靠受托人自己的努力，受托人未完成委托事务并不意味着受托人违反义务。虽然委托事务未完成，但受托人可能已部分完成，甚至大部分完成委托事务，已经付出劳务。为保护受托人的利益，防止委托人于受托人完成大部分委托事务时任意终止合同并以未完成委托事务为由拒绝履行报酬支付义务等道德风险，本条第 2 款规定了委托事务未完成情形中的报酬支付义务。

第一，委托合同解除或者委托事务不能完成。委托合同解除，应扩张理解为委托合同终止，包括因解除而终止和因其他法定原因而终止，例如《民法典》第 934 条规定的委托合同因委托人或者受托人死亡、丧失民事行为能力或者终止而终止等。委托事务不能完成，是指委托事务客观上已经不可能全部完成。③

---

① 最高人民法院（2011）民一终字第 72 号民事判决书中认为：委托合同是否适当履行应当以受托人民福公司是否完成委托事务来进行判断，委托人住总公司所支付的费用是否全部用于办理委托事务不能作为判断合同是否适当履行的标准。除非合同特别约定，委托人支付的费用用于某一用途，或者该费用的挪作他用将客观导致委托事务无法完成，但本案中住总公司并没有证据证明该挪用行为已经严重影响到委托事务的正常处理。且民福公司在办理委托事务过程中已取得了阶段性成果，办理了项目的立项手续，完成了项目从无到有的重要环节。

② 我国台湾地区“民法”第 548 条第 1 项、DCFR 第 4.4－2：102 条第 2 款对此有明确规定。

③ 《日本民法典》第 648 条更为清晰地表明了这一点，其规定，下列情形，受托人得按既已履行之比例请求报酬：(1) 因不可归责于委托人之事由而致不能履行委托事务时；(2) 委托于履行中途终止时。

第二，因不可归责于受托人的事由。这首先是因委托人的原因，例如，因为委托人根本违约，包括未按照《民法典》第 921 条预付处理委托事务的费用致使无法处理委托事务等，受托人依法解除合同；委托人行使任意解除权且无其他法定理由，或者因委托人的原因导致委托事务客观上不可能完成，即使受托人有一定的违约行为，但并未构成根本违约的，此时仍然构成因委托人的原因，仍可以适用本款，只是需要扣减受托人应当承担的赔偿数额。① 其次是不可归责于受托人的其他客观原因，例如，发生不可抗力，致使不能实现合同目的而解除委托合同，因委托人或者受托人死亡、丧失民事行为能力或者终止导致委托合同终止；委托诉讼合同因委托人并非不合理的撤诉而终止②；委托人变更指示，导致受托人处理委托事务的难度显著增加，受托人依据《民法典》第 922 条予以通知而委托人不同意再变更指示，委托人行使任意解除权导致合同解除。

符合以上两个条件的，委托人应当向受托人支付相应的报酬。至于报酬的数额可根据受托人对委托事务完成所付出劳动的效果，按照受托人已完成的委托事务部分与委托事务整体的比例确定，一般为已处理部分的报酬。③ 另外，即使因可归责于受托人的事由而委托合同解除的，虽然原则上受托人不能请求支付相应的报酬，但如果报酬约定定期分期支付的，可以认为，对于产生该事由前的事务处理，委托人应支付与该期间相应的报酬。④ 关于报酬支付的时间，参照上文论述，应当为合同解除或者委托事务不能完成且受托人报告委托

---

① 最高人民法院（2006）民二终字第 194 号民事判决书中认为：上海精稳公司实施的宣传推广行为违反合同约定和《项目宣传推广实施纲要》的明确规定，不应作为根本性违约行为予以认定……但宁夏国禾公司自 2005 年 8 月 21 日起将排他性委托营销改为自行招租属营销策划方案的重大变化，宁夏国禾公司单方改变销售方式，应当履行提前通知的义务，未履行即应视为违约，且客观上招租行为导致销售无法正常进行，宁夏国禾公司未给上海精稳公司预留销售面积，使上海精稳公司的代理行为落空……上海精稳公司主张宁夏国禾公司违反了提供铺面的根本义务，构成根本违约的观点是成立的。据此，在委托代理合同中，受托人主张代理费用的，应当结合委托代理合同的内容以及受托人履行受托义务的情况进行判断，受托人未全面、正确履行受托义务的，其主张全部代理费用的主张不能得到支持。

② 最高人民法院（2013）民申字第 734 号民事裁定书中认为：从“委托代理合同”的约定看，鼎尊所获得全额代理费的对价是其全程代理凯棣基公司与郭进光、长运（集团）能源发展有限公司之间的第一审诉讼。但在该诉讼中，凯棣基公司起诉后又撤回了诉讼，委托合同因撤诉而自然终止。鉴于该诉讼并未进入实体审理程序，二审法院综合考虑鼎尊所为案件付出一定劳动的事实，并结合当地律师代理民事诉讼案件收费的一般标准，酌情判令凯棣基公司向鼎尊所支付部分诉讼代理费、差旅费、通讯、文印费等费用，在结果上并无不当。

③ 参见最高人民法院（2011）民一终字第 72 号民事判决书。

④ 参见［日］我妻荣：《债法各论》（中卷·二），周江洪译，北京，中国法制出版社 2008 年版，第 156 页。

事务的处理情况时。但是，当事人就报酬支付的数额和时间另有约定的，按照其约定。

第九百二十九条

有偿的委托合同，因受托人的过错造成委托人损失的，委托人可以请求赔偿损失。无偿的委托合同，因受托人的故意或者重大过失造成委托人损失的，委托人可以请求赔偿损失。

受托人超越权限造成委托人损失的，应当赔偿损失。

本条主旨

本条是关于受托人之赔偿责任的规定。

相关条文

《合同法》第406条　有偿的委托合同，因受托人的过错给委托人造成损失的，委托人可以要求赔偿损失。无偿的委托合同，因受托人的故意或者重大过失给委托人造成损失的，委托人可以要求赔偿损失。

受托人超越权限给委托人造成损失的，应当赔偿损失。

理解与适用

一、受托人在权限范围内处理委托事务的注意义务

受托人处理委托事务，是受托人的权限，也是受托人的义务，委托人有权请求受托人处理委托事务。受托人处理委托事务的行为，可能是在权限范围内，也可能是在权限范围外。受托人在权限范围内处理委托事务，仍然要具有一定的注意义务，而注意义务的程度根据委托合同是有偿的还是无偿的而有所区别。

首先，受托人的义务是受托人提供一定的劳务，不保证一定的结果，是手段债务。为了避免受托人在未达到委托人的预期结果时就要承担违约责任，本条第1款特别规定，受托人只有违反了注意义务造成委托人损失时，才承担违约赔偿责任；即使未达到委托人的预期结果，但只要受托人未违反注意义务，受托人就不承担违约赔偿责任。此时，不能从事后角度判断受托人是否尽到注意义务，而

是应当站在受托人作出行为之时结合具体情境予以判断。① 因此，受托人的违约赔偿责任采取过错归责原则。

其次，受托人之注意义务的内容。注意义务，在这里也可以称为信义义务，有几层含义：第一，是指受托人在处理委托事务时，具有为委托人利益行为的义务，即忠实义务。此时，如果受托人已经知道或应当知道委托人的利益的，受托人的行为应当符合该利益；如果受托人对委托人的利益没有充分了解，影响到受托人适当履行处理事务的义务的，受托人应当向委托人请求告知相关信息。同时，受托人也应当尽量避免利益冲突的行为，例如，依据《民法典》第 168 条，受托人一般不得实施自己代理和双方代理行为；依据《民法典》第 164 条第 2 款，受托人不得和相对人恶意串通，损害委托人的合法权益。第二，受托人还具有勤勉的义务。受托人在处理委托事务时应当以合理的技能勤勉履行合同义务，并且及时履行通知、报告等义务。② 例如，在金融类委托理财合同中，很多同时订有委托监管协议，由证券公司作为监管人。监管人在具体情境中负有多种义务，包括但不限于：其知道受托人在证券业机构非实名开户或一个资金账户对应多个证券交易账户时有提示义务；不得挪用委托金融类资产合同项下的委托资产或者违反有关规定划转委托资产；按照合同约定负有及时平仓止损的义务；负有不得实施恶意串通、共同欺诈委托人，从事内幕交易、操纵市场价格等不正当交易行为的义务。

再次，受托人之注意义务的程度。受托人应当以委托人依具体情况有权期待的注意和技能履行委托合同约定的义务；受托人声称具有更高标准的注意及技能的，应当以该注意和技能履行委托合同约定的义务；受托人是或者据称是专业代理团体的成员，相关部门或该团体为专业代理设定了标准的，受托人应当以该标

---

① 最高人民法院（2005）民二终字第 166 号民事判决书中认为：证券投资作为一种风险预测行为，不可能做到百分之百的准确，即使专业证券研究和管理机构，也难免在变幻莫测的市场投资中，作出不适当甚至错误的选择。因此，确认受托方的“谨慎勤勉”义务是否履行，不能以受托方作出投资判断的结果是否与股票实际走势完全一致为标准，而是应当以受托方作出该项投资判断的过程是否合理、是否尽到高度注意义务为标准。不能从事后角度对这一判断作出是否准确的评价，而是应当站在当时的市场情况下，考察这样的投资决策是否合理、是否尽到了“谨慎勤勉”义务。

② DCFR 第 4.4－3：102 条和第 4.4－3：103 条分别规定了忠实义务和勤勉义务。《信托法》第 25 条也规定：受托人应当遵守信托文件的规定，为受益人的最大利益处理信托事务。受托人管理信托财产，必须恪尽职守，履行诚实、信用、谨慎、有效管理的义务。“周伟均、周伟达诉王煦琼委托合同纠纷案”（载《最高人民法院公报》2018 年第 3 期）中，法院认为：在委托合同项下，受托人负有遵照委托人指示，本着诚实信用的原则在授权范围内依法善意处理委托事务之法定义务。受托人无视委托人的真实意愿与切身利益，转而根据出借人指令恶意处分委托人财产，即使该处分行为对交易相对方发生效力，受托人仍应就其严重侵害委托人利益的行为承担相应赔偿责任。

准中明示的注意和技能履行委托合同约定的义务。在确定委托人有权期待的注意和技能时，所必须考虑的因素包括但不限于：(1) 履行义务时所涉及的风险的性质、大小、频率及可预见性；(2) 义务是否由非专业人士履行；(3) 履行义务是否有报酬以及报酬的数额；(4) 可合理用于履行义务的时间。[①] 例如，在对质押物的委托监管中，监管的方式不同，有的是监管方占有和控制质押物，封闭质押物，并有保管、仓储义务，这更类似于保管；有的是将质押物存放于监管方的厂区内，但质押物是可以流动的，债权人允许出质人提取质押物出库，监管方仅收取监管费用；有的是将质押物存放于第四方的厂区内，监管方不能有效控制。不同的监管方式导致监管人的注意义务的程度是不同的。再如，受托人在受托操作POS机刷卡时，特别是受理如“无卡无密”这种风险较高的境外信用卡刷卡业务时，由于“无卡无密”的支付方式与持卡通过卡槽刷卡的方式相比存在着更高的风险，因此受托人的注意义务程度更高。[②]

在此，尤其要注意有偿委托合同和无偿委托合同的区分。在有偿委托合同中，受托人负有善良管理人的注意义务，只要因受托人的过错造成委托人损失的，受托人就要承担违约赔偿责任。但在无偿委托合同中，受托人没有报酬，其注意义务的程度要比有偿委托情形下的轻，只有因受托人故意或者有重大过失造成委托人损失的，受托人才承担违约赔偿责任。[③] 这体现了对无偿债务人的责任优待，与《民法典》第660条和第662条关于赠与人的责任、第897条关于无偿保管人的责任等规则的价值取向是一致的。

---

① DCFR第4.4-3：103条有明确规定。该条采取了一种综合判断的方式。日本法中同样如此，具体的研究，参见周江洪：《服务合同的类型化及服务瑕疵研究》，载《中外法学》2008年第5期；周江洪：《服务合同研究》，北京，法律出版社2010年版，第32页以下。同样的观点，参见曾祥生：《服务合同一般规则与立法模式研究》，北京，中国政法大学出版社2017年版，第129页以下；叶振军：《服务合同法律规范的体系建构——以合同履行为视角》，上海交通大学2018年博士学位论文。

② 参见“苏州阳光新地置业有限公司新地中心酒店诉苏州文化国际旅行社有限公司新区塔园路营业部、苏州文化国际旅行社有限公司委托合同纠纷案”（载《最高人民法院公报》2012年第8期）中，法院认为：旅游公司借用酒店POS机进行刷卡，并在酒店获得银行刷卡预付款项后与酒店进行结算的，则在款项的收取和结算上与酒店形成委托合同关系。……由于酒店与银行就境外信用卡POS机刷卡签有特约商户协议，对境外各种信用卡结算方式、操作流程和应审查事项，具备一定的专业知识和风险防范能力，其在受委托完成POS机刷卡支付操作时，应当尽到谨慎义务和风险提示义务，其未尽到上述义务的，则视为存在重大过失，就应当对由于境外客户使用伪冒卡进行交易产生的损失承担相应的责任。

③ 有学者借鉴我国台湾地区“民法”第535条认为，无偿受托人负有与处理自己事务为同一之注意。但是，这意味着，无偿受托人即使没有注意或者重大过失，在具有具体轻过失时也应承担违约赔偿责任。我国台湾地区“民法”第544条中原规定“委任为无偿者，受任人仅就重大过失，负过失责任”，但是这与第535条存在矛盾，因此修法中将这句规定删除。但是，《民法典》中，无偿受托人仍然只在故意或者重大过失时才承担违约赔偿责任，故不能将无偿受托人的注意义务表述为“与处理自己事务为同一之注意”。

最后，受托人违反注意义务的举证责任。按照本条第 1 款的规定，委托人需要证明有偿受托人的过错和无偿受托人的故意或者重大过失。但是，在专业性特别强的一些合同中，结构设计日趋复杂，运作专业化程度特别高，受托人作为专业机构，在行为主体、决策过程、客观效果、同行业绩等方面提供证据证明其尽到注意义务更为容易。此时在实践中，可能会依据法官自由证据评价中的表见证明规则来减轻委托人的举证责任。① 其规范依据已为《最高人民法院关于民事诉讼证据的若干规定》第 10 条所明定："下列事实，当事人无须举证证明：……（四）根据已知的事实和日常生活经验法则推定出的另一事实……"这在资产管理产品的合同中非常常见。例如，《全国民商事审判工作会议纪要》第 94 条规定："资产管理产品的委托人以受托人未履行勤勉尽责、公平对待客户等义务损害其合法权益为由，请求受托人承担损害赔偿责任的，应当由受托人举证证明其已经履行了义务。受托人不能举证证明，委托人请求其承担相应赔偿责任的，人民法院依法予以支持。"在未按照正常程序规范处理委托事务时，也通常采取此种方式使举证责任由委托人处转移到受托人处。②

二、受托人超越权限

本条第 2 款规定，受托人超越权限给委托人造成损失的，应当赔偿损失。从文义上看，本款并未如同第 1 款一样以受托人的过错作为要件，解释上似乎可以认为，只要受托人超越权限，造成委托人损失，受托人就应当承担赔偿责任，不能以其无过错主张免责。③ 但是，即使实施了超越权限的行为，受托人也可能具有合理理由，例如，受托人是为委托人利益有合理理由从事该行为，并且受托人没有合理机会探知委托人在特定情形下的意思，同时受托人不知道且不应当知道该特殊情形下的行为违背了委托人的意思。④ 此时，受托人因为实施了超越权限的行为就要承担违约赔偿责任，对受托人殊为不利，并且最终可能不利于委托人

① 表见证明仅仅是法官对证据进行自由评价的运用方式之一，是在自由证明评价的框架内形成确信时合乎逻辑地适用生活经验法则，因此并不需要法律的明确规定。它仅仅使当事人之间的举证责任转移成为可能，倒置了具体的举证责任，而非通过过错推定实现真正的证明责任倒置，也并未降低证明标准。具体参见周翠：《从事实推定走向表见证明》，载《现代法学》2014 年第 6 期。

② 最高人民法院（2016）民再 303 号民事裁定书中认为，委托贷款法律关系中，银行在履行委托贷款协议过程中未能举证证明办理抵押登记具有正常程序，导致委托人借款损失的，银行应当承担赔偿责任。

③ 参见崔建远：《合同法学》，北京，法律出版社 2016 年版，第 495 页。我国台湾地区"民法"第 544 条采取了同样的规定方式，学说上也多认为确立了无过错责任。参见邱聪智：《新订债法各论》（中），北京，中国人民大学出版社 2006 年版，第 173 页。

④ DCFR 第 4.4－3：201 条有明确规定。

的利益。因此，可能更为合理的解释方案之一是，对本款进行目的性限缩解释，受托人超越权限给委托人造成损失的，应当赔偿损失，但受托人证明自己无过错的除外，也即采取过错推定的方式。此时应结合第1款予以适用，也即有偿受托人证明自己无过错，无偿受托人证明自己无故意和重大过失。解释方案之二是，将受托人具有合理理由的超越权限，直接解释为受托人未超越权限。

同时，受托人为委托人利益超越委托权限实施了法律行为，并且不具有上述合理理由时，委托人对该民事法律行为予以追认的，可以推定为免除了受托人对委托人的赔偿责任，但委托人在追认后及时地通知受托人其保留对受托人不履行义务的违约损害赔偿请求权的除外。①

三、受托人赔偿的责任范围

受托人向委托人承担赔偿责任的，按照违约责任的一般规则，其赔偿的范围应受责任范围的因果关系的限制，即赔偿的范围是受托人的行为给委托人造成的损失。此时应考虑受托人过错的程度、受托人的行为在委托人损失中的原因力等因素。② 以质押物委托监管合同为例：监管方未履行合同义务，货物的减少与监管方有直接因果关系的，监管方应根据其过错大小承担责任。对于合同约定监管方有接收货物义务的，例如，在出质人向债权人转移对质物的占有时，合同约定监管人代债权人盘点货物数量或者确认货值的，监管方未尽到职责，使质押物的货值自始未足额的，监管方应在未足额的范围内，根据其过错大小承担责任。对于合同约定监管方仅负有监管义务的，监管方未发现货物总值低于约定数额或未将他人的强行出库行为等及时通知债权人，导致债权人丧失了控制质押物、提前受偿债权等降低其风险的机会的，监管方应在其过错范围内承担责任。监管方如果故意出具虚假接收货物或者盘点货物清单、出库入库台账等，应在虚假货值范

① DCFR第4.4-3：202条作了明确规定。

② 《最高人民法院关于浙江省医学科学院普康生物技术公司诉中国农业银行信托投资公司委托贷款合同纠纷一案的答复》（〔1997〕法函第103号函）指出：农行信托公司有协助委托人监管贷款的义务，当普康公司向其提示风险并要求采取措施时，农行信托公司不仅没有采取应急措施，反而向普康公司提供了担保人捷通公司虚假的资产平衡表，因此，农行信托公司对贷款损失应负主要责任；普康公司指定三联公司为借款人，对借款人的资信情况有失审查，对贷款损失亦负有一定责任。双方当事人具体可按6∶4的比例分别承担责任，即由农行信托公司承担60%的责任，普康公司承担40%的责任。如事实有变化，由该院自定。最高人民法院（2016）民再303号民事裁定书中认为：珠江银行未按照规范办理土地抵押登记及未按照约定办理土地保险，与李本琼的损失发生有因果关系，但形成李本琼损失的主要原因系李春等三人为贷款诈骗而虚构抵押物，致李本琼未能通过处置抵押物实现债权。……李本琼本人在签订“委托贷款协议”前未发现抵押物系虚构，对其损失亦应承担相应的责任。珠江银行未能按照规范办理土地抵押登记，按照其过错程度，对李本琼的损失应承担20%的赔偿责任。

围内承担责任。当然，如果质权人对虚假情形是明知的，或者授意监管方制作虚假清单、台账的，监管方可以被酌情免除部分责任或者全部责任。监管方与他人恶意串通、共同欺诈委托人，损害委托人利益的，应当对委托人的损失承担连带赔偿责任。

同时，依据《民法典》第 164 条，受托人和相对人恶意串通，损害委托人合法权益的，受托人和相对人应当承担连带责任。

第九百三十条

受托人处理委托事务时，因不可归责于自己的事由受到损失的，可以向委托人要求赔偿损失。

本条主旨

本条是关于委托人承担赔偿责任的规定。

相关条文

《合同法》第 407 条　受托人处理委托事务时，因不可归责于自己的事由受到损失的，可以向委托人要求赔偿损失。

理解与适用

既然受托人是为委托人处理事务，则一个基本的宗旨就是，不因委托事务的处理而使受托人增加任何经济负担。《民法典》第 921 条就体现了这一点，即受托人为处理委托事务垫付了必要费用的，委托人应当偿还该费用并支付利息。与第 921 条相对应，为进一步实现这一宗旨，本条特别规定：受托人处理委托事务时，因不可归责于自己的事由受到损失的，可以向委托人要求赔偿损失。

首先，受托人的损失是因为处理委托事务而遭受的。这意味着，受托人的损失与处理委托事务具有因果关系。例如，在处理委托事务而外出的过程中被他人撞伤。这里的损失不仅包括实际损失，即现实利益的损失，又被称为积极损失，也包括可得利益的损失，即未来的、期待的利益的损失，又被称为消极损失；不限于财产损失，也应包括受托人之人身权益受侵害而遭受严重精神损害情况下的精神损失。但是，《民法典》第 928 条已经对受托人的报酬损失作出了特别规定，因此，这是的损失不应当包括受托人的报酬损失。

其次，受托人因不可归责于自己的事由受到损失。这不仅要求损害的发生不能归责于受托人自己，也要求引起损害的机会作为委托事务的处理方法也不可归责于受托人自己。例如，在处理委托事务而外出的过程中被他人撞伤，不仅要求受托人没有过错，而且也要求处理委托事务时外出也并非不适当。①

最后，委托人承担赔偿责任不以委托人违约和具有过错作为前提。委托人是否违约毋庸考虑。委托人违约造成受托人损失的，委托人自然应当承担赔偿责任。例如，委托人在接到通知后未及时提供信息或者作出指示，致使委托事务无法继续的，受托人有权请求委托人赔偿其误工等损失；委托人未经受托人同意，又委托第三人处理同一事务致使受托人报酬减少的，委托人应当承担赔偿责任。但是，即使委托人不违约，其也应承担赔偿责任。例如，依据《民法典》第931条，委托人经受托人同意，可以在受托人之外委托第三人处理委托事务，此时当然不构成违约行为，但因此造成受托人损失的，受托人可以向委托人要求赔偿损失。再如，委托人有权变更对受托人的指示，因此，委托人变更指示的行为并非违约行为，但是造成受托人损失的，委托人仍然应当承担赔偿责任。②

同时，即使委托人对受托人的损害不具有过错，其也应承担赔偿责任，这样才符合本条加强对受托人利益保护的规范目的。③ 这包括可归责于委托人的事由，也包括可归责于第三人的事由，还包括不可抗力、意外事件等客观情况。即使在受托人处理委托事务的过程中，是不可抗力造成了对受托人的损害，委托人仍然应当承担赔偿责任。因此，这实际上包含了处理委托事务的风险承担，不同于委托人对受托人承担的违约责任和侵权责任，而是一种特别的赔偿责任。④

当然，让委托人承担赔偿责任，目的是加强对受托人利益的保护，但是在委托人并非损害赔偿的终局责任人时，委托人在赔偿受托人后，对依法负有终局责任的第三人有求偿的权利。⑤

---

① 参见［日］我妻荣：《债法各论》，中卷·二，周江洪译，北京，中国法制出版社2008年版，第153页。但也有观点认为，可归责与否仅以该发生损失之事由为断，如果受托人与该事由之发生为无可归责者，即使于事务处理本身有债务不履行情事者，委托人仍应负赔偿责任。参见邱聪智：《新订债法各论》(中)，北京，中国人民大学出版社2006年版，第179页。但是，这似乎对委托人过分苛刻。本条已经保护了受托人的利益，故具体适用中需要考虑与委托人之间的利益平衡。

② DCFR第4.4-4：201条第2款对此有明确规定。

③ 《法国民法典》第2000条、《日本民法典》第650条第3款、我国台湾地区"民法"第546条第3项中也是如此规定。但是，《瑞士债法》第402条第2款中，委托人可以通过证明其对损害的发生无过错而不负赔偿责任。

④ 参见陈甦：《委托合同 行纪合同 居间合同》，北京，法律出版社1999年版，第34-35页。

⑤ 我国台湾地区"民法"第546条第4项对此有明确规定。

第九百三十一条

委托人经受托人同意，可以在受托人之外委托第三人处理委托事务。因此造成受托人损失的，受托人可以向委托人请求赔偿损失。

本条主旨

本条是关于委托人另行委托他人处理委托事务的规定。

相关条文

《合同法》第408条 委托人经受托人同意，可以在受托人之外委托第三人处理委托事务。因此给受托人造成损失的，受托人可以向委托人要求赔偿损失。

理解与适用

一、委托人在受托人之外委托第三人处理事务

受托人亲自处理委托事务，是受托人的义务而非权利，并不能当然排除委托人自己处理委托事务和委托人委托其他人处理委托事务的权利。但是，委托人另行委托第三人处理委托事务，可能会给受托人造成损失，例如报酬减少。在商业实践中，为保障受托人的利益，双方可能会约定排他性的独家委托，即只有受托人才能处理委托事务。委托人不能另行委托其他人处理委托事务。这在委托销售等情形中极为常见。本条考虑到对受托人利益的保护，规定委托人经受托人同意，才可以在受托人之外委托第三人处理委托事务。

首先，委托人在受托人之外委托第三人处理委托事务。“在受托人之外”意味着，委托人和受托人之间的合同仍然保持，受托人仍然可以处理委托事务。如果委托人委托第三人处理，受托人不再处理委托事务，则这是委托合同的解除，不适用本条。同时，委托人在受托人之外自行处理委托事务，不适用本条。

其次，必须经过受托人的同意。委托人在受托人之外委托第三人处理委托事务，可能会影响受托人的利益，例如，报酬减少或者影响受托人的职业声誉，还可能造成多个受托人之间在处理委托事务时发生冲突，同时导致受托人完成委托事务的成本增加。因此，本条规定，委托人必须经过受托人的同意，才可以在受托人之外委托第三人处理委托事务。但是，这属于任意性规范，委托人和受托人可以明确约定，委托人有权另行委托第三人处理。此时，委托人有权不经受托人

同意而另行委托第三人。[①]

未经受托人同意，委托人仍有权另行委托第三人，受托人不得请求排除第三人作为受托人[②]，第三人作为受托人处理委托事务的有效性也不会影响，例如，第三人作为受托人和他人签订的合同仍然是有效的；但是，此时委托人构成了违约，应当向受托人承担赔偿责任。对此适用一般的违约赔偿责任规则，无须特别规定。但是，本条特别规定，即使经过受托人同意，另行委托给受托人造成损失的，受托人有权向委托人要求赔偿损失，除非委托人和受托人另有约定。这体现了对受托人利益的特殊保护。[③]

二、委托人在受托人之外自行处理事务

如上文所述，本条并未排除委托人在受托人之外自行处理事务的权利，因此，委托人在受托人之外自行处理事务，无须经过受托人的同意。

但是，如果委托人和受托人明确约定，排除委托人自己处理委托事务的权利，或者委托人自行处理委托事务也需要受托人的同意，则该约定的效力如何？对此可能会存在争议。[④] 基于意思自治的原则，可以认为该约定是有效的。但是，委托人自行处理委托事务也会影响到受托人的利益，例如开发楼盘的委托销售，委托人自行和买方签订销售合同会导致受托人报酬的减少。如果委托人违反了约定，自行处理委托事务而与第三人签订了合同，则该合同的效力不因此而受影响。但是，如果仅是处理某项特别事务的排他性委托，则此时可以认为是委托人以行为的方式表达了解除委托合同的意思表示，受托人不可请求委托人继续履行，但有权请求委托人承担违约赔偿责任。[⑤]

当事人仅约定排他性委托，究竟是排除委托人委托第三人处理事务还是同时

---

① 比较法上，一般认为，只有委托合同另有约定的情况下，委托人才不得未经受托人同意而另行委托第三人，当然，委托合同的此种特别约定是有效的，因此，采取了与本条规则相反的处理方案，即将委托人可以不经同意另行委托作为任意性的默认规则，除非当事人另有约定。DCFR 第 4.4－3：301 条即对此作了明确规定。具体的比较法例梳理，参见欧洲民法典研究组、欧盟现行私法研究组：《欧洲私法的原则、定义与框架规则》（第四卷），于庆生等译，北京，法律出版社 2014 年版，第 801－802 页。换言之，委托人必须经受托人同意才可以另行委托，在我国法中是 opt out 的规则，当事人可以约定排除；而在其他很多国家中，这是 opt in 的规则，只有当事人有约定时才如此处理。

② 参见王利明：《合同法研究》（第三卷），北京，中国人民大学出版社 2015 年版，第 704 页。

③ 参见崔建远：《合同法学》，北京，法律出版社 2016 年版，第 498 页。

④ 比较法上，有的认为有效，有的认为无效。具体整理参见欧洲民法典研究组、欧盟现行私法研究组：《欧洲私法的原则、定义与框架规则》（第四卷），于庆生等译，北京，法律出版社 2014 年版，第 802－806 页。

⑤ 《重庆市高级人民法院民二庭关于委托合同纠纷法律适用问题的解答》（2014 年）第 6 条持同样观点。

排除了委托人自行处理事务不明确时，应当从保护委托人的立场，推定并未排除委托人自行处理委托事务的权利，即为排他性委托而非独占性委托。

第九百三十二条

两个以上的受托人共同处理委托事务的，对委托人承担连带责任。

本条主旨

本条是关于共同受托人承担连带责任的规定。

相关条文

《合同法》第409条　两个以上的受托人共同处理委托事务的，对委托人承担连带责任。

理解与适用

共同委托，是指委托人委托两个以上的受托人共同处理同一委托事务。两个以上的受托人共同处理委托事务的共同委托，以委托人和全部受托人之间存在共同约定为前提，受托人之间形成一个整体，因此，其与《民法典》第931条规定的另行委托不同：另行委托中，受托人之间不存在共同约定，而是分别与委托人约定，因此，其本质上是数个委托合同，每个受托人均可以处理委托事务，各受托人就各自处理的事务向委托人负责。① 共同委托也与《民法典》第923条规定的转委托不同，转委托是受托人委托第三人处理委托事务。

在共同委托中，受托人之间在处理委托事务时不论其内部分工如何，须向委托人承担处理委托事务的连带责任，即每一个共同受托人都对全部工作向委托人负责，委托人可以要求任何一个共同受托人承担责任。如果依据《民法典》第929条需要向委托人承担赔偿责任，依据《民法典》第178条第1款的规定，委托人有权请求部分或者全部共同受托人承担责任，任何一个共同受托人也都应当根据委托人的请求承担责任。同时，关于部分共同受托人的履行、抵销、提存、免除、混同和委托人的受领迟延，应当适用《民法典》第520条的规定。

另外，除当事人另有约定外，共同受托人一般应当共同处理委托事务，目的在于借共同受托人之间的相互制约和相互配合来维护委托人的利益。《民法典》

---

① 参见王利明：《合同法研究》(第三卷)，北京，中国人民大学出版社2015年版，第699页。

第166条就据此规定，数人为同一代理事项的代理人的，应当共同行使代理权，但是当事人另有约定的除外。但是，如果在处理委托事务过程中，受托人仅需要作出受领他人意思表示的消极行为，不涉及受托人之间相互制约的问题，同时也不增加相对人送达意思表示的困难，从而对其发生不利影响，那么，处理委托事务的消极行为应不需要共同处理。所谓的共同处理，是指共同受托人处理委托事务时应予协商，至于如何共同协商，应交由共同受托人之间的约定，如果欠缺明确约定，应认为须由全体共同受托人一致同意。如果受托人全体协议授权一人为具体的处理事务行为，则因与共同委托目的没有违背，应也认为属于共同处理。

从尊重当事人的意思自治出发，委托人可以和共同受托人约定共同受托人的责任承担。如委托人可以与共同受托人约定，共同受托人承担按份责任；也可以约定，指定其中一个受托人承担全部责任。当事人有约定的，共同受托人根据约定向委托人承担责任。无约定或者约定不明确的，共同受托人承担连带责任。

在共同受托人的内部关系中，有约定的按照约定；没有约定的，依据《民法典》第178条第2款的规定，共同受托人的责任份额根据各自责任大小确定，例如，其中一个或者数个受托人未与其他受托人协商而实施的行为损害了委托人的利益，因此而承担赔偿责任的，无过错的受托人可以在承担连带责任后向实施行为的受托人追偿；难以确定责任大小的，平均承担责任。依据《民法典》第178条第2款和第519条第2款，实际承担责任超过自己份额的共同受托人，有权就超出部分在其他共同受托人未履行的份额范围内向其追偿，并相应地享有委托人的权利，但是不得损害委托人的利益。其他共同受托人对委托人的抗辩，可以向行使追偿权的共同受托人主张。

在共同受托人对委托人承担连带责任的同时，在无特别约定的情况下，共同受托人也对委托人享有连带债权。此时，应当适用《民法典》第518条第1款和第521条，部分或者全部共同受托人均可以请求委托人履行债务。共同受托人之间的份额难以确定的，视为份额相同。实际受领超过自己份额的共同受托人，应当按比例向其他共同受托人返还。同时，参照适用连带债务的有关规定，但是部分共同受托人免除委托人债务的，在扣除该部分受托人的份额后，不影响其他共同受托人的债权。

第九百三十三条

委托人或者受托人可以随时解除委托合同。因解除合同造成对方损失的，除

不可归责于该当事人的事由外，无偿委托合同的解除方应当赔偿因解除时间不当造成的直接损失，有偿委托合同的解除方应当赔偿对方的直接损失和合同履行后可以获得的利益。

本条主旨

本条是关于委托人和受托人之任意解除权的规定。

相关条文

《合同法》第410条　委托人或者受托人可以随时解除委托合同。因解除合同给对方造成损失的，除不可归责于该当事人的事由以外，应当赔偿损失。

理解与适用

《民法典》第562、563条规定了合同的协议解除、约定解除权和法定解除权三种解除合同的方式，其中，约定解除权和法定解除权都属于单方面的解除权。除此之外，本条又规定了特殊的法定解除权，即委托人和受托人的任意解除权。其与一般的法定解除权虽然都属于单方解除权，是形成权，因此无须对方当事人的同意，但区别在于，一般的法定解除权需要满足特定的情形方可主张，例如对方根本违约或者不可抗力致使不能实现合同目的①，但任意解除权的行使无须任何理由。

如果受托人违约，但不构成根本违约，委托人行使任意解除权使委托合同终止，则同样可以适用本条，但受托人因为违约而应对委托人承担赔偿责任的，委托人支付相应报酬时可以行使法定抵销权而予以相应扣减；反之亦然。

一、委托合同任意解除权的制度目的

基于契约严守原则，双方在订立合同后，均应依约履行合同义务，违反合同约定者，应承担合同责任。委托合同是委托人和受托人约定，由受托人处理委托人事务的合同，本应适用上述一般法律原则。然而，法律基于一些特殊的价值考量，在委托合同中突破了契约严守原则，赋予委托合同双方不附理由解除合同的权利。

① 如果当事人一方存在一定的违约行为，但未达到合同目的不能实现的程度的，不产生法定解除权，但不妨碍对方行使任意解除权使委托合同终止。例如，受托人非根本违约，委托人行使任意解除权解除合同，但受托人因为违约而应对委托人承担赔偿责任的，委托人向受托人赔偿时可以行使法定抵销权而予以相应扣减；反之亦然。

(一) 委托人的任意解除权

委托合同以处理委托事务为内容，故具有特别的人身信任关系。如果委托人在合同履行过程中，对受托人的特别人身信任降低，委托合同便没有存续的必要。因此，有必要赋予委托人以任意解除权。但是，在商事委托合同中，委托人选择受托人处理委托事务，关注的是受托人的商誉及经营能力而非人身信赖关系。在这一点上委托合同与其他类型的合同并无区别。因此，委托人的任意解除权需要在其他层面上寻求正当性基础。在委托合同的履行中，主、客观因素的变化都可能导致委托人对事务处理丧失利益。而在委托合同订立前，委托人对事务处理了解不足的，将导致其在订立合同后维持合同的意愿发生变化。① 因此，应当赋予委托人以任意解除权，避免委托人受到合同的绝对拘束。

委托人解除委托合同，将使受托人丧失依有效订立的合同享有的权利，这对于受托人相当不利。因此，委托人任意解除权的配置应当考虑受托人的利益。在无偿委托合同中，受托人并不因处理委托事务获得对价，因此，受托人对处理事务没有相应的利益。由于委托人解除合同仅对将来发生效力，因此，受托人对已经发生的费用、损害，都可请求委托人偿还或者赔偿。② 因此，无偿委托合同中，委托人享有任意解除权，并无疑义。在有偿委托合同中，受托人为完成委托事务通常要投入大量的人力和物力，可能因委托人解除合同而丧失报酬请求权。因此，有些立法例和观点反对在有偿委托合同中赋予委托人任意解除权。③ 但是，受托人的利益可以通过赔偿损失的方式得到填补，因此，赋予委托人以任意解除权，不会影响受托人的合同利益。

然而，受托人可能在取得报酬外，对委托合同具有其他利益。④ 例如，甲委托乙无偿收取甲对丙的债权，因为乙对甲享有债权，甲、乙约定乙可以从收取的债权中扣除乙对甲的债权，此时，乙对处理事务就具有债的保全和担保利益。⑤

---

① 同样观点，参见周江洪：《委托合同任意解除的损害赔偿》，载《法学研究》2017 年第 3 期，第 78 页。

② 参见周江洪：《委托合同任意解除的损害赔偿》，载《法学研究》2017 年第 3 期，第 78－79 页。

③ 参见王利明：《合同法研究》(第三卷)，北京，中国人民大学出版社 2015 年版，第 728－729 页。比较立法例中最典型的是德国法：无偿委托合同中的委托人有任意解除权，而有偿委托合同中委托人不享有任意解除权。

④ 《日本民法典》第 651 条第 2 款中特别规定了“委托也以受托人利益（专得报酬者除外）为目的”的情形；DCFR 第 4.4－1：105 条第 1 款也规定了“委托的作出是为了保护受托人除价款之外的合法利益”的情形。两者的共同点都是将受托人的报酬利益排除于受托人的利益之外。

⑤ 日本大判大正 9 年（1920）4 月 24 日。参见崔建远、龙俊：《委托合同的任意解除权及其限制》，载《法学研究》2008 年第 6 期，第 78 页；周江洪：《委托合同任意解除的损害赔偿》，载《法学研究》2017 年第 3 期，第 79 页。

再如，银行与消费者的贷款信贷合同以消费者的房产作为抵押，并同时约定消费者委托银行办理抵押登记，此时银行对处理委托事务同样具有自己的利益。[①] 对此情形，存在两种解决思路：第一，委托人仍然享有任意解除权，但将受托人遭受的利益损失纳入委托人的赔偿范围。第二，损害赔偿无法完全填补受托人的损失时，如前举之例，受托人享有担保利益，则委托人不享有任意解除权。实践中，委托合同和无名的混合合同（例如合作协议）之间很难区分，裁判与学说的观点存在分歧。[②] 关于委托人是否享有任意解除权的判断，应当在委托人不受到合同绝对拘束的利益和受托人对继续履行合同所享有的利益之间进行平衡，平衡的标准就是受托人对继续履行合同所享有的利益的强弱。如果此种利益较弱，赔偿足以保障的，则委托人享有任意解除权；如果此种利益较强，则委托人不享有任意解除权。此种判断必然会涉及个人价值判断的差异和政策的考量空间，只能在具体案件中进行。[③]

（二）受托人的任意解除权

根据本条规定，受托人也享有任意解除权。在无偿委托合同中，受托人未因处理事务获得对价，故其义务应当弱化，应赋予其任意解除权。[④] 但是，在有偿委托合同中，受托人是否享有任意解除权？对此，在比较法例中存在争议。一种方式是，受托人原则上享有任意解除权，但应当对委托人承担赔偿责任[⑤]；另一种方式是，受托人原则上不享有任意解除权，但基于重大事由而解除的例外。[⑥]

---

① 参见欧洲民法典研究组、欧盟现行私法研究组：《欧洲私法的原则、定义与框架规则》（第四卷），于庆生等译，北京，法律出版社 2014 年版，第 737 页。

② “上海盘起贸易有限公司与盘起工业（大连）有限公司委托合同纠纷案”（载《最高人民法院公报》2006 年第 4 期）的审理法院认为该合同是委托合同。有学者认为，该案更类似于合作协议的无名合同；即使是委托合同，也是有偿委托合同。参见崔建远、龙俊：《委托合同的任意解除权及其限制》，载《法学研究》2008 年第 6 期，第 81 页。也有学者认为，该案很难说是典型的委托合同，即使作为委托合同，也是无偿的委托合同。参见周江洪：《委托合同任意解除的损害赔偿》，载《法学研究》2017 年第 3 期，第 80 页。

③ 例如，针对商品房委托代理销售合同，最高人民法院（2015）民申字第 1410 号民事裁定书和最高人民法院（2013）民申字第 1413－1 号民事裁定书中认为，“代理销售合同”是商品房包销合同，委托人不享有任意解除权；最高人民法院（2013）民申字第 1609 号民事裁定书中认为仍然是委托合同。

④ 参见［德］梅迪库斯：《德国债法分论》，杜景林、卢谌译，北京，法律出版社 2007 年版，第 344 页。这也与《民法典》第 658 条第 1 款关于赠与人在赠与财产权利转移前有任意撤销权的规定的内在考量取得一致。

⑤ 参见《法国民法典》第 2007 条、《瑞士民法典》第 404 条、《意大利民法典》第 1727 条、《日本民法典》第 651 条、我国台湾地区“民法”第 549 条、DCFR 第 4.4－6：101 条。

⑥ 根据《德国民法典》第 675 条第 1 款，有偿受托人原则上不享有任意解除权，除非当事人另有约定或者根据第 314 条第 1 款或者准用第 626 条第 1 款有重大事由。同样的立法例还有《魁北克民法典》第 2126 条第 1 款、《荷兰民法典》第 7：408 条第 2 款以及《西班牙民法典》第 1732、1736 条。

本条采取了第一种方式。在有偿委托合同，赋予受托人任意解除权的正当性在于，受托人的行为义务难以被强制。即使采取间接强制方式，仍难以保障受托人尽到足够的注意义务去处理委托事务。注意义务或者服务瑕疵的判断具有很大的不确定性，不允许受托人任意解除最终会损害委托人的利益。此判断与承揽合同中最终是对工作成果的判断存在不同，因此，对其作出的评价不同于对承揽合同作出的评价。

（三）规范性质

委托人的任意解除权能否经约定而事先抛弃？对此，在立法上和实践中存在争议。在无偿委托合同中，委托人不得放弃任意解除权，因为委托人的任意解除权对受托人并不会造成损害，而且信赖关系破裂时，没有理由维持合同关系。有偿委托合同常体现为商事性的委托合同，受托人的商誉及经营能力是主要考虑因素。受托人为完成委托事务通常要投入大量的人力和物力来开拓市场、联系客户，等等。此外，经营可得利益也具有不确定性，合同解除后的损害赔偿可能无法完全填补损失。双方当事人对合同履行风险作出特殊安排，排除任意解除权的适用，体现了意思自治原则。如果受托人对于合同存在报酬外的其他利益时，约定委托人放弃任意解除权具有充分理由。即使认为当事人之间关于委托人放弃任意解除权的约定有效，但仍然可以通过意思表示解释、重大事由例外、行使其他法定解除权等方式使委托人仍有权解除合同。

那么，受托人能否抛弃任意解除权？在无偿委托合同中，受托人未获得对价，其义务程度较低，故放弃特约应当无效。即使无偿委托合同同时是为了受托人的利益，受托人也可以将自己的利益予以放弃。在有偿委托合同中，受托人享有任意解除权的正当性较弱，因此，放弃特约原则上有效。但是，也可以通过许多方式，例如重大事由例外等方式，使受托人有权解除合同。

二、构成要件和行使方式

委托人行使任意解除权并不需要任何理由，对此存在的限制可能包括：

第一，应当在受托人处理事务完毕之前解除合同。解释上，可以参照适用《民法典》第787条关于承揽合同定作人之解除权的规定。如果事务处理完毕，委托人行使任意解除权的目的已经不能达到，解除合同也不能挽回不利结果。

第二，委托合同非属不定期合同。如果是不定期的委托合同，则应当适用《民法典》第563条第2款：“以持续履行的债务为内容的不定期合同，当事人……在合理期限之前通知对方”。依本款规定，委托人无须对受托人予以赔偿，因为在不定期合同中，受托人本来就不应有合理的预期。另外，不定期合同的解除，需要在合理期限之前通知受托人，以使受托人能够作出相应的安排。

委托人行使任意解除权，只要将解除合同的意思表示通知受托人即可。关于解除通知，应当适用《民法典》第 565 条的规定。

三、法律后果

（一）委托人行使任意解除权后的损害赔偿责任

因不可归责于委托人的事由委托人解除合同的，委托人不承担赔偿责任。例如，委托人因政策变化要求停止营业，解除委托记账合同；受托人的商业信誉严重受损，导致委托人无法相信受托人时，委托人可以解除合同而无须赔偿。

在无偿委托合同中，委托人解除委托合同，一般不会对受托人造成损失，因此，委托人无须承担赔偿责任。① 在有偿委托合同中，委托人应当赔偿受托人的直接损失和可以获得的利益。② 如果赔偿范围不包括可得利益，则委托人在委托事务接近完成时解除合同，以此获得利益的道德风险就非常高。在报酬依结果而定的风险代理等情形中更是如此。

委托人行使任意解除权属于《民法典》第 928 条第 2 款规定的“因不可归责于受托人的事由”，因此，受托人就在解除前已经处理事务的部分可以请求委托人按比例支付相应的报酬。对于委托人任意解除委托合同导致的受托人损失，为方便计算和减轻受托人的举证责任，应当以解除后的报酬为基本的计算依据，同时适用损益相抵、减损不真正义务、过错相抵等规则。需要注意的是，本条适用的前提是“因解除合同造成对方损失的”，即损失必须和解除合同间存在相当因果关系。例如，在商品房代理销售合同中，双方可能约定受托人有权提取销售房款额的一定比例，则受托人的可得利益取决于商品房是否能够销售出去，从而存在不确定性。此时，就可以通过相当因果关系限制赔偿数额。③ 另外，在委托合同同时使受托人享有报酬之外的其他利益，同时未达到适用任意解除权的程度的情形中，委托人承担损害赔偿时应当考虑特别利益。

（二）受托人行使任意解除权后的损害赔偿责任

根据本条规定，损害赔偿的范围取决于是否解除合同可归责于受托人。“不

---

① 据此，《德国民法典》中的委托合同是无偿的，因此其在第 671 条未规定委托人行使任意解除权时的赔偿。

② 例如，最高人民法院（2018）民再 82 号民事裁定书在商事独家代理销售合同中支持了可得利益的赔偿。类似的还有，山西省高级人民法院（2014）晋民申字第 473 号民事裁定书、北京市第一中级人民法院（2015）一中民再终字第 04818 民事判决书。

③ 有观点将此种情形下的赔偿限定为信赖利益。参见崔建远、龙俊：《委托合同的任意解除权及其限制》，载《法学研究》2008 年第 6 期，第 85 页。但该观点似乎过于绝对。

可归责于受托人的事由”的情形，例如，受托人因病住院且无法转委托他人处理。再如，受托人依赖委托人的商业信誉，但委托人的商业信誉严重受损。无偿受托人行使任意解除权应当对委托人赔偿，但赔偿范围应予以缩小。依本条规定，无偿受托人仅应当赔偿因解除时间不当对委托人造成的直接损失。[①] 这主要是指妨碍委托人自行或者委托其他人处理该事务的情形。例如，无偿受托为他人浇花者，在委托人难以找到其他人浇花的情况下解除合同，导致花卉枯萎的，应当赔偿花卉枯萎的损害。[②]

有偿受托人行使任意解除权，应当赔偿委托人的直接损失和可以获得的利益。但是，同样基于损益相抵、减损不真正义务、过错相抵等规则，委托人应当自行处理或者委托他人处理委托事务。具体而言，赔偿范围包括：(1) 委托人自行处理或者委托他人处理所增加的费用；(2) 委托人在此之前的损失；(3) 如果委托事务对处理人的资质、特定的时效性等有要求，委托人无法自行处理或者委托他人处理时，委托人因此而遭受的包括可得利益在内的损失。

第九百三十四条

委托人死亡、终止或者受托人死亡、丧失民事行为能力、终止的，委托合同终止；但是，当事人另有约定或者根据委托事务的性质不宜终止的除外。

本条主旨

本条是关于委托合同终止的规定。

相关条文

《合同法》第 411 条　委托人或者受托人死亡、丧失民事行为能力或者破产的，委托合同终止，但当事人另有约定或者根据委托事务的性质不宜终止的除外。

《民法典》第 173 条　有下列情形之一的，委托代理终止：(一) 代理期限届满或者代理事务完成；(二) 被代理人取消委托或者代理人辞去委托；(三) 代理

---

① 比较法上多类似规定，例如《德国民法典》第 671 条第 2 款、《瑞士民法典》第 404 条第 2 款、《意大利民法典》第 1727 条、《日本民法典》第 651 条第 2 款第 1 项、我国台湾地区“民法”第 549 条第 2 项。

② 参见［德］梅迪库斯：《德国债法分论》，杜景林、卢谌译，北京，法律出版社 2007 年版，第 344 页。

人丧失民事行为能力；（四）代理人或者被代理人死亡；（五）作为代理人或者被代理人的法人、非法人组织终止。

理解与适用

一、委托人或者受托人死亡、终止

委托合同以委托人和受托人之间的特别信任关系为基础，如果受托人死亡或者终止，并不能期待委托人希望由他可能并不认识的受托人的继承人或者继受者继续处理委托事务，因此，受托人依据委托合同享有的处理事务的权利和义务不具有可继承性，受托人死亡或者终止的，委托合同原则上终止。这也与《民法典》第923条原则上不允许转委托的价值取向一致。如果委托人死亡或者终止的，委托合同原则上是否终止？对此立法例上有两种方式：一种是委托合同自动终止①，另一种是委托合同不自动终止。② 本条采取了前一种方式，其背后的假定是委托人的利益和委托人的继承人或者继受者的利益并不相同。

委托人或者受托人死亡，不限于自然死亡，也包括被宣告死亡。自然死亡时间依据《民法典》第15条确定，被宣告死亡人的死亡时间依据《民法典》第48条确定。

委托人或者受托人是法人或者非法人组织时，可能会终止，终止事由包括解散、被宣告破产以及法律规定的其他原因。依据《民法典》第68条第1款，终止事由发生后还需要依法完成清算、注销登记的，法人或者非法人组织才终止，故在破产程序中，法院受理破产申请并不会导致终止。③ 同时，按照本条文义，委托人或者受托人被宣告破产或者被解散，仅仅是委托人或受托人终止的原因，委托人或者受托人并未终止，因此，委托合同并未自动终止。这也与《民法典》第173条第5项关于“作为代理人或者被代理人的法人、非法人组织终止”时委托代理终止的规定相同。但是，此种文义解释方案可能会产生价值不妥当的问题。例如，委托人已经被宣告破产，受托人继续按照未终止的委托合同负有义务似乎并不妥当，即使受托人可以行使任意解除权解除委托合同，但这似乎徒增成本；而在受托人被宣告破产的情形中，委托合同不自动终止对委托人更为不利，即使委托人可以行使任意解除权也无法完全避免此种不利，而且同样徒增成本。

---

① 例如，《法国民法典》第2003条、《瑞士债法》第405条第1款、《奥地利普通民法典》第1022条、《西班牙民法典》第1732条第2款、《日本民法典》第653条、我国台湾地区“民法”第550条。

② 例如，《德国民法典》第672条第1款、DCFR第4.4－7：102条第1款。《意大利民法典》第1722条第4项采取了中间路线，原则上合同终止，但如果企业经营是持续的，以企业经营行为作为标的的委托合同不终止。

③ 《日本民法典》第653条第2款即采取受破产程序开始之裁定时，委托合同终止。

依据《民法典》第72条第1款“清算期间法人存续，但是不得从事与清算无关的活动”，清算人也不得从事与清算无关的活动，在受托人解散的情形中，如果委托合同仍未终止，则受托人的清算人就需要继续履行委托合同，事实上就可能会从事与清算无关的活动了。并且，依据《民法典》第935、936条的规定，委托人或者受托人被宣告破产、解散的，“致使委托合同终止”。这已经隐含了委托人或者受托人被宣告破产、解散构成了委托合同终止的事由的意思。因此，按照体系解释和价值正当性的解释方案，委托人或者受托人被宣告破产、解散时，即使委托人或者受托人尚未终止，委托合同仍然自动终止。因此，本条中的“终止”应当被理解为“发生终止原因”，即发生了《民法典》第68条第1款所规定的被宣告破产、解散或者法律规定的其他原因，此时，委托合同原则上就应当自动终止。

如果当事人一方已经发生了法院受理破产申请等情况，或者发生了宣告死亡的事由，但尚未被宣告死亡的，虽然委托合同没有当然终止，但不妨碍另一方依据《民法典》第933条行使任意解除权而解除委托合同，同时，以此为由解除委托合同的道德风险较低，在构成不可归责于解除人的事由的情况下，无须向对方承担赔偿责任。[①] 例如，在房屋委托销售合同中，法院已经受理了受托人的破产申请，此时委托销售合同并未当然终止，但委托人可以依据《民法典》第933条行使任意解除权，发出解除通知，解除委托销售合同，避免自己利益受损，同时，受托大破产？构成不可归责于委托人的事由，因此，委托人无须对受托人承担赔偿责任。

二、受托人丧失民事行为能力

委托人或者受托人为自然人时，有丧失民事行为能力的可能。委托人丧失民事行为能力，委托合同是否终止？如上文所述，对此，同样存在两种立法例。[②] 1999年《合同法》采取了原则上委托合同终止的方式。但是，本条改采委托合同不自动终止的方式。在委托人丧失民事行为能力的情形中，在法定代理人解除委托合同之前，委托合同不自动终止，更有利于保护委托人的利益，也与《民法典》第173条第3项的规定保持一致。但是，受托人丧失民事行为能力的，并不能期待委托人希望由他可能并不认识的受托人的监护人继续处理委托事务，因

---

① 不同观点，参见崔建远：《合同法学》，北京，法律出版社2016年版，第501－502页。其认为解散未完成清算时，委托合同也自然终止。

② 《德国民法典》第672条第1款同样规定原则上不导致委托合同终止。《日本民法典》第653条也并未将委托人丧失民事行为能力作为合同终止事由。具体的立法例整理，参见欧洲民法典研究组、欧盟现行私法研究组：《欧洲私法的原则、定义与框架规则》（第四卷），于庆生等译，北京，法律出版社2014年版，第901页。

此，原则上委托合同终止。

应当注意的是，受托人丧失民事行为能力包括不同的情形。如果受托人完全丧失民事行为能力，成为无民事行为能力人，则原则上委托合同终止。如果受托人并未完全丧失民事行为能力，而是成为限制民事行为能力人，但依据其年龄、智力状况仍然具有处理委托事务的能力的，则此时没有必要让委托合同终止；但是，如果受托人成为限制民事行为能力人，并且依据其年龄、智力状况不具有处理委托事务的能力，考虑到受托人负有处理委托事务的注意义务，并在违反注意义务时可能要承担赔偿责任，为保护受托人的利益，此时原则上委托合同终止。因此，本条规定受托人丧失民事行为能力，应当理解为丧失“相应的民事行为能力”，此时委托合同终止。①

三、委托合同终止的例外

发生上述事由的，委托合同原则上终止，但存在两个例外。第一个例外是当事人另有约定的例外。如果当事人特别约定委托合同并不因发生上述事由而终止，应当尊重其意思自治。如果当事人明确约定委托合同在委托事务处理完成时终止，就属于上述特别约定。这与《民法典》第 174 条第 1 款第 3 项的内在考量是一致的。② 如果委托人就是委托受托人处理委托人死亡后特定事务的，同样如此。应注意的是，此时虽然委托合同不终止，但《民法典》第 933 条规定的任意解除权仍然存在，除当事人另有意思表示（例如，委托受托人处理死亡后的特定事务）外，委托人的继承人、遗产管理人、法定代理人等仍然可以行使任意解除权而解除委托合同，受托人也可以行使任意解除权。并且，一般情况下，这属于不可归责于解除人的事由，而且是重大事由，同时，以此为由解除委托合同的道德风险较低，因此，依据《民法典》第 933 条，解除人无须向对方承担赔偿责任。

第二个例外是根据委托事务的性质不宜终止的。所谓依据委托事务的性质不宜终止，包括但不限于以下情形：（1）委托事务的处理同时为了受托人报酬之外的其他利益的，在委托人死亡后不宜终止。例如，甲委托乙无偿收取甲对丙的债权，因为乙对甲享有债权，甲、乙约定乙可以从收取的债权中扣除乙对甲的债权。此时，乙对处理事务就具有债的保全和担保利益，在委托事务完成前，即使甲死亡，委托合同也不宜终止，以免损害乙的担保利益。③ （2）委托事务涉及经

---

① 《瑞士民法典》第 451 条第 1 款即如此规定。

② 参见重庆市第五中级人民法院（2015）渝五中法民终字第 02392 号民事判决书。

③ 更多的例子，参见对《民法典》第 933 条的释评。《意大利民法典》第 1723 条第 2 款对此明确规定。

营性事务，或者受托人享有经理权、代办权等，在委托人死亡后不宜终止。（3）委托事务的处理以双方当事人之间的社会性关系为基础的时候，例如委托他人照顾自己的母亲并支付报酬，在委托人死亡之后，似乎也不应当使委托合同自然终止。[①]

四、法律后果

委托合同的终止仅仅是向将来发生效力，在终止之前的已经发生的权利、义务不受影响。例如，终止前，受托人对委托人应当承担赔偿责任的，终止后仍然应当赔偿；受托人对于已经遭受的损害或者已经垫付的费用，终止后仍然可以依法请求委托人赔偿或者偿还。

依据《民法典》第558、559条关于合同终止的一般规定，委托合同终止后，当事人应当遵循诚信等原则，根据交易习惯负有后合同义务[②]；同时，委托合同的从合同也应当终止，但是法律另有规定或者当事人另有约定的除外。

如果依据委托合同受托人享有委托代理权，则委托代理的终止适用《民法典》第173、174条。关于其他后果参见对后两个条文的释义。

五、委托合同的其他终止事由

本条仅仅规定了委托合同的终止事由之一，并未穷尽其他终止事由。除了委托合同因被解除而终止，常见的终止事由还包括：（1）约定的特定委托事务已经完成。（2）约定的期间届满。此时，可以类推适用《民法典》第173条第1项的规则，即代理期间届满或者代理事务完成的，委托代理终止。

如果委托合同因约定的期间届满而终止，受托人继续处理委托事务，而委托人并未提出异议的，此时应当视为不定期的委托合同。[③]《民法典》第734条第1

① 同样观点，参见［日］我妻荣：《债法各论》（中卷·二），周江洪译，北京，中国法制出版社2008年版，第164-165页。

② 最高人民法院（2011）民二终字第63号民事判决书中认为："代持协议"属于委托合同，委托合同终止后，受托人首都机场应当履行协助委托人广联公司处置股权和领取分红款的义务。

③ 但是，这里仅仅是一般性规则，具体的案情决定了也可以做出不同的判决结论。例如，最高人民法院（2017）民申1440号民事裁定书中认为：涉案合同为委托理财合同，合同内容为委托股票投资交易，基于股票交易的连续性和股票盈亏的不确定性，履行期限在此类合同中关系重大，对于双方对股票盈亏的预期以及责任承担均具有重大影响。在双方未就合同终止时间达成一致的情况下，任何一方在任何时候主张合同终止都可能对对方造成不利。案涉"合作协议"第1条和第4条约定了原道弘公司对账户进行操作的资金本金数额和操作期限，同时，双方在"合作协议"中明确约定"需要延期，双方另行约定"。原审判决基于涉案合同性质的特殊性和合同履行，认为涉案合同应由双方进行明确约定方可继续履行，并无不当。本案中，双方并未就合同延期另行签订协议，冯新力也未能证明双方就新的合同履行期限达成合意，应当认定为双方并未就合同继续履行达成一致。在合同约定的一年期满时，账户处于盈利状态。冯新力关于合同期满后双方继续履行合同，原道弘公司应就涉案证券账户上的亏损承担赔偿责任的申请理由，缺乏事实依据，本院不予支持。

款（租赁）、第948条第1款（物业服务）、第976条第2款（合伙），都规定了合同期限届满而继续履行合同，当事人未提出异议的，视为不定期合同。这些规定可以类推适用于委托合同。但此时，依据《民法典》第563条第2款，当事人在合理期限之前通知对方后可以解除。

第九百三十五条

因委托人死亡或者被宣告破产、解散，致使委托合同终止将损害委托人利益的，在委托人的继承人、遗产管理人或者清算人承受委托事务之前，受托人应当继续处理委托事务。

本条主旨

本条是关于受托人之继续处理义务的规定。

相关条文

《合同法》第412条　因委托人死亡、丧失民事行为能力或者破产，致使委托合同终止将损害委托人利益的，在委托人的继承人、法定代理人或者清算组织承受委托事务之前，受托人应当继续处理委托事务。

理解与适用

一、规范目的

委托人死亡的，除了上条规定的例外情形外，委托合同应当终止，受托人就不负有继续处理委托事务的义务。在委托人被宣告破产、解散时，如对上条的释义中所述，原则上委托合同也应当终止。但是，委托合同终止时，委托人的继承人、遗产管理人或者清算人有可能无法承受委托事务，在存在必须处理的事务时，如果受托人坐视不理，就可能会损害委托人方面的利益。此时，为了保护委托人或者其承受人免受损害，受托人负有在一定期间内继续处理委托事务的义务。

二、构成要件

首先，委托人死亡或者终止。具体见对上条的释评。

其次，委托合同终止。在上条所规定的例外情形，委托合同不终止的，受托人自然依据委托合同负有继续处理委托事务的义务，无须适用本条。

最后，受托人不继续处理委托事务将损害委托人的利益。这是指如果受托人不继续处理委托事务，将会导致委托人方面的利益受到损害。例如，委托人死亡，其遗产管理人在国外无法赶回，无法承受委托事务，既无法亲自处理又无法委托他人处理，且委托事务的处理非常紧急，受托人不继续处理会导致委托人方面的利益受损失。

三、法律后果

受托人在委托人的继承人、遗产管理人或者清算人承受委托事务之前，负有继续处理委托事务的义务。具体而言：

首先，受托人负有该项义务的期间是委托人的继承人、遗产管理人或者清算人承受委托事务之前。这里所谓的“承受”并非实际承受，而是“能够承受”[①]，否则，在委托人的继承人等能够承受委托事务而怠于实际承受时，受托人的继续处理义务就会一直持续，这与本条所规定的继续处理义务的暂时性相违背。据此，在委托人的继承人等能够承受委托事务但怠于实际承受时，受托人不再负有继续处理的义务。对能够承受委托事务时点的判断，应当依据客观情事，即使委托人的继承人等知道发生了委托人死亡等事由，但其不能承受委托事务的，受托人仍然负有继续处理的义务。[②] 承受委托事务的主体，在委托人死亡时，是委托人的继承人或者遗产管理人，《民法典》第 1145 条已经对此作具体规定；在委托人作为法人或者非法人组织被宣告破产或者解散时，是委托人的清算人。

其次，受托人在此期间负有继续处理委托事务的义务。此时，这不构成无因管理，因为受托人对处理委托事务负有法定义务。也有观点认为，符合上述要件的，委托合同不终止。但是，《民法典》第 934 条已经规定了在当事人另有约定或者根据委托事务的性质不宜终止情形中委托合同不终止这种例外情形，按照体系解释，本条就不构成委托合同不终止这种例外情形。因此，可以认为，在不存在《民法典》第 934 条规定的例外情形时，委托合同已经终止，但符合本条规定的，虽然委托合同终止，但于其限度内，委托合同被“视为”存续。[③]

---

① 《德国民法典》第 672 条第 2 款、《瑞士债法》第 405 条第 2 款、《日本民法典》第 654 条、我国台湾地区“民法”第 551 条。

② 参见邱聪智：《新订债法各论》（中），北京，中国人民大学出版社 2006 年版，第 188－189 页.

③ 《德国民法典》第 672 条第 2 款后半句对此作了明确规定。同样观点，参见［日］我妻荣：《债法各论》（中卷·二），周江洪译，北京，中国法制出版社 2008 年版，第 166 页；邱聪智：《新订债法各论》（中），北京，中国人民大学出版社 2006 年版，第 187 页；崔建远：《合同法学》，北京，法律出版社 2016 年版，第 503 页。

这意味着，在委托人死亡或者被宣告破产、解散的情形中，委托合同被视为存续，但委托人一方的主体发生了变动时，存在法定的概括转移。受托人继续处理委托事务的权限与发生终止事由前相同，权利和义务同样如此。例如，受托人为继续处理委托事务垫付必要费用的，同样可以依据《民法典》第921条请求委托人方面予以偿还并支付利益；如果委托合同是有偿的，受托人继续处理委托事务后同样可以依据《民法典》第928条请求报酬；有偿受托人继续处理委托事务时有过错，或者无偿受托人有故意或者重大过失，造成委托人方面损失的，同样应当依据《民法典》第929条承担赔偿责任。

第九百三十六条

因受托人死亡、丧失民事行为能力或者被宣告破产、解散，致使委托合同终止的，受托人的继承人、遗产管理人、法定代理人或者清算人应当及时通知委托人。因委托合同终止将损害委托人利益的，在委托人作出善后处理之前，受托人的继承人、遗产管理人、法定代理人或者清算人应当采取必要措施。

本条主旨

本条是关于受托人的继承人等的通知义务和采取必要措施义务的规定。

相关条文

《合同法》第413条　因受托人死亡、丧失民事行为能力或者破产，致使委托合同终止的，受托人的继承人、法定代理人或者清算组织应当及时通知委托人。因委托合同终止将损害委托人利益的，在委托人作出善后处理之前，受托人的继承人、法定代理人或者清算组织应当采取必要措施。

理解与适用

一、规范目的

受托人死亡、丧失民事行为能力或者被宣告破产、解散的，如上文所述，除《民法典》第934条规定的例外情形外，委托合同终止，受托人的继承人、遗产管理人、法定代理人或者清算人就不再负有继续处理事务的义务。但是，受托人方面原因导致委托合同终止的，委托人可能并不知情而不可能采取必要的善后处理措施，或者即使知情但无法采取必要的善意处理措施。为了保护委托人方面的利益，本条规定了受托人的继承人等的通知义务，以及一定期限之内的采取必要措施的义务。

如果委托人和受托人都出现了死亡、丧失民事行为能力、被宣告破产或者解散的情形，可以将《民法典》第935条和本条结合起来予以适用。在委托人方面出现合同终止事由，受托人方面未出现时，适用《民法典》第935条；受托人方面出现合同终止事由，委托人方面未出现时，适用《民法典》第936条。委托人方面和受托人方面都出现了合同终止事由后，结合《民法典》第935条和本条，仅仅是委托人方面和受托人方面都转变成各自的继承人、遗产管理人、法定代理人或者清算人。

二、通知义务

本条第一句规定的通知义务的产生条件包括：(1) 受托人死亡、丧失民事行为能力、被宣告破产或者解散。(2) 委托合同因此终止。如果依据《民法典》第934条所规定的例外情形，委托合同不终止的，无须适用本条。

法律后果是，受托人的继承人等应当及时通知委托人。具体而言：(1) 通知主体。在受托人死亡时，是受托人的继承人或者遗产管理人，《民法典》第1145条已经对此作具体规定；在受托人丧失民事行为能力时，是受托人的法定代理人；在受托人作为法人或者非法人组织被宣告破产或者解散时，是受托人的清算人。(2) 通知应当及时。具体时间需要根据个案情形予以判断。

受托人的继承人等未尽到及时通知义务，造成委托人方面损失的，应当依据《民法典》第929条承担赔偿责任。

三、采取必要措施义务

本条第二句规定的采取必要措施义务的产生条件包括：(1) 受托人死亡、丧失民事行为能力、被宣告破产或者解散，致使委托合同终止。(2) 委托合同终止将损害委托人的利益。具体理解参见对上条的释义。

法律后果方面：首先，受托人的继承人等采取必要措施的义务的期间是委托人作出善后处理之前。同样，所谓的委托人作出善后处理并非“实际作出”，而是“能够作出”，因此，委托人能够作出善后处理而怠于实际作出时，受托人的继承人等不负有采取必要措施的义务。其次，采取必要措施义务的主体。这与通知义务的主体相同。再次，受托人的继承人等负有采取必要措施的义务。必要措施包括积极的和消极的措施，对其必要性应当依据客观情况予以判断，不必然与委托合同终止前的处理事务权限完全相同，因此，本条与上条的表述不同，上条是“应当继续处理委托事务”，而本条是“应当采取必要措施”，这也与《民法典》第923条关于原则上禁止转委托的规定取得内在价值取向上的一致。但是，于必要措施采取的限度内，委托合同被“视为”存续。① 例如，受托人的继承人等为采取必要措施而垫付必要费用的，有权依据《民法典》第921条请求委托人偿还并支付利益；如果委托合同是有偿的，受托人的继承人采取必要措施后，有权依据《民法典》第928条请求报酬；有偿受托人采取必要措施时有过错，或者无偿受托人有故意或者重大过失，造成委托人方面损失的，同样应当依据《民法典》第929条承担赔偿责任。

四、委托人出现合同终止事由情形中的通知义务

本条仅规定了受托人出现合同终止事由情形中的通知义务，并未规定委托人出现合同终止事由情形中的通知义务。但是，在委托人死亡、丧失民事行为能力等合同终止事由的情形中，受托人在不知道并且不应当知道合同终止时仍然可能继续处理委托事务，还可能在处理委托事务过程中和第三人发生交易等，此时，更有必要为保护受托人和第三人的利益，使委托人的继承人、遗产管理人、法定代理人或者清算人负有对受托人的及时通知义务。

如果委托人的继承人等未尽到通知义务，且受托人不知道并且不应当知道出现委托合同终止事由的，此时委托合同同样应当被视为持续。② 这首先意味着，在委托人的继承人等及时通知受托人前，如果受托人不知道并且不应当知道委托合同终止的，委托人的继承人等不得以委托合同已经终止对抗受托人，受托人仍具有委托事务的处理权限，并且依据委托合同享有权利和承担义务。例如，委托合同因委托人死亡已经终止，但未通知受托人，且受托人不知道并且不应当知道的，受托人继续处理委托事务而垫付必要费用的，就这些费用仍然有权请求偿还；受托人也有权请求支付相应的报酬；同样，受托人也承担其依据委托合同应当承担的义务。当然，作这些规定是为了保护受托人的利益，受托人可以放弃此种保护而主张委托合同已经终止。这其次意味着，受托人此时处理委托事务而与第三人发生交易等关系的，委托人的继承人等也不得以委托合同已经终止为由对抗该第三人。此时，可以适用（存在委托代理）或者类推适用（不存在

① 《德国民法典》第673条对此明确规定。

② 《瑞士债法》第406条、《意大利民法典》第1729条、我国台湾地区“民法”第552条对此作了明确规定。《日本民法典》第655条仅规定不得对抗相对人，在委托合同双方当事人的权利义务范围内，与前述立法例的结果相同。

委托代理）《民法典》第 174 条第 1 款第 1 项的规定，即代理人不知道并且不应当知道被代理人死亡的，委托代理人实施的代理行为有效。如果仅通知了受托人，但未通知第三人，则可以考虑适用或者参照适用《民法典》第 172 条，以保护第三人的利益，但是委托人的继承人等享有依据委托合同请求受托人赔偿的权利。①

① 《法国民法典》第 2005 条规定："仅向受托人通知撤销委托，对不知道此项撤销事由仍然与受托人进行业务往来的第三人不具对抗效力，但委托人对受托人有求偿权。"

第二十四章

物业服务合同

第九百三十七条

物业服务合同是物业服务人在物业服务区域内，为业主提供建筑物及其附属设施的维修养护、环境卫生和相关秩序的管理维护等物业服务，业主支付物业费的合同。

物业服务人包括物业服务企业和其他物业管理人。

本条主旨

本条是关于物业服务合同的概念和主体的规定。

相关条文

《民法典》第 284 条第 1 款　业主可以自行管理建筑物及其附属设施，也可以委托物业服务企业或者其他管理人管理。

第 285 条第 1 款　物业服务企业或者其他管理人根据业主的委托，依照本法第三编有关物业服务合同的规定管理建筑区划内的建筑物及其附属设施，接受业主的监督，并及时答复业主对物业服务情况提出的询问。

《物业管理条例》第 2 条　本条例所称物业管理，是指业主通过选聘物业服务企业，由业主和物业服务企业按照物业服务合同约定，对房屋及配套的设施设备和相关场地进行维修、养护、管理，维护物业管理区域内的环境卫生和相关秩序的活动。

第 32 条第 1 款　从事物业管理活动的企业应当具有独立的法人资格。

《物业服务纠纷解释》第 11 条　本解释涉及物业服务企业的规定，适用于物权法第七十六条、第八十一条、第八十二条所称其他管理人。

理解与适用

一、物业服务合同的概况

（一）历史发展

物业服务合同是随着我国房地产行业的发展而产生的。目前在我国，尤其在城市中，土地资源日益稀缺，故房屋的所有权多采用建筑物区分所有权的方式。此时业主人数众多，容易产生集体行动难题，进而效率低下、管理成本增加。社会分工的发展，催生了物业服务企业，以提升物业服务的专业化能力。《民法典》第 284 条第 1 款据此规定："业主可以自行管理建筑物及其附属设施，也可以委托物业服务企业或者其他管理人管理。"第 285 条第 1 款进一步规定："物业服务企业或者其他管理人根据业主的委托，依照本法第三编有关物业服务合同的规定管理建筑区划内的建筑物及其附属设施，接受业主的监督，并及时答复业主对物业服务情况提出的询问。"这表明，业主具有共同管理的权利，共同管理的形式可以是自己管理，也可以是委托他人管理。如果业主不是自行管理，而是委托物业服务企业或者其他管理人管理，就会产生物业服务合同。后者逐渐成为业主共同管理的主要方式。

关于物业服务，由于我国之前的行政管理的色彩，物业服务一直被称为"物业管理"，修改前的《物业管理条例》就采取方式。但是，为了体现物业服务的服务性而非管理性，自 2007 年《物权法》之后，改称为"物业服务"，修改后的《物业管理条例》也采取了这一称呼。① 但称呼的改变并伴随着观念的改变。近年来，物业服务行业发展滞后，物业服务企业鱼龙混杂，物业服务质量参差不齐，物业服务纠纷持续增多。

1999 年《合同法》中并无物业服务合同的类型。《民法典》的物权编仅针对建筑物区分所有权作出规定，规范重心在于业主的专有权、共有权和共同管理权。其中虽然涉及物业服务合同，但并非其规范的重心，仅仅将物业服务作为共同管理权行使的一种方式。实践中，涉及物业服务合同的主要是《物业管理条

---

① 关于物业管理和物业服务的概念区分，参见于飞：《物业管理与物业服务地区分与交叉》，载《浙江社会科学》2012 年第 6 期，第 57 页以下。

例》，但该条例侧重于对物业服务行业的行政管理，对物业服务合同双方当事人之权利、义务的规定并不完备。此外，2009年最高人民法院通过的《物业服务纠纷解释》对物业服务合同作了更为详细的规定，但其仅仅是司法解释，无法对争议较大的问题进行统一的规定。另外，各个省（市、自治区）的物业管理办法或者条例也都涉及物业服务合同，但在很多问题上规定并不完全一致。

基于物业服务合同在现实生活中的普遍性及重要性，为了规范物业服务行业的健康发展，统一物业服务的司法实践，《民法典》新增加物业服务合同，作为典型合同的一种专门予以规定，对物业服务合同双方当事人的权利、义务予以整体的明确规定。这与《民法典》物权编关于建筑物区分所有权的规定的规范重心不同，但又相互配合。①

（二）物业服务合同的规范适用和性质

在《民法典》对物业服务合同作了专门规定的前提下，物业服务合同已经成为典型合同的一种，因此也是合同的一种。关于物业服务合同当事人之间的权利、义务，按照《民法典》第509条，自然首先应当适用当事人的约定；如果当事人没有约定或者约定不明确，依据《民法典》第510条的规定，可以协议补充，不能达成补充协议的，按照合同有关条款予以体系解释，并考虑交易习惯；仍无法确定的，可以适用《民法典》第511条和本章中的规范予以确定。

但是，问题在于，如果当事人没有约定，而且法律对一些问题也没有明确规定，则即使适用《民法典》第509条，在没有交易习惯，进行体系解释又无法得到确定回答的情况下，就会涉及最相类似合同的规范适用问题。此时，就会产生关于物业服务合同之性质的争论。第一种观点认为，物业服务合同属于有偿委托合同，都是提供劳务性的服务，即使存在多种服务，也是一种综合性的委托合同。② 但是，如果认为物业服务合同是委托合同，就会涉及委托合同规则的具体适用，这会导致很大的问题。例如，物业服务人处理事务的费用依据《民法典》第921条是否由业主承担？物业服务人是否必须依据《民法典》第922条服从业主指示，物业服务人依据《民法典》第923条是否必须亲自处理且只要经过同意

① 关于两者规范的重心和协调，参见王利明：《物业服务合同立法若干问题探讨》，载《财经法学》2018年第3期，第9-11页。

② 参见高富平、黄武双：《物业权属与物业管理》，北京，中国法制出版社2002年版，第174页；夏善德：《物业管理法》，北京，法律出版社2003年版，第158页；周珂：《物业管理法教程》，北京，法律出版社2004年版，第178页；纽丽娜：《物业管理合同的法律特征及相关案件的审理》，载《人民司法》2002年第8期；谭玲、胡丹缨：《物业管理相关问题再探析》，载《现代法学》2006年第6期。

就可以全部转委托，物业服务人依据《民法典》第930条是否有权就因不可归责于自己的事由的损失请求业主赔偿？物业服务人依据《民法典》第933条是否有任意解除权？可能对此的回答都是否定的。① 虽然《民法典》第285条第1款规定，“物业服务企业或者其他管理人根据业主的委托，依照本法第三编有关物业服务合同的规定管理建筑区划内的建筑物及其附属设施，接受业主的监督，并及时答复业主对物业服务情况提出的询问”，但并不能因此而当然地认为物业服务合同直接适用委托合同的规则。第二种观点认为，物业服务合同是劳动合同或者雇佣合同的一种，但物业服务人具有更强的自主性。第三种观点认为，物业服务合同是服务合同。这当然正确，但《民法典》并无服务合同的一般规定，故对于物业服务合同的规范适用并无意义。第四种观点认为，物业服务合同是混合合同，包含了委托、承揽、劳务等多种因素，是复合性的合同，因此，物业服务合同是一种独立的合同。② 但这并未彻底解除上述法律适用的问题。

物业服务合同确实是复合性的，涉及委托、承揽、劳务等多种因素，但其并非这些合同类型的简单组合，虽然其本质上是事务处理类的合同，但同时兼具委托、承揽、劳务等诸多合同类型中部分给付的性质；同时，会涉及业主之间，业主大会、业主委员会以及物业服务人之间的关系，会涉及单个的成员在合同中的定位问题。因此，物业服务合同之所以被作为典型合同在《民法典》中规定，不仅仅是因为其在现实生活中的普遍性和重要性，而且因为其也具有典型合同的典型性。即使将其作为典型合同，在没有当事人约定和法律规定的情况下，还是要根据具体的事项寻找最相类似的合同例如承揽合同和委托合同的具体规范，不能简单地进行定性，而应根据事项不同更为灵活地处理，否则会导致具体事项处理结论的不合理。③

---

① 参见最高人民法院民事审判第一庭编著：《最高人民法院建筑物区分所有权、物业服务司法解释理解与适用》，北京，人民法院出版社2009年版，第251页；王利明：《合同法研究》（第四卷），北京，中国人民大学出版社2017年版，第134-136页；崔令之、周睿：《我国物业服务合同的性质辨析》，载《时代法学》2015年第4期，第74-75页。

② 参见张新宝、宋志红：《物业服务合同主要问题研究》，载王利明、奚晓明主编：《合同法评论》第3辑，北京，人民法院出版社2004年版，第15页以下；陈文：《物业服务合同若干法律问题研究》，载《现代法学》2004年第2期，第158-159页；许步国：《对我国物业服务合同的性质与法律效力问题探讨》，载《前沿》2006年第6期；崔令之、周睿：《我国物业服务合同的性质辨析》，载《时代法学》2015年第4期，第76-77页；赵惠：《析物业服务合同的性质及其解除》，载《法律适用》2010年第11期，第34页。

③ 类似观点，参见关淑芳：《物业管理合同的性质及其法律适用》，载《当代法学》2007年第4期，第64-65页。

二、物业服务合同的特点

（一）服务合同

根据本条第1款的规定，物业服务人在物业服务区域内，为业主提供建筑物及其附属设施的维修养护、环境卫生和相关秩序的管理维护等物业服务。因此，物业服务合同是以提供一定的服务和劳务为内容的服务合同的一种。同时，物业服务合同不与特定结果目标联系在一起，因此，其与承揽类的服务合同不同。因此，《民法典》将物业服务合同放到委托合同之后，体现了物业服务合同虽然并非委托合同，并不能当然适用委托合同中的很多规则，但却属于委托类的服务合同。

同时，物业服务人提供的服务更具有综合性或者复合性，既涉及建筑物及其附属设施的维修养护，也涉及环境卫生和相关秩序的管理维护；既涉及对物的管理，也涉及对人的管理。因此，物业服务合同涉及委托、承揽、劳务等多种因素，但并非这些合同类型的简单组合，兼具委托、承揽、劳务等诸多合同类型中的部分给付的性质。①

（二）长期的继续性合同

《民法典》第563条第2款已经提出了继续性合同的概念，即以持续履行的债务为内容的合同。当然，关于继续性合同的术语表达、界定标准和具体范围都存在争议，这取决于其背后所涉及的不同问题。② 在物业服务合同中，物业服务并不是一次性完成的，而是需要持续一定的时间，物业服务人应当在服务期间内不间断地提供物业服务。物业服务人给付的范围单纯由时间决定，故物业服务合同属于固有的继续性合同。此种所界定所涉及的问题主要有无效或者被撤销的溯及力、履行抗辩权、解除事由和溯及力等问题。例如，继续性合同在终止时没有溯及既往的效力，在物业服务合同终止时，其效力向将来发生，对于物业服务人已经提供的服务，业主仍应当按照合同约定支付相应的报酬。

物业服务合同也是一种长期合同。长期合同包括长期的继续性合同和长期的非继续性合同（例如，长期的承揽合同）。长期合同的重点是长期性所产生的合

---

① 参见王利明：《合同法研究》（第四卷），北京，中国人民大学出版社2017年版，第131-132页；许步国：《物业管理法研究》，北京，中国民主法制出版社2006年版，第157页；夏善胜主编：《物业管理法》，北京，法律出版社2003年版，第141-142页。具体也请参见对第942条的释评。

② 具体讨论，可参见屈茂辉、张红：《继续性合同：基于合同法理与立法技术的多重考量》，载《中国法学》2010年第4期，第25页以下；王文军：《继续性合同及其类型论》，载《北方法学》2013年第5期，第77页以下；盛钰：《继续性债之关系》，台湾大学法律学研究所1988年硕士论文，第7页以下。继续性合同又包括固有的继续性合同和连续供应合同，前者是持续性给付，后者是重复给付。

同社会关系性和不完全性，因此，其法律适用的重心体现在诚信谈判、开放性或者待定条款、情势变更、弹性调整的实体和程序条款、后合同义务等方面。[①] 例如，在长期合同终止后，就会发生交接等后合同义务问题，《民法典》第 949 条对此予以专门规定。

（三）集体合同

按照《民法典》第 939 条的规定，建设单位依法与物业服务人订立的前期物业服务合同，以及业主委员会与业主大会依法选聘的物业服务人订立的物业服务合同，对业主都具有法律约束力。此时，就出现了合同的订立主体和合同的约束主体有可能不同的问题。其主要的原因在于，此时还没有业主或者全体业主人数众多，难以由业主或者全体业主直接参与合同订立过程，因此，法定的主体依据法定的程序和要求订立的物业服务合同，对全体业主都具有法律约束力。这充分体现了物业服务合同的集体合同特点。[②]

既然物业服务合同是集体合同，那么，业主作为业主团体的一员，享有接受物业服务人提供的物业服务的权利，但是，单个业主的权利也要因此受到一定的限制，例如，《民法典》第 944 条第 1 款中规定，物业服务人已经按照约定和有关规定提供服务的，业主不得以未接受或者无须接受相关物业服务为由拒绝支付物业费；第 946 条第 1 款中规定，解除物业服务合同的，业主必须依照法定程序共同决定解聘物业服务人，单个业主无权解除合同。

（四）双务、有偿、诺成合同

根据本条规定，物业服务人提供物业服务，业主也要支付物业费，因此，物业服务合同是双务合同。业主支付物业费，这同时意味着物业服务合同是有偿合同。当然，这允许当事人另作约定。只要双方当事人意思表示达成一致，物业服务合同即告成立，无须标的物之交付，故物业服务合同为诺成合同。

三、物业服务人

在物业服务合同中，物业服务提供人是物业服务人。依据《民法典》第 284 条第 1 款的规定，业主享有共同管理权，可以自行管理，也可以委托物业服务企业或者其他管理人管理。本条第 2 款进一步明确，物业服务人包括物业服务企业和其他物业管理人。因此，物业服务人除了物业服务企业，还包括其他物业管

① PICC（2016）在一些条文的正文和注释中增加了对长期合同的适用，具体参见朱强、陶丽：《论〈国际商事合同通则〉对长期合同的调整》，载《国际商务研究》2019 年第 2 期，第 69－73 页。

② 参见许步国：《物业管理法研究》，北京，中国民主法制出版社 2006 年版，第 156 页。

理人。

首先，物业服务企业。根据《物业管理条例》第 32 条第 1 款，从事物业管理活动的企业应当具有独立的法人资格。依据其目的，该规范应当为管理性强制性规范，违反该规范不应当导致物业服务合同无效。[①] 国家有关行政主管部门还制定了一系列的规章制度，规范物业服务企业的行为，如《物业管理企业财务管理规定》《前期物业管理招标投标管理暂行办法》等。2015 年的《物业服务企业资质管理办法》进一步将物业服务企业的资质等级分为一、二、三级，但 2018 年该管理办法被废止了。这进一步体现了业主自我管理与社会化服务相结合的原则，从资质的事前监管转换到事中事后监管，构建以信用为核心的物业服务市场监管体制。这意味着，原核定的物业服务企业资质不再作为订立物业服务合同的条件，不再影响物业服务合同的效力。但是，如果物业服务企业以隐瞒或者伪造有关资质、资格证书等形式骗取签订物业服务合同，依据《民法典》第 148 条，物业服务合同是可撤销的合同。物业服务合同被确认无效或者被撤销后，已经提供物业服务的物业服务人要求业主给付相应物业服务费的，可以结合物业服务合同的约定、物业服务人实际提供的物业服务水平、有关部门提供的物业服务成本、当地物业服务费标准等因素合理确定。[②]

其次，物业服务企业之外的其他物业管理人。业主有权与物业服务企业之外的其他物业管理人订立物业服务合同。业主在不愿自行管理小区共有部分的情况下，完全可以委托普通的自然人来进行。例如，在规模不大的小区，业主完全可以决定聘用一些下岗职工、退休在家的老人负责来客登记、车辆看管、小区保洁等服务，而无须选聘专门的物业服务企业。实践中，还存在业主与一些专业单位订立物业服务合同的情形。此时，仍然适用本章关于物业服务合同的规定。但是，在许多城市的城乡结合部，存在利用集体土地建造住宅小区即所谓“小产权房”的现象，往往由当地村委会等提供物业服务、收取费用；此外，还存在自行管理公房的单位提供物业服务的现象。这些并非真正意义上的物业服务行为[③]，不宜直接适用本章规定，但可以在具体事项上参照适用本章规定。

---

① 例如，《北京市高级人民法院关于审理物业管理纠纷案件的意见（试行）》第 13 条。持同样观点的有，最高人民法院民事审判第一庭编著：《最高人民法院建筑物区分所有权、物业服务司法解释理解与适用》，北京，人民法院出版社 2009 年版，第 259 页。

② 参见浙江省高级人民法院民一庭《关于审理物业服务纠纷案件适用法律若干问题的意见》第 11、13 条。

③ 参见最高人民法院民事审判第一庭编著：《最高人民法院建筑物区分所有权、物业服务司法解释理解与适用》，北京，人民法院出版社 2009 年版，第 258 页；张柳青、张朝阳：《物业管理纠纷审理中的若干法律问题》，载《法律适用》2006 年第 11 期，第 6 页。

第九百三十八条

物业服务合同的内容一般包括服务事项、服务质量、服务费用的标准和收取办法、维修资金的使用、服务用房的管理和使用、服务期限、服务交接等条款。

物业服务人公开作出的有利于业主的服务承诺，为物业服务合同的组成部分。

物业服务合同应当采用书面形式。

本条主旨

本条是关于物业服务合同的内容和形式的规定。

相关条文

《物业管理条例》第34条　业主委员会应当与业主大会选聘的物业服务企业订立书面的物业服务合同。

物业服务合同应当对物业管理事项、服务质量、服务费用、双方的权利义务、专项维修资金的管理与使用、物业管理用房、合同期限、违约责任等内容进行约定。

《物业服务纠纷解释》第3条第2款　物业服务企业公开作出的服务承诺及制定的服务细则，应当认定为物业服务合同的组成部分。

理解与适用

一、物业服务合同的内容

根据本条第1款的规定，物业服务合同的内容一般包括服务事项、服务质量、服务费用的标准和收取办法、维修资金的使用、服务用房的管理和使用、服务期限、服务交接等条款。该款中的“一般”表明该款为宣示性规范，物业服务合同的内容不限于本款的列举内容，例如，利用业主共用部位、共用设施设备开展经营活动的情况下，相关收益的核算和分配办法，也可以在物业服务合同中明确约定；欠缺本款列举的内容也不必然影响物业服务合同的成立。物业服务合同通常包括以下主要条款。

1. 服务事项

物业服务事项是指物业服务人按照约定应当提供的具体服务类型。依据《民法典》第937条的规定，物业服务人的服务事项主要是为业主提供建筑物及其附属设施的维修养护、环境卫生和相关秩序的管理维护等。《民法典》第942条对物业服务人的服务事项又进一步予以规定。这些条文列举了一些主要的、基本的物业服务事项，具体的物业服务事项由当事人在物业服务合同中约定，可以不限于上述事项。此外，《物业管理条例》第 43 条规定：物业服务企业可以根据业主的委托提供物业服务合同约定以外的服务项目，服务报酬由双方约定。这主要是指，对于一些本不属于物业服务内容的服务项目，物业服务人可以和业主另行约定有偿提供。这里可以适用委托合同的规则。

2. 服务质量

物业服务合同中可以明确约定物业服务的质量，以避免服务瑕疵认定的难题。在住宅物业服务领域，2004 年中国物业服务管理协会颁布了《普通住宅小区物业管理服务等级标准（试行）》，将服务等级区分为三级，各等级服务分别由基本要求、房屋管理、共用设施设备维修养护、协助维护公共秩序、保洁服务、绿化养护管理等六大项主要内容组成。这对于保障物业服务质量具有重要意义。各地也陆续出台了一系列地方性标准，例如北京市住房和城乡建设委员会和北京市质量技术监督局联合于 2010 年颁布北京市《住宅物业服务标准》。物业服务合同的约定可以参考、借鉴上述标准，考虑建设标准、配套设施设备、服务功能及业主的居住消费能力等因素，选择相应的服务等级。

3. 服务费用的标准和收取办法

服务费用，是指物业服务人按照物业服务合同的约定提供物业服务向业主所收取的费用。关于服务费用的标准，《物业服务收费管理办法》第 5、6 条规定，物业服务收费应遵循合理、公开以及费用与服务水平相适应的原则；区分不同物业的性质和特点分别实行政府指导价和市场调节价。第 7 条规定：“物业服务收费实行政府指导价的，有定价权限的人民政府价格主管部门应当会同房地产行政主管部门根据物业管理服务等级标准等因素，制定相应的基准价及其浮动幅度，并定期公布。具体收费标准由业主与物业管理企业根据规定的基准价和浮动幅度在物业服务合同中约定。”“实行市场调节价的物业服务收费，由业主与物业管理企业在物业服务合同中约定。”物业服务收费实行政府指导价，纳入地方定价目录，但这不利于提升物业服务质量，尤其考虑到全民社保政策对物业服务企业的影响。因此，在 2014 年之后，物业服务费用放开，主要实行市场调节价；政府指导价更多针对前期物业服务，防止建设单位与自己设立的物业服务企业设定高价格，或者针对经济上处于弱势地位的经济适用住房小区、危改回迁小区等物业的业主。① 当然，即便是实行市场调节价，在实践中，物业服务费用的制定一般先由物业服务评估监理公司评估各项成本，在此基础上再由双方当事人协商

① 参见《北京市物业服务收费管理办法（试行）》第 5、6 条。

确定。

服务费用的计费方式，可以约定采取包干制或者酬金制。包干制是指由业主向物业服务人支付固定物业服务费用，盈余或者亏损均由物业服务人享有或者承担的物业服务计费方式。其构成包括物业服务成本、法定税费和物业服务人的利润。酬金制是指在预收的物业服务资金中按约定比例或者约定数额提取酬金支付给物业服务人，其余全部用于物业服务合同约定的支出，结余或者不足均由业主享有或者承担的物业服务计费方式。其构成包括物业服务支出和物业服务人的酬金。实行酬金制的，预收的物业服务支出由物业服务人代管，为交纳费用的业主所有，物业服务人不得将其用于物业服务合同约定以外的支出。双方可以约定建立物业服务费用和共用部分经营收益的共管账户。① 采取包干制的，不区分费用和报酬。在实践中，物业服务合同往往期限较长，物业服务人在合同签订之初采包干制往往能够享受较高的利润。但随着物价的上涨、劳动力价格等各项成本的上升，包干制中的物业服务费甚至无法涵盖完成物业服务所支付的必要费用。物业服务人的涨价请求通常无法得到业主的赞成，只能以削减开支、降低物业服务质量来应对。这又导致对物业服务质量不满的业主拒绝交费，从而导致物业服务质量进一步下滑。酬金制有助于提高物业服务质量，但酬金制以业主的自治能力较强为前提，对业主委员会的要求更高。

不存在物业服务合同，或者虽存在物业服务合同，但合同对物业费没有约定或者约定不明确的，依据《民法典》第 510 条，在诉讼中，法院可以释明当事人依法通过召开业主大会形成决议等法定程序予以解决；仍无法确定的，可以依据《民法典》第 511 条第 2 项，按照订立合同时履行地的市场价格确定，依法应当执行政府定价或者政府指导价的，按照规定执行。此时可结合物业服务人实际提供的物业服务水平、有关部门提供的物业服务成本、当地物业服务费标准、同类物业服务收费标准等因素合理确定应交纳的物业费；双方也可以委托第三方评估监理企业评估。②

4. 维修资金的使用

维修资金，是指专项用于共用部位、共用设施设备保修期满后的维修和更

---

① 参见《物业服务收费管理办法》第 9、11、12 条。

② 参见《北京市高级人民法院关于审理物业管理纠纷案件的意见（试行）》第 24 条、浙江省高级人民法院民一庭《关于审理物业服务纠纷案件适用法律若干问题的意见》第 14 条。“重庆悦来物业管理有限公司诉何红物业服务合同纠纷案”（载《人民法院案例选》2015 年第 4 期）的判决书中认为：因不可归咎于物业服务企业的原因致使物业服务企业在无合同依据的情况下为业主提供了物业服务，业主享受了该服务，物业服务企业以存在事实物业服务关系为由，请求业主支付物业服务费的，应予支持，并参照政府规定的收费标准或同类物业服务项目收费标准来确定业主应当缴纳的物业服务费。

新、改造的资金。根据《物业管理条例》第40条和2008年的《住宅专项维修资金管理办法》，专项维修资金管理实行专户存储、专款专用、所有权人决策、政府监督的原则。业主交存的住宅专项维修资金属于业主所有；从公有住房售房款中提取的住宅专项维修资金属于公有住房售房单位所有。维修资金并非由物业服务人管理，而是应当存入相关主管部门或者业主大会委托的住宅专项维修资金专户管理银行的住宅专项维修资金专户。关于该资金的使用，由物业服务人或者相关业主提出使用建议或者使用方案，并组织实施使用方案。为了保证维修基金依法依规进行，物业服务合同中可以就相关事项加以明确约定。

5. 服务用房的管理和使用

物业服务用房是满足物业服务人的物业服务设施设备、办公及值班等需求所使用的房屋。依据《物业管理条例》第30条的规定，建设单位应当按照规定在物业服务区域内配置必要的物业服务用房。依据《民法典》第274条和《物业管理条例》第37条，物业服务用房的所有权依法属于全体业主。物业服务用房的用途是特定的，只能用于物业服务，未经业主大会同意，物业服务人不得改变服务用房的用途。物业服务合同中可以对服务用房的具体管理和使用事项作出更为细化的约定。

6. 服务期限

服务期限，是指物业服务合同双方当事人约定的合同存续期限。物业服务合同中应尽可能明确约定服务期限，这样，一方面，可使物业服务人及时制定经营安排，另一方面便于业主适时续聘或另聘物业服务人，减少纠纷和摩擦。在物业服务合同中，也可能涉及对具体服务时间的约定，例如，双方当事人在合同中约定，物业服务人提供24小时的保安服务，但这不同于合同存续期限。实践中，绝大多数物业服务合同均有明确的期限约定。未明确约定服务期限，又无法确定的，则构成了不定期的物业服务合同，依据《民法典》第948条第2款，当事人双方享有任意解除权。

7. 服务交接

物业服务合同涉及的服务事项较多，一般服务期限较长，物业服务人不仅长期占有物业服务用房，而且还掌握了小区内相关设施、物业服务的很多相关资料。依据《民法典》第949条第1款，这些物业服务用房及相关资料等应当交还给业主委员会、决定自行管理的业主或者其指定的人，物业服务人还应当配合新物业服务人做好交接工作，如实告知物业的使用和管理情况。至于具体如何进行交接，双方当事人可以在物业服务合同中进行约定。

二、物业服务人公开的服务承诺

根据本条第 2 款的规定，物业服务人公开作出的有利于业主的服务承诺，为物业服务合同的组成部分。其规范目的在于，物业服务人公开作出的服务承诺，已经成为业主选聘物业服务人的重要依据，也是业主维护其权益的根据，有助于合理扩充物业服务人应承担义务的范围，维护业主的合理信赖，同时未不合理地额外增加物业服务人的义务。①

该款的构成要件，具体如下。第一，物业服务人作出服务承诺。服务承诺是物业服务人单方作出的对所提供物业服务的承诺。其中，物业服务人单方制订的服务细则，即对物业服务内容的具体实施细则，也可以被理解为服务承诺的一种。作出承诺的主体必须是物业服务人，而不是建设单位。实践中，很多房地产项目以送阁楼、地下室或减免物业费等方式促销，这并非物业服务人作出的服务承诺。第二，服务承诺是物业服务人的真实意思表示，并且无影响效力的其他事由。第三，服务承诺是物业服务人公开作出的，例如，在小区内进行了公示。这里无须考虑公开时间是物业服务合同签订前还是履行过程中。当然，只要物业服务人公开作出，其是否在小区内公示无关紧要。第四，服务承诺的内容具体、确定。第五，服务承诺的内容有利于业主。服务承诺的内容五花八门，许多可能只是物业服务人内部的操作规程或工作标准，如果泥沙俱下，一律被认为物业服务合同的组成部分，则会使业主被动接受物业服务人自定的不利标准，不利于对业主权益的维护，也违背了意思自治所要求的不利益必须明确同意的基本原则。

该款的法律效果是，符合上述要件的服务承诺为物业服务合同的组成部分。可以考虑类推适用《民法典》第 473 条第 2 款：此类服务承诺符合要约规定，同时对物业服务合同的订立、延续和物业服务费的价格有影响，因此可认为物业服务人有经受要约人承诺即受约束的意思，根据交易习惯和利益衡量，业主此时通过行为或者沉默的方式表明了承诺。因此，这些服务承诺为物业服务合同的组成部分。这意味着，判断物业服务人提供的服务是否符合约定时，也要考虑这些服务承诺。

三、物业服务合同应当采用书面形式

本条第 3 款规定，物业服务合同应当采用书面形式。这表明物业服务合同是

① 参见最高人民法院民事审判第一庭编著：《最高人民法院建筑物区分所有权、物业服务司法解释理解与适用》，北京，人民法院出版社 2009 年版，第 274 页。

要式合同。之所以如此规定，是因为物业服务合同涉及众多业主的切身利益，合同当事人人数众多，利益关系复杂，一旦纠纷处理不当，极易引发激烈的矛盾与冲突，甚至成为群体性事件的导火索。物业服务合同采书面要式之目的在于明确物业服务人与业主的权利义务关系，保障双方当事人的合法权益，便于举证，减少矛盾与冲突，促进物业服务行业健康发展，维护社会秩序稳定。一些规范还要求对物业服务合同进行备案，但这属于行政管理范畴，这些规范属于管理性强制性规范，即使未备案，依据《民法典》第 153 条第 1 款的规定，也不影响物业服务合同的效力。

如果未采用书面形式，《民法典》第 490 条第 2 款规定，法律、行政法规规定或者当事人约定采用书面形式订立合同，当事人未采用书面形式，但一方已经履行主要义务，对方接受时，该合同成立。因此，即使物业服务合同未采用书面形式，但物业服务人已经提供了物业服务且业主未提出异议的，物业服务合同仍然成立。为平衡双方当事人的利益，可以考虑参照适用《民法典》第 707 条关于租赁合同的规定：应当采用书面形式而未采用书面形式，无法确定合同期限的，视为不定期。同时，依据《民法典》第 948 条第 2 款的规定，当事人可以随时解除不定期物业服务合同，但是应当提前 60 日书面通知。此时，物业服务人可以要求业主交纳相应的物业费。物业服务人在合同期满后继续提供服务，双方未对物业费标准重新作出约定的，按照原有收费标准予以确定。①

同时，物业服务合同的成立不能严重违背当事人的意思表示。例如，业主通过业主大会选聘新的物业服务人并重新订立合同，原物业服务人拒绝交接并继续提供物业服务的，不能认为物业服务合同成立。《民法典》第 949 条第 2 款即规定，此时原物业服务人不得请求业主支付物业服务合同终止后的物业费；造成业主损失的，应当赔偿损失。

第九百三十九条

建设单位依法与物业服务人订立的前期物业服务合同，以及业主委员会与业主大会依法选聘的物业服务人订立的物业服务合同，对业主具有法律约束力。

本条主旨

本条是关于物业服务合同对业主具有约束力的规定。

---

① 参见最高人民法院民事审判第一庭编著：《最高人民法院建筑物区分所有权、物业服务司法解释理解与适用》，北京，人民法院出版社 2009 年版，第 260 页。

相关条文

《民法典》第 278 条　下列事项由业主共同决定：……（四）选聘和解聘物业服务企业或者其他管理人……

业主共同决定事项，应当由专有部分面积占比三分之二以上的业主且人数占比三分之二以上的业主参与表决。……决定前款其他事项，应当经参与表决专有部分面积过半数的业主且参与表决人数过半数的业主同意。

《物业管理条例》第 21 条　在业主、业主大会选聘物业服务企业之前，建设单位选聘物业服务企业的，应当签订书面的前期物业服务合同。

第 25 条　建设单位与物业买受人签订的买卖合同应当包含前期物业服务合同约定的内容。

第 34 条第 1 款　业主委员会应当与业主大会选聘的物业服务企业订立书面的物业服务合同。

第 47 条　物业使用人在物业管理活动中的权利义务由业主和物业使用人约定，但不得违反法律、法规和管理规约的有关规定。

物业使用人违反本条例和管理规约的规定，有关业主应当承担连带责任。

《建筑物区分所有权纠纷解释》第 1 条　依法登记取得或者根据物权法第二章第三节规定取得建筑物专有部分所有权的人，应当认定为物权法第六章所称的业主。

基于与建设单位之间的商品房买卖民事法律行为，已经合法占有建筑物专有部分，但尚未依法办理所有权登记的人，可以认定为物权法第六章所称的业主。

《物业服务纠纷解释》第 1 条　建设单位依法与物业服务企业签订的前期物业服务合同，以及业主委员会与业主大会依法选聘的物业服务企业签订的物业服务合同，对业主具有约束力。业主以其并非合同当事人为由提出抗辩的，人民法院不予支持。

第 2 条　符合下列情形之一，业主委员会或者业主请求确认合同或者合同相关条款无效的，人民法院应予支持：……（二）物业服务合同中免除物业服务企业责任、加重业主委员会或者业主责任、排除业主委员会或者业主主要权利的条款。

前款所称物业服务合同包括前期物业服务合同。

第 12 条　因物业的承租人、借用人或者其他物业使用人实施违反物业服务合同，以及法律、法规或者管理规约的行为引起的物业服务纠纷，人民法院应当参照本解释关于业主的规定处理。

理解与适用

一、物业服务合同的类型

根据本条规定，物业服务合同可以分为两大类，即前期物业服务合同和普通物业服务合同。前期物业服务合同，是指由建设单位与其委托的物业服务人依法签订的物业服务合同。① 普通物业服务合同，是指由业主委员会等依法与物业服务人签订的物业服务合同。这两类合同都是物业服务合同，都适用本章规定。

两者的区别在于：第一，订立主体不同。依据《物业管理条例》第 21 条和第 34 条第 1 款，前者的订立主体是建设单位，后者的订立主体是业主委员会等。第二，订立合同的时间不同。前者订立于前期阶段，此时尚未成立业主大会及业主委员会；后者产生于业主入住达到一定比例并通过法定程序召开业主大会选举业主委员会，并选聘物业服务人之后。第三，合同的履行期限不同。依据《民法典》第 940 条的规定，前期物业服务合同约定的服务期限届满前，业主委员会或者业主与新物业服务人订立的物业服务合同生效的，前期物业服务合同终止；普通物业服务合同的期限一般由当事人协商并在签订合同时予以确定。第四，合同的内容不同。前期物业服务合同侧重于对建筑物建成初期的养护、安全保障以及配合建设单位为未来即将入住的业主提供服务等；普通物业服务合同侧重于对建筑规划内建筑物的维护、对环境及居住条件的保障等，目的系为业主正常的日常起居生活提供服务。②

二、物业服务合同的服务受领方

（一）业主作为物业服务合同的当事人

物业服务合同中的提供服务方是物业服务人，这并无疑问，有疑问的是物业服务合同的服务受领方。如果是业主自己与物业服务人订立物业服务合同，则业主当然是物业服务合同当事人而受到合同约束。但问题是，实践中，如果业主自己没有和物业服务人订立物业服务合同，而是由建设单位或者业主委员会订立物业服务合同，那么此时物业服务合同的当事人是否可以确定为单个业主，或者

① 在部分地区（例如北京市）的实践中，还存在一种“前期物业服务合同”，该合同由建设单位与业主在移交共用部位和共用设施设备时订立，主要解决前期物业阶段物业费负担问题。但这种“前期物业服务合同”由建设单位和业主签订，与物业服务人没有任何关系，合同内容在于交付共用部位和共用设施设备，结算相关费用，并无提供物业服务的内容，故并非真正的物业服务合同。

② 参见最高人民法院民事审判第一庭编著：《最高人民法院建筑物区分所有权、物业服务司法解释理解与适用》，北京，人民法院出版社 2009 年版，第 253 页。

说，单个业主是否受到物业服务合同的约束而享有权利和承担义务。

理想的模式是，物业服务合同的服务受领方应当是业主团体，物业服务合同由业主团体与物业服务人之间签订，并且业主团体受到合同约束，负有支付物业费的义务，业主仅仅承担向业主团体支付费用（包括物业费、分摊的业主自治费用等）的义务。此时，物业服务合同的签订主体和当事人是一致的。但是，这种模式以业主团体健全并能够充分发挥作用为前提，我国目前尚未具备此种前提。因此，本条参考了《物业服务纠纷解释》第1条的规定，即使业主并未参与订立物业服务合同，业主仍然是物业服务合同当事人，受到物业服务合同的约束。此时，就会出现物业服务合同订立主体和约束主体的分离。

此时，物业服务合同对业主产生约束力的法律基础是不同的。在前期物业服务合同中，建设单位与物业服务人订立了物业服务合同。对此《物业管理条例》第25条规定："建设单位与物业买受人签订的买卖合同应当包含前期物业服务合同约定的内容。"同时，《物业服务收费管理办法》第10条规定："建设单位与物业买受人签订的买卖合同，应当约定物业管理服务内容、服务标准、收费标准、计费方式及计费起始时间等内容，涉及物业买受人共同利益的约定应当一致。"物业买受人此时仍签订了买卖合同成为业主的，可以认为，建设单位是经过业主同意，将自己在物业服务合同中的权利和义务一并转让给业主，构成《民法典》第555条所规定的合同地位的概括转移。因此，业主之所以受到物业服务合同约束，是基于物业服务合同中服务受领人地位的概括转移。① 按照此种解释路径，概括转移同样需要物业服务人的同意，可以认为物业服务人对此概括转移在与建设单位订立前期物业服务合同时已经默示同意。同时，也可依据委托理论对此予以解释：商品房买卖合同中包含有关前期物业服务之约定，业主与建设单位签约，即意味着业主对该前期物业服务合同进行了事后追认，即业主已将选任物业服务人之事项委托于建设单位，由其代为选任。此种委托可被认定为事后委托，通过事后对授权之追认使前期物业服务合同对业主具有拘束力②，并且可以适用《民法典》第925条的规定，直接使物业服务合同约束物业服务人和业主。普通的物业服务合同中，业主委员会根据业主大会决定与物业服务人订立的物业服务合同对业主应当具有法律约束力，是由业主大会或者业主委员会作为自我管理机

① 参见最高人民法院民事审判第一庭编著：《最高人民法院建筑物区分所有权、物业服务司法解释理解与适用》，北京，人民法院出版社2009年版，第255-256页；刘兴桂、刘文清：《物业服务合同主体研究》，载《法商研究》2004年第3期，第102页；姚辉、段睿：《物业服务合同履行的相关法律问题研究》，载《法律适用》2010年第1期，第34页。

② 参见王利明：《合同法研究》（第四卷），北京，中国人民大学出版社2017年版，第155页。

制的权力机构和执行机构的法律地位决定的，是业主行使自治权的结果。① 业主在建筑物管理与维护上享有无法分割的共同利益，形成紧密相连的利益共同体。为了解决集体行动的难题，单个业主的意思必须服从民主的共同决定，不得以单个业主的意思随意否定民主共同决定的结论。这也是《民法典》第 134 条第 2 款所规定的决议行为的特殊性。据此，《民法典》第 280 条第 1 款明确规定，业主大会或者业主委员会的决定，对业主具有法律约束力。因此，即使规范基础有所不同，物业服务合同对业主具有法律约束力，最终仍然源于业主通过购买体现出的意思表示或者通过业主共同管理体现出的意思表示，因此仍植根于业主的意思表示。实践中，在成立业主委员会之前，还存在由居民委员会与物业服务人订立的物业服务合同。基于同样的原理，该物业服务合同也对业主具有约束力。

物业服务合同对业主具有法律约束力，这意味着业主享有物业服务合同中的权利、承担物业服务合同中的义务，业主无权以其并非合同当事人或者未参与订立合同为由提出抗辩。②

(二) 受合同约束的业主的范围

受到物业服务合同约束的业主，主要包括以下几类。

第一，依法登记取得建筑物专有部分所有权者。无论是依据法律行为还是非法律行为，只要登记取得，就是业主，受到物业服务合同约束。

第二，即使未登记，但依据《民法典》第 229～231 条取得建筑物专有部分所有权者。依据《民法典》第 229 条至第 231 条，非依法律行为在登记前就有可能取得建筑物专有部分的所有权者，就已经成为业主，受到物业服务合同约束。建设单位也可能基于合法建造行为取得建筑物专有部分所有权，包括建设单位尚未销售或者虽已签订房屋买卖合同但尚未移转占有的专有部分，以及建设单位保留自用的专有部分。如果尚未登记，建设单位就可基于合法建造行为取得专有部分所有权。③《物业管理条例》第 41 条第 2 款据此规定："已竣工但尚未出售或者

---

① 参见最高人民法院民事审判第一庭编著：《最高人民法院建筑物区分所有权、物业服务司法解释理解与适用》，北京，人民法院出版社 2009 年版，第 256 页；王利明：《合同法研究》（第四卷），北京，中国人民大学出版社 2017 年版，第 144 页；姚辉、段睿：《物业服务合同履行的相关法律问题研究》，载《法律适用》2010 年第 1 期，第 34 页。也因此，业主委员会订立的物业服务合同并非为第三人利益的合同，业主委员会并不因此成为物业服务合同当事人而对物业服务人承担义务；同时，业主委员会也并非全体业主的受托人，其适当的法律定位是业主团体的执行机构。

② 参见重庆市江北区人民法院（2012）江法民初字第 1534 号民事判决书。

③ 参见《建筑物区分所有权纠纷解释》第 1 条第 1 款。参见最高人民法院民事审判第一庭编著：《最高人民法院建筑物区分所有权、物业服务司法解释理解与适用》，北京，人民法院出版社 2009 年版，第 31 页。采取此种观点的案例参见"中国石油宁夏化工厂诉江苏夫子庙大世界商贸有限公司物业服务合同纠纷案"（载《人民司法·案例》2016 年第 35 期）的判决书：已通过诉讼成为物业所有权人并享有物业使用收益的买受人，因其已实际享有了业主的权利及收益，故不得以物业未交付为由，拒绝交付物业服务费用。

尚未交给物业买受人的物业，物业服务费用由建设单位交纳。”① 但是，即使此时建设单位受到物业服务合同约束，其业主权利也受到一定限制，例如《建筑物区分所有权纠纷解释》第 9 条第 1 项中规定，计算表决权业主人数时，“建设单位尚未出售和虽已出售但尚未交付的部分，以及同一买受人拥有一个以上专有部分的，按一人计算”。

第三，基于与建设单位之间的商品房买卖民事法律行为，已经合法占有建筑物专有部分，但尚未依法办理所有权登记的人，虽然并非专有部分的所有权人，但可以被认定为业主。这是《建筑物区分所有权纠纷解释》第 1 条第 2 款的规定，此时这些人对物业服务的要求更为强烈。此一条件有两层含义：首先，买受人与建设单位之间存在商品房买卖民事法律行为，也即是一手房买卖，而非二手房买卖。在二手房买卖中，买受人购买专有部分后尚未办理登记即转让该专有部分并向相对人交付的，可以认为对专有部分合法占有者为业主。买受人购买专有部分并办理登记后转让并向相对人交付的，相对人为业主。买受人购买专有部分并办理登记后一房多卖的，可以认为完成移转登记的买受人为业主。其次，虽然尚未办理所有权登记，但已经合法占有建筑物专有部分。此时，也无须考虑房屋买卖合同是否经过房屋管理部门备案登记。② 为了保障买受人的利益，在建设单位将专有部分交付给买受人之前，建设单位仍然应当缴纳物业服务费，除非当事人另有约定。③

除了业主，还存在大量的物业使用人。这些物业使用人可能是基于租赁合同的承租人、基于借用合同的借用人，也可能是其他物业使用人，例如尚未出售的公有住房的使用人。④ 这些物业使用人并非业主，不享有业主的权利和承担业主的义务，也并非物业服务合同的当事人。《物业管理条例》第 47 条第 1 款规定：

---

① 《物业服务收费办法》第 16 条进一步规定：“纳入物业管理范围的已竣工但尚未出售，或者因开发建设单位原因未按时交给物业买受人的物业，物业服务费用或者物业服务资金由开发建设单位全额交纳。”将尚未交付的情形限定于建设单位的原因，排除物业买受人的原因。

② 参见最高人民法院民事审判第一庭编著：《最高人民法院建筑物区分所有权、物业服务司法解释理解与适用》，北京，人民法院出版社 2009 年版，第 32 - 36 页。

③ 采取此种观点的案例，参见重庆市高级人民法院（2013）渝高法民申字第 01260 号民事判决书：“业主通过法院裁定取得物业所有权，但房屋并未向其移交，且业主未享有物业使用收益，物业服务费用应由建设单位交纳。”“中国石油宁夏化工厂诉江苏夫子庙大世界商贸有限公司物业服务合同纠纷案”（载《人民司法·案例》2016 年第 35 期）的判决书：已通过诉讼成为物业所有权人并享有物业使用收益的买受人，因其已实际享有了业主的权利及收益，故不得以物业未交付为由，拒绝交付物业服务费用。业主与使用人之间的法律关系不能改变业主属于物业服务法律关系中相对人的地位，业主不能以其非基于自愿被他人使用为由，向物业服务企业行使拒绝交纳物业服务费用抗辩权。

④ 参见《北京市高级人民法院关于审理物业管理纠纷案件的意见（试行）》第 1 条。

“物业使用人在物业管理活动中的权利义务由业主和物业使用人约定，但不得违反法律、法规和管理规约的有关规定。”但是，即使不存在约定，物业使用人也是现代物业区域的重要成员，这些物业使用人应当如同业主一样遵守法律、法规或者管理规约。[①] 因此，《物业服务纠纷解释》第 12 条规定：“因物业的承租人、借用人或者其他物业使用人实施违反物业服务合同，以及法律、法规或者管理规约的行为引起的物业服务纠纷，人民法院应当参照本解释关于业主的规定处理。”据此，物业使用人在一定范围内可以参照《民法典》关于业主的规定例如第 945 条第 1 款，物业使用人装饰装修房屋的，即使经过了业主的同意，也应当事先告知物业服务人，遵守物业服务人提示的合理注意事项，并配合其进行必要的现场检查。物业使用人和业主约定由物业使用人交纳物业费时，也可以参照适用《民法典》第 944 条规定。同时，《物业管理条例》第 47 条第 2 款规定：“物业使用人违反本条例和管理规约的规定，有关业主应当承担连带责任。”

物业使用人有下列情形之一的，可以作为诉讼当事人：（1）物业使用人与物业服务人直接签订物业服务合同；（2）物业使用人接受物业服务，已经与物业服务人形成事实上的物业服务关系；（3）业主与物业使用人约定由物业使用人交纳物业服务费用但物业使用人拖欠物业费；（4）物业使用人违反物业服务合同以及法律、法规或者管理规约的规定。在上述情形（3）（4）中，业主可以被列为共同被告。[②]

（三）业主与业主委员会之间的关系

虽然法律并未对业主委员会的民事主体地位和诉讼主体资格作出明确规定，但业主委员会具有作为业主大会执行机构的法律地位。同时，业主委员会的诉讼主体资格主要体现在以下方面，同时由主要负责人作为代表人：

第一，依据《民法典》第 286 条第 2 款，业主委员会对于任意弃置垃圾、排放污染物或者噪声、违反规定饲养动物、违章搭建、侵占通道、拒付物业费等损害他人合法权益的行为，有权依照法律、法规以及管理规约，请求行为人停止侵害、排除妨碍、消除危险、恢复原状、赔偿损失。业主委员会可以成为上述案件的适格原告。

第二，依据《民法典》第 280 条第 2 款，业主大会或者业主委员会作出的决定侵害业主合法权益的，受侵害的业主可以请求人民法院予以撤销。业主委员会

① 参见最高人民法院民事审判第一庭编著：《最高人民法院建筑物区分所有权、物业服务司法解释理解与适用》，北京，人民法院出版社 2009 年版，第 363－366 页。

② 参见《北京市高级人民法院关于审理物业管理纠纷案件的意见（试行）》第 11 条、浙江省高级人民法院民一庭《关于审理物业服务纠纷案件适用法律若干问题的意见》第 10 条。

可以成为上述案件的适格被告。

第三，《物业服务纠纷解释》规定以下情形中业主委员会可以作为原告。(1) 第2条第1款规定，符合下列情形之一，业主委员会或者业主请求确认合同或者合同相关条款无效的，人民法院应予支持：①物业服务人将物业服务区域内的全部物业服务业务一并委托他人而签订的委托合同；②物业服务合同中免除物业服务人责任、加重业主委员会或者业主责任、排除业主委员会或者业主主要权利的条款。(2) 第8条第1款规定，业主大会按照法定程序作出解聘物业服务人的决定后，业主委员会请求解除物业服务合同的，人民法院应予支持。(3) 第10条第1款规定，物业服务合同的权利、义务终止后，业主委员会请求物业服务人退出物业服务区域、移交物业服务用房和相关设施，以及物业服务所必需的相关资料和由其代管的专项维修资金的，人民法院应予支持。上述规定肯定了业主委员会的原告主体资格。业主委员会得以原告身份提起的诉讼，都与物业服务密切相关，且都涉及业主的共同利益。业主委员会提起诉讼是为了业主的共同利益，因此，诉讼的法律后果应由全体业主共同承担。据此，还可认为，物业管理人违反合同约定损害业主共同利益的其他情形，例如，物业管理人违约或违规利用物业共用部位、共用设施设备营利，损害业主共同利益的情形，或者涉及业主共同利益的信息资料，业主委员会主张要求公开、查阅的，业主委员会都可以作为原告提起诉讼。①

在上述业委会作为原告的情形中，由于涉及业主的共同利益，业主委员会已经作为原告提起诉讼的，单个业主的权利此时受到限制，业主此时不能作为共同原告参加诉讼。业主委员会起诉且法院已经受理后，业主又以相同的事实和理由起诉的，不予受理。② 这有助于避免业主委员会与业主重复起诉。③ 经过业主大会授权，业主委员会在诉讼中可以承认、放弃、变更诉讼请求，进行和解，提起反诉或者上诉。但是，如果未依法成立业主委员会，或者业主委员会怠于提起诉讼的，可以考虑参照适用《公司法》中的股东派生诉讼规定，由一定比例的业主以自己的名义提起诉讼，或者由经过业主大会授权的业主以自己的名义提起

---

① “北京市昌平区回龙观金达园小区业主委员会诉北京华特物业管理发展有限公司物业服务合同纠纷案”（载《人民法院案例选》2015年第4期）的判决书中认为：涉及业主公共利益的信息资料，业主委员会主张要求公开、查阅的，人民法院应当依法准许。

② 参见《北京市高级人民法院关于审理物业管理纠纷案件的意见（试行）》第8条、浙江省高级人民法院民一庭《关于审理物业服务纠纷案件适用法律若干问题的意见》第6条。

③ 参见最高人民法院民事审判第一庭编著：《最高人民法院建筑物区分所有权、物业服务司法解释理解与适用》，北京，人民法院出版社2009年版，第270页。

诉讼。①

同时，如果物业服务人侵害的权益仅涉及单个业主或部分业主的，此时因为不涉及业主的共同利益，所以业主委员会无权提起诉讼，依据《民法典》第287条，应当由单个业主或部分业主作为原告提起诉讼。②

同样，按照法律规定，业主委员会成为被告的情形较少。物业服务人一般不能起诉业主委员会。物业服务人因业主违反物业服务合同的约定而起诉业主委员会或要求将业主委员会列为共同被告的，不应当准许。但是，物业服务人与业主委员会因双方所签订物业服务合同中涉及业主共同权益的事项发生争议，物业服务人对业主委员会提起诉讼的，应予受理；业主委员会怠于应诉的，依法承担相应的法律后果。③ 业主委员会及经过业主大会授权的业主参加有关诉讼的诉讼费用、诉讼风险和后果由全体业主共同承担。④ 人民法院的裁判结果涉及业主委员会依法承担财产给付责任的，可以业主大会赋予业主委员会自行管理的资金及其他合法收益支付；不足部分，由业主按照专有部分占建筑区划内建筑物总面积的比例分担。⑤

三、建设单位或者业主委员会依法订立物业服务合同

根据本条规定，物业服务合同对业主具有法律约束力的前提是，建设单位或者业主委员会依法订立物业服务合同。这里的依法包括程序和权限条件以及实体条件。

（一）程序和权限条件

针对前期物业服务合同，《物业管理条例》第24条规定：“国家提倡建设单位按照房地产开发与物业管理相分离的原则，通过招投标的方式选聘物业服务企业。”“住宅物业的建设单位，应当通过招投标的方式选聘物业服务企业；投标人

---

① 参见浙江省高级人民法院民一庭《关于审理物业服务纠纷案件适用法律若干问题的意见》第4条。

② 参见上海市高级人民法院民一庭《关于审理物业管理纠纷案件有关问题的解答》第7条。采取上述观点的参见江苏省高级人民法院《关于审理物业服务合同纠纷案件若干问题的意见》第14条：“为维护全体业主的利益，业主委员会具有诉讼主体资格。业主委员会承担的民事责任以及为诉讼所支出的费用，由全体业主承担。”“业主委员会怠于起诉、应诉或者作为第三人参加诉讼的，经专有部分建筑面积占建筑区划内总建筑面积过半数且人数占全体业主过半数的业主同意的业主可以自己的名义起诉、应诉或者作为第三人参加诉讼，业主大会议事规则或管理规约另有约定的除外。”“没有成立业主委员会的，由全体业主起诉、应诉或者作为第三人参加诉讼。”“因业主的专属权益而发生的物业服务合同纠纷，应当由该业主起诉、应诉或者作为第三人参加诉讼。”

③ 参见浙江省高级人民法院民一庭《关于审理物业服务纠纷案件适用法律若干问题的意见》第5条。

④ 参见上海市高级人民法院民一庭《关于审理物业管理纠纷案件有关问题的解答》第2条。

⑤ 参见浙江省高级人民法院民一庭《关于审理物业服务纠纷案件适用法律若干问题的意见》第9条。

少于3个或者住宅规模较小的，经物业所在地的区、县人民政府房地产行政主管部门批准，可以采用协议方式选聘物业服务企业。”据此《前期物业管理招标投标管理暂行办法》出台了。建设单位选聘物业服务人，尤其是住宅物业的建设单位选聘的，应当符合法律规定的程序要件，本条中的“建设单位依法与物业服务人订立的前期物业服务合同”就包含了这些法律要求。如果对于住宅物业，建设单位依法应当招投标选聘物业服务人，而未进行招投标或者中标无效的，此时可以认为前期物业服务合同无效。① 对于少于3个或者住宅规模较小的住宅物业，建设单位以协议方式直接选聘物业服务人，但未能提供政府主管部门批准文件的，物业服务合同是否有效存在争议。对此可以认为，上述规定并非效力性强制性规范，依据《民法典》第153条第1款的规定，前期物业服务合同的效力不受影响；业主可依据《物业管理条例》第57条的规定就建设单位的违法行为向相关部门反映，由相关部门作出行政处理。

同时，《物业管理条例》第25条规定：“建设单位与物业买受人签订的买卖合同应当包含前期物业服务合同约定的内容。”据此，房屋销售并交付后，建设单位再次选聘物业服务人，不存在“买卖合同……包含前期物业服务合同约定的内容”，业主与建设单位之间不存在关于受前期物业服务合同约束的合意，建设单位与物业服务人签订的物业服务合同对业主并不具有当然的约束力。如果物业服务人按照物业服务合同的约定提供物业服务，业主也接受了物业服务，则可认定双方之间存在事实上的物业服务合同关系。

针对普通的物业服务合同，本条要求“业主委员会与业主大会依法选聘的物业服务人订立的物业服务合同”。据此，业主大会要依法选聘物业服务人。所谓的“业主大会依法选聘”，即符合《民法典》第278条所要求的条件。② 如果有充分证据证明物业服务人的选聘、物业服务合同的签订并非业主大会依据法定程序决议通过，是业主委员会擅自订立的，则业主有权依据《民法典》第280条第2款以业主委员会作出的决定侵害业主合法权益为由，请求法院予以撤销。③ 但是，业主委员会的法定性和代表性决定了业主委员会拥有对外代表权，故可以类推适用《民法典》第504条关于越权代表的规则：除相对人知道或者应当知道其

---

① 此时，可以类推适用《最高人民法院关于审理建设工程施工合同纠纷案件适用法律问题的解释》第1条第3项。

② “海南自力投资有限公司诉海南华鑫物业管理有限公司物业管理承包合同纠纷案”（载《最高人民法院公报》1999年第1期）的判决书中认为，物业管理权应当由物的所有权人（即业主）决定，住宅小区的开发建设单位，擅自与物业公司签订合同，借机收取承包金，侵犯了业主的合法权益，该合同应为无效。

③ 参见“万震宇诉新天地华庭业主委员会、谢斌全、谭文义、王群勇业主撤销权纠纷案”。（载《人民司法·案例》2011年第2期）

超越权限外，物业服务合同对全体业主发生效力。[1] 同时，在一审法庭辩论终结前经过业主大会追认的，物业服务合同当然对全体业主发生效力。如果业主大会作出选聘物业服务人的决定侵害了业主的合法权益，受侵害的业主可以请求人民法院予以撤销；即使业主大会的上述决定被撤销，该撤销并不能对抗善意的物业服务人。另外，如果竞聘的物业服务人均无法达到法定的表决要求，业主委员会根据业主大会的决定与得票最多的竞聘物业服务人订立的临时物业服务合同应当能够对业主产生法律约束力。[2]

（二）实体条件

在一些情况下，物业服务合同是由物业服务人提供的格式合同，一些条款的内容可能对业主不利。前期物业服务合同由建设单位与物业服务人订立，往往业主无法参与合同的起草、制订的过程，只有在购买物业时，业主才会了解到前期物业服务合同的内容，且对于业主而言，前期物业服务合同往往作为房屋买卖合同的附件一并由业主签署，因此前期物业服务合同是无法更改、只能被动接受的合同文本。因此，前期物业服务合同也可能被认为是格式合同。尤其是，目前很多建设单位都已设立自己品牌的物业服务人管理自己开发的房地产项目，此时建设单位与自己设立的物业服务人签订的前期物业服务合同更难考虑业主的利益。

《民法典》第497条规定："有下列情形之一的，该格式条款无效：（一）具有本法第一编第六章第三节和本法第五百零六条规定的无效情形；（二）提供格式条款一方不合理地免除或者减轻其责任、加重对方责任、限制对方主要权利；（三）提供格式条款一方排除对方主要权利。"在物业服务合同构成格式条款的前提下，如果存在包含上述情形的格式条款，该格式条款也据此无效。《物业服务纠纷解释》第2条对此作出了明确规定。

（三）法律后果

如果物业服务合同无效、被撤销，或者不能对业主具有法律约束力的，已经提供物业服务的物业服务人要求业主给付相应物业费的，可以结合物业服务合同的约定、物业服务人实际提供的物业服务水平、有关部门提供的物业服务成本、

① "宁波市镇海鼎天物业管理有限公司诉宁波市北仑加贝购物俱乐部物业管理纠纷案"（载《人民法院案例选》2010年第1期）的判决书中认为：业主委员会的法定性和代表性决定了业主委员会拥有对外代表权，业主大会或者业主委员会的决定，对业主具有约束力，业主委员会是否正确执行业主大会的决定并不影响其对外代表权。这里已经隐含了适用越权代表规则的可能性。同时，在诉讼程序上，如果业主以此为由拒绝支付物业费，可以考虑释明由其另案诉讼物业服务合同的约束力问题，同时中止前一个案件的审理。

② 参见"成都永诚物业有限责任公司诉江华社区业主委员会、第三人成都龙泉江华物业有限责任公司物业服务合同纠纷案"。（载《人民法院案例选》2011年第1期）

当地物业服务费标准等因素合理确定。①

第九百四十条

建设单位依法与物业服务人订立的前期物业服务合同约定的服务期限届满前，业主委员会或者业主与新物业服务人订立的物业服务合同生效的，前期物业服务合同终止。

本条主旨

本条是关于前期物业服务合同因物业服务合同生效而终止的规定。

相关条文

《民法典》第 284 条第 2 款　对建设单位聘请的物业服务企业或者其他管理人，业主有权依法更换。

《物业管理条例》第 26 条　前期物业服务合同可以约定期限；但是，期限未满、业主委员会与物业服务企业签订的物业服务合同生效的，前期物业服务合同终止。

理解与适用

一、前期物业服务合同的特殊终止事由

《物业管理条例》第 26 条规定："前期物业服务合同可以约定期限；但是，期限未满、业主委员会与物业服务企业签订的物业服务合同生效的，前期物业服务合同终止。"据此，前期物业服务合同的期限由合同约定。由于前期物业服务合同的临时性和过渡性之特征，当事人所约定的合同存续期限通常不能太长。②前期物业服务合同和普通物业服务合同之间的衔接与协调问题十分重要。实践中常常会出现以下几种典型情形：(1) 前期物业服务合同期限届满，但业主大会仍未召开，未成立业主委员会，没有选聘新的物业服务人。(2) 前期物业服务合同期限未届满，业主大会已经召开，已经通过业主委员会选聘新的物业服务人并订

① 参见浙江省高级人民法院民一庭《关于审理物业服务纠纷案件适用法律若干问题的意见》第 13 条，江苏省高级人民法院《关于审理物业服务合同纠纷案件若干问题的意见》第 13 条。

② 实践中，有时前期物业服务合同约定的期限很长。有观点认为应对前期物业服务合同约定的期限作出限制，例如最长不得超过两年。

立新的物业服务合同。此时，新、旧物业服务人之间易产生冲突和纠纷。（3）前期物业服务合同期限届满时，新的物业服务合同生效，新、旧物业服务人实现良好衔接。[①] 本条规定吸收了《物业管理条例》的上述规定，目的是避免上述第二种情形下的冲突，据此，即使前期物业合同约定的期限尚未届满，只要业主委员会与新选聘的物业服务人订立了物业服务合同，前期物业服务合同必须自动终止。

本条适用的前提如下。

第一，建设单位依法与物业服务人订立的前期物业服务合同约定的服务期限届满前。如果前期物业服务合同约定的服务期限已经届满，则前期物业服务合同自然终止，无须适用本条。如果前期物业服务合同未约定服务期限，或者约定的服务期限届满后原物业服务人继续提供物业服务，则也可扩张适用本条。

第二，业主委员会或者业主与新物业服务人订立的物业服务合同生效。这里包括两种情形。第一种情形是，业主委员会与业主大会依法选聘的物业服务人订立了物业服务合同，并且物业服务合同生效。第二种情形是，《物业管理条例》第 10 条中规定，“……只有一个业主的，或者业主人数较少且经全体业主一致同意，决定不成立业主大会的，由业主共同履行业主大会、业主委员会职责”，此时，业主直接与新物业服务人订立了物业服务合同，并且物业服务合同生效。

本条的法律后果是，前期物业服务合同终止。这时，同样适用《民法典》第 949 条：“物业服务合同终止的，原物业服务人应当在约定期限或者合理期限内退出物业服务区域，将物业服务用房、相关设施、物业服务所必需的相关资料等交还给业主委员会、决定自行管理的业主或者其指定的人，配合新物业服务人做好交接工作，并如实告知物业的使用和管理状况。”“原物业服务人违反前款规定的，不得请求业主支付物业服务合同终止后的物业费；造成业主损失的，应当赔偿损失。”同时，也适用《民法典》第 950 条：“物业服务合同终止后，在业主或者业主大会选聘的新物业服务人或者决定自行管理的业主接管之前，原物业服务人应当继续处理物业服务事项，并可以请求业主支付该期间的物业费。”

二、前期物业服务合同的其他问题

针对上述第一种冲突情形，即前期物业服务合同期限届满，但业主大会仍未召开，未成立业主委员会，没有选聘新的物业服务人，应当适用《民法典》第 948 条：“物业服务期限届满后，业主没有依法作出续聘或者另聘物业服务人的

---

① 参见胡武艳主编：《物业管理法律实务》，武汉，武汉大学出版社 2015 年版，第 23 页。

决定，物业服务人继续提供物业服务的，原物业服务合同继续有效，但是服务期限为不定期。”“当事人可以随时解除不定期物业服务合同，但是应当提前六十日书面通知对方。”

第九百四十一条

物业服务人将物业服务区域内的部分专项服务事项委托给专业性服务组织或者其他第三人的，应当就该部分专项服务事项向业主负责。

物业服务人不得将其应当提供的全部物业服务转委托给第三人，或者将全部物业服务支解后分别转委托给第三人。

本条主旨

本条是关于物业服务转委托的规定。

相关条文

《物业管理条例》第39条　物业服务企业可以将物业管理区域内的专项服务业务委托给专业性服务企业，但不得将该区域内的全部物业管理一并委托给他人。

《物业服务纠纷解释》第2条　符合下列情形之一，业主委员会或者业主请求确认合同或者合同相关条款无效的，人民法院应予支持：（一）物业服务企业将物业服务区域内的全部物业服务业务一并委托他人而签订的委托合同……

前款所称物业服务合同包括前期物业服务合同。

理解与适用

一、合法转委托

所谓物业服务的转委托，是指作为物业服务合同主体的物业服务人，将根据物业服务合同应当由其提供的物业服务，部分或者全部委托给他人进行的行为。物业服务涉及卫生、环保、消防、特种设备维修、道路养护等诸多方面，其中许多方面具有一定的专业性。随着社会分工的进一步发展，应当允许物业服务人结合自己的人员配备情况，将部分服务事项转委托给更为专业的机构或者人员来完成。例如，物业服务人另外寻找保安公司、保洁公司等，将其所承担的小区保安、保洁、电梯服务等工作分别进行转委托。这样，既能够保证物业服务质量，同时也有利于降低物业管理成本、提高资源配置效率。[①] 根据本条第 1 款的规定，物业服务人有权将物业服务区域内的部分专项服务事项委托给专业性服务组织或者其他第三人，但是应当就该部分专项服务事项向业主负责。这也与《物业管理条例》第 39 条、《物业服务纠纷解释》第 2 条第 1 项的规定一致。

本条第 1 款的适用前提具体如下。

第一，物业服务人将物业服务区域内的部分专项服务事项转委托给他人。物业服务人仅仅有权将部分专项服务事项转委托给他人，而不得将其应当提供的全部物业服务转委托给第三人，或者将全部物业服务支解后分别转委托给第三人。据此第 1 款的适用范围与第 2 款的适用范围相区分。

第二，转委托给专业性服务组织或者其他第三人。《物业管理条例》第 39 条仅规定了可以转委托给专业性服务企业。但是，在物业服务人可以是物业服务企业之外的其他管理人时，在转委托情况下，次受托人无须以物业服务企业为限；同时，本条第 1 款已经规定了，物业服务人应当就该部分专项服务事项向业主负责，因此更没有必要通过对次受托人的限制来达到保护业主的目的。因此，本条第 1 款规定，除了可以转委托给专业服务组织，也可以转委托给其他第三人。但是，转委托内容不得超过物业服务合同约定的服务事项。

第三，无须经过业主同意。之前，关于部分转委托是否需要业主同意，在实践中有着不同的观点。认为需要经过业主同意的理由主要是：(1) 涉及次受托人的相应资质；(2) 依据委托合同的规则，转委托应当经过委托人的同意。[②] 但是，物业服务人的相应资质在 2017 年之后就已经放开，并且，物业服务人应当就该部分专项服务事项向业主负责，因此不会损害业主的利益；同时，与委托合同不同的是，在物业服务合同中，业主无权直接指示次受托人，这意味着对次受托人有干预可能性的是物业服务人而非业主，进而也不区分是否经过委托人同意时受托人对次受托人之行为的不同责任。因此，此处的物业服务的转委托与《民法典》第 923 条规定的委托合同中的转委托根本不同。

本条第 1 款的法律后果具体如下。

第一，业主无权解除物业服务合同。既然物业服务人有权将物业服务区域内的部分专项服务事项委托给专业性服务组织或者其他第三人，那么业主自然无权以此为由解除物业服务合同。

---

① 参见国务院法制办农业资源环保法制司、建设部政策法规司、建设部住宅与房地产业司编：《物业管理条例释义》，北京，知识产权出版社 2006 年版，第 106－107 页。

② 具体参见最高人民法院民事审判第一庭编著：《最高人民法院建筑物区分所有权、物业服务司法解释理解与适用》，北京，人民法院出版社 2009 年版，第 262－263 页。

第二，转委托合同与物业服务合同在效力上相互独立。物业服务合同的当事人是业主和物业服务人，转委托合同的当事人是物业服务人和次受托人，因此，此并非合同权利、义务的概括转移。转委托合同的效力与物业服务合同无关，物业服务合同无效或者被解除，不影响转委托合同的效力，仅仅是产生了法定的解除转委托合同的权利。

第三，物业服务人应当就该部分专项服务事项向业主负责。当该部分专业服务事项不符合约定时，业主有权依法请求物业服务人承担违约责任，而无权请求次受托人承担违约责任。如果次受托人在提供该部分专项服务事项时造成业主的人身和财产损失，因而构成侵权责任的，业主也有权请求次受托人依法承担侵权责任。此时，物业服务人和次受托人在相应范围内构成了连带债务关系，于此适用《民法典》第519、520条关于连带债务的一般性规定。业主请求物业服务人承担违约责任的，物业服务人承担责任后，有权依据其与次受托人之间的合同请求次受托人承担违约责任。

二、违法转委托

在物业服务合同中，之所以选聘某一物业服务人而非其他物业服务人，大多是出于对物业服务人之实力与服务质量的信任。一旦允许物业服务人将全部物业服务一并委托给他人，将使业主大会所享有的选聘物业服务人的权利形同虚设，业主的合法权益难以得到保障；另外，在实践中物业服务人之所以将全部物业服务移转给他人，大多是出于通过全部转委托赚取差额利润的动机，而次受托人因为支出了较高的成本，自然会基于谋取利益的需要而使提供服务的质量有所降低，最终损害业主的合法权益。① 因此，本条第2款禁止物业服务人将其应当提供的全部物业服务转委托给第三人，或者将全部物业服务支解后分别转委托给第三人。这也类似于《民法典》第791条第2款禁止将建设工程全部转包或者全部支解后分别转包。

所谓的物业服务人将其应当提供的全部物业服务转委托给第三人，指的是一并转委托，将全部物业服务转委托给同一个第三人。所谓的将全部物业服务支解后分别转委托给第三人，指的是将全部物业服务支解成各个服务事项，而分别转委托给不同的第三人。这实质上也是将全部物业服务转委托。对这里的“全部”

① 参见国务院法制办农业资源环保法制司、建设部政策法规司、建设部住宅与房地产业司编：《物业管理条例释义》，北京，知识产权出版社2006年版，第107页；最高人民法院民事审判第一庭编著：《最高人民法院建筑物区分所有权、物业服务司法解释理解与适用》，北京，人民法院出版社2009年版，第266-267页。

不能理解为“主要或者实质内容”，主要原因是，物业服务的各项内容中很难区分出哪些是主要或者实质性的，一旦如此理解，就会难以区分合法转委托与违法转委托。[①] 在实践中，对于业务明显关联的母公司与子公司、总公司与分公司之间一方将工作交由另一方实际处理的，可以不认为另一方构成“第三人”。

但是，本条第2款并未明确规定违法转委托合同的法律后果，对其法律后果可以具体分析如下。

第一，违法转委托合同无效。本条第2款关于违法转委托的规范在性质上应当为效力性强制性规范，违反该规范应当导致违法转委托合同无效。《物业服务纠纷解释》第2条第1款第1项对此已经明确规定。这也与《建设工程施工合同纠纷解释》第4条关于非法转包和分包的合同无效的规则是一致的。有权请求法院确认转委托合同无效的业主委员会和业主的权利参见对上条的释评。同时，法院也有权依职权确认违法转委托合同无效。

第二，业主有权依法共同决定解除物业服务合同。物业服务人的违法转委托已经构成了根本违约，因此，业主有权依法共同决定解除物业服务合同。但是，并无充分根据认为物业服务合同必然因此无效。[②]

第三，就违法转委托中的次受托人所提供的物业服务，物业服务人仍应当向业主负责。

第九百四十二条

物业服务人应当按照约定和物业的使用性质，妥善维修、养护、清洁、绿化和经营管理物业服务区域内的业主共有部分，维护物业服务区域内的基本秩序，采取合理措施保护业主的人身、财产安全。

对物业服务区域内违反有关治安、环保等法律法规的行为，物业服务人应当及时采取合理措施制止、向有关行政主管部门报告并协助处理。

---

① 参见最高人民法院民事审判第一庭编著：《最高人民法院建筑物区分所有权、物业服务司法解释理解与适用》，北京，人民法院出版社2009年版，第262页。

② 最高人民法院认为物业服务合同因此无效。参见最高人民法院民事审判第一庭编著：《最高人民法院建筑物区分所有权、物业服务司法解释理解与适用》，北京，人民法院出版社2009年版，第267页。《北京市高级人民法院关于审理物业管理纠纷案件的意见（试行）》第14条规定：“物业管理企业与业主委员会签订物业服务合同后，违规将物业服务全部转托给其他物业管理企业的，如果该转托行为已经公告且业主接受了物业服务的，应依公平原则确定业主向实际提供物业服务的物业管理企业支付适当的物业服务费用。”该规定似乎混淆了转委托和合同权利义务的概括转移，如果是转委托，即使业主同意，也仅仅是放弃了解除物业服务合同的权利，但并不意味着业主应当向次受托人支付物业费。

本条主旨

本条是关于物业服务人提供物业服务的义务的规定。

相关条文

《民法典》第 285 条第 1 款　物业服务企业或者其他管理人根据业主的委托，依照本法第三编有关物业服务合同的规定管理建筑区划内的建筑物及其附属设施，接受业主的监督，并及时答复业主对物业服务情况提出的询问。

《物业管理条例》第 33 条　一个物业管理区域由一个物业服务企业实施物业管理。

第 35 条　物业服务企业应当按照物业服务合同的约定，提供相应的服务。

物业服务企业未能履行物业服务合同的约定，导致业主人身、财产安全受到损害的，应当依法承担相应的法律责任。

《物业服务纠纷解释》第 3 条第 1 款　物业服务企业不履行或者不完全履行物业服务合同约定的或者法律、法规规定以及相关行业规范确定的维修、养护、管理和维护义务，业主请求物业服务企业承担继续履行、采取补救措施或者赔偿损失等违约责任的，人民法院应予支持。

第 4 条　业主违反物业服务合同或者法律、法规、管理规约，实施妨害物业服务与管理的行为，物业服务企业请求业主承担恢复原状、停止侵害、排除妨害等相应民事责任的，人民法院应予支持。

理解与适用

一、物业服务人提供服务的区域范围

物业服务人提供服务的区域是物业服务区域。《民法典》关于建筑物区分所有权的规定中，对共有部分、专有部分等的界定，都是以建筑区划为基础。从各地方的实践来看，在进行建筑区划的划分时，是以宗地红线内规划行政主管部门批准的建设工程规划总平面图为基础，在充分考虑物业共用设施设备、建筑物规模、社区建设等因素上划分的。但是，《物业管理条例》使用了“物业管理区域”这个概念，于第 33 条规定：“一个物业管理区域由一个物业服务企业实施物业管理。”其第 9 条第 2 款进一步规定：“物业管理区域的划分应当考虑物业的共用设施设备、建筑物规模、社区建设等因素。具体办法由省、自治区、直辖市制定。”在《民法典》关于物业服务合同的规定中，考虑到物业服务合同与建筑物区分所

有权规范的重心不同，本条沿袭了上述规定中的术语，但将“物业管理区域”修改为“物业服务区域”。

目前在实践中，物业服务区域一般与建筑区划一致。此外，不少地方规定，新开发建设项目的土地使用权划拨、出让前，住房和城乡建设行政主管部门一般应当就物业管理区域的划分提出意见和建议，经商规划和自然资源行政主管部门，纳入区域规划综合实施方案、土地出让合同或者划拨文件，并向社会公布；建设单位也应当在房屋买卖合同中明示核定的物业管理区域。这使物业服务区域与建筑区划一致化程度越来越高。

二、物业服务人提供服务的内容

（一）业主共有部分的维修养护

首先，应当注意的是，物业服务人此项服务的对象是业主共有部分而非专有部分。《民法典》关于建筑物区分所有权的规定区分了业主的专有部分和共有部分。物业服务人提供的此项服务仅针对业主共有部分而非专有部分。当然，物业服务人可以根据业主的委托提供对专有部分的服务，但这不属于物业服务合同的范围，而需要由双方另行约定，因此，《物业管理条例》第 43 条规定：“物业服务企业可以根据业主的委托提供物业服务合同约定以外的服务项目，服务报酬由双方约定。”关于共有部分，具体参见《民法典》关于建筑物区分所有权的规定。

其次，业主共有部分也不等于共用部分。“共有”着眼于所有权的归属，而“共用”着眼于使用。共用部分可能是专有部分，也可能是共有部分；同样，共有部分也可能成为专用部分。《物业管理条例》采取了共用部分来界定物业服务的对象，其目的在于避免因相关部分的所有权归属不明给物业服务的正常提供带来不必要的干扰。但是，目前随着登记制度的完善，共有部分越来越清晰，但共用部分可能存在很大的不确定。例如，建设单位保留了车位、车库的所有权，但可能开放由全体业主共用。因此，本条规定，物业服务人此项服务的对象是业主共有部分而非共用部分。如果是专有但共用，往往以所有权人与业主之间存在其他合同关系为前提，非共有但共用的部分的服务责任和费用应当由所有权人承担，而不能以共用为由要求并非所有权人的业主为此承担物业服务费用；但是，这仍然不妨碍所有权人另行委托物业服务人对此提供服务，但这同样并非物业服务合同的内容。如果是共有但专用，则由于专用的收益属于业主共有，故应当纳入物业服务的范围，由所有业主承担物业服务费。

再次，供水、供电、供气、供热等的相关管线和专业设施设备，也不属于物业服务的范围。《物业管理条例》第 51 条第 1 款规定：“供水、供电、供气、供热、通信、有线电视等单位，应当依法承担物业管理区域内相关管线和设施设备维修、养护的责任。”① 但在此时，专业设施设备发生故障、不能正常使用的，物业管理人应当立即报告相关专业运营单位，并且应当提供必要的协助和便利，不得以任何方式干扰、阻挠、妨碍其正常作业。

最后，所谓的维修养护的内容包括：（1）日常养护和出现故障情形下的维修；（2）静态的维修养护（例如，建筑物共有部分）和运行、使用的维修养护（例如，共有设备和设施）。维修养护的对象包括建筑物，共有的设施、设备，以及道路、广场、构筑物等。维修养护的具体措施，例如，对房屋共有部分和共有的设施、设备日常巡查和定期养护，运行、检修、保养等记录齐全，建立共有设施、设备档案（设备台账）；需要维修，属于小修范围的，及时组织修复，对电梯、消防、技防、配电等涉及人身、财产安全以及其他有特定要求的设施、设备的维修和养护，组织由专业机构实施；属于大、中修范围的，及时编制维修计划和住房专项维修资金使用计划，向业主大会或者业主委员会提出报告与建议，根据业主大会的决定，组织维修；等等。

（二）业主共有部分的清洁绿化

这主要是指对共有部分环境卫生的管理维护。

首先是清洁，物业服务人应当自行或委托专业性服务企业提供保洁服务，维护物业服务区域内良好的卫生环境。例如，设置垃圾收集点，及时清运；清扫公共场所；按照规定清洗二次供水水箱；对水系的清理；在实施生活垃圾分类的地区，物业服务人应当指导、监督业主和其他物业使用人进行生活垃圾分类；等等。

其次是绿化。在开发建设过程中，规划条件对于小区绿地的面积、比例等都有明确要求，建设单位在房地产开发过程中应当按照相关规定，足额配置绿化。在物业交接之后，业主也可以委托物业服务人保持、改善绿化环境，物业服务人应当按照合同的约定，加强对小区绿化的日常维护管理，例如，定期修剪、养护绿植；定期清除绿地杂草、杂物；预防花草、树木病虫害等。

关于提供服务的费用，区分不同的情形：（1）如果费用属于维修资金的范围，应当以维修资金支付维修、更新或者改造费用。此时，物业服务人可以对维

① 实践中，规划红线以外由专业运营单位建设。规划红线以内由建设单位建设。如果规定不清晰，可能会造成专业运营单位和物业服务人推诿责任而产生纠纷。一些地方已经作了改革，规定建筑区划内的设施也由专业运营单位投资建设，此时建设单位可以接受专业运营单位委托，按照国家技术标准和专业技术规范建设物业服务区域内业主专有部分以外的水、电、气、热以及通信等专业设施设备，经验收合格，将专业设施设备及工程图纸等资料交由专业运营单位承担维修、养护和更新改造责任。

修资金的使用提出使用建议或者使用方案，并组织实施使用方案。（2）其他费用，如果采取包干制，则相关费用成为物业服务费确定之基础，由物业服务人负担；如果采取酬金制，则相关费用应由业主负担，并预先支付。[①]（3）物业的维修养护存在责任人时，《物业管理条例》第55条规定："物业存在安全隐患，危及公共利益及他人合法权益时，责任人应当及时维修养护，有关业主应当给予配合。""责任人不履行维修养护义务的，经业主大会同意，可以由物业服务企业维修养护，费用由责任人承担。"

（三）业主共有部分的经营管理

《民法典》第278条第1款第8项规定，利用共有部分从事经营活动应当由业主依法共同决定；同时，第282条规定，建设单位、物业服务企业或者其他管理人等利用业主的共有部分产生的收入，在扣除合理成本之后，属于业主共有。《物业管理条例》第54条也规定："利用物业共用部位、共用设施设备进行经营的，应当在征得相关业主、业主大会、物业服务企业的同意后，按照规定办理有关手续。业主所得收益应当主要用于补充专项维修资金，也可以按照业主大会的决定使用。"既然收入由业主共有，那么有理由将共有部分的经营管理纳入物业服务的范围，由所有业主承担物业服务费。实践中，对共有部分的具体经营管理事项，通常是由业主通过物业服务合同委托物业服务人代为经营管理。经营的方式较为多样，可能是承包，也可能是委托，需要在物业服务合同中加以约定；而在经营过程中，也需要从经营收益中支付给物业服务人一定的费用和报酬，其支付标准也需要在物业服务合同中加以约定。如果物业服务人未依法取得同意即对共有部分进行经营管理，扣除合理成本后的收益仍然由业主共有，物业服务人应当将该部分返还并相应赔偿资金占有损失，并且对成本支出及其合理性承担举证责任。[②]

（四）维护物业服务区域内的基本秩序

根据政府的公共管理职能和物业服务人的物业服务职能的不同，可将这里的基本秩序区分为公共秩序和业主生活秩序。物业服务人仅负有维护业主基本生活秩序的义务，例如对出入人员和车辆的管理、制止影响业主和物业使用人安宁生

---

① 参见《物业服务收费管理办法》第11、12条。

② 《建筑物区分所有权纠纷解释》第14条第2款规定："属于前款所称擅自进行经营性活动的情形，权利人请求行为人将扣除合理成本之后的收益用于补充专项维修资金或者业主共同决定的其他用途的，人民法院应予支持。行为人对成本的支出及其合理性承担举证责任。"参见"无锡市春江花园业主委员会诉上海陆家嘴物业管理有限公司等物业管理纠纷案"，（载《最高人民法院公报》2010年第5期）；"百年世家业委会诉伊仕诺物业公司业主共有权纠纷案"，重庆市第一中级人民法院（2015）渝一中法民终字第05661号民事判决书。

活的行为等，而不负有维护公共秩序的义务。公共秩序应当由政府维护，相关开支应当以公共财政支付，而不应当由业主承担并支付相关成本。但关于对公共秩序的维护，物业服务人负有协助义务。这属于本条第2款的规范对象。

维护基本秩序的行为有：小区24小时值勤；对重点区域、重点部位的巡查；车辆的停放有序等。物业服务人对于按照规划建设的公共建筑和共用设施，不得改变用途；确需改变公共建筑和共用设施用途的，应当提请业主大会讨论决定同意后，由业主依法办理有关手续。未经业主大会同意，物业服务人不得改变物业管理用房的用途。物业服务人不得擅自占用、挖掘物业服务区域内的道路、场地，损害业主的共同利益；物业服务人应当将临时占用、挖掘的道路、场地，在约定期限内恢复原状。物业服务人应当将房屋装饰装修中的禁止行为和注意事项告知业主。物业服务人应当及时向业主、其他物业使用人告知安全、合理使用物业的注意事项。①

（五）采取合理措施保护业主的人身、财产安全

《物业管理条例》第35条第2款规定：物业服务企业未能履行物业服务合同的约定，导致业主人身、财产安全受到损害的，应当依法承担相应的法律责任。据此，物业服务人并非负有一种结果的保障义务，并非只要业主的人身、财产安全受到损害，物业服务人就承担责任。如果物业服务人完全遵守了法律法规的规定，遵守了物业服务合同的约定，尽到了安全保障义务，那么，即使业主的人身、财产安全在物业服务区域内受到损害，物业服务人也不因此承担责任。因此，本条规定了物业服务人负有采取合理措施保护业主的人身、财产安全的义务，该义务属于物业服务人依据物业服务合同所应当承担的附随义务。该义务与本条中的其他义务可能存在一定的重合，但规范重心仍然有所不同：该义务更多涉及业主的个人利益，而其他义务更多涉及业主的共同利益。这会导致起诉主体是业主委员会还是单个业主的不同。

判断是否采取了合理措施时，应当考虑多种因素，包括物业服务合同的约定、法律法规的规定、物业收费标准等，在个案中予以具体判断。② 具体而言：(1) 有约定，从约定。若物业服务合同及相关管理规约等对物业服务人的安全保障义务有明确约定，可以根据相关条款认定物业服务人是否有按约定履行相关义务，如物业服务人是否具备了合同约定的或者与其等级和收费标准相适应的保安措施，

---

① 参见《物业管理条例》第37、49、50、52条。

② 参见王利明：《合同法研究》(第四卷)，北京，中国人民大学出版社2017年版，第161页；杨立新、陶盈：《物业服务企业安全保障义务的限度》，载《人大法律评论》2013年卷第2辑，第186页以下。

否则物业服务人应当承担违约责任。(2) 在物业服务合同尚未明确约定具体的安全保障义务的情况下，可以从物业服务人的保安人员和监控措施是否符合法律法规、规章或相关文件的强制性规定；安保制度是否完备、合理，是否符合法律法规、规章或相关文件的要求；物业服务人是否督促所雇用的保安人员勤勉尽职，是否保障监控系统正常、有效运作①；物业服务人在发现有安全风险隐患时是否及时设置安全警示标志，采取措施排除隐患②；当发现犯罪或违法行为时，物业服务人是否及时采取相应的合理措施（报告、协助、通知等）；当业主对安全提出合理怀疑或指出不足时，物业服务人是否引起重视并积极改进等等方面予以审查。

实践中，常见的情形如下。③

(1) 物业服务合同没有约定财物保管服务，但物业服务人在其职责范围内未尽到安全防范义务或未配置应有的安全防范设备，对财物丢失或毁损有过错的，业主可以要求物业服务人承担与其过错相适应的赔偿责任；第三人侵权造成业主人身或财产损害，受害人起诉要求物业服务人赔偿损失的，可根据物业服务人是否履行安保职责或履行安保职责是否存在过错来确定物业服务人应否承担相应的赔偿责任。④ 实践中比较典型的情形是，业主在家中被盗或人身受到损害后，业主请求物业服务人承担赔偿责任。物业管理人并非国家机关，不具有相应的权力和强制力，物业服务人如果已经妥当履行了安保职责，在保安人员和设施的配

---

① 参见姚辉、段睿：《物业服务合同履行的相关法律问题研究》，载《法律适用》2010 年第 1 期，第 38 页；莫爱萍：《物业服务企业的安全保障义务》，载《人民司法·应用》2011 年第 5 期，第 59 页。

② “厦门佰仕达物业管理有限公司诉杜小铭物业服务合同纠纷案”（载《人民法院案例选》2015 年第 4 期）的判决书中认为：物业公司对小区物业管理区域的安全负有一定的防范义务及风险提醒义务，对于可能造成业主财产损害的安全隐患及风险，应当及时消除或提醒，否则，在业主因不可抗力而遭受财产损害时，物业公司应当承担相应的赔偿责任。但是应当结合物业管理瑕疵的程度及权利义务相对等的原则，物业赔偿标准不易过高。

③ 参见《北京市高级人民法院关于审理物业管理纠纷案件的意见（试行）》第 31－39 条。

④ “陈书豪诉南京武宁房地产开发有限公司、南京青和物业管理有限公司物业服务合同纠纷案”（载《最高人民法院公报》2013 年第 5 期）的判决书中认为：物业服务企业对小区共有部分负有保养、维护义务，对于可能对业主财产造成损害的小区共用部分的安全隐患，应当及时消除，否则致业主财产损害后，物业服务企业应承担违约责任，对业主的损失进行赔偿。即便该安全隐患是第三人造成，也不能免除物业服务企业的违约责任，因第三人侵权致小区共用部分对业主财产造成损害的，物业服务企业可以免责的情形是物业服务企业已履行了保养维护义务，而第三人侵权是不可预见、不可避免的。江苏省南通市中级人民法院（2016）06 民终 493 号民事判决书中认为：业主将车辆停放于小区东南角，因停车位置存有燃烧的斗香引起汽车起火，发生毁损，被告物业公司应按物业服务合同约定对小区公共区域的环境卫生、公共安全负有管理责任和义务，但其却疏于管理，且未在案发现场设置禁止停车等警示标识，也未对堆放于案发地的烟花爆竹及斗香残留物及时清理，导致存在安全隐患的斗香堆积于小区公共区域，应承担 30%的责任。

备、安保制度的建立、保安制度的落实方面不存在过错，则无须承担损害赔偿责任。① 但是，物业服务人如果未按照物业服务合同的约定妥当履行安保职责，应当承担相应的赔偿责任。②

（2）物业服务人在其物业服务区域内设有车辆泊位，并对停放的车辆收取泊位维护费用的，在发生车辆丢失或毁损时，按照双方签订的停车管理服务协议确定赔偿责任；没有签订停车管理服务协议，物业服务人有过错的，可以根据其过错程度、收费标准等因素合理确定物业服务人应当承担的赔偿责任。如果物业服务合同中双方没有对此作具体约定，则双方仅形成单纯的物业服务关系，物业服务人仅需承担一般管理责任，如提供场所、分配车位和对配套设施的维修、养护等，一般车辆停放在有专人看管的收费停车库中或停放在物业服务人指定停放的区域内时，有损坏或者被窃，且物业服务人未尽安全保障义务的，物业服务人应承担相应的赔偿责任。但是，如果业主与物业服务人约定物业服务人负有对车辆的保管义务，则此时双方形成保管合同，一旦车辆被损坏或者被盗，在物业服务人保管不善的情形，物业服务人应当依据《民法典》第 897 条关于保管合同的规定承担赔偿责任。

（3）物业服务人或其聘请的施工人员在维修施工时，违反施工规章制度，不设置明示标志或不采取其他安全措施，造成业主人身或财产损害的，业主可以要求物业服务人承担相应的赔偿责任。

（4）物业服务人疏于管理，致使物业服务区域内的娱乐、运动器材等公共设施存在不安全因素，造成业主在使用或靠近这些设施时受到伤害的，受害人可以要求物业服务人承担相应的赔偿责任

（5）物业服务区域内发生电梯事故，造成业主人身或财产损害的，业主可以

① 参见上海市高级人民法院民一庭《关于审理物业管理纠纷案件有关问题的解答》第 11 条。湖北省宜昌市中级人民法院（2002）宜民终字第 103 号民事判决书中认为：物业公司在物业管理区域安排保安人员 24 小时值班，并进行不定期巡视检查；管理公约规定保安人员对大件物品运出时应加以查证及核实，但被盗电脑主机配件体积小，容易隐蔽，易于携带，并非大件物品，不能苛求保安人员对每一个人员逐一检查。故物业公司已经按约定尽到了合理安全管理义务，不应承担业主财产被盗损失的民事赔偿责任。持类似观点的判决还有山东省济南市中级人民法院（2007）济民一终字第 708 号民事判决书（载《人民司法·案例》2010 年第 20 期）、天津市第一中级人民法院（2001）一中民终字第 1478 号民事判决书、广东省深圳市罗湖区人民法院（2007）深罗法民三初字第 90 号民事判决书。

② 四川省成都市中级人民法院（2004）成民终字第 2203 号民事判决书中认为：双方当事人签订物业管理协议，物业公司有对小区实行 24 小时安全监控和巡视，保证监控系统、防盗报警系统 24 小时运行良好的约定义务。业主有证据证明物业公司的保安人员未对进出小区的陌生人进行盘问、登记，监控系统和防盗报警系统并非 24 小时运行的，说明物业公司未尽到安全防范义务，对业主被盗造成的财产损失应承担部分赔偿责任。

要求物业服务人承担相应的赔偿责任。

（6）物业服务人怠于管理，致使物业服务区域内发生火灾、水灾、物业坍塌等事故，造成业主人身或财产损害的，受害人可以要求物业服务人承担相应的赔偿责任。

（7）发生安全事故时，物业服务人应采取应急措施，防止事故扩大化。

最主要的就是报告责任：出现安全隐患或问题时，物业公司报告相关行政管理部门，并协助做好救助工作。①

（六）对违法行为采取合理措施制止，并且报告和协助处理

本条第2款规定，对物业服务区域内违反有关治安、环保等法律法规的行为，物业服务人应当及时采取合理措施制止、向有关行政主管部门报告并协助处理。作为物业服务区域的管理者，物业服务人常常最先知悉其中发生的违法行为。《物业管理条例》第45条规定："对物业管理区域内违反有关治安、环保、物业装饰装修和使用等方面法律、法规规定的行为，物业服务企业应当制止，并及时向有关行政管理部门报告。""有关行政管理部门在接到物业服务企业的报告后，应当依法对违法行为予以制止或者依法处理。"本条吸收了上述规定，使物业服务人对禁止性行为负有采取合理措施制止并且报告和协助处理的义务。这有助于及时遏制禁止性行为蔓延，使有关行政主管部门尽早了解相关情况，采取有力措施，保持物业服务区域的安宁与秩序，最终促进社会整体利益的实现。

本条第2款要求：（1）有违反有关治安、环保等法律法规的行为，例如，违法建设、违规出租房屋、私拉电线、占用消防通道、任意弃置垃圾、排放污染物或者噪声、违反规定饲养动物等违法行为。违法行为是业主还是第三人实施的，无关紧要。（2）违法行为必须发生在物业服务区域内。

物业服务人所负有的义务包括：（1）采取合理措施制止的义务。物业服务人并非国家机关，不享有相应的权力，无权采取行政处罚与行政强制措施，因此，其仅仅在合理限度内承担违法制止义务，例如劝阻等。（2）向有关行政主管部门报告并协助处理的义务。物业服务人如果怠于履行上述义务，造成业主人身、财产等受损害的，就可能涉及物业服务人的上述安全保障义务。

（七）其他义务

除了本条规定的物业服务人的义务，《民法典》第943条还规定了服务信息公开的义务。《物业管理条例》和其他相关规范也规定了其他的一些义务，例如：

---

① 参见《物业管理条例》第46条第1款。

1. 承接物业时的验收

物业承接是物业服务合同履行的开始，标志着物业服务人正式接手特定管理区域，是物业管理的基础工作和前提条件。① 物业承接便于工作开展、服务提供，有助于物业服务人了解共有部分实际状况，简化举证流程，明确责任归属。《物业管理条例》第28条规定："物业服务企业承接物业时，应当对物业共用部位、共用设施设备进行查验。"第36条规定第1款规定："物业服务企业承接物业时，应当与业主委员会办理物业验收手续。"据此，物业服务人在承接物业时，应当对物业共用部位、共用设施设备进行查验，并办理验收手续。《物业承接查验办法》对此予以细致规定，一般而言，具体包括以下程序：确定物业承接查验方案；移交有关图纸资料；查验共用部位、共用设施设备；解决查验中发现的问题；确认现场查验结果；签订物业承接查验协议；办理物业交接手续。

2. 物业服务档案资料和账务的管理

《物业管理条例》第29条第1款规定："在办理物业承接验收手续时，建设单位应当向物业服务企业移交下列资料：（一）竣工总平面图，单体建筑、结构、设备竣工图，配套设施、地下管网工程竣工图等竣工验收资料；（二）设施设备的安装、使用和维护保养等技术资料；（三）物业质量保修文件和物业使用说明文件；（四）物业管理所必需的其他资料。"第36条第2款规定："业主委员会应当向物业服务企业移交本条例第二十九条第一款规定的资料。"据此，物业服务人对上述这些物业服务的档案资料负有保管和管理的义务。结合上述规定和其他一些规定，这些档案资料包括：业主共有部分经营管理档案；监控系统、电梯、水泵、有限空间等物业共有、共用部位和设施设备档案以及其管理、运行、维修、养护记录；水箱清洗记录及水箱检测报告；住宅装饰装修管理资料；业主名册；签订的供水、供电、垃圾清运等书面协议；物业服务活动中形成的与业主利益相关的其他资料。

物业服务人在对物业进行维护、更新、改造过程中必定会产生相应的花费，同时，物业管理人利用物业共用部分从事经营活动的，也会产生业主共有的收益。在实践中，物业服务人为谋取一己之私利，利用直接掌管相关资料的便利条件，故意篡改、毁损证据，"糊涂账"的情况屡屡发生，业主维权无门、胜诉无望，如果处理不当，极易酿成群体性事件。为了充分保障业主的合法权益，最大限度减少欺诈行为，物业服务人应当妥善管理相关财务事宜，健全会

① 参见国务院法制办农业资源环保法制司、建设部政策法规司、建设部住宅与房地产业司编：《物业管理条例释义》，北京，知识产权出版社2006年版，第115页。

计制度，合理保存相应财务凭证，并按照《民法典》第 943 条的规定予以公开。

3. 配合做好社区管理相关工作。

《民法典》第 285 条第 2 款规定："物业服务企业或者其他管理人应当执行政府依法实施的应急处置措施和其他管理措施，积极配合开展相关工作。"物业服务和社区管理在实施主体、性质、内容和资金来源等方面都是不同的，但两者存在密切关系，可以概括为"地域重合、硬件共享，宗旨相同、目标相近"。实践中，在普遍推行委托管理的情形下，物业服务被赋予某些社区管理功能，街道办事处、居（村）民委员会仅保留或强化其社区管理的公共行政职能（如计生、民调、民政等福利性服务），原来的社区服务（如安全、卫生、绿化、公共设施等）职能被完全或部分转到物业服务范围。物业服务虽然是业主基于对共有物的管理需要而进行的物之管理，但事实上超越了物之管理的功能，导致现实中物业服务承担许多社区管理的职责。这不仅增加了业主的负担，而且导致政府行为与社会行为相互交织，难以明晰；并且，导致物业服务超负荷运转，以至于物业服务难以满足业主的需要，业主与物业服务人之间的矛盾和纠纷不断。因此，政府推行社会自治，并不等于免除政府的社会管理义务，居住小区推行物业服务也并不等于居住小区的所有土地、场所、设备均应为业主共有而由其负担建造和维护的义务。所以，必须正确区分政府与物业服务人在社区建设、管理服务方面的职责和义务。在社会转型过程中，强调社会自治，而物业服务恰恰是建立在特定小区业主自治的基础之上，应避免二次收费，同时强调在一定范围内物业服务人配合居（村）民委员会做好社区管理相关工作的义务。

三、物业服务人履行提供服务义务的标准和举证责任

（一）物业服务人履行提供服务义务的标准

根据本条规定，物业服务人应当按照约定和物业的使用性质妥善提供物业服务。这意味着，确定物业服务人履行提供物业服务的义务标准要根据物业服务合同的约定和物业的使用性质予以确定。

1. 物业服务合同的约定

基于意思自治的原则，物业服务合同中当然可以明确约定具体的提供物业服务的标准。如果物业服务合同中对此没有约定或者约定不明确的，可以协议补充。同时，按照《民法典》第 938 条第 2 款，物业服务人公开作出的有利于业主的服务承诺，为物业服务合同的组成部分。

按照《民法典》第 510 条的规定，不能达成补充协议的，按照合同有关条款

和交易习惯确定。《物业管理条例》对物业服务人的义务标准也有一些规定，而且很多地方性法规作了进一步的细化规定。在确定物业服务人的义务标准时，也应当按照这些规定确定。同时，也要考虑交易习惯，其中比较重要的是相关行业规范确定的服务标准，例如，2004 年中国物业服务管理协会颁布的《普通住宅小区物业管理服务等级标准（试行）》。《物业服务纠纷解释》第 3 条第 1 款中规定了，确定物业服务人的义务标准要根据物业服务合同的约定或者法律、法规规定以及相关行业规范。因此，对此处的“物业服务合同的约定”应当采取广义理解，同时应当考虑物业服务收费的标准和相应服务等级。

2. 物业的使用性质

物业包括住宅物业和非住宅物业，后者又包括商贸、办公、医院、学校、工厂和仓储等。物业的不同使用性质，会导致所提供的物业服务范围不同。例如，产业园区的物业服务和住宅的物业服务就存在很大不同，在产业园区中，既存在相对封闭的建筑物，也存在很多公共设施。① 同一物业服务区域中，也要考虑同一物业服务区域内相对独立的区域与其他区域的不同。②

（二）物业服务质量的举证责任

在审判实践中，一般由负有履行义务的当事人（也即物业服务人）承担举证责任。物业服务人起诉业主追索物业费，而业主以物业服务人未履行或未完全履行服务义务进行抗辩时，物业服务人就承担其依据物业服务合同履行了服务义务的举证责任，要证明的确提供了物业服务。但是，物业服务人是否妥善提供了物业服务，存在诸多难点：物业服务涉及的内容广泛、具体，导致众口难调；无法固化服务成果，就质量标准无法精细约定和量化，欠缺权威的评判标准；物业服务合同订立时业主的利益表达不充分，业主对物业服务合同的公平性容易产生质疑；同时，业主共有部分的自然磨损和管理不善的损坏很难分清，日常维修和维

① “厦门火炬集团物业管理有限公司诉厦门市兴致电子工业有限公司物业服务合同纠纷案”（载《人民法院案例选》2015 年第 1 期）的民事判决书中认为：相对封闭且独立的建筑物集群，如产业园区，虽然各个企业可自行建设或是委托建设一定规模的建筑物，并取得独立的产权，但其在该建筑物集群中，其与该区域内的配套公共设施和公共服务密不可分，故该企业与该建筑物集群的物业服务公司之间的法律关系应受产业园区物业管理条例约束。

② “重庆百货大楼股份有限公司诉重庆佳桂物业管理有限公司物业服务合同纠纷案”（载《人民司法·案例》2014 年第 24 期）的民事判决书中认为：同一物业管理区域之内，业主利用自有的物业配套设施设备对专有部分和部分共有部分自行提供物业服务，独立维修、养护、管理配套的设施设备并自行承担费用的，业主自行提供物业服务的区域可认定为物管相对独立的区域。依申请，人民法院可参考物业的性质、相对独立区域形成的原因、物业服务企业提供服务的实际水平等因素，适当调整物管相对独立区域的业主支付物业费的标准。

修资金的使用也可能会出现界限不清的问题。① 服务最后的效果如何取决于业主的主观感受，所以物业服务人实际上很难单独承担此种举证责任。

据此，可以考虑根据情况区别对待。如果业主提出物业服务人的某一项或某几项服务义务未履行，则根据证据规则的一般规定，物业服务人应承担其已依约履行的举证责任。如果业主承认物业服务人履行了服务义务，但提出物业服务人在履行义务时存在瑕疵，则可考虑由业主承担物业服务人履行义务存在瑕疵的举证责任。当然，法院在审理此类案件时应综合个案具体情况依法确定举证责任的分配，以平等保护双方当事人的合法权益。例如，若大多数业主提出了某项服务义务履行不达标，则一般可以认定；如果仅仅是个别业主主张，则应当更为慎重地认定。如果业主出具了小区业主对物业服务的满意度测评等相对客观的证据，则可以据此评判大多数业主对小区服务质量的意见，法院也可据此认定物业服务人的服务义务履行的瑕疵程度。② 同时，必要时可以引入第三方质量评估监理。目前，部分地区已经制定了物业服务第三方评估监理的相关规范。例如，北京市制定了《北京市物业服务第三方评估监理管理办法》，规定：业主、业主大会或其他相关部门可以委托物业服务评估监理机构，根据相关法律、法规、规章、服务规范、行业标准及物业服务合同约定等，对物业服务质量进行评估。

四、物业服务人违反义务的责任

物业服务人违反合同义务的，应当按照《民法典》第 577 条及以下条文承担违约责任，违约责任的形式包括继续履行、采取补救措施和赔偿损失等。《物业服务纠纷解释》第 3 条第 1 款也对此作出了规定。由于这仅仅是违约责任一般规则的具体适用，在此不予详述。

此外，物业服务人也可能依法承担侵权责任：物业服务人对系非业主和其他使用人的第三人可能仅依法承担侵权责任，但在业主和其他使用人遭受损害的情形中也可能会出现物业服务人的侵权责任和违约责任的竞合。在违约责任和侵权责任竞合时，依据《民法典》第 186 条，受损害方有权选择请求对方承担违约责任或者侵权责任。但是，也要注意到违约责任和侵权责任可能相互影响，这尤其体现在物业服务人违反安全保障义务导致第三人侵权的情形。

《民法典》第 1198 条规定了公共场所的管理者的安全保障义务，这也包括了

① 具体参见羊震：《物业服务合同履行中业主抗辩权的行使规则》，载《人民司法·应用》2017 年第 22 期，第 41－42 页。

② 参见羊震：《物业服务合同履行中业主抗辩权的行使规则》，载《人民司法·应用》2017 年第 22 期，第 43 页。

物业服务人的安全保障义务，因其对物业服务区域内的危险源较之业主具有更强控制力[①]；第 1254 条第 2 款也规定了物业服务人等建筑物管理人应当采取必要的安全保障措施防止高空抛物情形的发生，此时可能会出现物业服务人的侵权责任和违约责任的竞合。在第三人侵权的情形中尤其要注意到责任形态。《民法典》第 1198 条第 2 款规定："因第三人的行为造成他人损害的，由第三人承担侵权责任；经营者、管理者或者组织者未尽到安全保障义务的，承担相应的补充责任。经营者、管理者或者组织者承担补充责任后，可以向第三人追偿。"依据该条，物业服务人违反安全保障义务导致第三人侵权时，物业服务人应当承担相应的补充责任，并在承担责任后有权向第三人追偿。即使受损害方选择以违约责任起诉物业服务人，物业服务人所承担的责任形态也应当与侵权时的责任形态一致。[②]这体现出违约责任和侵权责任的相互影响。这种相互影响同样体现于《民法典》第 996 条的规定："因当事人一方的违约行为，损害对方人格权并造成严重精神损害，受损害方选择请求其承担违约责任的，不影响受损害方请求精神损害赔偿。"该条在物业服务人的责任中同样适用。

另外一个问题就是物业服务人的用人单位责任。《民法典》第 1191 条规定："用人单位的工作人员因执行工作任务造成他人损害的，由用人单位承担侵权责任。用人单位承担侵权责任后，可以向有故意或者重大过失的工作人员追偿。"《最高人民法院关于审理人身损害赔偿案件适用法律若干问题的解释》第 9 条也作了类似规定。司法实践中对于物业服务人的工作人员解释得比较宽泛：只要接受物业服务人之指示，围绕物业服务人的利益工作，即应当认定为其工作人员。[③] 同时，执行工作任务，按照上述司法解释第 9 条第 2 款，是指从事用人单位授权或者指示范围内的生产经营活动或者其他劳务活动；工作人员的行为超出授权范围，但其表现形式是履行职务或者与履行职务有内在联系的，也应当认定为执行工作任务。如果物业服务人的工作人员因执行工作任务造成业主或者其他使用人损害的，由物业服务人承担侵权责任，而工作人员也会被认为是物业服务

---

① 参见姚辉、段睿：《物业服务合同履行的相关法律问题研究》，载《法律适用》2010 年第 1 期，第 36－37 页。案例参见北京市第一中级人民法院（2006）一中终字第 10996 号民事判决书。

② "陈书豪诉南京武宁房地产开发有限公司、南京青和物业管理有限公司物业服务合同纠纷案"（载《最高人民法院公报》2013 年第 5 期）的民事判决书中认为：如该损失系第三人侵权所致，物业服务企业在承担违约责任后可向第三人追偿。也请参见浙江省高级人民法院民一庭《关于审理物业服务纠纷案件适用法律若干问题的意见》第 19 条第 2 款，辽宁省沈阳市中级人民法院 2004）沈中民三权终字第 36 号民事判决书。

③ 参见最高人民法院民事审判第一庭编著：《最高人民法院建筑物区分所有权、物业服务司法解释理解与适用》，北京，人民法院出版社 2009 年版，第 282 页。

人履行物业服务合同的履行辅助人。这时也会出现物业服务人之侵权责任和违约责任的竞合。

第九百四十三条

物业服务人应当定期将服务的事项、负责人员、质量要求、收费项目、收费标准、履行情况，以及维修资金使用情况、业主共有部分的经营与收益情况等以合理方式向业主公开并向业主大会、业主委员会报告。

本条主旨

本条是关于物业服务人之公开和报告义务的规定。

相关条文

《民法典》第285条　物业服务企业或者其他管理人根据业主的委托，依照本法第三编有关物业服务合同的规定管理建筑区划内的建筑物及其附属设施，接受业主的监督，并及时答复业主对物业服务情况提出的询问。

物业服务企业或者其他管理人应当执行政府依法实施的应当处置措施和其他管理措施，积极配合开展相关工作。

《物业管理条例》第6条第2款　业主在物业管理活动中，享有下列权利：……（七）监督物业服务企业履行物业服务合同；（八）对物业共用部位、共用设施设备和相关场地使用情况享有知情权和监督权；（九）监督物业共用部位、共用设施设备专项维修资金（以下简称专项维修资金）的管理和使用……

《建筑物区分所有权纠纷解释》第13条　业主请求公布、查阅下列应当向业主公开的情况和资料的，人民法院应予支持：（一）建筑物及其附属设施的维修资金的筹集、使用情况；（二）管理规约、业主大会议事规则，以及业主大会或者业主委员会的决定及会议记录；（三）物业服务合同、共有部分的使用和收益情况；（四）建筑区划内规划用于停放汽车的车位、车库的处分情况；（五）其他应当向业主公开的情况和资料。

理解与适用

一、物业服务人的公开和报告义务

（一）制度目的

在物业服务合同履行过程中，业主和物业服务人对服务信息掌握的程度不同，存在明显的信息不对称。因此，结合《民法典》第924条关于受托人报告委托事务义务的规定，本条规定了物业服务人的公开和报告义务。这有助于防止物业服务人利用信息优势损害业主的合法权益，有助于保障业主的知情权，便利业主行使监督权，维护自身权益，对物业服务作出正确评判，推进物业服务领域的市场竞争。

关于物业服务人公开和报告的内容、方式，可以在物业服务合同中明确约定，有约定的，按照约定；没有明确约定的，按照有关的规定予以确定。

（二）公开和报告的内容

物业服务人公开和报告的内容仅是涉及业主合法权益的有关信息，无须公开和报告与业主的合法权益无关的信息，否则会导致物业服务人的成本过高；同时，物业服务人所公开和报告的是物业服务的情况，而非业主的知情权所需要的所有信息，有些信息并非由物业服务人掌握，而是由业主大会、业主委员会等掌握，这些信息就并非物业服务人公开和报告的内容。为了明确物业服务人公开和报告的内容，维护业主的合法权益，降低物业服务人的成本，本条规定了物业服务人的公开和报告义务的内容，具体如下。

1. 有关物业服务合同的事项

这包括了服务的事项、负责人员、质量要求、收费项目、收费标准、履行情况等。这些都与物业服务合同相关，而且与业主的利益息息相关。例如，负责人员包括项目负责人员的基本情况和联系方式等，履行情况包括上一年度物业服务合同履行及物业服务项目收支情况、本年度物业服务项目收支预算等。

其中比较重要的是物业服务费。关于物业服务费的收费项目和收费标准，《物业管理条例》第40条规定，物业服务收费应当遵循的原则之一就是公开原则。《物业服务收费管理办法》第8条规定："物业管理企业应当按照政府价格主管部门的规定实行明码标价，在物业管理区域内的显著位置，将服务内容、服务标准以及收费项目、收费标准等有关情况进行公示。"至于物业费的具体使用和支出是否应当公开，应当区分酬金制和包干制而有不同。物业费采取酬金制方式的，《物业服务收费管理办法》第12条第2、3款规定："物业管理企业应当向业主大会或者全体业主公布物业服务资金年度预决算并每年不少于一次公布物业服务资金的收支情况。""业主或者业主大会对公布的物业服务资金年度预决算和物业服务资金的收支情况提出质询时，物业管理企业应当及时答复。"第13条规定："物业服务收费采取酬金制方式，物业管理企业或者业主大会可以按照物业服务合同约定聘请专业机构对物业服务资金年度预决算和物业服务资金的收支情况进行审计。"但是，采取包干制方式的，由于并不区分费用与报酬，故而物业服务人只需报告物业服务情况，而无须报告物业服务费用的使用情况，故《物业服务收费管理办法》并未要求公开物业服务费用的支出。

2. 维修资金使用情况

按照《住宅专项维修资金管理办法》的规定，业主大会成立前，商品住宅业主、非住宅业主交存的住宅专项维修资金，由物业所在地直辖市、市、县人民政府建设（房地产）主管部门代管；业主大会成立前，已售公有住房住宅专项维修资金，由物业所在地直辖市、市、县人民政府财政部门或者建设（房地产）主管部门负责管理；业主大会成立后，业主大会应当委托所在地一家商业银行作为本物业管理区域内住宅专项维修资金的专户管理银行，专户管理银行将该物业管理区域内业主交存的住宅专项维修资金账面余额划转至业主大会开立的住宅专项维修资金账户，并将有关账目等移交业主委员会；住宅专项维修资金划转后的账目管理单位，由业主大会决定，业主大会应当建立住宅专项维修资金管理制度；业主大会开立的住宅专项维修资金账户，应当接受所在地直辖市、市、县人民政府建设（房地产）主管部门的监督。

据此，物业服务人并不负责维修资金的管理情况，仅能提出使用建议，组织实施使用方案，持有关资料申请列支，由有关行政主管部门或者业主委员会审核同意。但是，在物业服务人组织实施的情况下，物业服务人应当将维修资金的使用情况的账目向有关行政主管部门或者业主大会、业主委员会报告、提交。之后，按照《住宅专项维修资金管理办法》第30、31条的规定，“直辖市、市、县人民政府建设（房地产）主管部门，负责管理公有住房住宅专项维修资金的部门及业主委员会，应当每年至少一次与专户管理银行核对住宅专项维修资金账目，并向业主、公有住房售房单位公布下列情况：（一）住宅专项维修资金交存、使用、增值收益和结存的总额；（二）发生列支的项目、费用和分摊情况；（三）业主、公有住房售房单位分户账中住宅专项维修资金交存、使用、增值收益和结存的金额；（四）其他有关住宅专项维修资金使用和管理的情况。”；“业主、公有住房售房单位对公布的情况有异议的，可以要求复核”；“专户管理银行应当每年至少一次向直辖市、市、县人民政府建设（房地产）主管部门，负责管理公有住房住宅专项维修资金的部门及业主委员会发送住宅专项维修资金对账单”；“直辖市、市、县建设（房地产）主管部门，负责管理公有住房住宅专项维修资金的部门及业主委员会对资金账户变化情况有异议的，可以要求专户管理银行进行复核”；“专户管理银行应当建立住宅专项维修资金查询制度，接受业主、公有住房售房单位对其分户账中住宅专项维修资金使用、增值收益和账面余额的查询”。

3. 业主共有部分的经营与收益情况

物业服务人对业主共有部分进行经营管理的，经营收益在扣除合理成本后属于业主共有，因此物业服务人应当公布和报告提交经营和收益的情况。

4. 其他与业主共同利益相关的重要事项

这里可能包括：物业服务企业的营业执照、物业服务投诉电话；收费方式；收费调价方案的表决结果；电梯、消防、监控、人防等专项设施、设备的日常维修、保养单位名称、资质、联系方式、维保方案和应急处置方案等；上一年度公共水电费用分摊情况等；其他公共收益收支情况；业主装饰装修的时间、地点等情况；物业服务合同约定的其他应当公示的信息、

（三）公开和报告的方式

公开必须采取合理方式，是否为合理方式的判断标准是是否能够使业主有机会便利地知情，是否在物业服务区域内显著位置公开。这需要在个案中区分不同的事项、所涉及的业主范围、相关法律法规的规定等作细致判断。① 例如，业主装饰装修的时间和地点等情况应当至少在业主所在楼内公开；对收费的调价方案的表决结果的公开时间应当有最低公开时间的限制②；相关账目不能过于笼统。③同时，就一些事项，物业服务人在公开之余，应当同时向业主大会、业主委员会采取合理方式报告。强调“并”不会过分增加物业服务人的成本。

公开和报告又可以区分为对常规事项的定期公开和报告，以及对重大事项的及时公开和报告。④ 对于物业服务中的一些常规事项，物业服务人应当按照约定和法律法规的规定，定期向业主公开，向业主大会或者业主委员会进行报告。例如，物业费采取酬金制的，《物业服务收费管理办法》第 12 条第 2 款规定：“物业管理企业应当向业主大会或者全体业主公布物业服务资金年度预决算并每年不少于一次公布物业服务资金的收支情况。”很多地方的物业管理办法规定，物业服务人应当于每年第一季度公示上一年度物业服务合同履行情况、物业服务项目

① “夏某等人诉上海市闸北区精文城市家园小区业主委员会业主知情权纠纷案”（载《最高人民法院公报》2011 年第 10 期）的民事判决中认为：原告……有权要求公布维修基金、公共收益账目。至于上述账目在何处公布的问题，法院认为在该小区的公告栏内张贴既能够起到公示的作用又较为便利，原告要求精文业委会将所有账目张贴于各个门牌号码前的要求，不具备合理性和必要性，亦有违经济原则，法院难以支持。

② 例如，很多地方的住宅物业管理条例规定不得少于 7 日。

③ 例如，上海市嘉定区人民法院（2011）嘉民三（民）初字第 333 号民事判决书中认为：现被告公布的 2009 年度小区支出日常维修费过于笼统，不够明确，原告要求被告公布日常维修费的项目明细属原告等业主知情的范围，故对原告的该项诉请，应予支持。

④ 参见王利明：《合同法研究》（第四卷），北京，中国人民大学出版社 2017 年版，第 165 页。

收支情况、本年度物业服务项目收支预算等。对重大事项，物业服务人应当及时地公开和报告。

就举证责任而言，如果业主就这些事项与物业服务人发生争议，物业服务人应当就已对这些事项进行公开和报告承担举证责任。

二、业主的知情权

本条的规定已经涉及业主的知情权。业主的知情权，是指业主了解建筑区划内涉及业主共有权以及共同管理权的相关事项的权利。业主知情权有助于业主共同管理权的行使，有助于监督相关主体的行为，进而维护业主的利益。因此，业主知情权是业主所享有的固有权利，业主大会、业主委员会、物业服务人不能予以限制或者取消。

对业主的知情权应当区分不同的事项而确定不同的义务主体。例如，针对管理规约、业主大会议事规则，以及业主大会或者业主委员会的决定及会议记录，业主知情权的义务主体是业主大会或者业主委员会；针对建筑区划内规划用于停放汽车的车位、车库的处分情况，针对义务主体是建设单位或者包销人。[①]

业主行使知情权的方式主要表现为业主的查阅，以及利用摄影、录像或者其他技术手段进行复制，相关义务主体负有协助义务。在查阅过程中，业主也可以聘请专业人士予以协助。如果相关义务主体不予协助，则业主可以申请强制查阅。同时，如果个别查询费时费力，业主也可以请求相关义务主体公开。业主行使知情权的方式也可以表现为质询，相关义务主体应当及时答复。例如，《民法典》第285条第1款中规定，物业服务企业或者其他管理人应当及时答复业主对物业服务情况提出的质询。《物业服务收费管理办法》第12条第3款据此规定：业主或者业主大会对公布的物业服务资金年度预决算和物业服务资金的收支情况提出质询时，物业管理企业应当及时答复。

但是，业主知情权的行使，也应当受到合理的限制，以避免损害相关义务主体的合法利益、增加相关义务主体的成本。基于比例原则，这里可以考虑以下限制的可能性。

（1）相关信息的范围。业主知情权的范围应当限于与业主的合法权益有关的信息，而不涉及与业主的合法权益无关的信息。[②]《建筑物区分所有权纠纷解释》

---

① 参见最高人民法院民事审判第一庭编著：《最高人民法院建筑物区分所有权、物业服务司法解释理解与适用》，北京，人民法院出版社2009年版，第191－192页。

② 参见最高人民法院民事审判第一庭编著：《最高人民法院建筑物区分所有权、物业服务司法解释理解与适用》，北京，人民法院出版社2009年版，第185－187页。

第13条规定："业主请求公布、查阅下列应当向业主公开的情况和资料的，人民法院应予支持：（一）建筑物及其附属设施的维修资金的筹集、使用情况；（二）管理规约、业主大会议事规则，以及业主大会或者业主委员会的决定及会议记录；（三）物业服务合同、共有部分的使用和收益情况；（四）建筑区划内规划用于停放汽车的车位、车库的处分情况；（五）其他应当向业主公开的情况和资料。"

（2）业主行使查阅权的主观目的。这里需要区分业主申请查阅的文件或者情况的性质。对于某些文件或者情况，例如管理规则或者业主大会议事规则，以及业主大会的会议记录等，业主无须证明具有正当目的即可申请查阅。对于另外一些性质的文件或者情况，需业主具有正当目的才能查阅或者了解，即业主只有具有正当的查阅目的时才能查阅。关于正当目的的判断标准是，只要业主行使查阅权获取信息与保护业主的合法权益具有直接的关系，业主的查阅目的就具有正当性。如果业主查阅是为了获取物业服务人的商业秘密而意图提供给相关竞争主体，则该目的不具有正当性。同样，如果业主是以扩展营业为目的而向业主散发广告等宣传品，也不具有正当目的。[①]

（3）保障业主知情的合理方式。相关义务主体只要能够通过合理方式使业主知情即可，业主无权请求相关义务主体采取超过保障业主知情范围的方式。[②]

第九百四十四条

业主应当按照约定向物业服务人支付物业费。物业服务人已经按照约定和有关规定提供服务的，业主不得以未接受或者无需接受相关物业服务为由拒绝支付物业费。

业主违反约定逾期不支付物业费的，物业服务人可以催告其在合理期限内支付；合理期限届满仍不支付的，物业服务人可以提起诉讼或者申请仲裁。

物业服务人不得采取停止供电、供水、供热、供燃气等方式催交物业费。

---

① 参见最高人民法院民事审判第一庭编著：《最高人民法院建筑物区分所有权、物业服务司法解释理解与适用》，北京，人民法院出版社2009年版，第192-193页。

② "夏浩鹏等人诉上海市闸北区精文城市家园小区业主委员会业主知情权纠纷案"（载《最高人民法院公报》2011年第10期）的判决书中认为：原告对于被告已公布账目中的停车费、广告费及清洗玻璃、景观灯改造、业委会值班津贴的收支情况有异议，被告精文业委会有义务提供相应的发票、清单等以便原告进行查阅、核对及复印。如需精文物业协助的，被告应督促其予以配合。鉴于原告上述权利的行使已足以保障原告对维修基金管理和使用的知情权，原告再行要求被告提供维修资金的会计账目缺乏法律依据，亦超出了业主知情权的合理范围，法院难以支持。

本条主旨

本条是关于业主支付物业费义务的规定。

相关条文

《民法典》第 273 条第 1 款　业主对建筑物专有部分以外的共有部分，享有权利，承担义务；不得以放弃权利为由不履行义务。

《物业管理条例》第 41 条　业主应当根据物业服务合同的约定交纳物业服务费用。业主与物业使用人约定由物业使用人交纳物业服务费用的，从其约定，业主负连带交纳责任。

已竣工但尚未出售或者尚未交给物业买受人的物业，物业服务费用由建设单位交纳。

第 64 条　违反物业服务合同约定，业主逾期不交纳物业服务费用的，业主委员会应当督促其限期交纳；逾期仍不交纳的，物业服务企业可以向人民法院起诉。

《物业服务纠纷解释》第 5 条　物业服务企业违反物业服务合同约定或者法律、法规、部门规章规定，擅自扩大收费范围、提高收费标准或者重复收费，业主以违规收费为由提出抗辩的，人民法院应予支持。

业主请求物业服务企业退还其已收取的违规费用的，人民法院应予支持。

第 6 条　经书面催交，业主无正当理由拒绝交纳或者在催告的合理期限内仍未交纳物业费，物业服务企业请求业主支付物业费的，人民法院应予支持。物业服务企业已经按照合同约定以及相关规定提供服务，业主仅以未享受或者无需接受相关物业服务为抗辩理由的，人民法院不予支持。

第 7 条　业主与物业的承租人、借用人或者其他物业使用人约定由物业使用人交纳物业费，物业服务企业请求业主承担连带责任的，人民法院应予支持。

理解与适用

一、业主支付物业费的义务

依据《民法典》第 939 条，物业服务合同对业主具有法律约束力。在物业服务合同中，物业服务人提供物业服务，而业主所负有的主给付义务就是向物业服务人支付物业费，因此，业主支付物业费就是基于物业服务合同，业主就负有按照物业服务合同的约定向物业服务人支付物业费的合同义务。关于物业费的标准和收取办法，在对《民法典》第 938 条的释评中已经说明，本处不赘述。以下仅对其他一些特殊问题予以阐述。

(一) 支付义务主体

既然物业服务合同对业主具有法律约束力，那么负有支付物业费义务的主体就是业主。[①] 在对《民法典》第 939 条的释评中已经说明，业主包括了以下几类：(1) 依法登记取得建筑物专有部分所有权者；(2) 即使未登记，但依据《民法典》第 229～231 条规定取得建筑物专有部分所有权者；(3) 基于与建设单位之间的商品房买卖民事法律行为，已经合法占有建筑物专有部分，但尚未依法办理所有权登记的人。除此之外，还有以下特殊的支付义务主体。

1. 建设单位

当然，如上文所述，建设单位属于上述第二类业主。这里涉及建设单位和业主支付物业费义务的时间节点，故专门论述。《物业管理条例》第 41 条第 2 款规定："已竣工但尚未出售或者尚未交给物业买受人的物业，物业服务费用由建设单位交纳。"《物业服务收费办法》第 16 条进一步规定："纳入物业管理范围的已竣工但尚未出售，或者因开发建设单位原因未按时交给物业买受人的物业，物业服务费用或者物业服务资金由开发建设单位全额交纳。"据此，建设单位因为自己原因而未将专有部分交付给买受人的，例如，不符合交付条件而通知交付，导致买受人不受领，建设单位就负有支付物业费的义务。[②] 当然，建设单位可与业主在不违反法律强制性规定的前提下，约定物业费于其他合理时点转由业主负担，但该约定因涉及义务之转移，应当经物业服务人确认并同意，才对物业服务人产生约束力。[③]

2. 物业承租人、借用人或者其他物业使用人

《物业管理条例》第 41 条第 1 款规定："业主应当根据物业服务合同的约定交纳物业服务费用。业主与物业使用人约定由物业使用人交纳物业服务费用的，从其约定，业主负连带交纳责任。"《物业服务纠纷解释》第 7 条据此规定：业主与物业的承租人、借用人或者其他物业使用人约定由物业使用人交纳物业费，物

---

① 无锡市春江花园业主委员会诉上海陆家嘴物业管理有限公司等物业管理纠纷案（载《最高人民法院公报》2010 年第 5 期）的判决书中认为：业主委员会代表全体业主向物业公司主张的物业收益分配，债权债务双方当事人系业主委员会和物业公司，而物业公司主张用于抵消的部分业主所欠物业管理费债权人虽然是物业公司，但债务人系部分业主，而非业主委员会，也非全体业主。因此，两个债权债务关系的主体不同，因此，物业公司不得就此主张抵销。

② 另外，《建筑物区分所有权纠纷解释》第 17 条规定：本解释所称建设单位，包括包销期满，按照包销合同约定的包销价格购买尚未销售的物业后，以自己名义对外销售的包销人。

③ 参见福建省厦门市海沧区人民法院（2012）海民初字第 438 号民事判决书。

业服务企业请求业主承担连带责任的，人民法院应予支持。这里所谓的物业使用人，应当是指经过业主同意而有权使用物业的人，不应当包括未经业主同意而使用物业的人；包括承租人、借用人等他主占有人，也包括与业主订立了房屋买合同、已经交付房屋但未取得房屋所有权人的买受人。

物业服务合同对业主具有约束力，但是，物业使用人并非物业服务合同的当事人，因此，物业使用人并不当然负有支付物业费的义务。如果物业使用人与业主关于支付物业费的义务没有约定，或者明确约定由业主支付物业费，那么业主当然是支付物业费的义务主体，物业使用人并非物业费的义务主体。如果业主与物业使用人明确约定由物业使用人支付物业费，则业主不再支付物业费。若这经过了物业服务人的明确同意，则可以认为《民法典》是第551条所规定的债务转移。此时，物业服务人仅能请求物业使用人支付物业费，而无权请求业主支付物业费。

最为困难也最为常见的情形是，业主与物业使用人明确约定由物业使用人支付物业费，且未经物业服务人同意的情形；或者虽然明确约定由物业使用人支付物业费，但并未约定业主不再支付物业费。此时，不能对物业服务人增加不利，业主不能轻易摆脱支付物业费的义务。此可以被理解为《民法典》第552条所规定的债务加入。其正当性在于，物业使用人支付物业费的义务在于其意思表示，且其实际享受了物业服务，而业主仍然负有支付物业费的连带责任是因为物业服务合同的约定。[①] 因此，将之理解为债务加入，对物业使用人和业主的利益并无损失，因为他们本来就负有支付的义务，仅仅是支付的对象不同而已，同时对物业服务人更为有利。

如果将之理解为债务加入，那么业主和物业使用人就支付物业费负有连带债务，但连带债务的范围和金额应当受到物业服务合同和业主与物业使用人之约定的双重限制。[②] 即使业主和物业使用人之间约定仅物业使用人支付物业费，这种约定也并不能对抗物业服务人，他们对物业服务人仍然应当承担连带债务，仅仅是业主在承担了连带债务后有权按照约定向物业使用人追偿。此时应当适用《民法典》第552条及以下条文关于债务加入的规则，同时也要适用《民法典》第518条及以下条文关于连带债务的一般规则。例如，物业使用人可以依据《民法

① 参见最高人民法院民事审判第一庭编著：《最高人民法院建筑物区分所有权、物业服务司法解释理解与适用》，北京，人民法院出版社2009年版，第317-318页；施建红：《未实际占有物业业主无拒付物业费但享有收益权的抗辩权》，载《人民司法·案例》2016年第35期。

② 参见最高人民法院民事审判第一庭编著：《最高人民法院建筑物区分所有权、物业服务司法解释理解与适用》，北京，人民法院出版社2009年版，第319-320页。

典》第553条的规定，主张业主对物业服务人的合法抗辩。但是，物业使用人因为业主违反其与自己订立的合同而对业主享有抗辩权的，是否可以向物业服务人主张该抗辩？考虑到物业服务合同的特殊情形，物业服务人仍可以请求业主支付物业费，其利益仍然能够得到保障，故应当允许物业使用人提出此等抗辩，除非物业服务人和物业使用人另有约定。[①]

3. 物业继受人

物业继受人对其成为业主后的物业费自然负有支付义务。《物业服务收费管理办法》第15条第3款规定："物业发生产权转移时，业主或者物业使用人应当结清物业服务费用或者物业服务资金。"但是，原业主拖欠物业服务人物业费时，物业继受人是否负有支付义务？一种观点认为，新业主所继受的是法律或者规约所规定的义务，例如规约所订缴纳物业费的义务，而非积欠的义务，后者属于原业主的个人债务。[②] 另一种观点认为：继受人于继受区分所有权之前有义务向物业服务人查询其前手物业费之交纳情况，如若物业服务人不能够向继受人主张，而物业又已经转入继承人名下，则追缴物业费将更难实现，最终会损害其他业主的利益。因而应当突破物权和债权的区分，从公平的角度出发，承认继受人需要继受其前手所拖欠的物业费缴纳义务。[③] 此时，可以区分新业主是否知道或者应当知道原业主拖欠物业费，如果新业主知道或者应当知道，则其对原业主拖欠的物业费负有支付义务。这可以督促新业主在签订和履行合同时了解相关情况并作出相应安排。此时类似于"物上债务"。当然，新业主可以依据其与原业主之间的合同请求原业主承担违约责任。

业主死亡时，应区分不同情况。第一，诉争的欠费发生在业主死亡之前的，欠付的物业费属于业主生前债务，由业主之遗产的继承人或者受遗赠人负责清偿，清偿债务以遗产的实际价值为限。超过遗产实际价值的部分，继承人自愿偿还的，不在此限。第二，诉争的欠费发生在业主死亡之后的，欠付的物业费属于继承房产的继承人或者接受遗赠的受遗赠人的债务，由继承房产的继承人或者接受遗赠的受遗赠人负责清偿。第三，诉争的欠费部分发生在业主死亡之前、部分发生在业主死亡之后的，以业主死亡的时间为分界点确定欠费的清偿义务人。第四，业主的继承人或者受遗赠人在2人以上，且均不放弃继承权或者均表示接受

---

① 参见最高人民法院民事审判第一庭编著：《最高人民法院建筑物区分所有权、物业服务司法解释理解与适用》，北京，人民法院出版社2009年版，第322－323页。

② 参见陈佳：《物业服务合同中的物业费请求权研究》，载《河北法学》2010年第5期，第58－59页。

③ 参见王利明：《合同法研究》（第四卷），北京，中国人民大学出版社2017年版，第168页；谢哲胜：《公寓管理费缴纳义务的继受》，载《月旦法学教室》第37期，第13页。

遗赠，但继承人或者受遗赠人之间尚未就遗产如何处理达成一致意见的，鉴于继承人或者受遗赠人各自的继承份额或者受遗赠份额尚未确定，所欠物业费可由所有继承人或者受遗赠人共同负担。在继承人或受遗赠人各自的继承份额或者受遗赠份额确定后，如果其中某个人对物业服务人承担的责任超出其应承担的份额的，可以向其他连带责任人追偿。

（二）未上市“房改房”物业费的支付主体

此时，应当审查物业服务人与“房改房”购房人、按“房改”政策出售公有住宅的单位之间对物业费的负担是否有约定：有约定的，按照约定处理。没有约定的，对于未上市“房改房”在相关政策实施之前的物业费，仍按照之前政策的规定，物业费支付主体不因换房、继承等原因而变更。但对于购房人因辞职等原因已不在原单位工作，国有企业因改制等原因已无法继续负担或报销职工的物业费等情况，基于权利、义务相一致的原则及公平原则，物业费应当由个人负担。但是，目前，很多省（市、自治区）规定了“房改房”物业费改革的政策，基本遵循了物业服务社会化、商品化、货币化的改革方向，规定单位不再支付而由个人支付物业费。

以北京市为例：根据2006年《北京市建设委员会关于按房改政策出售公有住房和安居（康居）住房物业服务费缴纳问题的通知》，在《北京市物业服务收费管理办法（试行）》实施前，按“房改”政策出售公有住宅的单位、购买安居（康居）住宅的职工所在单位和“房改房”、安居（康居）购房人，仍应按照该办法实施前的物业服务费用水平各自承担相应的物业服务费用缴纳义务，即物业服务收费水平和物业服务费用缴纳责任主体维持不变。根据《关于在京中央和国家机关职工住宅区物业管理和供热采暖改革的意见》（以下简称〔2014〕504号文）的规定，建立住房物业服务、采暖补贴制度，在京中央和国家机关、中央和国家机关各部门所属其他在京事业单位、在京中央企业所属事业单位，不再交纳或者报销职工的物业服务、采暖费。2015年《关于北京市机关事业单位物业服务改革有关问题的通知》指出，建立职工住房物业服务补贴制度，自2015年1月1日起，本市机关、事业单位不再承担按“房改”政策出售公有住房的物业服务费，由职工与物业服务企业签订物业服务合同，自行交纳，机关、事业单位同时按月向职工发放物业服务补贴。对于国有企业等单位“房改房”物业费的负担问题，2015年4月发布的《关于在京中央和国家机关职工住宅区物业管理和供热采暖改革有关问题的通知》就〔2014〕504号文的适用范围指出：在京中央企业所属事业单位人员适用〔2014〕504号文；在京中央事业单位转企改制后，在编在职职工执行企业相关政策；转企改制前人员经费由财政负担的离退休人员适用〔2014〕504号文。因此，对于国有企业等单位“房改房”的物业费，应坚持物业服务社会化、商品化、货币化的改革方向，由个人负担。

二、业主支付物业费的抗辩事由

（一）未接受或者无须接受相关物业服务不能作为抗辩事由

首先，业主不得以未接受相关物业服务为由抗辩。在实践中，空置房的业主经常以其未入住小区、未享受物业服务为由拒交物业费；有的业主以其长期出差、出国为由，主张未享受物业服务而拒交物业费；也有业主以其未享受物业服务人提供的某项服务，如小区临时停车服务、信件或报纸递送服务等为由拒交物业费。[①] 本条第1款规定，业主不得以未接受相关物业服务为由抗辩。

其次，业主不得以无须接受或者放弃相关物业服务为由抗辩。业主不得以不乘电梯、无须保洁或安保为由而拒绝缴纳电梯使用费、保洁费等物业费，也不得以无须享受小区提供的公共健身与娱乐设施服务为由，拒交物业服务人因管理这些公共设施所支出的费用；同样，也不得以放弃一些权利为由拒绝支付物业费。《民法典》第273条第1款就明确规定，业主不得以放弃权利为由不履行义务。

之所以如此规定，原因在于：第一，物业服务人并未违约；第二，对共有部分的管理和利用由全体建筑物区分所有权人以团体意思决议，而不能以单个区分所有权人的个体意思为准，各个区分所有权人之间不再是简单的财产共有关系，而是相互依存、相互协助的共同生活关系。[②]

（二）物业服务人未按照约定和有关规定提供服务为抗辩事由

首先，抗辩所涉事由属于物业服务人所提供物业服务的内容。有的业主提出的抗辩事由，如房屋质量存在问题或者供暖温度不达标，属于房屋买卖合同或者供用热力合同法律关系范畴，并非物业服务人所提供物业服务的内容，故这些抗辩事由不构成拒绝交纳或者要求减少交纳物业费的合法抗辩。例如，《物业管理条例》第31条规定："建设单位应当按照国家规定的保修期限和保修范围，承担物业的保修责任。"第51条第1款规定："供水、供电、供气、供热、通信、有线电视等单位，应当依法承担物业管理区域内相关管线和设施设备维修、养护的责任。"这些都不属于物业服务人提供物业服务的范围。但是，《物业管理条例》第44条规定，物业管理区域内，供水、供电、供气、供热、通信、有线电视等单位应当向最终用户收取有关费用；同时，物业服务人可以接受委托代收。如果

---

① 参见熊进光：《物业服务合同抗辩权的行使与限制》，载《现代法学》2010年第3期，第172页。

② 参见最高人民法院民事审判第一庭编著：《最高人民法院建筑物区分所有权、物业服务司法解释理解与适用》，北京，人民法院出版社2009年版，第310-311页；王利明：《合同法研究》（第四卷），北京，中国人民大学出版社2017年版，第177页。

物业服务人与电、水、气、热等的供应部门因代收代缴发生争议，致使供应部门停止电、水、气、热等的供应，给业主造成损失的，业主有权请求供应部门履行义务并赔偿损失，也有权选择要求物业服务人履行合同义务、赔偿损失，并拒绝支付相应的物业费；物业服务人承担赔偿责任后，认为自己没有过错的，有权向有关责任人追偿。[①] 同时，《物业管理条例》第 43 条规定："物业服务企业可以根据业主的委托提供物业服务合同约定以外的服务项目，服务报酬由双方约定。"这意味着，物业服务合同约定内容以外的服务项目，需要业主和物业服务人在物业服务合同之外约定，业主不能以该服务项目未按照约定提供为由拒交物业费。

其次，业主拒交物业费的此种抗辩必须有正当理由。小区业主常以物业服务人未全面履行提供物业服务的义务或者提供的物业服务不达标，如小区车辆乱停乱放而无人管理，绿化带被其他业主用来种菜而无人制止，小区垃圾未及时清理，保安擅离岗位或值班时睡觉，共有部分未予及时维修等为由拒交物业费。在物业服务合同中，如同在《民法典》第 942 条中所作论述，认定物业服务人是否按照约定和有关规定提供了物业服务，存在诸多难点。业主人数众多，其对物业服务人是否履行了义务常有"以偏概全"的问题[②]，如果业主任意地以此为由拒交物业费，将会使物业服务人失去收入来源，经营困难，最终导致服务质量降低，妨害物业服务人的正常经营，由此损害小区环境，妨害业主的正常生活。[③]此时应当对业主的此种抗辩予以细致认定。

基于《民法典》第 525 条及以下条文所产生的履行抗辩权以义务之间具有对价关系为前提，而对价关系的判定需要在个案中结合诚信原则进行。业主以物业服务人未按照约定和有关规定提供服务作为抗辩事由、行使履行抗辩权，应当以双方的义务之间具有符合诚信原则的对价关系为前提。据此，《物业服务纠纷解释》第 6 条规定，业主行使抗辩权必须以具有"正当理由"为前提，这限定在物业服务人不履行物业服务合同，或者履行合同有重大瑕疵，或者业主不交物业费具有其他正当的、合理的理由。[④] 至于具体的举证责任在对《民法典》第 942 条

---

① 参见《北京市高级人民法院关于审理物业管理纠纷案件的意见（试行）》第 29 条。

② "杭州钱塘物业管理有限公司诉王林风物业服务合同纠纷案"（载《人民法院案例选》2015 年第 4 期）的判决书中认为：物业服务的对象系小区全体业主，个别业主对物业服务合同履行所持异议不能代表全体业主的意见，不足以作为个别业主不缴纳物业费的合理理由。

③ 参见熊进光：《物业服务合同抗辩权的行使与限制》，载《现代法学》2010 年第 3 期，第 171 页。

④ 参见最高人民法院民事审判第一庭编著：《最高人民法院建筑物区分所有权、物业服务司法解释理解与适用》，北京，人民法院出版社 2009 年版，第 310 页；姚辉、段睿：《物业服务合同履行的相关法律问题研究》，载《法律适用》2010 年第 1 期，第 39 页。相关案例，"厦门市创优物业管理有限公司诉庄建平物业服务合同纠纷案"，载《人民法院案例选》2013 年第 1 期。

的释评中已经阐述。

如果物业服务人对于基本的物业服务都难以提供，或者物业服务人提供服务的项目和质量与合同约定的标准差距明显，一般可以认定为物业服人履行义务未达标并且构成根本违约，此时业主可以拒付或者要求减少交纳物业费。[①] 如果物业服务人已经提供物业服务，仅仅是在服务的某些环节、个别区域做得不够好，存在一般瑕疵，例如少量照明设备损坏、电梯偶尔无法正常运行，那么，并不构成根本性违约，因而不足以成为业主拒交全部物业费的合法理由，但可以成为判定物业服务人减收相应物业费的依据，也即业主以物业服务人违约为由依据《民法典》第582条请求“减少价款或者报酬”[②]。

但是，是否酌减物业费，应当针对当事人诉争的物业服务事项，根据双方举证质证情况，将物业服务人提供服务的实际情况与物业服务合同所约定的服务标准进行对照。对于物业服务存在瑕疵但情节明显轻微的，不宜直接扣减物业费；对于物业服务质量与合同约定差距明显且属长期持续状态的，应当适当酌减物业费。

如果物业费是分不同项目收取的，则业主仅能就物业服务人未尽职责部分的费用行使抗辩权，而不能以拒交全部物业费的方式行使抗辩权。在物业服务人拒收部分物业费的除外实践中，常见的应予酌减物业费的情形主要有：(1) 物业服务人对于小区共用部位、共用设施设备没有尽到日常维护的义务；(2) 小区绿化情况明显达不到合同约定的绿地养护标准；(3) 对于公共区域的秩序未予维护，对公共财产未能尽到必要的注意义务；(4) 对于电梯的养护、运行、维护没有尽到义务等。但是，如果物业服务人没有按照规定公开物业费收支情况，侵害了业主的知情权，业主可以要求物业服务人予以公开，但业主以此为由要求减少物业费，一般不会得到支持。

同时，在酌减物业费时，应当尽量明确酌减比例的参考标准。目前已经有相关的地方性法规或标准对于物业服务质量的评价体系作出了规定，审判实践中可以予以参照。如《南京市普通住宅物业服务等级和收费标准》将南京市普通住宅物业服务项目根据服务内容、服务要求和设施设备配置等情况分为五项，分别是综合管理服务，公共区域秩序维护服务，公共区域清洁卫生服务，公共区域绿化日常养护服务，共用部位、共用设施设备的日常运行、保养、维修服务。该标准

① 参见张永：《物业服务瑕疵程度的认定》，载《人民司法·应用》2016年第23期，第52页。

② 最高人民法院民事审判第一庭编著：《最高人民法院建筑物区分所有权、物业服务司法解释理解与适用》，北京，人民法院出版社2009年版，第314页。

前四项分别被划分为五个服务等级（从一级至五级，服务标准从低到高），每个等级对应一个收费标准；第五项分为 9 个子项，各子项根据具体情况分为三类（从一类至三类，服务标准从低到高）或不分类，每一个类别对应一个收费标准。若物业服务人的收费系某级某类标准，则当物业服务人提供某项服务出现重大瑕疵时，可以相应地扣减该类别服务所占比例的费用。①

（三）物业服务人违规收费为抗辩事由

关于物业费的标准，在《民法典》第 938 条的释评中已经论述，《物业管理条例》和《物业服务收费管理办法》已经作出了明确的规定。物业服务人的收费依据，包括法律、行政法规、地方性法规以及部门规章，但是，地方政府规章无权对物业费的收取标准作出规定。如果物业服务人违反物业服务合同的约定或者法律、法规、部门规章的规定，擅自扩大收费范围、提高收费标准或者重复收费的，按照《物业服务纠纷解释》第 5 条的明确规定，业主有权以违规收费为由提出抗辩，同时，也有权请求物业服务人退还其已收取的违规费用。例如，《物业管理条例》第 44 条第 2 款规定，“物业服务企业接受委托代收前款费用的，不得向业主收取手续费等额外费用”。同时，《物业服务收费管理办法》第 17 条中规定，物业服务企业可以向委托单位收取手续费。再如，如果公共费用分摊不合理致使部分业主拒绝交费，应按相关规定在合理确定各业主应摊费用的基础上，确定其费用；如业主多支付了应摊费用，物业服务人应予返还。②

审判实践中，关于个案中能否启动物业费标准的评估并将评估报告作为法院审查认定物业费标准的依据，存在不同的认识。有的观点认为：第一，审判实践中往往是物业服务人与个别业主之间存在物业费纠纷，在个案中当事人提出评估申请，法院委托进行评估的，该评估结论只对个案的业主和物业服务人具有约束力。其他业主未进入诉讼，无法就物业费标准问题陈述意见，故该评估结论对其他业主没有约束力，否则，会剥夺其他业主的程序权利。第二，其他业主可能事实上按照其他物业费标准向物业服务人交纳了物业费，与个案评估报告确定的物业费标准不同，可能引发同小区出现新的诉讼，社会效果不好。但也有观点认

---

① 参见羊震：《物业服务合同履行中业主抗辩权的行使规则》，载《人民司法·应用》2017 年第 22 期，第 43 页。上海市高级人民法院民一庭《关于审理物业管理纠纷案件有关问题的解答》第 15 条中规定：如果物业管理费用是分不同项目收取的，则业主仅能就物业管理企业未尽职责部分的费用行使抗辩权，而不能以拒交全部物业管理费用的方式行使抗辩权。但物业管理企业拒收部分物业管理费的除外。

② “海安天宝物业有限公司诉徐培术、袁丽丽物业服务合同纠纷案”（载《人民司法·案例》2018 年第 29 期）的判决书中认为：物业服务企业基于物业服务合同对小区停车位进行管理是应尽的合同义务，不因管理行为当然获得收取停车费的权利。如其收费既无物业服务合同依据，又无停车位权利人的授权，业主以其擅自扩大收费范围、违规收费为由抗辩的，人民法院应予支持。

为：第一，评估报告可以作为认定市场价格的重要依据，审判实践中可以适用。第二，物业服务具有公共性，面向的是不特定的多数业主，虽然是在个案中评估物业费标准，但评估的是物业服务人对全体业主而非诉讼中的个别业主所提供物业服务的情况，故除非其他业主有特殊情况，否则个案评估的物业费标准应当对其他业主也具有约束力。第三，如果部分业主已经按照不同的物业费标准向物业服务人支付了物业费，那这是部分业主与物业服务人就二者之间私权利的处分，具有相对性，对其他业主没有法律约束力，也不能否定评估报告中关于物业费标准的评估结论。考虑到纠纷的解决，可以认为，在个案中可以依法启动物业费标准的评估程序，至于评估结论能否作为该案或者同小区其他案件中认定物业费标准的依据，应注意审查案件中的证据情况。如果当事人提出反驳证据或者理由的，法院应当按照证据规则予以审查。①

物业服务人要调整物业费收费标准的，此时应当属于《民法典》第 278 条规定的“有关共有和共同管理权利的其他重大事项”，应当由业主依据第 278 条的表决程序共同决定。物业费调整经过业主表决的法定程序形成决议后，该决议可以作为法院确定新的物业费标准的依据，法院可据此依法予以确认并支持物业服务人按照调整后的价格收取物业费的诉讼请求。但是，不能根据物业服务人通过与符合法定人数的业主分别签订合同确认调价或者符合法定人数的业主按照调价后的标准实际交纳物业费的行为，直接推定调价成立，并据此认定调价对全体业主具有法律约束力。

三、业主违反支付物业费义务的违约责任

（一）催告为前置程序

在物业服务合同中，业主的主给付义务就是支付物业费。当业主无正当理由而不履行该义务或者履行该义务不符合约定时，依据《民法典》第 577 条的规定，业主应当承担继续履行、赔偿损失等违约责任。

根据本条第 2 款的规定，业主违反约定逾期不支付物业费的，物业服务人可以催告其在合理期限内支付；合理期限届满仍不支付的，物业服务人才可以提起诉讼或者申请仲裁。这是将物业服务人的催告作为提起诉讼或者申请仲裁的前置程序。这是基于现实情况所作出的规定。业主之所以不支付物业费，原因多种多样，并不能就此断定业主具有逃避债务的恶意。现实中一个常见的原因是，业主并未在物业服务区域居住，或者忘记支付。因此，将物业服务人的催告作为前置

① 具体参见《北京市第二中级法院关于物业服务合同纠纷案件审判实务问题的调研报告》，微信公众号“北京审判”2017 年 6 月 26 日发布。

程序，可以为业主和物业服务人提供沟通机会，给业主一定的宽限期，有助于减少诉讼或者仲裁。[①] 据此，《物业服务纠纷解释》第6条采取了同样的态度。《物业管理条例》第64条也规定："违反物业服务合同约定，业主逾期不交纳物业服务费用的，业主委员会应当督促其限期交纳；逾期仍不交纳的，物业服务企业可以向人民法院起诉。"该条将催告主体规定为业主委员会，认为支付物业费是业主对业主团体的义务。这符合法理。但是，实践中业主自治并不充分，且物业服务合同约束物业服务人和业主，物业服务人与物业费的收取具有更为直接密切的关系，因此，同时赋予物业服务人催告权符合实际情况。

关于催告的形式，《物业服务纠纷解释》第6条限制于书面催告，但本条不限于书面催告。采书面形式当然更有利于举证，传真、书面公告、电子邮件等都是书面形式，但是，上门催交、电话催交也未尝不可。催交也应当具有合理性，例如，书面公告应当在不能联系到业主时方可使用，并且应当在物业服务区域内显著位置公示。[②] 催交也应当给予业主合理的期限。

这同时意味着，物业服务人只能采取催告的方式催交，而不得采取停止供应电、水、气、热力、通讯、有线电视等方式催交。本条第3款规定：物业服务人不得采取停止供电、供水、供热、供燃气等方式催交物业费。以供电为例：供电合同的双方当事人是供电人和用电人，物业服务人并非供电合同的当事人。依据《民法典》第654条第1款，用电人经催告在合理期限内仍不支付电费和违约金的，供电人可以按照国家规定的程序中止供电。这意味着，中止供电的权利人是供电人而非物业服务人。即使供电人委托物业服务人代收电费，也并未改变这一点。即使物业服务合同中约定，在业主不支付物业费的情况下，物业服务人有中止供电的权利，这一约定也是无效的。因此，物业服务人采取停止供应电、水、气、热等方式催交物业费，给业主造成损失的，业主可以要求物业服务人承担赔偿责任。[③]

---

① 参见最高人民法院民事审判第一庭编著：《最高人民法院建筑物区分所有权、物业服务司法解释理解与适用》，北京，人民法院出版社2009年版，第312页。附带说明，该书第307页似乎认为催告并非前置程序，与后文的论述有所矛盾。

② 参见最高人民法院民事审判第一庭编著：《最高人民法院建筑物区分所有权、物业服务司法解释理解与适用》，北京，人民法院出版社2009年版，第313页。浙江省高级人民法院民一庭《关于审理物业服务纠纷案件适用法律若干问题的意见》第16条第2款规定：物业服务人向欠费业主送达催交通知书，应当采取直接送达、邮寄送达、留置送达的方式；仍不能送达的，可以采取在欠费业主物业门口和小区内张贴公告的方式送达。

③ 最高人民法院民事审判第一庭编著：《最高人民法院建筑物区分所有权、物业服务司法解释理解与适用》，北京，人民法院出版社2009年版，第297-298页；《北京市高级人民法院关于审理物业管理纠纷案件的意见（试行）》第28条、江苏省高级人民法院《关于审理物业服务合同纠纷案件若干问题的意见》第8条。

实践中，也存在物业服务人以停止向业主提供公共服务的方式催交，例如拒绝为业主办理门禁卡、限制业主使用电梯等。① 业主对共有部分享有权利，持有门禁卡、使用电梯是业主的共有权利的一部分，物业服务人无权予以剥夺，否则就是侵犯了业主的共有权，业主有权依据《民法典》第 287 条的规定，请求物业服务人承担停止侵害、排除妨碍、赔偿损失等民事责任。物业服务人采取暴力威胁的方式催交的，更是侵犯了业主的人身权。②

（二）业主的违约责任

违约责任的承担主体是业主，而非业主大会或者业主委员会。经过催告，业主在催告确定的合理期限或者其他合理期限内仍不履行支付义务，或者在合理期限届满前明确表示或者以自己的行为表明不履行支付义务的，物业服务人可以提起诉讼或者申请仲裁，请求业主继续履行支付义务、赔偿损失。在此适用违约责任的一般规定。

首先，依据《民法典》第 579 条，业主应当继续履行支付物业费的义务。金钱债务并无不能继续履行的情形。

其次，业主应当赔偿损失。如果物业服务合同中约定了迟延违约金，实践中通常称之为“滞纳金”，则物业服务人有权请求业主支付违约金，业主支付违约金后，仍然应当支付欠缴的物业费。同时，适用《民法典》第 585 条第 2 款规定的违约金调整规则。③ 在未约定迟延违约金的情况下，业主也应当就支付逾期付款承担赔偿责任，即承担迟延履行的赔偿责任。按照新的司法政策，关于赔偿的标准可以考虑全国银行间同业拆借中心公布的贷款市场报价利率（LPR）。同时，应当从合理期限届满时而非从不支付时开始计算。

根据本条规定，物业服务人请求的方式是提起诉讼或者申请仲裁。提起诉讼，也包括依据《民事诉讼法》第 214 条及以下条文所规定的督促程序申请支付令。如果业主对债权债务关系没有异议，仅对清偿能力、清偿期限、清偿方式等提出异议的，不影响支付令的效力。

---

①　江苏省高级人民法院《关于审理物业服务合同纠纷案件若干问题的意见》第 7 条规定：物业服务人以业主未给付物业服务费用为由，拒绝履行物业服务合同的，人民法院不予支持。但业主拖欠物业服务费用造成物业服务人不能正常运营的除外。

②　这也反映出我国法律对支付物业费的特殊保障制度的欠缺，例如不动产优先权、强制出让等。参见王利明：《合同法研究》（第四卷），北京，中国人民大学出版社 2017 年版，第 178－179 页；熊进光：《物业服务合同抗辩权的行使与限制》，载《现代法学》2010 年第 3 期，第 173－174 页。

③　参见《北京市高级人民法院关于审理物业管理纠纷案件的意见（试行）》第 25 条、浙江省高级人民法院民一庭《关于审理物业服务纠纷案件适用法律若干问题的意见》第 18 条、江苏省高级人民法院《关于审理物业服务合同纠纷案件若干问题的意见》第 9 条。

（三）诉讼时效

物业服务人请求业主支付物业费的权利属于普通的请求权，且不属于《民法典》第 196 条规定的不适用诉讼时效的请求权，故适用 3 年的诉讼时效期间。关于其诉讼时效的起算点，存在不同观点。一种观点认为，应当适用《民法典》第 189 条的规定，即“当事人约定同一债务分期履行的，诉讼时效期间自最后一期履行期限届满之日起计算”①。另一种观点认为，支付物业费并非同一债务的分期履行，诉讼时效应当分别计算，从该笔物业费的支付期限届满之日起计算。②第 189 条的规定仅适用于分期给付合同，即给付的范围已事先确定，故是同一债务，仅仅是履行方式是分期分批而已，故而不能当然适用于继续性合同中的持续性给付和重复给付。基于物业服务合同中的支付物业费属于继续性合同产生的给付义务，给付的范围由时间决定，故不适用《民法典》第 189 条。故应以后一种观点为妥，不应一概从最后一期的履行期限届满之日起计算，而应当分别审查各期物业费的诉讼时效期间的起算点。同时，《民法典》第 195 条规定的诉讼时效中断的规则有助于保护物业服务人的利益。例如，物业服务人能够提供一定的证据证明其在诉讼时效期间，以电话、张贴公告、邮寄信件等方式向业主催交物业费，即构成“权利人向义务人提出履行请求”，就可以导致诉讼时效的中断。③

第九百四十五条

业主装饰装修房屋的，应当事先告知物业服务人，遵守物业服务人提示的合理注意事项，并配合其进行必要的现场检查。

业主转让、出租物业专有部分、设立居住权或者依法改变共有部分用途的，应当及时将相关情况告知物业服务人。

本条主旨

本条是关于业主有告知和协助义务的规定。

---

① 江苏省高级人民法院《关于审理物业服务合同纠纷案件若干问题的意见》第 15 条，江苏省南京市浦口区人民法院（2017）苏 0111 民初 6398 号民事判决书。

② 参见浙江省高级人民法院（2017）浙民申 1005 号民事裁定书、广东省高级人民法院（2018）粤民申 12390 号民事裁定书、辽宁省大连市中级人民法院（2017）辽 02 民终 9092 号民事判决书、重庆市渝中区人民法院（2018）渝 0103 民初 28402 号民事判决书。

③ 《北京市高级人民法院关于审理物业管理纠纷案件的意见（试行）》第 26 条规定：审理追索物业服务费案件，应依照现行法律关于诉讼时效的规定。但在适用诉讼时效时不宜过苛，除物业管理企业明显怠于行使权利的，可认定其在持续主张权利。

相关条文

《物业管理条例》第 49 条　物业管理区域内按照规划建设的公共建筑和共用设施，不得改变用途。

业主依法确需改变公共建筑和共用设施用途的，应当在依法办理有关手续后告知物业服务企业；物业服务企业确需改变公共建筑和共用设施用途的，应当提请业主大会讨论决定同意后，由业主依法办理有关手续。

第 52 条　业主需要装饰装修房屋的，应当事先告知物业服务企业。

物业服务企业应当将房屋装饰装修中的禁止行为和注意事项告知业主。

理解与适用

一、业主装饰装修房屋的告知和协助义务

对物业的装饰装修是业主行使专有部分所有权的一种方式，但是，装饰装修对其他业主的利益会产生直接影响：不适当的装饰装修会危及建筑物的安全，妨碍物业服务人妥善提供物业服务，危害其他业主的利益，例如，物业装饰装修损害承重结构，产生噪音，导致天花板漏水致其他业主遭受损失等。物业服务人对业主的装饰装修活动应当进行适度的管理、指导、监督，防止损害业主团体和其他业主的合法权益。这是物业服务人履行物业服务合同，实现对“物”有效管理、维护的必然要求。因此，本条第 1 款对业主的装饰装修行为予以特别规定，吸收《物业管理条例》第 52 条的规定，使业主负有告知和协助义务。

首先，业主应当事先告知物业服务人。业主进行装饰装修活动的，应当及时将相关情况告知物业服务人，以便物业服务人采取适当措施。《物业管理条例》第 52 条第 1 款对此作了明确规定。业主违反了该告知义务的，物业服务人有权制止业主的装饰装修行为。《住宅室内装饰装修管理办法》第 15 条第 2 款还进一步规定：“装修人对住宅进行装饰装修前，应当告知邻里。”

其次，遵守物业服务人提示的合理注意事项的义务。《物业管理条例》第 52 条第 2 款规定：“物业服务企业应当将房屋装饰装修中的禁止行为和注意事项告知业主。”例如，物业服务人应告知业主建筑物的承重墙、管道及电线线路等，防止业主因不知情而实施了损害业主共同利益的行为。《住宅室内装饰装修管理办法》第 16 条第 1 款进一步规定，装修人，或者装修人和装饰装修企业，应当与物业服务人签订住宅室内装饰装修管理服务协议。但是，业主的遵守义务以物业服务人提供的注意事项是合理的作为前提。在实践中，部分物业服务人对业主

装修收取过高的管理费、押金，或者设置其他不合理的限制条件。这不合理地侵害了业主对专有部分的权利，业主对此并无遵守义务。例如，《住宅室内装饰装修管理办法》第19条规定："禁止物业管理单位向装修人指派装饰装修企业或者强行推销装饰装修材料。"例如，物业服务人以业主必须与物业服务人指派的装饰装修企业订立合同作为前提条件，就是不合理的，业主可以依据《民法典》第287条请求物业服务人承担民事责任。

业主对物业服务人提示的合理注意事项应当遵守，避免实施损害业主共同利益和妨碍物业服务人妥善提供物业服务的行为。例如，《住宅室内装饰装修管理办法》第5条第1款规定："住宅室内装饰装修活动，禁止下列行为：（一）未经原设计单位或者具有相应资质等级的设计单位提出设计方案，变动建筑主体和承重结构；（二）将没有防水要求的房间或者阳台改为卫生间、厨房间；（三）扩大承重墙上原有的门窗尺寸，拆除连接阳台的砖、混凝土墙体；（四）损坏房屋原有节能设施，降低节能效果；（五）其他影响建筑结构和使用安全的行为。"第6条第1款规定："装修人从事住宅室内装饰装修活动，未经批准，不得有下列行为：（一）搭建建筑物、构筑物；（二）改变住宅外立面，在非承重外墙上开门、窗；（三）拆改供暖管道和设施；（四）拆改燃气管道和设施。"同时，物业服务人往往会对装修期间频繁的人员进出进行管理，对装修材料的质量进行检查，并且对装修行为的合法性进行核实登记，等等。此不仅是物业服务人的义务，亦是其权利，业主应当遵守和配合。

最后，配合物业服务人进行必要的现场检查的义务。为了确保建筑物的安全，物业服务人有权对装饰装修活动进行必要的现场监督、检查，以便及时发现和制止不当行为。在此过程中，业主应当积极协助、配合物业服务人履行职责，不得横加阻挠。这同样以物业服务人的现场检查是必要的为前提。

二、业主对其他重要事项的告知义务

首先是业主转让、出租物业专有部分以及设立居住权的告知义务。业主转让、出租物业专有部分以及设立居住权，均属于业主依据专有权所享有的权利。但是，这些行为都涉及物业服务相对人的变化，故业主负有告知物业服务人的义务，以最大限度促使物业服务人了解情况，知悉相关物业的真实使用情况，确定物业服务享有之主体、物业服务人救济权利主张的对象，为物业服务的及时提供与物业服务区域秩序的有效维护创造前提。这在很多关于物业管理的地方性法规中都已经得到规定，同时可能会受一定的期限限制，例如15日或者30日。此外，业主不仅应告知物业服务人，也要告知业主委员会，明确相关情况的范围包括具体行为、相对人的姓名与联系方式等。同时，业主对其相对人也负有其他义务，例如将管理规约、物业服务合同、有关费用交纳情况等事项告知相对人，并且在转让时向买受人出具缴纳物业费的证明等。

其次是依法改变共有部分用途的告知义务。《物业管理条例》第 49 条规定："物业管理区域内按照规划建设的公共建筑和共用设施，不得改变用途。""业主依法确需改变公共建筑和共用设施用途的，应当在依法办理有关手续后告知物业服务企业；物业服务企业确需改变公共建筑和共用设施用途的，应当提请业主大会讨论决定同意后，由业主依法办理有关手续。"除告知物业服务人外，业主改变共有部分用途的，还需要业主大会共同决定，并依法办理有关手续等。

除本条规定的义务之外，业主也依据物业服务合同和法律、法规的规定负有其他义务。例如，《物业管理条例》第 50 条第 2 款中规定，因维修物业或者公共利益，业主确需临时占用、挖掘道路、场地的，应当征得业主委员会和物业服务企业的同意。

三、物业服务人为提供物业服务所享有的权利

物业服务人负有妥善提供物业服务的各项义务。为妥善履行上述义务，物业服务人也应当相应地享有对物的管理权和对人的管理权，物业服务人据此享有相应的权利。《民法典》第 285 条第 1 款据此规定："物业服务企业或者其他管理人根据业主的委托，依照本法第三编有关物业服务合同的规定管理建筑区划内的建筑物及其附属设施，接受业主的监督，并及时答复业主对物业服务情况提出的询问。"

因此，对于业主违反物业服务合同或者法律、法规、管理规约的行为，物业服务人有权制止并向相关行政主管部门和业主委员会报告，其制止不构成侵权行为。① 但是，物业服务人是否有权请求业主承担恢复原状、停止侵害、排除妨害等责任，并不明确。《民法典》第 286 条规定："业主应当遵守法律、法规以及管理规约……""业主大会或者业主委员会，对任意弃置垃圾、排放污染物或者噪声、违反规定饲养动物、违章搭建、侵占通道、拒付物业费等损害他人合法权益的行为，有权依照法律、法规以及管理规约，请求行为人停止侵害、排除妨碍、消除危险、恢复原状、赔偿损失。""……行为人拒不履行相关义务的，有关当事

① "顾然地诉巨星物业排除妨碍、赔偿损失纠纷案"（载《最高人民法院公报》2003 年第 6 期）的判决书中认为：巨星物业作为物业管理企业，接受业主委员会的委托，对三和花园进行物业管理。巨星物业对原告顾然地吊装浴缸的行为加以制止，是其管理职责所在，并无不妥。巨星物业的行为不具有违法性。

人可以向有关行政主管部门投诉，有关行政主管部门应当依法处理。”第 287 条规定：“业主对建设单位、物业服务企业或者其他管理人以及其他业主侵害自己合法权益的行为，有权请求其承担民事责任。”这些规定赋予了业主大会、业主委员会（侵害业主共同利益时）和单个业主（侵害单个业主利益时）请求的权利，而未明确赋予物业服务人上述请求权。

当然，物业服务合同中可以明确赋予物业服务人行使上述请求权的权利，但是，如果物业服务合同中没有该等明确授权，物业服务人是否有权行使上述请求权就存在疑问。实践中，业主自治尚不完善，在业主大会、业主委员会不存在的情况下，指望其及时主张相关请求权、制止个别业主损害他人合法权益的行为显然是不现实的；单个业主可能因为其个人利益未受到侵害而不愿行使上述请求权。此时，就有必要赋予物业服务人行使上述请求权的权利，如此才能够使物业服务人履行妥善提供物业服务的义务，也有助于有效地制止违法和侵害业主共同利益的行为。[①]《物业服务纠纷解释》第 4 条也规定：“业主违反物业服务合同或者法律、法规、管理规约，实施妨害物业服务与管理的行为，物业服务企业请求业主承担恢复原状、停止侵害、排除妨害等相应民事责任的，人民法院应予支持。”[②] 由此可以认为，物业服务人有权行使上述请求权，是来源于业主、业主大会或者业主委员会通过物业服务合同的授权。据此，在业主、业主大会或者业主委员会已经针对上述行为起诉，行使请求权的情形，物业服务人不得再起诉。

物业服务人提出上述请求权的前提是，业主违反物业服务合同或者法律、法规、管理规约，实施妨害物业服务与管理的行为。《民法典》第 286 条第 2 款、《建筑物区分所有权纠纷解释》第 15 条、《物业管理条例》和地方性的物业管理规范对此进行了一些列举。物业服务人所能够提出的请求权主要是停止侵害、排除妨碍、消除危险、恢复原状。物业服务人也能够请求赔偿损失，除物业服务人本身所遭受的损失所获得的赔偿之外的其他赔偿应当属于业主。

---

① 参见最高人民法院民事审判第一庭编著：《最高人民法院建筑物区分所有权、物业服务司法解释理解与适用》，北京，人民法院出版社 2009 年版，第 287 页。

② “青岛中南物业管理有限公司南京分公司诉徐献太、陆素侠物业管理合同纠纷案”（载《最高人民法院公报》2007 年第 9 期）的判决书中认为：中南物业南京公司作为提供物业管理服务的合同一方当事人，有义务依约进行物业管理，要求业主遵守业主公约及小区物业管理规定，有权对于违反业主公约及物业管理规定的行为加以纠正，以维护小区正常的物业管理秩序，维护小区全体业主的共同利益。当业主不按照整改要求纠正违反业主公约和物业管理规定的行为时，中南物业南京公司作为合同一方当事人，有权依法提起诉讼。

第九百四十六条

业主依照法定程序共同决定解聘物业服务人的，可以解除物业服务合同。决定解聘的，应当提前六十日书面通知物业服务人，但是合同对通知期限另有约定的除外。

依照前款规定解除合同造成物业服务人损失的，除不可归责于业主的事由外，业主应当赔偿损失。

本条主旨

本条是关于业主共同决定解除物业服务合同的规定。

相关条文

《民法典》第278条 下列事项由业主共同决定：……（四）选聘和解聘物业服务企业或者其他管理人……

业主共同决定事项，应当由专有部分面积占比三分之二以上的业主且人数占比三分之二以上的业主参与表决。……决定前款其他事项，应当经参与表决专有部分面积过半数的业主且参与表决人数过半数的业主同意。

《物业服务纠纷解释》第8条 业主大会按照物权法第七十六条规定的程序作出解聘物业服务企业的决定后，业主委员会请求解除物业服务合同的，人民法院应予支持。

物业服务企业向业主委员会提出物业费主张的，人民法院应当告知其向拖欠物业费的业主另行主张权利。

第9条 物业服务合同的权利义务终止后，业主请求物业服务企业退还已经预收，但尚未提供物业服务期间的物业费的，人民法院应予支持。

物业服务企业请求业主支付拖欠的物业费的，按照本解释第六条规定处理。

理解与适用

一、业主解除权的共同行使

如对《民法典》第937条中的释评所述，物业服务合同是一种集体合同，业主的共同管理权应当由业主大会依照法定程序共同行使。业主作为业主团体的一员，享有接受物业服务人提供的物业服务的权利，但是单个业主的权利也要因此受到一定的限制，其中包括单个业主对物业服务合同的解除权。如果允许单个业主解除物业服务合同，而其他业主未解除物业服务合同，那么，物业服务人无法抛开单个业主而提供物业服务。《民法典》第278条第1款第4项规定，解聘物业服务企业或者其他管理人，应当由业主共同决定。解聘是业主共同管理的内部关系，但在对外关系上就体现为解除物业服务合同，内部关系和外部关系是紧密联系在一起的。物业服务人基于业主共同管理权的行使而提供物业服务，业主也只能行使共同管理权而解除物业服务合同。[①] 因此，单个业主无权解除物业服务合同，而必须首先由业主大会依据《民法典》第278条的规定决定解聘物业服务人，之后由业主委员会，或者未设立业主委员会的情况下由全体业主，解除物业服务合同。

二、业主的任意解除权

（一）制度目的

《民法典》第562条第1款和第2款、第563条第1款规定了合同的协商解除、约定解除权和法定解除权，物业服务合同作为合同的一种，自然应当适用。业主可以依据这三款的规定共同行使解除权，这并无疑问。如果物业服务合同是不定期的，此时可以适用《民法典》第948条第2款："当事人可以随时解除不定期物业服务合同，但是应当提前六十日书面通知对方。"据此，业主可以共同决定解除，物业服务人也可以解除，只是需要提前60日书面通知对方。但是，有争议的问题是，物业服务合同中约定了期限，又不存在基于《民法典》第562条第2款和第563条第1款产生的法定解除权时，业主是否享有任意解除权。一种观点认为：即使业主共同决定，也不能任意解除合同。业主大会有权共同决定解聘也仅仅是基于业主共同管理权，并不意味着业主享有任意解除权，否则不利于物业服务人对物业的有效服务，也不利于对共有部分的长期维护与保养，从而不利于物业服务合同基本目的的实现。[②] 另一种观点认为：业主共同决定解聘已经隐含了业主享有任意解除权，并且委托合同任意解除权规定的精神在物业服务合同中同样存在。[③]

物业服务合同属于服务合同的一种，《民法典》在第787条（承揽合同中的定作人）、第816条（旅客运输合同中的旅客）、第829条（货物运输合同中的托

---

① 参见最高人民法院民事审判第一庭编著：《最高人民法院建筑物区分所有权、物业服务司法解释理解与适用》，北京，人民法院出版社2009年版，第329页；《北京市高级人民法院关于审理物业管理纠纷案件的意见（试行）》第16条。

② 参见王利明：《物业服务合同立法若干问题探讨》，载《财经法学》2018年第3期，第13－14页；赵惠：《析物业服务合同的性质及其解除》，载《法律适用》2010年第11期，第35页；睢素丽：《物业服务合同的法律分析与相关问题的法律适用》，载《法律适用》2007年第5期，第49页；陈文：《物业服务合同若干法律问题研究》，载《现代法学》2004年第2期，第160页。

③ 参见最高人民法院民事审判第一庭编著：《最高人民法院建筑物区分所有权、物业服务司法解释理解与适用》，北京，人民法院出版社2009年版，第331－335页。

运人)、第899条第1款(保管合同中的寄存人)、第933条(委托合同中的委托人和受托人)针对这些服务合同规定了任意解除权。究其原因，不外乎是这些服务合同的履行需要双方当事人的特别信任和配合，也会出现服务受领人方面的信息不充分或者情况变化，因此，服务受领人对解除合同具有合法利益。这些理由在物业服务合同中同样适用。同时，《民法典》第278条第1款第4项规定了业主大会共同决定解聘物业服务人的权利，如果不能依据业主大会的解聘决定而解除物业服务合同，则业主大会的解聘决定实际上就无法实现。从物业服务人的角度考虑，其利益当然应当受到保护，但其利益基本上就是取得物业费的利益，这种利益并非能够完全用来反对业主的任意解除权，因为这种利益保护可以通过业主享有任意解除权但对其予以赔偿，以及合理期限之前通知的方式予以解决。而且，业主大会表决程序本身的困难性使解聘决定的作出本来就很困难，因此，业主大会无理由地损害物业服务人利益的可能性就较小。据此，本条采纳了《物业服务纠纷解释》第8条的规定，明确规定了业主的任意解除权。当然，依据对《民法典》第933条的释评中对委托合同任意解除权的论述，物业服务合同中可以明确约定排除业主的任意解除权。此种约定体现了意思自治，且不存在否定意思自治结果的充分且正当的理由时，也需要承认基于重大事由而解除包括物业服务合同在内的继续性合同的例外。

在物业服务合同中，物业服务人作为服务的有偿提供人，如对《民法典》第933条的释评中的论述，其享有任意解除权的正当性本来就较弱。基于物业服务的特殊性和对业主的重要性这种社会性考量，排除物业服务人的任意解除权就更有理由了，同时，这在实践中也极少发生。因此，本条并未规定物业服务人的任意解除权。①

(二) 行使条件

第一，物业服务合同约定了期限，且期限未届满。如果是不定期合同，则适用《民法典》第563条第2款的规定。如果物业服务合同约定的期限届满，则不适用本条规定，而是适用《民法典》第948条。

第二，是普通的物业服务合同。如果是前期物业服务合同，依据《民法典》第940条的规定，建设单位依法与物业服务人订立的前期物业服务合同约定的服务期限届满前，业主委员会或者业主与新物业服务人订立的物业服务合同生效的，前期物业服务合同终止。此时也不适用本条。

第三，业主依照法定程序共同决定解聘物业服务人。所谓的“法定程序”就

---

① 关于不同观点，参见最高人民法院民事审判第一庭编著:《最高人民法院建筑物区分所有权、物业服务司法解释理解与适用》，北京，人民法院出版社2009年版，第338页。

是《民法典》第278条第2款所规定的程序，即由专有部分面积占比2/3以上的业主且人数占比2/3以上的业主参与表决，并且经参与表决专有部分面积过半数的业主且参与表决人数过半数的业主同意。如果业主委员会未经业主大会同意，擅自解除物业服务合同，业主大会不予追认的，则业主委员会解除合同的行为对全体业主不具有法律约束力，由此产生的后果由业主委员会中负有责任的个人承担。①

第四，如上文所述，由业主委员会，或者未设立业主委员会的情况下由全体业主，行使解除权。

第五，应当提前书面通知。如果物业服务合同对通知期限有明确约定，则按照其约定。如果没有约定或者约定不明确，则应当提前60日通知，并且应当采取书面形式。未提前通知的，只有在期限届满之后，解除才发生效力，而非解除无效。这也是基于特殊的政策考量：给物业服务人一定的准备期，以此减少业主的赔偿责任，避免业主承担过重的赔偿责任而产生的社会问题和执行难题。

（三）行使后果

首先是赔偿。本条第2款规定，依照前款规定解除合同造成物业服务人损失的，除不可归责于业主的事由外，业主应当赔偿损失。在合同是因不可归责于业主的事由而被解除的情况下，业主不承担赔偿责任。例如，物业服务人的商业信誉严重受损，导致业主无法相信物业服务人时，即使物业服务人不存在违约行为，此时业主也可以解除合同而无须赔偿；或者物业服务人存在非根本的违约行为，例如物业服务人制作虚假财务报表，致使业主无法相信物业服务人时，也可以被认为属于不可归责于业主的事由。在物业服务人根本违约时，业主可共同决定依据《民法典》第563条第1款行使一般的法定解除权，此时无须适用本条，也就不存在本条第2款中的“不可归责于业主的事由”。

在不存在不可归责于业主的事由时，业主应当赔偿因解除物业服务合同给物业服务人造成的损失。参照《民法典》第933条的规定，业主赔偿的范围包括物业服务人的直接损失和可以获得的利益，最为重要的就是物业服务人本可以获得的解除后的物业费。但是，基于损益相抵、减损不真正义务、过错相抵的基本原理和规则，应当扣除物业服务人因合同解除而转将其劳动力用于他处而取得或原本能够取得但故意不取得的利益。由于已经提前通知了物业服务人，已经给了物业服务人必要的准备时间，所以物业服务人此时负有减损义务。加上损益相抵和

① 江苏省高级人民法院《关于审理物业服务合同纠纷案件若干问题的意见》第12条对此作了明确规定。

过错相抵，物业服务人的损失不会太大。① 实践中，可以以更为简单的方式确定物业服务人的损失，例如一定期限的物业费。

其次，由于物业服务合同是继续性合同，依据《民法典》第566条第1款，其解除仅对将来发生效力。这意味着，就解除前已经提供的物业服务，物业服务人有权请求业主支付物业费。但是，负有支付物业费义务的主体是单个业主，故《物业服务纠纷解释》第8条第2款规定："物业服务企业向业主委员会提出物业费主张的，人民法院应当告知其向拖欠物业费的业主另行主张权利。"物业服务人请求业主支付物业费，适用《民法典》第944条的规定。《物业服务纠纷解释》第9条第1款规定："物业服务合同的权利义务终止后，业主请求物业服务企业退还已经预收，但尚未提供物业服务期间的物业费的，人民法院应予支持。"同时，物业服务人依据《民法典》第949、950条负有物业服务合同终止后的物业交接义务和接管之前的继续处理物业服务事项的义务，就后一义务的履行，物业服务人仍然可以请求业主支付该期间的物业费。

第九百四十七条

物业服务期限届满前，业主依法共同决定续聘的，应当与原物业服务人在合同期限届满前续订物业服务合同。

物业服务期限届满前，物业服务人不同意续聘的，应当在合同期限届满前九十日书面通知业主或者业主委员会，但是合同对通知期限另有约定的除外。

本条主旨

本条是关于物业服务合同续聘的规定。

相关条文

《民法典》第278条　下列事项由业主共同决定：……（四）选聘和解聘物业服务企业或者其他管理人……

业主共同决定事项，应当由专有部分面积占比三分之二以上的业主且人数占比三分之二以上的业主参与表决。……决定前款其他事项，应当经参与表决专有部分面积过半数的业主且参与表决人数过半数的业主同意。

① 参见最高人民法院民事审判第一庭编著：《最高人民法院建筑物区分所有权、物业服务司法解释理解与适用》，北京，人民法院出版社2009年版，第339页。

理解与适用

一、业主共同决定续聘

无论是前期物业服务合同还是普通物业服务合同，在物业服务合同期限届满前，依据《民法典》第278条的规定，业主有权共同决定续聘或者解聘物业服务人。这要求由专有部分面积占比2/3以上的业主且人数占比2/3以上的业主参与表决，并且经参与表决专有部分面积过半数的业主且参与表决人数过半数的业主同意。在业主共同决定后，由业主委员会，或者未设立业主委员会的情况下由全体业主，依据业主的共同决定而与物业服务人续聘或者解聘。同样，如果业主委员会未经业主大会同意，擅自续聘或者解聘，业主大会不予追认的，则业主委员会的行为对全体业主不具有法律约束力，由此产生的后果由业主委员会中负有责任的个人承担。

如果业主依法共同决定解聘物业服务人的，此时同样应当参照适用《民法典》第946条第1款中的规定，应当提前60日书面通知物业服务人，但是合同对通知期限另有约定的除外。但是，这并非业主作出共同决定的时间要求，而仅仅是对通知的时间要求。由于物业服务合同因期限届满而终止，故业主无须对物业服务人进行任何赔偿。

如果业主依法共同决定续聘物业服务人，据此发出要约，并且物业服务人承诺的，根据本条第1款的规定，业主应当与物业服务人在合同期限届满前续订物业服务合同。同时，依据《民法典》第938条第3款的规定，新的物业服务合同也应当采用书面形式。

二、物业服务人不同意续聘

无论是前期物业服务合同还是普通物业服务合同，物业服务合同期限届满后，物业服务人不负有订立新物业服务合同的义务。无论业主是否共同决定续聘，物业服务人都可以不同意续聘。为及早确定后续物业服务事宜，方便业主决定另聘他人，本条第2款规定，物业服务人不同意续聘的，除非合同对通知期限另有约定，物业服务人应当在合同期限届满前90日书面通知业主委员会，未成立业主委员会的情形中，应当书面通知业主。应当注意的是，法定的物业服务人提前通知的时间（90日）要更早于业主提前通知的时间（60日）。这是为了体现对业主利益的更强保护，以为业主重新选聘物业服务人留出更为充分的时间。物业服务人的书面通知到达之日至合同期限届满之日不足90日的，物业服务人应当自通知到达之日起 90 日后方可撤出物业服务区域，不得擅自停止物业服务。[①]

第九百四十八条

物业服务期限届满后，业主没有依法作出续聘或者另聘物业服务人的决定，物业服务人继续提供物业服务的，原物业服务合同继续有效，但是服务期限为不定期。

当事人可以随时解除不定期物业服务合同，但是应当提前六十日书面通知对方。

本条主旨

本条是关于不定期物业服务合同的规定。

相关条文

《民法典》第 563 条第 2 款　以持续履行的债务为内容的不定期合同，当事人可以解除合同，但是应当在合理期限之前通知对方。

第 734 条第 1 款　租赁期限届满，承租人继续使用租赁物，出租人没有提出异议的，原租赁合同继续有效，但是租赁期限为不定期。

第 976 条第 2、3 款　合伙期限届满，合伙人继续执行合伙事务，其他合伙人没有提出异议的，原合伙合同继续有效，但是合伙期限为不定期。

合伙人可以随时解除不定期合伙合同，但是应当在合理期限之前通知其他合伙人。

理解与适用

一、物业服务合同期限届满后的不定期物业服务合同

无论是前期物业服务合同还是普通物业服务合同，在物业服务合同期限届满后，业主没有依法作出续聘或者另聘物业服务人的决定，而物业服务人继续提供物业服务的，业主与物业服务人之间形成事实上的物业服务合同关系[②]，但是服务期限为不定期。这与《民法典》第 734 条第 1 款（租赁）、第 976 条第 2 款

---

① 参见《北京市物业项目交接管理办法》第 10 条第 2 款。

② 参见《北京市高级人民法院关于审理物业管理纠纷案件的意见（试行）》第 15 条。

（合伙）的规范目的是一致的。但是，由于业主委员会必须遵从业主的共同决定，在业主没有共同决定时，业主委员会的异议不发生效力，因此，本条并未如同上述条文那样作出“业主或者业主委员会未提出异议”的要求。

不定期物业服务合同的内容应当与原物业服务合同的内容相同，据此，本条第 1 款规定“原物业服务合同继续有效”。因此，物业服务人应当依据原物业服务合同的约定提供物业服务，业主也应当按照原物业服务合同的约定支付物业费。

二、不定期物业服务合同的任意解除权

不定期的物业服务合同主要包括以下三种：第一，物业服务合同未明确约定服务期限，又无法依据《民法典》第 510 条确定。第二，物业服务合同未采用书面形式，此时参照适用《民法典》第 707 条关于租赁合同的规定：应当采用书面形式而未采用书面形式，无法确定合同期限的，视为不定期。第三，本条第 1 款规定的情形，即物业服务期限届满后，业主没有依法作出续聘或者另聘物业服务人的决定，物业服务人继续提供物业服务。

本条第 2 款规定，当事人可以随时解除不定期物业服务合同，但是应当提前 60 日书面通知对方。不定期物业服务合同是以持续履行的债务为内容的不定期合同，这与《民法典》第 563 条第 2 款的规定是一致的，仅是明确了提前通知的时间是 60 日，并且通知的形式是书面。据此：（1）当事人双方都有任意解除权，但如上文所述，业主应当依法作出共同决定。（2）提前 60 日书面通知。当然，物业服务合同对通知期限和形式另有约定的除外。（3）不存在赔偿的问题。

第九百四十九条

物业服务合同终止的，原物业服务人应当在约定期限或者合理期限内退出物业服务区域，将物业服务用房、相关设施、物业服务所必需的相关资料等交还给业主委员会、决定自行管理的业主或者其指定的人，配合新物业服务人做好交接工作，并如实告知物业的使用和管理状况。

原物业服务人违反前款规定的，不得请求业主支付物业服务合同终止后的物业费；造成业主损失的，应当赔偿损失。

本条主旨

本条是关于物业服务人之交接义务的规定。

相关条文

《物业管理条例》第 38 条　物业服务合同终止时，物业服务企业应当将物业管理用房和本条例第二十九条第一款规定的资料交还给业主委员会。

物业服务合同终止时，业主大会选聘了新的物业服务企业的，物业服务企业之间应当做好交接工作。

《物业服务纠纷解释》第 9 条　物业服务合同的权利义务终止后，业主请求物业服务企业退还已经预收，但尚未提供物业服务期间的物业费的，人民法院应予支持。

物业服务企业请求业主支付拖欠的物业费的，按照本解释第六条规定处理。

第 10 条　物业服务合同的权利义务终止后，业主委员会请求物业服务企业退出物业服务区域、移交物业服务用房和相关设施，以及物业服务所必需的相关资料和由其代管的专项维修资金的，人民法院应予支持。

物业服务企业拒绝退出、移交，并以存在事实上的物业服务关系为由，请求业主支付物业服务合同权利义务终止后的物业费的，人民法院不予支持。

理解与适用

一、规范目的和构成

《民法典》第 558 条规定了债权债务终止后的后合同义务，物业服务人在合同终止的交接义务就是物业服务人最为重要的后合同义务之一。实践中，物业服务合同终止，但物业服务人拒绝退出物业服务区域或者拒绝移交物业管理相关资料，阻挠新物业服务人承接物业服务，致使物业服务处于瘫痪状态的现象较为普遍，严重损害了业主的合法权益，甚至造成群体性事件，给社会秩序的稳定带来极大的威胁。《物业管理条例》中对物业服务人的交接义务规定得较为原则。《物业服务纠纷解释》第 9 条作了进一步明确的规定，很多省（直辖市、自治区）也规定了物业项目的交接管理办法。在这些规定的基础上，本条规定了物业服务人的交接义务，明确了交接义务的具体内容，以妥善处理交接事宜。

据此，在物业服务合同终止后，无论物业服务合同是基于解除、期限届满还是其他原因而终止，也无论是前期物业服务合同还是普通物业服务合同，都会产生物业服务人的交接义务。物业服务人交接义务的履行期限是物业服务合同约定的期限，在物业服务合同无明确约定时，即为合理期限。一些地方性法规明确规定合理期限为物业服务合同终止后 60 日或者其他明确的期限。

二、交接义务的具体内容

（一）退出物业服务区域

物业服务合同终止后，物业服务人理应退出物业服务区域。这无须相对人，属于物业服务人的单方行为。

（二）交还物业服务用房、相关设施、物业服务所必需的相关资料等

无论是物业服务用房、相关设施，还是物业服务所必需的相关资料，都由业主共有。物业服务合同终止后，物业服务人就这些物的占有属于无权占有，应当予以交还。如果成立了业主委员会，应当交还给业主委员会；未成立业主委员会的，应当交还给全体业主。业主委员会或者全体业主此时可以指定具体人进行交接，例如业主代表或者选聘的新物业服务人，也可以委托物业服务评估监理机构进行交接。① 同时，可以在物业服务交接前签订交接协议，内容可以包括：物业项目名称、交接主体、交接时间、权利和责任分界点、交接内容、交接查验方法和标准、相关债权债务的处理、争议解决方式等。②

物业服务所必需的材料，按照《物业管理条例》第 29 条第 1 款、第 38 条第 1 款以及其他相关规定，主要包括：竣工总平面图，单体建筑、结构、设备竣工图，配套设施、地下管网工程竣工图等竣工验收资料；设施设备的安装、使用和维护保养等技术资料；物业质量保修文件和物业使用说明文件；物业服务区域划分相关文件；物业管理必需的其他资料。

另外，本条并未规定移交维修资金，因为依目前的规定，如上文所述，维修资金并非由物业服务人管理。

（三）配合新物业服务人完成交接工作，并如实告知物业的使用和管理状况

新的物业服务人在承接物业时，应当对物业共用部位、共用设施设备进行查验，并办理验收手续；在需要原物业服务人配合时，原物业服务人应当配合，并且如实告知全体业主、业主委员会或者新物业服务人等物业的使用和管理情况。

三、物业服务人违反交接义务的责任

在物业服务合同终止后，物业服务人具有交接义务，不得以业主欠交物业费、对业主共同决定有异议等为由拒绝办理交接，不得以任何理由阻挠、干扰、

---

① 前期物业服务合同终止而业主委员会未备案成立的，有案例认为，物业服务人在前期物业服务合同终止后仍然应当履行交接义务，应当移交给开发商。参见“厦门海沧大永固大厦业主委员会与厦门海投物业公司物业服务案”，载《人民法院案例选》2010 年第 3 期。

② 参见《北京市物业项目交接办法》第 6、7 条。

妨碍新的物业管理人进场服务。物业服务人违反交接义务，拒绝退出物业服务区域，不办理交接，即使其继续提供物业服务，也这严重违背了业主的共同决定，侵犯了业主的权利，不能认为存在事实上的物业服务合同。据此，本条第 2 款首先规定，物业服务人在违反交接义务的情况下，不得请求业主支付物业服务合同终止后的物业费。《物业服务纠纷解释》第 10 条第 2 款同样如此规定。

同时，物业服务人违反交接义务，构成了对后合同义务的违反，应当依据《民法典》第 577 条的规定，承担继续履行、采取补救措施或者赔偿损失等违约责任。如上文对《民法典》第 939 条的释评中的论述，请求的主体原则上是业主委员会①，只有在例外情况下，才是业主。虽然本条第 2 款后半句仅规定了赔偿损失，但并不能据此排除继续履行、采取补救措施等责任承担方式，例如物业服务人不履行或者不完全履行交还物业服务用房、相关设施、物业服务所必需的相关资料等的义务，应当继续履行交还义务等。同时，物业服务人不履行或者不完全履行交接义务，也可能构成对业主共有权的侵权行为，其也应当承担侵权责任。此时，违约责任和侵权责任发生竞合，业主委员会或者业主有权依据《民法典》第 186 条选择物业服务人承担违约责任或者侵权责任。

另外，在个案中，应当具体判断物业服务人是否违反了交接义务。这在物业服务用房、相关设施、物业服务所必需的相关资料等的交还时最为重要。此种交还义务的履行需要相对人协助，相对人对此负有受领的义务。当物业服务人按照约定和法律规定履行了交还义务，但相对人无正当理由拒绝受领的，依据《民法典》第 589 条的规定，物业服务人不承担迟延履行的责任，并有权请求赔偿因此增加的费用。同时，物业服务人对这些的物和资料仅负有无偿保管人的义务，当它们出现毁损、灭失时，依据《民法典》第 897 条，物业服务人能证明自己没有故意或者重大过失的，不承担赔偿责任。

同时，在物业服务合同终止后，物业服务人应当结清预收、代收的有关费用。据此《物业服务纠纷解释》第 9 条第 1 款规定："物业服务合同的权利义务终止后，业主请求物业服务企业退还已经预收，但尚未提供物业服务期间的物业费的，人民法院应予支持。"除了上述物业费，物业服务人预收的其他费用，如装修保证金、垃圾清运费等，也应当依法返还给业主。就终止前已经提供的物业服务，物业服务人有权请求未履行支付物业费义务的业主支付物业费并赔偿损失，于此适用《民法典》第 944 条的规定。

---

① 《物业服务纠纷解释》第 10 条第 1 款规定请求主体是业主委员会。

四、物业服务人在履行交接义务过程中提供物业服务

依据《民法典》第950条的规定，在业主或者业主大会选聘的新物业服务人或者决定自行管理的业主接管之前，物业服务人仍然应当继续处理物业服务事项，并可以请求业主支付该期间的物业费。同时，依据本条第2款前半句的规定，原物业服务人只有在违反交接义务的情况下，才不得请求业主支付物业费。据此，如果原物业服务人未违反交接义务，而是按照约定或者法律规定正常履行交接义务，而且在约定期限或者合理期限内，除了履行交接义务，物业服务人依据《民法典》第950条的规定继续处理物业服务事项的，物业服务人自然有权依据第950条请求业主支付该期间的物业费。这也是对本条第2款前半句作反对解释得出的结论。从价值上而言，这也是正当的：虽然物业服务人负有交接义务，但是，物业服务人继续处理物业服务事项，已经超出了交接义务的范围，因此，物业服务人有权依据第950条请求业主支付继续处理物业服务事项期间的物业费。①

第九百五十条

物业服务合同终止后，在业主或者业主大会选聘的新物业服务人或者决定自行管理的业主接管之前，原物业服务人应当继续处理物业服务事项，并可以请求业主支付该期间的物业费。

本条主旨

本条是关于原物业服务人继续处理物业服务事项的规定。

相关条文

无

理解与适用

物业服务合同有其特殊性。在物业服务合同终止后，新的物业服务人或决定

① 《北京市物业项目交接管理办法》第12条第2款规定，“建设单位、物业服务企业在办理交接至撤出物业管理区域前的期间内，应当维持正常的物业管理秩序，并不得向业主收取物业服务费用”。但是，这似乎在价值上并不妥当，毕竟，物业服务人履行交接义务应当由物业服务人自行承担因此产生的费用，除非当事人另有约定，但是，维持正常的物业管理秩序已经超出了交接义务的范围，如果不得向业主收取物业费，似乎对物业服务人过分不利。

自行管理的业主接管之前，尤其在原物业服务人与业主或者新物业服务人之间存在矛盾时，如果原物业服务人立即停止提供所有物业服务，物业服务就会陷于停滞，对业主之生活和工作产生极为不利的影响。为了实现物业服务的平稳衔接，原物业服务人有必要站好最后一班岗。因此，本条规定原物业服务人于合同终止后有继续处理物业服务事项的义务，有利于实现物业服务的目的，合理维护业主的利益。

原物业服务人继续处理物业服务事项的义务开始于物业服务合同终止且业主或者业主大会选聘的新物业服务人或者决定自行管理的业主未予接管时。无论物业服务合同是基于解除、期限届满还是其他原因而终止，无论是哪一方当事人行使解除权导致物业服务合同终止，无论是因为何种原因而产生解除权，也无论是前期物业服务合同还是普通物业服务合同，都应当适用本条，使原物业服务人负有继续处理物业服务事项的义务。如果物业服务合同终止时，新物业服务人或者决定自行管理的业主已经接管，则原物业服务人自然无须继续处理物业服务事项。只有在物业服务合同终止，并且没有确定新的物业服务人，或者新的物业服务人或决定自行管理的业主接管前，原物业服务人才负有继续处理物业服务事项的义务。

该义务消灭的时点，按照本条规定，似乎是业主或者业主大会选聘的新物业服务人或者决定自行管理的业主接管时。考虑到业主自治尚未完善，为维护业主利益，使原物业服务人负有一定期间内继续处理物业服务事项的义务，是妥当的。但是，也应当平衡考虑物业服务人的利益。为了实现物业服务的平稳过渡，上述规范已经设置了合理的期限，为业主订立新物业服务合同预留了回旋的余地。如果业主因自身原因未能及时订约，所造成的后果不应完全转嫁于物业服务人，否则就会助长业主消极对待物业服务事务的风气。同时，新物业服务人或者决定自行管理的业主究竟何时接管物业服务，并非原物业服务人所能控制的，如果新物业服务人迟迟不进场接管，业主就此可以依据其与新物业服务人之间的合同请求其承担违约责任，但原物业服务人因此无限期地继续处理物业服务事项，就会由原物业服务人承担新物业服务人违约造成的不利后果。即使原物业服务人可以请求业主支付该期间的物业费，但其仍然无法彻底清结物业服务关系，且原物业服务人事实上在此期间不可能如同之前那样尽职尽责，而这会导致业主利益的受损。因此，原物业服务人继续处理物业服务事项的义务，应当被限制在物业服务合同终止后的合理期限内，而不应一概认为，在新物业服务人或者决定自行管理的业主接管前，原物业服务人都必须继续处理。至于合理期限的具体时间，可以在个案中结合物业服务合同终止的原因、新物业服务人或决定自行管理的业主未接管的原因、物业服务的具体事项和情况、有无应急物业服务等因素具体考量。

此时，就会出现物业服务合同终止后的合理期限届满，而新物业服务人或决定自行管理的业主却未予接管的情形。当然，这时有必要保护业主的利益，但不应当通过由原物业服务人负有继续处理物业服务事项的义务来实现，否则就会过分损害物业服务人的利益，即使物业服务人可以请求该期间的物业费。事实上，这应当由相关行政主管部门组织提供应急物业服务来实现。应急物业服务也是有期限限制的，一些地方性法规规定一般不超过3个月；服务内容一般仅限于垃圾清运、秩序维护、二次供水、电梯运行等维持业主基本生活的服务事项；提供应急物业服务的费用由全体业主承担，业主委员会协助收取；应急物业服务提供人对共有部分的毁损性法规责任也会受到一定限制。事实上，应急物业服务的适用领域不仅包括本条所规范的情形，也包括其他情形，例如，物业服务合同期限内，建设单位或物业服务人因破产、资质被注销等原因致使其在法律上或者事实上不能提供履行提供物业服务义务。①

原物业服务人该项义务的内容是继续处理物业服务事项。继续处理物业服务事项，并不等同于“继续提供物业服务”，也即该义务内容并不完全等同于原物业服务合同约定的提供物业服务的内容。在物业服务合同终止后，要求原物业服务人如合同终止前那样提供完全相同的物业服务，事实上也是不太可能的。但是，即使如此，原物业服务人至少应当提供垃圾清运、秩序维护、二次供水、电梯运行等维持业主基本生活的服务事项，至于其他服务事项，需要在个案中结合各种因素综合判断。

为了进一步平衡业主与原物业服务人之间的利益，本条规定，原物业服务人可以请求业主支付继续处理物业服务事项期间的物业费。至于该物业费的具体标准，可以参照原物业服务合同约定的物业费标准，结合原物业服务人实际提供的物业服务水平、有关行政主管部门提供的物业服务成本等因素合理确定；当事人双方也可以委托第三方评估监理企业评估。

---

① 具体可以参见《北京市物业项目交接管理办法》第18～24条。

第二十五章

行纪合同

本章主要是依据《合同法》第二十二章相关条文修改而成的，围绕行纪合同的主要内容规定了行纪合同的定义、处理委托事务的费用承担、行纪人对委托物的保管义务、委托物的处理、未按指示进行行纪活动的后果、行纪人的介入权、委托物的处置、行纪人与第三人的关系、行纪人的报酬请求权及留置权、对委托合同的参照适用。

与《合同法》相比，本章主要修改了以下内容：第一，统一了用语。如，《民法典》第 952 条基本上沿袭了《合同法》第 415 条的表述，但将后者后半句的但书规定由“但当事人另有约定的除外”修改为“但是当事人另有约定的除外”；《民法典》第 958 条基本上沿袭了《合同法》第 421 条的表述，但将后者后半句的但书规定由“但行纪人与委托人另有约定的除外”修改为“但是行纪人与委托人另有约定的除外”；《民法典》第 959 条基本上沿袭了《合同法》第 422 条的表述，但将后者后半句的但书规定由“但当事人另有约定的除外”修改为“但是当事人另有约定的除外”；《民法典》第 955 条基本上沿袭了《合同法》第 418 条的表述，但将后者第二款中的“依照”修改为“依据”。第二，简化了表述。《民法典》第 956 条基本上沿袭了《合同法》第 419 条的表述，但是将后者第 1 款中的“除委托人有相反的意思表示的以外”修改为“除委托人有相反的意思表示外”；《民法典》第 957 条基本上沿袭了《合同法》第 420 条的表述，但是将后者中的“行纪人依照本法第一百零一条的规定可以提存委托物”修改为“行纪人依法可以提存委托物”。第三，斟酌了用词。《民法典》第 960 条基本上沿袭了《合同法》第 423 条的表述，但是将后者中的“适用委托合同的有关规定”修改为“参照适用委托合同的有关规定”。委托合同与行纪合同尽管有类似之处，但毕竟存在较大差别，故而使用“适用”一词过于武断，改为“参照适用”更为准确。第四，消除了语病。《民法典》第954条基本上沿袭了《合同法》第417条的表述，但将后者后半句中的“和委托人不能及时取得联系的”修改为“不能与委托人及时取得联系的”。第五，改动了标点。《民法典》第955条基本上沿袭了《合同法》第418条的表述，但将后者前两款句中的“。”都修改为“;”。

本章所规定的行纪合同是典型合同之一，其与委托合同既有联系又有区别。其中，最主要的区别在于，在行纪合同关系中，行纪人以自己的名义为委托人从事贸易活动；而在委托合同关系中，受委托人既可以用委托人的名义，也可以用自己的名义从事民事活动。

第九百五十一条

行纪合同是行纪人以自己的名义为委托人从事贸易活动，委托人支付报酬的合同。

本条主旨

本条是关于行纪合同定义的规定。

相关条文

《合同法》第414条　行纪合同是行纪人以自己的名义为委托人从事贸易活动，委托人支付报酬的合同。

理解与适用

一、行纪合同关系与类似合同关系

（一）行纪合同关系与代理合同关系

实践中存在以“委托代理合同”为名的行纪合同。典型案例如杨凌金澳畜牧业有限公司与陕西国际信托投资股份有限公司、陕西国信资产管理有限公司、杨凌金坤生物工程股份有限公司外贸代理合同纠纷一案，其基本案情为：陕国投、陕国信、金坤公司（以下简称合作三方）与金澳公司签订委托代理合同，约定：合作三方委托金澳公司作为进口奶牛代理商，受托方金澳公司以自己的名义对外询价、签约、购汇、对外付款，并及时通知合作三方对外业务的进展情况（签约购牛数量、购牛价格须征得委托方同意），委托方按进口奶牛在国内销售后的全部价款

的3%向金澳公司支付代理费。原审法院经审理认为，本案从形式上看是以委托代理合同为基础进行的外贸代理，但事实上在当事人之间形成了行纪合同关系。①

但行纪关系和代理合同关系之间仍存在显著区别，因为在行纪关系中，行纪人必须是以自己的名义从事相关活动。在赤峰瑞禾晟种业有限公司与于振刚、陈亚峰等买卖合同纠纷一案中，法院认为，与于振刚形成合同关系的不是瑞禾晟有限公司，而是陈亚峰、宫宪宝、王凤红、宋春明，赤峰瑞禾晟种业有限公司与陈亚峰、宫宪宝为行纪合同关系，陈亚峰、宫宪宝与于振刚之间为买卖合同关系。首先，于振刚与赤峰瑞禾晟种业有限公司并未签订合同，赤峰瑞禾晟种业有限公司也没有为于振刚出具任何书面凭据，认定于振刚与赤峰瑞禾晟种业有限公司存在直接合同关系没有证据支持，但于振刚却持有陈亚峰、宫宪宝、王凤红、宋春明为其出具的欠据，因而认定陈亚峰、宫宪宝与于振刚之间存在合同关系具有证据支持。其次，于振刚据以主张权利的欠据，是陈亚峰、宫宪宝、王凤红、宋春明以其自身名义出具的，并未以赤峰瑞禾晟种业有限公司名义出具，这符合行纪合同的特征。如果陈亚峰、宫宪宝是赤峰瑞禾晟种业有限公司的委托代理人，双方存在的是委托合同关系，那么陈亚峰、宫宪宝应该以赤峰瑞禾晟种业有限公司的名义出具欠据。个人要作为经手人或代理人签字，而不是作为欠款人签字，欠据内容与陈亚峰、宫宪宝主张的委托代理关系不符。最后，本案中宫宪宝为赤峰瑞禾晟种业有限公司出具过170万元前期投入款的欠据，只有在宫宪宝、陈亚峰与赤峰瑞禾晟种业有限公司之间存在行纪合同关系的情况下，才有可能出现宫宪宝为赤峰瑞禾晟种业有限公司出具欠据的情况，如果宫宪宝、陈亚峰与赤峰瑞禾晟种业有限公司存在的是委托代理关系，那么宫宪宝、陈亚峰无须为赤峰瑞禾晟种业有限公司出具欠据。承担给付于振刚种子款给付义务的应是陈亚峰、宫宪宝、王凤红、宋春明，陈亚峰、宫宪宝与赤峰瑞禾晟种业有限公司之间的合同关系应另案解决。②

（二）行纪合同关系与中介合同关系

中介合同的中介人仅是向委托人如实报告订约机会或提供订立合同的媒介，其本人不参与合同的订立。在黎友华、徐卫峡合同纠纷一案中，法院认为，黎友华将他人介绍给徐卫峡后，徐卫峡并没有与他人商谈合同的具体内容，玉器的价

---

① 参见“杨凌金澳畜牧业有限公司与陕西国际信托投资股份有限公司、陕西国信资产管理有限公司、杨凌金坤生物工程股份有限公司外贸代理合同纠纷案”，最高人民法院（2009）民二终字第47号民事判决书。

② 参见“赤峰瑞禾晟种业有限公司与于振刚、陈亚峰等买卖合同纠纷案”，内蒙古自治区赤峰市中级人民法院（2018）内04民终2132号民事判决书。

款是由黎友华做的报价，并由其交付玉器，双方之间并非中介合同关系。行纪合同具有以下特征：（1）行纪人与委托人之间是委托关系，行纪人与第三人之间形成的是买卖关系；（2）委托人与第三人之间不存在合同关系，即委托人只能从行纪人那里接受行纪行为的法律后果；（3）行纪合同是双务、有偿合同，即行纪人是基于营利性从事行纪，有权从委托人处收取约定和法定的报酬。本案中，徐卫峡应黎友华的要求将玉器带到宿迁，其目的亦系将玉器出售。徐卫峡并不认识将要购买玉器的买受人，而是由黎友华将玉器取走后交由他人。黎友华在将玉器交由他人时，其自己陈述报价为138万元，而不是徐卫峡给其的报价120万元，徐卫峡和黎有华均认可扣除5万元为黎友华的佣金。徐卫峡没有与他人商谈玉器买卖合同，也没有将玉器直接交付他人，而是由黎友华与他人商谈并交付玉器。2017年10月22日，吴树轩向黎友华出具了欠条，亦可以证明并非徐卫峡向他人直接出售玉器。综上，本案当事人的行为符合上述行纪合同的法律特征。因此，从双方的行为上看，应当是行纪行为，故本案应为行纪合同纠纷。①

（三）行纪合同关系与买卖合同关系

行纪合同关系与买卖合同关系在一般情况下区别非常明显，但在某些情况下界限并不清晰。典型案例如兰州晟铭商贸有限公司诉利标品牌管理（上海）有限公司买卖合同纠纷一案，其基本案情为：利标公司与晟铭公司签订经销合同，约定利标公司授权晟铭公司为某品牌中大童服装服饰类甘肃省区域范围经销商（不含此区域内的机场专卖销售）。晟铭公司每年两次参加利标公司举办的商品订货会，并保证每季达到最低采购金额指标，达到目标并不违反利标公司已有规定的前提下合同继续生效至下一个年度，下一个年度的进货指标另行商定；晟铭公司享受服装类订货会商品订货金额的10%退货，非服装类不享受退货，如实际出货未达到订货金额，以实际出货金额的10%计算退货；退换货的折扣与订货折扣相同，退换货的运费由晟铭公司承担；利标公司供应之当季商品，服装按零售价4折（含税）计价，配饰品按4折（含税）买断计价，其他过季服装另行优惠计价。晟铭公司参加了利标公司举办的2015年度、2016年度订货会，并订购了货物。后由于利标公司擅自低价销售导致双方发生争议，晟铭公司没有收取所订货物。2017年度利标公司还直接向晟铭公司的客户发货，晟铭公司知道并同意由其与利标公司进行结算。法院认为，根据该合同中商品系由晟铭公司买断计价等的相关约定，该合同不符合行纪合同系由行纪人以自己名义为委托人从事贸易

① 参见“黎友华、徐卫峡合同纠纷案”，安徽省滁州市中级人民法院（2018）皖11民终1388号民事判决书。

活动并由委托人支付报酬的基本特征，而应属于买卖合同范畴。① 这一观点总体上较为可取。

（四）行纪合同关系与非典型合同关系

实践中，还存在以"采购合同"/"购销合同"为名的行纪合同。在南宁市益高商贸有限责任公司诉港之源商贸有限公司南宁家家旺超市等行纪合同纠纷一案中，被告（甲方）与原告（乙方）签订采购合同，约定甲方以自己的名义为对方寄售商品并收取报酬。法院认为，行纪合同是指一方根据他方的委托，以自己的名义为他方办理购销、寄售和有价证券等业务，并收取报酬的合同。其中以自己名义为他方办理业务者，为行纪人；由行纪人为之办理业务，并支付报酬者，为委托人。本案当事人接受对方委托，以自己的名义为对方寄售商品并收取报酬，双方之间的意思表示真实一致，由此双方的行纪合同关系即告成立。在该合同内容不违反法律、行政法规的强制性规定的情形下，应为合法有效，当事人应当按照约定全面履行自己的义务。②

二、行纪合同关系的成立与指示

从相关案例来看，如果受托人无须按照委托人的指示处理委托事务的，则不构成行纪合同关系。典型案例如北京正合世纪文化传播有限公司与熊威等知识产权合同纠纷一案，其基本案情为：2006 年 3 月 23 日，正合世纪公司（甲方）与熊威、杨洋（乙方）签订《合同书》，约定甲方聘请乙方为签约歌手，甲方全权代理乙方唱片、演艺、广告等事宜；乙方对甲方代理乙方各项工作提出合理建议和要求，服从甲方安排的营利性及非营利性演艺、广告活动，不得从事影响甲方安排的营利性及非营利性演艺活动，不得从事损害甲方合法利益的其他行为。合同第 3 项约定了经济收益和分配关系。法院认为，由于行纪人是为委托人的利益而为行纪行为的，故行纪人负有按照委托人的指示处理委托事务的义务。虽然正合世纪公司是以自己的名义而不是以熊威、杨洋的名义与演出主办方或演出组织者订立演出合同，但是，双方签订的合同书明确约定：熊威、杨洋享有对正合世纪公司代理其各项工作提出合理建议和要求的权利，负有服从正合世纪公司安排

① 参见"兰州晟铭商贸有限公司诉利标品牌管理（上海）有限公司买卖合同纠纷案"，上海市第一中级人民法院（2019）沪 01 民终 5172 号民事判决书；另参见"黄素兰与王栓柱买卖合同纠纷案"，河南省济源市中级人民法院（2016）豫 96 民再 7 号民事判决书。

② 参见"南宁市益高商贸有限责任公司诉港之源商贸有限公司南宁家家旺超市等行纪合同案"，广西壮族自治区南宁市兴宁区人民法院（2010）兴民二初字第 420 号民事判决书；另参见"上诉人罗祥文与被上诉人张掖市发年农产品有限责任公司种植回收合同纠纷案"，甘肃省张掖市中级人民法院（2015）张中民终字第 390 号民事判决书。

的营利性及非营利性演艺、广告活动的义务。因此，正合世纪公司并非按照熊威、杨洋的意志处理熊威、杨洋委托的事务，而是按照其意志安排熊威、杨洋的演艺活动。所以涉案合同中关于演出经纪的合同条款明显不符合行纪合同的特征。①

三、行纪合同关系的成立与报酬

（一）仅约定底价

从相关案例来看，当事人仅约定了底价、未明确约定销售分成等报酬的，不影响行纪合同关系的认定。在张永祺与李文庆行纪合同纠纷一案中，李文庆将自有的四批艺术作品交与张永祺，并当场制作记录清单，清单上注明了所出借艺术作品的名称、规格、底价/要价及其所有权人，由张永祺签名收讫，案外人道巅作为证明人在该清单上签名确认。法院认为，虽然李文庆、张永祺对销售的分成没有明确约定，但在案涉清单上李文庆也明确表明了案涉作品销售的底价，而该底价应该理解为在字画售出的情况下，李文庆从张永祺处收取的最低价款，即所谓的“一口价”，而非字画对外售出的最低价格，而张永祺超出该最低价款对外出售案涉作品获得的额外价款才是张永祺获得报酬的基数，否则就难以理解为何案涉清单仅约定对外的最低销售价格，但却未约定销售成本的负担和张永祺的报酬问题。由此可见，双方约定了张永祺在为李文庆从事字画的销售活动中是可获得报酬的。本案符合行纪合同法律关系，其中李文庆为委托人，张永祺为行纪人。②

（二）不收取报酬

在不收取报酬的情况下，构成委托代理关系还是行纪合同关系，司法实务上存在不同观点。在陈某某与李某某行纪合同纠纷一案中，原、再审认为，曹某与陈某某之间系委托代理关系，陈某某与丁某之间存在房屋买卖关系，陈某某系买方，曹某、陈某某以及丁某之间的委托关系、买卖关系较符合行纪关系的法律特征及其主要构成要件。本案中虽无曹某与陈某某约定支付报酬的事实，但不能因此否认上述三方间的行纪法律关系。该关系应属于行纪法律关系的特殊形式，曹某为委托人，陈某某为行纪人。江苏省泰州市中级人民法院再审认为：根据本案已确认的事实来看，陈某某并无与丁某签订案涉房屋买卖合同的意思表示，其之

① 参见“北京正合世纪文化传播有限公司与熊威等知识产权合同纠纷上诉案”，北京市高级人民法院（2009）高民终字第737号民事判决书。

② 参见“张永祺与李文庆行纪合同纠纷案”，广东省东莞市中级人民法院（2014）东中法民一终字第1151号民事判决书。

所以作为该合同的一方当事人，是因为曹某与陈某某之间的约定，由陈某某作为名义上的合同一方，但合同的相关权利义务均由曹某承受。故在案涉买卖合同之中，曹某与陈某某两者之间的法律关系应认定为委托代理关系，而不应认定为行纪合同。[①] 但亦有法院认为，虽然当事人没有签订书面合同，且因原、被告在一起共事多年的特殊原因，被告并未向原告收取报酬，但因双方的实际履行，不影响原、被告之间的行纪合同关系的成立。[②]

四、行纪合同为不要式合同

行纪合同具有诺成性，属于不要式合同，虽合同内容系口头约定，但体现双方真实的意思表示，那么合同有效，对合同双方均具有法律约束力。在司法实践的相关案例中原告将自行车委托两被告在门市部销售，双方口头约定了自行车的出售价格及被告代销费。法院认为，在口头行纪合同中，行纪人以处理委托事务支出的费用为由拒绝返还委托人代销款的行为并不合法。根据诚实信用原则，行纪人应返还委托人代销款。依据《合同法》第 415 条的规定，行纪人处理委托事务支出的费用，由行纪人负担，但当事人另有约定的除外。如果口头合同中未作约定，那么行纪人不能以处理委托事务支出的费用为由拒绝返还委托人代销款。[③]

第九百五十二条

行纪人处理委托事务支出的费用，由行纪人负担，但是当事人另有约定的除外。

本条主旨

本条是关于处理委托事务的费用承担的规定。

---

① 参见“陈某某与李某某行纪合同纠纷上诉案”，江苏省泰州市中级人民法院（2013）泰中民再终字第 0009 号民事判决书。

② 参见“袁某群与马某银行纪合同纠纷案”，湖北省襄阳市中级人民法院辖区（原湖北省襄樊市中级人民法院）（2016）鄂 06 民终 733 号民事判决书。

③ 参见“王某蛟与叶某花、叶某华代销合同案”，福建省安溪县人民法院（2005）安民初字第 867 号民事判决书；另参见“申诉人赵某武与被申诉人三门峡市平安福汽车租赁有限公司返还财产纠纷案”，河南省三门峡市中级人民法院（2010）湖民一初字第 124 号民事判决书；（2013）三民再字第 34 号民事判决书。

相关条文

《合同法》第 415 条 行纪人处理委托事务支出的费用，由行纪人负担，但当事人另有约定的除外。

理解与适用

本条源于《合同法》第 415 条，修改主要体现在：将后半句的但书规定由“但当事人另有约定的除外”修改为“但是当事人另有约定的除外”。这一修改统一了《民法典》但书规定的表述，与其他地方的表述相一致。其原因在于，《民法典》在强调体系上的完备性的同时，也追求形式上的统一性。

一、约定优先

民法为私法，奉行的是私法自治理念，当事人完全可以在合同中约定行纪人处理委托事务支出的费用承担问题。这一规则在司法实践中得到了执行。典型案例如白铁锁与河南新电金属材料有限公司行纪合同纠纷一案，其基本案情为：2015 年 7 月 11 日，被告（甲方、委托代购方）与原告（乙方、代购方）签订委托代购协议书，约定：甲方委托乙方代购重熔电解铝锭，乙方可适当收取代购费用；代购铝锭乙方负责送货到甲方工厂，运费由甲方承担，结算方式为进第二车铝锭到甲方工厂后，甲方付乙方第二车铝锭货款，不得超过 10 日。第一车铝锭到甲方工厂后应向乙方写下欠条，保障乙方合法权益，乙方运送铝锭到厂后，运费应及时结算。2015 年 7 月 13 日，原告按被告要求购进铝锭并运送至被告处，原告分两次支付了货款合计 671 500 元。被告按双方约定的每吨 350 元当即向原告支付了报酬。对原告购进铝锭的货款，被告于 2016 年 11 月 7 日向原告出具欠条。之后，经原告多次催要，被告至今尚欠原告货款 671 500 元及利息未付。法院认为，根据协议内容，原、被告之间形成行纪合同关系。本案原告按照约定完成委托事务，被告作为委托人虽向原告支付了相应的报酬，但根据双方合同约定，被告并未支付原告处理委托事务支出的费用，即原告购买货物支出的货款，且被告向原告出具欠条，对双方的债权债务进行了确认，故被告未支付原告货款，应承担相应的民事责任。[①]

---

① 参见“白铁锁与河南新电金属材料有限公司行纪合同纠纷案”，河南省新乡市凤泉区人民法院（2017）豫 0704 民初 28 号民事判决书；另参见“张掖市昌祺中药材有限责任公司与刘爱清行纪合同纠纷案”，甘肃省酒泉市（地区）中级人民法院（2015）酒民二终字第 126 号民事判决书。

二、法律推定

现实生活中，难免会发生当事人没有约定相关费用由谁负担的问题。考虑到行纪人是以自己的名义处理相关事务，故而在无特别约定的情况下，行纪人处理委托事务支出的费用宜由行纪人负担。这一规则在司法实践中得到了执行。典型案例如张永祺与李文庆行纪合同纠纷一案，其基本案情为：李文庆将自有的四批艺术作品交与张永祺，并当场制作记录清单，清单上注明了所出借艺术作品的名称、规格、底价/要价及其所有权人，由张永祺签名收讫，案外人道巅作为证明人在该清单上签名确认。张永祺主张其为案涉作品进行了装裱、装框、宣传等工作，其中花费了装裱、装框费用共计 163 300 元，现案涉作品没有售出，无法实现合同的目的，李文庆应赔偿张永祺的损失。法院认为，双方争议的装裱、装框费用是为案涉作品展销而支出的费用，并无证据证明李文庆委托张永祺对案涉作品进行装裱、装框，亦无证据证明双方明确约定案涉作品在未能卖出情况下的装裱、装框费用由李文庆承担，张永祺未能举证证明双方对该费用有明确约定，应由行纪人张永祺自行负担。①

第九百五十三条

行纪人占有委托物的，应当妥善保管委托物。

本条主旨

本条是关于行纪人对委托物的保管义务的规定。

相关条文

《合同法》第 416 条　行纪人占有委托物的，应当妥善保管委托物。

理解与适用

一、返还义务

由于行纪人是为他人处理事务，因而需为他人利益服务。如，在委托人委托

① 参见“张永祺与李文庆行纪合同纠纷案”，广东省东莞市中级人民法院（2014）东中法民一终字第 1151 号民事判决书；另参见“广寿集团有限公司与浙江香溢进出口贸易有限公司、陈小敏等进出口代理合同纠纷案”，浙江省温州市中级人民法院（2011）浙温商终字第 978 号民事判决书；另参见“宁波江北三江源文化传播有限公司与林绍灵、吴国祥、沈忠、杜拙行纪合同纠纷案”，浙江省宁波市江北区人民法院（2009）甬北商初字第 805 号民事判决书。

行纪人销售委托物时，行纪人应将未予售出的委托物返还给委托人，或支付相应货款。从司法实践来看，这一规则是得到认可的。典型案例如李瑞与姚发青行纪合同纠纷一案，其基本案情为：原告将其所有的货物交付给被告用于出售，货物底价由原告决定，被告超出该底价售出货物获得的额外价款是被告获得的报酬。被告在结算单中明确载明尚有 30 件货物未退还原告，也未向原告支付相应的货款。一审法院认为本案符合行纪合同法律关系，原告为委托人，被告为行纪人，被告作为行纪人未尽到妥善保管委托物的义务，应承担相应的赔偿责任。①

二、赔偿责任

违反义务就会引发责任。如行纪人未妥善保管委托物导致委托物损毁的，理应承担相应的赔偿责任。现实案例也证明了这一点。典型案例如嘉峪关市西部天地商贸有限责任公司与王永亭行纪合同纠纷，其基本案情为：2010 年 11 月 5 日，王永亭（供方）与西部公司（需方）签订一份购（代）销合同，需方以自己的名义为供方代销商品，需方销售供方所供商品金额的 2.5%返还需方。后嘉峪关市工商行政管理局经济检查分局以货物变质为由要求西部公司对王永亭供应的 7 593.77 千克瓜子予以销毁。西部公司未等王永亭领取退货即将该批货物露天堆放且现已灭失。法院认为，虽然王永亭生产瓜子未办理相关证照，但该瓜子并非国家禁止生产的产品，仅被工商行政机关确认为变质，其在发生霉变之前仍然具有一定的使用价值，具有财产属性，西部公司应当予以妥善保管。西部公司不能证明其已尽到了妥善保管货物的义务，故应对王永亭的瓜子变质承担主要责任。②

第九百五十四条

委托物交付给行纪人时有瑕疵或者容易腐烂、变质的，经委托人同意，行纪人可以处分该物；不能与委托人及时取得联系的，行纪人可以合理处分。

---

① 参见“李瑞与姚发青行纪合同纠纷案”，宁夏回族自治区银川市中级人民法院（2018）宁 01 民终 4343 号民事判决书；另参见“陈桂贤与买买提尼亚孜艾买提尼亚孜、卢亚军等行纪合同纠纷案”，新疆维吾尔自治区高级人民法院（2016）新民终 354 号民事判决书；另参见“彭丽与成香凝买卖合同纠纷案”，广东省佛山市南海区人民法院（广东省原南海市人民法院）（2019）粤 0605 民初 7109 号民事判决书。

② 参见“嘉峪关市西部天地商贸有限责任公司与王永亭行纪合同纠纷上诉案”，甘肃省高级人民法院（2013）甘民二终字第 184 号民事判决书；另参见“武汉金中经济发展有限公司与武汉阳光购物中心、林峰买卖合同纠纷案”，湖北省武汉市新洲区人民法院（2016）鄂 0117 民初 1710 号民事判决书。

本条主旨

本条是关于委托物的处理的规定。

相关条文

《合同法》第417条 委托物交付给行纪人时有瑕疵或者容易腐烂、变质的，经委托人同意，行纪人可以处分该物；和委托人不能及时取得联系的，行纪人可以合理处分。

理解与适用

《民法典》第954条基本上沿袭了《合同法》第417条的表述，但将后者后半句的但书规定由“和委托人不能及时取得联系的”修改为“不能与委托人及时取得联系的”，一方面消除了语病，另一方面使用了更准确的连词“与”。

一、一般原则：不得擅自处理

在行纪合同关系中，行纪人是为了委托人的利益而从事相关活动的。由于委托人自己才是其利益的最权威判断者，故而行纪人必须接受委托人的指示。这是其义务所在。这种义务在一般情况下存在，在特殊情况下也存在。委托物交付给行纪人时有瑕疵或者容易腐烂、变质的即为典型一例。即便出现这样的情况，行纪人也不能自作主张不去请示，否则，就应承担不利后果。

汪应明与张水根合同纠纷一案是关于本条的典型案例。其基本案情为：2013年张水根、汪应明协商，由汪应明为张水根代办收购葡萄，未签订书面合同，口头约定由汪应明以自己的名义向农户收购葡萄并负责装箱和运至汪应明经营的“应民冷库”冷藏。2014年度，汪应明为张水根共收购了七条冷柜的葡萄，其中五条冷柜的葡萄已经交付张水根运走，尚有两条冷柜共计5 250件葡萄冷藏在“应民冷库”。2014年8月，张水根将已经运走五条冷柜的葡萄的欠款230 000元通过银行转账至汪应明账户。张水根要求汪应明先将葡萄发了再打款，而汪应明则要求张水根先打款后发葡萄。为此，汪应明对尚余的两条冷柜的葡萄未向张水根发货，张水根亦未向汪应明支付款项。后汪应明之子电话告知张水根如不付款将处置葡萄。2014年9月4日，汪应明将葡萄5 250件以273 000元价款出售与他人。法院认为，本案“代办”标的物系易腐烂、变质的物品，原告汪应明在经被告张水根的同意后，可以对标的物进行处分，但本案无证据证实该处分经委托人张水根的同意，原告汪应明将标的物葡萄出售，销售价格与双方结算价格的价差为 59 610 元，卖出葡萄的价格低于指定价格，且经庭审，被告方对原告汪应明将葡萄卖出不予认可，故原告汪应明要求被告张水根对其卖出标的物所致价差承担赔偿责任的请求和被告张水根的预期利益损失由各自进行承担。①

二、特殊情形：可以合理处分

尽管委托人才是自己利益的最佳判断者，行纪人原则上应该按照委托人的指示从事活动，但行纪人获得指示的前提是两者之间可以及时且畅通地进行交流。倘若出现特殊情况，这一前提难以成立，则继续坚持这一做法无疑会导致委托人的利益受损。为避免这一情况，《民法典》专门规定行纪人在不能与委托人及时取得联系时，可以合理处分。

但合理处分的认定在司法实践中却是一大难题。李玉猛与武汉市黄陂区四季美农贸城刘永红蔬菜商行买卖合同纠纷一案便是关于该问题的典型案例。其基本案情为：经案外人肖传田介绍，原告李玉猛于 2018 年 7 月 3 日将西瓜运至被告刘永红蔬菜商行出售。2018 年 7 月 3 日至 2018 年 7 月 8 日期间，被告为原告售出西瓜二千余公斤，共计得款 1 438 元。在扣除搬运费 300 元并提取行费 418 元后，被告将卖瓜所得货款 720 元交还给了原告。原告认为，被告未按双方约定及市场交易习惯进行销售，且在无法完全销售时，又未及时履行通知义务，导致原告的合法权益受到损害。后双方经多次协商亦未达成一致意见，由此引发诉争。法院认为，原告交给被告销售的西瓜属于时令水果，极易受天气、温度的影响发生腐烂、变质。原告于 2018 年 7 月 3 日将西瓜运至被告商行时，在双方未对货物的重量、品质及价款等诸多问题交接一致的情况下随即离开，其行为本身存在疏忽大意的重大过失。另，被告在代销期间曾打电话向原告报告了西瓜销售的实际状况，但原告未能及时作出明确指示，而是交由被告进行处理。因此，被告按当时情势作出应急销售并不违反行纪人应尽的审慎义务，属于合理处分。被告收取行费的金额在市场行情、交易习惯准许的范围内，故原告要求被告支付货款 13 680 元及利息的诉讼请求没有事实基础和法律依据。②

第九百五十五条

行纪人低于委托人指定的价格卖出或者高于委托人指定的价格买入的，应当

① 参见“汪应明与张水根合同纠纷案”，云南省宾川县人民法院（2015）宾民初字第 568 号民事判决书。

② 参见“李玉猛与武汉市黄陂区四季美农贸城刘永红蔬菜商行买卖合同纠纷案”，湖北省武汉市黄陂区人民法院（2018）鄂 0116 民初 4895 号民事判决书。

经委托人同意；未经委托人同意，行纪人补偿其差额的，该买卖对委托人发生效力。

行纪人高于委托人指定的价格卖出或者低于委托人指定的价格买入的，可以按照约定增加报酬；没有约定或者约定不明确，依据本法第五百一十条的规定仍不能确定的，该利益属于委托人。

委托人对价格有特别指示的，行纪人不得违背该指示卖出或者买入。

本条主旨

本条是关于未按指示进行行纪活动的后果的规定。

相关条文

《合同法》第 418 条　行纪人低于委托人指定的价格卖出或者高于委托人指定的价格买入的，应当经委托人同意。未经委托人同意，行纪人补偿其差额的，该买卖对委托人发生效力。行纪人高于委托人指定的价格卖出或者低于委托人指定的价格买入的，可以按照约定增加报酬。没有约定或者约定不明确，依照本法第六十一条的规定仍不能确定的，该利益属于委托人。委托人对价格有特别指示的，行纪人不得违背该指示卖出或者买入。

理解与适用

《民法典》第 955 条基本上沿袭了《合同法》第 418 条的表述，但将后者前两款句中的“。”修改为“；”；另外，将后者中的“依照”改为“依据”。

尽管立法一再强调行纪人要按照委托人的指示行事，但实践中难免会出现行纪人违背委托人的指示自作主张的情况。显而易见，这可能导致两种后果，即对委托人不利的结果和对委托人有利的结果。

在何才达与马强行纪合同纠纷一案中，法院认为：“行纪合同是指行纪人以自己的名义为委托人从事贸易活动，委托人支付报酬的合同。本案中，原被告双方达成玉石代销协议，明确玉石价值 3 万元，若玉石售出被告支付原告 3 万元，若玉石未售出，被告归还玉石。可以理解为，如玉石以 3 万元或者高于 3 万元的价格售出，被告只需支付原告 3 万元，高出的价格可以作为被告出售玉石的报酬。因此，本案原被告双方的关系为行纪合同关系，本案案由为行纪合同纠纷。因玉石已由被告朋友出售，返还原物不可能实现，所以只能返还价款 3 万元，原告请求返还玉石价款的诉讼请求本院予以支持。对于原告请求被告支付 2016 年 5 月 18 日至 2018 年 5 月 18 日期间的利息 14 400 元，因双方并未约定利息，无事实依据，本院不予支持。”①

一、自行处分对委托人不利的

在行纪人自行处分对委托人不利的情况下，尽管行纪人需要对该不利后果承担责任，但考虑到其仍是为了委托人的利益活动，故而法律并未断然否定相关行为对委托人的效力。无论是从公平原则来看，还是从诚实信用原则来看，抑或是从利益平衡原则来看，在行纪人已弥补其给委托人带来的不利时，认为该行为对委托人发生效力都更可取。从促进交易的角度来看，也能得出类似的结论。

这一规则在司法实践中得到了执行。典型案例如江苏大山面粉实业有限公司与淮安市粮食购销公司行纪合同纠纷、仓储合同纠纷一案，其基本案情为：2011年3月16日和2011年3月18日，大山面粉公司分别委托粮食购销公司出售小麦21 816.278吨和30 000吨，指定价格分别为2 120元/吨和2 080元/吨。粮食购销公司认为大山面粉公司指定价格过高无法销售，主张应按照其实际销售的2 022元/吨计算51 816.278吨小麦销售价款，但未能提供证据证明其以低于大山面粉公司指定价格出售该51 816.278吨小麦经过大山面粉公司同意，且大山面粉公司对此亦不予认可。法院认为，粮食购销公司在未经大山面粉公司同意的情况下对大山面粉公司的代购代储小麦降价出售侵害了大山面粉公司的利益，该低卖部分的差额应由粮食购销公司承担，粮食购销公司应当按照大山面粉公司的指定价格结算该51 816.278吨小麦。②

在常州市卿卿针织厂诉被告上海绿盒子网络科技有限公司行纪合同纠纷一案中，法院认为：“行纪合同是指行纪人接受委托人的委托，以自己的名义为委托人从事贸易活动的合同。委托他人从事贸易活动的人为委托人，接受委托从事贸易活动的人为行纪人。本案中，卿卿针织厂与绿盒子公司签订寄售协议，约定由绿盒子公司为卿卿针织厂寄售产品，并约定寄售产品的名称、数量、型号、价格、寄售期限等主要具体内容，具备行纪法律关系成立的要件。绿盒子公司接受卿卿针织厂的委托，应当按照指定的价格处理事务，其虽然是以自己的名义销售

---

① “何才达与被告马强行纪合同纠纷案”，新疆生产建设兵团和田垦区人民法院（2018）兵1301民初81号民事判决书。

② 参见“江苏大山面粉实业有限公司与淮安市粮食购销公司行纪合同纠纷、仓储合同纠纷案”，江苏省高级人民法院（2014）苏商终字第0071号民事判决书；另参见“南昌市四方农业机械制造有限公司与泰和县祥发农机有限公司行纪合同纠纷案”，江西省吉安市中级人民法院（2014）吉中民二终字第67号民事判决书。

产品，但交易所产生的权利义务最终归属于委托人即卿卿针织厂承受，其卖出的商品的所有权属于委托人，故代销价款应归属于卿卿针织厂。寄售协议终止时，绿盒子公司应当报告委托事务的结果。如出现委托物不能卖出的情形，绿盒子公司应及时催告卿卿针织厂取回。绿盒子公司未进行催告，视为其已将委托事务处理完毕。根据法律规定，行纪人低于委托人指定的价格卖出或者高于委托人指定的价格买入的，应当经委托人同意。未经委托人同意，行纪人补偿其差额的，该买卖对委托人发生效力。综上所述，卿卿针织厂现要求绿盒子公司按照寄售协议中约定的价格支付价款及相应利息的诉请，符合法律规定，本院予以支持。”①

二、自行处分对委托人有利的

在行纪人自行处分对委托人有利的情况下，委托人否定其效力会严重违背公平原则，故而此时并不存在该行为是否对委托人发生效力的问题，而只存在委托人是否应当给行纪人增加报酬的问题。考虑到私法奉行的是私法自治理念，在有约定的情况下当然应按照约定处理。但一个值得思考的问题是，在存在特别约定的情况下，行纪人的行为究竟算不算违背委托人的指示？在没有约定或者约定不明确时，可以依据《民法典》第510条的规定确定。依据该条仍不能确定的，考虑到行纪本身就是为委托人的利益服务，而行纪人负有忠实义务，故而额外利益原则上应归委托人。

这一规则在司法实践中得到了执行。典型案例如上海锐韶国际贸易有限公司与上海承源企业发展（集团）有限公司进出口代理合同纠纷一案，其基本案情为：2004年4月14日，原告上海锐韶国际贸易有限公司（乙方）和被告上海承源企业发展（集团）有限公司（甲方）订立了两份委托代理进口合同，约定甲方委托乙方以乙方的名义对外签订合同，协议号为F-407、F-409，其中F407结算条款为人民币单价USD410×8.3＝3 403元/吨；F409结算条款为人民币单价USD400×8.3＝3 320元/吨。原告又与徽商公司签订了代理进口钢坯的协议。徽商公司和外商签订了两份合同，约定徽商公司向该外商购买初轧板坯共10 000吨，单价均为USD403/MT。法院认为，本案中行纪人以低于委托人指定的价格买入钢坯，但双方合同对于增加报酬没有约定，原告也未举证证明双方有交易习

① “常州市卿卿针织厂诉上海绿盒子网络科技有限公司行纪合同纠纷案”，江苏省常州市金坛区人民法院（2017）苏0482民初4245号民事判决书。

惯等存在，故该价格差的利益应归于被告。①

三、委托人对价格有特别指示的

在委托人对价格有特别指示的情况下，行纪人不得违背该指示卖出或者买入。之所以如此规定，原因不外乎以下几点：第一，在行纪关系中，行纪人是为委托人的利益服务的，而委托人才是其利益的最佳和最终判断者。第二，在特别的场合，委托人可能有更为长远的利益规划。行纪人违背委托人的指示，即便会给委托人带来短期收益，也可能会导致其丧失长远利益。对于委托人而言，这显然是得不偿失的。第三，行纪关系的存续以行纪人与委托人之间相互信任为基础，倘若行纪人违背委托人的特别指示，将会严重损害委托人的信任，进而危及行纪关系的存续。

第九百五十六条

行纪人卖出或者买入具有市场定价的商品，除委托人有相反的意思表示外，行纪人自己可以作为买受人或者出卖人。

行纪人有前款规定情形的，仍然可以请求委托人支付报酬。

本条主旨

本条是关于行纪人的介入权的规定。

相关条文

《合同法》第 419 条　行纪人卖出或者买入具有市场定价的商品，除委托人有相反的意思表示的以外，行纪人自己可以作为买受人或者出卖人。行纪人有前款规定情形的，仍然可以要求委托人支付报酬。

理解与适用

《民法典》第 956 条基本上沿袭了《合同法》第 419 条的表述，但是将后者第 1 款中的“除委托人有相反的意思表示的以外”修改为“除委托人有相反的意

① 参见“上海锐韶国际贸易有限公司与上海承源企业发展（集团）有限公司进出口代理合同纠纷案”，上海市第二中级人民法院（2005）沪二中民四（商）初字第 24 号民事判决书；另参见“山东石大科技石化有限公司与上海中泽国际贸易有限公司行纪合同纠纷案”，山东省日照市岚山区人民法院（2015）岚商初字第 271 号民事判决书。

思表示外”，表述更简洁。此外，《合同法》第 419 条第 2 款中的表述为“要求”，而《民法典》第 956 条中的表述为“请求”。

一、法理分析

一般而言，考虑到在行纪人自己作为买受人或者出卖人时，难免会顾此失彼，从而损及委托人的利益，故而不应承认其效力。但在商品具有市场价格的情况下，委托人的利益是能够获得保障的。此时，仍然绝对否认其效力不仅毫无积极意义而且会抑制交易，故而此时宜承认其效力。但考虑到私法所奉行的是私法自治原则，而行纪关系更关注委托人的利益，故而在委托人有相反意思表示的情况下，不宜认可其效力。

在允许行纪人自己作为买受人或者出卖人的情况下，考虑到委托人的利益并未受损，而行纪人已圆满完成了委托人的指示，并且，其在这一过程中难免然会耗费时间、精力乃至支出一定的费用，故而认可其报酬请求权更合适。

二、典型案例

典型案例如郝建林与李考怀行纪合同纠纷一案，其基本案情为：2014 年 7 月，上诉人郝建林与证人韩某一起同被上诉人李考怀协商兰炭代购事宜，口头约定由上诉人为被上诉人代购兰炭，并约定了质量考核标准和劳务费标准，不合格产品给被上诉人造成的损失由上诉人承担。上诉人 2014 年 8 月开始给被上诉人供货，被上诉人应付上诉人代购兰炭费用共计 1 293 460.33 元，被上诉人收货后共支付上诉人货款 1 194 298 元，剩余 99 162.33 元未付。法院认为，证人韩某陈述自己与上诉人郝建林系合作关系，其受郝建林委托与被上诉人李考怀口头约定了并实际履行了兰炭代购事宜，系双方真实意思表示，行纪合同关系成立并生效，双方应按约定内容履行各自的合同义务。作为出卖人及行纪合同出卖方委托人的上诉人郝建林有权向作为买受人的被上诉人李考怀主张支付货款及相应劳务费，被上诉人应在收到兰炭后给付上诉人货款及相应劳务费。①

第九百五十七条

行纪人按照约定买入委托物，委托人应当及时受领。经行纪人催告，委托人

① 参见“郝建林与李考怀行纪合同纠纷案”，山西省忻州地区（市）中级人民法院（2018）晋 09 民终 828 号民事判决书。

无正当理由拒绝受领的，行纪人依法可以提存委托物。

委托物不能卖出或者委托人撤回出卖，经行纪人催告，委托人不取回或者不处分该物的，行纪人依法可以提存委托物。

本条主旨

本条是关于委托物的处置的规定。

相关条文

《合同法》第420条　行纪人按照约定买入委托物，委托人应当及时受领。经行纪人催告，委托人无正当理由拒绝受领的，行纪人依照本法第一百零一条的规定可以提存委托物。委托物不能卖出或者委托人撤回出卖，经行纪人催告，委托人不取回或者不处分该物的，行纪人依照本法第一百零一条的规定可以提存委托物。

理解与适用

《民法典》第957条基本上沿袭了《合同法》第420条的表述，但是将后者两款中的“行纪人依照本法第一百零一条的规定可以提存委托物”都修改为“行纪人依法可以提存委托物”。

催告是行纪人处分委托物的程序前提。委托人拒领委托物的，未经催告，行纪人无权处分委托物；反之，经行纪人催告，委托人无正当理由拒绝受领的，行纪人依法可以提存委托物。这一规则在司法实践中得到了执行。典型案例如徐德全与四川万禾中药饮片股份有限公司一般行纪合同纠纷一案，其基本案情为：2011年6月11日，万禾公司和徐德全签订中药材代购协议，约定万禾公司委托徐德全代购药材。徐德全与万禾公司之间的货物交付流程为：徐德全在购买货物后，便将货物存放在新繁大鹏冻库，随后再通知万禾公司有代购货物已经存放在该冻库，同时要求万禾公司对存放的货物进行检验提货。万禾公司在接到徐德全通知后，再到存放货物的库房对代购货物进行检验提货。该冻库既是万禾公司自新都大鹏药材加工厂承租而来存放代购货物的仓库，也是新都大鹏药材加工厂的自用仓库。徐德全具有行纪人和新都大鹏药材加工厂法定代表人的双重身份。2011年11月1日，徐德全向万禾公司发出律师函，表明中药材已按万禾公司要求存放于新都大鹏药材加工厂新繁大鹏冻库，请万禾公司收到本函后5日内验收代购货物，并给予徐德全关于此批货物如何处置的明确答复。万禾公司收函后，于2011年11月20日向徐德全复函并同时提出和解建议。2011年11月24日，徐德全再次向万禾公司发出律师函，要求万禾公司严格按照合同约定提走代购的货物并支付相应的报酬，否则将解除合同并处置货物。法院认为，在本案行纪合同中，徐德全在组织收购中药材过程中，究竟是履行本案的行纪事务行为，还是履行其法定代表人的职务行为，难以分清。徐德全在处置案涉货物时，不能分清其是在处置行纪事务代购物还是履行其法定代表人职责处理新都大鹏药材加工厂的货物，也未能举证证明其是在处置行纪事务代购物，即便是处置的行纪事务代购物，在徐德全未能提供证据证明其曾在合同期限内通知万禾公司验收、提取货物，亦未提供证据证明万禾公司经通知催告拒绝受领代购货物的情形下，徐德全无权处分委托物。①

第九百五十八条

行纪人与第三人订立合同的，行纪人对该合同直接享有权利、承担义务。

第三人不履行义务致使委托人受到损害的，行纪人应当承担赔偿责任，但是行纪人与委托人另有约定的除外。

本条主旨

本条是关于行纪人与第三人的关系的规定。

相关条文

《合同法》第 421 条　行纪人与第三人订立合同的，行纪人对该合同直接享有权利、承担义务。第三人不履行义务致使委托人受到损害的，行纪人应当承担损害赔偿责任，但行纪人与委托人另有约定的除外。

理解与适用

《民法典》第 958 条基本上沿袭了《合同法》第 421 条的表述，但将后者后半句的但书规定由“但行纪人与委托人另有约定的除外”修改为“但是行纪人与委托人另有约定的除外”，另外，将《合同法》第 421 条中的“损害赔偿责任”改为“赔偿责任”。

由于行纪人对其与第三人签订的合同直接享有权利、承担义务，因而在第三

① 参见“徐德全与四川万禾中药饮片股份有限公司一般行纪合同纠纷案”，最高人民法院（2014）民申字第 262 号民事裁定书。

人不履行义务致使委托人受到损害的情况下，行纪人应当承担赔偿责任。当然，由于私法奉行的是私法自治理念，因而行纪人与委托人另有约定的情况除外。尽管《民法典》只规定了这一种例外，但考虑到公平原则，在委托人也存在过错的情况下，行纪人的责任可以适当减轻。

一、行纪人的主体地位

由于合同原则上具有相对性，再加上行纪人是以自己的名义与第三人签订合同，故而，行纪人与第三人订立合同的，行纪人为该合同的当事人。换言之，行纪人与第三人订立合同的，行纪人对该合同直接享有权利、承担义务。这一规则在司法实践中得到了执行。典型案例如吴某与赵某买卖合同纠纷一案，其基本案情为：张某委托吴某给他代买牛，但张某只给吴某交代自己的底价，具体买的牛多少钱，是由吴某决定的；付款方式是张某把钱打给吴某，吴某付给卖方；张某只给曹某（卖方）付过一次款，且张某给卖方付款，要经过吴某同意，因为价款是吴某与卖方谈的。法院认为，应认定吴某是以自己的名义为张某从事买牛活动，即吴某与张某之间属行纪合同关系，而买牛合同的双方当事人是吴某与卖方，吴某对该合同直接享有权利、承担义务，故吴某应向卖方赵某付款。[①]

二、行纪人的责任

（一）第三人未及时给付货款

由于委托人与第三人之间并无合同关系，而只与行纪人之间存在合同关系，故而，因第三人未及时给付货款义务导致行纪人不能及时将货款交给委托人的，应当由行纪人向委托人支付货款。这一规则在司法实践中得到了执行。典型案例如潘夏凉与严一兴行纪合同纠纷一案，其基本案情为：严一兴与潘夏凉签订合作协议书，约定："甲方（严一兴）提供货源给乙方（潘夏凉）介绍的单位江苏亿鸿纸业，由乙方负责签订供销合同、交接货源、过磅结算、催款等工作。甲方付给乙方工作酬金按厂方结算货款数为准，每吨 30 元。"合同签订后，潘夏凉按约履行行纪人义务，为严一兴销售煤炭，并以个人名义交接货物、过磅签单、从买方单位收取货款交付给严一兴。由于案涉煤炭货款未能全部给付严一兴，双方产

---

① 参见"吴某与赵某买卖合同纠纷案"，甘肃省平凉市（地区）中级人民法院辖区（2019）甘 08 民终 1221 号民事判决书；另参见"魏某某与于某某买卖合同纠纷案"，辽宁省盘锦市中级人民法院（2013）盘中民三终字 00095 号民事判决书。

生矛盾。潘夏凉称本案货款是亿鸿公司所拖欠，严一兴应向亿鸿公司主张，潘夏凉不承担给付责任。法院认为，双方之间成立行纪合同法律关系。潘夏凉为严一兴销售煤炭系以自己名义进行，现并无证据证明严一兴与案外人亿鸿公司之间直接发生煤炭买卖关系。就严一兴未能及时回笼的货款损失，潘夏良作为行纪人依法负有赔偿责任，现潘夏良以借条的形式明确欠付严一兴货款、借款 74 900 元，故潘夏良应按约给付。①

（二）第三人不归还委托物

由于委托人与第三人之间并无合同关系，而只与行纪人之间存在合同关系，故而，因第三人不履行归还委托物义务导致委托人利益受损的，行纪人应当承担赔偿责任。这一规则在司法实践中得到了执行。典型案例如海南海岛恋汽车租赁有限公司与莫连平、尹爱琳合同纠纷一案，其基本案情为：2015 年 7 月 16 日，莫连平购买丰田牌凯美瑞轿车一辆。2016 年 12 月 5 日，莫连平与海岛恋公司、尹爱琳口头约定，以海岛恋公司名义将该车对外出租，莫连平收取部分费用。同日，海岛恋公司法定代表人尹爱琳与案外人崔某在海口市琼山区某酒店楼下签订汽车租赁合同，约定崔某承租海岛恋公司汽车。崔某将租金与押金支付给尹爱琳后将车开走。2016 年 12 月 6 日，崔某与他人共同将所租赁汽车出卖。2016 年 12 月 9 日，因崔某承租期满而未归还汽车，尹爱琳向海口市公安局琼山分局刑警大队报案。2017 年 9 月 28 日，海口市琼山区人民检察院因崔某等人涉嫌诈骗罪，对崔某提起公诉。因涉案车辆未能追回，莫连平遭受损失，故莫连平诉至一审法院。法院认为，崔某未按时履行其归还租赁汽车的义务，致使汽车所有权人莫连平遭受损失，海岛恋公司应当承担损害赔偿责任，不得以自己无过错为由拒绝承担责任。②

三、责任的减免事由

（一）委托人有过错

在委托人有过错的情况下，行纪人可以适当减责。详言之，在行纪人因第三人原因致使委托人利益受损情况下，如委托人对此也有过错，应当酌情减轻行纪

① 参见"潘夏凉与严一兴行纪合同纠纷案"，江苏省泰州市中级人民法院（2019）苏 12 民终 1018 号民事判决书。

② 参见"海南海岛恋汽车租赁有限公司与莫连平、尹爱琳合同纠纷案"，海南省海口市中级人民法院（2018）琼 01 民终 2652 号民事判决书；另参见"申诉人赵宏武与被申诉人三门峡市平安福汽车租赁有限公司返还财产纠纷案"，河南省三门峡市中级人民法院（2010）湖民一初字第 124 号民事判决书；（2013）三民再字第 34 号民事判决书。

人责任。这一规则在司法实践中得到了执行。典型案例如贺美玉与瞿利琴、张进跃行纪合同纠纷案，其基本案情为：贺美玉与瞿利琴系朋友，知晓瞿利琴系义乌市汇五汽车租赁服务部（以下简称汇五租赁部）的业主。按照双方平时的租借惯例，贺美玉向瞿利琴提出将涉案车辆租掉的要求后，由瞿利琴确定承租人，车辆以汇五租赁部的名义出租给他人，瞿利琴根据出租情况收取差价。法院认为，根据这一交易习惯，可以认定涉案车辆系由贺美玉委托汇五租赁部以该租赁部的名义出租给他人，符合行纪合同中行纪人接受他人委托，以自己名义为委托人从事贸易活动并收取报酬的规定，贺美玉与汇五租赁部之间构成行纪合同法律关系。对于双方当事人对涉案损失的责任分担，行纪人瞿利琴应对涉案车辆损失承担赔偿责任。贺美玉作为涉案车辆的车主，应该知晓将私家车对外进行租赁存有风险，却仍多次出租赚取租金，亦具有一定的过错，结合双方过错程度以及租金、行纪报酬的收取情况，对车损责任酌情进行分担。①

（二）当事人有特别约定

在当事人存在特别约定的情况下，行纪人也可以免责。这一规则在司法实践中得到了执行。典型案例如赵平林、田家庵区佳顺汽车租赁服务部合同纠纷一案，其基本案情为：2012 年 5 月 4 日，赵平林与佳顺租赁部签订了一份车辆寄存协议，将自己名下的车辆寄存于佳顺租赁部，由佳顺租赁部对外出租，约定“寄存车辆租赁期间所发生一切事故，碰擦，由车主与甲方共同追究承租人责任，甲方不承担任何费用及责任”。2015 年 3 月 31 日，佳顺租赁部与余桥霞签订协议书，将赵平林寄存的车辆租赁给余桥霞并收取了借车押金。在租赁期间，余桥霞伙同他人将该车辆以抵押的形式出售给他人，后因诈骗罪被判处有期徒刑十年。现赵平林认为被告将涉案车辆出租给他人，致使该车辆目前无法追回，损失 10 万元，佳顺租赁部应承担赔偿责任。二审法院认为，双方当事人之间签订的车辆寄存协议包含有行纪合同内容，赵平林与佳顺租赁部签订的车辆寄存协议第 3 条规定了在寄存车辆租赁期间发生的一切事故，碰擦，由车主即赵平林与佳顺租赁部共同追究承租人责任，佳顺租赁部不承担任何费用。可见，赵平林与佳顺租赁部对于寄存车辆出租后所发生的损失的承担问题做了特别约定，该约定不违反法律规定，亦是当事人双方的真实意思表示，合法有效，对双方当事人具有约束力。故二审法院未支持赵平林的上诉请求。再审法院认为，根据寄存车辆用于出租的目的及大众的通常理解，双方约定的对于车辆出租期间所发生“一切事故”

① 参见“贺美玉与瞿利琴、张进跃行纪合同纠纷案”，浙江省高级人民法院（2016）浙民申 1950 号民事裁定书。

应理解为仅指道路交通事故，不包括车辆被骗丢失的情形，佳顺租赁部不能以“但行纪人与委托人另有约定的除外”要求免责。但佳顺租赁部在出租车辆过程中，已尽到充分的审查义务，且依据车辆寄存协议中“五、所有在甲方（佳顺租赁部）寄存车辆所产生的租赁业务，均按20%收取服务费”的约定，佳顺租赁部及第三人共同承担20%的赔偿责任较为适当，即佳顺租赁部及第三人共同向赵平林赔偿20 000元（100 000元×20%）。①

第九百五十九条

行纪人完成或者部分完成委托事务的，委托人应当向其支付相应的报酬。委托人逾期不支付报酬的，行纪人对委托物享有留置权，但是当事人另有约定的除外。

本条主旨

本条是关于行纪人的报酬请求权及留置权的规定。

相关条文

《合同法》第422条　行纪人完成或者部分完成委托事务的，委托人应当向其支付相应的报酬。委托人逾期不支付报酬的，行纪人对委托物享有留置权，但当事人另有约定的除外。

理解与适用

《民法典》第959条基本上沿袭了《合同法》第422条的表述，但将后者后半句的但书规定由“但当事人另有约定的除外”修改为“但是当事人另有约定的除外。”

一、报酬的计算

（一）部分完成时

由公平原则可知，行纪人部分完成委托事务的，委托人应当支付相应的报酬。司法实践对此也予以认可。典型案例如周平与董标行纪合同纠纷一案，其基

① 参见“赵平林、田家庵区佳顺汽车租赁服务部合同纠纷案”，安徽省淮南市中级人民法院（2019）皖04民再6号民事判决书。

本案情为：原告周平（甲方）与被告董标（乙方）签订聘用合同一份，合同约定被告周平为启东市万杯情商行产品销售经理，销售区域为启东市汇龙镇城区范围内的酒店、名烟名酒（其他须经授权），被告每月需完成按不低于甲方规定的价格销售贵州贡、御、福、喜酒 36 瓶的月基本定量任务，其他任务根据人员及市场实际情况确定。原告发给底薪（按照员工试用期 3 000 元人民币/月）。“销售对象”约定为按原告商行规定的产品及产品型号。“业绩计提”约定为所有产品原则上不低于原告规定的价格销售，特殊情况需经原告同意后方可实施，并且原则上不能提成，计入业绩，余后平衡处理。合同还就其他事项作了约定。法院认为，由合同约定可见，行纪人每销售一瓶酒则可拿到 83.33 元提成。行纪人分别在 2011 年 6 月 13 日、2011 年 8 月 9 日、2011 年 8 月 28 日完成销售合计 66 瓶的任务，应得行纪报酬为 5 500 元（66 瓶×83.33 元）。行纪人低于销售价格要求、超出销售对象范围等销售行为的行纪报酬不予认定。①

（二）约定不明时

从司法实践来看，在双方未明确约定报酬的情况下，审理法院应依据公平原则酌情确定报酬比例。典型案例如温州市欧王鞋业有限公司与方纪者买卖合同纠纷、行纪合同纠纷一案，其基本案情为：2012 年，方纪者同意为欧王公司代销 680 双鞋子，并向欧王公司出具收条一份，写明“今收欧王鞋业女凉鞋 680 双（单价以销售单为准）货款销售完结算（10 月）代销”。现方纪者已经将上述鞋子销售完毕。后双方对货款发生争议。法院认为，行纪合同是双务有偿合同，行纪人完成或者部分完成委托事务的，委托人应当向其支付相应的报酬。虽然双方当事人未就报酬进行明确约定，但上诉人已完成委托事务，基于公平原则，可酌情确定报酬为销售款的 15%。②

二、报酬的实现

为维护行纪人的合法利益，在委托人逾期不支付报酬的情况下，行纪人享有对委托物的留置权。这一规则在司法实践中得到了执行。典型案例如梁婉琼与韶关市科宇贸易有限公司、韶关市啟丰进出口贸易有限公司行纪合同纠纷案，其基本案情为：梁婉琼委托科宇公司、啟丰公司办理冻猪耳、冻猪心的货柜从中国香港地区进口至内地的有关贸易手续。诉讼期间，涉案货物保质期将过，为避免造

① 参见“周平与董标行纪合同纠纷案”，江苏省启东市人民法院（2014）启开民初字第 01460 号民事判决书。

② 参见“温州市欧王鞋业有限公司与方纪者买卖合同纠纷、行纪合同纠纷案”，浙江省温州市中级人民法院（2014）浙温商终字第 1247 号民事判决书。

成损失，经法院协调，兴晨旺公司与科宇公司、敢丰公司、伟发公司达成协议将本案所涉两个货柜的货物作价 110 万元进行了处理，由科宇公司、敢丰公司先垫付给了伟发公司货物仓储费用，提出货物进行了变卖。法院认为，本案双方构成行纪合同关系。敢丰公司和科宇公司以自己的名义将 7 个货柜从中国香港地区进口至内地的贸易活动，委托人梁婉琼应为自己的委托事项支付报酬。本案当事人没有提供证据证实双方“另有约定”的除外情形，在委托人梁婉琼没有支付报酬的情况下，行纪人科宇公司对委托物享有留置权，这是法律赋予行纪人的权利。科宇公司留置的 2 个货柜，虽然在法院的主持下进行了变现，但梁婉琼在没有支付任何费用的情况下，要求敢丰公司和科宇公司交付货物变现款 110 万元，没有合法依据。梁婉琼应依约向敢丰公司和科宇公司交纳其应付费用后，再行主张权利。①

第九百六十条

本章没有规定的，参照适用委托合同的有关规定。

本条主旨

本条是关于对委托合同参照适用的规定。

相关条文

《合同法》第 423 条　本章没有规定的，适用委托合同的有关规定。

理解与适用

《民法典》第 960 条基本上沿袭了《合同法》第 423 条的表述，但是将后者“适用委托合同的有关规定”修改为“参照适用委托合同的有关规定”。委托合同与行纪合同尽管有类似之处，但毕竟存在较大差别，故而使用“适用”一词过于武断，改为“参照适用”更为准确。

一、参照适用委托合同财产转交义务的规定

由于行纪合同与委托合同非常类似，行纪合同可以参照适用委托合同中的部分规定。典型的如受托人处理委托事务取得的财产应转交委托人的规定。司法实

① 参见“梁婉琼与韶关市科宇贸易有限公司、韶关市敢丰进出口贸易有限公司行纪合同纠纷案”，广东省韶关市中级人民法院（2014）韶中法民二终字第 115 号民事判决书。

践对此也是予以认可的。典型案例如河南枫桦医疗器械有限公司与南阳市骨科医院、黄润堂行纪合同纠纷一案，其基本案情为：医改政策实行后，原告河南枫桦医疗器械有限公司向被告南阳骨科医院所供的医疗器械，按医用耗材招标采购新秩序，由被告国药控股南阳有限公司统一与被告南阳骨科医院签订购销合同，再由国药控股南阳有限公司向南阳市浩鑫医疗器械有限责任公司采购，南阳市浩鑫医疗器械有限责任公司再向其他公司采购。货款结算时，河南枫桦医疗器械有限公司向南阳市浩鑫医疗器械有限责任公司出具发票，南阳市浩鑫医疗器械有限责任公司再向国药控股南阳有限公司出具发票，最后由国药控股南阳有限公司与南阳骨科医院进行结算。南阳骨科医院与国药控股南阳有限公司结算后，将货款支付给国药控股南阳有限公司，国药控股南阳有限公司扣除管理费用后，再将货款支付给南阳市浩鑫医疗器械有限责任公司，河南枫桦医疗器械有限公司扣除15%的管理费用后，将发票给南阳市浩鑫医疗器械有限责任公司，南阳市浩鑫医疗器械有限责任公司将货款支付给河南枫桦医疗器械有限公司。法院认为，依据上述供货及结算过程，河南枫桦医疗器械有限公司向南阳市浩鑫医疗器械有限责任公司支付货款的15%作为报酬，由南阳市浩鑫医疗器械公司与国药控股南阳有限公司进行结算后将货款支付给河南枫桦医疗器械有限公司，河南枫桦医疗器械有限公司与南阳市浩鑫医疗器械公司之间系行纪合同关系。河南枫桦医疗器械有限公司与南阳市浩鑫医疗器械公司之间虽没有签订行纪合同，但双方实际进行了履行，该行纪合同系有效合同，双方应当遵守。《合同法》第404条规定，受托人处理委托事务取得的财产，应当转交给委托人。本案中，南阳骨科医院已与国药控股南阳有限公司就涉案的医疗器械进行了结算并支付，国药控股南阳有限公司也已向南阳市浩鑫医疗器械公司支付了货款，故，南阳市浩鑫医疗器械公司应当向河南枫桦医疗器械有限公司支付货款。①

二、参照适用委托合同任意解除权的规定

尽管合同解除与否对合同当事人之利益影响很大，但考虑到行纪合同与委托合同非常类似，故而行纪合同可以参照适用委托合同任意解除权的规定。司法实践来对此也是予以认可的。典型案例如韩宇恒与河南开元行汽车销售有限公司返还原物纠纷一案，其基本案情为：2018年11月3日，原告在被告处购买商务车

---

① 参见“河南枫桦医疗器械有限公司与南阳市骨科医院、黄润堂行纪合同纠纷案”，河南省南阳市卧龙区人民法院（2017）豫1303民初3946号民事判决书；另参见“甘肃昊世新懿机电科技有限公司等与捷马（济宁）矿山支护设备制造有限公司行纪合同纠纷上诉案”，甘肃省高级人民法院（2016）甘民终450号民事判决书。

一辆，价格55万元。后原告以车辆存在气味无法使用为由将上述车辆放在被告处，并由被告以其自己的名义对外出售。2019年6月14日，被告与案外人郭方、郭保林签订汽车销售合同一份，被告将上述车辆以48万元的价格出售给郭方、郭保林。后被告与郭保林签订解除协议一份，该协议主要约定，因双方在协商交车过程中调取保险记录时发现该车为事故车，双方自愿解除协议，由被告双倍返还案外人郭保林4万元并赔偿郭保林损失2万元。法院认为，原被告之间构成实际上的行纪合同法律关系。在该法律关系中，原告是委托人，被告是行纪人。在双方行纪合同的履行过程中，原告作为委托人享有任意解除权，即原告可以随时解除合同。原告起诉返还车辆及其附属的出厂合格证、购车发票、车辆一致性证书、说明书、保养手册，是其行使解除权的具体体现，符合法律规定。被告并不享有相应的留置权，原因在于：第一，原、被告之间的行纪合同关系系无偿的，不存在原告向被告支付报酬问题；第二，被告作为行纪人向案外人出售涉案车辆时，应当对涉案车辆的质量状况进行全面检查了解并如实向第三人披露。因被告在与案外人履行合同的过程中未及时披露相关情况导致合同解除，被告向案外人支付的相关赔偿应由被告自行承担。因此，被告是否向案外人支付赔偿、支付了多少赔偿均与原告无关，被告据此主张留置权、拒不向原告返还车辆没有事实及法律依据。①

---

① 参见“韩宇恒与河南开元行汽车销售有限公司返还原物纠纷案”，河南省郑州市金水区人民法院（2019）豫0105民初21998号民事判决书。

第二十六章

中介合同

本章主要是依据《合同法》第二十三章相关条文修改而成的，围绕中介合同的主要内容规定了中介合同的定义、中介人的如实报告义务、中介人的报酬请求权、未促成合同成立的处理、委托人私下与第三人订立合同时的报酬、对委托合同的参照适用。

与《合同法》相比，本章主要修改了以下内容：第一，选用了新术语。《合同法》中所使用的术语为“居间”，而《民法典》改用“中介”表达同样的意思。尽管这是一个相对微小的变化，但也反映出《民法典》在语言问题上更加倾向于适用通俗化的表述。这一思路显然与德国模式区别较大，更加接近法国模式。第二，增加了新条文。《民法典》第 965 条规定：“委托人在接受中介人的服务后，利用中介人提供的交易机会或者媒介服务，绕开中介人直接订立合同的，应当向中介人支付报酬。”第 966 条规定：“本章没有规定的，参照适用委托合同的有关规定。”这两条均为新增条文。第三，统一了表述。《民法典》第 964 条源于《合同法》第 427 条，后者规定：“居间人未促成合同成立的，不得要求支付报酬，但可以要求委托人支付从事居间活动支出的必要费用。”《民法典》基本上沿用了这一规定，但将后者中的“居间人”改为了“中介人”、“要求”改为了“请求”、“但”改为了“但是”，更为统一。此外，《民法典》第 962 条第 2 款也将《合同法》第 425 条第 2 款中的“要求”改为了“请求”。第四，简化了表述。《合同法》第 425 条第 2 款规定：“居间人故意隐瞒与订立合同有关的重要事实或者提供虚假情况，损害委托人利益的，不得要求支付报酬并应当承担损害赔偿责任。”《民法典》第 962 条第 2 款基本沿用了这一表述，但将其中的“损害赔偿责任”改为了“赔偿责任”，更为简洁。中介人故意隐瞒与订立合同有关的重要事实或者提供虚假情况，损害委托人利益的，不得请求支付报酬并应当承担赔偿责任。

本章所规定的中介合同是典型合同之一，其与委托合同、行纪合同既有联系又有区别。其中，最主要的联系在于，三者都是为他人提供服务的。最主要的区别在于，中介人是为委托人提供机会，其中介行为与受服务对象之间的法律关系相对独立。与之对比，在行纪关系中，行纪人与第三人建立了法律关系；而在委托关系中，也是如此。

第九百六十一条

中介合同是中介人向委托人报告订立合同的机会或者提供订立合同的媒介服务，委托人支付报酬的合同。

本条主旨

本条是关于中介合同定义的规定。

相关条文

《民法典》第424条　居间合同是居间人向委托人报告订立合同的机会或者提供订立合同的媒介服务，委托人支付报酬的合同。

理解与适用

本条源于《合同法》第424条，《民法典》沿袭了这一规定，只把“居间”改为了“中介”。

一、中介合同的主体

中介合同成立并生效要求中介人具有主体资格。对于无经纪资格企业不得从事居间活动的规定，除规章制度外，并无国家强制性法律规定作出限制[①]，但地产、娱乐等行业一般要求取得经纪人资格证[②]，中介人不得超越经营

① 参见“上海慕利投资咨询有限公司诉上海欧伯尔塑胶有限公司居间合同案”，上海市奉贤区人民法院（2010）奉民三（民）初字第1568号民事判决书，“上海慕利投资咨询有限公司诉上海欧伯尔塑胶有限公司居间合同案”，上海市第一中级人民法院（2011）沪一中民二（民）终字第334号民事判决书。

② 参见“张爱华诉青岛市西海岸房地产开发公司等居间合同案”，青岛市中级人民法院认为：“原告张爱华作为工人取得经纪人资格证书，并持有经纪人服务许可证，在借调工作期间，应被告青岛市西海岸房地产开发公司邀约为该公司销售房产，居间合同成立。”山东省青岛市中级人民法院（1995）青经三初字43号民事判决书。

范围[①]，特定行业如境外就业中介需要经过行政许可[②]，但也有例外，如在“梧州市贵恒五金建材经营部诉中国建筑第八工程局居间合同纠纷一案”中，贵恒五金建材经营部作为居间人，在签订合同时未取得营业执照，但其经营性质为个体工商户，广西壮族自治区苍梧县人民法院认为：由于原告贵恒经营部是黄某杏个人成立经营的个体工商户，其个人行为可以代表经营部的行为。虽然签订协议书时经营部尚未注册登记，但签订协议是黄某杏的真实意思表示，且后来补办了注册登记，这些并不影响协议的内容和效力。法院判决中国建筑第八工程局支付中介费用。[③]

在房地产中介市场中还有一种情况，即中介公司为控制房源，派员工假扮买房者，出具虚假的定金收据，待房价变化后寻找合适的买受人转手以赚取差价。在“翁某与深圳世某公司居间合同纠纷一案”中，深圳世某公司员工匡某假借其女友李某身份证与翁某签订买卖合同，虽未支付定金，但世某公司出具了收据及托管确认书，后匡某拒绝履行合同，翁某遂诉至法院。[④] 法院对该种情形有三种意见：第一种意见认为，该居间合同有效，买卖合同存在欺诈行为，当事人可撤销，中介人出具的收据和托管确认书可视作对定金的担保；第二种观点认为，该居间合同因恶意串通无效；第三种观点认为中介人违反诚实信用原则，依法应承担损害赔偿责任。法院最终以缔约过失责任判决中介公司对翁某赔偿相应损失。

二、中介合同的相对独立性

在“内黄县面粉公司诉任艳臣等居间合同一案”中，被告任艳臣、睢慧英作为居间人，因第三人濮阳苏玲货运配送站过失导致委托人利益受损，河南县南乐县人民法院强调：“虽然被告任艳臣、睢慧英在居间合同中的违约是由于濮阳苏

---

① 参见“哈尔滨汇发海员技术服务有限公司诉李明波居间合同案”，黑龙江省哈尔滨市中级人民法院认为：“汇发公司超越经营范围，违反国家特许经营而与李明波签订的《渔工合同》无效。”黑龙江省哈尔滨市中级人民法院（2007）哈民四终字第792号民事判决书。

② 在“孙小港诉韩辉居间合同纠纷一案”中，山东省滨州市滨城区人民法院认为：“《境外就业中介管理规定》第三条规定，境外就业中介实行行政许可制度。未经批准及登记注册，任何单位和个人不得从事境外就业中介活动。”山东省滨州市滨城区人民法院（2007）滨民二初字第333号民事判决书。在“高连英诉河北省烟草公司大城县公司居间合同案”中，昆明市中级人民法院认为：“我国公民、法人及其他组织的合法民事权益，才受法律保护。……但被上诉人高连英作为个人，并未经国家有关部门批准认可，……因此，高连英向法庭请求判令大城公司付居间费用的主张，因无充分依据证实，法院不予保护。”云南省昆明市中级人民法院（1995）昆法经终字第84号民事判决书。

③ 参见“梧州市贵恒五金建材经营部诉中国建筑第八工程局居间合同纠纷案”，广西壮族自治区苍梧县人民法院（2002）苍民初字第10号民事判决书。

④ 参见“翁某与深圳世某公司居间合同纠纷案”，广东省深圳市龙岗区人民法院（2008）深龙法民初字第1236号民事判决书，广东省深圳市中级人民法院（2009）深中法民二终字第876号民事判决书。

玲货运配送站提供的信息而导致，但根据合同关系的相对性原则，被告任艳臣、睢慧英和苏喜玲之间的纠纷与原告和被告任艳臣、睢慧英之间的纠纷不属同一法律关系，本院不予合并审理，可另案处理。”①

中介合同的独立性还体现为，即使标的合同事后被确认为无效，若居间人已履行相应义务，也可以确认居间合同单独有效，在“浙江台州中院裁定陈伟强诉丰源船舶公司等居间合同纠纷一案”中，标的合同因审批手续问题被确认部分无效，但法院经审理认定居间合同有效。②

在“建湖县盛春制衣有限公司诉郑中在居间合同中承诺代偿债务欠款纠纷一案”中，中介人郑中在票单上表示“出货后，货款由郑中负责收回，如发生意外，一切由郑中承担”，一审、二审、再审法院均认定此系实际定做人与委托人之间的定做合同之担保，而非居间合同的内容。法院认为：“原审被告郑中在两次与原审原告盛春公司结账时，均在结算清单中承诺货款由郑中负责收回，并向原审原告立下欠据，从而自愿承诺替涛宇公司代为履行偿还加工费的义务，使自己成为该服装加工业务中拖欠加工费的债务人。郑中作为独立民事行为能力人，有独立处分自己权利并对自己行为承担责任的能力，法律不禁止第三人自愿为债务人承担偿还债务责任。”经调解并最终达成调解协议，郑中给付被上诉人建湖县盛春制衣有限公司人民币 43 000 元。③

第九百六十二条

中介人应当就有关订立合同的事项向委托人如实报告。

中介人故意隐瞒与订立合同有关的重要事实或者提供虚假情况，损害委托人利益的，不得请求支付报酬并应当承担赔偿责任。

本条主旨

本条是关于中介人如实报告义务的规定。

---

①　“内黄县面粉公司诉任艳臣等居间合同案”，河南县濮阳市南乐县人民法院（2007）南民初字第 580 号民事判决书。

②　参见“陈伟强诉丰源船舶公司等居间合同纠纷案”，浙江省台州市三门县人民法院（2014）台三小商初字第 270 号民事判决书，浙江省台州市中级人民法院（2014）浙台商终字第 846 号民事裁定书。

③　参见“建湖县盛春制衣有限公司诉郑中在居间合同中承诺代偿债务欠款纠纷案”，一审：江苏省盐城市建湖县人民法院（2010）建商初字第 0198 号民事判决书，再审一审：江苏省盐城市建湖县人民法院（2011）建商再初字第 0002 号民事判决书，再审二审：江苏省盐城市中级人民法院（2012）盐商再终字第 0006 号民事判决书。

相关条文

《合同法》第 425 条　居间人应当就有关订立合同的事项向委托人如实报告。居间人故意隐瞒与订立合同有关的重要事实或者提供虚假情况，损害委托人利益的，不得要求支付报酬并应当承担损害赔偿责任。

理解与适用

本条源于《合同法》第 425 条，《民法典》基本上沿用了这一规定，但将后者中的“居间人”改为了“中介人”、“要求”改为“请求”，并将“损害赔偿责任”改为“赔偿责任”。

一、一般情形的

本条是关于居间人如实报告义务的规定，这里的如实报告不仅包括报告，还包括对所报告信息的审核义务。在“王宝树与厦门高鹏房地产营销策划有限公司居间合同纠纷一案”中，法院认为：“居间人负有如实报告义务，如其故意隐瞒与订立合同有关的重要事实或者提供虚假情况，损害委托人利益的，不得要求支付居间报酬并应当承担损害赔偿责任。故居间人在进行居间活动时对讼争房产应当进行审查，对于影响交易的重要事实对委托人应当如实报告。”① 在“北京链家房地产经纪有限公司诉李荣居间合同纠纷一案”中，法院认为：“链家地产公司作为提供房屋买卖居间服务的专业机构，应当知晓违章搭建可能导致房屋买卖合同目的无法实现，并应当将该事实如实全面地告知委托人李荣。虽然李荣在签订‘房屋买卖合同’前已对房屋进行查看，应当知道自建房的相关情况，但是链家地产公司仍然应当对房屋无法过户的风险进行明确提示。”法院判决中介公司退还中介费用。②

二、第三人介入的

若中介人尽到了审核、报告等义务，但由于第三人的原因导致合同不能订立

① “王宝树与厦门高鹏房地产营销策划有限公司居间合同纠纷案”，福建省厦门市集美区人民法院（2014）集民初字第 214 号民事判决书，福建省厦门市中级人民法院（2014）厦民终字第 2034 号民事判决书。

② 参见“北京链家房地产经纪有限公司诉李荣居间合同纠纷案”，北京市海淀区人民法院（2013）海民初字第 19502 号民事判决书，北京市第一中级人民法院（2014）一中民终字第 130 号民事判决书。

或履行的，中间人仍享有报酬请求权，在“昆明五华新园房屋信息服务部诉徐红丽居间合同纠纷一案”中，委托人徐红丽经中介人昆明五华新园房屋信息服务部介绍，与葛林华达成房屋买卖口头协议，后因葛林华违约导致合同不能继续履行，委托人遂起诉要求中介人承担未尽到中介义务导致其损失的责任，法院经审理认为：“……从签订房屋买卖合同的过程来看，并无证据表明上诉人有故意隐瞒或者提供虚假情况的行为……现造成合同不能履行的原因是由于卖房人葛林华的违约行为，与上诉人提供的居间服务并无因果关系，故上诉人不应对此承担责任。”法院据此驳回了徐红丽的诉讼请求。①

三、信息公开的

对于已经公开的信息，作为买受人的一方也负有相应的审核义务。在“李彦东诉上海汉宇房地产顾问有限公司居间合同纠纷一案”中，李彦东作为房东买受人，于支付定金后发现出卖人对标的房屋不具有合法产权，上海汉宇房地产顾问有限公司作为房地产中介，对出卖人出具的文件没有尽到审核义务，损害了委托人利益，应承担相应的赔偿责任，同时，买受人对交易信息也负有一定的审核义务，故损失应由双方分担，上海市嘉定区人民法院一审认为：“被告汉宇地产作为专业的房屋中介机构，在进行居间服务时应尽到必要的、审慎的审查、核实义务，如核实房源信息、核实卖房人的身份信息、判断交易过程中的合理性等。买房人对于房屋交易也负有注意义务。本案中，汉宇地产虽进行了一定的调查、核实等行为，但未就系争房屋是否存在一房二卖、公证书是否系伪造等事宜进行调查核实，导致原告李彦东定金损失。而李彦东也未依约将定金交予汉宇地产保管，而是将定金直接支付于周敏，也未对公证书的真实性尽到注意义务，导致定金无法追回。双方在此过程中均有过错，应各自承担相应的责任。”② 在“上海龙迪房地产经纪事务所诉夏海华居间合同纠纷一案”中，房屋买受人夏海华主张居间人提供的房屋建造年份有误，法院认为，“对于上诉人夏海华所称被上诉人存在欺骗、隐瞒房龄信息，误导其与案外人当日签约，并以此主张被上诉人在居间服务过程中存在过错，本院认为，系争房屋的产权信息对外公开，上诉人自身也有审

---

① 参见“昆明五华新园房屋信息服务部诉徐红丽居间合同纠纷案”，云南省昆明市官渡区人民法院（2003）官法民一初字第4513号民事判决书，云南省昆明市中级人民法院（2004）昆民二终字第225号民事判决书。

② “李彦东诉上海汉宇房地产顾问有限公司居间合同纠纷案”，上海市嘉定区人民法院（2012）嘉民三（民）初字第809号民事判决书。

查的义务，因上诉人未提供证据加以佐证，故其抗辩意见，法院难以采信。”①

四、主体特殊的

对于特殊主体的义务分配也有不同，例如缺乏专业信息鉴别能力的老人。在“上海我爱我家房屋租赁置换有限公司诉王龙根居间合同一案”中，委托人王龙根为年近七十的老人，法院认为：“被告系年逾七旬的退休老人，靠有限的退休金生活，原告作为专业的房屋中介机构，在了解了被告的用意后理应向被告告知清楚房屋市场的基本行情，让被告根据自身的经济能力作出选择，包括选择是否置换、置换多大面积的房屋，并且在被告作出置换选择后，原告还应同时为被告居间介绍购买被告房屋的下家以及出让给被告房屋的上家，因被告主要是用其售出房屋的房款来支付需购买的大房子的房款的，故关于购房款的支付还需由购买被告房屋的下家与出让房屋给被告的上家共同参与协商。……该份合同是原告利用其自身的经营优势以及被告年长、草率、缺乏经验、信息不通的弱势而签订的，严重损害了被告的利益，属显失公平，且被告以原告欺诈为由要求确认合同无效实际就是对显失公平的主张，该主张未超法定的 1 年的行使撤销权的期限，故上述居间合同应予撤销，被告基于与原告签订的居间合同而与案外人签订的买卖合同也应随之撤销。”②

第九百六十三条

中介人促成合同成立的，委托人应当按照约定支付报酬。对中介人的报酬没有约定或者约定不明确，依据本法第五百一十条的规定仍不能确定的，根据中介人的劳务合理确定。因中介人提供订立合同的媒介服务而促成合同成立的，由该合同的当事人平均负担中介人的报酬。

中介人促成合同成立的，中介活动的费用，由中介人负担。

本条主旨

本条是关于中介人的报酬请求权的规定。

---

① “上海龙迪房地产经纪事务所诉夏海华居间合同纠纷案”，上海市浦东新区人民法院（2012）浦民一（民）初字第 40707 号民事判决书，上海市第一中级人民法院（2013）沪一中民二（民）终字第 885 号民事判决书。

② “上海我爱我家房屋租赁置换有限公司诉王龙根居间合同案”，上海市闵行区人民法院（2009）闵民三（民）初字第 2012 号民事判决书。

相关条文

《合同法》第 426 条 居间人促成合同成立后，委托人应当按照约定支付报酬。对居间人的报酬没有约定或者约定不明确，依照本法第六十一条的规定仍不能确定的，根据居间人的劳务合理确定。因居间人提供订立合同的媒介服务而促成合同成立的，由该合同的当事人平均负担居间人的报酬。居间人促成合同成立的，居间活动的费用，由居间人负担。

理解与适用

《民法典》基本上沿用了《合同法》第 426 条的规定，但将后者中的“居间人”改为“中介人”，并做了相应的条文序号改动。

一、支付主体

对于中介费用的支付主体，当事人可在中介合同约定。在“上海安创测量设备科技有限公司诉西安爱德华测量设备股份有限公司等居间合同纠纷一案”中，原告上海安创测量设备科技有限公司与两位委托人签订合同时约定中介费用由MORA 公司支付，后起诉要求西安爱德华测量设备股份有限公司与 MORA 公司共同支付，法院不予支持。①

二、主张报酬的条件

（一）双重要件

中介人在主张中介报酬请求权时，不仅需证明合同成立，还应证明合同成立与中介活动具有关联性。在“上海徐汇法院判决汇安事务所诉鑫泰公司等居间合同纠纷一案”中，中介人主张六位购房客户对应的居间费用，但无法证明其中三位客户经其推荐并成功签订合同，法院经审理后认为：“……但依据其现有证据，尚不足以证明系其成功推荐客户朱某。因此，就客户朱某，因汇安事务所不能证明已履行了居间合同约定的居间服务，不能获取居间报酬。”对于无法证明其中介行为与签订合同具有合理关联性的客户，法院判决不支持中介人的报酬请求权。②

---

① 参见“上海安创测量设备科技有限公司诉西安爱德华测量设备股份有限公司等居间合同纠纷案”，上海市杨浦区人民法院（2012）杨民二（商）初字第 S651 号民事判决书。

② 参见“汇安事务所诉鑫泰公司等居间合同纠纷案”，上海市徐汇区人民法院（2018）沪 0104 民初 405 号民事判决书。

（二）要件之一：成立

本条所指合同成立，应为中介人参与促成了特定的合同，若当事人与多方磋商，最终成立的合同没有中介人的参与，中介人不享有本条所指的报酬请求权。在“王亮与车向平居间合同纠纷一案”中，车向平作为中介人向王亮引荐了买受人，但由于报价不符合双方预期，交易并未成立，后王亮自行寻找到交易相对人，并签订了合同，车向平向法院主张要求王亮支付居间费用。一审法院认为：“应当认定车向平履行了部分居间义务并促成合同成立；故车向平要求王亮支付报酬的诉讼请求应予酌情支持。”王亮不服提出上诉，二审法院认为：“一审判决认定车向平联系受中石化甘肃分公司委托办理加油站收购事宜的一安公司与王亮进行协商的事实无证据证实，且在二审审理中中石化甘肃分公司出具证明，证实本案所涉两座加油站的资产收购事宜系其公司与王亮洽谈并签订合同，与其他任何公司无关。故从现有证据无法证实车向平完成了其与王亮居间协议中约定的义务，亦无证据证明由其促成了加油站收购事宜。”二审法院判决撤销原判，并驳回车向平的诉讼请求。①

（三）要件之二：促成

本条所指“促成”，是指向委托人报告订立合同的机会或者提供订立合同的媒介服务以及类似的服务，并不要求直接参与合同订立的谈判。在“昆明润恒房地产信息咨询有限公司诉昆明诚信房地产开发经营有限公司居间合同纠纷一案”中，委托人昆明诚信房地产开发经营有限公司委托昆明润恒房地产信息咨询有限公司出售标的房屋，在标的房屋签订买卖合同后，委托人以中介人未直接参与合同谈判为由拒绝支付中介费用，称该协议是在买受人的购房申请未获其上级主管部门批准的情况下订立的，而非中介人促成，二审法院经审理后认为：“居间人的义务在于寻觅、提供与委托人订立合同的相对人，以及斡旋于双方第三人之间，促进双方交易的达成；但最终交易的达成以及何时达成取决于交易双方；而且在交易中，居间人仅是中介人，不直接参与交易双方的谈判，在决定交易双方的权利义务内容上不体现居间人的意志。就本案而言，在居间合同订立后，被上诉人已按合同约定向上诉人提供了订立合同的相对人以及媒介服务；虽然在居间合同订立后一年多的时间里，未能促成售房合同的成立，但因双方没有约定居间合同的履行期限，所以其行为不构成违约。”二审法院支持一审法院作出的向中

① 参见“王亮与车向平居间合同纠纷案”，甘肃省庆阳市环县人民法院（2013）环民初字第 636 号民事判决书，甘肃省庆阳市中级人民法院（2014）庆中民终字第 240 号民事判决书。

介人支付中介费用的判决。①

三、报酬数额的确定

中介报酬的数额应当与中介行为的价值大小相当，在“余阿根诉江苏濑江集团有限公司居间合同纠纷一案”中，委托人江苏濑江集团有限公司先委托余阿根就其所有的冶金部钢铁研究院溧阳联合钢管厂（以下简称钢管厂）联营、租赁、拍卖事宜外觅洽谈，后钢管厂所在地的江苏省溧阳市南渡镇人民政府根据溧阳市人民政府的要求，与溧阳市国强镀锌有限公司联系钢管厂的租赁、参股、收购事宜。此时，余阿根与江苏省溧阳市南渡镇人民政府同时参与对该合同的促进事宜，最终合同成功签订，但江苏濑江集团有限公司拒绝向余阿根支付中介报酬，理由为余阿根没有起到促进合同成立的作用。法院经审理后认为：“钢管厂资产买卖合同最终成立主要是南渡镇政府行为的结果，余阿根的居间行为为促成钢管厂资产买卖合同成立只起到辅助和次要的作用……当然，余阿根可以要求濑江集团支付与其居间行为价值大小相应的报酌。一审判决濑江集团向余阿根支付 18 万元报酬，与余阿根的居间行为价值大小比较相适应。”②

四、合同解除与报酬

（一）因协商一致解除

若主合同虽成立，又经意思表示一致解除了原合同，若解除合同的原因不可归责于中介人，仍应支付中介费用。在“上海来福房产咨询服务有限公司与盛明军、张红萍居间合同纠纷一案”中，当事人盛明军、张红萍于签订房屋买卖合同一个月后，又签订了一份“撤销房屋买卖合同协议”，并拒绝支付中介费用，中介人上海来福房产咨询服务有限公司起诉要求当事人支付中介费用，上海市松江区人民法院作出一审民事判决认为：“盛明军、张红萍之间达成的撤销协议，仅对盛明军、张红萍具有法律上的约束力，未经协议之外的当事人认可，对协议之外的当事人不产生法律上的效力。现导致盛明军、张红萍解除买卖合同的原因并非可归责于第一分公司，故不能免除盛明军、张红萍各自应按约向第一分公司支

① 参见“昆明润恒房地产信息咨询有限公司诉昆明诚信房地产开发经营有限公司居间合同案”，云南省昆明市中级人民法院（2003）昆民四初字第 034 号民事判决书，云南省高级人民法院（2003）云高民三终字第 37 号民事判决书。

② 吴庆宝：《权威点评最高人民法院合同法指导案例》，北京，中国法制出版社 2010 年版，第 195 页。

付中介费的民事责任。”法院判决应支付中介费用。[①]

（二）因客观情形解除

若因客观情形需要解除，中介费用可按照公平原则进行合理分担。在“李金容等诉林沛森等房屋买卖合同、居间合同纠纷一案”中，买受人李金荣等委托中介人中山市乐安居房地产咨询服务中心购买林沛森等人的房屋，在签订《房地产买卖合同》，并向中介人支付 6 000 元中介费及 2 000 元办证费后，由于贷款政策的变动，买方无法办理贷款手续，经商议也无法就付款方式达成一致意见，后诉至法院请求撤销合同并退还居间费用，法院经审理后认为该情形符合情势变更的适用条件，支持撤销合同的诉讼请求，对于买方已支付的居间费用，法院认为："本案适用情势变更原则，《房地产买卖合同》包括房屋买卖合同关系和居间合同关系，合同被依法解除后，原告与被告乐安居中心之间的居间合同关系亦终止。原告和被告乐安居中心对合同无法继续履行均无过错。因此，本案适用公平责任原则，由本院酌情确定原告和被告乐安居中心之间损失分担比例。由被告乐安居中心返还 2 500 元佣金给原告，办证费 2 000 元依原告与被告乐安居中心按单据实报实销之约定，扣除被告乐安居中心实际支出的 1 038 元，余额 962 元返还给原告。”[②]

第九百六十四条

中介人未促成合同成立的，不得请求支付报酬；但是，可以按照约定请求委托人支付从事中介活动支出的必要费用。

本条主旨

本条是关于中介人必要费用请求权的规定。

相关条文

《合同法》第 427 条　居间人未促成合同成立的，不得要求支付报酬，但可以要求委托人支付从事居间活动支出的必要费用。

---

① 参见最高人民法院民事行政检察厅：《人民检察院民事行政抗诉案例选》，北京，中国检察出版社 2009 年版，第 56 页。

② “李金容等诉林沛森等房屋买卖合同、居间合同案”，广东省中山市第一人民法院（2011）中一法民一初字第 180 号民事判决书。

理解与适用

本条源于《合同法》第 427 条，《民法典》基本上沿用了这一规定，但将后者中的“居间人”改为了“中介人”、“要求”改为了“请求”、“但”改为了“但是”，并增加了一个“，”。

本条是关于未促成合同的中介活动的处理。对于此条规定的违反，多见于中介公司与买方签订协议，要求即使中介活动不成，也收取中介费。在“某房产公司诉陈某居间合同违约纠纷一案”中，某房产公司作为中介人，与陈某约定：在任何情况下，若买卖双方未能履行合同，则违约的一方须赔偿相当于该房地产交易总价 1.6％的金额即 17 600 元予中介公司作为补偿；在签署居间合同后，买卖双方未征得中介公司书面同意自行协议解除合同的，需要各自赔付相当于该房地产交易总价 1.6％的金额予中介公司作为补偿。后并未达成任何买卖合同。上海市杨浦区法院经审理后认为：“尽管合同中载有买卖双方合同未能成立或解除合同的情况下，中介公司均可获得补偿的条款，但该条款是中介公司提供的格式条款。……这一格式条款明显加重了买卖双方在合同未成立或合同解除情形下的责任，故应认定为无效。假使按照该条款履行，则中介公司无论是否促成合同成立，均可从中获益；而且，合同不成立时的补偿金额还大于合同成立时的居间费，这一约定显然有悖于公平原则和当事人权利义务相一致原则。”由此，法院判定中介公司败诉。①

第九百六十五条

委托人在接受中介人的服务后，利用中介人提供的交易机会或者媒介服务，绕开中介人直接订立合同的，应当向中介人支付报酬。

本条主旨

本条是关于委托人私下与第三人订立合同后果的规定。

相关条文

无

---

① 参见《上海一中介定无理条款 交易不成照收中介费》，https：//bj.leju.com/news/summarize/2005-09-05/112494016.html 最后访问时间：2020 年 6 月 5 日。

理解与适用

本条为新增条文，主要指委托人在接受中介服务后，为逃避支付中介费用，恶意越过中介人与第三人交易的行为，争议焦点一般在于委托人是否形成“跳单”行为。

一、“跳单”认定与公开信息

在“上海中原物业顾问有限公司诉陶德华居间合同纠纷一案”中，涉案房屋产权人李某委托多家中介公司出售房屋，买房人陶德华在通过两家不同的中介公司进行看房活动后，又通过原告中原公司看了该房屋，双方同日签订了《房地产求购确认书》，该确认书约定：在验看过该房地产后6个月内，陶德华或其委托人、代理人、代表人、承办人等与陶德华有关联的人，利用中原公司提供的信息、机会等条件但未通过中原公司而与第三方达成买卖交易的，陶德华应按照与出卖方就该房地产买卖达成的实际成交价的1%，向中原公司支付违约金。后因另一家中介公司报价较低，陶德华遂通过该中介公司与李某签订了房屋买卖合同并办理了过户手续。中原公司遂起诉要求陶德华支付中介费用。一审法院判决支持原告诉讼请求。后经二审法院审理认为：“中原公司与陶德华签订的《房地产求购确认书》属于居间合同性质，其中第2.4条的约定，属于房屋买卖居间合同中常有的禁止‘跳单’格式条款，……衡量买方是否‘跳单’违约的关键，是看买方是否利用了该中介公司提供的房源信息、机会等条件。如果买方并未利用该中介公司提供的信息、机会等条件，而是通过其他公众可以获知的正当途径获得同一房源信息，则买方有权选择报价低、服务好的中介公司促成房屋买卖合同成立，而不构成‘跳单’违约。本案中，原产权人通过多家中介公司挂牌出售同一房屋，陶德华及其家人分别通过不同的中介公司了解到同一房源信息，并通过其他中介公司促成了房屋买卖合同成立。因此，陶德华并没有利用中原公司的信息、机会，故不构成违约，对中原公司的诉讼请求不予支持。”法院宣布撤销原判，对原告诉讼请求不予支持。①

二、“跳单”认定与因果关系

与之类似的情形很多，在“张掖市佳业房产经纪有限公司与贾兰生居间合同

---

① 参见“上海中原物业顾问公司诉陶德华居间合同纠纷案”，https：//www.chinacourt.org/article/detail/2011/12/id/470306.shtml，最后访问时间：2020年6月5日。

纠纷一案”中，被告贾兰生在网络上查询到由原告中介公司发布的售房信息，遂于 2015 年 7 月 30 日电话联系该中介公司员工看房，但看房后与出售人就价格未达成一致意见，原被告于同日签订《看房协议》，约定自看房日起，无论通过何种方式与该房业主达成交易，均视为通过中介活动成功交易，并应支付相应中介费用。被告贾兰生于 2016 年 1 月与涉诉房屋出售人签订售房协议，原告中介公司遂起诉要求被告支付中介费用。后经查明，出售人王小秋并未委托原告代售涉诉房屋，第一次看房时双方并未就价格达成一致意见，但之后由于急需用钱，其主动联系买房人贾兰生，双方以另一价格达成了购房协议。在房屋出售期间，王小秋从未委托原告作为委托人进行中介服务，也未与原告签订过任何书面委托协议。法院经审理认定为，即使签订了《看房协议》，“原、被告与房屋出售人只一次在一起商议过房屋出售事项，但事后三方再未在一起协议过涉诉房屋出售”。法院认为售房合同的签订与居间合同不具有因果关系，判决驳回了原告的诉讼请求。①

三、“跳单”认定与利用中介

若委托人确实是为了逃避中介费用，在利用中介人提供的服务后，故意绕开中介人签订合同，应承担中介费用的付款责任。在“北京中和信恒房地产经纪有限公司诉宋耀明居间合同纠纷一案”中，宋耀明系标的房屋的所有权人。2010 年 5 月，宋耀明委托田润会出租该房屋，并发布相关的出租信息。在此期间，宋耀明的妻子曾到中和信恒公司处刊登过上述房屋出租的信息。其后，中和信恒公司曾带克莱德公司相关人员到标的房屋看房，并商谈相关租赁事宜，但当时并未与宋耀明达成租赁合同。2009 年 5 月底，宋耀明与克莱德公司就标的房屋达成租赁合同，克莱德公司实际承租了该房屋，双方均未支付中介费用，原告（中介人）任遂诉至法院，一审未支持原告诉讼请求，二审法院经审理后认为：“……第四，虽然中和信恒公司最终并未促成宋耀明与克莱德公司订立租赁合同，但没有促成合同订立的原因是宋耀明、克莱德公司回避中和信恒公司而自行协商的结果，不可归责于中和信恒公司。如果因可归责于当事人自己的原因致使合同订立条件不成就的，应当视为条件成就。”二审法院撤销一审判决，支持原告诉讼请求。② 也

---

① 参见“张掖市佳业房产经纪有限公司与贾兰生居间合同纠纷案”，甘肃省张掖市甘州区人民法院（2016）甘 0702 民初 2756 号民事判决书。

② 参见“北京中和信恒房地产经纪有限公司诉宋耀明居间合同案”，北京市朝阳区人民法院（2010）朝民初字第 23420 号民事判决书；北京市第二中级人民法院（2010）二民终字第 21522 号民事判决书。

有法院认为，此种情形下中介人未实际操作标的合同，中介费可酌情少收。①

第九百六十六条

本章没有规定的，参照适用委托合同的有关规定。

本条主旨

本条是关于参照适用委托合同的规定。

相关条文

无

理解与适用

本条为新增条文。

中介合同虽然在合同法体系中是独立于委托合同的有名合同，然而在性质上却是特殊的委托合同，两者具有相似性。故而若中介合同没有规定的，完全可参照适用委托合同的相关规定。在涉及中介合同的案例中，常见原为当事人委托他人处理事务，后涉及第三方当事人，进而转为中介合同的案情。

① 参见“无锡恒茂时代不动产经纪有限公司诉张民欣、顾正荣居间合同纠纷案”，江苏省无锡市南长区人民法院（2011）南民初字第11号民事判决书。

第二十七章

合伙合同

第九百六十七条

合伙合同是二个以上合伙人为了共同的事业目的，订立的共享利益、共担风险的协议。

本条主旨

本条是关于合伙合同之概念的规定。

相关条文

《民法通则》第30条　个人合伙是指两个以上公民按照协议，各自提供资金、实物、技术等，合伙经营、共同劳动。

第31条　合伙人应当对出资数额、盈余分配、债务承担、入伙、退伙、合伙终止等事项，订立书面协议。

第33条　个人合伙可以起字号，依法经核准登记，在核准登记的经营范围内从事经营。

第52条　企业之间或者企业、事业单位之间联营，共同经营、不具备法人条件的，由联营各方按照出资比例或者协议的约定，以各自所有的或者经营管理的财产承担民事责任。依照法律的规定或者协议的约定负连带责任的，承担连带责任。

《合伙企业法》第4条　合伙协议依法由全体合伙人协商一致、以书面形式订立。

《民法通则意见》第46条　公民按照协议提供资金或者实物，并约定参与合伙盈余分配，但不参与合伙经营、劳动的，或者提供技术性劳务而不提供资金、实物，但约定参与盈余分配的，视为合伙人。

第50条　当事人之间没有书面合伙协议，又未经工商行政管理部门核准登记，但具备合伙的其他条件，又有两个以上无利害关系人证明有口头合伙协议的，人民法院可以认定为合伙关系。

理解与适用

一、合伙合同的规范重心

依照不同的标准，合伙可以被划分为不同的类型。例如，以是否存在稳定营业为标准，合伙可以被分为民事合伙与商事合伙；以是否频繁对外交往为标准，合伙可以被分为内部合伙与外部合伙；以合伙是否形成组织为标准，合伙可以被分为未形成组织的合伙和形成组织的合伙等。确定合伙合同预设的规范对象，是适用合伙合同规则的前提问题。

在《民法典》之前，《合伙企业法》已经作为一类合伙规范而存在，其预设的规范对象是合伙企业，是典型的形成组织的合伙。为避免规则重复，充分发挥规范价值，《民法典》中的合伙合同以未形成组织的合伙为规范重心，从而形成了合伙规范的双轨格局。由此，在进行规范适用时，须先行确定合伙的组织性强弱：对于组织性强的合伙，可以参照适用《合伙企业法》的规范；对于组织性弱的合伙，可以参照适用《民法典》中关于合伙合同的规范。

二、合伙合同的构成

（一）二个以上合伙人

合伙合同的当事人为二人以上，至于人数上限，不作规定，由当事人自行选择。如果合伙人人数因死亡等原因少于二人，则合伙合同当然终止。

对于合伙人的资格，《民法通则》第30条及以下条文规定的个人合伙的合伙人被限制为自然人，但是其第52条规定了合伙型联营，其合伙人可以是企业、事业单位。本条未对合伙人资格作限制性规定，无论是自然人、法人还是非法人组织，原则上都可以作为合伙人。《民法典》第977条中的“合伙人死亡、丧失民事行为能力或者终止的”这一表述已经表明法人和非法人组织作为合伙人的可能性。

但是，应当考虑现行法中的特殊限制。《合伙企业法》第 3 条规定："国有独资公司、国有企业、上市公司以及公益性的事业单位、社会团体不得成为普通合伙人。"这是基于保护国有资产、上市公司股东和实现公益性目的的考虑，避免这些主体作为普通合伙人承担连带责任而导致资产减少。① 但是，这是对合伙企业的限制。本章中规定的合伙合同以不形成组织的合伙作为原型，该类合伙没有长期持续的组织化营业，在未形成合伙企业时，即使导致合伙人承担连带责任，也与其他通过合同约定合伙人承担连带责任的情形并无区别，故不宜作出一般性限制。同时，基于合伙合同所涉及的共同事业的广泛性，合伙合同的共同事业并不必然是营利性的活动，所以，对为公益目的成立的法人或者非法人组织而言，即使这些法人或者非法人组织不得从事营利性经营活动，也不妨碍其成为以非营利性经营活动作为共同事业目的的合伙人。

对于自然人而言，如果是完全民事行为能力人订立合伙合同，自然没有疑问。如果是无民事行为能力人订立合伙合同，依据《民法典》第 144 条，合伙合同当然无效。至于限制民事行为能力人订立的合伙合同，如果合伙合同的内容较为简单，与限制民事行为能力人的年龄、智力、精神健康状况相适应，则可以认为合伙合同有效。② 《合伙企业法》第 14 条第 1 项规定的"合伙人为自然人的，应当具有完全民事行为能力"，是基于合伙企业的概括性、持续性经营所作出的特殊规定，不可当然适用于本章规定的合伙合同情形。法定代理人为不具有完全民事行为能力者订立合伙合同的，是否能够使合伙合同对不具有完全民事行为能力者发生效力，关键问题是法定代理人的代理行为是否超越了法定的代理权限。

---

① 参见李飞主编：《中华人民共和国合伙企业法释义》，北京，法律出版社 2006 年版，第 6－7 页。需要说明的是，《公司法》第 15 条规定："公司可以向其他企业投资；但是，除法律另有规定外，不得成为对所投资企业的债务承担连带责任的出资人。"但是，《合伙企业法》第 3 条并未明确规定非上市的公司可以作为普通合伙人，这导致该条是否构成《公司法》第 15 条中的"法律另有规定的除外"是存在疑问的。参见叶林：《论公司的合伙人资格》，载《中国工商管理研究》2012 年第 9 期，第 12 页以下。但一般认为，一般的非上市公司可以作为合伙企业的普通合伙人，公司能够利用合伙企业的灵活经营机制和税收优惠等作出合理的资本流动选择，并且对于董事会失灵、股东和债权人利益风险都具有派驻管理人员、章程另作规定等防范机制。实践中，以公司作为普通合伙人而设立的合伙企业，多发生于以资产管理为主要业务，很少发生投资损益之外的其他债务风险，从而很少出现相对人要求合伙企业或者普通合伙人偿还债务的情况。具体参见朱慈蕴：《公司作为普通合伙人投资合伙企业引发的法律思考》，载《现代法学》2008 年第 5 期，第 77 页以下；包哲钰、侯顺忠：《论公司作为普通合伙人的理论基础和现实依据》，载《甘肃政法学院学报》2010 年第 6 期，第 83 页以下。

② 参见邱聪智：《新订债法各论》（下），北京，中国人民大学出版社 2006 年版，第 7 页。江苏省南京市中级人民法院（2015）宁民终字第 3663 号判决书中认为，年已 16 岁不满 18 周岁的未成年人参与购买桩机合伙经营的合伙合同有效。云南省昆明市五华区人民法院（2016）云 0102 民初 7505 号民事判决书中认为，未成年人参与合伙经营汽配城的合伙合同无效。

《民法典》第 35 条第 1 款规定："监护人应当按照最有利于被监护人的原则履行监护职责。监护人除为维护被监护人利益外，不得处分被监护人的财产。"如果根据法定代理人是否是父母、具体合伙事务的性质等因素判断，作为监护人的法定代理人的此种行为在客观上违反了最有利于被监护人的原则，可以认为代理行为超越了法定的代理权限，且其他合伙人本就知道被代理人不具有完全民事行为能力，故可以参照《民法典》第 171 条第 1 款，认定合伙合同对被监护人不发生效力；但是如果没有违反最有利于被监护人的原则，则并未超越法定代理权限，合伙合同就能够对被监护人发生效力。① 同样，对于法定代理人对限制民事行为能力人订立的合伙合同的同意或者追认，也应依据上述原则予以具体判断。如果涉及类似于成立合伙企业这种概括性、持续性经营的合伙合同，由于涉及民事行为能力不足者的全部财产，后果要严重于《民法典》第 35 条第 1 款所规定的"处分被监护人的财产"，则基于最有利于被监护人的原则，应认为法定代理人超越代理权限，或者不能予以有效的同意或者追认。②

（二）共同的事业目的

合伙合同与《民法典》规定的其他典型合同最大的区别即在于，"共同的事业目的"。事业目的可以是任何合法的目的，不限于经营目的。无论是经济、科学还是艺术等目的，无论是公益、共同利益还是私益目的，无论是持续性目的还是暂时性目的，无论是为合伙人的利益还是为他人的利益，均无不可。③ 当然，如果仅仅是情谊性的目的，则行为人不具有效果意思，不能形成合伙合同。

而所谓"共同"，是指合伙人共同追求该事业目的，但允许合伙人的动机不同。共同事业目的产生了合伙人对事业目的的促进义务，各合伙人均需以一定的形式参与合伙事务的执行。合伙人的参与可以仅仅是最小的业务执行监督权，否则就不构成合伙。④《民法通则》第 30 条中要求"合伙经营、共同劳动"；《民法

---

① 在被代理人是无民事行为能力人的情形，反对观点认为，基于保护民事无行为能力人利益的宗旨，应一概认为对无民事行为能力人不发生效力。参见邱聪智：《新订债法各论》（下），北京，中国人民大学出版社 2006 年版，第 7－8 页。

② 参见戴孟勇：《未成年人及限制民事行为能力人的合伙行为能力问题》，载《人民司法》2004 年第 8 期，第 56－57 页。

③ 参见［德］梅迪库斯：《德国债法分论》，杜景林、卢谌译，北京，法律出版社 2007 年版，第 386 页；［德］怀克、温德比西勒：《德国公司法》，殷盛译，北京，法律出版社 2010 年版，第 69 页；黄立：《民法债编各论》（下），北京，中国政法大学出版社 2003 年版，第 728 页。

④ 参见［日］我妻荣：《债权各论》（中卷·二），周江洪译，北京，中国法制出版社 2008 年版，第 240 页；刘春堂：《民法债编各论》（下），台北，三民书局 2013 年版，第 42 页。因此，《德国民法典》第 716 条第 2 款中规定，排除和限制监督权的约定，"于有足认执行合伙事务不符诚信之事由时，不得对抗该权利之行使"；《瑞士债法》第 541 条第 2 款中规定，与监督权相反的约定无效。

通则意见》第46条中也规定：“公民按照协议提供资金或者实物，并约定参与合伙盈余分配，但不参与合伙经营、劳动的……视为合伙人。”这里的不参与“合伙经营”或“共同劳动”，仅仅是不执行合伙事务，但不能连业务执行的监督权都不享有。① 同时，当事人间存在单纯的同向利益是不足够的，由此合伙合同区别于约定参与分配盈利的其他合同关系，例如，借款或者租赁合同中约定回报不是固定的利息或者租金而是一定的利润份额，此时，当事人对于获得高盈利具有利益，但不用为这一目的而共同协作，故并非合伙合同。②

（三）共享利益

基于共同的事业目的，合伙人应当共享利益，但此处的“利益”不必须是“利润”。当共同的事业目的是经济利益时，于只有部分合伙人有利润分配的情形，虽然合同不会因此出现效力瑕疵，但已经不能被纳入合伙合同的范畴并直接适用合伙合同的规则，而应按照其他有名合同乃至无名合同处理。③ 虽然《民法典》并未如《合伙企业法》第33条第2款那样规定“合伙协议不得约定将全部利润分配给部分合伙人……”，但是基于“共享利益”的要求，应得出同样的结论。

但是，利益的形式多种多样，不见得是直接的物质利益。如果合伙目的是经营一个企业，那么拥有让这个企业成为合伙人或者他人的客户或者供货商的利益就足够了。如果共同的事业目的并非经济性的，或者不是服务于合伙人的物质利益而是涉及第三人的利益（例如，资助学生出国进修），则这里仅涉及非物质的利益，虽然是共享利益，但并不存在利润分配。④

（四）共担风险

基于共同的事业目的，合伙人之间必须共担风险。虽然《民法典》并未如

---

① 最高人民法院（2018）民申1843号民事裁定书中认为，“合伙人未实际参与合伙事务管理并非合伙关系解除的法定条件，当事人主张合伙人未实际参与合伙事务的时间为清算时间的，人民法院不予支持”。但是，有无共同经营，可以作为判断是否是以合伙合同规避行政监管的考量因素之一。“黄国均诉遵义市大林湾采矿厂合伙纠纷案”［遵义市中级人民法院（2014）遵市法环民终字第20号民事判决书］被最高人民法院作为2016年7月12日发布的人民法院关于依法审理矿业权民事纠纷案件的典型案例之一，其典型意义在于：为保护和合理开发矿产资源，取得采矿许可证的企业必须严格执行矿产资源开发利用的法律法规。矿业权人与他人签订合伙协议，但并无实际合伙经营的事实，实施采矿行为一方缴纳挂靠费用，以矿业权人名义自行投资、自负盈亏、自担责任，独立从事矿产资源开采，以达到逃避行政监管的非法目的的，合伙协议应认定无效。

② 参见［德］怀克、温德比西勒：《德国公司法》，殷盛译，北京，法律出版社2010年版，第71页。

③ 此即所谓的“狮子合伙”。参见［日］我妻荣：《债权各论》（中卷・二），周江洪译，北京，中国法制出版社2008年版，第240页；［德］怀克、温德比西勒：《德国公司法》，殷盛译，北京，法律出版社2010年版，第70页。《意大利民法典》第2265条则明确规定此种约定无效。

④ 参见［德］怀克、温德比西勒：《德国公司法》，殷盛译，北京，法律出版社2010年版，第70页。

《合伙企业法》第 33 条第 2 款那样规定“合伙协议不得约定……由部分合伙人承担全部亏损”，但是应当作出同样的解释。合伙人之间内部约定部分合伙人仅以出资为限承担责任的，这仍然意味着该部分合伙人承担了出资亏损或者无法收回的风险，因此也符合了“共担风险”的要求。合伙人之间如果约定由部分合伙人承担全部亏损的，也可能会导致该合同并非合伙合同。

实践中，比较难以区分的是借款合同和合伙合同。提供借款人和合伙人之间的最大区别在于，后者要共担合伙事务亏损的风险，而前者无须承担该风险。如果提供资金一方不享有对业务的执行监督权，不承担合伙事务亏损的风险，甚至收取固定的回报，则一般可以认定相关的合同并非合伙合同而是借款合同。① 双方当事人的意思表示不明确并且无法确定时，应当推定为构成借款合同，毕竟合伙合同对当事人的风险更大，因此需要当事人更为明确的意思表示。② 如果一方退伙、合伙解散或者投资失败，双方之间经协商清算，一方出具借条或者欠条给对方的，此时合伙关系转为借贷关系。③

类似的还有合伙关系和租赁关系的区分。具体要判断，一方提供特定财物

---

① 参见王利明：《合同法研究》（第四卷），北京，中国人民大学出版社 2017 年版，第 441 页。《最高人民法院关于审理涉及国有土地使用权合同纠纷案件适用法律问题的解释》第 26 条规定：合作开发房地产合同约定提供资金的当事人不承担经营风险，只收取固定数额货币的，应当认定为借款合同。重庆市高级人民法院民二庭《关于个人合伙纠纷法律适用问题的解答（试行）》第 1 条中认为：共同承担风险是合伙法律关系成立的必要条件，是合伙法律关系区别于借款等法律关系的关键要素。自然人之间约定共同承担风险的，应认定为合伙法律关系。自然人之间约定一方提供资金并收取固定回报的，一般应认定为借款法律关系，但双方通过实际履行行为达成共同承担风险的合意，变更了合同约定的，仍应认定为合伙法律关系。关于具体案例，参见最高人民法院（2018）民申 2450 号民事裁定书、最高人民法院（2019）民终 1374 号民事判决书、贵州省高级人民法院（2017）黔民终 525 号民事判决书、江西省高级人民法院（2017）赣民终 110 号民事判决书、新疆维吾尔自治区高级人民法院（2016）新民申 1041 号民事裁定书、四川省高级人民法院（2016）川民再 133 号民事判决书。

② 重庆市高级人民法院民二庭《关于个人合伙纠纷法律适用问题的解答（试行）》第 2 条中认为：当事人共负盈亏的约定与一方自愿退出时其他当事人退还其出资及相应利息的约定相互矛盾，应视为约定不明。如果当事人在履行过程中实际共负盈亏的，则应认定为合伙法律关系。否则人民法院应向当事人释明，由当事人协商明确其法律关系性质。当事人无法协商达成一致意见的，人民法院按借款法律关系处理。最高人民法院（2018）民再 216 号民事判决书中认为：合伙各方是否存在共同出资和共同经营行为，是认定合伙关系是否形成的重要考量因素，在不能排除当事人的出资行为属于垫资时，人民法院不宜认定当事人之间构成合伙关系。关于同样观点，参见江西省高级人民法院（2015）赣民一终字第 310 号民事判决书。

③ 《最高人民法院关于审理民间借贷案件适用法律若干问题的规定》第 15 条规定：“原告以借据、收据、欠条等债权凭证为依据提起民间借贷诉讼，被告依据基础法律关系提出抗辩或者反诉，并提供证据证明债权纠纷非民间借贷行为引起的，人民法院应当依据查明的案件事实，按照基础法律关系审理。”“当事人通过调解、和解或者清算达成的债权债务协议，不适用前款规定。”关于具体案例，参见江苏省淮安市清江浦区人民法院（2019）苏 0812 民初 7966 号民事判决书、上海市虹口区人民法院（2018）沪 0109 民初 4328 号民事判决书。

后，是否参加合伙的利润分配，是否参与合伙经营或劳动，是否承担合伙经营风险的责任，是否仅依靠提供特定财物获得固定收入。若该方提供财物后，并不参加合伙的利润分配，也不参加合伙的经营，更不承担合伙的经营风险，仅依靠提供财物获得固定收入，则实务中一般认定为租赁关系；若一方提供财物后，既参与利润分配，也参加合伙经营，同时承担经营风险，则此时一般认定为合伙关系。①

合伙合同与劳动合同的区分也是如此：一方参加合伙事务执行，同时参与盈余分配，并承担合伙经营的风险或责任，且不是仅领固定工资的，此时可以认定为合伙关系②；一方虽参加合伙经营并进行劳动，但不参与盈余分配，且不承担合伙经营的风险，而且有证据显示其长期领取工资的，实践中一般认定为劳动关系。

（五）不要式

本条并未规定合伙合同应当采用书面形式。《合伙企业法》第 14 条第 2 项要求合伙协议采用书面形式，但这是考虑到合伙企业的主体登记要求，不能当然适用于无须设立组织而登记的合伙合同。《民法通则》第 31 条规定："合伙人应当对出资数额、盈余分配、债务承担、入伙、退伙、合伙终止等事项，订立书面协议。"《民法通则意见》第 50 条规定："当事人之间没有书面合伙协议，又未经工商行政管理部门核准登记，但具备合伙的其他条件，又有两个以上无利害关系人证明有口头合伙协议的，人民法院可以认定为合伙关系。"这实际上软化了书面要求，只要有上述证据证明合伙合同的存在即可。但是，《民法通则意见》的上述规定，并非认为"两个以上无利害关系人证明有口头合伙协议"是在没有书面合伙合同时认定合伙关系的必备条件。该规定没有排除在既无书面合伙合同又无两个以上无利害关系人证明有口头合伙合同的情形下，根据其他证据并结合有关事实，认定存在合伙关系的可能。因此，应允许当事人举出间接证据形成证据链条，使法官根据当事人的意思表示、投资行为、经营行为、利润分配和债务承担进行综合判断，形成心证。③

---

① 《最高人民法院关于审理涉及国有土地使用权合同纠纷案件适用法律问题的解释》第 27 条规定：合作开发房地产合同约定提供资金的当事人不承担经营风险，只以租赁或者其他形式使用房屋的，应当认定为房屋租赁合同。相关案例，参见湖南省岳阳市中级人民法院（2016）湘 06 民终 742 号民事判决书、山东省青岛市中级人民法院（2015）青民二商终字第 247 号民事判决书。

② 参见最高人民法院（2015）民申字第 1223 号民事裁定书、山东省德州市中级人民法院（2014）德中民再字第 72 号民事判决书、广东省江门市中级人民法院（2014）江中法民一终字第 694 号民事判决书。

③ 参见最高人民法院（2016）民申 1279 号民事裁定书。不形成此种证据链条，因此不认为存在合伙关系的判例，参见最高人民法院（2015）民申字第 2990 号民事裁定书、最高人民法院（2015）民申字第 1119 号民事裁定书、最高人民法院（2015）民抗字第 27 号民事判决书、最高人民法院（2011）民提字第 53 号民事判决书。实践中，也有案例认为《民法通则意见》的上述规定仅仅适用于个人合伙，不能适用于其他合伙，故并非必需其他利害关系人的证明。参见最高人民法院（2016）民申 775 号民事裁定书。

同时，合伙合同成立的必备要素是合伙人、出资数额和合伙的意思表示。[①] 至于合伙协议约定的合伙项目能否取得批准等，是合伙合同的履行问题，无涉合同的成立和效力。[②]

三、合伙合同为组织性合同

（一）合伙合同的合同性和组织性

作为《民法典》中的一类典型合同，合伙合同当然具有合同性。合伙合同的合同性体现在下述三个方面：第一，合伙合同中约定的权利义务关系对全体合伙人都具有法律约束力，任何一个合伙人违反合伙合同的，对其他合伙人都构成违约。[③] 第二，合同性强调合伙人的意思自治。合伙合同尚未形成民法主体，合伙组成及合伙事务执行仍然由全体合伙人的意思来决定、补充甚至变更。[④] 第三，合伙合同仅约束合伙人，而无法像公司章程一样产生对外效力。

然而，作为形成合伙这种共同体的协议的合伙合同与典型的双务合同存在明显区别。尽管在二者中当事人的给付义务之间都存在对价关系，但是典型的双务合同中当事人之间的给付义务具有交换性，是为了各自的利益而交换给付，而合伙合同中合伙人是"为了共同的事业目的"，着眼于全体合伙人的利益而统合给付，有别于一次性的或者具体化的交换。[⑤] 概而言之，不同于典型双务合同，合伙合同具有鲜明的非交换性或者组织性。

与《民法通则》第 30 条相比[⑥]，本条更强调合伙合同的组织性，体现在例如"为了共同的事业目的""共享利益、共担风险"的表述。尤其是，本条将合伙合同界定为"协议"，不同于其他条文在界定其他典型合同时所使用的是"合同"，这凸显了合伙合同的组织性。[⑦]

---

① 参见最高人民法院（2012）民抗字第 1 号民事判决书。

② 参见最高人民法院（2012）民申字第 1399 号民事裁定书。

③ 具体论述，参见王利明：《论合伙协议与合伙组织体的相互关系》，载《当代法学》2013 第 4 期，第 59 页以下。

④ 参见［日］我妻荣：《债权各论》（中卷·二），周江洪译，北京，中国法制出版社 2008 年版，第 224、226 页。

⑤ 具体参见［日］我妻荣：《债权各论》（中卷·二），周江洪译，北京，中国法制出版社 2008 年版，第 224－227 页；［德］怀克、温德比西勒：《德国公司法》，殷盛译，北京，法律出版社 2010 年版，第 79－82 页。

⑥ 《德国民法典》第 705 条、《瑞士债法》第 530 条第 1 款、《意大利民法典》第 2247 条、《日本民法典》第 667 条第 1 款、我国台湾地区"民法"第 667 条第 1 项关于合伙合同的界定中也都将牵连性和组织性结合起来。

⑦ 同样更为强调对合伙合同之组织性的界定，参见《俄罗斯联邦民法典》第 1041 条、《美国修正统一合伙法》第 101 条。

（二）对规则适用的影响

合伙合同的合同性意味着其应当适用关于民事法律行为和合同的一般规定，不限于关于民事法律行为和合同成立的规则。在多方主体参与的合同中，一般都会有类似“本合同自各方签字后成立”这样的约定，此时，如果其他当事人之后没有在该合同上签字的，则对已经签字的两个以上的当事人而言，合同也并未成立。如果不存在这样的约定，确实在一些特殊情况中，只要其中两个当事人已签字，即便其他当事人尚未签字，也认为这两个当事人之间形成了合同关系。这体现在仅需两个当事人参与就可以运行的开放性合同，例如，部分股东基于意思自治所订立的保密协议，意图其他股东之后自愿加入，对此可以认为只要部分股东签字就在他们之间成立合同关系。但是，一般而言，所有当事人的签字都不可或缺，因此，只有在全体当事人均签字后，合同才应当成立。这构成了妥当的默认规则。《合同法》第 32 条规定：“当事人采用合同书形式订立合同的，自双方当事人签字或者盖章时合同成立。”《民法典》第 490 条第 1 款中将之修改为：“当事人采用合同书形式订立合同的，自当事人均签字、盖章或者按指印时合同成立。”其中的变化之一就是将“双方”两个字删除，以涵盖多方当事人的情形。相应地，该款中的“在签字、盖章或者按指印之前，当事人一方已经履行主要义务，对方接受时，该合同成立”中的“对方”就应当是其他所有当事人，其他当事人之一予以接受，也并不能认为在这两方当事人之间成立合同关系。在合伙合同中更是如此。如《合伙企业法》第 19 条第 1 款中就规定：“合伙协议经全体合伙人签名、盖章后生效。”① 虽然这适用于形成组织的合伙合同，但在未形成组织的合伙合同中，适用《民法典》第 490 条第 1 款的规定能得到同样的结论。据此，虽然未开始合伙事务，但合伙人在合同成立后为合伙事务准备的费用也应当由全体合伙人依据合伙合同的约定分担，同时产生出资请求权。②

但是，一般规则更多的是以典型的双务合同作为原型而构建的，故无法完全适用于合伙合同。《民法典》并未对合伙合同的规则适用提供清晰的指引，但本条对合伙合同的组织性的强调，事实上隐含了一个规则适用的结论，即原则上不适用一般规则，只有在基于合伙合同中不同给付义务的关系，产生了与典型双务合同类似的利益基础时，才可以适用一般规则。事实上，合伙合同的非交换型会对效力瑕疵、出资义务的履行抗辩权等规则的适用例外产生重要的影响，同时也

---

① 严格而言，全体合伙人的签字、盖章应当是合伙合同成立的条件，在合伙合同约定了附生效条件或者生效期限时尤为重要。因此，《民法典》第 136 条第 1 款规定：民事法律行为自成立时生效，但是法律另有规定或者当事人另有约定的除外。

② 参见李飞主编：《中华人民共和国合伙企业法释义》，北京，法律出版社 2006 年版，第 30 页。

会影响解除、抵销等一般规则的适用。

1. 效力瑕疵

作为民事法律行为的一种，合伙合同也应当适用民事行为能力、意思表示瑕疵等民事法律行为的效力瑕疵规则，然而，合伙合同具有组织性，故应当对上述规则的适用后果进行一定的调整。首先，应当以部分无效为原则，无效部分不影响其他部分的效力。① 其次，应限制自始无约束力的后果。② 如果已经开展合伙事务，便有必要保护第三人的利益。此时应认为，在内部关系中合同自始无约束力，在外部关系中无效后果原则上仅向将来发生效力，当事人对此前的第三人仍然要承担合伙人的责任，且无须考虑第三人的善、恶意问题。③ 最后，当三人以上订立合伙合同时，其中一人的意思表示具有效力瑕疵而无效、被撤销或者确定不发生效力的，基于合伙合同的特殊信任关系，应认为合伙合同对全体合伙人丧失效力，除非可以认为其他合伙人有成立合伙的意思。④ 即使合同效力仍然在其他合伙人之间发生，其他合伙人也可以此为重大事由而解除合伙合同。⑤

2. 出资义务的履行抗辩权

两人合伙的组织性较弱，有类似于典型双务合同的特征，应允许被请求的合伙人在请求人未履行出资义务的范围内行使履行抗辩权，以在敦促对方履行出资义务的同时避免授信风险。

在三人以上的合伙中，须区分两种情况。其一，尚无合伙人履行出资义务。

① 参见［德］布洛克斯、瓦尔克：《德国民法总论》，张艳译，北京，中国人民大学出版社 2019 年版，第 168 页；［德］怀克、温德比西勒：《德国公司法》，殷盛译，北京，法律出版社 2010 年版，第 84 页。主张在所有民事法律行为中都应当以部分无效为原则的观点，参见陈甦主编：《民法总则评注》（下册），北京，法律出版社 2017 年版，第 1104 页（本部分由叶金强撰写）。实践中，重庆市高级人民法院民二庭《关于个人合伙纠纷法律适用问题的解答（试行）》第 3 条规定：实践中，合伙合同约定合伙各方以共同借用第三人的营业执照、资质证书、增值税发票等方式实施合伙事务的，人民法院应根据约定的借用方式分别确定其法律效力。如约定的借用方式违反法律、行政法规效力性禁止规定，该条款无效。该条款无效不影响合伙合同其他部分内容的效力。

② 公司设立瑕疵中该问题尤为重要，学者多主张公司被撤销的判决不具有溯及力，仅发生解散公司、使公司进入清算状态的后果，公司解散前实施的行为不因此受到影响。具体参见施天涛：《公司法论》，北京，法律出版社 2018 年版，第 93 页以下。

③ ［日］我妻荣：《债权各论》（中卷·二），周江洪译，北京，中国法制出版社 2008 年版，第 231－233 页；［德］怀克、温德比西勒：《德国公司法》，殷盛译，北京，法律出版社 2010 年版，第 84 页、第 156 页以下；［德］梅迪库斯：《德国民法总论》，邵建东译，北京，法律出版社 2000 年版，第 196 页以下。

④ 参见［日］我妻荣：《债权各论》（中卷·二），周江洪译，北京，中国法制出版社 2008 年版，第 230 页。但《日本民法典》第 667 条之三作出了不同规定。

⑤ 关于合伙合同的重大事由解除权，《民法典》未作明确规定，但基于相似的价值考量，可以参照适用《合伙企业法》中关于声明退伙与除名退伙的规则，并整体类推其他典型合同中的重大事由解除规则，从而归纳出合伙人在面临影响合伙继续存续的重大事由时可以解除合伙合同的结论。

此情形与两人合伙类似，为避免被请求的合伙人对其他所有合伙人授信的风险，应允许其行使履行抗辩权。其二，在已有合伙人履行出资义务的情况下，如果是未出资合伙人提出出资请求，基于合伙人平等原则，应允许被请求合伙人行使履行抗辩权；如果是已出资合伙人对其他所有未出资合伙人提出同一比例出资请求，出于对其特殊保护的考虑，其他合伙人不能行使履行抗辩权；但是，如果已出资合伙人对一部分未出资合伙人主张全部出资，对另一部分合伙人不提出出资请求或只提出一部分出资请求，为贯彻合伙人平等原则并规避道德风险，应允许前者在后者未被请求出资的范围内行使履行抗辩权。

3. 对其他规则适用的影响

由于合伙合同不具有交换关系，依照《民法典》第 568 条第 1 款的规定，合伙人之间的出资义务不能抵销；依照《民法典》第 566 条第 1 款中的规定，合伙合同的解除不能产生溯及力。由于合伙合同的组织性，合伙的共同事业目的构成了判断是否存在法定解除事由的重要标准；当履行出资义务不符合约定时，共同事业目的会影响《民法典》第 582 条中的“合理选择”的判断，例如，“减少价款或者报酬”的方式并非减少其他合伙人的出资，而是应重新厘定瑕疵出资的占比或权重。[①] 在此不一一论述。

第九百六十八条

合伙人应当按照约定的出资方式、数额和缴付期限，履行出资义务。

本条主旨

本条是关于合伙人出资的规定。

相关条文

《民法通则》第 30 条　个人合伙是指两个以上公民按照协议，各自提供资金、实物、技术等，合伙经营、共同劳动。

《合伙企业法》第 16 条　合伙人可以用货币、实物、知识产权、土地使用权或者其他财产权利出资，也可以用劳务出资。

合伙人以实物、知识产权、土地使用权或者其他财产权利出资，需要评估作价的，可以由全体合伙人协商确定，也可以由全体合伙人委托法定评估机构

① 参见［德］怀克、温德比西勒：《德国公司法》，殷盛译，北京，法律出版社 2010 年版，第 88 页。

评估。

合伙人以劳务出资的，其评估办法由全体合伙人协商确定，并在合伙协议中载明。

第 17 条 合伙人应当按照合伙协议约定的出资方式、数额和缴付期限，履行出资义务。

以非货币财产出资的，依照法律、行政法规的规定，需要办理财产权转移手续的，应当依法办理。

《民法通则意见》第 46 条 公民按照协议提供资金或者实物，并约定参与合伙盈余分配，但不参与合伙经营、劳动的，或者提供技术性劳务而不提供资金、实物，但约定参与盈余分配的，视为合伙人。

理解与适用

一、合伙人的出资

所有合伙人都负有按照合同中规定的方式促进共同事业目的实现的义务，而出资是合伙人实现共同事业目的的经济手段，故合伙人都具有出资义务。如果存在不负出资义务的人，已经不能说其从事的是共同事业，从而当事人之间的合同不属于合伙合同。[①] 即使是以形成组织的合伙为规范重心的《合伙企业法》，其第 17 条也允许当事人自行约定出资方式、数额和缴付期限。举重以明轻，《民法典》中的合伙合同以未形成组织的合伙作为原型，并非先以合伙财产清偿合伙债务，而是由全体合伙人承担连带责任，合伙财产的充实更不重要，因此，本条规定，出资方式、数额和缴付期限都由合伙人自行约定。

（一）出资方式

由于合伙人对合伙债务承担连带责任，因此，法律对合伙人出资方式的限制较小，出资方式由合伙人自行约定。实践中常用的出资方式包括以下几种。

1. 以货币出资

在各种出资方式之中，货币出资是最简便也最常见的出资方式。

2. 以货币以外的财产权利出资

各合伙人还可以约定以财产权利包括实物、知识产权、土地使用权或者其他财产权利出资。实物出资可以分为动产出资与不动产出资，也可以分为所有权移

---

① 参见［日］我妻荣：《债权各论》（中卷·二），周江洪译，北京，中国法制出版社 2008 年版，第 239 页。

转的出资，以及不移转所有权、只以物的使用权或受益权出资。[①] 当是以物的所有权出资还是以使用权出资约定不明确、有疑义时，以可替代物或者消费物作为出资的，推定为以所有权出资；以非替代物或者非消费物按估价作为出资，而估价非单纯为分配利润和剩余财产而确定的，同样推定为以所有权出资。[②]

以知识产权出资包括以著作权、商标权或者专利权等出资，解释上亦可包括以技术秘密出资。[③]

以土地使用权出资亦为常见的出资方式。

其他财产权利还包括债权、股权、信托受益权、矿产资源开发权、林地使用权等[④]，实践中还常使用商铺使用权出资。[⑤]

3. *以劳务出资*

合伙人亦可以劳务出资。某一特定人的劳务既可能是普通的劳务，也可能是具有相当经济价值的技术性劳务，如某人具有出色的管理技能或者优秀的烹饪能力等，故各国普遍将劳务出资作为合伙的出资方式之一。[⑥]《民法通则》第 30 条和《民法通则意见》第 46 条均规定可以以“技术”或者“技术性劳务”出资，但似乎过于狭窄，《合伙企业法》第 16 条第 1 款已用“劳务”一词予以修正。

4. *以其他财产利益出资*

《合伙企业法》第 16 条第 1 款将出资方式限于财产权利与劳务两种，然而实践中出现了以其他财产利益出资的需求，其典型例子即为以信用出资。[⑦] 信用出资在比较法上多被认可为出资方式之一[⑧]，例如在字号或者交易中使用出资人的姓名，或者对合伙债务承担保证责任。另外，以单纯的不作为例如竞业禁止，进行出资的，如果并非仅仅泛言不为竞业，而是有具体内容的营业禁止，譬如停止此前的营业活动等特殊的不作为，且当事人认可其存在财产价值，则此种不作为

---

① 参见刘春堂：《民法债编各论》（下），台北，三民书局 2013 年版，第 49 页。

② 《德国民法典》第 706 条第 2 款有明确规定。

③ 参见李飞主编：《中华人民共和国合伙企业法释义》，北京，法律出版社 2006 年版，第 23 页。

④ 参见李飞主编：《中华人民共和国合伙企业法释义》，北京，法律出版社 2006 年版，第 24 页。

⑤ 广东省韶关市中级人民法院（2018）粤 02 民终 72 号民事判决书中，法院通过对合伙协议的解释指出：若无其他约定，用于出资的商铺使用权应是“装修完成、设施齐备，可即投入合伙组织使用的商铺的使用权”。但基于合伙人的意思自治，事实上没有必要如此限制。

⑥ 例如，《德国民法典》第 706 条第 3 款、《瑞士债法》第 531 条第 1 款、《法国民法典》第 1832 条、《俄罗斯联邦民法典》第 1042 条第 1 款、《日本民法典》第 667 条第 2 款、第我国台湾地区“民法”第 667 条第 1 项。

⑦ 参见杨玲：《试论信誉、商誉与合伙财产的关系》，载《当代法学》2003 年第 2 期，第 37 页以下。

⑧ 我国台湾地区“民法”第 667 条第 2 款规定：“前项出资，得为金钱或其它财产权，或以劳务、信用或其它利益代之。”在修“法”前，我国台湾地区亦无信用出资的规定，学界以准许信用出资为通说。

可以成为合伙的出资。① 《民法典》并未将出资方式限于以财产权利出资与以劳务出资两种，在此遵循意思自治原则，将其他财产利益纳入适格的出资范畴。即使无货币或者其他财产权利出资，也似乎并无不可。②

（二）出资数额

出资的数额由各合伙人自由约定，不必均等分配。当然，由于出资的方式不止货币出资一种，此处“数额”一词实指出资量的多少，譬如用于出资的实物的数量、知识产权的期限等等。对出资数额约定不明确，又无法依据《民法典》第510条确定的，视为数额相等的出资。这与《民法典》第972条中的“无法确定出资比例的，由合伙人平均分配、分担”的规范目的保持一致。③

（三）出资缴付期限

出资的缴付期限由各合伙人自由约定，不必一致。如果对缴付期限约定不明确，又无法依据《民法典》第510条确定，则按照《民法典》第511条第4项的规定，合伙人可以随时出资，其他合伙人或者执行合伙人也可以随时请求出资，但应当给出资人以必要的准备时间。④

在请求合伙人出资的给付之诉中，如果出资的缴付期限未届满，则出资请求权人的请求权尚未发生，出资义务人可以此作出诉讼上的抗辩，法院或者仲裁机构亦可主动审查。有争议的是：当合伙财产不足以清偿合伙债务时，出资缴付期限未届满的合伙人的出资义务是否加速到期？我国台湾地区学者认为，此时纵使合伙人的出资义务未届履行期，其亦丧失期限利益，请求权人得请求未届期之合伙人履行出资义务。⑤ 但是，《民法典》以尚未形成组织的合伙为原型，并不要求优先以合伙财产清偿合伙债务，而是由各合伙人对合伙债务承担连带责任，故此等出资义务加速到期规则并无必要。

（四）出资的评估

除了货币出资，对其他方式的出资可以进行评估，《合伙企业法》第16条第2、3款对此作了规定。但是，同样因为《民法典》以尚未形成组织的合伙为规范对象，并不要求先以合伙财产清偿合伙债务，故合伙财产的价值确定对于合伙

---

① 参见邱聪智：《新订债法各论》（下），北京，中国人民大学出版社2006年版，第10页；［日］我妻荣：《债权各论》（中卷·二），周江洪译，北京，中国法制出版社2008年版，第239页。

② 反对观点，参见邱聪智：《新订债法各论》（下），北京，中国人民大学出版社2006年版，第11页。

③ 《德国民法典》第706条第1款、《瑞士债法》第531条第2款、《意大利民法典》第2253条第2款、《俄罗斯联邦民法典》第1042条第2款对此作了明确规定。

④ 也有观点认为，视为合伙合同生效后出资。参见邱聪智：《新订债法各论》（下），北京，中国人民大学出版社2006年版，第19页。

⑤ 参见刘春堂：《民法债编各论》（下），台北，三民书局2013年版，第52页。

债务的债权人并不重要，而仅是在合伙人内部具有补充性地确定利润分配、亏损负担等权利义务的作用。因此，评估可以更为自由化一些：只要全体合伙人一致同意，无论是否评估、采取何种评估标准和方法、谁来评估，均无关紧要。[①] 但是，如果出资未经评估，且难以确定出资数额的，则以其他合伙人的平均出资数额为其出资数额。[②] 这也与《民法通则意见》第 48 条中的规定相一致，即劳务出资的合伙人，对于合伙的亏损额，“对内则应当按照协议约定的债务承担比例或者技术性劳务折抵的出资比例承担；协议未规定债务承担比例或者出资比例的，可以按照约定的或者合伙人实际的盈余分配比例承担；没有盈余分配比例的，按照其余合伙人平均投资比例承担”。

二、合伙人的出资义务

（一）出资义务的完成

合伙人是否完成出资，对于合伙债务的债权人没有意义，毕竟合伙人承担的是连带责任而非《合伙企业法》中的补充连带责任。但是，这对共同事业目的的实现相当关键，因此对合伙人而言具有意义。依据《民法典》第 969 条第 1 款，合伙人的出资属于合伙财产，因此，即使对于未形成组织的合伙而言，出资人以非货币财产出资的，也应当将用于出资的财产权利转让给全体合伙人。这意味着，首先，用于出资的权利必须是允许转让的权利，不能转让的权利无法用于出资；其次，以该权利出资须适用与该权利对应的转让规则。

具体而言，《合伙企业法》第 17 条第 2 款规定：以非货币财产出资的，依照法律、行政法规的规定，需要办理财产权转移手续的，应当依法办理。《民法典》中的规定与之相同，唯一的区别是，出资人并非将权利转让于合伙企业，而是将其转让于全体合伙人。若财产权采登记生效主义，则出资人应当将该财产权转移登记于全体合伙人名下；若财产权采登记对抗主义，则出资人如未将该财产权转移登记于全体合伙人名下，不得对抗善意第三人。[③] 对于以交付为物权变动生效要件的动产物权，出资人需要以交付的方式完成出资。对于没有法定公示方式的

---

① 反对观点认为应依出资标的之客观价额评估以符合资本充实原则。参见邱聪智：《新订债法各论》（下），北京，中国人民大学出版社 2006 年版，第 11 页。

② 我国台湾地区“民法”第 667 条第 3 项对此作了明确规定。对于合伙合同而言，由于出资不涉及对外关系，所以出资数额并不重要，重要的是“出资数额的比例”。依照《民法典》第 972 条的规定，各合伙人出资数额无法确定的，平均接受损益分担分配。这里在“比例”上的“平均”已经足以解决问题，无须再迂回借道“出资数额”上的“平均”。

③ 参见上海市第二中级人民法院（2017）沪 02 民终 4783 号民事判决书。

财产权，在合伙合同生效时就发生了权利移转，出资人即完成了出资。[①] 例如，依据《民法典》第546条第1款，合伙人以债权出资的，债权移转的时点是债权转让合同生效之时，通知债务人并非其生效要件。倘若出资人未将权利移转于全体合伙人名下，譬如以货币出资的合伙人将钱款转入某个合伙人的个人账户，但只要合伙人均认可该笔款项为合伙人的出资，就应认为，在内部关系上，该合伙人的出资义务已经履行。[②]

需要予以区分的是，合伙人的出资不同于一个合伙人将特定的物有偿提供给全体合伙人使用或者转让，后者虽然与合伙合同相关，但并非出资，而是一个独立的约定和交易，根据其内容适用相关的买卖、租赁等规则，不适用合伙合同出资的规则。

合伙合同约定的出资数额是合伙人出资的最高限额，超过这个限额的，出资人就不负有义务，因此，在出资义务完成后，除非合伙合同另有约定或者经全体合伙人同意，出资人没有义务增加或者补充合伙出资。[③] 如果出资人按约定以债权出资，有观点认为，当债务人无履行能力时，出资人应当负有补缴或者赔偿的义务。[④] 但是，按照债权转让的一般规则，除另有约定外，出资人对债务人的履行能力不负有担保义务；同时，合伙合同以未形成组织的合伙为原型，无须先以合伙财产清偿合伙债务，即使出资人不予补缴，也不会对合伙债务的债权人造成损害。因此，除合伙人另有约定外，即使出现债务人无履行能力的情形，作为其债权人的出资人也不负有补足的义务。

（二）违反出资义务的违约责任

关于出资义务的具体履行和违约责任，如果最相类似的合同中有特殊规定，依据《民法典》第467条，可以参照适用。例如，以所有权出资的，参照适用买卖合同的规定；以物的使用权出资的，参照适用租赁合同的规定。[⑤] 以物的所有权出资瑕疵为例，可以参照适用买卖合同中有关瑕疵担保的规则，例如《民法典》第621条及以下条文中规定的物的瑕疵的检验期间。当最相类似的合同中没有特殊规定时，应当适用《民法典》合同编之通则的规定。

出资义务为合同义务，合伙人违反出资义务时，自应依据《民法典》第577

---

① 参见邱聪智：《新订债法各论》（下），北京，中国人民大学出版社2006年版，第18页。

② 参见广西壮族自治区桂林市中级人民法院（2018）桂03民终25号民事判决书。

③ 《合伙企业法》第34条对此有规定。《德国民法典》第707条、我国台湾地区“民法”第669条也对此有明确规定。

④ 参见邱聪智：《新订债法各论》（下），北京，中国人民大学出版社2006年版，第9页。《意大利民法典》第2255条对此有明确规定。

⑤ 《瑞士民法典》第531条第3款、《意大利民法典》第2254条对此有明确规定。

条承担继续履行、采取补救措施或者赔偿损失等违约责任。例如，违反了货币出资义务的合伙人应当承担继续履行、支付利息和赔偿其他损失的责任。同样，违反劳务出资义务，属于《民法典》第580条规定的例外情形，无法请求继续履行，如果属于可以替代的劳务，可以依据《民法典》第581条请第三人完成劳务并由该合伙人承担费用，还可以采用《民事诉讼法》第252条的替代执行，由人民法院委托第三人完成劳务并由该合伙人承担费用。合伙人迟延履行出资义务，经催告后在合理期限内仍未履行，或迟延履行出资义务，致使不能实现合同目的，其他合伙人自可依据《民法典》第563条第1款解除合伙合同。①

出资人因不可归责于全体合伙人的原因永久地履行不能时，能否参照适用在买卖合同中规定的风险负担规则？有观点认为，如果适用，则其他全体合伙人都免为出资，这不利于共同事业目的的实现，故更为妥当的做法是，于此不适用风险负担的一般规则，而是认为其他合伙人仍然负有出资义务，合伙关系依然存在。② 但是，《民法典》在其他很多合同中并未像在买卖合同中那样规定风险负担规则，反而通过第563条第1款第1项赋予当事人以法定解除权，只有在行使法定解除权后对待给付才消灭，故不会出现对待给付消灭而免为出资的情形。因此，无须特别规定，通过《民法典》第563条第1款第1项中的法定解除权统一解决即可。③

（三）出资请求权和违约请求权的主体

合伙人的出资义务对应着出资请求权和由违反出资义务产生的违约请求权，其他合伙人均有权依据合伙合同请求该合伙人向全体合伙人履行。同时，出资请求权和相应的违约请求权也是合伙财产的组成部分，故执行合伙人也有权基于合伙事务的执行权请求该合伙人向全体合伙人履行。这两种请求权虽然在教义分类上不同，但目的相同。当执行合伙人就是出资请求权的相对人时，其可以代理全体合伙人受领自己的履行，因为，这属于专为义务履行的行为，仅代理受领内容已经事先确定的义务的履行，无涉利益冲突，不受《民法典》第168条所规定的自我代理的限制。

---

① 在广东省韶关市中级人民法院（2018）粤02民终72号民事判决书中，法院认为，商铺使用权出资人在其他合伙人不知情的情况下，将涉案店铺转让给他人，致使合伙合同的合同目的无法实现，合同无法再继续履行，遂判决其他合伙人有法定解除权。

② 参见邱聪智：《新订债法各论》（下），北京，中国人民大学出版社2006年版，第21-22页；[日]我妻荣：《债权各论》（中卷·二），周江洪译，北京，中国法制出版社2008年版，第228-229页。

③ 关于解除和风险负担的关系，参见周江洪：《风险负担规则与合同解除》，载《法学研究》2010年第6期。

第九百六十九条

合伙人的出资、因合伙事务依法取得的收益和其他财产，属于合伙财产。

合伙合同终止前，合伙人不得请求分割合伙财产。

本条主旨

本条是关于合伙财产的规定。

相关条文

《民法通则》第 32 条　合伙人投入的财产，由合伙人统一管理和使用。合伙经营积累的财产，归合伙人共有。

《合伙企业法》第 20 条　合伙人的出资、以合伙企业名义取得的收益和依法取得的其他财产，均为合伙企业的财产。

第 21 条　合伙人在合伙企业清算前，不得请求分割合伙企业的财产；但是，本法另有规定的除外。

合伙人在合伙企业清算前私自转移或者处分合伙企业财产的，合伙企业不得以此对抗善意第三人。

理解与适用

一、合伙财产的组成

本条规定的“合伙财产”与《民法典》第 973 条规定的“合伙债务”相对应，仅包括积极财产，而不包括消极财产。依照本条第 1 款的规定，合伙财产包括合伙人的出资、因合伙事务依法取得的收益和其他财产。

（一）合伙人的出资

合伙人的出资是合伙财产的初始来源，既包括货币，也包括其他财产权利、劳务乃至其他财产利益等。尚未缴付的出资并不属于合伙财产，尤其在以移转需要公示的财产权利作为出资的情形中。如果将尚未缴付即尚未完成移转公示的财产权利也作为合伙财产，将会导致未经公示的财产权利移转。但是，在出资尚未缴付的情况下，出资请求权和相应的违约请求权也是合伙财产的组成部分。[①]

---

① 参见［日］我妻荣：《债权各论》（中卷·二），周江洪译，北京，中国法制出版社 2008 年版，第 265 页；［德］怀克、温德比西勒：《德国公司法》，殷盛译，北京，法律出版社 2010 年版，第 105 页；王千维：《由合伙组织之四大原则看合伙人之更易》，台北，新学林出版股份有限公司 2014 年版，第 2 页。

（二）因合伙事务依法取得的收益和其他财产

合伙财产还包括因合伙事务依法取得了收益和其他财产。除获得的收益之外，因合伙事务而取得的其他财产包括：用合伙财产所购入的新财产，合伙财产所生的天然孳息或者法定孳息，以及因合伙财产毁损、灭失等而获得的保险金、赔偿金或者补偿金等。[①] 就该问题而言，本条与《合伙企业法》第 20 条的规定别无二致。

可能的难点是，如何判断财产是否“因合伙事务”而取得。《合伙企业法》第 20 条要求“以合伙企业名义”，这是因为合伙企业是独立的民事主体；《民法典》中合伙合同预设的规范对象是未形成组织的合伙，所以“因合伙事务”的判断标准是“以全体合伙人名义”。当合伙人以个人名义取得财产时，该财产并非合伙财产，而是该合伙人的个人财产；但是，其他合伙人如果可以证明上述财产是该合伙人因执行合伙事务而取得，则可以请求该合伙人将上述财产转移给全体合伙人，该请求权也属于合伙财产。[②]

如果在合伙事务中与第三人的交易发生善意取得，则这也属于依法取得的其他财产。此时，所谓的善意应当取决参与物权变动的合伙人的善意，即使一名合伙人的恶意也排除善意取得；即使实施行为的合伙人是善意，但如果该合伙人是按照恶意合伙人的指示行为，则仍然不能构成善意取得。[③]

二、合伙财产的归属

关于合伙财产的归属，《合伙企业法》第 20 条规定合伙财产为合伙企业所有，这是因为合伙企业是独立的民事主体。[④] 对于未形成组织的合伙，《民法通则》第 32 条区分了出资财产和合伙经营积累的财产，对后者明确规定为合伙人共有，而对前者，仅规定为“由合伙人统一管理和使用”。本条对此未作明确规定，在解释上应认为合伙财产由所有合伙人共同共有。

由于合伙财产由合伙人共同共有，合伙人对合伙财产整体和单个合伙财产都不享有份额，不存在处分份额的问题，第三人也无法取得份额。《合伙企业法》

---

① 参见黄立：《民法债编各论》（下），台北，元照出版有限公司 2004 年版，第 397 页。《德国民法典》第 718 条第 2 款明确规定：“基于合伙财产之权利而有所取得，或者就合伙财产标的灭失、毁损或剥夺而取得之赔偿，亦属于合伙财产。”

② 参见［德］怀克、温德比西勒：《德国公司法》，殷盛译，北京，法律出版社 2010 年版，第 105 页。

③ 参见［德］怀克、温德比西勒：《德国公司法》，殷盛译，北京，法律出版社 2010 年版，第 106 页。

④ 参见李飞主编：《中华人民共和国合伙企业法释义》，北京，法律出版社 2006 年版，第 32－33 页；戴孟勇：《论共同共有的类型及其纯化》，载《中德私法研究》第 14 卷，北京，北京大学出版社 2016 年版，第 49－51 页。

第 22 条和《民法典》第 974 条都规定了“合伙财产份额的转让”，但这两处事实上都是合伙人地位的转让，因此《合伙企业法》第 24 条才会规定：“合伙人以外的人依法受让合伙人在合伙企业中的财产份额的，经修改合伙协议即成为合伙企业的合伙人，依照本法和修改后的合伙协议享有权利，履行义务。”

当然，此处的“共同共有”不仅包括所有权的共同共有，还包括《民法典》第 310 条规定的用益物权和担保物权的共同共有，以及其他财产的准共同共有；参照适用所有权共同共有规则。

三、合伙财产的分割

依据《民法典》第 303 条关于共同共有的一般规则，在合伙人没有约定或者约定不明确的情况下，如果不存在共有的基础丧失或者有其他重大理由需要分割的情形，则共同共有人不得请求分割共有财产。如果合伙财产属于全体合伙人共同共有，则适用同样的规则，而共有的基础就是合伙合同，故本条第 2 款明确规定：“合伙合同终止前，合伙人不得请求分割合伙财产。”① 《合伙企业法》第 21 条第 1 款同样规定合伙人在合伙企业清算前，不得请求分割合伙企业的财产。这同样考虑到合伙财产是合伙事业顺利开展的经济基础，如果允许合伙人任意请求分割，则会妨碍合伙合同所追求的共同事业目的的实现。因此，如有合伙人在合伙合同终止前提出分割请求，其他合伙人有权拒绝。合伙合同终止后，合同约束力和共同事业目的不复存在，自可请求分割，于此适用《民法典》第 978 条规定的分配规则。

本条第 2 款虽然直接关涉合伙的稳定性，但毕竟无涉第三人利益，故应允许当事人在合伙合同中以特约的方式加以排除，以便在某些特别松散的合伙关系中当事人可以通过自由分割合伙财产而实现快速脱离合伙关系的目的。同时，《合伙企业法》第 21 条第 1 款规定“本法另有规定的除外”，这主要指因退伙而分割的情形。《民法典》并未规定退伙分割，故其第 969 条第 2 款未如同《合伙企业法》那样规定上述但书。然而，此处对于分割合伙财产的限制，实际上是针对个别合伙人提出分割请求而言的。如若全体合伙人均有分割之意思，自可将合伙财产进行分割，只不过在解释上此种情况不同于本条所谓的“请求分割”，而应理解为对合伙财产的处分。② 另外，如果全体合伙人对分割全部合伙财产达成合

---

① 《德国民法典》第 719 条第 1 款、《日本民法典》第 676 条第 3 款、我国台湾地区“民法”第 682 条第 1 款作类似规定。

② 参见［日］我妻荣：《债权各论》（中卷·二），周江洪译，北京，中国法制出版社 2008 年版，第 268 页。

意，或者对分割影响合伙事业经营的财产达成合意，这实际上是终止了合伙合同关系，应适用合伙合同的解除规则予以处理。①

第九百七十条

合伙人就合伙事务作出决定的，除合伙合同另有约定外，应当经全体合伙人一致同意。

合伙事务由全体合伙人共同执行。按照合伙合同的约定或者全体合伙人的决定，可以委托一个或者数个合伙人执行合伙事务；其他合伙人不再执行合伙事务，但是有权监督执行情况。

合伙人分别执行合伙事务的，执行事务合伙人可以对其他合伙人执行的事务提出异议；提出异议后，其他合伙人应当暂停该项事务的执行。

本条主旨

本条是关于合伙事务的决定和执行的规定。

相关条文

《民法通则》第 34 条　个人合伙的经营活动，由合伙人共同决定，合伙人有执行和监督的权利。

合伙人可以推举负责人。

合伙负责人和其他人员的经营活动，由全体合伙人承担民事责任。

《合伙企业法》第 26 条　合伙人对执行合伙事务享有同等的权利。

按照合伙协议的约定或者经全体合伙人决定，可以委托一个或者数个合伙人对外代表合伙企业，执行合伙事务。

作为合伙人的法人、其他组织执行合伙事务的，由其委派的代表执行。

第 27 条　依照本法第二十六条第二款规定委托一个或者数个合伙人执行合伙事务的，其他合伙人不再执行合伙事务。

不执行合伙事务的合伙人有权监督执行事务合伙人执行合伙事务的情况。

第 28 条　由一个或者数个合伙人执行合伙事务的，执行事务合伙人应当定期向其他合伙人报告事务执行情况以及合伙企业的经营和财务状况，其执行合伙事务所产生的收益归合伙企业，所产生的费用和亏损由合伙企业承担。

---

①　参见刘春堂：《民法债编各论》（下），台北，三民书局 2013 年版，第 55 页。

合伙人为了解合伙企业的经营状况和财务状况，有权查阅合伙企业会计账簿等财务资料。

第 29 条　合伙人分别执行合伙事务的，执行事务合伙人可以对其他合伙人执行的事务提出异议。提出异议时，应当暂停该项事务的执行。如果发生争议，依照本法第三十条规定作出决定。

受委托执行合伙事务的合伙人不按照合伙协议或者全体合伙人的决定执行事务的，其他合伙人可以决定撤销该委托。

第 30 条　合伙人对合伙企业有关事项作出决议，按照合伙协议约定的表决办法办理。合伙协议未约定或者约定不明确的，实行合伙人一人一票并经全体合伙人过半数通过的表决办法。

本法对合伙企业的表决办法另有规定的，从其规定。

理解与适用

一、合伙事务的决定

合伙事务的决定，含义宽泛，不仅是指具体的合伙事务，也包括涉及合伙自身基础或者合伙人相互关系的行为，例如订立、修改、补充、终止合伙合同，接受他人入伙或者同意退伙等。《合伙企业法》第 19 条第 2 款规定了修改和补充合伙协议，第 43 条及以下条文规定了入伙和退伙。《民法典》中对这些事项未作出特别规定，但这些事项都属于合伙事务，故原则上同样应当由全体合伙人一致同意。

本条第 1 款中规定了合伙事务的决定原则上应当经全体合伙人一致同意。与此不同的是，《合伙企业法》第 30、31 条区分了一般事项和特别事项，关于特别事项原则上应当经全体合伙人一致同意，关于一般事项原则上实行合伙人一人一票并经全体合伙人过半数同意。[①] 此种不一致的原因在于，合伙企业对交易的便捷性与灵活性有更高要求，而《民法典》规定的合伙合同中，全体合伙人的安全利益与高度人合性的需要比交易的便捷性更为重要。[②] 如果合伙人之一对某合伙事务有自身利害关系，基于避免利益冲突的考量，该合伙人在决定该事务时应当回避，而由其他合伙人一致同意。但是，特殊情况下如果涉及紧急事务，应当允

---

① 《德国民法典》第 709 条第 1 款、《瑞士债法》第 534 条第 1 款、我国台湾地区“民法”第 670 条第 1 款规定的是全体同意，《日本民法典》第 670 条第 1 款规定的是合伙人过半数同意，

② 参见严城：《民法典合同编（草案）合伙合同的成功与不足》，载《法治研究》2019 年第 1 期，第 90 页。

许合伙人未经全体合伙人同意而采取必要措施。①

当然，为了更灵活地满足当事人的需求，合伙合同可以对此另有约定，从而偏离全体合伙人一致同意这种默认规则。合伙人可以约定采用表决权多数决；可以约定并非一人一票的表决方式；也可以约定区分不同的合伙事务采取不同的决定方案。如果约定采用表决权多数决的方式，有疑义时，多数的计算应当按照合伙人一人一票，也即以合伙人的多数决定。② 但就合伙事务的决定没有约定或者约定不明确时，全体合伙人一致同意仍然是默认规则。

二、合伙事务的执行和内外关系

为实现合伙合同追求的共同事业目的，需要作出包括民事法律行为和非民事法律行为在内的各项行为，统称为合伙事务执行。这既是合伙人的权利，也是合伙人的义务。合伙事务的执行不同于合伙事务的决定。在全体合伙人一致同意就合伙事务作出决定后，可以将决定后的合伙事务的具体执行委托给部分合伙人。同样，经全体合伙人一致决定，也可以直接将合伙事务委托给部分合伙人执行，执行事务合伙人可以就委托的合伙事项作出决定而无须取得全体合伙人的一致同意。合伙事务决定与合伙事务执行的区分，类似于有限责任公司中股东会职权和董事会职权的区分，于此可以参照适用《公司法》第 37 条、第 46 条来区分合伙事务的决定和执行。例如，修改和补充、终止合伙合同，入伙和退伙等事项，除合伙人另有约定外，不属于合伙事务的执行，而属于合伙事务的决定，故并非执行事务合伙人的职权。在有疑义时，应当认为属于合伙事务的决定。

合伙事务的执行区分为内部关系和外部关系。在合伙人的内部关系中，合伙事务执行涉及合伙人共同意思的形成、职权、责任等问题。在与第三人之间的外部关系中，涉及行为效果是否归属于全体合伙人。③ 如果是纯粹的内部合伙，则仅存在内部关系，而不存在外部关系。《合伙企业法》第 37 条分别称之为执行合伙事务和对外代表合伙企业。《民法典》以未形成组织的合伙作为规范对象，因此在对外关系上并无“对外代表合伙企业”的可能，为解决合伙人之一作出的行为的效果归属于全体合伙人的问题，唯有通过代理制度方能实现，故应适用代理的一般规则。因此，本条仅规定了合伙事务执行的内部关系。

---

① 《瑞士民法典》第 535 条第 3 款对此作了明确规定。

② 《德国民法典》第 709 条第 2 款、《瑞士债法》第 534 条第 2 款对此作了明确规定。

③ 这种区分，参见《德国民法典》第 709、714 条，《瑞士债法》第 535、543 条，《日本民法典》第 670 条、第 670 条之二，我国台湾地区“民法”第 671、679 条。

三、合伙事务执行的不同方法

本条规定了三种合伙事务执行方法：第一种是全体合伙人共同执行，第二种委托一个或者数个合伙人执行，第三种是合伙人分别执行。

（一）全体合伙人共同执行

本条第2款首先规定了此种类型。该类型是默认规则。《民法典》规定的合伙中，由于合伙人之间存在特别的信任关系，采用自营原则，即由合伙人享有事务执行权，并且，除合伙人另有明确约定外，由全体合伙人共同执行。

全体合伙人共同执行，意味着要求全体合伙人的一致，并非单独执行。作为默认规则，这一方面导致了效率的降低，但另一方面提升了合伙人的安全性。①这同样是因为《民法典》所规定的合伙中，合伙人的安全利益与高度人合性的需要比交易的便捷性更为重要。

当然，为了更灵活地满足当事人的需求，合伙合同可以对此另有约定，从而偏离默认规则的立法设计。对于合伙事务的执行，合伙人可以约定或者决定采用本条第2款和第3款的类型；并可以根据合伙事务的类型将三种类型结合起来。但是，在没有约定或者约定不明确时，本条第1款所规定的类型是默认类型。

（二）委托一个或者数个合伙人执行

本条第2款之后规定了此种类型。为使合伙事务的执行更为灵活，可以委托一名或数名合伙人执行合伙事务，前提是合伙合同有约定或者全体合伙人有决定。这仅意味着依据合意确定执行事务合伙人，而不意味着需要另外的委托合同。就委托的对象而言，如果委托作为合伙人的法人、非法人组织执行合伙事务，则由其委派的代表执行，于此参照适用《合伙企业法》第26条第3款。实践中，也有依照合伙合同的约定或者全体合伙人的决定将全部合伙事务或者部分合伙事务委托给合伙人之外的第三人的情形。这虽然不采用自营原则，但无涉第三人的利益，故无禁止的必要。② 但此等情况不在本条第2款所规范的范围之

---

① 《德国民法典》第709条第1款即如此规定，更为强调合伙人的安全性。《瑞士民法典》第535条第2款、《法国民法典》第1848条第2款、《意大利民法典》第2257条第1款则以单独执行权为原则，更为强调效率。《日本民法典》第670条第5款、我国台湾地区“民法”第671条第1款则采取了折中方案：对通常事务享有单独执行权，其他事务则由执行权的合伙人过半数（日本）或者全体合伙人（我国台湾地区）同意。

② 参见邱聪智：《新订债法各论》（下），北京，中国人民大学出版社2006年版，第40页；［日］我妻荣：《债权各论》（中卷·二），周江洪译，北京，中国法制出版社2008年版，第250页。《瑞士债法》第535条第1款明确允许将合伙事务完全委托给合伙人之外的第三人。不同观点认为自营原则是强制性的，故虽然可以个别委托，但不能将事务执行整体转移给第三人。参见［德］怀克、温德比西勒：《德国公司法》，殷盛译，北京，法律出版社2010年版，第98页。

内，而是合伙人与第三人签订的单纯的委托合同，应适用《民法典》关于委托合同的规定，例如，委托两个以上的第三人的，应当适用《民法典》第 932 条。即使该委托合同与合伙合同同时订立，甚至被写入合伙合同，亦是两个合同关系，委托第三人的合同不应适用合伙合同规则，此二者有区分的必要。①

如果委托数名合伙人执行合伙事务，且无特别约定，则应认为是数名合伙人共同执行事务。此为上文所述共同执行原则的延伸。除合伙合同另有约定或者全体合伙人另有决定外，就执行事项，需要执行事务合伙人一致同意。

按照合伙合同的约定或者全体合伙人的决定，将合伙事务委托给一个或者数个合伙人执行的，执行事务合伙人可以就委托的合伙事项作出决定而无须取得全体合伙人的一致同意。其他非执行事务合伙人在相应范围内即不再享有合伙事务执行权，但其仍然有权监督执行情况。对该监督权，可以约定行使的方式，也可以约定予以一定的限制，但限制不能达到实质性剥夺的程度。② 本条第 2 款未规定监督权的具体内容。《合伙企业法》第 28 条第 1 款规定了执行事务合伙人的报告事务执行情况以及合伙企业经营与财务状况的义务，第 2 款规定了合伙人查阅合伙会计账簿等财务资料的权利。此均为监督权的具体表现③，于民事合伙亦当适用。在民事合伙的场合，执行事务合伙人虽不需报告合伙企业的经营与财务状况，但需要报告合伙事务的进展，适用《民法典》第 924 条关于委托合同中受托人的报告义务，亦得出执行事务合伙人同样的报告义务；非执行事务合伙人也有权更为积极地随时检查合伙事务、合伙财产的状况以及查阅财务资料。《合伙企业法》第 28 条第 2 款未规定合伙人复制会计账簿等财务资料的权利，实践中对此存在不同判决。④《公司法》第 33 条规定了有限责任公司股东有权查阅、复制公司章程、股东会会议记录、董事会会议决议、监事会会议决议和财务会计报告，可以要求查阅公司会计账簿，但同样未规定复制会计账簿的权利。考虑到《民法典》规定的合伙更要求合伙人之间的信任关系，且一般欠缺公司中那样完善的治理机制，可以考虑赋予非执行事务合伙人复制会计账簿的权利，以进行更

---

① 参见邱聪智：《新订债法各论》（下），北京，中国人民大学出版社 2006 年版，第 40 页；刘春堂：《民法债编各论》（下），台北，三民书局 2013 年版，第 62 页。

② 参照适用《公司法解释（四）》第 9 条："公司章程、股东之间的协议等实质性剥夺股东依据公司法第三十三条、第九十七条规定查阅或者复制公司文件材料的权利，公司以此为由拒绝股东查阅或者复制的，人民法院不予支持"。有观点认为一概无效，参见邱聪智：《新订债法各论》（下），北京，中国人民大学出版社 2006 年版，第 58 页。但是，这不符合现实，合伙合同中完全可以对不同合伙人设置不同的级别。

③ 参见李飞主编：《中华人民共和国合伙企业法释义》，北京，法律出版社 2006 年版，第 40－43 页。

④ 关于否定观点，参见上海市第二中级人民法院（2016）沪 02 民终 7051 号民事判决书；关于肯定观点，参见上海市崇明县人民法院（2016）沪 0230 民初 4331 号民事判决书。

精细的监督。

如果执行事务合伙人拒绝或者妨碍正当的监督，其对造成的损害应负损害赔偿责任，且构成撤销对执行事务合伙人之委托的正当理由；非执行事务合伙人的监督权应以诚信的方式行使，不得以监督为名妨碍合伙事务的执行，否则，该合伙人应赔偿因其不当监督而造成的损失。① 为避免非执行事务合伙人查阅、复制会计账簿权利的不正当行使，《公司法》第 33 条第 2 款中规定："公司有合理根据认为股东查阅会计账簿有不正当目的，可能损害公司合法利益的，可以拒绝提供查阅，并应当自股东提出书面请求之日起十五日内书面答复股东并说明理由。公司拒绝提供查阅的，股东可以请求人民法院要求公司提供查阅。"《公司法解释四》第 8 条进一步规定："有限责任公司有证据证明股东存在下列情形之一的，人民法院应当认定股东有公司法第三十三条第二款规定的'不正当目的'：（一）股东自营或者为他人经营与公司主营业务有实质性竞争关系业务的，但公司章程另有规定或者全体股东另有约定的除外；（二）股东为了向他人通报有关信息查阅公司会计账簿，可能损害公司合法利益的；（三）股东在向公司提出查阅请求之日前的三年内，曾通过查阅公司会计账簿，向他人通报有关信息损害公司合法利益的；（四）股东有不正当目的的其他情形。"这些规定在《民法典》规定的合伙中也可以参照适用。

（三）合伙人分别执行

本条第 3 款规定了此种类型。依据本条第 1 款，合伙事务原则上由全体合伙人共同执行。为使合伙事务的执行更为灵活、效率，按照合伙合同的约定或者全体合伙人的决定，以及法律的特别规定，合伙人可以分别执行合伙事务。此时，各合伙人均享有单独执行合伙事务的权利，无须取得全体合伙人的一致同意。同样，依据本条第 2 款委托数名合伙人执行合伙事务时，基于合同的特别约定或者全体合伙人的决定，以及法律的特别规定，执行事务合伙人可享有单独执行权。所谓的"合伙人分别执行合伙事务"，即指合伙人享有单独执行权的情形。

在合伙人享有单独执行权时，执行事务合伙人可以提出异议，以督促执行事务合伙人之间的相互监督。本条第 3 款所谓的"执行事务合伙人"应当被广义理解为有合伙事务执行权的任一合伙人，而不限于本条第 2 款中的执行事务合伙人。所谓的提出异议，是指在个别的具体事务执行完成之前，对该事务执行表示反对。提出异议应就各个具体执行事务的行为分别为之，不得仅以抽象指摘而对

---

① 参见［日］我妻荣：《债权各论》（中卷·二），周江洪译，北京，中国法制出版社 2008 年版，第 250 页。

该合伙人单独执行权的行使为一般的异议。[①]

一旦执行事务合伙人就其他合伙人的执行行为提出异议，其他合伙人应立即暂停执行，以避免损失的扩大。[②] 然而，实践中可能因为异议的提出而产生纠纷，例如，各合伙人对异议事项是否应继续进行意见不一。《合伙企业法》第 29 条第 1 款援引第 30 条规定的合伙人决议规则来解决纠纷。在《民法典》中，本条第 1 款规定了合伙人应一致作出决定，故除非另有约定，原则上被异议的有执行权的合伙人应当暂停此项事务的执行，如果有必要继续进行，则需要符合本条第 1 款确定的一致同意原则。这是民事合伙高度人合性的必然要求。在执行事务合伙人已经提出异议的情况下，其他合伙人仍然继续执行该合伙事务的，则应就造成的损失负赔偿责任，且此行为构成撤销执行权的正当事由。

四、有执行权合伙人的法律地位

本条第 2 款有意选择使用了“委托”这一语词，意味着除法律另有规定外，只要没有根据合伙合同的特性得出其他结论，有执行权合伙人（执行事务合伙人）的法律地位可以适用委托合同的受托人地位的相关规则。[③] 例如，执行事务合伙人有权请求预付费用和请求费用偿还（《民法典》第 921 条），约定有报酬时有权请求报酬（《民法典》第 928 条），有权请求赔偿损失（《民法典》第 930 条）。[④] 但是，执行事务合伙人也是合伙人之一，因此应扣除其自己分担的部分之后再向其他合伙人请求。此外，执行事务合伙人还有义务按照合伙合同或者全体合伙人的决定执行事务（《民法典》第 922 条，《合伙企业法》第 29 条第 2 款）、亲自执行合伙事务（《民法典》第 923 条）、报告执行合伙事务的情况（《民法典》第 924 条，但本条中的委托合同终止时应当理解为事务处理完毕时）、执行合伙事务所取得的财产应当转交合伙（《民法典》第 927 条）、共同处理时承担连带责任（《民法典》第 932 条）等。

---

① 参见邱聪智：《新订债法各论》（下），北京，中国人民大学出版社 2006 年版，第 45 页。

② 参见李飞主编：《中华人民共和国合伙企业法释义》，北京，法律出版社 2006 年版，第 43 - 44 页。

③ 《德国民法典》第 713 条、《瑞士债法》第 540 条第 1 款、《意大利民法典》第 2260 条第 1 款、《日本民法典》第 671 条、我国台湾地区“民法”第 680 条对此作了明确规定。

④ 《最高人民法院关于个人合伙成员在从事经营活动中不慎死亡其他成员应否承担民事责任问题的批复》（〔1987〕民他字第 57 号）指出：……对这次事故的发生，贾国仁没有过错，不应负赔偿责任。但贾国满为合伙人的共同利益，在经营运输活动中，不慎被车挤死，其兄作为合伙经营的受益人之一，给予死者家属适当的经济补偿，既合情理，也符合有关法律规定的精神。至于具体补偿多少，请根据实际情况酌定。但是，此等补偿方式既不稳定，又不能较好地填补执行事务合伙人的损失，应当参照适用《民法典》第 930 条，合伙人在执行合伙事务时由于不可归责于自身的原因遭受损失的，有权向各合伙人请求损害赔偿，只不过要扣除其作为合伙人本应承担的部分。

执行事务合伙人未尽注意义务或者超越权限造成合伙损失的，亦可适用《民法典》第929条进行损害赔偿。关于注意义务的内容，同样包括忠实义务和勤勉义务，例如《合伙企业法》第32条具体规定了合伙人不得自营或者同他人合作经营与本合伙企业相竞争的业务；除合伙协议另有约定或者经全体合伙人一致同意外，合伙人不得同本合伙企业进行交易；合伙人不得从事损害本合伙企业利益的活动。《民法典》中的合伙合同也可以参照这些规定来确定注意义务的具体内容。关于注意义务的程度，如果约定有偿，则适用善良管理人的注意义务；如果无偿，则执行事务合伙人仅就故意和重大过失承担责任。①

执行权的终止也可以适用委托合同终止的规则，因此，执行事务合伙人死亡、发生终止原因或者丧失民事行为能力时，适用《民法典》第934～936条的规定。但有疑问的是，此时是否应当适用《民法典》第933条，使其他合伙人经依法决定而单方任意剥夺执行权，或者执行事务合伙人任意终止执行权。此时可以认为，对于其他合伙人而言，执行事务合伙人有报酬利益之外的其他较强利益，即对合伙事务的处理存在利益，该利益甚至构成执行事务合伙人参加合伙的基础，故其他合伙人不享有任意解除权，不得单方任意剥夺②；对于执行事务合伙人而言，尤其是在有偿情形下，其任意解除权的正当性本来就较弱，甚至其他合伙人对执行事务合伙人执行事务的信赖可能构成其他合伙人参加合伙的基础。因此，可能具有共识的观点是，此时不适用《民法典》第933条规定的任意解除权，但在具有正当事由时，其他合伙人可以解任而终止执行权；执行事务合伙人可以辞任而终止执行权，但也应提前通知。③ 至于其他合伙人依法共同决定撤销执行权的正当事由，最为重要的就是执行事务合伙人严重违反义务或者丧失妥当

---

① 就注意义务的程度，《德国民法典》第708条一概规定为与处理自己事务同一的注意；《瑞士债法》第538条、我国台湾地区“民法”第672条规定有偿时负善良管理人的注意义务，无偿时负与处理自己事务同一的注意义务；《日本民法典》第671条结合第644条规定一概负善良管理人的注意义务。规定与处理自己事务同一的注意义务来源于罗马法传统，其原因是每个合伙人只能期待其他合伙人像处理自己的事务那样处理合伙事务，基于自愿建立合伙就不能抱怨其他合伙人在合伙事务中较少的谨慎，合伙人毕竟也同时是处理自己的事务，无法要求其像公司的董事、监事、高管一样；但是，毕竟全体合伙人对合伙债务承担连带责任，这意味着合伙人执行合伙事务应当更为谨慎。因此，即使在德国法中，实践中也在诸多限制。参见［德］怀克、温德比西勒：《德国公司法》，殷盛译，北京，法律出版社2010年版，第90-91页。

② 关于此种情况下委托人不享有任意解除权，参见崔建远、龙俊：《委托合同的任意解除权及其限制》，载《法学研究》2008年第6期，第77页以下。法国法采取这一思路，参见罗结珍译：《法国民法典》（下册），北京，法律出版社2005年版，第1455页；《意大利民法典》第1723条第2款、DCFR第4.4-1：105条第1款对此作了明确规定。

③ 参见《德国民法典》第712条、《瑞士债法》第539条、《意大利民法典》第2259条、《日本民法典》第672条我国台湾地区“民法”第674条。但是，《法国民法典》第1851条第1款规定，即使无正当理由，其他合伙人也可以共同决定终止执行权，只是应当赔偿。

执行事务的能力。就执行事务合伙人严重违反义务而言，这实际上构成了一般法定解除事由，《合作企业法》第 29 条第 2 款规定："受委托执行合伙事务的合伙人不按照合伙协议或者全体合伙人的决定执行事务的，其他合伙人可以决定撤销该委托。"依据《民法典》第 563 条第 1 款，执行事务合伙人的义务违反必须达到根本违约即不能实现合同目的的程度，才可以终止执行权，否则容易让执行事务合伙人动辄得咎，影响合伙事务执行的稳定。① 执行事务合伙人由于重大疾病等正当原因不宜再执行合伙事务的，有权辞任以终止其执行权，但其对该正当原因负举证责任。

此外，其他合伙人对是否撤销执行权意见不一时，能否撤销执行事务合伙人的执行权?② 《民法典》中的合伙以信赖关系为基础，如果其他合伙人中有一部分已经开始对不当执行的执行事务合伙人产生怀疑，说明执行权的信赖根基发生了动摇；主张终止者负有证明正当事由的举证责任，这已经在一定程度上避免了滥用；同时，如果必须其他合伙人一致同意，则只要有合伙人与执行事务合伙人串通，就无法终止执行权，其他合伙人只能终止合伙合同或者依据约定退伙③，后果可能过分严重，相较而言，终止执行事务合伙人执行权，重归共同执行的状态，并不是特别严重的后果。综合以上因素，可以认为，在其他合伙人证明了存在正当事由的情形中，任何一合伙人都可以终止执行事务合伙人的执行权。

五、合伙事务执行的外部关系

(一) 代理机制

如上文所述，除非是纯粹的内部合伙，否则合伙事务执行也会发生外部关系。《合伙企业法》第 37 条称之为对外代表。但是，《民法典》以未形成组织的合伙作为规范对象，在对外关系上并无"对外代表"的可能，唯有通过代理解决合伙人之一作出的行为的效果归属于全体合伙人的问题。这也与委托和代理的区分形成对应。④

依据《民法典》第 162 条，执行事务合伙人在应当代理权限内以作为被代理

① 参见严城：《民法典合同编（草案）合伙合同的成功与不足》，载《法治研究》2019 年第 1 期，第 91 页。

② 德国、日本、我国台湾地区都需要其他合伙人依法决议，而瑞士、意大利则规定其他任何一个合伙人都可以终止，同时意大利规定可通过请求司法解除避免滥用。

③ 参见［日］我妻荣：《债权各论》（中卷・二），周江洪译，北京，中国法制出版社 2008 年版，第 249－250 页。

④ 《民法通则》第 34 条第 2 款中仅规定"合伙负责人和其他人员的经营活动，由全体合伙人承担民事责任"，但并未解决效果归属的法律机制问题。

人的全体合伙人的名义实施；如果执行事务合伙人以自己的名义实施，除非满足《民法典》第 925 条的要求，否则行为效果只能归属于该执行事务合伙人，而无法归属于全体合伙人。[①] 当然，对此时合伙人的内部关系可以依据合伙合同处理。[②] 而所谓“以全体合伙人名义”并不要求执行事务合伙人列明全体合伙人的姓名或者名称，其可以用“某某合伙的管理人”等头衔表明；在合伙起字号时，也可以用合伙的字号表明。

对外代理权限的范围由合伙合同或者合伙人的决定确定，可以与对内执行权限有别，但应推定二者相同。[③] 例如，合伙合同中的合伙事务执行以共同执行为原则，因此，对外代理也应以共同行使代理权为原则。这与《民法典》第 166 条的规定一致[④]，某一合伙人未经全部合伙人同意而代理作出民事法律行为的，构成无权代理。与此相关，《民法典》第 172 条规定的表见代理规则可以为相对人提供保护。

在合伙合同中，内部关系不存在代理问题；而外部关系涉及的除了民事法律行为，还可能有准民事法律行为、公法上的行为等，这些行为应当参照适用代理的规则。至于违约责任和因合同无效、被撤销或者解除所产生的责任，应由全体合伙人承担。至于侵权责任，如果全体合伙人共同作出意思表示实施侵权行为，依照《民法典》第 1168 条的规定，应由全体合伙人承担连带责任。至于执行事务合伙人实施侵权行为时的责任承担，依据《民法典》第 167 条，只有在被代理人知道或者应当知道代理人的代理行为违法而未作反对表示时，被代理人和代理人才应当承担连带责任。所以在一般情况下，执行事务合伙人应当自己承担侵权责任，但在内部关系中可以依据合伙合同请求其他合伙人分担。[⑤]

---

① 重庆市高级人民法院民二庭《关于个人合伙纠纷法律适用问题的解答（试行）》第 6 条规定：当事人以其个人名义签订承包合同，但以合伙方式履行承包合同权利义务的，人民法院在审理承包合同纠纷中应认定承包合同载明的主体为承包人。但当事人有证据证明在签订承包合同时双方均明知承包人为合伙各方，或在履行过程中双方同意变更为以合伙方式承包的除外。

② 《瑞士债法》第 543 条第 1、2 款对此有明确规定。也请参见［日］我妻荣：《债权各论》（中卷·二），周江洪译，北京，中国法制出版社 2008 年版，第 254－259 页；［德］怀克、温德比西勒：《德国公司法》，殷盛译，北京，法律出版社 2010 年版，第 102－103 页；［德］梅迪库斯：《德国债法分论》，杜景林、卢谌译，北京，法律出版社 2007 年版，第 392－393 页。

③ 参见《德国民法典》第 714 条、《瑞士债法》第 543 条第 3 款、我国台湾地区“民法”第 679 条。

④ 有观点认为，在合伙企业中，除非另有约定，任一合伙人均有权单独对外代表合伙企业，参见魏振瀛：《民法》，北京，北京大学出版社、高等教育出版社 2013 年版，第 105 页。但是，即使此种单独代表权对于合伙企业是恰当的，但在《民法典》规定的合伙中，价值上安全要重于效率，与合伙企业仍存在不同。

⑤ 参见［德］梅迪库斯：《德国债法分论》，杜景林、卢谌译，北京，法律出版社 2007 年版，第 394 页；［德］怀克、温德比西勒：《德国公司法》，殷盛译，北京，法律出版社 2010 年版，第 108、110 页。

（二）合伙人的诉讼

《民法通则意见》第45条规定："起字号的个人合伙，在民事诉讼中，应当以依法核准登记的字号为诉讼当事人，并由合伙负责人为诉讼代表人。合伙负责人的诉讼行为，对全体合伙人发生法律效力。""未起字号的个人合伙，合伙人在民事诉讼中为共同诉讼人。合伙人人数众多的，可以推举诉讼代表人参加诉讼，诉讼代表人的诉讼行为，对全体合伙人发生法律效力。推举诉讼代表人，应当办理书面手续。"该条区分了起字号的合伙和未起字号的合伙，并且规定在起字号的合伙的诉讼中，合伙负责人（执行事务合伙人）自动成为诉讼代表人。但这既无法解决多名执行事务合伙人之间的分歧问题，也无法保障其他合伙人的诉讼权利。为此，《民事诉讼法解释》第60条规定："在诉讼中，未依法登记领取营业执照的个人合伙的全体合伙人为共同诉讼人。个人合伙有依法核准登记的字号的，应在法律文书中注明登记的字号。全体合伙人可以推选代表人；被推选的代表人，应由全体合伙人出具推选书。"据此，除有字号的合伙应在法律文书中注明字号外，在诉讼中不再区分合伙有无字号；诉讼代表人不再当然是执行事务合伙人，而应由全体合伙人推举。①

实践中另外一个困难的问题是合伙债权及其诉讼实现的问题。从理论上而言，合伙债权并非连带债权，而是共同债权。两者的区别在于，连带债权的债务人可以向任何一个连带债权人履行，但共同债权的债务人只能向所有的共同债权人履行。有观点认为，各共同债权人都可以单独提出请求，但只能请求向全体共同债权人履行，而不能请求仅向自己履行，因此，共同债权的特殊性并非体现在给付的请求上，而是体现在受领上。② 同时，为保证其他合伙人的诉讼权利，法院应当通知其他共同债权人参加诉讼，如果其他共同债权人无正当理由拒绝参加诉讼的，则法院的判决对其他债权人仍旧有效。③ 但是，如果法院负有通知职责，产生的问题会很多，例如，何谓拒绝参加诉讼的正当理由、应当通知而未通知是否构成申请再审的事由、无法通知时如何处理等，这会导致诉讼的肥大、进程的漫长且不可控因素较多。为解决此种公平和效率之间的矛盾，可以考虑允许单个合伙人诉讼请求债务人向全体合伙人履行，法院无须通知其他合伙人参加诉

---

① 在管辖层面，《民事诉讼法解释》第5条规定：对没有办事机构的个人合伙、合伙型联营体提起的诉讼，由被告注册登记地人民法院管辖。没有注册登记，几个被告又不在同一辖区的，被告住所地的人民法院都有管辖权。

② 当然，也存在保障其他共同债权人利益的不同做法，例如，任一债权人得请求全部给付，但须提供担保。具体的梳理，参见李中原：《共有之债的理论解析》，载《江苏社会科学》2019年第6期，第162-164页。

③ 参见李中原：《多数人之债的类型构建》，载《法学研究》2019年第2期，第57页。

讼，但是判决的单方面既判力延及其他合伙人，即判决的胜诉部分的效力延伸，败诉部分的效力不延伸；如果合伙人获得胜诉，但债权数额减少的，仍然是仅胜诉部分的效力延伸，其他合伙人可就败诉部分再次起诉。①

第九百七十一条

合伙人不得因执行合伙事务而请求支付报酬，但是合伙合同另有约定的除外。

本条主旨

本条是关于执行事务合伙人之报酬的规定。

相关条文

《民法典》第 928 条　受托人完成委托事务的，委托人应当按照约定向其支付报酬。

因不可归责于受托人的事由，委托合同解除或者委托事务不能完成的，委托人应当向受托人支付相应的报酬。当事人另有约定的，按照其约定。

理解与适用

本条在原则上排除了执行事务合伙人请求支付报酬的权利。其要旨在于，执行合伙事务虽然是为了全体合伙人的利益，但也是合伙人按照合同合同应尽的义务②，况且实践中不乏以劳务的方式出资的合伙人，故以无偿为原则最符合合伙的本旨。③

但是，本条中的但书表明当事人可以另行约定执行事务合伙人的报酬，以排除无报酬请求权的适用，故本条属于任意性规范。除合伙合同另有约定外，也可以按照《民法典》970 条第 1 款经全体合伙人一致同意而决定给付报酬。当事人约定了报酬请求权时，报酬量通常与劳务提供量、业绩及工作难易程度相关④，

---

① 关于判决的单方面既判力延伸，具体参见［德］罗森贝克、施瓦布、戈特瓦尔德：《德国民事诉讼法》（上），李大雪译，北京，中国法制出版社 2007 年版，第 309 页以下。

② 参见李飞主编：《中华人民共和国合伙企业法释义》，北京，法律出版社 2006 年版，第 40 页。

③ 参见邱聪智：《新订债法各论》（下），北京，中国人民大学出版社 2006 年版，第 49 页。我国台湾地区“民法”第 678 条之“立法”理由为：合伙人执行合伙事业，虽为总合伙人之利益，然亦为执行事务合伙人之义务，况又有以劳力为出资者，故非契约另有订定，不得请求报酬。

④ 参见李飞主编：《中华人民共和国合伙企业法释义》，北京，法律出版社 2006 年版，第 39 页。

但仍属于当事人意思自治的范畴。如果虽然决定给付报酬，但对报酬给付的种类、数额、方法或者时间未作具体约定或者约定不明的，依照《民法典》第510条，也应由合伙人一致同意而决定补充；不能补充的，按照《民法典》第510、511条的规定确定。实践中，如合伙人主张报酬请求权，则其应负举证责任。如果约定了报酬请求权，此时可以适用《民法典》第928条关于受托人之报酬请求权的规定。

第九百七十二条

合伙的利润分配和亏损分担，按照合伙合同的约定办理；合伙合同没有约定或者约定不明确的，由合伙人协商决定；协商不成的，由合伙人按照实缴出资比例分配、分担；无法确定出资比例的，由合伙人平均分配、分担。

本条主旨

本条是关于合伙人之间利润分配和亏损分担的规定。

相关条文

《民法通则》第35条第1款　合伙的债务，由合伙人按照出资比例或者协议的约定，以各自的财产承担清偿责任。

《合伙企业法》第33条　合伙企业的利润分配、亏损分担，按照合伙协议的约定办理；合伙协议未约定或者约定不明确的，由合伙人协商决定；协商不成的，由合伙人按照实缴出资比例分配、分担；无法确定出资比例的，由合伙人平均分配、分担。

合伙协议不得约定将全部利润分配给部分合伙人或者由部分合伙人承担全部亏损。

《民法通则意见》第47条　全体合伙人对合伙经营的亏损额，对外应当负连带责任，对内则应按照协议约定的债务承担比例或者出资比例分担；协议未规定债务承担比例或者出资比例的，可以按照约定的或者实际的盈余分配比例承担。但是对造成合伙经营亏损有过错的合伙人，应当根据其过错程度相应的多承担责任。

第48条　只提供技术性劳务，不提供资金、实物的合伙人，对于合伙经营的亏损额，对外也应当承担连带责任，对内则应当按照协议约定的债务承担比例或者技术性劳务折抵的出资比例承担；协议未规定债务承担比例或者出资比例的，可以按照约定的或者合伙人实际的盈余分配比例承担；没有盈余分配比例的，按照其余合伙人平均投资比例承担。

理解与适用

一、利润分配和亏损分担

本条规定了对合伙的利润和亏损在合伙人之间如何分配和分担的问题。由于《民法典》中的合伙以未形成组织的合伙为预设对象，合伙人之间并非如同合伙企业中的合伙人那样承担补充的连带责任，而是直接承担连带责任，因此，合伙的利润分配和亏损分担就仅对合伙人具有意义，而不会影响到合伙债务的债权人的利益，故对合伙的利润分配和亏损分配的限制就较小，例如，无须要求先以利润弥补亏损等。

利润分配，是指合伙在必要扣除后所获利润在各合伙人之间分配。关于分配的时间和方法由合伙人在合伙合同中约定，未约定的，由全体合伙人依据《民法典》第970条第1款予以决定；仍无法决定，可以依照《民法典》第510条，考虑交易习惯和该合伙的具体情况予以确定。① 合伙人也享有请求计算并分配合伙利润的请求权。委托执行事务合伙人的，其他合伙人基于监督执行的权利同样享有此种请求权。② 不分配利润而将利润作为合伙财产的，需要全体合伙人依据《民法典》第970条第1款予以决定。

应当注意的是，合伙人请求分配合伙利润并不以合伙合同终止并清算为前提，部分或全体合伙人在未进行合伙清算的情况下请求对合伙利润进行分配的，人民法院应当进行释明：如果其请求的利润分配是基于解除合伙关系的合伙利润分配，则应增加解除合伙关系并进行清算的诉讼请求；如果其不要求解除合伙关系，仅要求分配合伙期间利润，当事人提交了充分证据证明有可供分配的收益的，人民法院应根据本条规定的比例予以处理。③

亏损分担，是指合伙在一定时期内的各种收入减去各项费用之后出现负差额，亦即发生了亏损时，就此等亏损在各合伙人之间分担。但是，除非合伙人另有约定或者决定，往往是在合伙合同终止且部分合伙人承担亏损后，才产生请求

---

① 《德国民法典》第721条第2款规定：合伙有较长存续期间者，有疑义时，其决算和利益分配，应于每届事务年度终了之时。《意大利民法典》第2262条类似规定。

② 参见［日］我妻荣：《债权各论》（中卷·二），周江洪译，北京，中国法制出版社2008年版，第288页。

③ 参见重庆市高级人民法院民二庭《关于个人合伙纠纷法律适用问题的解答（试行）》第7条。

亏损分担的请求权和其他合伙人填补亏损的义务。[①] 不在该时点填补亏损的，应当由全体合伙人依据《民法典》第 970 条第 1 款予以决定。部分合伙人违约造成其他合伙人无法执行合伙事务的，在合伙人之间的内部关系中，其他合伙人不分担亏损。[②]

二、利润分配和亏损分担的内部比例

（一）意定比例

本条确定了合伙的利润分配与亏损分担的具体比例，明确了意定优先、法定补充的规则适用顺序。其目的是在保障当事人意思自治的前提下，确保合伙的损益分配有所依据。这与《合伙企业法》第 33 条第 1 款的规定相同。合伙人可以在合伙合同中约定利润分配与亏损分担，如果未约定或者约定不明，则可以由合伙人协商决定。此为意思自治原则的体现。协商确定比例时，应当由全体合伙人依据《民法典》第 970 条第 1 款予以决定，即除合伙合同另有约定外，应当经全体合伙人一致同意。

基于意思自治，合伙人完全可以就利润分配与亏损分担确定不同的比例。但是，如果合伙人仅确定了利润分配比例或者亏损分担比例的，有疑义时，推定该比例同时适用于利润分配和亏损分担。[③] 例如，全体合伙人仅就利润分配约定了比例的，某个合伙人不得以未约定亏损分担的比例而主张按照出资比例分担。这也与利益与风险相一致的原则契合。与之不同，《民法通则意见》第 47 条规定：全体合伙人对合伙经营的亏损额，对外应当负连带责任；对内则应按照协议约定的债务承担比例或者出资比例分担；协议未规定债务承担比例或者出资比例的，可以按照约定的或者实际的盈余分配比例承担。但是对造成合伙经营亏损有过错的合伙人，应当根据其过错程度相应地多承担责任。据此，对于亏损分担，如果没有约定，《民法通则意见》第 47 条首先考虑出资比例，无法确定时才考虑利润分配比例。但是，基于利润分配和亏损分担相一致的原理，更佳的方案是有疑义时利润分配的比例被推定为亏损分担的比例，只有利润分配比例也无法确定时，才考虑出资比例。

---

① 《德国民法典》第 721 条第 1 款对此作了明确规定。最高人民法院（2015）民申字第 158 号民事裁定书中认为，合伙财产因为经营管理不善而灭失，合伙人未请求解除合伙关系、未对合伙财产进行清算的情况下要求其他合伙人承担赔偿责任的，人民法院不予支持。

② 参见最高人民法院（2017）民申 1573 号民事裁定书。

③ 《德国民法典》第 722 条第 2 款、《瑞士债法》第 533 条第 2 款、《意大利民法典》第 2263 条第 3 款、《日本民法典》第 674 条第 2 款、我国台湾地区“民法”第 677 条第 2 项对此皆有明确规定。

《合伙企业法》第33条第2款规定：合伙协议不得约定将全部利润分配给部分合伙人或者由部分合伙人承担全部亏损。虽然《民法典》对此未作明确规定，但依据其第967条中的“共享利益、共担风险”，应当得出同样的结论。当事人作出此等约定的，并非当然使该约定的效力出现瑕疵①，但可能导致当事人之间的合同并非合伙合同，而是其他类型的合同，不能适用合伙合同的规则。

如当事人主张意定的利润分配和亏损分担比例，应由主张者就此项约定承担证明责任。② 但在具体证明方式上，并不以书面合同为限，完全可以通过间接证据使法官形成心证。③

（二）法定比例

如果当事人无法就利润分配与亏损分担达成意定方案，则须诉诸法定方式。在法定方式中，优先按照各合伙人的实缴出资比例分配与分担，如无法确定出资比例的，则由各合伙人平均分配与分担。

首先是按照合伙人的实缴出资比例分配、分担。之所以优先按照合伙人的实缴出资比例确定分配、分担方案，是因为合伙实践中大多都以合伙人的出资比例作为分配与分担的原则，故此为模拟当事人意思表示的结果。④ 需要注意的是，这里并非按照出资比例确定，而是按照实缴出资比例确定。如果合伙合同约定了认缴期限，合伙人按照约定实缴部分出资而非全部出资，则也是按照实缴出资比例而非认缴出资比例确定利润分配和亏损分担的比例。如果合伙人未按照约定实缴出资，存在应缴而未缴的违约行为，则在利润分配上，基于利益与负担相一致的原理，仍然是以实缴出资比例确定利润分配的比例。这并无疑问。但是，采这种确定比例的方式，可能在亏损分担上引发疑问：合伙人存在应缴而未缴的违约行为时，按照实缴出资比例确定亏损分担比例，反而使违约的合伙人承担较少比例的亏损，因而获益。基于利润分配和亏损分担的权责一致原理，这是合理的。

---

① 《意大利民法典》第2265条明确规定此种约定无效。

② 参见刘春堂：《民法债编各论》（下），台北，三民书局2013年版，第60页。关于具体案例，参见安徽省高级人民法院（2015）皖民四终字第00520号民事判决书。

③ 最高人民法院（2000）民终字第8号民事判决书认为：合伙人之间对利润分配没有约定或者约定不明的，但合伙人已经在事实上按照一定的比例分配，例如合伙双方将利润按比例分割转为资本金并制作了年度财务报表，合伙人未提出异议的，可以认为该比例符合合伙人的意志。山西省高级人民法院（2017）晋民申781号民事裁定书中认为：结合本案中现金日记账记载的内容、三合伙人合伙期间每年按上述固定比例领取利润、申请人三年来未提出过异议等综合因素，可认定三合伙人在合伙期间对利润分配比例已达成一致。

④ 参见李飞主编：《中华人民共和国合伙企业法释义》，北京，法律出版社2006年版，第50页。同样观点，参见最高人民法院（2013）民提字第69号民事判决书。

至于合伙人存在应缴而未缴的违约行为，而使其他合伙人负有较高的亏损分担比例，导致了其他合伙人损失的，这可以通过其他合伙人请求违约合伙人承担违约赔偿责任予以解决。此时，违约合伙人所负有的义务就不限于应缴而未缴的出资的缴纳，还包括其违约行为导致其他合伙人较高的亏损分担比例所产生的损失。即使合伙人之间内部约定部分合伙人仅以出资为限承担责任，这仍然意味着该部分合伙人承担了出资亏损或者无法收回的风险，也符合了“共担风险”的要求，故该约定在合伙人之间仍然是有效的。

合伙合同中的出资方式相当多元，除货币出资之外，其他方式的出资可以进行评估。如上文所述，在《民法典》规定的合伙中，并不要求先以合伙财产清偿合伙债务，故合伙财产的价值确定对于合伙债务的债权人并不重要，故评估可以更为自由化一些，只要全体合伙人一致同意，无论是否评估、采取何种评估标准和方法、谁来评估，均无关紧要。通过评估，可以确定各合伙人的出资比例。如果出资未经评估，且难以确定出资数额的，应由合伙人平均分配利润和分担亏损。

如果合伙人主张按照实缴出资比例进行利润分配与亏损分担，尽管这属于法定分配与分担方式，仍需要由主张者承担证明责任。无法证明的，最后只能由合伙人平均分配和分担。[①]

有必要说明的是以劳务出资的合伙人的利润分配和亏损分担。对此，比较法上存在不同的方式。第一种方式是，除另有约定外，以劳务出资的合伙人原则上不受损失之分配[②]；第二种方式是，劳务出资人参与利润分配和亏损分担，但合伙合同可以有效约定劳务出资人仅分配利润分配而不分担亏损[③]；第三种方式是，不对劳务出资人作特别规定，故劳务出资人与其他合伙人一并参与利润分配和亏损分担。[④]《民法典》并未对劳务出资人作特别规定，应当认为采取了第三种方式，不将劳务出资人特别对待。《民法通则意见》第48条甚至明确规定了劳务出资人应当分担亏损，在实践中也多有案例支持劳务出资的合伙人应当分担亏损。[⑤]

第九百七十三条

合伙人对合伙债务承担连带责任。清偿合伙债务超过自己应当承担份额的合

---

① 参见最高人民法院（2015）民抗字第27号民事裁定书。

② 例如，我国台湾地区“民法”第677条第3项。

③ 例如，《瑞士债法》第533条第3款。

④ 具体参见李飞主编：《中华人民共和国合伙企业法释义》，北京，法律出版社2006年版，第51页。

⑤ 参见广东省高级人民法院（2017）粤民申7836号民事裁定书。

伙人，有权向其他合伙人追偿。

本条主旨

本条是关于合伙人就合伙债务对外承担连带责任的规定。

相关条文

《民法通则》第 35 条第 2 款　合伙人对合伙的债务承担连带责任，法律另有规定的除外。偿还合伙债务超过自己应当承担数额的合伙人，有权向其他合伙人追偿。

《合伙企业法》第 38 条　合伙企业对其债务，应先以其全部财产进行清偿。

第 39 条　合伙企业不能清偿到期债务的，合伙人承担无限连带责任。

第 40 条　合伙人由于承担无限连带责任，清偿数额超过本法第三十三条第一款规定的其亏损分担比例的，有权向其他合伙人追偿。

理解与适用

一、合伙债务

如上文所述，基于民事法律行为产生合伙债务的前提是，能够通过代理规则使行为效果归属于全体合伙人。如果执行事务合伙人以自己的名义实施法律行为，由此所产生的债务，对相对人而言就仅仅是执行事务合伙人的个人债务，相对人所信赖的也恰恰是执行事务合伙人自身而非全体合伙人。此时，并无理由将该债务作为合伙债务而使全体合伙人承担连带责任。如果是执行事务合伙人侵权所产生的债务，对相对人而言原则上也是执行事务合伙人的个人债务，除非其他合伙人知道或者应当知道执行事务合伙人实施侵权行为并未作反对表示。在后一情况下，可以认为全体合伙人存在主观上的意思联络，应当依据《民法典》第 167 条对被侵权人承担连带责任。当然，合伙人内部仍然按照合伙合同判断责任承担，故可能出现对外不属于合伙人承担连带责任的合伙债务，但在合伙人内部属于合伙债务的情形。应当注意的是，合伙债务仅指合伙对外所负的债务，不包括合伙人退伙所产生的退还财产份额等债务。

二、合伙人对外的连带责任

本条第一句明确了合伙人对合伙债务承担连带责任。对外的连带责任使合伙债务更容易获得清偿，有助于保护债权人的利益。[①] 然而，该句仅着眼于全体合伙人的外部关系，即合伙的债权人有权请求一个或多个合伙人清偿部分或者全部合伙债务；不处理合伙人之间的份额、追偿权等内部关系；亦不关心其是否为学理上所谓的“不真正连带责任”[②]。因为合伙人的连带责任涉及合伙的债权人的利益，所以即使合伙人之间存在债务份额约定的，也仅仅是合伙人内部承担比例的约定，不产生对抗第三人的效力[③]，各合伙人对外仍然承担连带责任。但是，合伙人可以与债权人个别约定承担按份责任，或者将责任限定在合伙财产上。[④]

《民法通则》第 35 条第 2 款中规定：合伙人对合伙的债务承担连带责任，法律另有规定的除外。《合伙企业法》第 39 条规定：合伙企业不能清偿到期债务的，合伙人承担无限连带责任。前者规定合伙人承担连带责任，后者规定合伙人承担补充连带责任，即应优先以合伙企业的财产清偿，不足的部分再由各合伙人承担无限连带责任。[⑤] 本条的规定与前者相同。这是因为，《合伙企业法》以形成组织的合伙为预设对象，而《民法典》中的合伙合同以未形成组织的合伙为预设对象。在合伙合同中，一方面，产生合伙债务的主体本来就是全体合伙人，而非合伙组织；另一方面，合伙财产属于全体合伙人共有，与合伙人个人财产的区分较弱，并且依全体合伙人的合意即可分割合伙财产，如果采取补充连带责任的形式，会增加债权人实现债权的成本。[⑥] 据此，在《民法典》规定的合伙合同中，合伙人并不承担补充连带责任，而是直接承担连带责任。

比较特殊的是表见合伙人。如果第三人的行为足以使善意相对人认为该第三人为合伙人，且善意相对人基于此种信赖而取得了合伙债权，此时应否认为该第三人与其他合伙人就合伙债务承担连带责任？例如，某人明知朋友与他人共同经营合伙事业，为帮助朋友招揽生意，而向相对人谎称自己是合伙人。基于与表见

---

① 参见李飞主编：《中华人民共和国合伙企业法释义》，北京，法律出版社 2006 年版，第 60 页。

② 区分连带与不真正连带类型的观点，参见邱聪智：《新订债编各论》（下），北京，中国人民大学出版社 2006 年版，第 71－75 页。

③ 《德国商法典》第 128 条第 2 款对此明确规定。

④ 德国法也存在一些合伙人连带责任的限制，这在以前除了合伙之外没有其他法律形式可供选择的前提下具有意义，但目前意义不大。参见［德］怀克、温德比西勒：《德国公司法》，殷盛译，北京，法律出版社 2010 年版，第 111－113 页。

⑤ 因此，在合伙企业中，合伙人的连带责任是全体合伙人相互之间的连带责任，而非合伙人与合伙企业之间的连带责任。参见“南通双盈贸易有限公司诉镇江市丹徒区联达机械厂、魏恒聂等六人买卖合同纠纷案”，载《最高人民法院公报》2011 年第 7 期。

⑥ 同样观点，参见［日］我妻荣：《债权各论》（中卷·二），周江洪译，北京，中国法制出版社 2008 年版，第 275、277 页；李永军：《民事合伙的组织性质疑》，载《法商研究》2019 年第 2 期，第 133 页。

代理类似的原理[①]，当第三人对于合伙人外观的形成有可归责性且相对人为善意、无过失时[②]，为保护相对人的信赖，可以使该第三人对合伙债务承担连带责任。

合伙人承担连带责任的，于对外的关系要适用《民法典》第520条的规定，合伙人之一的事项原则上具有相对效力，而《民法典》第520条明确列举的事项具有绝对效力或者限制的绝对效力。

在诉讼和执行中，《民法典》规定的合伙和合伙企业根据合伙人承担连带责任抑或补充连带责任而有明显不同。对于合伙企业而言，诉讼时仅须将合伙企业列为被告，如合伙企业的财产不足以清偿的，《最高人民法院关于民事执行中变更、追加当事人若干问题的规定》第14条第1款规定："作为被执行人的合伙企业，不能清偿生效法律文书确定的债务，申请执行人申请变更、追加普通合伙人为被执行人的，人民法院应予支持。"[③] 在《民法典》规定的合伙中，由于并非必然以合伙财产给付，故请求合伙人承担连带责任的诉讼并非必要的共同诉讼，而是普通的共同诉讼。[④] 如果债权人以全体合伙人为对方当事人就全部债权提起给付之诉，获得生效胜诉判决，则债权人有权依法执行合伙财产，也可以同样的名义执行合伙人的个人财产。债权人也有权选择一个或数个合伙人起诉，对于其余未成为被告的合伙人，被告可申请法院将其列为无独立请求权的第三人。如果前述被告的财产尚不足以清偿合伙债务，为了保障其他合伙人的程序权利，债权

---

① 参见邱聪智：《新订债编各论》（下），北京，中国人民大学出版社2006年版，第68、70页。

② 例如，《美国修正统一合伙法》第308条（a）项的规定："若某人经由言辞或行为，伪称自己是或同意他人声称自己是某一合伙的合伙人或与某一个或数个并非合伙人的人具有合伙关系，则该伪称合伙人应对向其作出声明并因信赖该声明而与真正的或伪称的合伙为交易的人承担责任。"类似的规定还有《魁北克民法典》第2222条、《日本商法典》第83条等。对此的研究，参见侯雪梅：《英美法中的表见合伙》，载《中外法学》1996年第6期；房绍坤、王洪平：《论表见合伙制度》，载《国家检察官学院学报》2006年第6期。

③ 但是，这在诉讼理论中可能存在争议，毕竟执行事务合伙人作为代表人参加诉讼，在其他合伙人不参加诉讼的情形下，无法充分保障其他合伙人的诉讼权利。此时将既判力和执行力不及于合伙企业的合伙财产，而可以延伸到其他合伙人的个人财产，就会存在诸多疑问。在合伙企业和合伙人的关系中，似乎可以参考《全国法院民商事审判工作会议纪要》第13条关于公司人格否认纠纷案件中当事人诉讼地位的处理，区分不同的情形，即：（1）债权人对债务人公司享有的债权已经由生效裁判确认，其另行提起公司人格否认诉讼，请求股东对公司债务承担连带责任的，列股东为被告，公司为第三人；（2）债权人对债务人公司享有的债权提起诉讼的同时，一并提起公司人格否认诉讼，请求股东对公司债务承担连带责任的，列公司和股东为共同被告；（3）债权人对债务人公司享有的债权尚未经生效裁判确认，直接提起公司人格否认诉讼，请求公司股东对公司债务承担连带责任的，人民法院应当向债权人释明，告知其追加公司为共同被告。债权人拒绝追加的，人民法院应当裁定驳回起诉。

④ 参见［德］罗森贝克、施瓦布、戈特瓦尔德：《德国民事诉讼法》（上），李大雪译，北京，中国法制出版社2007年版，第311页。

人须另行提起诉讼，而不得直接将其追加为被执行人。①

三、合伙人内部的追偿权

本条第二句规定了合伙人的追偿权。由于合伙人对合伙债务承担连带责任，所以合伙人完全可能在自己应承担的份额之外清偿了合伙债务，此时即有追偿的必要。关于其具体的构成要件和法律效果，应当适用《民法典》第519条予以确定，此不赘述。关于合伙人内部对合伙债务承担份额的确定，适用《民法典》第972条关于利润分配和亏损分担份额的规定。

第九百七十四条

除合伙合同另有约定外，合伙人向合伙人以外的人转让其全部或者部分财产份额的，须经其他合伙人一致同意。

本条主旨

本条是关于合伙财产份额对外转让的规定。

相关条文

《合伙企业法》第22条　除合伙协议另有约定外，合伙人向合伙人以外的人转让其在合伙企业中的全部或者部分财产份额时，须经其他合伙人一致同意。

合伙人之间转让在合伙企业中的全部或者部分财产份额时，应当通知其他合伙人。

第23条　合伙人向合伙人以外的人转让其在合伙企业中的财产份额的，在同等条件下，其他合伙人有优先购买权；但是，合伙协议另有约定的除外。

第24条　合伙人以外的人依法受让合伙人在合伙企业中的财产份额的，经修改合伙协议即成为合伙企业的合伙人，依照本法和修改后的合伙协议享有权利，履行义务。

第25条　合伙人以其在合伙企业中的财产份额出质的，须经其他合伙人一致同意；未经其他合伙人一致同意，其行为无效，由此给善意第三人造成损失

---

①　关于连带责任的诉讼实现机制，新的观点认为诉讼标的并不同一，不存在既判力扩张，故连带责任并非必要的而是普通的共同诉讼，如此才能保障当事人诉权，落实辩论原则和处分原则。具体参见任重：《反思民事连带责任的共同诉讼类型》，载《法制与社会发展》2018年第6期，第137页以下。

的，由行为人依法承担赔偿责任。

理解与适用

一、规范目的

本条规定了合伙财产份额外部转让的默认规则。依据本条规定，合伙财产份额外部转让以其他合伙人一致同意为原则。这实际上是维护民事合伙高度人合性的必然要求。《合伙企业法》第 22 条第 1 款有类似规定：“除合伙协议另有约定外，合伙人向合伙人以外的人转让其在合伙企业中的全部或者部分财产份额时，须经其他合伙人一致同意。”在合伙关系中，各合伙人彼此之间了解、信任，此等信赖关系构成了合伙合同的存续基础。① 而合伙人以外的人受让合伙财产份额而成为合伙人以后，民事合伙原有的熟悉、信任的内部关系便极有可能遭到破坏，合伙的合作根基可能因此发生动摇，并由此增加了合伙人之间的协商成本。因此，有必要谨慎对待合伙财产份额的外部转让。本条确定了转让人以外的其他合伙人一致同意的原则，正是对民事合伙高度人合性的尊重，并且在不对合伙财产分割的情况中部分容许了合伙财产份额的转让，在不影响共同事业目的的前提下允许了可能的退出机制。② 当然，本条明确指出，允许合伙合同对合伙财产份额外部转让的规则作出另外的约定，故本条属于任意性规范。

本条并未规定合伙财产份额外部转让时其他合伙人的优先购买权。《合伙企业法》第 23 条规定：“合伙人向合伙人以外的人转让其在合伙企业中的财产份额的，在同等条件下，其他合伙人有优先购买权；但是，合伙协议另有约定的除外。”与《合伙企业法》的规定相比，本条未规定此种优先购买权，因此可能会被认为严重违背合伙的高度人合性。③ 毫无疑问，优先购买权的目的在于保护组织的人合性，尽可能地减少组织外第三人进入。然而，本条已经明确，合伙财产份额的外部转让需要经过其他合伙人的一致同意方可发生效力。如果其他合伙人因为不希望第三人加入合伙而欲行使优先购买权，其完全可以通过拒绝同意来实现目的，无须依赖优先购买权制度。进一步说，此处可以与《公司法》第 71 条

① 参见李飞主编：《中华人民共和国合伙企业法释义》，北京，法律出版社 2006 年版，第 35 页。

② 参见李永军：《民事合伙的组织性质疑》，载《法商研究》2019 年第 2 期，第 133 页。《德国民法典》第 719 条第 1 款规定不得处分财产份额，但通说依据第 727 条允许合伙人地位的转让，参见［德］怀克、温德比西勒：《德国公司法》，殷盛译，北京，法律出版社 2010 年版，第 123 页；《瑞士债法》第 542 第 1 款则明确规定合伙人在其他合伙人同意时可以转让。

③ 参见严城：《民法典合同编（草案）合伙合同的成功与不足》，载《法治研究》2019 年第 1 期，第 92 页。

第 3 款规定的优先购买权进行对比。《公司法》之所以对有限责任公司股权外部转让配置优先购买权，是因为《公司法》规定股权外部转让仅需要过半数同意即可，且设置了“如不购买，视为同意”的反向拟制规则，以保障股东的公司退出机制通畅无阻。在此等情况下，不希望第三人进入公司的其他股东如不足半数，只能靠行使优先购买权来维持公司的人合性。《民法典》第 305 条规定按份共有人的优先购买权也是如此。① 而在合伙合同中，其他合伙人仅需要表示不同意，便可以将第三人阻挡在外。如若其他合伙人希望通过受让财产份额而获得更多的份额，则仅需与有转让意图的合伙人商议并进行内部转让即可，无须引入优先购买权制度。

当然，在合伙人约定对外转让合伙财产份额无须全体合伙人一致同意的情形下，在符合约定的决定比例时，不同意的合伙人可能被迫接受合伙财产份额对外转让。此时优先购买权是一种缓冲方式，不同意的合伙人可以行使优先购买权。但即使如此，法定的优先购买权规则仅影响当事人之间的利益分配，不涉及重大的公共利益，并且会增加不同主体之间的谈判成本、降低交易效率，此外，在实践中“同等条件”和对外转让的前提也很容易被规避，其正当性本身就存在疑问，故应多考虑弱化法定优先购买权的效力，并且容许通过约定予以排除。②《合伙企业法》第 23 条即明确规定“合伙协议另有约定的除外”，即采取了 opt out 的规范方式。较之合伙企业，《民法典》中的合伙合同未规定此种法定优先购买权，除了因为对法定优先购买权存在上述正当性疑问，还因为，在价值判断上似乎无须对合伙人通过法定的优先购买权予以特别的保护。这是因为既然当事人已经约定“份额转让无须一致同意”，那么其本身就应该能够预见到陌生人进入合伙关系的风险，并且具备控制该风险的能力，例如，约定某些入伙的限制条件。因此，《民法典》不以法定的优先购买权作为默认规则，而以不享有优先购买权作为默认规则，但容许合伙合同中另有约定，即采取了 opt in 的规范方式。需要注意的是：即使合伙人之间约定了优先购买权，但该约定仅仅具有债权效力，而不能当然对第三人发生效力。合伙人违反该约定也仅产生其对其他合伙人的违约责任，但不影响转让行为的效力。

① 有观点认为，《民法典》第 305 条规定了按份共有人对外转让共有份额时的优先购买权，这也可以同样适用于合伙人的情形中。参见戴孟勇：《论〈民法典合同编（草案）〉中法定优先购买权的取舍》，载《东方法学》2018 年第 4 期，第 11－12 页。但是，首先，合伙人的合伙财产财产份额与按份共有人的共有份额根本不同；其次，按份共有人转让共有份额同样以无须其他共有人一致同意为原则。

② 参见唐勇：《论共有》，北京，北京大学出版社 2019 年版，第 69－72 页。

二、构成要件

（一）标的：全部或者部分的合伙财产份额

合伙人对外转让合伙财产份额，既可以部分转让，也可以全部转让。后者使转让人实际上脱离了合伙，构成了退伙。转让合伙财产份额的多少属于当事人意思自治的范畴，由当事人约定。

本条使用了“财产份额”这一语词，与《合伙企业法》第 22 条第 1 款的用语是一致的。但是，“财产份额”是合伙人地位或者资格的一部分，是一种复合性的权利，包括自益和共益的权利，类似于公司中的股权或者股份。因此，我国台湾地区“民法”第 683 条将之称为合伙人“股份”，以表明合伙人对合伙财产和合伙债务所分享或者分担的一定比例或者权数，实际上也就是合伙人的地位或者“合伙份额”①。《合伙企业法》第 22 条和本条规定的财产份额的转让，事实上也就是合伙人地位或者合伙份额的转让，故《合伙企业法》第 24 条才会规定：合伙人以外的人依法受让合伙人在合伙企业中的财产份额的，经修改合伙协议即成为合伙企业的合伙人，依照本法和修改后的合伙协议享有权利、履行义务。

（二）相对人：合伙人以外的人

本条的适用范围是财产份额的外部转让，故本条涉及的转让对象是合伙人以外的人。然而，《民法典》对于合伙财产份额的内部转让未作出明确规定，解释上便存在疑问：对于内部转让，究竟应参照适用《合伙企业法》第 22 条第 2 款的“内部自由转让”规则，还是应参照适用本条的“外部转让一致同意”规则？问题的症结在于，如果准许合伙人内部自由转让，则很有可能出现某个合伙人转让全部财产份额，从而间接地实现退伙目的。如果说此等结果在《合伙企业法》的语境下尚可接受，那么对于人合性极强的合伙合同而言这可能会引发疑虑。

实践中，合伙合同常常是因为某一合伙人的存在而得到维系，如果该合伙人通过内部转让的方式脱离合伙，而其他合伙人毫无异议的机会，或与民事合伙的相互牵连之理念相违背。然而，如果参照适用本条关于合伙财产份额外部转让的规定，又有过分干涉当事人自治之嫌。司法实践中多参照适用《合伙企业法》第 22 条第 2 款采取自由转让规则②，主要考虑在于，全部财产份额的内部转让毕竟不等同于退伙，在前者情形下受让人须继受转让人的合伙地位，转让人对合伙的

---

① 邱聪智：《新订债法各论》（下），北京，中国人民大学出版社 2006 年版，第 28 页；严城：《民法典合同编（草案）合伙合同的成功与不足》，载《法治研究》2019 年第 1 期，第 91 页。

② 参见甘肃兰州市中级人民法院（2017）甘 01 民终 3754 号民事判决书。

出资也得到保留，故对合伙的冲击或不是太大。而且，如若某一合伙人对于合伙关系的存续有重大意义，当事人完全可以在合同中作出特别约定，在无约定的情况下可以考虑基于重大事由而解除合伙合同。当然，内部转让也会导致各合伙人所享有份额的变化，涉及控制权的影响，但这仍然可以通过各合伙人之间的内部竞争予以解决，无须引入其他合伙人一致同意作为默认规则。①

（三）转让

本条所规范的行为是外部转让合伙财产份额的行为，但是对于合伙财产份额，也可能会出现其他处分的问题，最为典型的就是合伙财产份额的出质。《合伙企业法》第25条即规定了合伙财产份额的出质："合伙人以其在合伙企业中的财产份额出质的，须经其他合伙人一致同意；未经其他合伙人一致同意，其行为无效，由此给善意第三人造成损失的，由行为人依法承担赔偿责任。"以合伙财产份额出质，如果出质人到期不履行债务，则面临着与合伙财产份额对外转让同样的问题。② 因此，在以合伙财产份额出质的情形中，可以考虑参照适用本条的规定：除合伙合同另有约定外，也需要其他合伙人一致同意。对合伙财产份额的让与担保等处分情形同样处理如此。

（四）其他合伙人的一致同意

本条规定，合伙人外部转让合伙财产份额的，须经其他合伙人一致同意。解释上可以认为，其他合伙人的一致同意决定了合伙财产份额外部转让效果是否发生，但是不影响其转让合同的效力。换言之，如果其他合伙人对合伙财产份额转让未能达成一致同意，其效果仅仅在于转让人不能如约转让其财产份额，但是转让人与受让人之间的转让合同仍然有效，转让人可能因此承担违约责任。③ 在构造上，如果承认处分行为与负担行为的区分，则处分行为处于效力待定状态；如果不承认处分行为与负担行为的区分，则由于该规范的目的是保护转让合同之外的其他合伙人的私利益，故可以考虑该转让合同相对无效的方案。在其他合伙人一致同意之前，处分行为的效力或者转让效果处于待定状态，此时可以适用或者参照适用《民法典》关于民事法律行为之效力待定的规定。④ 例如，相对人可以行使催告权，如其他合伙人拒绝同意或者未作表示，则该转让效果确定不发生。

---

① 参见李飞主编：《中华人民共和国合伙企业法释义》，北京，法律出版社2006年版，第36页。

② 参见李飞主编：《中华人民共和国合伙企业法释义》，北京，法律出版社2006年版，第38页。

③ 《瑞士债法》第542第2款明确规定：合伙人一人单独同意第三人加入其股份或将其全部股份让与第三人者，该第三人不因此成为其他合伙人的合伙人，特别是，该第三人不取得对合伙事务的检查权。《合伙企业法》第25条则规定出质这种处分的行为无效，有学者认为后果是不得就此行为向全体合伙人主张权利，参见李飞主编：《中华人民共和国合伙企业法释义》，北京，法律出版社2006年版，第38页。

④ 参见［德］怀克、温德比西勒：《德国公司法》，殷盛译，北京，法律出版社2010年版，第124页。

在转让效果确定不发生时，通过意思表示解释，受让人可以选择将该行为转换为利润分配请求权和合伙财产剩余分配请求权的转让。

合伙人的同意既然属于意思表示，故自然可以适用《民法典》关于意思表示的一般规定。同意之表示以明示方式或者默示方式为之均可。如果某个合伙人将其合伙财产份额作为担保转让于债权人，其他合伙人对此表示一致同意且无任何保留意见，那么解释上应认为其他合伙人亦一致同意债权人因债权消灭而将合伙财产份额移转回该合伙人处。① 其他合伙人同意的意思表示既可以在转让合伙财产份额的行为前作出（事前同意），也可以在转让行为发生后作出（事后追认）。同时，如果同意的意思表示出现瑕疵，如缺乏民事行为能力、意思表示不真实或者不自由等，亦应参照《民法典》关于民事法律行为的一般规则予以处理。

如上文所述，合伙人可以通过在合伙合同中作出特别约定而不适用合伙财产份额转让一致同意的默认规则。实践中，可能出现的调整包括但不限于：合伙财产份额外部转让仅需取得其他合伙人多数同意即可；仅经执行事务合伙人同意即可；合伙合同对财产份额外部转让作概括同意，故外部转让不再受到其他合伙人意思的制约，仅转让人与受让人达成合意即可。还可能出现的方式是，合伙合同约定仅允许某人或者某类特定第三人受让合伙财产份额。此等约定通常被解释为全体合伙人对于该第三人受让财产份额的概括同意。当然，在此等情况下，对于不满足上述要求的受让人，其他合伙人仍可以作出一致同意的意思表示，使财产份额的转让效果实际发生。②

三、财产份额外部转让的法律效果

合伙财产份额经外部转让以后由受让人继受，受让人因取得了相应的合伙财产份额而进入了合伙关系中。是否发生转让人的退伙取决于财产份额是全部转让还是部分转让。如果转让人在转让财产份额之前尚未缴纳完出资的，可以参照适用《公司法司法解释（三）》第18条第1款中的规定："有限责任公司的股东未履行或者未全面履行出资义务即转让股权，受让人对此知道或者应当知道，公司请求该股东履行出资义务、受让人对此承担连带责任的，人民法院应予支持……"有疑问的是：受让人是否可以因为受让财产份额而直接获得合伙事务执行权或者多重表决权等专属于转让人的权利？考虑到合伙中的事务执行权、多重表决权等权利并

① 参见王千维：《由合伙组织之四大原则看合伙人之更易》，台北，新学林出版股份有限公司2014年版，第159-160页。

② 参见王千维：《由合伙组织之四大原则看合伙人之更易》，台北，新学林出版股份有限公司2014年版，第158-159页。

不仅仅意味着经济利益，还意味着其他合伙人对转让人之能力与品格的信赖，此等信赖不应随着合伙财产份额的转让而当然地移转于受让人。还需说明的是，对于转让人因合伙事务取得的但是脱离于合伙关系的请求权，诸如报酬请求权、费用请求权以及因执行合伙事务而发生的损害赔偿请求权，如无特殊约定，不随着合伙财产份额的转让而移转。

四、合伙人的变更：入伙和退伙

（一）概述

本条规定的合伙财产份额对外转让，如果经过全体合伙人的一致同意，必然会发生受让人的入伙，也可能会发生转让人的退伙。同时，符合《民法典》第977条但书规定的情形时，也会发生合伙人的退伙。但是，《民法典》并未对入伙和退伙作出一般性规定。这是因为，《民法典》中的合伙合同以未形成组织的合伙作为预设对象，突出了合伙人之间的特别信任关系，而新的合伙人加入或者原合伙人退出合伙关系，都可能会破坏此种特别信任关系。因此，作为合伙合同的默认规则，新的合伙人加入或者原合伙人退出合伙关系，都会终止原合伙合同，并产生与原合伙合同不具有同一性的新合伙合同。当然，当合伙合同另有约定或者合伙人另有决定时，可以在维持合伙合同同一性的情况下发生入伙和退伙。

（二）入伙

新合伙人的入伙要通过他与现有合伙人订立入伙合同作为前提。依据《民法典》第970条第1款中的规定，此时除合伙合同另有约定外，应当经全体合伙人一致同意。《合伙企业法》第43条对此有明确规定。由于入伙涉及合伙人之间基本关系的改变，故除非对执行事务合伙人有特别授权，否则这通常不是合伙事务执行的范围。① 合伙合同也可以约定多数合伙人同意即可入伙，但为了保护合伙合同的特别信任关系，不同意的合伙人有权以此为由退伙。② 因此，在内部关系中，入伙就是通过入伙合同实现，入伙合同的成立、效力，入伙人的权利和义务等，适用《民法典》关于合同和合伙合同的一般规定③，无须特别规定。如果入伙合同有瑕疵，同样适用上述有瑕疵的合伙合同的规则。在内部关系上，新合伙

---

① 参见［德］怀克、温德比西勒：《德国公司法》，殷盛译，北京，法律出版社2010年版，第124页；［日］我妻荣：《债权各论》（中卷·二），周江洪译，北京，中国法制出版社2008年版，第303页。

② 参见［日］我妻荣：《债权各论》（中卷·二），周江洪译，北京，中国法制出版社2008年版，第303页。

③ 因合伙份额的全部转让导致的入伙，更类似于《民法典》第555条所规定的合同权利义务的概括转让。

人的合伙财产份额因其入伙而自动产生。但是，对于合伙财产的物权变动，仍应完成相应的公示。在单个合伙财产存在登记的情形中，需要进行转移登记，新入伙人才能成为合伙财产的共同共有人。① 同样，原有的合伙债权也会因为入伙而发生债权转让，并且由于债务人应当向全体合伙人履行，因此不会对债务人产生不利，故不适用，也无须适用债权转让的通知等保护债务人的规则。②

入伙人对入伙后的合伙债务要依据《民法典》第 973 条承担连带责任，这并无疑问，问题是入伙人对入伙前的合伙债务是否也要依据该条承担连带责任。《合伙企业法》第 44 条第 2 款规定："新合伙人对入伙前合伙企业的债务承担无限连带责任。"在合伙企业的情形，入伙人对于其入伙前的合伙债务无任何贡献，但基于"合伙人相互牵连原则"与"合伙人平等原则"③，相对人信赖的也是合伙企业这一组织本身，故在合伙企业的场合令入伙人对其入伙前的合伙企业债务承担无限连带责任不无道理。但是，对于《民法典》中的合伙合同而言，应对此予以慎重思考。合伙合同不同于合伙企业，其并非以一个民事主体的身份，而是以全体合伙人的名义实施民事法律行为。与之对应，合伙债务的债权人的预期是，由债务发生时的全体合伙人就该合伙债务承担连带责任，故债权人值得保护的信赖范围不包括入伙人的责任财产。入伙人与其他合伙人承担连带责任，既减损了入伙人的利益，又可能拓宽了债权人值得保护的责任财产范围，对债权人而言是意外之喜，故该结论的妥当性值得进一步论证。④

对此，可能的理由在于：合伙债务的债权人本来可以申请查封、扣押或者冻结合伙财产，并将其强制执行以实现债权⑤，但在入伙以后，合伙财产的共有人

---

① 反对观点认为，合伙财产的物权变动自动发生，因此，新入伙人办理的不是转移登记，而是更正已经不正确的登记。参见［德］怀克、温德比西勒：《德国公司法》，殷盛译，北京，法律出版社 2010 年版，第 117 页。

② 参见［日］我妻荣：《债权各论》（中卷·二），周江洪译，北京，中国法制出版社 2008 年版，第 304 页。

③ 王千维：《由合伙组织之四大原则看合伙人之更易》，台北，新学林出版股份有限公司 2014 年版，第 149 页。

④ 《日本民法典》第 667 条之二第 2 款就规定，入伙人"就其加入前所生的合伙债务，不负清偿责任"。《美国修正统一合伙法》第 306 条（b）项作同样规定。

⑤ 通常来说，债权人并不能具体选择执行债务人的哪一部分财产。但是，依据《民事诉讼法》第 100 条、《民事诉讼法解释》第 163 条、《最高人民法院关于人民法院民事执行中查封、扣押、冻结财产的规定》第 3 条，债权人在满足法定条件的情况下可以申请诉讼财产保全或者执行前财产保全，查封、扣押或者冻结债务人的具体财产。又依据《最高人民法院关于人民法院执行工作若干问题的规定》第 88 条第 1 款，在不适用参与分配且多个债权人均无担保物权的情况下，应当依照执行法院采取执行措施的先后顺序受偿。《民事诉讼法解释》第 508、516 条对此作出了新的规定。据此，债权人实际上实现了对具体执行财产的选择。

增加了，此时对合伙财产的执行就会产生问题，并且无法区分合伙财产在入伙后的变化中哪些是入伙所导致的。因此，基于对债权人之利益的保护，应让入伙人对入伙前的债务也承担连带责任。[①] 同时，对入伙人而言，其可以在入伙前对合伙债务予以充分调查，并在此基础上采取保障自己利益的措施，即其对该风险的控制能力较强，不会因为此等连带责任而陷入过分不利的境地。因此，入伙人对入伙前的债务承担连带责任，在价值上同样是可以接受的。在规范上可以认为，除非入伙人与合伙债务的债权人另有约定，否则入伙人入伙即构成了对入伙前债务的加入，其应当依照《民法典》第552条承担连带责任。即使入伙合同中约定入伙人对入伙前的合伙债务不承担责任，该约定也不能对抗合伙债务的债权人。[②]

（三）退伙

《合伙企业法》第45～54条对退伙的事由和效果予以了详细规定。而在《民法典》规定的合伙合同中，上述退伙事由事实上构成了合伙合同当然终止或者解除的事由，只有在合伙合同存在退伙的特别约定或者其他合伙人另有决定时，可能仅发生退伙而不终止合伙合同。在发生退伙时，其在合伙人之间的效果也可参照适用《合伙企业法》而予以确定。《合伙企业法》第51、52条规定了退伙的结算问题，除了退还财产份额，还包括未了结事务的结算。在部分合伙人退伙之后，合伙合同的同一性不受影响，退伙人对合伙财产不再享有物权性质的共有权利，其在合伙财产上的份额增加给其他合伙人。当然，就合伙财产的物权变动而言，还需根据法律的规定完成相应的公示方可发生。在单个合伙财产存在登记的情形中，需要办理转移登记。退伙人除了有权请求返还仅交给合伙使用的标的物，还享有针对其他合伙人的债权性质的请求权。[③] 因此，退伙人基于这些债权性质的请求权所提起的仅仅是给付之诉而非形成之诉，所取得的法律文书也并非

---

① 但是，对这一理由可能有两个层面的思考。第一个层面的思考是，合伙财产对于合伙债权人实现债权的意义究竟有多大呢？就这一问题，需要体系性地回答，尤其是需要结合合伙财产的分割规则思考。在合伙合同中，合伙人对合伙债务承担连带责任，故可以依照有效的决定分割合伙财产，由此似乎可以认为合伙财产的多寡对于合伙债权人的利益并不重要。既然合伙人可以依照其意思自由分割合伙财产（此举可能导致债权人可以执行的合伙财产为零），举重以明轻，仅仅是增加了合伙财产的共有人，似乎不足为虑。由此，便出现了价值判断上的矛盾。第二个层面的思考是，即使认为应该保护债权人对合伙财产的执行选择，为了尽可能平衡入伙人与债权人的利益，也应该采取对入伙人损害最小的方式（比例原则）。由此，似乎可以让入伙人仅就合伙财产承担连带责任，而不是以其全部财产为限承担连带责任。这样一来，既能够确保债权人对合伙财产的执行畅通无阻，又不会危及入伙人除合伙份额以外的其他财产。据此，仅仅依据上述理由承认入伙人的连带责任，似乎还不充分。

② 参见李飞主编：《中华人民共和国合伙企业法释义》，北京，法律出版社2006年版，第70页。

③ 参见［德］怀克、温德比西勒：《德国公司法》，殷盛译，北京，法律出版社2010年版，第121-122页；［日］我妻荣：《债权各论》（中卷·二），周江洪译，北京，中国法制出版社2008年版，第300页。

导致物权变动的法律文书，不适用《民法典》第 229 条的规定。

在对合伙债务的承担问题上，既然基于退伙前原因发生的合伙债务的效果归属于当时的全体合伙人[①]，则债权人不应因退伙而遭受不利，故退伙人对此等债务自然承担连带责任。而对于基于退伙后原因发生的合伙债务，由于退伙人已经退伙，以全体合伙人的名义作出民事法律行为时就不包括退伙人，故除非构成表见代理，否则行为的效果自然也不能依据代理而归属给退伙人，因此退伙人对退伙后的合伙债务不承担连带责任。这与《合伙企业法》第 53 条的规定也是一致的。

第九百七十五条

合伙人的债权人不得代位行使合伙人依照本章规定和合伙合同享有的权利，但是合伙人享有的利益分配请求权除外。

本条主旨

本条是关于合伙人个人的债权人不得代位行使合伙人权利的规定。

相关条文

《合伙企业法》第 41 条　合伙人发生与合伙企业无关的债务，相关债权人不得以其债权抵销其对合伙企业的债务；也不得代位行使合伙人在合伙企业中的权利。

第 42 条　合伙人的自有财产不足清偿其与合伙企业无关的债务的，该合伙人可以以其从合伙企业中分取的收益用于清偿；债权人也可以依法请求人民法院强制执行该合伙人在合伙企业中的财产份额用于清偿。

人民法院强制执行合伙人的财产份额时，应当通知全体合伙人，其他合伙人有优先购买权；其他合伙人未购买，又不同意将该财产份额转让给他人的，依照本法第五十一条的规定为该合伙人办理退伙结算，或者办理削减该合伙人相应财产份额的结算。

理解与适用

一、规范目的

合伙人的债权人，是指合伙人个人债务的债权人。合伙人的个人债务是合

---

① 此处强调“退伙前原因发生的合伙债务”，既包括退伙人退伙前发生的合伙债务，也包括退伙后发生的但由退伙人在退伙前的原因引起的，否则可能会出现借退伙而逃避债务的道德风险。

伙人以自己的名义发生的债务，该债务可能与合伙事务有关，也可能与合伙事务无关。但是，即使是与合伙有关的债务，只要是以合伙人个人名义发生的，对外也仍然是个人债务，但在合伙人内部可以依照约定共同分担。《民法典》第 535 条规定了债权人的代位权，但是，合伙人对合伙所享有的权利，大多基于合伙人之间的特别信赖而产生，自不应允许合伙人的债权人代位行使，否则即发生第三人介入合伙关系的结果。① 本条限制了合伙人的债权人对合伙人根据合伙合同所享有的权利行使代位权。在体系上，本条可以被解释为《民法典》第 535 条第 1 款中规定的专属于债务人自身的权利。《合伙企业法》第 41 条同样如此规定。②

据此，本条属于强制性规范。一方面，该规范不得被合伙人与其债权人排除适用，因其排除的后果可能是其他合伙人的信赖受损。另一方面，合伙合同中亦不得约定允许债权人代位行使合伙人对合伙的权利。其考虑在于，虽然该约定仅涉及全体合伙人的利益，但其毕竟与合伙合同的特别信赖关系相悖，且其违反了代位权的法定限制（债务人专属性权利例外），故不宜承认当事人排除该规范之约定的效力。

二、不得代位行使的权利

本条规定，合伙人的债权人不得代位行使合伙人依照本章规定和合伙合同享有的权利，但是合伙人享有的利益分配请求权除外。据此，不得代位行使的权利首先是作为债务人的合伙人依照本章规定和合伙合同享有的权利。此等权利须基于《民法典》“合伙合同”章的规定或者当事人在合伙合同中的约定而产生，与合伙关系、合伙人的特别信赖密不可分，而不得是脱离合伙关系的、与合伙人的信赖无涉的权利，常见的有合伙事务执行权、非执行事务合伙人的监督权以及对合伙事务的表决权等。③ 有观点认为，合伙在经营过程中向某合伙人借款并迟延归还，此等权利属于不得代位的权利。④ 但是，合伙人借款供合伙事业经营的，该债权的发生并非基于合伙合同关系，而是基于借款合同关系；该借款合同虽可能涉及合伙人之间的信赖，但毕竟属于较为纯粹的财产关系，令债权人代位行使不会影响合伙的信赖基础；此外，从保护第三人的视角来看，合伙人的债权人无

---

① 参见史尚宽：《债法各论》，北京，中国政法大学出版社 2000 年版，第 700 页。

② 《德国民法典》第 725 条第 2 款、《日本民法典》第 677 条、我国台湾地区“民法”第 684 条也对此作了明确规定。

③ 参见李飞主编：《中华人民共和国合伙企业法释义》，北京，法律出版社 2006 年版，第 63 页。

④ 参见邱聪智：《新订债法各论》（下），北京，中国人民大学出版社 2006 年版，第 31 页。

法预见且无法防范此种使债务人的责任财产减少的事由，如不允许债权人行使代位权，或许会导致转移财产逃避债务的道德风险。因此，在一般情况下应认为合伙人基于借款合同对合伙享有的债权请求权可以由该合伙人的债权人代位行使。至于执行事务合伙人参照适用委托合同所产生的费用偿还请求权、有约定情形下的报酬请求权等，自然也可以被代位行使。

合伙人个人债务的债权人不得代位行使合伙人“依照本章规定和合伙合同”所享有的权利，但是如此等权利独立于合伙关系而存在，且与合伙人之间的信赖无涉，那么应允许债权人代位行使。① 故本条明确规定利益分配请求权可被代位行使。《合伙企业法》第 42 条第 1 款也有类似规定。所谓的利益分配请求权，包括了《民法典》第 972 条规定的利润分配请求权和第 978 条规定的合伙财产剩余分配请求权。尤其是后种请求权，产生于合伙合同终止后，此时合伙关系业已不存在，亦无需要保护的信赖，自当允许债权人代位行使。② 此外，在合伙合同约定允许退伙时，此种请求权还包括作为债务人的合伙人在退伙后的合伙财产份额退还请求权。

三、合伙人的债权人对合伙财产份额的强制执行

虽然合伙人的债权人能够代位行使上述利益分配请求权，但仍会出现债权无法实现的情形。此时，合伙人的债权人不能强制执行合伙财产，也不得对合伙财产予以查封、扣押或者冻结，否则将会影响到共同事业目的的实现。但是，该合伙人所享有的合伙财产份额包含财产价值，应允许债权人请求法院强制执行该合伙人的合伙财产份额，以实现其他合伙人与债权人之间的利益平衡，尽可能降低对共同事业目的的冲击。③《合伙企业法》第 42 条对此有明确规定。④

同时，为维护合伙人之间的特别信任关系，避免与《民法典》第 974 条关于合伙人对外转让合伙份额须经其他合伙人一致同意的规定相冲突，强制执行合伙财产份额需要满足一定的程序和方式要求，于此可以参照适用《合伙企业法》第 42 条第 2 款的规定：第一，法院强制执行合伙财产份额，应当通知全体合伙人。第二，无论合伙人是否约定了优先购买权其他合伙人应当都享有优先购买权；如果合伙人都不购买，则由全体合伙人共同决定是否对外转让财产份额。第三，在

---

① 参见邱聪智：《新订债法各论》（下），北京，中国人民大学出版社 2006 年版，第 30－31 页。

② 参见梅仲协：《民法要义》，北京，中国政法大学出版社 2004 年版，第 470 页。

③ 参见邱聪智：《新订债法各论》（下），北京，中国人民大学出版社 2006 年版，第 32 页。

④ 《德国民法典》第 725 条第 1 款、《意大利民法典》第 2270 条、《美国修正统一合伙法》第 504 条(a)、我国台湾地区“民法”第 685 条也如此规定。

通知后一定期间，作为债务人的合伙人可以对债权人予以清偿或者提供相当的担保；同时，其他合伙人对该债务的履行具有合法利益，故依照《民法典》第524条的规定，其他合伙人有权向债权人代位履行，债权人不得拒绝，之后的法律效果也依照《民法典》第524条处理。第四，其他合伙人可以购买该合伙财产份额，或者依法决定允许对外转让该合伙财产份额。最后的方式就是，不受合伙合同中约定的限制而终止合伙合同，之后可以行使利润分配请求权和合伙财产剩余分配请求权。如果合伙人另有约定或者决定不终止合伙，则应当考虑使被执行合伙人不受合伙合同中约定的限制而发生退伙，并办理退伙结算；在债务额小于被执行合伙人之合伙财产份额的财产价值时，应办理削减该被执行合伙人之相应合伙财产份额的结算。①

四、合伙人的债权人的抵销限制

作为合伙财产的表现形式之一，合伙债权并不是全体合伙人的连带债权，而是由全体合伙人共同共有的债权，学说上称之为“准共同共有债权”、“共同债权”或者“协同债权”②。为了保护全体合伙人的利益，共同债权的债务人必须向全体合伙人履行，而不允许向个别合伙人履行。同理，自然也不允许共同债权的债务人以其对单个合伙人的债权抵销共同债权。据此，《合伙企业法》第41条中规定：“合伙人发生与合伙企业无关的债务，相关债权人不得以其债权抵销其对合伙企业的债务。”在合伙合同中也是如此。

第九百七十六条

合伙人对合伙期限没有约定或者约定不明确，依据本法第五百一十条的规定仍不能确定的，视为不定期合伙。

合伙期限届满，合伙人继续执行合伙事务，其他合伙人没有提出异议的，原合伙合同继续有效，但是合伙期限为不定期。

合伙人可以随时解除不定期合伙合同，但是应当在合理期限之前通知其他合伙人。

---

① 参见李飞主编：《中华人民共和国合伙企业法释义》，北京，法律出版社2006年版，第65页。

② 具体参见李中原：《多数人之债的类型建构》，载《法学研究》2019年第2期。《国际商事合同通则》第11.2.1条、《欧洲合同法原则》第10：201条和《欧洲示范民法典草案》第3-4：202条都对此种债权予以承认，区别于按份债权和连带债权。

本条主旨

本条是关于不定期合伙的规定。

相关条文

《合伙企业法》第 46 条　合伙协议未约定合伙期限的，合伙人在不给合伙企业事务执行造成不利影响的情况下，可以退伙，但应当提前三十日通知其他合伙人。

第 47 条　合伙人违反本法第四十五条、第四十六条的规定退伙的，应当赔偿由此给合伙企业造成的损失。

理解与适用

一、不定期合伙

作为继续性合同，合伙合同可分为定期的和不定期的。定期合伙是指有合伙期限的合伙，既包括当事人在合伙合同中约定了合伙期限的合伙，又包括合伙人未作约定或约定不明时通过《民法典》第 510 条的规定确定了合伙期限的合伙。期限本身可能是固定的，也可能是不固定的，例如以完成特定事务或者某一不确定事实发生的时间为期限。定期合伙的规范效果是，当合伙期限届满时，合伙合同即终止；当约定以完成特定事务或者某一不确定事实发生的时间为期限时，合伙合同可能因为该特定事务无法完成或者事实无法发生而终止。

不定期合伙是指没有合伙期限的合伙，包含三种情形：其一是合伙人在合伙合同中明确约定合伙是不定期合伙；其二是合伙人未作约定或约定不明，且依据《民法典》第 510 条的规定仍不能确定；其三是依据本条第 2 款而成立的不定期合伙。不定期合伙不存在合伙期限，故原则上可以一直存续下去，不会因为期限的届满而终止。然而，考虑到合伙人退出合伙关系的实际需要，法律赋予合伙人以任意解除权；同时又为了兼顾其他合伙人的信赖利益，法律为行使此等法定解除权增设了提前通知的义务。

二、定期合伙期限届满后的继续有效

在定期合伙中，当合伙期限届满后，也可能出现让合伙继续存续的需求。因此本条第 2 款规定，在合伙期限届满后，如果合伙人继续执行合伙事务，且其他合伙人没有提出异议的，原合伙合同继续有效，但是合伙期限为不定期。这与

《民法典》第734条第1款关于租赁合同的规定类似，目的均为尽可能地维护现有关系的稳定。

根据本条第2款规定，其构成要件如下：第一，合伙本身定有合伙期限；第二，合伙期限已经届满；第三，合伙人继续执行合伙事务，且其他合伙人没有提出异议。最为关键的是第三个构成要件。一方面，“继续执行合伙事务”指的是继续执行符合合伙共同事业目的的事务。如果仅执行通常事务或者尚未了结的后续事务，尚不满足该要件的要求①；另一方面，“其他合伙人没有提出异议”，反过来理解即如有异议须积极主张，如不主张则推定合伙合同继续有效。② 关于是否需要全体合伙人均无异议方可使合伙合同继续有效，存在争议。有观点认为，只有全体合伙人均无异议，合伙合同才能继续有效③；另有观点认为，在合同自由、鼓励事业永续发展与增进社会福利等原则的指引下，应将此处解释为对有异议的合伙人发生退伙效力，合伙合同对其他合伙人继续发生效力。④ 由于《民法典》中的合伙合同存在特别信赖关系，如有一人不愿意继续从事合伙事业，则合伙的人员构成已经发生了重大变动，强令原合伙合同继续有效已无意义。因此，只要有合伙人提出异议，合伙合同就不能继续有效。当然，这并不妨碍其他无异议的合伙人另行订立新的合伙合同，继续合伙事业。

符合上述构成后，会产生如下法律效果。其一，原合伙合同继续有效。这意味着此时的合伙合同的内容除合伙期限之外均与之前的别无二致，合伙人应继续按约执行合伙事务，且不得再以期限届满为由主张分割合伙财产；原合伙合同的约定保持不变，包括但不限于利润分配和亏损分担比例等。其二，定期合伙变为不定期合伙。

三、不定期合同中的任意解除权

本条第3款规定了合伙人可以随时解除不定期合伙合同，但是应当在合理期限之前通知其他合伙人。该款是《民法典》第563条第2款在合伙合同中的具体化。不定期合伙不会因合伙期限届满而终止，因此，本条第3款赋予身处其中的合伙人以任意解除权。其目的是避免合伙人无限期地受到合伙合同约束，使之顺

---

① 参见邱聪智：《新订债法各论》（下），北京，中国人民大学出版社2006年版，第80页。

② 最高人民法院（2016）民再138号民事判决书中认为：合伙协议约定的期限届满后，当事人的合伙关系并不必然终止；合伙人仍从事合伙经营事务，并分配合伙盈余，应视为合伙关系继续存在，仅是合伙的期限为不固定期限。

③ 参见刘春堂：《民法债编各论》（下），台北，三民书局2013年版，第92页。

④ 参见邱聪智：《新订债法各论》（下），北京，中国人民大学出版社2006年版，第80页。

利地从紧密的合伙关系中脱身。这种制度目的也决定了本条第 3 款为强制性规范，当事人完全放弃此种任意解除权的约定是无效的。① 但是，当事人可以约定行使此种任意解除权的方法，例如约定提前 3 个月通知。解释上，对于终身合伙或者约定合伙期限明显超过人的生命周期的情形，存在相同的价值考量，可以视为未约定期限，故在上述情况下应同样允许合伙人随时解除合同。②

关于任意解除权的行使，解除方式、时间等，适用《民法典》第 565 条关于解除权的一般规定。解除应是面向将来而发生效力，其具体效力依据《民法典》第 566 条第 1 款予以确定。同时，解除的效果是终止整个合伙关系，而非仅仅发生单个合伙人退伙的后果。而《合伙企业法》第 46 条规定：合伙协议未约定合伙期限的，合伙人在不给合伙企业事务执行造成不利影响的情况下，可以退伙，但应当提前三十日通知其他合伙人。相比之下，《民法典》中的合伙合同更关注各合伙人之间的特别信任，《合伙企业法》侧重于合伙企业的稳定存续与持续经营，故前者准许不定期合伙中的合伙人解除整个合伙合同，而后者仅允许该合伙人退伙，并不导致合伙企业解散的后果。③

不定期合伙中的合伙人有权随时解除合伙合同，这将危及其他合伙人的合理信赖，因此，有必要平衡解除权人和其他合伙人的利益。本条的平衡方式并非要求解除权人赔偿其他合伙人的损失，因为此时合伙合同本身未定期限，对方的信赖不像在定期合伙合同中那样强，而是要在合理期限之前通知其他合伙人，给予其他合伙人必要的准备时间，以使其有时间适应新的法律状态。与《合伙企业法》第 46 条明确规定提前 30 日通知不同，本条第 3 款仅规定了在合理期限之前通知；同时，前者也规定了“在不给合伙企业事务执行造成不利影响的情况下”的限制④，而本条第 3 款并未明定此限制。但是，本条第 3 款所规定的“合理期限”本来就并非固定的期限，而应考虑到合伙的性质、合伙事业的特点与其他合伙人的信赖等因素进行个案判断，其中也内含了应当考量是否对合伙事务执行造

---

① 《德国民法典》第 723 条第 3 款对此作了明确规定。

② 参见王千维：《由合伙组织之四大原则看合伙人之更易》，台北，新学林出版股份有限公司 2014 年版，第 27－28 页。《德国民法典》第 724 条、《瑞士债法》第 546 条、我国台湾地区“民法”第 686 条同样如此规定。

③ 基于相同的原因，我国台湾地区“民法”第 686 条第 1 项规定在不定期合伙中也只有“任意退伙”，而没有“任意解除”；相反，《德国民法典》则与《民法典》相同，着眼于人合性较强的合伙合同，故其第 723 条第 1 款规定：合伙非就确定的期间而结成的，每一个合伙人可以随时通知终止它。《瑞士债法》同样区分合伙合同和合伙组织，故其第 546 条也是终止合伙合同。

④ 比较法中也有存在此种限制者，例如《德国民法典》第 723 条第 2 款、我国台湾地区“民法”第 686 条第 2 项。

成了不利影响。合伙人在不利于合伙事务执行的时间解除合伙合同的，一方面，其应在合理期限之前就发出通知，否则不发生解除的效力；另一方面，根据不适当时期的特殊程度不同，“合理期限”的长短亦会发生变化。未在合理期限之前通知其他合伙人的，解除的意思表示在上述期间经过之后方才生效。①

第九百七十七条

合伙人死亡、丧失民事行为能力或者终止的，合伙合同终止；但是，合伙合同另有约定或者根据合伙事务的性质不宜终止的除外。

本条主旨

本条是关于合伙合同之终止事由的规定。

相关条文

《合伙企业法》第 48 条　合伙人有下列情形之一的，当然退伙：（一）作为合伙人的自然人死亡或者被依法宣告死亡；（二）个人丧失偿债能力；（三）作为合伙人的法人或者其他组织依法被吊销营业执照、责令关闭、撤销，或者被宣告破产；（四）法律规定或者合伙协议约定合伙人必须具有相关资格而丧失该资格；（五）合伙人在合伙企业中的全部财产份额被人民法院强制执行。

合伙人被依法认定为无民事行为能力人或者限制民事行为能力人的，经其他合伙人一致同意，可以依法转为有限合伙人，普通合伙企业依法转为有限合伙企业。其他合伙人未能一致同意的，该无民事行为能力或者限制民事行为能力的合伙人退伙。

退伙事由实际发生之日为退伙生效日。

第 49 条　合伙人有下列情形之一的，经其他合伙人一致同意，可以决议将其除名：（一）未履行出资义务；（二）因故意或者重大过失给合伙企业造成损失；（三）执行合伙事务时有不正当行为；（四）发生合伙协议约定的事由。

对合伙人的除名决议应当书面通知被除名人。被除名人接到除名通知之日，除名生效，被除名人退伙。

---

①　同样观点，参见邱聪智：《新订债法各论》（下），北京，中国人民大学出版社 2006 年版，第 83 页。不同观点认为解除权的行使无效，参见刘春堂：《民法债编各论》（下），台北，三民书局 2013 年版，第 81 页。

被除名人对除名决议有异议的，可以自接到除名通知之日起三十日内，向人民法院起诉。

第50条　合伙人死亡或者被依法宣告死亡的，对该合伙人在合伙企业中的财产份额享有合法继承权的继承人，按照合伙协议的约定或者经全体合伙人一致同意，从继承开始之日起，取得该合伙企业的合伙人资格。

有下列情形之一的，合伙企业应当向合伙人的继承人退还被继承合伙人的财产份额：（一）继承人不愿意成为合伙人；（二）法律规定或者合伙协议约定合伙人必须具有相关资格，而该继承人未取得该资格；（三）合伙协议约定不能成为合伙人的其他情形。

合伙人的继承人为无民事行为能力人或者限制民事行为能力人的，经全体合伙人一致同意，可以依法成为有限合伙人，普通合伙企业依法转为有限合伙企业。全体合伙人未能一致同意的，合伙企业应当将被继承合伙人的财产份额退还该继承人。

理解与适用

一、规范目的

本条规定了合伙合同的法定终止事由，并在但书中规定了其例外。本条立足于合伙合同中的“合伙人相互牵连原则”①，规定当合伙人死亡、丧失民事行为能力或者终止时，合伙合同即告终止。其规范意旨正在于充分考虑《民法典》所规定的合伙合同中的特别信赖关系，当某一合伙人无法继续参与合伙合同时全盘终止整个合伙合同。然而，如果合伙合同另有约定或者根据合伙事务的性质不宜终止的，则不应发生合同终止的后果。本条的但书部分一方面为当事人留出了自治空间，另一方面考虑到根据合伙事务的性质不宜终止的特殊情况，避免过于僵化的处理结果。其中的考量与《民法典》第934条关于委托合同法定终止的规定中的考量类似。当然，该效果为默认规则，本条的但书部分即明定了合伙合同另有约定的除外。

《合伙企业法》第48条第1款第1项、第3项以及第2款后半句的构成要件与本条的大致对应，但其法律后果是合伙人当然退伙，并非本条所言的合伙合同终止。究其原因是，《合伙企业法》以合伙企业为规范对象，其关注合伙企业的

① 王千维：《由合伙组织之四大原则看合伙人之更易》，台北，新学林出版股份有限公司2014年版，第60页。

稳定存在与持续经营，因此，某一合伙人的退出原则上不应影响整个合伙的继续存续；而《民法典》以未形成组织的合伙为预设对象，侧重于合伙合同内部的特别信赖关系，一旦某一合伙人无法继续从事合伙事业，合伙合同赖以存在的信赖关系可能就会破裂，因此，本条规定上述事由原则上将导致合伙合同的终止。通过对比，本条的规范意旨体现得更加鲜明。①

二、合伙合同的法定终止事由

（一）合伙人死亡

根据合伙人相互牵连的原则，合伙人死亡将导致合伙合同的终止。合伙人的死亡，不限于自然死亡，也包括被宣告死亡。自然死亡时间依据《民法典》第15条确定，宣告死亡时间依据《民法典》第48条确定。《合伙企业法》第48条第1款第1项即明定了自然死亡和被依法宣告死亡。合伙人被宣告失踪无法成为合伙合同的法定终止事由，但如果导致合同目的不能实现，也不妨碍其成为其他合伙人解除合伙合同的正当事由。②

在合伙人死亡且合伙合同例外地不终止时，合伙人的继承人也不能当然地继承合伙财产份额而成为合伙人，于此可以参照适用《合伙企业法》第50条的规定。据此，按照合伙合同的约定或者经全体合伙人一致同意，从继承开始之日起，继承人可以取得合伙人资格；但是，有下列情形之一的，合伙应当向合伙人的继承人退还被继承合伙人的财产份额：（1）继承人不愿意成为合伙人；（2）法律规定或者合伙合同约定合伙人必须具有相关资格，而该继承人未取得该资格；（3）合伙合同约定不能成为合伙人的其他情形。同时，在继承人不具有相应的民事行为能力时，即使合伙合同另有约定或者经全体合伙人一致同意，但基于对不具有完全民事行为能力人的保护目的，继承人也不能取得合伙人资格。此时同样应当向合伙人的继承人退还被继承合伙人的财产份额。③

（二）合伙人丧失民事行为能力

参与合伙事业需要满足民事行为能力的门槛，如果合伙人丧失了民事行为能

---

① 《德国民法典》与本条规范意旨类似，其第727条规定："以合伙合同不另有规定为限，合伙因合伙人之一死亡而被解散。"我国台湾地区"民法"则与《合伙企业法》持相同的价值考量，其第687条第1项规定："合伙人除依前二条规定退伙外，因左列事项之一而退伙：一、合伙人死亡者。但契约订明其继承人得继承者，不在此限。"

② 参见王千维：《由合伙组织之四大原则看合伙人之更易》，台北，新学林出版股份有限公司2014年版，第61页。

③ 参见戴孟勇：《未成年人及限制民事行为能力人的合伙行为能力问题》，载《人民司法》2004年第8期，第58页。

力，则其不再具备参与合伙事业的资格，因此，本条将丧失民事行为能力规定为合伙合同的法定终止事由。须注意的是，根据合伙事务的性质与内容的不同，参与合伙事业对合伙人的民事行为能力的要求也不一样。换言之，如上文所述，在《民法典》中，并非所有的合伙合同都要求合伙人具备完全民事行为能力，如果合伙事业与限制民事行为能力的合伙人的年龄、智力状况相适应，则具备限制民事行为能力即为已足。因此，本条规定的合伙人丧失民事行为能力，应当理解为丧失“相应的民事行为能力”。这与《合伙企业法》第 48 条第 2 款的规定不同。

如果合伙合同例外地不终止，基于对不具有完全民事行为能力人的保护目的，即使合伙合同另有约定或者其他合伙人一致同意，合伙人也不能继续维持其合伙人资格，而应发生该合伙人的退伙，除非该合伙人的法定代理人同意其继续参与合伙事务。

（三）合伙人发生终止原因

当合伙人是法人或者非法人组织时，依据《民法典》第 68 条第 1 款的规定，其终止原因包括解散、被宣告破产或者法律规定的其他原因；依据《民法典》第 69 条解散的情形包括存续期间届满、约定的解散事由出现、决议解散，合并或分立需要解散或者依法被吊销营业执照、登记证书，被责令关闭或被撤销以及其他法定情形。如果合伙人发生了终止，即使尚未依法清算、注销登记，也会导致合伙合同终止，否则，由于合伙财产份额是合伙人财产的组成部分，在法人或者非法人组织进行清算时，就会涉及对合伙财产的分割，但这与《民法典》第 969 条第 2 款的规定相矛盾；同时，如果一方面认为在上述清算期间可以分割合伙财产，另一方面又认为其他合伙人在此期间仍要受合伙合同约束，尤其是要继续执行合伙事务，这无疑与本条的立法初衷相违背。[①] 故应当将本条中的“终止”理解为“发生终止原因”。至于合伙人的破产申请被法院受理，并非当然导致合伙合同终止，但是合伙人的破产管理人对未履行完毕的合伙合同有权依法享有破产解除权，从而在行使解除权后使合伙合同终止。

三、法定终止事由的例外

合伙人死亡、丧失民事行为能力或者发生终止事由原则上会导致合伙合同的终止，但是合伙合同另有约定是其法定例外之一。譬如，当事人可能在合伙合同中约定在上述情况发生后，合伙合同继续有效，其他合伙人仍受该合伙合同的约

---

① 具体参见王千维：《由合伙组织之四大原则看合伙人之更易》，台北，新学林出版股份有限公司 2014 年版，第 61－62 页。

束。即使合伙合同没有约定，其余合伙人也可以依法决定合伙合同不终止，而继续在其他合伙人之间有效。

除此之外，如果根据合伙事务的性质不宜终止合伙合同的，合伙合同依旧继续有效。此处的规定赋予了司法人员较大的自由裁量权，有待在实践中进一步类型化。例如，合伙事业需要较为长久的经营，一旦终止合伙合同将可能出现较大损失的，应认定合伙合同继续有效。

在合伙合同例外不终止的情形中，对该合伙人发生退伙效果。

四、合伙合同的其他解除事由和法定终止事由

本条并未规定合伙合同的所有终止事由。《合伙企业法》对声明退伙事由、当然退伙事由和除名退伙事由作出了规定。由于《民法典》规定的合伙合同预设了更强的信任关系，前述声明退伙事由和除名退伙事由可以被默认为合伙合同法定解除权的产生事由[①]，当然退伙事由默认为合伙合同的法定终止事由。但是，如上文所述，在合伙合同另有约定或者合伙人另有决定时，可以认为该解除仅针对行使解除权的部分合伙人发生，即仅使该部分合伙人退伙，合伙合同并不丧失同一性，而是继续在其他合伙人中存续。

据此，参照适用《合伙企业法》第 45 条，部分合伙人有权在以下情形中解除合伙合同：(1) 合伙合同约定的解除事由出现时；(2) 经其他合伙人一致同意；(3) 发生合伙人难以继续参加合伙的事由；(4) 其他合伙人严重违反合伙合同约定的义务，包括出于故意或者重大过失违反其依据合伙合同所负有的重要义务或者该义务不能履行等。[②] 如果合伙合同约定，合伙人中一人解除合同，合伙合同仍应当在其他合伙人之间继续存续的，则在合伙人中一人发生严重违反其依据合伙合同所负有的重要义务时，其他合伙人经一致同意，可以决定将其除名。于此参照适用《合伙企业法》第 49 条。[③] 同时，参照适用《合伙企业法》第 48 条，除《民法典》第 977 条所规定的合伙合同法定终止事由外，在个人丧失偿债能力、法律规定或者合伙合同约定合伙人必须具有相关资格而丧失该资格、合伙人在合伙中的全部财产份额被人民法院强制执行时，合伙合同也当然终止。但

---

① 最高人民法院 (2017) 民再 228 号民事判决书中，当事人主张“合伙协议不存在解除之说，即便无法继续经营，亦应退伙，而非解除”，最高人民法院认为，要求解除合伙协议的实质是以解除协议的方式实现退伙目的，从而以合同解除的形式处理个人合伙中的退伙。

② 《德国民法典》第 723 条第 1 款明文规定。于此可以参照《合伙企业法》第 49 条第 1 款确定重大事由。

③ 《德国民法典》第 737 条明文规定。

是，这里同样存在合伙合同另有约定的例外情形，此时也会发生该合伙人的退伙结果。

更进一步，参照适用《合伙企业法》第85条关于合伙企业解散事由的规定，在合伙期限届满合伙人决定不再继续或者全体合伙人决定终止时，合伙合同终止；合伙人仅存留一人时，合伙合同终止；合伙合同约定的终止事由出现时，合伙合同终止；合伙合同约定的合伙目的已经实现或者无法实现时，任何一个合伙人都有解除合伙合同的权利。

第九百七十八条

合伙合同终止后，合伙财产在支付因终止而产生的费用以及清偿合伙债务后有剩余的，依照本法第九百七十二条的规定进行分配。

本条主旨

本条是关于合伙剩余财产分配的规定。

相关条文

《合伙企业法》第89条　合伙企业财产在支付清算费用和职工工资、社会保险费用、法定补偿金以及缴纳所欠税款、清偿债务后的剩余财产，依照本法第三十三条第一款的规定进行分配。

《民法通则意见》第55条　合伙终止时，对合伙财产的处理，有书面协议的，按协议处理；没有书面协议，又协商不成的，如果合伙人出资额相等，应当考虑多数人意见酌情处理；合伙人出资额不等的，可以按出资额占全部合伙额多的合伙人意见处理，但要保护其他合伙人的利益。

理解与适用

一、合伙合同的清算

在合伙合同终止后，对合伙的财产关系应予以结算清理。清算追求的目的是让合伙财产从共同共有的联结中脱离出来，以便各合伙人的财产能够供其自由支配。[①] 参照《合伙企业法》第87条的规定，清算包括清理合伙财产、处理与清

① 参见［德］怀克、温德比西勒：《德国公司法》，殷盛译，北京，法律出版社2010年版，第133页。

算有关的合伙未了结事务、清缴所欠税款、清理债权债务、处理合伙企业清偿债务后的剩余财产等。因此，在清算结束前，合伙作为共同共有的共同体仍然继续存在，而合伙所追求的共同事业目的转变为清算目的，合伙的同一性不受影响。但是，合伙事务执行人的事务执行权在清算时消灭，而由全体合伙人共同为之，除非合伙人另有约定或者决定。①

因为合伙合同中的合伙人对合伙债务承担连带责任，而非合伙企业中的补充连带责任，此时清算的目的并非保护合伙债权人的利益，而是保障合伙人之间的公平，所以仅仅是内部清算。② 基于这一考虑，即使一些国家的民法典规定了合伙的清算程序，这些程序规范也都是任意性规范，可以通过全体合伙人的合意排除适用，例如为发挥合伙财产的组合效益，约定合伙财产由一个合伙人接收而由其向其他合伙人补偿。③ 因此，较之《合伙企业法》第四章规定的合伙企业的清算程序，《民法典》中合伙合同终止后的清算规定更为简略，更尊重合伙人之间的意思自治，仅在本条规定了合伙财产的剩余分配比例。

二、支付因终止而产生的费用以及清偿合伙债务

本条规定了合伙合同终止后，合伙财产先用于支付因终止而产生的费用以及清偿合伙债务，之后有剩余的才可以分配。《合伙企业法》基于合伙人承担补充连带责任的前提，在第 89 条中确立了“先偿债后分配”的原则，以避免债权人的利益受损，故第 89 条是强制性规范。④ 但是，本条仅仅是默认的任意性规范，如果合伙人在支付清算费用和清偿合伙债务前进行了合伙财产的分配，分配仍然有效，但未支付的费用和未清偿的合伙债务仍然要在合伙人内部分担。

因终止所产生的费用，包括对合伙财产进行评估、保管、变卖和分配等所需要的费用，清算人的报酬，委托专业人士的费用以及诉讼、仲裁费用等。⑤ 合伙债务，包括税收债务在内。当合伙合同终止时，合伙债务尚未到清偿期或者正处于诉讼中的，合伙人可以选择放弃期限利益提前清偿债务，也可以选择保留清偿债务所必要的数额。⑥ 至于保留的方法，也由合伙人根据情况自由选择，既可以

① 《德国民法典》第 730 条第 2 款、《瑞士债法》第 550 条第 1 款、《日本民法典》第 685 条第 1 款对此作了明确规定。

② 参见李永军：《民事合伙的组织性质疑》，载《法商研究》2019 年第 2 期，第 133－134 页。

③ 参见［日］我妻荣：《债权各论》（中卷·二），周江洪译，北京，中国法制出版社 2008 年版，第 309 页；［德］怀克、温德比西勒：《德国公司法》，殷盛译，北京，法律出版社 2010 年版，第 133 页。

④ 参见李飞主编：《中华人民共和国合伙企业法释义》，北京，法律出版社 2006 年版，第 142 页。

⑤ 参见李飞主编：《中华人民共和国合伙企业法释义》，北京，法律出版社 2006 年版，第 141 页。

⑥ 《德国民法典》第 733 条第 1 款、我国台湾地区“民法”第 697 条第 1 款对此明确规定。

由合伙人自行保管，也可以交由金融机构保管。[①] 当然，本条未规定保留义务并非法律漏洞，因为严格来说，保留义务应是合伙人的不真正义务，合伙人违反该义务而直接分配合伙财产并不会直接产生任何不利后果，但其应承担债权人日后实现债权时所额外支出的费用以及迟延利息等。

需要注意的是，与《合伙企业法》第 89 条相同，本条也并未规定返还出资的义务。其考虑有两方面：一方面，如合伙财产充足，则返还出资之后再按比例分配剩余财产；如合伙财产不足以返还全部出资，则按比例返还。可见，除比例可能有所不同外，这两个环节没有太多区别。[②] 另一方面，以劳务或者实物的使用权等方式出资的合伙人，其取回出资将会遇到困难。这将与公平原则背道而驰。[③] 事实上，既然各合伙人对合伙财产是共同共有关系，那么分配剩余合伙财产时只需要确定份额并分割共有财产，返还出资这一步骤徒增烦琐，稍显多余。

三、合伙剩余财产的分配

合伙财产在支付因终止而产生的费用以及清偿合伙债务后仍有剩余的，应当依据本条规定分配给各合伙人。这实质上就是剩余合伙财产的分割。本条主要侧重分配比例，但并未涉及分割方式等。关于合伙财产分割的具体方式以及分割时瑕疵的分担，本章未作规定，原则上交由当事人自行约定；如果当事人未约定或者约定不明的，应当适用《民法典》第 304 条关于共有财产分割的规则进行处理。

关于剩余财产分配的比例，本条规定依据《民法典》第 972 条的规定予以确定，具体而言就是利润分配的比例。如果合伙合同中对剩余财产的分配规则有特别约定，则以特别约定为准。如无特别约定或者约定不明[④]，依照《民法典》第 972 条的规定，如果合伙合同就合伙的利润分配有约定，则按照此约定处理；如果没有对利润分配的约定，则由合伙人协商处理；如果协商不成的，则按照合伙

---

① 参见刘春堂：《民法债编各论》（下），台北，三民书局 2013 年版，第 97 页。

② 严格来说，两个环节确实存在性质上的差别，返还出资是“成本”的返还，剩余财产分配是“利润”的分配，强令前者适用后者的比例的确可能不符合当事人的真意。但是，利润分配的比例大多体现着合伙人对合伙事业的全盘贡献，又考虑到当事人可以用约定排除该规范的适用，且利润分配的比例多以出资比例为基础，故让二者适用同一比例在价值上也无明显不妥。

③ 《德国民法典》第 733 条第 2 款、我国台湾地区“民法”第 697 条第 2 款直接否定以劳务或者物之使用权出资的合伙人的出资返还请求权。如果是仅以实物使用权出资，自然可以请求返还该物。《德国民法典》第 732 条对此有明确规定。

④ 在广东省韶关中级人民法院（2018）粤 02 民终 197 号民事判决书中，当事人就分配剩余财产有约定，但是该约定颇为模糊，当事人存在不同的理解，法院认为，此种情况可视为双方对于合伙财产清偿债务后剩余部分的分配没有明确约定。

人的实缴出资比例分配；如果无法确定实缴出资比例的，则由合伙人平均分配。

实践中经常出现的问题是，在进行清算或者确定剩余财产价值前，部分合伙人请求解除合伙合同并要求分配剩余财产。此时，该如何处理？对此存在不同观点。一种观点认为，合伙账目未经结算，原告无权起诉，已经起诉的，应裁定驳回起诉，待双方算清账目之后再予受理。其依据主要为《合伙企业法》第21条中的规定——“合伙人在合伙企业清算前，不得请求分割合伙企业的财产”。另一种观点认为，合伙未进行清算会导致账目无法查清的结果，进而分配盈余或分担亏损也就缺乏相应依据，此时当事人未尽到举证责任，故判决驳回原告的诉讼请求。① 还有一种观点认为：账目算清与否，不影响原告的诉权，法院有义务对合伙账目进行初步的审查清算。合伙合同纠纷案件的原告原本就是希望通过向法院起诉要求对合伙财产和账目进行审查，然后再进行清算和剩余财产分配。既然当事人可以直接起诉要求法院主持合伙清算，那么以合伙未清算为由直接在审查立案阶段决定不予受理，或者受理以后，在审理过程中因为双方当事人对合伙账目的意见不能达成一致，而以合伙未进行清算、证据不足为由判决驳回原告的诉讼请求，不利于保障合伙一方当事人的合法财产权益。倘若原告仅因为疏于参加管理，或者在最初原本比较信任其他合伙人的情况下未严格执行财务管理的制度，而其他合伙人早有预谋地恶意侵占该合伙人的合伙财产，故意销毁或者遗失合伙账目材料或者干脆把账目搞乱、拒不交出合伙账目，那么将导致原告完全处于任人宰割的地位，所付出的代价也未免太大。因此，一些法院要求提供合伙账目审计报告才予立案的做法，实际上剥夺了当事人最后寻求司法救济的权利。因此，从保护合伙合同当事人合法诉权的角度出发，不应对未经合伙清算的案件在审查立案阶段就决定不予受理。②

在受理后，可以先由合伙人自行清算或共同委托第三方进行清算。合伙人无法就自行清算或委托清算达成一致意见的，均可以申请法院通过司法审计等方式进行清算。被告应当提交清算资料而拒绝提交，导致无法清算的，应当由拒绝提交清算资料的被告承担相应的不利法律后果。双方当事人均不申请法院通过司法审计等方式进行清算的，法院应向原告释明其负有申请的义务。经释明原告仍不

---

① 最高人民法院（2015）民申字第158号民事裁定书中认为：在未查清合伙账务账目、盈亏尚未确定的情况下，合伙财产不宜做分割。关于同样观点，参见广东省深圳市中级人民法院（2017）粤03民终9857号民事判决书。

② 参见胡静：《个人合伙纠纷案件审判实务中的若干问题探析》，载《法律适用》2012年第9期，第77-78页。

申请的，人民法院可以依法驳回原告分配剩余财产的诉讼请求。[①] 合伙账目确实不清，合伙人之间无法对对账形成一致意见，且因无法提供合伙期间的财务账目、凭证等原因无法进行司法鉴定或者审计的，法院可以结合案件的具体情况采取酌定的方式确定剩余财产分配[②]；最终无法酌定的，只能判决驳回原告的诉讼请求。[③]

另一个可能的实践问题是，请求分配剩余财产的合伙人应以何者为请求对象。合伙企业本身是民事主体，因此可以以自己的名义成为被告；在清算过程中，由合伙企业的清算人代表合伙企业参与诉讼活动。[④] 然而，合伙合同并没有形成民事主体，合伙合同终止时也无相应的清算人代表合伙参加诉讼。由于分配合伙剩余财产之诉不仅关乎是否分配，还关涉分配比例与分配方式，而这与全体合伙人均有实体上的利害关系，因此，主张分配剩余财产的合伙人应以其他所有合伙人为被告，换言之，其他合伙人以固有必要共同诉讼人的身份参与诉讼，以使既判力及于全体合伙人。

---

① 参见重庆市高级人民法院民二庭《关于个人合伙纠纷法律适用问题的解答（试行）》第 8 条。

② 参见最高人民法院（2015）民申字第 1480 号民事裁定书，最高人民法院（2015）民申字第 416 号民事裁定书。

③ 参见四川省德阳市中级人民法院（2019）川 06 民终 930 号民事判决书："现合伙三方就［合伙剩余财产］的具体价值不能达成一致意见，资产评估机构因所需资料不全也无法予以评估，上诉人无法提供其他证据证明合伙剩余财产的具体价值，应承担举证不能的法律后果，故对其要求分配［合伙］现有实物及房屋装修残值的诉请本院不予支持。"

④ 《合伙企业法》第 87 条第 6 项规定："清算人在清算期间执行下列事务：……（六）代表合伙企业参加诉讼或者仲裁活动。"

第三分编　准　合　同*

第二十八章

无因管理

第九百七十九条

管理人没有法定的或者约定的义务，为避免他人利益受损失而管理他人事务的，可以请求受益人偿还因管理事务而支出的必要费用；管理人因管理事务受到损失的，可以请求受益人给予适当补偿。

管理事务不符合受益人真实意思的，管理人不享有前款规定的权利；但是，受益人的真实意思违反法律或者违背公序良俗的除外。

本条主旨

本条是关于无因管理概念和法律效果的规定。

相关条文

《民法通则》第 93 条　没有法定的或者约定的义务，为避免他人利益受损失

* 第三分编“准合同”并非“典型合同”，但因其内容较少，故将其置于本书。

进行管理或者服务的，有权要求受益人偿付由此而支付的必要费用。

《民法通则意见》第132条 民法通则第九十三条规定的管理人或者服务人可以要求受益人偿付的必要费用，包括在管理或者服务活动中直接支出的费用，以及在该活动中受到的实际损失。

《民法典》第121条 没有法定的或者约定的义务，为避免他人利益受损失而进行管理的人，有权请求受益人偿还由此支出的必要费用。

理解与适用

一、无因管理的概念

所谓无因管理，是指没有法定或约定的义务，而管理他人事务的行为。无因管理中的"无因"是指管理人没有法律上的义务或合同上的义务。如果管理人有法定或者约定的义务而管理他人事务，则属于履行其法定或者约定义务的行为，而不构成无因管理。无因管理的行为人称为管理人，被管理人称为本人或者受益人。无因管理是法定之债的发生原因，基于无因管理，管理人和本人之间互负一定的义务。无因管理制度的主要功能在于肯定并鼓励人们的友好互助行为，以实现本人和管理人之间利益关系的平衡。

我国《民法典》借鉴了比较法上的做法，将无因管理视为准合同的一种类型，规定在《民法典》合同编。无因管理被视为"准合同"最早可追溯到罗马法，深受罗马法的影响，《法国民法典》也将无因管理作为"准合同"的类型之一。而《德国民法典》将无因管理与不当得利、侵权、合同等债的发生原因相并列，将其规定为独立的债的发生原因，这也对各国立法产生重要影响。① 我国《民法典》并未设置独立的债法总则编，而《民法总则》关于无因管理的规定又过于简略，难以满足社会生活和司法实践的需要。因此，在借鉴比较法经验的基础上，我国《民法典》在合同编中引入准合同的概念，将无因管理作为准合同的具体类型之一规定在合同编，这也是一种较为合理的安排。② 此种立法体例也符合我国《民法典》以合同为中心设计债法体系的理念。当然，虽然《民法典》将无因管理制度规定在准合同部分，但无因管理并不属于合同关系，其在性质上属于法定之债的类型。

二、无因管理的成立条件

（一）管理人没有法定或者约定的义务而管理他人事务

管理人没有法定或者约定的义务而管理他人事务，是无因管理成立的基本前

① 参见王利明：《债法总则研究》，北京，中国人民大学出版社2015年版，第517－523页。

② 参见王利明：《准合同与债法总则的设立》，载《法学家》2018年第1期。

提，具体而言包括以下两种情形：一是管理人无法律上的义务。所谓法律上的义务，是指依据法律规定而产生的义务。例如，依据法律规定负有扶养、赡养等义务的人履行扶养、赡养等义务的，不构成无因管理。二是管理人没有约定的义务。管理人没有约定的义务主要是指没有合同上的义务。例如，当事人之间存在委托合同，合同对当事人的义务进行了约定，当事人履行合同义务的行为就属于"有因"的管理，而不构成无因管理。

有观点认为，在判断管理人从事管理活动是否为"无因"管理时，应当以管理活动开始之时作为判断的时间点。[①] 笔者认为，判断当事人所从事的管理行为是否构成无因管理，并不当然以管理活动开始时是否无因作为判断时间点，因为当事人在从事相关管理活动时可能具有法律上的原因，但事后该法律上的原因消灭，则自该法律上的原因消灭时，当事人所从事的管理活动即应当构成无因管理。例如，保姆按照合同约定为他人照顾孩子，在合同关系存续期间内，保姆的行为并不构成无因管理，而在合同效力终止后，保姆继续为他人照顾孩子时，即属于没有法律上的原因而为他人照管孩子，可能构成无因管理。

管理人所从事的管理行为既可能是从事民事法律行为，如商贩为隔壁摊位的商贩出卖海鲜，也可能是事实行为，如前述保姆为他人照顾孩子。

（二）管理人有为他人管理事务的意思

管理人具有为他人管理的意思是无因管理成立的主观要件。[②] 所谓管理人有为他人管理事务的意思，是指管理人具有通过管理活动避免他人利益遭受损失的意思。一般而言，管理人有为他人管理事务的意思包括如下两层含义。

一是管理人意识到是在为他人的利益进行管理。也就是说，管理人在从事管理活动时，主观上应当意识到是在为他人的利益而从事管理活动。如果管理人明知是他人的事务而为自己的利益从事管理活动，应当构成不法无因管理，而不构成本条所规定的无因管理。当然，即便管理人在从事管理活动时也有为自己谋利的意思，但如果管理人主观上仍有为他人管理的意愿，则仍可能构成无因管理。例如，邻居家中失火，行为人担心火势蔓延到自己家中而为邻居灭火，由于行为人从事灭火行为仍有为他人管理的意愿，仍应当构成无因管理。同时，如果管理人误将他人的事务视为自己的事务而进行管理，则应当构成误信管理，而不构成本条所规定的无因管理。

无因管理在性质上属于事实行为，因此无因管理行为的成立并不要求管理

---

① Hans Brox，Besonders Schuldrecht，Muenchen，2007，S. 418.

② 参见王利明：《债法总则研究》，北京，中国人民大学出版社 2015 年版，第 536－537 页。

人必须具有完全民事行为能力，无民事行为能力人和限制民事行为能力人同样可以成为管理人。而且从本条规定来看，无因管理的成立并不要求管理人必须知道被管理人的身份，只要管理人有为他人利益从事管理活动的意愿，即可能成立无因管理。有观点认为，即便管理人为维护公共利益而实施管理行为，只要管理人具有为他人利益而进行管理的意愿，也可以成立无因管理。① 此种观点值得赞同，当然，如果管理人没有为他人管理的意愿，而纯粹为了维护公共利益而实施管理行为，即便客观上使他人获得了一定的利益，也无法成立无因管理。

二是管理人为避免他人利益遭受损失而管理他人事务。无因管理通常要求他人的利益有现实的即将遭受损失的风险，管理人的目的是防止他人的利益消极减少。从本条规定来看，其对无因管理的范围进行了一定的限定，即管理人必须有避免他人利益受损的意愿，这实际上是延续了《民法通则》《民法总则》的立法经验，《民法通则》第93条规定："没有法定的或者约定的义务，为避免他人利益受损失进行管理或者服务的，有权要求受益人偿付由此而支付的必要费用。"《民法总则》第121条规定："没有法定的或者约定的义务，为避免他人利益受损失而进行管理的人，有权请求受益人偿还由此支出的必要费用。"可见，《民法通则》与《民法总则》均将无因管理的范围限定为"为避免他人利益受损失"。《民法典》第979条延续了这一做法，将无因管理的范围限定为"为避免他人利益受损失"而管理他人事务。从域外法的经验来看，除此种避免他人利益受损失的无因管理类型外，一些国家和地区还承认了出于保存或者改善他人利益状况的无因管理类型。② 对此种类型的无因管理而言，被管理人的利益并没有遭受损失的风险，而管理人从事管理行为的目的在于为他人获得更多的利益。从司法实践来看，有的法院也承认了此种类型的无因管理，即主要以管理人的行为是否"符合受益人的真实意思"作为判断是否成立无因管理的条件，在本人追认的情形下，其也可以产生无因管理的法律效果。③ 有学者主张，管理人为积极增加他人财产而实施管理行为也应当构成无因管理。④ 但从我国《民法典》第979条规定来看，无因管理的范围仅限于管理人"为避免他人利益受损失而管理他人事务"的情形。

① 参见［德］冯·巴尔等：《欧洲私法的原则、定义与示范规则：欧洲示范民法典草案：第五卷至第七卷》，王文胜等译，北京，法律出版社2014年版，第36－37页。

②③ 参见昝强龙：《无因管理中的本人意思》，载《西南政法大学学报》2019年第3期。

④ 参见王利明：《债法总则研究》，北京，中国人民大学出版社2015年版，第535－537页。

（三）管理人的管理行为符合受益人的真实意思

所谓管理人的管理行为符合受益人的真实意思，是指管理人的管理行为符合受益人明示或可推知的真实意思。从本条第 1 款规定来看，其并没有要求管理人的管理行为必须符合受益人的真实意思，而从本条第 2 款规定来看，在管理人事务不符合受益人真实意思时，管理人并不享有本条第 1 款所规定的权利，所以，按照体系解释，无因管理的成立要求管理人的管理行为应当符合受益人的真实意思。本条之所以要求无因管理的成立必须以管理人的管理行为必须符合受益人的真实意思为条件，主要是因为，无因管理制度需要妥当平衡管理人的利益与被管理人的利益，即其一方面需要鼓励助人为乐、保护管理人的利益，另一方面也应当避免被管理人的利益受到他人的不当干涉，尤其是违背被管理人的意愿而干涉其私人事务。[①] 如果管理人的行为违背了被管理人的真实意愿，则不构成本条所规定的无因管理，也无法产生无因管理所具有的违法阻却的法律效果。有学者认为，此种情形下，只要管埋人的行为造成被管理人损害，不论管理人是否存在过错，其都应当对被管理人的损害承担赔偿责任。[②] 当然，在管理人的管理行为不符合被管理人的真实意思的情形下，如果被管理人请求管理人承担侵权责任，其也应当举证证明管理人的行为符合侵权责任的成立要件。

管理人的管理行为符合被管理人的真实意思主要包括如下两种情形。

一是管理人的管理行为符合被管理人明示的意思。所谓被管理人明示的意思，是指被管理人明确表示出来的意思。被管理人明示的意思既包括是否允许他人管理其事务的意思，也包括有关其事务管理的时间、方式以及范围等方面的意思。如果被管理人事先已经就其相关事务的管理作出了明确指示，则管理人在管理其事务时，不得违反该明确指示，否则即可认定管理人的行为违反了被管理明示的意思。例如，甲、乙是非常熟悉的邻居，甲的房屋年久未修且其多次向乙表示不想维修房屋，那么在甲外出时，乙对甲的房屋进行修缮的行为就是违背了甲明示的意愿。在无因管理中，管理人不得违反被管理人明示的意思，这也意味着，如果管理人能够及时联系到被管理人，则其应当及时联系被管理人，以确定其对于相关事务管理的意愿。当然，在管理人联系到被管理人后，如果被管理人拒绝管理人管理其事务，则管理人应当及时停止管理行为；如果被管理人委托管理人管理其事务，则可能在当事人之间成立委托合同关系，此时将不再构成无因管理，而应当根据委托合同的规则调整当事人之间的权利义务关系。

---

① 参见黄立：《民法债编总论》，北京，中国政法大学出版社 2002 年版，第 171 页。

② 参见黄立：《民法债编总论》，北京，中国政法大学出版社 2002 年版，第 174 页。

二是管理人的管理行为符合被管理人可得推知的意思。所谓被管理人可以推知的意思，是指根据客观情况推测被管理人是否允许他人管理其事务，以及允许他人以何种方式管理其事务的意思。在被管理人已经就其事务管理作出明确表示的情形下，管理人应当按照被管理人明示的意思管理其事务，但在某些情形下，被管理人事先可能并没有就其事务管理作出表示，或者被管理人虽然事先明确就其事务的管理作出了表示，但管理人可能并不知晓被管理人的意思，此时，管理人可以按照通常情况下可以推知的被管理人的意思来管理其事务。允许管理人按照被管理人可以推知的意思管理其事务，也意味着在管理人对被管理人明示的意思不知情的情形下，即便该推知的意思与被管理人明示的意思不符，也可以成立无因管理。当然，管理人在推知被管理人的意思时，应当根据客观情况，按照善良管理人的标准推测被管理人的真实意愿。①

依据本条第 2 款的规定，如果管理事务不符合被管理人的真实意思，则管理人无权基于无因管理的规则向被管理人提出请求。具体而言：一是无权请求被管理人偿还因管理事务而支出的必要费用。也就是说，即便相关费用是管理人在管理活动中所支出的必要费用，管理人也无权请求被管理人偿还。二是无权请求被管理人对其因管理事务所受到的损失予以适当补偿。当然，从本条第 2 款的但书规定来看，在受益人的真实意思违反法律或者违背公序良俗的情形下，即便管理人的管理行为不符合被管理人的真实意思，其也有权基于无因管理的规则请求被管理人偿还因管理事务所支出的必要费用，并请求被管理人适当补偿其在管理事务时所遭受的损失。例如，被管理人准备跳桥自杀，其真实意愿显然违背公序良俗，此时，管理人违背其意愿将其救起，该行为虽然违背被管理人的真实意思，但仍然构成无因管理。当然，在管理人的行为违背管理人的真实意思时，应当审慎认定其构成无因管理，以防止对他人私人事务的不当干预，因此，依据本条第 2 款规定，只有被管理人的真实意思违反法律规定或者违背公序良俗时，管理人才能违背其意愿实施管理行为。

三、无因管理的法律效果

（一）管理人的行为不构成侵权，无须承担侵权责任

一般而言，行为人未经许可擅自管理他人事务的，应当构成对他人私人事务的不当妨害，受害人有权请求行为人承担侵权责任，而在构成无因管理的情形下，管理人未经许可管理他人事务并不构成侵权，从这一意义上说，无因管理可

① BGHZ 138, 281.

以产生违法阻却的效果。无因管理之所以可以产生违法阻却的效果，主要是基于如下两个原因：一是无因管理制度的宗旨是鼓励人们之间友好互助的善行，从而弘扬人们互帮互助的社会风尚，因此，无因管理中管理人的行为本质上是社会鼓励的行为，这显然不同于受到法律消极评价的侵权行为。二是在无因管理中，管理人实施管理行为虽然未得到被管理人的授权，但其通常符合被管理人的真实意思，管理活动本身也是为了实现被管理人的利益，其不同于侵害被管理人权益的侵权行为。

从本条规定来看，其虽然没有明确规定无因管理具有阻却违法的效力，但从本条规定来看，在构成无因管理的情形下，管理人有权请求被管理人偿还其管理行为的必要费用支出，并有权请求被管理人对其所遭受的损失进行适当补偿，这实际上也间接肯定了无因管理具有阻却违法的效力。

（二）管理人可以请求受益人偿还因管理事务而支出的必要费用

依据本条规定，在成立无因管理的情形下，管理人有权请求被管理人偿还其因管理事务而支出的必要费用。所谓必要费用，是指管理人在从事管理活动时所必须支出的相关费用。也就是说，管理人在从事管理活动时，为了避免被管理人损害的发生或者扩大而必须支出的有关费用。对该部分费用，管理人有权请求被管理人偿还，此处的偿还应当是全额偿还，即管理人有权请求被管理人偿还其所支出的全部必要费用。在判断某种费用支出是否合理时，应当以社会一般人实施管理行为时所支出的费用作为判断标准。① 与必要费用相对应的是有益费用，例如，甲收留迷路的儿童，为其提供的食宿费用以及医疗费用，即属于必要费用支出，而甲为该儿童报钢琴培训班所支付的培训费用则属于有益费用。有益费用虽然也有利于增加被管理人的利益，但我国《民法典》第 979 条仅将管理人的请求范围限定为必要费用支出，因此，此处的有益费用支出并不在被管理人偿还范围之内。有观点认为，如果管理人所实施的管理活动是职业性管理，则其也应当有权请求被管理人支付合理的报酬。② 此种观点具有一定的合理性，但从本条规定来看，管理人仅能请求被管理人偿还管理活动必要费用，即便管理人所实施的是职业性管理活动，其也仅能请求被管理人偿还管理活动的必要费用。

（三）管理人因管理事务受到损失的，可以请求受益人给予适当补偿

依据本条第 1 款规定，如果管理人因管理事务受到损失的，则其有权请求受益人给予适当补偿。管理人在管理受益人事务过程中，也可能遭受一定的损失。

---

① 参见王利明：《债法总则研究》，北京，中国人民大学出版社 2015 年版，第 550 页。

② 参见李中原：《论无因管理的偿还请求权》，载《法学》，2017 年第 12 期。

例如，甲在其院中摆放了几盆名贵兰花，在甲外出期间，突降大雨，其邻居乙为避免甲的兰花被大雨打坏，便将兰花搬至家中保管，乙在搬运过程中不慎滑倒摔伤，并因此花去部分医药费，该医药费损失即为管理人因管理事务所受到的损失。

对于管理人在管理事务时所遭受的损失，依据本条规定，管理人可以请求受益人给予适当补偿。所谓适当补偿，是指综合考虑管理人的损失情况、受益人的受益情况，以及双方当事人的经济状况等因素，确定受益人的补偿数额。适当补偿不同于完全赔偿，其只是在管理人损失的范围内予以适当的补偿。从本条规定来看，管理人在管理活动中受到一定损失的，其有权请求受益人予以适当补偿。但严格地说，此处的适当补偿并不是侵权责任，而只是一种损失分担方式。在管理人因管理活动受到损失的情形下，本条之所以规定管理人有权请求受益人适当补偿其损失，而没有规定受益人负有赔偿责任，主要原因在于，在管理人因管理活动遭受损失的情形下，受益人对损失的发生也不存在过错，受益人虽然因管理人的管理活动受有利益，但受益人并未实施侵权行为，因此，受益人只需对管理人的损害进行适当补偿，而不需要完全赔偿其损失。在我国责任保险制度尚不发达、社会保障制度并不健全的背景下，将适当补偿作为一种损失分担机制，有利于平衡各方当事人的利益关系，对于弘扬助人为乐的社会风尚具有重要意义。①

第九百八十条

管理人管理事务不属于前条规定的情形，但是受益人享有管理利益的，受益人应当在其获得的利益范围内向管理人承担前条第一款规定的义务。

本条主旨

本条是关于不构成正当无因管理时法律效果的规定。

相关条文

《民法通则》第 93 条　没有法定的或者约定的义务，为避免他人利益受损失进行管理或者服务的，有权要求受益人偿付由此而支付的必要费用。

《民法通则意见》第 132 条　民法通则第九十三条规定的管理人或者服务人可以要求受益人偿付的必要费用，包括在管理或者服务活动中直接支出的费用，

① 参见王轶：《作为债之独立类型的法定补偿义务》，载《法学研究》，2014 年第 2 期。

以及在该活动中受到的实际损失。

《民法典》第 121 条　没有法定的或者约定的义务，为避免他人利益受损失而进行管理的人，有权请求受益人偿还由此支出的必要费用。

理解与适用

一、管理人的行为不构成正当无因管理的，受益人对管理人原则上不承担责任

（一）管理人的行为不构成正当无因管理的情形

从《民法典》第 979 条规定来看，正当无因管理的成立需要管理人有为他人管理事务的意思，且管理行为符合受益人的真实意思，因此，《民法典》第 980 条所规定的“管理人管理事务不属于前条规定的情形”主要包括如下情形。

1. 管理人没有为他人管理事务的意思而管理他人事务

成立无因管理的基本前提是管理人有为他人管理事务的意思，如果管理人没有为他人管理事务的意思而管理他人事务，则不构成无因管理，其在学理上称为不真正无因管理。一般而言，不真正无因管理主要有如下几种类型：一是不法管理，即管理人明知是他人的事务而为自己的利益管理该事务。如前所述，管理人如果有为他人管理事务的意愿，则即便管理人也有实现自己利益的意思，仍可成立无因管理；但如果管理人并无为他人管理事务的意愿，而纯粹为自己的利益从事管理行为，则成立不法管理。例如，甲于宠物狗丢失后，发布悬赏广告寻找，乙在发现该宠物狗后，并没有联系甲将该宠物狗返还甲，而是将其带回家饲养，意图据为己有。在此种情形下，乙并没有为甲管理事务的意愿，其行为即构成不法管理。二是误信管理，即管理人误以为他人的事务是自己的事务，并进而实施管理行为。在误信管理的情形下，管理人并无为受益人管理事务的意愿，不成立无因管理。三是幻想管理，即管理人误以为自己的事务是他人的事务，而实施管理行为。在幻想管理中，管理人虽然有为他人管理事务的意愿，但由于其管理的是自己的事务，而非他人的事务，因此不成立无因管理。在上述情形下，由于管理人并没有基于为他人管理事务的意思而管理他人的事务，并不成立无因管理。

2. 管理人虽然有为他人管理事务的意思，但不符合受益人的真实意思

依据《民法典》第 979 条的规定，正当无因管理的成立要求管理人的管理行为应当符合受益人的真实意思，因此，即便管理人有为他人管理事务的意思，但如果管理人的管理行为不符合受益人的意思，也不成立正当无因管理，而成立不当无因管理。管理行为不符合受益人的真实意思主要包括两种情形：一是管理人

违反受益人明示的意思，如受益人事先明确表示不需要他人管理其相关事务，而管理人违背受益人的意愿管理其事务的，则属于违反受益人明示的意思。二是管理人违反受益人可以推知的意思[①]，即受益人事先并没有就其事务管理作出明确表示，但根据客观情况可以推知受益人的意思。例如，出售海鲜的商户甲因为家中有急事而离开商铺，其隔壁商铺的商户乙为避免甲的海鲜变质而帮助甲出售海鲜。在该案中，按照客观情况判断，乙帮助甲出售海鲜的行为应当是符合甲可以推知的意思，但如果乙以极低的价格出售甲的海鲜，则应当认定乙的行为违反了甲可以推知的意思。需要指出的是，受益人的真实意思既包括是否允许他人管理其事务的意思，也包括有关其事务管理具体时间、方式等方面的意思。

在管理人的管理行为不符合受益人真实意思的情形下，除了符合《民法典》第 979 条第 2 款的规定之外，管理人的行为通常不会转化为正当无因管理，不产生无因管理的法律效果。但是如果管理行为客观上利于受益人，而受益人又主张享有管理利益的，则可以在一定程度上矫正不正当无因管理的效果，管理人可以在受益人获得利益的范围内依据无因管理的规定，向本人主张权利。[②]

（二）管理人的行为不构成正当无因管理时，受益人对管理人原则上不负担偿还义务和适当补偿义务

从本条规定来看，在管理人的行为不构成正当无因管理时，如果受益人不主张享有管理利益，则其无须对管理人负担《民法典》第 979 条所规定的责任。也就是说，在管理人的行为不构成正当无因管理时，受益人对管理人原则上不负担偿还义务和适当补偿义务，因为在管理人的行为不构成正当无因管理的情形下，管理人管理他人事务要么是为自己的利益而管理他人事务，要么管理人虽然有为他人管理事务的意愿，但管理行为不符合受益人的意愿，这两种情形均构成对他人私人事务的不当干涉，违背了无因管理制度的立法宗旨，此时，管理人的行为并不具有违法阻却的效力，应当构成侵权，管理人作为侵权人，无权请求被管理人偿还因管理行为所支出的必要费用，也无权请求被管理人适当补偿其损失。而被管理人作为遭受损害的一方，则有权依法请求管理人承担侵权责任。

需要指出的是，在管理人的行为不构成正当无因管理的情形下，管理人的行为在客观上可能使受益人获得一定的利益，此时，能否认定管理人的行为构成正当无因管理？从本条规定来看，只要管理人的行为不符合《民法典》第 979 条的规定，均不成立正当无因管理，在受益人不主张享有管理利益时，其无须对管理

---

① 参见王泽鉴：《债法原理》，北京，北京大学出版社 2013 年版，第 328 页。

② 参见郑玉波：《民法债编总论》，北京，中国政法大学出版社 2004 年版，第 85 页。

人负担必要费用偿还义务和适当补偿义务。

二、不构成正当无因管理而受益人主张享有管理利益的法律效果

在管理人的行为不构成正当无因管理的情形下，管理人的行为构成侵权，但如前所述，即便管理人的行为不构成正当无因管理，但该管理行为在客观上可能产生一定的利益[①]，如果受益人主张管理人的行为构成侵权，并请求管理人承担侵权责任，则其将无权主张保有相关的管理利益，这就不利于剥夺管理人的不法获利。在管理人的行为不构成正当无因管理的情形下，本条规定允许受益人主张享有管理利益，实际上是赋予受益人选择权，即在管理人获利较少而给受益人造成的损害较大时，受益人可以选择请求管理人承担侵权责任；而在管理人获利较多而给受益人造成的损害较小时，受益人可以选择主张享有管理利益，从而请求管理人返还因管理活动而获得的利益。在不构成正当无因管理的情形下，赋予受益人选择权，有利于剥夺管理人的不法获利，也可以在一定程度上具有损害预防的功能。例如，甲将其电脑（价值 2 000 元）交由乙保管，乙未经甲的同意擅自将该电脑以 3 000 元的价格卖给丙。在本案中，如果甲请求乙承担侵权责任，则只能请求乙赔偿 2 000 元，而如果甲主张享有管理利益的，则可以请求乙返还 3 000 元，这显然更有利于剥夺行为人的不法获利。

所谓受益人享有管理利益，是指管理人的管理行为在客观上有利于受益人，避免受益人的利益消极减少，或者在客观上增加其利益，而受益人主张享有该利益。受益人在主张享有管理利益时，既应当包括其财产免遭损失所获得的利益，也包括其财产增值所获得的利益。[②] 依据本条规定，在不构成正当无因管理的情形下，如果受益人主张享有管理利益，将产生如下法律效果。

第一，管理人的行为具有阻却违法的效力。从本条规定来看，在受益人主张享有管理利益时，管理人将有权依据《民法典》第 979 条向受益人提出请求，这实际上是适用无因管理的规则确定当事人之间的权利义务关系，据此可以认为，从法律效果上看，在受益人主张享有管理利益时，类似于对非正当无因管理行为的一种追认，在法律效果上对正当无因管理的规则进行部分准用。因此，在受益人主张享有管理利益时，管理人的行为也因此具有阻却违法的效力，受益人不得再请求管理人承担侵权责任。

---

① 参见［德］冯·巴尔等：《欧洲私法的原则、定义与示范规则：欧洲示范民法典草案：第五卷至第七卷》，王文胜等译，北京，法律出版社 2014 年版，第 36－37 页。

② 参见杜景林、卢谌：《德国民法典评注：总则·债法·物权》，北京，法律出版社 2011 年版，第 405 页；另参见《德国民法典》第 684 条。

第二，管理人有权依据《民法典》第979条请求受益人承担偿还和适当补偿义务。依据本条规定，在受益人主张享有管理利益时，“受益人应当在其获得的利益范围内向管理人承担前条第一款规定的义务”，这也意味着管理人有权向受益人提出如下请求：一是请求受益人偿还因管理事务而支出的必要费用。例如，在前述出卖电脑的案例中，如果乙为出卖电脑也支出了一些必要费用，则其有权请求甲偿还该必要费用。二是请求受益人对其因管理活动而遭受的损失进行适当补偿。如果受益人在管理事务的过程中遭受损失的，其有权请求受益人予以适当补偿。

第三，受益人仅在获得的利益范围内向管理人承担责任。依据本条规定，在受益人主张享有管理利益时，其法律效果虽然与正当无因管理类似，但也不完全相同，受益人仅在其获得利益的范围内向管理人承担偿还义务和适当补偿其损失的义务。也就是说，在不构成正当无因管理的情形下，即便受益人主张享有管理利益，其也仅在获得利益的范围内向管理人承担责任。法律作出此种规定也是为了更好地实现当事人之间权利义务关系的平衡。

第九百八十一条

管理人管理他人事务，应当采取有利于受益人的方法。中断管理对受益人不利的，无正当理由不得中断。

本条主旨

本条是关于管理人管理他人事务方法的规定。

相关条文

《民法通则》第93条　没有法定的或者约定的义务，为避免他人利益受损失进行管理或者服务的，有权要求受益人偿付由此而支付的必要费用。

《民法典》第121条　没有法定的或者约定的义务，为避免他人利益受损失而进行管理的人，有权请求受益人偿还由此支出的必要费用。

理解与适用

一、管理人应当采取有利于受益人的方法管理其事务

无因管理制度旨在鼓励人们之间的友好互助行为，管理人在管理事务时，应

当尽可能地采取有利于受益人的方法管理他人事务，这样才能最大限度地符合无因管理制度设立的本旨。从本条规定来看，管理人管理他人事务应当采取有利于受益人的方法，其包含两方面的含义：一是管理人开始管理活动时，应当采取有利于受益人的方法；二是管理人在管理他人事务的过程中，应当采取有利于受益人的方法。

《民法典》第979条要求管理人管理事务应当符合本人的真实意思，也体现了这一要求，因为通常情况下，受益人的意思都是对自己有利的。如果受益人事前对管理事务作出明确指示的，或者管理人能够及时与受益人取得联系的，则其应当及时探求受益人的真实意思，并以符合受益人真实意思的方式管理其事务。如果受益人事先没有对其事务管理作出明确表示，或者管理人并不知道受益人的真实意思，且无法及时与受益人取得联系的，则管理人应当综合考虑客观情况，探求受益人的真实意思，并按照善良管理人的标准确定管理受益人事务的方法，尤其应当考虑管理事务的成本与受益人从管理中能够获得的利益之间的关系。例如，甲、乙为邻居，甲的房子年久失修，随时可能坍塌，在甲外出后，如果乙打算帮助甲修缮房屋，首先应当探求甲是否有修缮房屋的意愿，如果无法探求甲的真实意愿，则应当按照善良管理人的标准实施管理行为，并需要考虑修缮该房屋的费用是否合理，如果修缮房屋的成本较高，甚至高于重新建造房屋的成本，而修缮的效果一般，则乙不得擅自为甲修缮房屋，否则很难认定其采取了有利于受益人的方法管理其事务。

当然，在具体个案中，法官在判断管理人是否采取了有利于受益人的方法管理受益人的事务时，不能仅考虑管理人为实施管理活动而支出的成本与受益人获得利益的情况，而应当考虑管理事务的具体情形，综合考虑管理人、受益人以及管理事务的性质、管理事务的方法等多种因素，具体判断管理人是否采取了有利于受益人的方法管理事务。

此外，本条规定只是要求管理人采取有利于受益人的方法管理其事务，即便管理人没有采取最有利于受益人的方法管理其事务，也不应当据此认定管理人未尽到其管理职责。因为同一事务的管理可能有多种方法，管理人在管理事务时很难对哪一种方法最有利于受益人作出准确判断，尤其是在紧急情况下，更不宜对管理人的选择进行严格要求，因此，只要管理人采取了有利于受益人的方法管理其事务，即可认定其尽到了管理职责。

二、管理活动开始后，管理人负有继续管理的义务

一般而言，管理活动一旦开始，在受益人未明确通知管理人停止管理活动

时，管理人不得擅自中断管理活动，管理人此种继续管理活动的义务也称为“继续管理义务”①，该义务也得到了许多国家立法的认可。② 在管理活动开始后，管理人之所以负有继续管理义务，主要是因为，在管理活动开始后，受益人的事务已经处于被管理过程之中，此时，管理人擅自中断管理活动的，可能导致受益人损失的发生或者扩大。法律对管理人的继续管理义务作出规定，有利于保护受益人的利益，同时也可以为管理人的管理行为起到一定的指引作用。也就是说，管理人在决定是否管理他人事务时，应当慎重考虑自己的时间和能力，以免因为任意中断管理行为给受益人造成损失。

在无因管理中，虽然管理人负有继续管理的义务，但从本条规定来看，中断管理活动对受益人更为不利时，管理人无正当理由不得中断管理活动。这也意味着，如果管理活动不利于受益人，则管理人应当及时中断管理活动，这也符合无因管理制度的本旨。无因管理制度提倡人们之间的互帮互助，管理人在没有法律上原因管理他人事务时，应当以有利于受益人的方式管理他人事务，但管理人在管理事务的过程中，如果客观情况发生变化，继续管理事务不利于保护受益人的利益，甚至可能造成受益人损失的发生或者扩大，此时，管理人应当及时中断管理活动。③ 此种情形下，在管理人中断管理活动后，即便因此造成受益人的损失，管理人也无须承担责任。

三、中断管理对受益人不利的，管理人无正当理由不得中断管理

通常情况下，管理活动一旦开始，管理人即负有继续管理义务，直至管理事务完成；如果管理事务不利于受益人，则管理人应当及时中断管理活动。但在特殊情况下，虽然继续管理活动不利于保护受益人的利益，但中断管理活动会使受益人遭受更大的损失，则两害相较取其轻，管理人仍应当继续管理活动。因此，本条第 2 句规定：“中断管理对受益人不利的，无正当理由不得中断。”所谓中断管理对受益人不利，是指将管理人中断管理活动的后果与管理人继续管理活动的后果相比较，而中断管理活动的后果对受益人更为不利。此种情形下，管理人无正当理由不得中断管理活动。如果中断管理活动对受益人不利，而管理人无正当理由擅自中断管理活动的，其应当对受益人损失扩大的部分承担责任。

当然，从本条规定来看，在管理人有正当理由的情形下，即便中断管理活动

---

① 王利明：《债法总则研究》，北京，中国人民大学出版社 2015 年版，第 547 页。

② 参见《法国民法典》第 1373 条，《意大利民法典》第 2028 条，《日本民法典》第 700 条。

③ 参见王泽鉴：《债法原理》，北京，北京大学出版社 2013 年版，第 324 页。

对受益人不利，管理人也可以中断管理活动。关于“正当理由”的内涵，本条并没有作出明确规定，这一不确定概念需要在个案中进行具体认定。有观点主张，如果因客观情况发生变化，导致管理人没有时间和精力继续管理活动，如管理人因自己财产状况发生变化，或者自身能力发生变化，无法继续管理事务，即应当认定管理人有正当理由中断管理活动。[①] 此种观点值得赞同。在管理人有正当理由时，即便中断管理活动对受益人不利，管理人也有权中断管理活动，而且此种情形下，管理人是依法中断管理活动，即便因此造成受益人损害的，管理人也无须承担责任。

第九百八十二条

管理人管理他人事务，能够通知受益人的，应当及时通知受益人。管理的事务不需要紧急处理的，应当等待受益人的指示。

本条主旨

本条是关于管理人通知义务的规定。

相关条文

《民法通则》第 93 条　没有法定的或者约定的义务，为避免他人利益受损失进行管理或者服务的，有权要求受益人偿付由此而支付的必要费用。

《民法总则》第 121 条　没有法定的或者约定的义务，为避免他人利益受损失而进行管理的人，有权请求受益人偿还由此支出的必要费用。

理解与适用

一、管理人负有及时通知受益人的义务

依据本条规定，在无因管理中，管理人负有及时通知受益人的义务，法律之所以规定管理人及时通知的义务，是因为在无因管理中，管理人管理他人事务本身没有法律上的原因，从某种意义上而言，是对他人私人事务的一种介入，在管理人能够通知受益人时，其应当及时通知受益人，以确定受益人对其事务管理的

① 参见［德］冯·巴尔等：《欧洲私法的原则、定义与示范规则：欧洲示范民法典草案：第五卷至第七卷》，王文胜等译，北京，法律出版社 2014 年版，第 101 页。

真实意思。也就是说，在受益人对管理事务作出明示时，管理人应当按照受益人明示的意思管理其事务，只有在无法取得受益人明示的意思，或受益人的意思违背公序良俗时，才能按照其推定的意思进行管理。① 在管理人及时通知受益人后，如果受益人不同意管理人管理其事务，则管理人应当及时终止管理活动，并将管理事务的相关情况及时告知受益人；如果受益人同意管理人管理其事务，则管理人及时通知受益人，也有利于明确受益人在其事务具体管理方面的真实意思。

从本条规定来看，管理人及时通知受益人的义务主要包括如下几方面内容。

一是通知的方式。从本条规定来看，其只是规定管理人负有及时通知受益人的义务，而没有对其通知的具体方式作出限定。这也意味着管理人既可以书面通知受益人，也可以口头通知受益人，甚至还可以采用公告通知的方式，只要能够及时通知受益人，管理人可以通过各种方式作出通知。

二是通知的对象为受益人。也就是说，管理人原则上应当将管理活动的情况及时通知受益人本人，当然，如果受益人事先指定了管理人通知的对象，则管理人也可以将管理活动的情况及时通知受益人指定的人。

三是通知的内容为管理活动的相关情况，即管理人应当将管理活动开始的情况以及管理活动的过程、方式等内容及时通知受益人。

四是通知的时间。从本条规定来看，管理人应当“及时”通知受益人，何为“及时”，本条并没有作出规定，而应当在个案中进行具体判断。但既然管理人负有“及时”通知受益人的义务，也意味着管理人应当尽可能早地通知受益人，而不能一概在管理活动结束后再履行通知义务。一般而言，在管理人开始管理活动时，其就应当及时通知受益人；如果管理人在开始管理活动时无法联系受益人，则其在管理活动过程中也应当负有及时通知受益人的义务。

当然，从本条规定来看，管理人负有通知义务的前提是管理人“能够通知受益人”，如果管理人客观上无法通知受益人，则其并不负有通知受益人的义务。例如，管理人与受益人素不相识，管理人客观上无法通知受益人，此时，管理人即不再负有通知受益人的义务。在客观上无法及时通知受益人时，管理人就可以根据客观情况推断受益人的真实意思，并据此开展管理活动，即便管理人根据客观情况所推断的受益人的意思与其真实意思不符，管理人的行为也应当构成正当的无因管理，管理人的行为具有阻却违法的效力，其也有权基于《民法典》第979条的规定向受益人提出请求。

---

① Hans Brox, Besonders Schuldrecht, Muenchen, 2007, S. 418.

关于管理人违反通知义务的后果，本条并没有作出明确规定。在此需要结合《民法典》第979条的规定予以确定，依据《民法典》第979条第1款的规定，正当无因管理的成立需要管理人的管理活动符合受益人的真实意思，《民法典》第982条规定管理人负有及时通知受益人的义务，该规则的目的之一也在于确定受益人的真实意思。因此，在管理人能够及时通知受益人而未及时通知的情形下，管理人只能根据客观情况推断受益人的真实意思，如果该推断的意思与受益人的真实意思相符合，则管理人的管理行为将成立正当的无因管理，其行为具有阻却违法的效力，管理人也有权依据《民法典》第979条的规定向受益人提出请求。在管理人所推断的意思与受益人的真实意思不符合的情形下，由于受益人本可通过通知受益人的方式探求其真实意思，而管理人违反通知义务，导致其管理活动不符合受益人的真实意思，此时，管理人的行为将不构成正当的无因管理。当然，在管理人能够及时通知受益人之前，管理人按照可以推断的受益人的意思而从事的管理活动仍然构成正当无因管理，在管理人能够通知而未通知受益人之后，管理人违反受益人意思而从事的管理行为才不构成正当的无因管理。当然，依据本条第2句的规定，可以认为，在紧急情况下，如果相关事务需要紧急处理的，管理人虽然应当通知受益人，但并不需要等待受益人的指示，此种情形下，即便管理人没有及时通知受益人，也不能当然认定其构成不当无因管理。

二、管理的事务不需要紧急处理的，管理人应当等待受益人的指示

（一）管理的事务需要紧急处理的，管理人不需要等待受益人的指示

所谓管理的事务需要紧急处理，是指受益人的人身或者财产状况处于危急状态，迫切需要管理人及时进行管理，否则可能导致受益人或者其他主体利益的重大损害。例如，在发生交通事故后，受害人急需送医救治，此时，管理人在实施管理行为时，就不需要等待受益人的指示。由于管理人在紧急情况下难以作出准确判断，因此，从域外法的经验来看，管理人在紧急情况下管理他人事务的，一般都在一定程度上降低了管理人的注意义务要求。例如，《德国民法典》第680条规定："事务管理以避开可能对本人发生的急迫危险为目的的，管理人只需对故意和重大过失负责任。"法律作出此种规定的目的在于鼓励人们在紧急情况下实施互助行为，这也是为了更为及时地对受益人进行救助。

在我国司法实践中，对于管理人在紧急情况下所实施的管理活动而言，法院通常直接认定管理人的行为符合受益人的意思。① 我国《民法典》并没有对紧急

---

① 参见眘强龙：《无因管理中的本人意思》，载《西南政法大学学报》2019年第3期。

情况下的无因管理规则作出细化规定，但在规定管理人的通知义务时，也对紧急情况下管理人的管理行为作出了规定。依据本条规定，管理的事务不需要紧急处理的，则管理人应当等待受益人的指示，按照反面解释规则，在管理的事务需要紧急处理时，管理人就不需要等待受益人的指示。因为在紧急情况下，如果管理人在通知受益人后仍需要等待受益人的指示，则可能错过最佳的救助时机，导致受益人及其他主体损害的发生和扩大。此时，管理人并不需要等到受益人的指示，而可以直接管理受益人的事务。当然，如果管理人在管理活动中故意损害受益人的利益，或者因重大过失造成受益人的损失，则其也应当对此承担损害赔偿责任。

需要指出的是，从本条规定来看，在紧急情况下，管理人管理受益人的事务只是不需要等待受益人的指示，但在管理人能够及时通知受益人的情形下，管理人仍应当按照本条第 1 句的规定履行通知义务。

（二）管理的事务不需要紧急处理的，管理人应当等待受益人的指示

依据本条第 2 句的规定，如果管理人的事务不需要紧急处理，则管理人应当等待受益人的指示。法律作出此种规定也是为了更好地平衡当事人之间的利益关系，即无因管理制度意在鼓励人们之间互帮互助，但也要避免对他人私人事务的过度干预，因此，如果管理事务不需要紧急处理，则管理人在通知受益人之后，应当等待受益人的指示，以避免对其私人事务的过度干预。

本条中所规定的受益人的指示包括受益人指示管理人是否继续管理其事务，如受益人在收到管理人的通知后，拒绝管理人管理其事务，并指示管理人停止管理行为；受益人的指示也包括受益人指示管理人管理其事务的具体方式，如受益人指示管理人按照何种方式管理其事务。与此相对应，管理人在通知受益人后，也需要等待受益人的指示，以确定是否继续管理其事务。

受益人在收到管理人的通知后，有权选择是否允许管理人管理其事务，如果受益人同意管理人管理其事务，并且对事务的管理作出指示的，可以认为受益人对管理人管理其事务的行为作出了追认，依据《民法典》第 984 条的规定，从管理事务开始时起，适用委托合同的规则确定当事人之间的权利义务关系。如果受益人在收到管理人的通知后，拒绝管理人管理其事务，并指示管理人终止管理行为的，管理人继续管理其事务，即构成对受益人明示意思的违反，将不成立正当的无因管理，而应当构成侵权，受益人有权依法请求管理人承担侵权责任。

一般而言，管理人在通知本人之后，应当等待本人的指示，并按照本人的指示进行管理。在此需要探讨的是，如果受益人在收到管理人的通知后，既没有明确同意管理人管理其事务，也没有明确指示管理人终止管理其事务，而是保持沉

默，此时，能否认定受益人默示承认了管理人的管理行为？对此，有观点主张，如果本人在接到通知后没有明确表示反对，可以视为管理人得到了本人的默示同意。[①] 笔者认为，此种观点值得商榷。如果受益人在收到管理人的通知后未作出同意或者拒绝管理人管理行为的表示的，除管理事务需要紧急处理的情形外，管理人不得继续管理受益人的事务，主要理由在于：一方面，从《民法典》第 982 条第 2 句规定来看，在管理的事务不需要紧急处理时，管理人应当等待受益人的指示，这也意味着，管理人应当停止其管理行为，等待受益人的指示，而不得继续其管理活动。另一方面，受益人在收到管理人的通知后，如果保持沉默，在法律上应当构成缄默，依据《民法典》第 140 条第 2 款的规定，“沉默只有在有法律规定、当事人约定或者符合当事人之间的交易习惯时，才可以视为意思表示”，因此，在受益人保持沉默的情形下，不应当认定其默示承认了管理人的管理行为，管理人应当停止其管理行为，以等待受益人的指示。

第九百八十三条

管理结束后，管理人应当向受益人报告管理事务的情况。管理人管理事务取得的财产，应当及时转交给受益人。

本条主旨

本条是关于管理活动结束后管理人报告义务和转交财产义务的规定。

相关条文

《民法通则》第 93 条　没有法定的或者约定的义务，为避免他人利益受损失进行管理或者服务的，有权要求受益人偿付由此而支付的必要费用。

《民法典》第 121 条　没有法定的或者约定的义务，为避免他人利益受损失而进行管理的人，有权请求受益人偿还由此支出的必要费用。

理解与适用

一、管理结束后，管理人对受益人负有报告义务

管理结束后，管理人对受益人负有报告义务，此处的报告义务是指在管理事

① 参见李先波：《债法专论》，北京，法律出版社 2009 年版，第 253－254 页。

务结束后，管理人应当向受益人提供关于管理事务的相关资料，并向受益人报告管理事务的情况，其目的在于使受益人了解其事务管理的状况和过程。在无因管理中，管理人之所以负担报告义务，主要是因为受益人通常对管理人管理活动的细节、管理方式等并不知情，课以管理人报告义务，能够使受益人了解其事务管理的详细情况，有利于受益人准确判断管理人的管理行为是否符合其真实意思，也有利于判断管理人是否尽到了管理职责，避免和减少将来可能发生的纠纷。

关于管理人报告义务的内容，本条并没有作出细化规定。管理人报告的内容通常包括管理人活动的整体情况、管理活动的收支情况等内容，从而使受益人准确了解管理活动的全貌。如果受益人认为管理人报告的内容不够详细，并请求管理人继续报告与管理事务相关的其他情况时，只要提供该报告内容不会不当增加管理人的负担，管理人应当如实提供。

关于管理人履行报告义务的方式，本条并没有作出要求，这也意味着，管理人既可以以口头形式报告，也可以以书面形式报告。如果管理事务复杂，所涉当事人权利义务关系较为烦琐，则管理人以书面形式向受益人报告，更有利于减少纠纷的发生。

二、管理人管理事务取得的财产，应当及时转交给受益人

依据本条规定，管理人在管理事务过程中所取得的财产，应当及时转交给受益人。在管理活动结束后，管理人所负有的计算并返还基于管理事务所取得财产的义务也被称为结算义务或计算义务。① 依据本条规定，管理人在管理活动中所取得的各种财产，不论是金钱，还是其他财产形式，管理人均负有转交受益人的义务。管理人应当及时将有关财产转交给受益人。所谓及时，是指在条件允许的情况下，管理人应当立即将有关财产转交给受益人，而不得无故拖延交付。如果管理人迟延交付有关财产，则应当自迟延交付之日起支付相应的利息。法律规定管理人负有转交财产于受益人的义务，一方面是为了保护受益人的利益，因为该利益产生于受益人事务管理过程中，应当归属于受益人；另一方面，课以管理人转交财产于受益人的义务，在客观上也具有剥夺管理人获利的功能，这也在一定程度上有利于遏制行为人出于获利的目的而不当管理他人事务，甚至过度恶意管理他人事务的行为。此外，从本条规定来看，只要成立无因管理，管理人即负有

① 参见张俊浩：《民法学原理》，北京，中国政法大学出版社 2001 年版，第 857 页；王泽鉴：《债法原理》，北京，北京大学出版社 2013 年版，第 324 页。

转交财产给受益人的义务，而不以受益人遭受一定损害为条件。

需要指出的是，本条所规定的管理人转交财产于受益人的义务不仅适用于正当无因管理，也可能适用于《民法典》第 980 条所规定的不构成正当无因管理的情形。一般而言，在不构成正当无因管理的情形下，管理人的管理行为要么不符合受益人的真实意思，要么管理人没有为受益人管理的意思，其本质上属于侵权行为，但在此种情形下，管理人可能在管理活动中获得大量的收益，而通过侵权损害赔偿和不当得利制度可能难以有效剥夺管理人的不法获利，因此，我国《民法典》第 980 条赋予了受益人主张享有管理利益的权利，以更好地保护受益人的利益，并剥夺管理人的不法获利。在不构成正当无因管理的情形下，如果受益人主张享有管理利益，则管理人也应当依据《民法典》第 983 条的规定，对受益人负担及时转交财产的义务。也就是说，在不构成正当无因管理的情形下，如果管理人选择主张享有管理利益，则管理人应当履行计算义务并及时将相关财产转交给受益人。① 比较法上也存在类似的做法。②

第九百八十四条

管理人管理事务经受益人事后追认的，从管理事务开始时起，适用委托合同的有关规定，但是管理人另有意思表示的除外。

本条主旨

本条是关于受益人事后追认管理人管理事务法律效果的规定。

相关条文

《民法通则》第 93 条　没有法定的或者约定的义务，为避免他人利益受损失进行管理或者服务的，有权要求受益人偿付由此而支付的必要费用。

《民法典》第 121 条　没有法定的或者约定的义务，为避免他人利益受损失而进行管理的人，有权请求受益人偿还由此支出的必要费用。

---

① 参见郑玉波：《民法债编总论》，北京，中国政法大学出版社 2004 年版，第 82 页。

② 《德国民法典》第 687 条对不法无因管理作了规定，该条第 2 款规定："某人虽知道自己无权将他人事务当做自己的来对待却这样做，本人可以主张因第 677 条、第 678 条、第 681 条而发生的请求权。本人主张这些请求权的，依第 684 条第 1 句对管理人负有义务。"依据这一规定，在构成不法无因管理的情形下，行为人的行为构成侵权行为，但本人可以选择依据无因管理的规定向行为人提出请求。

理解与适用

本条是关于受益人事后追认管理人管理事务法律效果的规定。从该条规定来看，如果受益人事后对管理人管理事务的行为进行追认，则适用委托合同的有关规定确定当事人之间的权利义务关系，但如果管理人对此另有意思表示，则不适用委托合同的有关规定。具体而言，可以从如下几方面理解本条规定。

（一）管理人管理事务经受益人事后追认的，适用委托合同的规定确定当事人之间的权利义务关系

无因管理与委托合同具有相似性，二者都涉及一方为他方处理事务，不论是处理事务的范围，还是处理事务的具体方式等，二者均具有相似性。例如，在管理事务结束后，不论是管理人还是受托人，均负有转交财产的义务。二者的主要区别在于，在无因管理中，管理人为受益人处理事务并没有法律上的原因，而在委托合同中，受托人是基于与委托人之间的合同关系、受委托人的委托而为其处理事务。无因管理之所以被视为“准契约”，在于管理人虽然没有管理的义务，但法律想要使其发生与订立合同相同的效果。[①] 比较法上关于无因管理人的报告义务也多准用委托合同中的受托人条款。[②] 正是因为无因管理与委托合同存在密切关联，所以，《德国民法典》将无因管理的规则规定在委托合同之后。我国《民法典》第984条规定在受益人事后追认管理人管理事务的行为后，适用委托合同的有关规定，也彰显了无因管理与委托合同之间的关联性。

依据本条规定，在受益人事后追认管理行为的情形下，从管理事务开始时起，适用委托合同的有关规定。所谓受益人事后追认，是指受益人事后认可管理人管理其事务的行为，并明确同意管理人处理其事务。从本条规定来看，其只是规定受益人事后追认管理人的管理行为，而没有对追认的方式作出规定，这也意味着，受益人可以以口头或者书面形式对管理人的管理行为进行追认，也可以通过行为的方式进行追认。但无论如何，必须确定受益人有追认管理人管理行为的意思，如果根据客观情况难以确定受益人有追认的意思，则应当认定受益人并未作出追认。例如，管理人在对受益人作出通知后，如果受益人对此保持沉默，或者受益人只是表示知道管理人的管理行为，而没有明确作出追认的意思，则不宜认定受益人已经追认管理人的管理行为。当然，受益人的追认并不以管理人对其

① 参见［德］维尔纳·弗卢梅：《法律行为论》（下册），迟颖译，北京，法律出版社2012年版，第126－127页。

② 参见张青政：《无因管理中管理人的义务与权利》，载《山西高等学校社会科学学报》2003年第5期。

作出通知为条件，受益人既可以在管理人对其作出通知之后追认管理人的管理行为，也可以是受益人在知道管理人的管理行为之后主动追认。在无因管理中，受益人的追认应当是一种事后追认，因为无因管理是管理人没有法律上的原因而管理他人事务，如果受益人事先对管理人作出了授权，则管理人管理受益人的事务属于有法律上原因的管理，无法成立无因管理。

依据本条规定，受益人的追认行为将产生溯及既往的效力，即在受益人追认后，将“从管理事务开始时起”，适用委托合同的有关规定。所谓“适用委托合同的有关规定”，是指根据委托合同的有关规则确定当事人之间的权利义务关系，其主要包括如下几方面的内容。

一是受益人应当支付处理事务的费用。《民法典》第 921 条规定：“委托人应当预付处理委托事务的费用。受托人为处理委托事务垫付的必要费用，委托人应当偿还该费用并支付利息。”据此，受益人应当向管理人支付处理事务的费用，如果管理人垫付了管理事务的必要费用，受益人应当偿还该费用并支付利息。

二是管理人应当按照受益人的指示管理其事务。《民法典》第 922 条规定：“受托人应当按照委托人的指示处理委托事务。需要变更委托人指示的，应当经委托人同意；因情况紧急，难以和委托人取得联系的，受托人应当妥善处理委托事务，但是事后应当将该情况及时报告委托人。”该条对受托人按照委托人指示处理事务的规则作出了规定，在管理人的管理行为经受益人追认后，该规则也适用于管理人。

三是管理人原则上应当亲自管理受益人的事务。《民法典》第 923 条规定：“受托人应当亲自处理委托事务。经委托人同意，受托人可以转委托。转委托经同意或者追认的，委托人可以就委托事务直接指示转委托的第三人，受托人仅就第三人的选任及其对第三人的指示承担责任。转委托未经同意或者追认的，受托人应当对转委托的第三人的行为承担责任；但是，在紧急情况下受托人为了维护委托人的利益需要转委托第三人的除外。”在受益人追认后，该条规定也适用于管理人。

四是管理人应当负担报告义务。《民法典》第 924 条规定：“受托人应当按照委托人的要求，报告委托事务的处理情况。委托合同终止时，受托人应当报告委托事务的结果。”也就是说，在经受益人追认后，不论是管理事务过程中，还是管理活动终止后，管理人均应当依法负担报告义务。

五是管理人负有转交财产的义务。《民法典》第 927 条规定：“受托人处理委托事务取得的财产，应当转交给委托人。”依据《民法典》第 983 条的规定，管理人负有转交财产于受益人的义务，《民法典》第 927 条同样规定了受托人转交财产的义务，其也适用于管理人。

六是管理人因故意或者重大过失造成受益人损失的责任。依据《民法典》第929条的规定，“无偿的委托合同，因受托人的故意或者重大过失造成委托人损失的，委托人可以请求赔偿损失”。由于无因管理中管理人并无报酬请求权，因此，在适用委托合同的规则时，应当适用无偿委托的规则，即在管理人因故意或者重大过失造成受益人损失时，管理人才承担赔偿责任。

七是管理人的损害赔偿请求权。《民法典》第930条规定：“受托人处理委托事务时，因不可归责于自己的事由受到损失的，可以向委托人请求赔偿损失。”依据《民法典》第979条的规定，“管理人因管理事务受到损失的，可以请求受益人给予适当补偿”，而在受益人追认管理人的管理行为后，依据《民法典》第930条的规定，管理人在管理活动中因不可归责于自己的事由受到损失的，有权请求受益人赔偿，这就改变了《民法典》第979条的规定，更有利于保护管理人的利益。

（二）管理人另有意思表示的，受益人追认管理行为的，无法适用委托合同的有关规定

依据本条规定，如果管理人另有意思表示，则即便受益人追认管理人的管理行为，也无法适用委托合同的有关规定确定当事人之间的权利义务关系。法律作出此种规定的原因在于，委托合同的成立需要当事人双方就委托事务的处理达成合意，在无因管理中，管理人管理事务的行为并不是向受益人发出的订立合同的要约，受益人追认的行为也不是承诺，在受益人追认后，适用委托合同的规则确定当事人之间的权利义务关系，一方面是因为委托合同与无因管理之间的关联密切；另一方面是因为，在受益人追认的情形下，类似于在当事人之间拟制成立委托合同关系，但其前提是管理人同意此种拟制。因此，如果管理人对此另有意思表示的，则无法适用委托合同的有关规定。当然，依据本条规定，只有在管理人另有意思表示时，才不适用委托合同的有关规定，管理人另有意思表示既可以明确作出意思表示，也可以通过行为作出，在受益人追认后，如果管理人保持沉默，则不能认定管理人另有意思表示，此时仍可适用委托合同的有关规定。

第二十九章

不当得利

第九百八十五条

得利人没有法律根据取得不当利益的，受损失的人可以请求得利人返还取得的利益，但是有下列情形之一的除外：

（一）为履行道德义务进行的给付；

（二）债务到期之前的清偿；

（三）明知无给付义务而进行的债务清偿。

本条主旨

本条是关于不当得利法律效果的规定。

相关条文

《民法通则》第 92 条　没有合法根据，取得不当利益，造成他人损失的，应当将取得的不当利益返还受损失的人。

《民法通则意见》第 131 条　返还的不当利益，应当包括原物和原物所生的孳息。利用不当得利所取得的其他利益，扣除劳务管理费用后，应当予以收缴。

《民法典》第 122 条　因他人没有法律根据，取得不当利益，受损失的人有权请求其返还不当利益。

理解与适用

一、不当得利的概念与功能

所谓不当得利，是指行为人在没有法律依据的情况下所获得的利益。一般而言，不当得利制度的宗旨在于矫正欠缺法律原因的财产变动，并借此保护财产的归属。也就是说，与侵权责任制度的功能不同，不当得利制度并不是为了赔偿遭受损害一方所遭受的损害，而是为了矫正欠缺法律原因的财产变动，即在成立不当得利的情形下，法律通过课以获得利益的一方返还不当得利的义务，去除其无法律上原因所获得的利益。总的来说，不当得利的制度目的在于去除无法律上之原因的利益，而非赔偿受损人的损失。①

关于不当得利的类型，现代民法理论一般认为，不当得利的成立并无统一的基础，而需要根据不同的类型分别予以判断，通常将不当得利区分为给付型不当得利和非给付型不当得利。② 所谓给付型不当得利，是指给付人在欠缺法律原因的情形下实施给付行为，从而使受领给付的一方没有法律上的原因而受有利益。③ 例如，甲与乙订立合同，将其电脑出卖给乙，后甲误认丙为乙，并将电脑交付给丙，丙无法律上原因而取得该电脑的占有即欠缺法律上的原因，构成不当得利。此种情形下，不当得利的发生原因为甲的错误给付行为，属于给付型不当得利。所谓非给付型不当得利，是指基于给付行为之外的其他原因而产生的不当得利。④ 非给付型不当得利产生的原因较多，只要是因给付行为之外的原因而产生的不当得利，均可纳入非给付型不当得利的范畴。一般而言，非给付型不当得利的发生原因主要包括如下几种：一是基于得利人的行为而发生的不当得利。例如，甲在出国期间将其房屋交由乙保管，乙未经甲的同意而擅自将甲的房屋出租，此种情形即属于因得利人的行为而产生的不当得利。二是基于受损失的人的给付行为之外的行为而成立的不当得利。例如，甲误将乙的房屋当作自己的房屋而加以修缮，甲因此遭受一定的损失，乙因此获得一定的利益，此种情形即属于因受损失的人的给付行为之外的行为而成立的不当得利。三是基于第三人的行为而成立的不当得利。例如，甲委托乙为其修缮房屋，乙误将丙的房屋当作甲的房屋，将相关的装修材料用在了丙的房屋之上，此种情形即属于因第三人原因而成立的不当得利。四是因自然事件而成立的不当得利。例如，因大雨导致上游鱼塘的鱼游入下游的鱼塘。五是因法律规定而成立的不当得利。例如，因附合、混合、加工等原因，导致一方的财产所有权消灭，因此在当事人之间所成立的不当得利。

---

① 参见王泽鉴：《不当得利》（第二版），北京，北京大学出版社 2015 年版，第 3 页。
② 参见王泽鉴：《不当得利》（第二版），北京，北京大学出版社 2015 年版，第 199 页。
③ 参见王利明：《债法总则研究》，北京，中国人民大学出版社 2015 年版，第 434 页。
④ 参见王泽鉴：《不当得利》（第二版），北京，北京大学出版社 2015 年版，第 38 页。

二、不当得利的构成要件

从本条规定来看，不当得利的成立需要具备如下条件。

一是一方受有利益。所谓一方受有利益，是指得利人因受损人的行为或者其他原因而获得利益。得利人一方受有利益的原因很多，如前所述，除受损人的给付行为外，因受损人的其他行为、第三人的行为等，均可能使得利人获得利益。一般而言，在不当得利中，得利人一方所获得的利益是财产利益，但得利人一方所获得的利益是否限于财产利益，对此存在不同观点。一种观点认为，不当得利中得利人一方所获得的利益必须为财产利益。[①] 由于精神利益的获得在客观上难以判断，且难以返还，因此，得利人所获得的利益应当限于财产利益。[②] 另一种观点认为，得利人所获得的利益不限于财产利益。[③] 从我国《民法典》第 985 条规定来看，其只是规定得利人没有法律根据取得不当利益，但并没有对利益的范围作出限定，因此，从本条的文义来看，不当得利中得利人一方的利益应当同时包括财产利益与非财产利益。但由于不当得利是法定的债的发生原因，是一种债的关系，以财产给付关系为内容，因此，原则上应当将得利人的得利限于财产利益。不当得利中得利人一方所获得的财产利益既包括积极得利，即财产利益的积极增加，也包括消极利益，即得利人一方的财产利益本应减少而未减少。就财产利益的范围而言，其既包括物权、债权、知识产权等权利，也包括其他财产利益，如对财产的占有、债务被免除等。例如，甲受乙欺诈而将其电脑出卖给乙，交易完成后，甲主张撤销合同，在合同被撤销后，电脑所有权仍归属于甲，但乙对电脑的占有仍构成不当得利，甲有权基于不当得利返还请求权向乙提出请求。同时，得利人所获得的利益应当是一种实际利益，而不是预期可以获得的利益或者将来获得相关利益的机会，否则不能构成不当得利中的得利。

在具体的个案中，在认定不当得利的构成时，关于如何判断一方受有利益，存在不同观点。一种观点认为，在判断得利人一方是否受有利益时，应当以得利人一方的总体财产状况是否增加作为判断标准，也就是说，在不当得利的事实发生后，如果得利人一方的财产总额较之前有所增加的，即属于受有利益。[④] 另一种观点认为，不应当从得利人一方总体财产状况变化的角度确定其是否受有利

① 参见史尚宽：《债法总论》，北京，中国政法大学出版社 2000 年版，第 72 页。

② 参见洪学军：《不当得利制度研究》，西南政法大学 2003 年博士学位论文，第 50 页。

③ 参见王家福：《中国民法学·民法债权》，北京，法律出版社 1991 年版，第 570 页。

④ 参见史尚宽：《债法总论》，北京，中国政法大学出版社 2000 年版，第 72 页。

益，而应当对得利人的财产状况变化进行具体判断。[①] 从本条规定来看，其并没有对此作出细化规定，但由于得利人一方的整体财产状况变化往往难以判断，而且不当得利制度的功能在于调整欠缺法律原因的财产变动关系，因此，应当对得利人的财产状况变化进行具体判断，而不是从整体上进行判断。因此，上述后一种主张更为合理。

二是另一方遭受损失。从本条规定来看，不当得利中一方为得利人，而另一方为“受损失的人”，这也意味着不当得利的成立需要另一方遭受损失。在不当得利中，受损失的人所遭受的损失是指因不当得利事实的发生而遭受的财产上的不利益，其包括积极损失与消极损失两种类型。所谓积极损失，是指受损失的一方财产利益的积极减少，如财产所有权的消灭、财产价值的降低等。所谓消极损失，是指受损失的一方财产利益应当增加而没有增加，如本应取得财产所有权而未取得，本应获得相关的收益而未获得等。

三是一方受益与另一方遭受损失具有因果关系。所谓一方受益与另一方遭受损失之间的因果关系，是指一方获得的利益与另一方遭受的损失之间存在引起与被引起的关联关系。只有得利人的得利与受损失一方的损失之间具有因果关系，才需要对此种欠缺法律原因的财产变动关系进行调整，不当得利的返还也才具有正当性。关于不当得利中的因果关系认定，学界有“直接因果关系说”和“非直接因果关系说”两种主张。前者是指强调在不当得利的构成中受损失与受利益间必须有直接的因果关系，即一方得利与另一方损失必须是由同一事实或行为导致的[②]；而按照后者，一方得利与另一方损失之间的因果关系不以直接的因果关系为要件[③]，即便一方的损失与另一方的得利分别由不同原因导致，只要这两个原因之间存在牵连关系，也可认定损失与受益之间存在因果关系。[④] 从《民法典》第985条规定来看，其并没有强调得利人一方的得利与受损失一方的损失之间存在直接引起与被引起的关系，因此，将其解释为非直接因果关系说更为妥当；同时，非直接因果关系说也有利于解决因第三人原因引起的不当得利返还问题。

四是得利人一方的得利没有法律上的原因。所谓得利人一方的得利没有法律上的原因，是指得利人的得利欠缺当事人约定或者法律规定的原因，缺乏法律上正当性的基础。如果得利人一方的得利具有法律上的原因，则其有权利保有相关的利益，此时，即便因此导致相关主体的损失，也不成立不当得利。例如，甲向

---

① 参见洪学军：《不当得利制度研究》，西南政法大学2003年博士学位论文，第50页。

② 参见王利明：《债法总则研究》，北京，中国人民大学出版社2015年版，第429页。

③ 参见刘言浩：《不当得利中的因果关系》，载《东方法学》2013年第1期，第52-63页。

④ 参见郑玉波：《民法债编总论》，北京，中国政法大学出版社2004年版，第94页。

乙购买电脑，在乙将电脑交付给甲后，甲取得该电脑的所有权，获得了一定的利益，并因此造成乙丧失对该电脑的所有权，使其遭受一定的损失。但由于甲取得该利益具有法律上的原因，即甲与乙之间存在有效的合同，甲享有合同债权，因此，甲并不构成不当得利。只有在得利人的得利缺乏法律上的原因时，受损失的一方请求其返还不当得利才具有正当性。

三、不得请求返还的情形

从本条规定来看，其不仅于正面规定了不当得利的构成要件，而且从反面规定了受损失的人可以请求返还不当得利的例外情形，即在为履行道德义务而进行的给付等情形下，受损失的一方不得请求返还，具体而言：

一是为履行道德义务进行的给付。所谓为履行道德义务而进行的给付，是指行为人并无法定义务而出于道德上的原因而作出给付。例如，在养父母与养子女之间的关系解除后，当事人之间并不负有法定的抚养或者扶养义务，此时，养父母仍对养子女进行抚养或者养子女仍然扶养养父母的，其因此作出的给付，即属于为履行道德义务而进行的给付。行为人为履行道德义务而作出给付的前提是当事人之间存在相应的道德上的义务。如果当事人之间不存在道德上的义务，除能够认定当事人之间存在赠与合同等情形外，作出给付的一方应当有权请求对方返还不当得利，或者基于无因管理的规则向对方提出请求。当事人之间是否存在道德义务应当依照一般的社会观念加以判断。

二是债务到期之前的清偿。所谓债务到期之前的清偿，是指在债务履行期限届满之前，债务人主动清偿债务。在债务到期之前，债务人享有期限利益，债权人无权请求债务人清偿债务，但如果债务人放弃期限利益，主动提前清偿债务，法律也无须禁止。在债务人提前清偿债务的情形下，属于债务人主动放弃时效利益，债权人基于其债权而受领、保有债务人的给付，属于有法律上的原因而受有利益，不构成不当得利，债务人不得请求返还。

三是明知无给付义务而进行的清偿。明知无给付义务而进行的清偿即明知的非债清偿。在非债清偿的情形下，受领给付的一方保有相关的给付利益并无法律上的原因，且受领给付一方的得利造成作出给付的一方损失，且二者之间具有因果关系，符合不当得利的构成要件，因此，作出给付的一方有权请求受领给付的一方返还不当得利。在明知的非债清偿的情形下，作出给付的一方明知当事人之间不存在债的关系而仍然作出给付，此时虽然也符合不当得利的构成要件，但如果允许作出给付一方主张不当得利返还，显然有违诚信原则，因此，为了体现对明知的非债清偿中作出给付一方行为的苛责，本条排除了返还请求权。在明知的非债清偿的情形下，当事人之间可能从未存在债的关系，也可能之前存在债的关系，但因合同被撤销、被解除或者债务已经清偿等原因而消灭，不论何种情形，依据本条规定，只要作出给付的一方明知无给付义务而进行清偿，均不得请求返还。当然，受领给付的一方在主张作出给付的一方系明知的非债清偿时，其应当对作出给付的一方明知其没有给付义务而仍然作出清偿的情形负担证明义务。

四、不当得利的返还

依据本条规定，在构成不当得利的情形下，受损失的人可以请求得利人返还获得的利益，关于不当得利返还的范围，《民法通则意见》第131条规定："返还的不当利益，应当包括原物和原物所生的孳息。利用不当得利所取得的其他利益，扣除劳务管理费用后，应当予以收缴。"从本条规定来看，得利人既需要返还原物，也需要返还原物所生的孳息。《民法典》第985条规定未对不当得利返还的具体范围作出规定，而只是规定了得利人应当返还取得的不当利益，此处的不当利益在解释上应当包含原物及孳息。关于得利人一方利用不当得利所取得的其他利益，依据《民法通则意见》第131条的规定，在扣除劳务管理费用后，应当予以收缴，《民法典》并未作出此种规定，因为不当得利属于当事人之间的私人事务，仅在当事人之间存在财产变动关系，不宜由国家予以收缴，对此种利益，也应当将其解释为得利人所获得的不当利益，受损失的一方应当有权请求返还。

第九百八十六条

得利人不知道且不应当知道取得的利益没有法律根据，取得的利益已经不存在的，不承担返还该利益的义务。

本条主旨

本条是关于善意得利人返还义务的规定。

相关条文

《民法通则》第92条　没有合法根据，取得不当利益，造成他人损失的，应当将取得的不当利益返还受损失的人。

《民法通则意见》第131条　返还的不当利益，应当包括原物和原物所生的孳息。利用不当得利所取得的其他利益，扣除劳务管理费用后，应当予以收缴。

《民法典》第 122 条　因他人没有法律根据，取得不当利益，受损失的人有权请求其返还不当利益。

理解与适用

本条是关于善意得利人返还义务的规定。所谓善意得利人，是指得利人不知道且不应当知道取得的利益没有法律上的原因。从本条规定来看，善意得利人的主观状态为善意，即得利人客观上不知道自己取得的利益没有法律依据，同时，根据自己的认知能力，也不应当知道自己取得的利益没有法律上的原因。关于得利人不知道且不应当知道取得的利益没有法律依据的判断时间点，本条并没有作出细化规定，一般而言，其是指得利人在取得利益时为善意，但从实践来看，得利人在取得利益时为善意，但在其取得的利益尚未消灭时，其可能对自己取得该利益没有法律依据是知情的，此时，其就不再是善意得利人，也就是说，从得利人知道或者应当知道其取得利益没有法律依据时起，不再适用本条规定，得利人也不得主张免除返还义务。当然，对于得利人知道或者应当知道其所取得的利益没有法律根据之前已经不存在的利益，得利人仍应有权主张不负担返还义务。也就是说，自得利人知道或者应当知道其取得利益没有法律依据时起，其就不得再主张依据本条规定免负返还义务。例如，甲的奶牛混入乙的牛棚，乙对此并不知情，后甲将这一情况告知乙，并请求乙返还该牛，自乙知道其取得利益没有法律依据时起，其就不再是善意得利人，应当负担返还义务。

从比较法上看，在认定得利人的返还义务时，各国大多区分了得利人的善意与恶意，并据此确定其返还范围。① 我国《民法典》第 986 条之所以规定善意得利人免负返还得利的义务，主要是因为，在得利人为善意的情形下，其对自己所获得的"意外之财"并无恶意，在法律上不宜对其进行苛责，法律上免除其返还义务，有利于避免善意得人的财产状态因利益的返还而受到不利影响。②

从本条规定来看，关于善意得利人的返还义务，可以从如下两方面来理解。

1. *善意得利人所取得的利益仍然存在的，应当负担返还该利益的义务*

从本条规定来看，在善意得利人所取得的利益不存在的情形下，其不再负担返还义务，这也意味着，在善意得利人所取得的利益仍然存在的情形下，其仍然应当负担返还义务。当然，在善意得利人所取得的利益仍然存在的情形下，其也仅需要返还现存利益，而不需要返还其所取得的所有利益。关于确定善意得利人

① 参见王利明：《债法总则研究》，北京，中国人民大学出版社 2015 年版，第 483 页。

② 参见王泽鉴：《不当得利》，北京，北京大学出版社 2015 年版，第 257 页。

现存利益的时间点，存在不同主张。一种观点认为，应当以遭受损失一方向得利人提起返还请求之诉的时间作为确定现存利益的时间点。[①] 另一种观点认为，应当以遭受损失一方请求得利人返还所获利益的时间作为确定现存利益的时间点。[②] 笔者认为，本条规定的立法目的主要是保护善意得利人，这也意味着，在遭受损失一方向得利人提出返还所获利益的请求时，得利人即知道或者应当知道其所取得的利益没有法律依据，因此，应当以遭受损失一方向得利人一方请求返还所获利益之时作为确定得利人一方现存利益的时间点。

一般而言，在得利人一方所取得利益为实物形态时，如果该实物仍然存在，则应当认定得利人所取得的利益仍然存在，但即便该实物不存在，也不能当然认定得利人一方所取得的利益已经不存在。也就是说，为了平衡双方当事人的利益，在界定得利人一方的现存利益时，不应当仅局限于得利人一方所取得的原物及其孳息，而应当对得利人一方取得利益的情况进行整体判断。例如，在得利人一方所取得的财产被他人毁损的情形下，该财产虽然不存在，但得利人一方从行为人处取得了一定的赔偿金，则应当认定得利人所取得的利益仍然存在。再如，如果得利人所取得的利益为其他财产权利，在得利人行使该权利后取得其他利益，此时，该权利虽然因行使而消灭，但其已经转化为其他利益，此时，仍应当认定得利人所取得的利益仍然存在。

因此，在得利人所取得的利益已经转化为其他利益形态时，只要该利益仍然为得利人所保有，即应当认定其取得的利益仍然存在。

当然，在确定善意得利人返还现存利益的范围时，应当扣除得利人为保有或取得现存利益而支出的必要费用。例如，在前例中，甲的奶牛混入乙的牛棚，乙对此并不知情，但该奶牛被他人撞死，乙请求行为人支付赔偿金，此时，甲在请求乙返还现存利益时，即应当将乙为取得该赔偿金所支出的必要费用予以扣除。

2. 善意得利人所取得的利益已经不存在，则不再承担返还该利益的义务

从本条规定来看，如果善意得利人所取得利益已经不存在，则其不再承担返还该利益的义务。一般而言，得利人所取得的利益不存在，是指得利人所取得的利益因特定事实的发生而消灭，或者脱离得利人的控制与支配，且得利人并未因此取得相应的替代利益。例如，甲误将乙的老宅当作自己的老宅而加以修缮，为此使用了一些建筑材料，后因发生地震，导致该老宅毁损、灭失的，对乙而言，即属于所取得的利益已经不存在。如前所述，如果得利人所取得的利益不存在，

① 参见郑玉波：《民法债编总论》，北京，中国政法大学出版社2004年版，第109页。

② 参见王利明：《债法总则研究》，北京，中国人民大学出版社2015年版，第484页。

但取得替代利益的，则应当认定其所取得的利益仍然存在。同时，如果得利人一方所取得的利益因为得利人的使用而自然损耗、灭失的，如果得利人因此节省了相关的费用，则应当认定得利人一方已经取得了一定的替代利益，但如果得利人一方并无消耗该特定物品的计划，则即便得利人因物品的使用而增加了一定收益，也应当认定其所取得的利益不存在。如果得利人所取得的利益部分毁损、灭失，但仍有一定的现存利益的，也不属于此处所说的所取得的利益不存在的情形，对于现存利益，得利人一方仍负有返还的义务。

此外，还需要探讨的是，如果因善意得利人的过错导致其所取得的利益不存在的，其是否负有返还该利益的义务？对此，有观点认为，在确定得利人的返还义务时，如果不考虑其对所获利益不存在是否存在过错，可能会造成对得利人一方"颇为优遇"①。但从本条规定文义来看，其只是规定，对善意得利人而言，只要其取得的利益已经不存在，其就不承担返还该利益的义务，本条并没有对得利人所获利益不存在的原因进行限定，这也意味着，即便得利人对所取得利益的毁损、灭失存在过错，其也不承担返还该利益的义务。当然，如果得利人知道或者应当知道其所取得的利益没有法律根据，则其应当依据《民法典》第 987 条的规定负担返还义务，此时，如果因为得利人的过错造成财产毁损、灭失的，得利人还是应当承担赔偿责任。

第九百八十七条

得利人知道或者应当知道取得的利益没有法律根据的，受损失的人可以请求得利人返还其取得的利益并依法赔偿损失。

本条主旨

本条是关于恶意得利人义务与责任的规定。

相关条文

《民法通则》第 92 条　没有合法根据，取得不当利益，造成他人损失的，应当将取得的不当利益返还受损失的人。

《民法通则意见》第 131 条　返还的不当利益，应当包括原物和原物所生的孳息。利用不当得利所取得的其他利益，扣除劳务管理费用后，应当予以收缴。

---

① 王泽鉴：《不当得利》（第二版），北京，北京大学出版社 2015 年版，第 261 页。

《民法典》第122条　因他人没有法律根据，取得不当利益，受损失的人有权请求其返还不当利益。

理解与适用

一、不当得利中的恶意得利人

本条是关于恶意得利人返还义务与赔偿责任的规定。所谓恶意得利人，是指知道或者应当自己所取得的利益没有法律依据的得利人。与善意得利人不同，在得利人一方为恶意的情形下，其主观上具有侵占他人利益的“恶意”，即其知道或者应当知道其取得利益没有法律依据，但仍然保有该利益，该行为显然有违诚实信用原则，因此，本条专门规定了恶意得利人的返还义务与赔偿责任。而且从本条规定来看，恶意得意人的返还义务与赔偿责任要重于善意得利人的，这也体现了对恶意得利人主观恶意的一种苛责。关于得利人一方为恶意时是否成立不当得利，有学者主张，成立不当得利要求得利人一方必须是善意的，即得利人一方不论是取得利益时，还是在保有该利益的过程中，其主观状况都必须是善意的，否则就构成违法行为，而不成立不当得利。① 但从本条规定来看，在得利人为恶意的情形下，仍然可以成立不当得利，当然，将本条规定与《民法典》第986条规定进行比较可以看出，得利人的善意与恶意虽然不会影响不当得利的成立，但却会对得利人的返还范围和责任承担产生一定的影响。

从本条规定来看，其并没有对得利人知道或者应当知道其得利没有法律依据的时间作出限定，这也意味着，不论是得利人在取得利益时，还是在保有利益阶段，只要其知道或者应当知道其得利没有法律依据，即属于恶意得利人。据此，可以将得利人的恶意区分为自始恶意和嗣后恶意。前者是指得利人在取得利益时即知道或者应当知道其得利没有法律依据；后者是指得利人在取得利益时是善意的，但在保有利益的过程中知道或者应当知道其得利没有法律依据。② 由于善意得利人与恶意得利人的返还义务、赔偿责任等存在差别，因此，区分自始恶意与嗣后恶意对于确定当事人之间的权利义务关系具有重要意义。

恶意得利人既可能发生在给付型不当得利中，也可能发生在非给付型不当得利中。例如，甲受乙欺诈订立合同，将其电脑出卖给乙，在交易完成后，甲主张撤销合同，在合同撤销之后，乙继续占有该电脑即构成不当得利，且乙明知其占

① 参见陈小君、高飞：《试论不当得利之相关要件》，载《法商研究》1995年第1期，第61页。

② 参见王泽鉴：《不当得利》（第二版），北京，北京大学出版社2015年版，第269页。

有电脑没有法律依据，即构成恶意得利人，此种情形即属于给付型不当得利中的恶意得利人。再如，天降暴雨，乙目睹甲鱼塘中的鱼游入自己鱼塘，此种情形下，乙就属于非给付不当得利中的恶意得利人。

二、恶意得利人的返还义务与赔偿责任

从本条规定来看，如果得利人知道或者应当知道自己所取得的利益没有法律依据，即受损失的一方不仅有权请求得利人返还其所取得的利益，而且有权依法请求其赔偿损失。据此，可以从如下两方面理解恶意得利人的义务与责任。

一是恶意得利人的返还义务。依据本条规定，在得利人为恶意的情形下，“受损失的人可以请求得利人返还其取得的利益”。关于恶意得利人返还财产的范围，与《民法典》第986条规定相比，本条并没有对其作出限定，这也意味着，受损失的一方有权请求恶意得利人返还全部得利。当然，在此需要区分自始恶意与嗣后恶意，并分别认定其返还义务。在得利人自始恶意的情形下，受损失的一方有权请求其返还全部得利，即便得利人所取得的利益已经不存在，其也应当承担返还义务，如果无法返还的，则其应当承担赔偿责任。在得利人为嗣后恶意的情形下，在得利人知道或者应当知道其得利没有法律依据之前，其应当有权主张适用《民法典》第986条的规定，也就是说，在得利人嗣后恶意的情形下，得利人均对其知道或者应当知道其得利没有法律依据时的现存利益负担返还义务，在此之前，得利人所取得的利益已经不存在，如果得利人有替代利益的，其仍应当返还，但如果没有替代利益的，则得利人对该部分利益并不承担返还义务。如果恶意得利人所取得的利益为金钱利益，则受损失的一方除请求其返还等额金钱外，还应当有权请求得利人返还相应的利息。

二是恶意得利人的赔偿责任。从本条规定来看，在得利人为恶意的情形下，受损失的一方不仅有权请求其返还其取得的利益，而且有权请求其赔偿损失。在得利人为恶意的情形下，还可能造成受损失一方的损失，如因得利人的原因导致标的财产的毁损、灭失，在受损失的一方请求得利人返还不当得利时，其返还现存利益并不足以恢复受损失一方的财产状况。在得利人为善意的情形下，依据《民法典》第986条的规定，得利人仅负有返还现存利益的义务，即便受损失一方的损失无法填补，得利人一方也无须承担赔偿责任，这也体现了对善意得利人的保护。而在得利人为恶意的情形下，如果其返还的现存利益不足以填补受损失一方的损失，其仍然负有赔偿义务。当然，此种赔偿义务在性质上并非惩罚性赔偿，其贯彻的仍然是损害填补原则，也就是说，得利人在返还所获利益后，仅需要对受损失一方剩余部分的损失承担赔偿责任。

此外，从本条规定来看，其在规定恶意得利人的赔偿责任时使用了“依法赔偿”这一表述，其属于不完全规范，这也意味着，受损失一方在请求得利人一方赔偿损失时，还需要依据其他请求权基础向得利人一方请求赔偿，如果受损失一方请求恶意得利人承担侵权责任，则需要依据《民法典》侵权责任编的规则向得利人一方提出请求。再如，在恶意得利人擅自转让其所取得利益的情形下，如果其取得的对价较高，受损失的一方也有权主张该行为构成不法无因管理，依据《民法典》第980条的规定，其可以主张享有该管理利益，从而基于无因管理的规则请求恶意得利人返还全部不法获利。

第九百八十八条

得利人已经将取得的利益无偿转让给第三人的，受损失的人可以请求第三人在相应范围内承担返还义务。

本条主旨

本条是关于得利人无偿转让所取得利益时受损失一方请求权的规定。

相关条文

《民法通则》第92条　没有合法根据，取得不当利益，造成他人损失的，应当将取得的不当利益返还受损失的人。

《民法典》第122条　因他人没有法律根据，取得不当利益，受损失的人有权请求其返还不当利益。

理解与适用

本条是对得利人无偿转让所取得利益时受损失一方请求权的规定。在不当得利关系中，得利人一方在取得利益后，可能会对其所取得的利益进行一定的处分，在得利人一方对其所取得的利益进行有偿处分时，得利人所取得原财产虽然已经不存在，但其取得了一定的替代利益，此时，应当认定得利人一方所取得的利益仍然存在，受损失的一方仍有权请求其返还。而在得利人无偿转让其所取得的利益时，得利人将不再享有相关的利益，此时，依据本条规定，受损失的一方可以请求第三人在相应范围内承担返还义务。所谓得利人无偿转让其所取得的利益，是指得利人转让其所取得的利益，而没有取得任何对价。例如，甲将其电脑转让给乙后，乙将该电脑赠与丙，后甲与乙之间的买卖合同被撤销，此种情形下，乙将该电脑赠与丙的行为即构成本条所规定的得利人无偿转让其所取得利益的行为。在得利人所取得的利益为有形财产的情形下，其无偿转让该财产的行为主要是指将该财产赠与他人，当然，由于不当得利的客体并不限于特定的有形财产，也可能是其他财产权益，因此，本条使用了"无偿转让"这一表述，而没有将其限于赠与的情形，这也意味着，只要得利人在没有取得对价的情形下转让其所取得的利益，均构成本条所规定的"无偿转让"行为。

依据本条规定，在得利人无偿转让其所取得利益的情形下，受损失的一方可以请求第三人在相应范围内承担返还义务，本条虽然没有就受损失一方对得利人的请求权作出规定，但并不能据此认为，得利人在无偿转让其所取得利益后，其对受损失的一方就不再承担返还义务或者其他责任。具体而言，在得利人无偿转让其所取得利益的情形下，可以从如下几方面理解其法律效力。

1. 受损失一方对得利人的请求权

在得利人无偿转让其所取得利益的情形下，关于受损失一方对得利人的请求权，需要将得利人区分为善意得利人与恶意得利人，分别认定其效力。在善意得利人无偿转让其取得利益的情形下，由于得利人并未取得替代利益，此时，应当认定得利人所取得利益已经不存在，依据《民法典》第 986 条的规定，在善意得利人所取得利益已经不存在的情形下，得利人并不承担返还该利益的义务，而且得利人无须对受损失的一方承担赔偿责任。此种情形下，受损失的一方仅能向第三人提出返还请求。当然，如果善意得利人并未完全转让其所取得的利益，而只是部分转让，则其对已经转让的部分不负担返还义务，但对未转让的部分利益，受损失的一方仍有权请求得利人返还。

在恶意得利人无偿转让其所取得利益的情形下，其虽然没有取得相应的替代利益，但依据《民法典》第 987 条的规定，受损失的一方仍有权依法请求其赔偿损失。例如，在恶意得利人无偿转让其所取得的利益时，受损失的一方有权主张该行为构成侵权，受损失的一方有权依法请求恶意得利人承担侵权责任。当然，恶意得利人无偿转让所取得利益也可能只是部分转让其所取得的利益，此时，对于未转让的部分利益，受损失的一方仍有权请求其返还。

2. 受损失一方对第三人的请求权

依据本条规定，在得利人无偿转让其所取得利益的情形下，受损失的一方可以请求第三人在相应范围内承担返还义务。法律之所以规定受损失的一方有权请求第三人承担返还义务，主要是因为，在得利人无偿转让其所取得利益的情形下，第三人在取得该利益时并未支付对价，课以其返还义务并不会不当加重其负担。

从本条规定来看，只要得利人无偿转让其所取得的利益，受损失的一方即有权请求第三人在相应范围内承担返还义务，这也意味着，如果第三人将其所取得的利益再次无偿转让的，则受损失的一方也应当有权向受让人主张返还相应的利益。例如，甲从乙处购买某物，交易完成后，甲将该物赠与丙，丙又将部分标的物转赠给丁，其后甲与乙之间的买卖合同被宣告无效，此种情形下，负担返还义务的第三人并不限于直接从得利人甲处获得标的物的丙，也应当包括最终无偿获得该标的物的丁。也就是说，此处的第三人并不以直接从得利人处取得利益的人为限，符合法律规定的“次转得人”也属于有返还义务的第三人。[①] 当然，在第三人有偿转让其所取得利益的情形下，其取得了一定的替代利益，受损失的一方有权请求其返还该替代利益；如果第三人通过转让所取得的利益获得了较高的对价，受损失的一方也有权主张第三人的行为构成不法无因管理，其有权主张享有管理利益，并基于无因管理的规则请求第三人返还全部获利。

从本条规定来看，在得利人无偿转让其所取得利益的情形下，受损失的一方可以请求第三人在相应范围内承担返还义务，此处所谓“相应范围”，主要是指在得利人部分无偿转让其所取得利益的情形，此时，第三人仅在其取得利益的范围内承担返还义务，而无须对得利人的所有获利承担返还义务。

此外，从本条规定来看，在得利人无偿转让所取得利益的情形下，受损失一方“可以”向第三人提出请求，这实际上是赋予受损失一方选择权，也就是说，受损失一方既可以向第三人提出请求，也可以向得利人提出请求，当然，在得利人为善意的情形下，对于已经转让的部分获利，受损失一方难以从得利人处获得救济，此时，其向第三人提出请求对其更为有利。

---

① 参见洪学军：《不当得利制度研究》，西南政法大学2003年博士学位论文，第86-87页。

图书在版编目（CIP）数据

中国民法典释评. 合同编 典型合同/王轶等著. -- 北京：中国人民大学出版社，2020.8
ISBN 978-7-300-28236-7

Ⅰ.①中… Ⅱ.①王… Ⅲ.①民法-法典-法律解释-中国 ②合同法-法律解释-中国
Ⅳ.①D923.05

中国版本图书馆 CIP 数据核字（2020）第 121860 号

中国民法典释评·合同编·典型合同
王 轶 高圣平 石佳友 朱 虎 熊丙万 王叶刚 著
Zhongguo Minfadian Shiping • Hetong Bian • Dianxing Hetong

出版发行	中国人民大学出版社		
社　　址	北京中关村大街 31 号	**邮政编码**	100080
电　　话	010－62511242（总编室）		010－62511770（质管部）
	010－82501766（邮购部）		010－62514148（门市部）
	010－62515195（发行公司）		010－62515275（盗版举报）
网　　址	http://www.crup.com.cn		
经　　销	新华书店		
印　　刷	涿州市星河印刷有限公司		
规　　格	170 mm×240 mm　16 开本	**版　　次**	2020 年 8 月第 1 版
印　　张	84.5 插页 6	**印　　次**	2020 年 8 月第 1 次印刷
字　　数	1 544 000	**定　　价**	480.00 元（上下卷）